WIN 32 API: A PROGRAMMER'S REFERENCE

SCOTT ROBERT LADD

M&T BOOKS

M&T Books
A Division of MIS:Press, Inc.
A Subsidiary of Henry Holt and Company, Inc.
115 West 18th Street
New York, New York 10011

Printed in the United States of America

Library of Congress Cataloging-in-Publication Data

Ladd, Scott.
Win 32 API : a programmer's reference / Scott Robert Ladd.
p. cm.
Includes index.
ISBN 1-55851-427-9
1. Microsoft Win32. 2. Operating systems (Computers)
I. Title.
QA76.76.063L32 1994
005.4'46--dc20 94-39313
CIP

97 96 95 94 4 3 2 1

Editor-in-Chief: Paul Farrell
Managing Editor: Cary Sullivan
Development Editor: Michael Sprague
Copy Editors: Greg Robertson
Production Editor: Anthony Washington
Associate Production Editor: Maya Riddick, Audrey Smith

The programming information in this book is based on information for developing applications for Windows 95 made public by Microsoft as of 9/8/94. Since this information was made public before the final release of the product, there may have been changes to some of the programming interfaces by the time the product is finally released. We encourage you to check the updated development information that should be part of your development system for resolving issues that might arise.

The end user information in this book is based on information on Windows 95 made public by Microsoft as of 9/8/94. Since this information was made public before the release of the product, we encourage you to visit your local bookstore at that time for updated books on Windows 95.

If you have a modem or access to the Internet, you can always get up-to-the-minute information on Windows 95 direct from Microsoft on WinNews:

On CompuServe: GO WINNEWS

On the Internet:
ftp://ftp.microsoft.com/PerOpSys/Win_News/Chicago
http://www.microsoft.com

On AOL: keyword WINNEWS

On Prodigy jumpword WINNEWS

On Genie WINNEWS file area on Windows RTC

You can also subscribe to Microsoft's WinNews electronic Newsletter by sending Internet e-mail to enews@microsoft.nwnet.com and putting the words SUBSCRIBE WINNEWS in the text of the email.

Table of Contents

CHAPTER 1

DATA TYPES AND STRUCTURES

Data types define the size and meaning of parameters, return values, and members associated with the functions, messages, and structures of Microsoft Windows. The following table contains character, integer, and Boolean types; pointer types; and handles.

Data Types	Definitions
ATOM	Atom (a reference to a character string in an atom table)
BOOL	Boolean variable (should be TRUE or FALSE)
BOOLEAN	Boolean variable (should be TRUE or FALSE)
BYTE	Byte (8 bits)
CCHAR	Windows character
CHAR	Windows character
COLORREF	Red, green, blue (RGB) color value (32 bits)
CONST	Variable whose value is to remain constant during execution
CRITICAL_SECTION	Critical-section object
CTRYID	Country identifier
DLGPROC	Pointer to an application-defined dialog box callback procedure
DWORD	Doubleword (32 bits)
EDITWORDBREAKPROC	Pointer to an application-defined callback function that the operating system calls when a multiline edit control needs to break a line of text. See EditWordBreakProc for information on functions of this type.
ENHMFENUMPROC	Pointer to an application-defined callback function that enumerates enhanced-metafile records
ENUMRESLANGPROC	Pointer to an application-defined callback function that enumerates resource languages
ENUMRESNAMEPROC	Pointer to an application-defined callback function that enumerates resource names
ENUMRESTYPEPROC	Pointer to an application-defined callback function that enumerates resource types
FARPROC	Pointer to a callback function ROC Pointer to an application-defined callback function that draws gray text

Data Types	Definitions
HACCEL	Handle of an accelerator table
HANDLE	Handle of an object
HBITMAP	Handle of a bitmap
HBRUSH	Handle of a brush
HCONV	Handle of a dynamic data exchange (DDE) conversation
HCONVLIST	Handle of a DDE conversation list
HCURSOR	Handle of a cursor
HDC	Handle of a device context (DC)
HDDEDATA	Handle of DDE data
HDWP	Handle of a deferred window position structure
HENHMETAFILE	Handle of an enhanced metafile
HFILE	Handle of a file
HFONT	Handle of a font
HGDIOBJ	Handle of a GDI object
HGLOBAL	Handle of a global memory block
HHOOK	Handle of a hook
HICON	Handle of an icon
HINSTANCE	Handle of an instance
HKEY	Handle of a registry key
HLOCAL	Handle of a local memory block
HMENU	Handle of a menu
HMETAFILE	Handle of a metafile
HOOKPROC	Pointer to an application-defined hook function
HPALETTE	Handle of a palette
HPEN	Handle of a pen
HRGN	Handle of a region
HRSRC	Handle of a resource

Data Types	Definitions
HSZ	Handle of a DDE string
HWINSTA	Handle of a workstation
HWND	Handle of a window
INT	Signed integer
LANGID	Language identifier
LCID	Locale identifier
LCTYPE	Locale type
LINEDDAPROC	Pointer to a callback function that processes line coordinates
LONG	32-bit signed value
LP	Pointer to a null-terminated Unicode string
LPARAM	32-bit message parameter
LPBOOL	Pointer to a Boolean variable
LPBYTE	Pointer to a byte
LPCCH	Pointer to a constant Windows character
LPCCHOOKPROC	Pointer to an application-defined hook function
LPCFHOOKPROC	Pointer to an application-defined hook function
LPCH	Pointer to a Windows character
LPCOLORREF	Pointer to a COLORREF value
LPCRITICAL_SECTION	Pointer to a critical-section object
LPCSTR	Pointer to a constant null-terminated Windows character string
LPCTSTR	Pointer to a constant null-terminated Unicode or Windows character string
LPCWCH	Pointer to a constant null-terminated Unicode character
LPCWSTR	Pointer to a constant null-terminated Unicode character string
LPDWORD	Pointer to an unsigned doubleword (32 bits)

Data Types	Definitions
LPFRHOOKPROC	Pointer to an application-defined hook function
LPHANDLE	Pointer to a handle
LPHANDLER_FUNCTION	Pointer to a handler function
LPINT	Pointer to a signed integer
LPLONG	Pointer to a signed long (32 bits)
LPOFNHOOKPROC	Pointer to an application-defined hook function
LPPRINTHOOKPROC	Pointer to an application-defined hook function
LPSETUPHOOKPROC	Pointer to an application-defined hook function
LPSTR	Pointer to a null-terminated Windows character string
LPTCH	Pointer to a Unicode character or a Windows character
LPTSTR	Pointer to a null-terminated Windows or Unicode character string
LRESULT	Signed result of message processing
LPVOID	Pointer to any type
LPWCH	Pointer to a Unicode character
LPWORD	Pointer to an unsigned word (16 bits)
LPWSTR	Pointer to a null-terminated Unicode character string
LUID	Locally unique identifier
MFENUMPROC	Pointer to an application-defined callback function that enumerates metafile records
NPSTR	Pointer to a null-terminated Windows character string
NWPSTR	Pointer to a null-terminated Unicode string
PBOOL	Pointer to a Boolean variable
PBOOLEAN	Pointer to a Boolean variable
PBYTE	Pointer to a byte

Data Types	Definitions
PCCH	Pointer to a constant Windows character
PCH	Pointer to a Windows character
PCHAR	Pointer to a Windows character
PCRITICAL_SECTION	Pointer to a critical-section object
PCSTR	Pointer to a constant null-terminated Windows character string
PCWCH	Pointer to a constant Unicode character
PCWSTR	Pointer to a constant null-terminated Unicode character string
PDWORD	Pointer to an unsigned doubleword (32 bits)
PFLOAT	Pointer to a floating-point variable
PFNCALLBACK	Pointer to a callback function
PHANDLE	Pointer to a handle
PHANDLER_ROUTINE	Pointer to a handler routine
PHKEY	Pointer to a registry key
PINT	Pointer to a signed integer
PLONG	Pointer to a signed long (32 bits)
PLUID	Pointer to a locally unique identifier (LUID)
PROPENUMPROC	Pointer to an application-defined callback function that enumerates window properties. See PropEnumProc for information on functions of this type.
PROPENUMPROCEX	Pointer to an application-defined callback function that enumerates window properties. See PropEnumProcEx for information on functions of this type.
PSHORT	Pointer to a signed short (16 bits)
PSID	Pointer to a security identifier (SID)
PSTR	Pointer to a null-terminated Windows character string

Data Types	Definitions
PSZ	Pointer to a null-terminated Windows character string
PTCH	Pointer to a Windows or Unicode character
PTCHAR	Pointer to a Windows or Unicode character
PTSTR	Pointer to a null-terminated Windows or Unicode character string
PUCHAR	Pointer to an unsigned Windows character
PUINT	Pointer to an unsigned integer
PULONG	Pointer to an unsigned long (32 bits)
PUSHORT	Pointer to an unsigned short (16 bits)
PVOID	Pointer to any type
PWCH	Pointer to a Unicode character
PWCHAR	Pointer to a Unicode character
PWORD	Pointer to an unsigned word (16 bits)
PWSTR	Pointer to a null-terminated Unicode character string
REGSAM	Security access mask for registry key
SC_HANDLE	Handle of a service
SENDASYNCPROC	Pointer to an application-defined callback function that the operating system calls when the SendMessageCallback function is called. The system passes the message to the callback function after passing the message to the destination window procedure. See SendAsyncProc for information on functions of this type.
SERVICE_STATUS_HANDLE	Handle of a service status value
SHORT	Short integer
SPHANDLE	Pointer to a handle
TCHAR	Unicode character or Windows character

Data Types	Definitions
TIMERPROC	Pointer to an application-defined timer callback function
UCHAR	Unsigned Windows character
UINT	Unsigned integer
ULONG	Unsigned long integer (32 bits)
USHORT	Unsigned short integer (16 bits)
VOID	Any type
WCHAR	Unicode character
WNDENUMPROC	Pointer to an application-defined callback function that enumerates windows
WNDPROC	Pointer to an application-defined window procedure
WORD	Unsigned word (16 bits)
WPARAM	32-bit message parameter
YIELDPROC	Pointer to a yield callback function

Discussion of data types, structures, and their documentation.

ABC **Contains width for character in TrueType font**

```
typedef struct _ABC { /* abc */
 int     abcA;                  // "A" spacing of the character.
 UINT    abcB;                  // "B" spacing of the character.
 int     abcC;                  // "C" spacing of the character.
} ABC;
```

ABCFLOAT **Contains fractional character widths**

```
typedef struct _ABCFLOAT { /* abcf */
   FLOAT   abcfA;                // "A" spacing of the character.
   FLOAT   abcfB;                // "B" spacing of the character.
   FLOAT   abcfC;                // "c" spacing of the character.
} ABCFLOAT;
```

ACCEL — Specifies an accelerator key for ACCELTABLE

```
typedef struct tagACCEL { /* accl */
   BYTE   fVirt;          // virtual accelerator keys
   WORD   key;            // accelerator key
   WORD   cmd;            // accelerator identifier
} ACCEL;
```

ACCESS_ALLOWED_ACE — Allows access to an object

```
typedef struct _ACCESS_ALLOWED_ACE { /* aaace */
   ACE_HEADER Header;
   ACCESS_MASK Mask;           // access right granted by this ACE
   DWORD SidStart;             // rights granted to any subject
w/matching SID
} ACCESS_ALLOWED_ACE;
```

ACCESS_DENIED_ACE — Denies access to an object

```
typedef struct _ACCESS_DENIED_ACE { /* adace */
    ACE_HEADER  Header;
    ACCESS_MASK Mask;           // access right granted by this ACE
    DWORD    SidStart;          // rights denied to any subject
w/matching SID
} ACCESS_DENIED_ACE;
```

ACCESS_MASK — Standard, specific, and generic access rights

```
typedef DWORD ACCESS_MASK; // bitmask of access rights
```

0 through 15	Specific rights. 16 DELETE Delete access
17 READ_CONTROL	Read access to owner, group, and discretionary access-control list (ACL) of the security descriptor
18 WRITE_DAC	Write access to the discretionary access- control list (ACL)
19 WRITE_OWNER	Write access to owner
20 SYNCHRONIZE	Synchronize access
24	Access system security (ACCESS_SYSTEM_SECURITY).

25	Maximum allowed (MAXIMUM_ALLOWED)
26	Reserved
27	Reserved
28	Generic all (GENERIC_ALL)
29	Generic execute (GENERIC_EXECUTE)
30	Generic write (GENERIC_WRITE)
31	Generic read (GENERIC_READ)

These constants represent the specific and standard access rights:

```
#define SPECIFIC_RIGHTS_ALL                 0x0000FFFF
#define STANDARD_RIGHTS_REQUIRED            0x000F0000
#define STANDARD_RIGHTS_ALL                 0x001F0000
```

ACE — Specifies security access

See ACCESS_ALLOWED_ACE, ACCESS_DENIED_ACE, SYSTEM_ALARM_ACE, and SYSTEM_AUDIT_ACE.

ACE_HEADER — Defines ACE type and flags

```
typedef struct _ACE_HEADER { /* acehdr */
    BYTE AceType;
    BYTE AceFlags;
    WORD AceSize;                    // size, in bytes, of ACE
} ACE_HEADER;
AceType may be any one ofACCESS_ALLOWED_ACE_TYPE,ACCESS_DENIED_ACE_TYPE
    SYSTEM_AUDIT_ACE_TYPE
but not
    SYSTEM_ALARM_ACE_TYPE

AceFlags specify a set of ACE type-specific control flags:
     CONTAINER_INHERIT_ACE
     INHERIT_ONLY_ACE
     NO_PROPAGATE_INHERIT_ACE
     OBJECT_INHERIT_ACE
     FAILED_ACCESS_ACE_FLAG
     SUCCESSFUL_ACCESS_ACE_FLAG
```

ACL **List of access-control entries**

```
typedef struct _ACL { /* acl */
    BYTE AclRevision;            // revision level
    BYTE Sbz1;                   // zero byte of padding
    WORD AclSize;                // size, in bytes, of the ACL
    WORD AceCount;               // number of ACEs stored in the ACL
    WORD Sbz2;                   // two zero bytes of padding
} ACL;
```

ACL_INFORMATION_CLASS **Indicates ACL information type**

```
typedef enum tagACL_INFORMATION_CLASS { /* aclic */
    AclRevisionInformation = 1,
    AclSizeInformation
} ACL_INFORMATION_CLASS;
```

ACL_REVISION_INFORMATION **Contains ACL revision information**

```
typedef struct _ACL_REVISION_INFORMATION {
    DWORD   AclRevision;          // revision level
} ACL_REVISION_INFORMATION;
```

ACL_SIZE_INFORMATION **Contains ACL size information**

```
typedef struct _ACL_SIZE_INFORMATION {
    DWORD   AceCount;            // number of ACEs stored in the ACL
    DWORD   AclBytesInUse;       // number of bytes storing ACEs and ACL
    DWORD   AclBytesFree;        // number of unused bytes
} ACL_SIZE_INFORMATION;
```

ACTION_HEADER **Contains information about a transport action**

```
typedef struct _ACTION_HEADER {
    ULONG   transport_id;     // 4-char string ID-ing transpor provider
    USHORT  action_code;      // Specifies action
    USHORT  reserved;
} ACTION_HEADER;
```

```
Four-character transport ID may be one of the following:
    M000     All transports
    MNBF     NBF
    MABF     AsyBEUI
    MXNS     XNS, etc.
```

ADAPTER_STATUS **Contains network-device information**

```
typedef struct _ADAPTER_STATUS { /* adptst */
   UCHAR  adapter_address[6];     // adapter's encoded address
   UCHAR  rev_major;              // major software-release level
   UCHAR  reserved0;
   UCHAR  adapter_type;           // adapter type
   UCHAR  rev_minor;              // minor software-release level
   WORD   duration;               // duration of reporting period
   WORD   frmr_recv;              // # of FRMR frames received
   WORD   frmr_xmit;              // # of FRMR frames transmitted
   WORD   iframe_recv_err;        // # of I frames received in error
   WORD   xmit_aborts;            // # of aborted transmissions
   DWORD  xmit_success;           // # of transmitted packets
   DWORD  recv_success;           // # of received packets
   WORD   iframe_xmit_err;        // # of I frames transmitted in error
   WORD   recv_buff_unavail;      // times a buffer was not available
   WORD   ti_timeouts;            // times the DLC T1 timer expired
   DWORD  reserved1;
   WORD   free_ncbs;              // # of free network-control blocks
   WORD   max_cfg_ncbs;           // undefined
   WORD   max_ncbs;               // undefined
   WORD   xmit_buf_unavail;       // undefined
   WORD   max_dgram_size;         // max size of a datagram packet
   WORD   pending_sess;           // number of pending sessions
   WORD   max_cfg_sess;           // configured maximum pending
                                  //    sessions
   WORD  max_sess;                // undefined
   WORD  max_sess_pkt_size;       // max size of a session data packet
   WORD   name_count;             // # of names in the local names
                                  //    table
} ADAPTER_STATUS;
```

ADDJOB_INFO_1 — Identifies a print job

```
typedef struct _ADDJOB_INFO_1 { /* ajil */
    LPTSTR  Path;               // path & filename app can use to store
                                   print job
    DWORD   JobId;              // Identifies the print job
 } ADDJOB_INFO_1;
```

AUXCAPS — Describes auxiliary device capabilities

```
typedef struct auxcaps_tag {
    WORD        wMid;                // manufacturer identifier
    WORD        wPid;                // product identifier
    MMVERSION   vDriverVersion;      // driver version
    TCHAR  szPname[MAXPNAMELEN];     // product name
    WORD      wTechnology;           // type of audio input
    DWORD dwSupport;                 // optional functionality
} AUXCAPS;
```

```
wTechnology may be either AUXCAPS_AUXIN or AUXCAPS_CDAUDIO
dwSupport may be either AUXCAPS_VOLUME or AUXCAPS_LRVOLUME
```

BITMAP — Defines characteristics of logical bitmap

```
typedef struct tagBITMAP {  /* bm */
   LONG    bmType;               // bitmap type; must be zero.
   LONG    bmWidth;              // width, in pixels, of the bitmap
   LONG    bmHeight;             // height, in pixels
   LONG    bmWidthBytes;         // number of bytes in each scan line
   WORD    bmPlanes;             // count of color planes
   WORD    bmBitsPixel;          // number of bits per pixel
   LPVOID bmBits;                // address of bit values
} BITMAP;
```

BITMAPCOREHEADER — Defines PM-compatible DIB

```
typedef struct tagBITMAPCOREHEADER { /* bmch */
    DWORD   bcSize;          // number of bytes in this structure
    WORD    bcWidth;         // width, in pixels
    WORD    bcHeight;        // height, in pixels
```

```
    WORD    bcPlanes;         // # planes for target device; must be 1
    WORD    bcBitCount;       // number of bits per pixel
} BITMAPCOREHEADER;
```

BITMAPCOREINFO **Defines PM-compatible DIB and colors**

```
typedef struct _BITMAPCOREINFO {    /* bmci */
    BITMAPCOREHEADER  bmciHeader;
    RGBTRIPLE   bmciColors[1];      // bitmap palette array
} BITMAPCOREINFO;
```

BITMAPFILEHEADER **Defines characteristics of a DIB file**

```
typedef struct tagBITMAPFILEHEADER { /* bmfh */
    WORD    bfType;               // file type; must be 'BM'
    DWORD   bfSize;               // size of file, divided by 4
    WORD    bfReserved1;
    WORD    bfReserved2;
    DWORD   bfOffBits;            // byte offset from BITMAPFILEHEADER
                                  // to the bitmap bits
} BITMAPFILEHEADER;
```

BITMAPINFO **Defines characteristics and color of a DIB**

```
typedef struct tagBITMAPINFO { /* bmi */
    BITMAPINFOHEADER bmiHeader;
    RGBQUAD          bmiColors[1]; // bitmap palette array
} BITMAPINFO;
```

BITMAPINFOHEADER **Defines characteristics of a DIB**

```
typedef struct tagBITMAPINFOHEADER{ /* bmih */
    DWORD  biSize;                // bytes required by this structure
    LONG   biWidth;               // width, in pixels
    LONG   biHeight;              // height in pixels
    WORD   biPlanes;              // # target device planes, must be 1
    WORD   biBitCount             // bits per pixel; must be power of 2
    DWORD  biCompression;         // compression type; see BI_ constants
    DWORD  biSizeImage;           // image size, in bytes
```

```
    LONG   biXPelsPerMeter;        // x pixels per meter of target device
    LONG   biYPelsPerMeter;        // y pixels per meter of target device
    DWORD  biClrUsed;              // # color indices used in color table
    DWORD  biClrImportant;         // # important color indices in table
} BITMAPINFOHEADER;
```

BY_HANDLE_FILE_INFORMATION **Contains handle-based file information**

```
typedef struct _BY_HANDLE_FILE_INFORMATION { /* bhfi */
    DWORD    dwFileAttributes;        // combination FILE_ATTRIBUTE_
                                      //   constants
    FILETIME ftCreationTime;          // creation time
    FILETIME ftLastAccessTime;        // last access time
    FILETIME ftLastWriteTime;         // last change (write) time
    DWORD    dwVolumeSerialNumber;    // volume serial number
    DWORD    nFileSizeHigh;           // high-order part of file size
    DWORD    nFileSizeLow;            // low-order  part of file size
    DWORD    nNumberOfLinks;          // number of links (opens) to
                                      //   this file
    DWORD    nFileIndexHigh;          // high-order part of unique
                                      //   file ID
    DWORD    nFileIndexLow;           // low-order  part of unique
                                      //   file ID
} BY_HANDLE_FILE_INFORMATION;
```

CBT_CREATEWND **Contains data passed to the WH_CBT hook**

```
typedef struct tagCBT_CREATEWND { /* cbtcw */
    LPCREATESTRUCT lpcs;
    HWND           hwndInsertAfter;   // window to insert after
} CBT_CREATEWND;
```

CBTACTIVATESTRUCT **Contains data passed to the WH_CBT hook**

```
typedef struct tagCBTACTIVATESTRUCT { /* cas */
    BOOL fMouse;               // TRUE if mouse caused activation; FALSE
                               //   if not
    HWND hWndActive;           // Identifies active window
} CBTACTIVATESTRUCT;
```

CHAR_INFO **Screen buffer cell information**

```
typedef struct _CHAR_INFO { /* chi */
    union {                         /* Unicode or ANSI character  */
        WCHAR UnicodeChar;
        CHAR AsciiChar;
    } Char;
    WORD Attributes;                /* text and background colors */
} CHAR_INFO, *PCHAR_INFO;
```

CHARSET **Contains font-character information**

```
typedef struct tagCHARSET { /* chst */
    DWORD aflBlock[3];              // Specifies Unicode block supported
                                    by font
    DWORD flLang;                   // language; see CS_ constants
} CHARSET;
```

CHOOSECOLOR **Data for color-select dialog box**

```
typedef struct {    /* cc */
    DWORD     lStructSize;       // size of this structure, in bytes
    HWND      hwndOwner;         // owner of dialog box
    HWND      hInstance;         // instance of application
    DWORD     rgbResult;         // initial color selected in dialog box
    LPDWORD   lpCustColors;      // address of array containing colors
    DWORD     Flags;             // combination of CC_ constants
    DWORD     lCustData;         // data passed to hook identified by
                                 // lpfnHook
    LPCCHOOKPROC  lpfnHook;      // hook function
    LPCSTR     lpTemplateName;   // optional replacement dialog box
                                 // template
} CHOOSECOLOR;
```

CHOOSEFONT **Contains data for font-selection dialog box**

```
typedef struct {     /* cf */
    DWORD  lStructSize;             // size of structure, in bytes
    HWND   hwndOwner;               // owner of font dialog box
    HDC    hDC;                     // device context for font
```

```
    LPLOGFONT  lpLogFont;           // preselected logical font
    INT       iPointSize;           // size of font, in 10ths of a point
    DWORD     Flags;                // combination of CF_ constants
    DWORD     rgbColors;            // default font color
    DWORD     lCustData;            // custom data passed to hook function
    LPCFHOOKPROC  pfnHook;          // hook function
    LPCTSTR   lpTemplateName;       // optional replacement dialog box
                                    //     template
    HANDLE    hInstance;            // application instance
    LPTSTR    lpszStyle;            // default style information
    WORD   nFontType;               // one of: SIMULATED_FONTTYPE,
                                    //         PRINTER_FONTTYPE,
                                    //         SCREEN_FONTTYPE
    WORD      ___MISSING_ALIGNMENT__;
    INT     nSizeMin;               // minimum allowed point size
    INT     nSizeMax;               // maximum allowed point size
} CHOOSEFONT;
```

COLORADJUSTMENT **Defines bitmap color-adjustment values**

```
typedef struct  tagCOLORADJUSTMENT {     /* ca */
    WORD  caSize;                // size of structure in bytes
    WORD  caFlags;               // either CA_NEGATIVE or CA_LOG_FILTER
    WORD  caIlluminantIndex;     // one of ILLUMINANT_ constants
    WORD  caRedGamma;            // n-th power gamma-correction for
                                 //  red primary (2,500 - 65,000)
    WORD  caGreenGamma;          // n-th power gamma-correction for
                                 //    green primary (2,500 - 65,000)
    WORD  caBlueGamma;           // n-th power gamma-correction for
                                 //    blue primary (2,500 - 65,000)
    WORD  caReferenceBlack;      // black reference; must be 0 - 4,000
    WORD  caReferenceWhite;      // black reference; must be
                                 //    6,000 - 10,000
    SHORT  caContrast;           // contrast, from -100 to 100
    SHORT   caBrightness;        // brightness, from -100 to 100
    SHORT   caColorfulness;      // colorfulness, from -100 to 100
    SHORT  caRedGreenTint;       // red-green tint adjust, from -100
                                 //    to 100
} COLORADJUSTMENT;
```

CLIENTCREATESTRUCT

Defines window menu and first MDI child

```
typedef struct tagCLIENTCREATESTRUCT { /* ccs */
    HANDLE hWindowMenu;          // MDI app's Window menu
    UINT   idFirstChild;         // ident of first child window
} CLIENTCREATESTRUCT;
```

COLORREF

Specifies an RGB color

32-bit value used to specify an RGB color.

COMMPROP

Contains communications driver information

```
typedef struct _COMMPROP { /* cmmp */
    WORD  wPacketLength;        /* packet size, in bytes    */
    WORD  wPacketVersion;       /* packet version           */
    DWORD dwServiceMask;        /* services implemented     */
    DWORD dwReserved1;          /* reserved                 */
    DWORD dwMaxTxQueue;         /* max Tx bufsize, in bytes */
    DWORD dwMaxRxQueue;         /* max Rx bufsize, in bytes */
    DWORD dwMaxBaud;            /* max baud rate, in bps    */
    DWORD dwProvSubType;        /* specific provider type   */
    DWORD dwProvCapabilities;   /* capabilities supported   */
    DWORD dwSettableParams;     /* changable parameters     */
    DWORD dwSettableBaud;       /* allowable baud rates     */
    WORD  wSettableData;        /* allowable byte sizes     */
    WORD  wSettableStopParity;  /* stop bits/parity allowed */
    DWORD dwCurrentTxQueue;     /* Tx buffer size, in bytes */
    DWORD dwCurrentRxQueue;     /* Rx buffer size, in bytes */
    DWORD dwProvSpec1;          /* provider-specific data   */
    DWORD dwProvSpec2;          /* provider-specific data   */
    WCHAR wcProvChar[1];        /* provider-specific data   */
} COMMPROP;
```

COMMTIMEOUTS

Contains communications timeout informtion

```
typedef struct _COMMTIMEOUTS { /* ctmo */
    DWORD ReadIntervalTimeout;        // milliseconds allowed to elapse
                                      //   between arrival of two chars
```

```
    DWORD ReadTotalTimeoutMultiplier;  // milliseconds multiplier used
                                       //   to calculate total timeout
                                       //   period for read operations
    DWORD ReadTotalTimeoutConstant;    // milliseconds constant used
                                       //   to calculate total timeout
                                       //   period for read operations
    DWORD WriteTotalTimeoutMultiplier; // milliseconds multiplier used
                                       //   to calculate total timeout
                                       //   period for write operations
    DWORD WriteTotalTimeoutConstant;   // milliseconds constant used
                                       //   to calculate total timeout
                                       //   period for write operations
} COMMTIMEOUTS,*LPCOMMTIMEOUTS;
```

COMPAREITEMSTRUCT **Contains data for sorted owner-drawn control**

```
typedef struct tagCOMPAREITEMSTRUCT { /* cis */
    UINT  CtlType;          // ODT_LISTBOX or ODT_COMBOBOX
    UINT  CtlID;            // identifier of the list box or combo box
    HWND  hwndItem;         // handle of control
    UINT  itemID1;          // index of first item being compared.
    DWORD itemData1;        // application-defined data for item 2
    UINT  itemID2;          // index of first item being compared.
    DWORD itemData2;        // application-defined data for item 2
} COMPAREITEMSTRUCT;
```

COMSTAT **Contains data about a communications device**

```
typedef struct _COMSTAT { /* cst */
    DWORD fCtsHold : 1;      /* Tx waiting for CTS signal    */
    DWORD fDsrHold : 1;      /* Tx waiting for DSR signal    */
    DWORD fRlsdHold : 1;     /* Tx waiting for RLSD signal   */
    DWORD fXoffHold : 1;     /* Tx waiting, XOFF char rec'd  */
    DWORD fXoffSent : 1;     /* Tx waiting, XOFF char sent   */
    DWORD fEof : 1;          /* EOF character sent           */
    DWORD fTxim : 1;         /* character waiting for Tx     */
    DWORD fReserved : 25;    /* reserved                     */
    DWORD cbInQue;           /* bytes in input buffer        */
    DWORD cbOutQue;          /* bytes in output buffer       */
} COMSTAT, *LPCOMSTAT;
```

CONSOLE_CURSOR_INFO **Specifies cursor size and visibility**

```
typedef struct _CONSOLE_CURSOR_INFO { /* cci */
    DWORD  dwSize;              // cell size as percentage of char size
    BOOL   bVisible;            // defines visibility of cursor
} CONSOLE_CURSOR_INFO, *PCONSOLE_CURSOR_INFO;
```

CONSOLE_SCREEN_BUFFER_INFO **Contains console screen-buffer information**

```
typedef struct _CONSOLE_SCREEN_BUFFER_INFO { /* csbi */
    COORD      dwSize;                 // column & row in screen buffer
    COORD      dwCursorPosition;       // column & row position of cursor
    WORD       wAttributes;            // combination of FOREGROUND_ and
                                       //   BACKGROUND_ color constants
    SMALL_RECT srWindow;               // upper left and lower right buffer
                                       //    coord
    COORD      dwMaximumWindowSize;    // max size of screen buffer
} CONSOLE_SCREEN_BUFFER_INFO ;
```

CONVCONTEXT **Contains language data for a DDE conversation**

```
typedef struct tagCONVCONTEXT {    /* cc */
    UINT  cb;                   // size, in bytes, of this structure
    UINT  wFlags;               // undefined currently
    UINT  wCountryID;           // country-code identifier
    int   iCodePage;            // either CP_WINANSI or CP_WINUNICODE
    DWORD dwLangID;             // language identifier
    DWORD dwSecurity;           // application-defined security code
    SECURITY_QUALITY_OF_SERVICE qos;  // client's quality of service
} CONVCONTEXT;
```

CONVINFO **Contains information about a DDE conversation**

```
typedef struct tagCONVINFO {  /* ci */
    DWORD     cb;               // size, in bytes, of this structure
    DWORD     hUser;            // application-defined data
    HCONV     hConvPartner;     // partner application in DDE transaction
    HSZ       hszSvcPartner;  // service name of partner app
    HSZ       hszServiceReq;  // service name of server application
```

```
    HSZ         hszTopic;        // topic of DDE conversation
    HSZ         hszItem;         // name of requested item
    UINT        wFmt;            // format of transferred data
    UINT        wType;           // one of the XTYP_ constants
    UINT        wStatus;         // combination of ST_ constants
    UINT        wConvst;         // one of the XST_ constants
    UINT        wLastError;      // last error associated with transaction
    HCONVLIST   hConvList;       // last conversation list, or NULL
    CONVCONTEXT ConvCtxt;        // conversation context
    HWND        hwnd;            // window of calling application
    HWND        hwndPartner;     // window of partner application
} CONVINFO;
```

COORD — **Specifies x and y coordinates**

```
typedef struct _COORD { /* coord. */
    SHORT X;                     // horizontal coordinate
    SHORT Y;                     // vertical coordinate
} COORD;
```

COPYDATASTRUCT — **Contains data to send to another application**

```
typedef struct tagCOPYDATASTRUCT {  /* cds */
    DWORD dwData;                // up to 32-bits of data for receiving
                                 //   application
    DWORD cbData;                // size, in bytes, of data
    PVOID lpData;                // address of data
} COPYDATASTRUCT;
```

CPINFO — **Code page information**

```
struct tagCPINFO {
    UINT MaxCharSize;                    // mex length of character in
                                         //    this code page
    BYTE DefaultChar[MAX_DEFAULTCHAR];   // default char for
                                         //    translations
    BYTE LeadByte[MAX_LEADBYTES];        // lead-byte ranges in
                                         //    variable-lengtharray
} CPINFO;
```

CPLINFO **Contains Control Panel app resource data**

```
typedef struct tagCPLINFO { /* cpli */
    int  idIcon;        // resource identifier for application icon
    int  idName;        // string resource id of application name
    int  idInfo;        // string resource id of application description
    LONG lData;         // application-defined data
} CPLINFO;
```

CREATE_PROCESS_DEBUG_INFO **Contains process-creation debug info**

```
typedef struct _CREATE_PROCESS_DEBUG_INFO { /* cpdi */
    HANDLE hFile;                     // open handle of process's image
                                      //    file
    HANDLE hProcess;                  // open handle of process
    HANDLE hThread;                   // open handle of process's initial
                                      //    thread
    LPVOID lpBaseOfImage;             // base address of executable image
    DWORD dwDebugInfoFileOffset;      // offset of debugging information
    DWORD nDebugInfoSize;             // length of debugging information
    LPVOID lpThreadLocalBase;         // base addr of per-thread data block
    LPTHREAD_START_ROUTINE lpStartAddress;   // starting address of
                                             //    thread
    LPVOID lpImageName;               // option pointer to file name
                                      //    assoc w/hFile
    WORD fUnicode;                    // TRUE indicates UNICODE; FALSE
                                      //    for ANSI
} CREATE_PROCESS_DEBUG_INFO;
```

CREATE_THREAD_DEBUG_INFO **Contains process-creation debug info**

```
typedef struct _CREATE_THREAD_DEBUG_INFO { /* ctdi */
    HANDLE hThread;                   // handle of thread causing debug
                                      //    event
    LPVOID lpThreadLocalBase;         // base address of per-thread data
                                      //    block
    LPTHREAD_START_ROUTINE lpStartAddress;   // starting thread address
} CREATE_THREAD_DEBUG_INFO;
```

CREATESTRUCT **Defines window-initialization parameters**

```
typedef struct tagCREATESTRUCT { /* cs */
    LPVOID lpCreateParams;  // data used for creating window
    HANDLE hInstance;       // module that owns new window
    HMENU  hMenu;           // menu used by new window
    HWND   hwndParent;      // parent or owner window; NULL if neither
    int    cy;              // height of window, in pixels
    int    cx;              // width  of window, in pixels
    int    y;               // y-coord of upper-left corner
    int    x;               // x-coord of upper-left corner
    LONG   style;           // window style
    LPCSTR lpszName;        // name of new window
    LPCSTR lpszClass;       // class of new window
    DWORD  dwExStyle;       // extended style information
} CREATESTRUCT;
```

CWPSTRUCT **Defines WH_CALLWNDPROC message parameters**

```
typedef struct tagCWPSTRUCT { /* cwps */
    LPARAM lParam;      // message-dependent information
    WPARAM wParam;      // message-dependent information
    DWORD  message;     // message id
    HWND   hwnd;        // window to receive message
} CWPSTRUCT;
```

DCB **Defines settings for serial comm. device**

```
typedef struct _DCB { /* dcb */
    DWORD DCBlength;            /* sizeof(DCB)                 */
    DWORD BaudRate;             /* current baud rate           */
    DWORD fBinary: 1;           /* binary mode, no EOF check   */
    DWORD fParity: 1;           /* enable parity checking      */
    DWORD fOutxCtsFlow:1;       /* CTS output flow control     */
    DWORD fOutxDsrFlow:1;       /* DSR output flow control     */
    DWORD fDtrControl:2;        /* DTR flow control type       */
    DWORD fDsrSensitivity:1;    /* DSR sensitivity             */
    DWORD fTXContinueOnXoff:1;  /* XOFF continues Tx           */
```

```
    DWORD fOutX: 1;            /* XON/XOFF out flow control      */
    DWORD fInX: 1;             /* XON/XOFF in flow control       */
    DWORD fErrorChar: 1;       /* enable error replacement       */
    DWORD fNull: 1;            /* enable null stripping          */
    DWORD fRtsControl:2;       /* RTS flow control               */
    DWORD fAbortOnError:1;     /* abort reads/writes on error    */
    DWORD fDummy2:17;          /* reserved                       */
    WORD wReserved;            /* not currently used             */
    WORD XonLim;               /* transmit XON threshold         */
    WORD XoffLim;              /* transmit XOFF threshold        */
    BYTE ByteSize;             /* number of bits/byte, 4-8       */
    BYTE Parity;               /* 0-4=no,odd,even,mark,space     */
    BYTE StopBits;             /* 0,1,2 = 1, 1.5, 2              */
    char XonChar;              /* Tx and Rx XON character        */
    char XoffChar;             /* Tx and Rx XOFF character       */
    char ErrorChar;            /* error replacement character    */
    char EofChar;              /* end of input character         */
    char EvtChar;              /* received event character       */
} DCB;
```

DDEACK **Status flags sent by a WM_DDE_ACK message**

```
typedef struct { /* ddeack */
    unsigned short bAppReturnCode:8,
    reserved:6,
    fBusy:1,
    fAck:1;
} DDEACK;
```

DDEADVISE **Contains flags sent by a WM_DDE_ADVISE message**

```
typedef struct { /* ddeadv */
    unsigned short reserved:14,
        fDeferUpd:1,
        fAckReq:1;
    short cfFormat;     // clipboard (CF_ constant) format
} DDEADVISE;
```

DDEDATA **Contains data send by a WM_DDE_DATA message**

```
typedef struct { /* ddedat */
    unsigned short unused:12,
        fResponse:1,
        fRelease:1,
        reserved:1,
        fAckReq:1;
    short cfFormat;          // clipboard (CF_ constant) format
    BYTE  Value[1];          // length and type depends on cfFormat
} DDEDATA;
```

DDEML_MSG_HOOK_DATA **Contains DDEML message-monitoring information**

```
typedef struct tagDDEML_MSG_HOOK_DATA { /* dmhd */
    UINT  uiLo;                  // unpacked low-order word of lParam
                                 //   associated with DDE message.
    UINT  uiHi;                  // unpacked low-order word of lParam
                                 //   associated with DDE message.
    DWORD cbData;                // bytes of data being processed
    DWORD Data[8];               // first 32 bytes of data
} DDEML_MSG_HOOK_DATA;
```

DDEPOKE **Contains data send by a WM_DDE_POKE message**

```
typedef struct { /* ddepok */
    unsigned short unused:13,
        fRelease:1,
        fReserved:2;
    short cfFormat;      // clipboard (CF_ constant) format
    BYTE  Value[1];      // length and type depends on cfFormat
} DDEPOKE;
```

DEBUG_EVENT **Contains debug-event details**

```
typedef struct _DEBUG_EVENT { /* de */
   DWORD dwDebugEventCode;  // one of: EXCEPTION_DEBUG_EVENT,
                                      CREATE_THREAD_DEBUG_EVENT,
                                      CREATE_PROCESS_DEBUG_EVENT,
                                      EXIT_THREAD_DEBUG_EVENT,
```

```
                                        EXIT_PROCESS_DEBUG_EVENT,
                                        LOAD_DLL_DEBUG_EVENT,
                                        UNLOAD_DLL_DEBUG_EVENT,
                                        OUTPUT_DEBUG_STRING_EVENT,
                                            RIP_EVENT
    DWORD dwProcessId;          // process in which debug event occurred
    DWORD dwThreadId;           // thread in which debug event occurre
    dunion {
        EXCEPTION_DEBUG_INFO            Exception;
        CREATE_THREAD_DEBUG_INFO        CreateThread;
        CREATE_PROCESS_DEBUG_INFO       CreateProcessInfo;
        EXIT_THREAD_DEBUG_INFO          ExitThread;
        EXIT_PROCESS_DEBUG_INFO         ExitProcess;
        LOAD_DLL_DEBUG_INFO             LoadDll;
        UNLOAD_DLL_DEBUG_INFO           UnloadDll;
        OUTPUT_DEBUG_STRING_INFO        DebugString;
        RIP_INFO                        RipInfo;
    } u;
} DEBUG_EVENT;
```

DEBUGHOOKINFO **Contains data used for debugging**

```
typedef struct tagDEBUGHOOKINFO { /* dh */
    DWORD  idThread;    // thread containing hook
    LPARAM reserved;
    LPARAM lParam;      // value passed to lParam in DebugProc callback
    WPARAM wParam;      // value passed to wParam in DebugProc callback
    int    code;        // value passed to nCode  in DebugProc callback
} DEBUGHOOKINFO;
```

DELETEITEMSTRUCT **Describes an owner-drawn item**

```
typedef struct tagDELETEITEMSTRUCT { /* ditms */
    UINT CtlType;               // either ODT_LISTBOX or ODT_COMBOBOX
    UINT CtlID;                 // identifier of list or combo box
    UINT itemID;                // identifier of item to be deleted
    HWND hwndItem;              // handle of item to be deleted
    UINT itemData;              // application-defined item data
} DELETEITEMSTRUCT;
```

DEVMODE **Contains information about printer enviroment**

```
typedef struct _devicemode {     /* dvmd */
    TCHAR  dmDeviceName[32]; // name of the device the driver supports
    WORD   dmSpecVersion;    // version of initialization structure
    WORD   dmDriverVersion;  // version of printer driver
    WORD   dmSize;           // size, in bytes, of DEVMODE structure
                             //    - except the dmDriverData
    WORD   dmDriverExtra;    // # of bytes of private driver-data
                             //    following this structure
    DWORD  dmFields;         // bitmask identifying which of the
                             // following fields contain with data
    short  dmOrientation;    // DMORIENT_LANDSCAPE or DMORIENT_PORTRAIT
    short  dmPaperSize;      // one of the DM_PAPER_ constants
    short  dmPaperLength;    // length of paper, in tenths of a
                             //    millimeter; overrides dmPaperSize
                             //    defaults
    short  dmPaperWidth;     // length of paper, in tenths of a
                             //    millimeter; overrides dmPaperSize
                             //    defaults
    short  dmScale;          // percentage by which output is scaled
    short  dmCopies;         // number of copies to print
    short  dmDefaultSource;  // must be zero
    short  dmPrintQuality;   // one of the DMRES_ constants
    short  dmColor;          // DMCOLOR_COLOR or DMCOLOR_MONOCHROME
    short  dmDuplex;         // one of the DMDUP_ constants
    short  dmYResolution;    // y-resolution of printer, dots per inch
    short  dmTTOption;       // one of the DMTT_ constants
    short  dmCollate;        // DMCOLLATE_TRUE or DMCOLLATE_FALSE
    TCHAR  dmFormName[32];   // name of form to use
    WORD   dmUnusedPadding;
    USHORT dmBitsPerPel;     // bits per pixel on display device
    DWORD  dmPelsWidth;      // width of display surface in pixels
    DWORD  dmPelsHeight;     // height of display surface in pixels
    DWORD  dmDisplayFlags;   // DM_GREYSCALE and/or DM_INTERLACED, or 0
    DWORD  dmDisplayFrequency;   // frequency of display device,
                                 //   in hertz
} DEVMODE;
```

DEVNAMES — **Contains device data for print-text dialog box**

```
typedef struct tagDEVNAMES { /* dvnm */
    WORD wDriverOffset;        // offset of driver filename
    WORD wDeviceOffset;        // offset of device filename
    WORD wOutputOffset;        // offset of output device (port) name
    WORD wDefault;             //
    /* driver, device, and port-name strings follow wDefault */
} DEVNAMES;
```

DISK_GEOMETRY — **Provides disk geometry information**

```
typedef struct _DISK_GEOMETRY {
    MEDIA_TYPE  MediaType;          // see MEDIA_TYPE
    LARGE_INTEGER  Cylinders;       // number of cylinders
    DWORD  TracksPerCylinder;       // number of tracks per cylinder
    DWORD  SectorsPerTrack;         // number of sectors per track
    DWORD  BytesPerSector;          // number of bytes per sector
} DISK_GEOMETRY ;
```

DISK_PERFORMANCE — **Provides disk performance information**

```
typedef struct _DISK_PERFORMANCE {
    LARGE_INTEGER BytesRead;        // number of bytes read
    LARGE_INTEGER BytesWritten;     // number of bytes written
    LARGE_INTEGER ReadTime;         // time for reading, in seconds
    LARGE_INTEGER WriteTime;        // time for writing, in seconds
    DWORD ReadCount;                // number of read operations
    DWORD WriteCount;               // number of write operations
    DWORD QueueDepth;               // depth of queue
} DISK_PERFORMANCE ;
```

DLGITEMTEMPLATE — **Sets dimensions and style of dialog box controls**

```
typedef struct { /* dlit */
    DWORD style;                // style of control
    DWORD dwExtendedStyle;      // extended style of control
    WORD  x;                    // x-coord upper left corner, dialog units
    WORD  y;                    // y-coord upper left corner, dialog units
```

```
    DWORD   cbData;           // size in bytes of picture data
    DWORD   offData;          // DWORD offset of picture data
} EMRFORMAT;
```

ENHMETAHEADER **Contains enhanced metafile data**

```
typedef struct tagENHMETAHEADER { /* enmh */
    DWORD iType;           // must be EMR_HEADER constant
    DWORD nSize;           // size of this structure
    RECTL rclBounds;       // dimensions, in device units, of smallest
                           //    rectangle that bounds this picture
    RECTL rclFrame;        // dimensions, in .01 millimeters, of smallest
                           //    rectangle that bounds this picture
    DWORD dSignature;      // must be ENHMETA_SIGNATURE constant
    DWORD nVersion;           // metafile version (currently 0x10000)
    DWORD nBytes;             // size of enhanced metafile, in bytes
    DWORD nRecords;           // number of records in enhanced metafile
    WORD  nHandles;           // number of handles in enhanced metafile
    WORD  sReserved;
    DWORD nDescription;       // number of characters in description
    DWORD offDescription;     // description offset from beginning of
                              //   header
    DWORD nPalEntries;        // number of palette entries
    SIZEL szlDevice;          // resolution of reference device, pixels
    SIZEL szlMillimeters;     // resolution of reference device, millime-
ters
} ENHMETAHEADER;
```

ENHMETARECORD **Information about part of a metafile picture**

```
typedef struct tagENHMETARECORD { /* enmr */
    DWORD iType;               // record type
    DWORD nSize;               // size of record in bytes
    DWORD dParm[1];            // record data
} ENHMETARECORD;
```

ENUMLOGFONT **Specifies a logical font for enumeration**

```
typedef struct tagENUMLOGFONT { /* elf */
    LOGFONT elfLogFont;          // font attributes
    BYTE    elfFullName[LF_FULLFACESIZE];
    BYTE    elfStyle[LF_FACESIZE];
} ENUMLOGFONT;
```

ENUM_SERVICE_STATUS **Enumerated service name and status**

```
typedef struct _ENUM_SERVICE_STATUS { /* ess */
    LPTSTR lpServiceName;            // name of service
    LPTSTR lpDisplayName;            // name of display
    SERVICE_STATUS ServiceStatus;    // status of service
} ENUM_SERVICE_STATUS, *LPENUM_SERVICE_STATUS;
```

EVENTLOGRECORD **Describes event log record**

```
typedef struct _EVENTLOGRECORD { /* evlr        */
    DWORD  Length;              // length, in bytes, of this record
    DWORD  Reserved;
    DWORD  RecordNumber;        // record number for call to ReadEventLog
    DWORD  TimeGenerated;       // time when entry was submitted
    DWORD  TimeWritten;         // time entry received by service
    DWORD  EventID;             // application-defined identity of event
    WORD   EventType;           // one of the EVENTLOG_ constants
    WORD   NumStrings;          // number of strings present in log
    WORD   EventCategory;       // source-specific event category
    WORD   ReservedFlags;
    DWORD  ClosingRecordNumber; // reserved
    DWORD  StringOffset;        // offset of strings within this
                                //   event rec
    DWORD  UserSidLength;       // length, in bytes, of UserSID member
    DWORD  UserSidOffset;       // offset, in bytes, of security ID info
    DWORD  DataLength;          // length, in bytes, of event data
    DWORD  DataOffset;          // offset, in bytes, of event data
    //
    // Then follow:
    //
```

```
    WORD  cx;               // width of control, in dialog units
    WORD  cy;               // height of control, in dialog units
    WORD  id;               // control identifier
} DLGITEMTEMPLATE;
```

DLGTEMPLATE **Defines dimensions and style of a dialog box**

```
typedef struct { /* dltt */
    DWORD style;         // style; combination of WS_ and DS_ constants
    DWORD dwExtendedStyle;  // extended styles
    WORD  cdit;          // number of items in dialog box
    WORD  x;             // x-coord upper left corner, dialog units
    WORD  y;             // y-coord upper left corner, dialog units
    WORD  cx;            // width of dialog box
    WORD  cy;            // height of dialog box
} DLGTEMPLATE;
```

DOCINFO **Contains document input and output filenames**

```
typedef struct {     /* di */
    int    cbSize;           // size in bytes of structure
    LPTSTR lpszDocName;      // name of document
    LPTSTR lpszOutput;       // name of output file
} DOCINFO;
```

DOC_INFO_1 **Describes a document to be printed**

```
typedef struct _DOC_INFO_1 { /* dci1 */
    LPTSTR pDocName;             // name of document
    LPTSTR pOutputFile;          // name of output file
    LPTSTR pDatatype;            // description of data
} DOC_INFO_1;
```

DRAWITEMSTRUCT **Contains painting data for owner-drawn control**

```
typedef struct tagDRAWITEMSTRUCT {  /* dis */
    UINT  CtlType;       // one of the ODT_ constants
    UINT  CtlID;         // identifier of button, combo box, or list box
    UINT  itemID;        // index of item in menu, combo, or list box
```

```
    UINT   itemAction;     // combination of ODA_ constants
    UINT   itemState;      // combination of ODS_ constants
    HWND   hwndItem;       // handle of item
    HDC    hDC;            // device context item is drawn in
    RECT   rcItem;         // bounding rectangle of item
    DWORD  itemData;       // application-defined data
} DRAWITEMSTRUCT;
```

DRIVE_LAYOUT_INFORMATION **Provides drive layout information**

```
typedef struct _DRIVE_LAYOUT_INFORMATION {
   DWORD  PartitionCount;          // number of partitions
   DWORD  Signature;               // drive signature value
   PARTITION_INFORMATION  PartitionEntry[1];// array of partition info
} DRIVE_LAYOUT_INFORMATION;
```

DRIVER_INFO_1 **Identifies a printer driver**

```
typedef struct _DRIVER_INFO_1 { /* dri1 */
    LPTSTR pName;                  // name of printer driver
} DRIVER_INFO_1;
```

DRIVER_INFO_2 **Describes printer driver**

```
typedef struct _DRIVER_INFO_2 { /* dri2 */
    DWORD  cVersion;         // printer driver version
    LPTSTR pName;            // name of printer
    LPTSTR pEnvironment;     // operating system/environment of driver
    LPTSTR pDriverPath;      // path and filename of driver
    LPTSTR pDataFile;        // path and filename of driver data
    LPTSTR pConfigFile;      // path and filename of driver config DLL
} DRIVER_INFO_2;
```

EMRFORMAT **Identifies enhanced metafile graphics data information**

```
typedef struct tagEMRFORMAT   {
    DWORD   dSignature;       // ENHMETA_SIGNATURE or
                              // 0x46535045(Postscript)
    DWORD   nVersion;         // picture version number
```

```
    // WCHAR SourceName[]      // name of application creating
                               //   this event
    // WCHAR Computername[]    // name of computer generating this event
    // SID   UserSid           // security id of user when event
                               //   occurred
    // WCHAR Strings[]
    // BYTE  Data[]
    // CHAR  Pad[]
    // DWORD Length;
    //
} EVENTLOGRECORD;
```

EVENTMSG **Contains journaling hook message information**

```
typedef struct tagEVENTMSG {    /* em */
    UINT  message;             // specifies message
    UINT  paramL;              // message-dependent data
    UINT  paramH;              // message-dependent data
    DWORD time;                // time at which message was posted
    HWND  hwnd;                // window to which message was posted
} EVENTMSG;
```

EXCEPTION_DEBUG_INFO **Contains exception debug information**

```
typedef struct _EXCEPTION_DEBUG_INFO { /* exdi */
    EXCEPTION_RECORD ExceptionRecord;
    DWORD dwFirstChance;           // if TRUE, this is 1st time debugger
                                   // has encountered this exception
} EXCEPTION_DEBUG_INFO;
```

EXCEPTION_POINTERS **Specifies exception and processor context**

```
typedef struct _EXCEPTION_POINTERS { /* exp */
    PEXCEPTION_RECORD ExceptionRecord;
    PCONTEXT ContextRecord;
} EXCEPTION_POINTERS;
```

EXCEPTION_RECORD **Describes an exception**

```
typedef struct _EXCEPTION_RECORD { /* exr */
    DWORD ExceptionCode;          // one of the EXCEPTION_ constants
    DWORD ExceptionFlags;         // EXCEPTION_NONCONTINUABLE or 0
(continuable)
    struct _EXCEPTION_RECORD *ExceptionRecord;
    PVOID ExceptionAddress;       // Address where exception occurred
    DWORD NumberParameters;       // number of exception parameters
    DWORD ExceptionInformation[EXCEPTION_MAXIMUM_PARAMETERS];
} EXCEPTION_RECORD;
```

EXIT_PROCESS_DEBUG_INFO **Contains process exit code**

```
typedef struct _EXIT_PROCESS_DEBUG_INFO { /* epdi */
    DWORD dwExitCode;             // exit code for this process
} EXIT_PROCESS_DEBUG_INFO;
```

EXIT_THREAD_DEBUG_INFO **Contains thread exit code**

```
typedef struct _EXIT_THREAD_DEBUG_INFO { /* etdi */
    DWORD dwExitCode;             // exit code for this thread
} EXIT_THREAD_DEBUG_INFO;
```

EXTLOGFONT **Describes font attributes**

```
typedef struct tagEXTLOGFONT {
    LOGFONT elfLogFont;
    BYTE    elfFullName[LF_FULLFACESIZE];  // unique name for font
    BYTE    elfStyle[LF_FACESIZE];  // style of font (in text)
    DWORD   elfVersion;           // version of font
    DWORD   elfStyleSize;         // point size at which font is hinted
    DWORD   elfMatch;             // unique ID for enumerated font
    DWORD   elfReserved;
    BYTE    elfVendorId[ELF_VENDOR_SIZE];  // name of font vendor
    DWORD   elfCulture;           // reserved; must be zero
    PANOSE  elfPanose;            // PANOSE shape of the font
} EXTLOGFONT;
```

EXTLOGPEN **Defines extended pen characteristics**

```
typedef struct tagEXTLOGPEN { /* exlp */
    UINT     elpPenStyle;       // combination of PS_ constants
    UINT     elpWidth;          // width of pen, in logical units
    UINT     elpBrushStyle;     // one of the BS_ button style constants
    COLORREF elpColor;          // color of pen
    LONG     elpHatch;          // one of the HS_ hash style constants
    DWORD    elpNumEntries;     // number of entries in style array
    DWORD    elpStyleEntry[1];  // alternating lengths of dashes & spaces
} EXTLOGPEN;
```

EXT_BUTTON **Defines a toolbar button for File Manager**

```
typedef struct tagEXT_BUTTON { /* extbtn */
    WORD idCommand;                // command identifier for button
    WORD idsHelp;                  // IDs string resource for Help
    WORD fsStyle;                  // style of button (BS_constants)
} EXT_BUTTON;
```

FILETIME **Represents time in 100-nanosecond intervals**

```
typedef struct _FILETIME { /* ft */
    DWORD dwLowDateTime;          // low-order  32 bits of date/time
    DWORD dwHighDateTime;         // high-order 32 bits of date/time
} FILETIME;
```

FIND_NAME_BUFFER **Contains information about a network name**

```
typedef struct _FIND_NAME_BUFFER { /* fnb */
    UCHAR length;                 // length in bytes of this structure
    UCHAR access_control;         // access control value for LAN header
    UCHAR frame_control;          // frame  control value for LAN header
    UCHAR destination_addr[6];    // destination address of remote node
    UCHAR source_addr[6];         // source address for remote node
    UCHAR routing_info[18];       // additional routing information
} FIND_NAME_BUFFER;
```

FIND_NAME_HEADER **Contains information about a network name**

```
typedef struct _FIND_NAME_HEADER { /* fnh */
    WORD  node_count;         // number of nodes on which name is found
    UCHAR reserved;
    UCHAR unique_group;       // 0 = unique name, 1 = group name
} FIND_NAME_HEADER;
```

FINDREPLACE **Data for find- and replace-text dialog boxes**

```
typedef struct {     /* fr */
    DWORD      lStructSize;        // length of structure, in bytes
    HWND       hwndOwner;          // window owning this dialog box
    HINSTANCE  hInstance;          // application instance
    DWORD    Flags;                // combination of FR_ flags
    LPSTR    lpstrFindWhat;        // string to find
    LPSTR    lpstrReplaceWith;     // replacement string
    WORD     wFindWhatLen;         // length of find string buffer
    WORD     wReplaceWithLen;      // length of replacement string buf
    DWORD    lCustData;            // application defined data
    LPFRHOOKPROC lpfnHook;         // address of hook to process
                                   //    messages for dialog box
    LPCSTR  lpTemplateName;        // optional substitute dlg template
} FINDREPLACE;
```

FIXED **Integral and fractional parts of a number**

```
typedef struct _FIXED { /* fix */
    WORD  fract;                   // fractional part
    short value;                   // integral part
} FIXED;
```

FMS_GETDRIVEINFO **Contains drive data for File Manager**

```
typedef struct _FMS_GETDRIVEINFO { /* fmsgdi */
    DWORD dwTotalSpace;            // total space available on drive
    DWORD dwFreeSpace;             // free space available on drive
    CHAR  szPath[260];             // current drive path
```

```
    CHAR  szVolume[14];          // drive's volume name
    CHAR  szShare[128];          // name of network sharepoint
} FMS_GETDRIVEINFO;
```

FMS_GETFILESEL **Contains file data for File Manager**

```
typedef struct _FMS_GETFILESEL { /* fmsgfs */
    FILETIME ftTime;             // time & date file was selected
    DWORD   dwSize;              // length of file in bytes
    BYTE       bAttr;            // file attributes
    CHAR      szName[260];       // path and filename
} FMS_GETFILESEL;
```

FMS_LOAD **Contains custom menu data for File Manager**

```
typedef struct _FMS_LOAD { /* fmsld */
    DWORD dwSize;            // length, in bytes, of this structure
    CHAR  szMenuName[MENU_TEXT_LEN];  // name of menu in File Manager
    HMENU hMenu;             // handle of new menu
    UINT  wMenuDelta;        // delta value added to menu ids
} FMS_LOAD;
```

FMS_TOOLBARLOAD **Contains custom button information**

```
typedef struct tagFMS_TOOLBARLOAD { /* fmstbl */
    DWORD        dwSize;        // length, in bytes, of this structure
    LPEXT_BUTTON lpButtons;     // address of EXT_BUTTON structures
    WORD         cButtons;      // # of elements in lpButtons
    WORD         cBitmaps;      // # of buttons in bitmap
    WORD         idBitmap;      // identifier of bitmap resource
    HBITMAP      hBitmap;       // handle of bitmap
} FMS_TOOLBARLOAD;
```

FOCUS_EVENT_RECORD **Used internally by the console**

```
typedef struct _FOCUS_EVENT_RECORD { /* fer */
    BOOL bSetFocus;              // used internally
} FOCUS_EVENT_RECORD;
```

FORM_INFO_1 **Printer form information**

```
typedef struct _FORM_INFO_1 { /* fil */
    LPTSTR pName;                 // name of form
    SIZEL  Size;                  // width and height of form, in .001
mm
    RECTL  ImageableArea;         // width and height of form, in .001
mm
} FORM_INFO_1;
```

FORMAT_PARAMETERS **Provides information for formatting disk tracks**

```
typedef struct _FORMAT_PARAMETERS{
   MEDIA_TYPE MediaType;        // See MEDIA_TYPE
   DWORD StartCylinderNumber;   // cylinder number to begin formatting
   DWORD EndCylinderNumber;     // cylinder number to end formatting
   DWORD StartHeadNumber;       // beginning head location
   DWORD EndHeadNumber;         // ending head location
} FORMAT_PARAMETERS ;
```

GENERIC_MAPPING **Map standard to generic security**

```
typedef struct _GENERIC_MAPPING { /* gm */
    ACCESS_MASK GenericRead;      // access mask when reading
    ACCESS_MASK GenericWrite;     // access mask when writing
    ACCESS_MASK GenericExecute;   // access mask when executing
    ACCESS_MASK GenericAll;       // access mask for all types of
access
} GENERIC_MAPPING;
```

GLYPHMETRICS **Describes placement of glyph in character cell**

```
typedef struct _GLYPHMETRICS { /* glmt */
    UINT  gmBlackBoxX;          // width of smallest rectangle completely
                                //    enclosing glyph
    UINT  gmBlackBoxY;          // width of smallest rectangle completely
                                //    enclosing glyph
    POINT gmptGlyphOrigin;      // coordinates of glyph upper left corner
```

```
    short gmCellIncX;          // x distance between character origins
    short gmCellIncY;          // y distance between character origins
} GLYPHMETRICS;
```

HANDLETABLE **Contains array of handles to GDI objects**

```
typedef struct tagHANDLETABLE { /* ht */
    HGDIOBJ objectHandle[1];     // array of handles
} HANDLETABLE;
```

HELPWININFO **Contains journaling hook message information**

```
typedef struct {    /* hi */
    int   wStructSize;   // size of this structure in bytes
    int   x;             // x-coord of upper-left corner of help window
    int   y;             // y-coord of upper-left corner of help
                         //   window
    int   dx;            // width of help window
    int   dy;            // height of help window
    int   wMax;          // one of SW_ constants
    TCHAR rgchMember[2]; // name of window
} HELPWININFO;
```

HSZPAIR **Contains a DDE service-name and topic-name**

```
typedef struct tagHSZPAIR {   /* hp */
    HSZ hszSvc;               // service name
    HSZ hszTopic;             // topic name
} HSZPAIR;
```

ICONINFO **Contains cursor or icon information**

```
typedef struct _ICONINFO { /* ii */
   BOOL    fIcon;                // TRUE for icon, FALSE for cursor
   DWORD   xHotspot;             // x-coord of cursor's hot spot
   DWORD   yHotspot;             // y-coord of cursor's hot spot
   HBITMAP hbmMask;              // icon bitmask bitmap
   HBITMAP hbmColor;             // icon color bitmap
} ICONINFO;
```

INPUT_RECORD **Contains console input information**

```
typedef struct _INPUT_RECORD { /* ir */
    WORD EventType;
    union {
        KEY_EVENT_RECORD KeyEvent;
        MOUSE_EVENT_RECORD MouseEvent;
        WINDOW_BUFFER_SIZE_RECORD WindowBufferSizeEvent;
        MENU_EVENT_RECORD MenuEvent;
        FOCUS_EVENT_RECORD FocusEvent;
    } Event;
} INPUT_RECORD;
```

JOB_INFO_1 **Specifies print-job information**

```
typedef struct _JOB_INFO_1 {    /* ji1 */
    DWORD  JobId;             // job identifier
    LPTSTR pPrinterName;      // job identifier
    LPTSTR pMachineName;      // name of machine printer is attached to
    LPTSTR pUserName;         // name of user who created job
    LPTSTR pDocument;         // name of document
    LPTSTR pDatatype;         // type of data recorded for document
    LPTSTR pStatus;           // status of print job
    DWORD  Status;            // combination of JOB_STATUS_ constants
    DWORD  Priority;          // job priority
    DWORD  Position;          // job position in queue
    DWORD  TotalPages;        // number of pages in job
    DWORD  PagesPrinted;      // number of pages already printed
    SYSTEMTIME Submitted;     // time job was submitted
} JOB_INFO_1;
```

JOB_INFO_2 **Full print job information**

```
typedef struct _JOB_INFO_2 { /* ji2 */
    DWORD     JobId;          // job identifier
    LPTSTR    pPrinterName;   // job identifier
    LPTSTR    pMachineName;   // name of machine printer is attached to
    LPTSTR    pUserName;      // user who created job
```

```
    LPTSTR    pDocument;        // document name
    LPTSTR    pNotifyName;      // person to notify when job is done
    LPTSTR    pDatatype;        // type of data recorded for document
    LPTSTR    pPrintProcessor;  // name of print processor for this job
    LPTSTR    pParameters;      // print processor parameters
    LPTSTR    pDriverName;      // name of printer driver
    LPDEVMODE   pDevMode;       // device init and mode data
    LPTSTR      pStatus;        // status of print job
    PSECURITY_DESCRIPTOR pSecurityDescriptor;
    DWORD       Status;         // combination of JOB_STATUS constants
    DWORD       Priority;       // priority of this job in queue
    DWORD       Position;       // position in queue
    DWORD       StartTime;      // earliest time job can be printed
    DWORD       UntilTime;      // latest time job can be printed
    DWORD       TotalPages;     // number of pages in job
    DWORD       Size;           // number of bytes to be printed
    SYSTEMTIME Submitted;       // time job was submitted
    DWORD       Time;           // time, in seconds, since job began
    DWORD       PagesPrinted;   // number of pages already printed
} JOB_INFO_2;
```

JOYCAPS **Contains joystick capability information**

```
typedef struct joyinfo_tag {
    WORD  wMid;                  // manufacturer ID
    WORD  wPid;                  // product ID
    TCHAR szPname[MAXPNAMELEN];   // product name
    UINT  wXmin;                 // minimum x-position
    UINT  wXmax;                 // maximum x-position
    UINT  wYmin;                 // minimum y-position
    UINT  wYmax;                 // maximum y-position
    UINT  wZmin;                 // minimum z-position
    UINT  wZmax;                 // maximum z-position
    UINT  wNumButtons;           // number of buttons
    UINT  wPeriodMin;            // smallest polling interval
    UINT  wPeriodMax;            // longest polling interval
} JOYCAPS;
```

JOYINFO **Contains joystick position and button state**

```
typedef struct joyinfo_tag {
    UINT  wXpos;                 // x position
    UINT  wYpos;                 // y position
    UINT  wZpos;                 // z position
    UINT  wButtons;              // bitset of JOY_BUTTON# constants
} JOYINFO;
```

KERNINGPAIR **Defines a kerning pair**

```
typedef struct tagKERNINGPAIR { /* kp */
    WORD wFirst;             // character code of first  char in pair
    WORD wSecond;            // character code of second char in pair
    int  iKernAmount;        // amount of kerning for this pair
} KERNINGPAIR;
```

KEY_EVENT_RECORD **Contains key-press information**

```
typedef struct _KEY_EVENT_RECORD { /* ker */
    BOOL bKeyDown;                // TRUE if key is down; FALSE if not
    WORD wRepeatCount;            // repeat count for key
    WORD wVirtualKeyCode;         // virtual key code
    WORD wVirtualScanCode;        // virtual scan code
    union {
        WCHAR UnicodeChar;        // unicode character
        CHAR  AsciiChar;          // ANSI character
    } uChar;
    DWORD dwControlKeyState;  // key state combination of constants:
            //     RIGHT_ALT_PRESSED
            //     LEFT_ALT_PRESSED
            //     RIGHT_CTRL_PRESSED
            //     LEFT_CTRL_PRESSED
            //     SHIFT_PRESSED
            //     NUMLOCK_ON
            //     SCROLLLOCK_ON
            //     CAPSLOCK_ON
            //     ENHANCED_KEY
 } KEY_EVENT_RECORD;
```

LANA_ENUM **Contains numbers of LAN adapters**

```
typedef struct _LANA_ENUM { /* le */
    UCHAR length;              // number of elements in lana array
    UCHAR lana[MAX_LANA];      // array of LAN numbers
} LANA_ENUM;
```

LARGE_INTEGER **64-bit signed integer**

```
typedef struct _LARGE_INTEGER { /* li */
    DWORD LowPart;
    LONG  HighPart;
} LARGE_INTEGER;
```

LDT_ENTRY **Describes a descriptor table entry**

```
typedef struct _LDT_ENTRY { /* ldte */
    WORD LimitLow;             // low 16 bits of address of last byte
                               //   in segment
    WORD BaseLow;              // high 16 bits of address of last byte
                               //   in segmentunion {
                               // descriptor bits
        struct {
            BYTE BaseMid;
            BYTE Flags1;
            BYTE Flags2;
            BYTE BaseHi;
        } Bytes;
        struct {
          DWORD BaseMid : 8; // middle bits of base seg address
          DWORD Type : 5;    // type of segment
                             //  0  Read-only data segment
                             //  1  Read-write data segment
                             //  2  Unused segment
                             //  3  Read-write expand-down data segment
                             //  4  Execute-only code segment
                             //  5  Executable-readable code segment
                             //  6  Execute-only “conforming” code
                             //  7  Execute-readable “conforming” code
```

```
            DWORD Dpl : 2;          // privilege level of descriptor
            DWORD Pres : 1;         // 1 if segment in memory, 0 if
                                    //   not
            DWORD LimitHi : 4;      // high address bits of last
                                    //   segment byte
            DWORD Sys : 1;          // system-programmer defined
            DWORD Reserved_0 : 1;
            DWORD Default_Big : 1;  // 1 is seg > 64K, 0 if smaller
            DWORD Granularity : 1;  // 0 = byte granular, 1 page
                                    //   granular
            DWORD BaseHi : 8;       // low 8 bits of last segment byte
                                    //    address
        } Bits;
    } HighWord;
} LDT_ENTRY, *PLDT_ENTRY;
```

LIST_ENTRY **Double-linked list structure**

```
typedef struct _LIST_ENTRY { /* le */
    struct _LIST_ENTRY *Flink;   // preceding entry in doubly-linked
                                 //    list
    struct _LIST_ENTRY *Blink;   // next entry in doubly-linked list
} LIST_ENTRY;
```

LOAD_DLL_DEBUG_INFO **Contains loaded DLL information**

```
typedef struct _LOAD_DLL_DEBUG_INFO { /* lddi */
    HANDLE hFile;                  // handle of DLL
    LPVOID lpBaseOfDll;            // base address of DLL
    DWORD  dwDebugInfoFileOffset;  // offset of debugging info in DLL
    DWORD  nDebugInfoSize;         // size of debugging info
    LPVOID lpImageName;            // optional filename of DLL
    WORD fUnicode;                 // non-zero = UNICODE, zero = ANSI
} LOAD_DLL_DEBUG_INFO;
```

LOGBRUSH **Defines characteristics of a logical brush**

```
typedef struct tagLOGBRUSH { /* lb */
   UINT     lbStyle;          // combination of BS_ brush styles
   COLORREF lbColor;          // color of brush
   LONG     lbHatch;          // combination of HS_ hatch styles
} LOGBRUSH;
```

LOGFONT **Specifies a logical font**

```
typedef struct tagLOGFONT { /* lf */
   LONG lfHeight;          // height, in logical units, of character
   LONG lfWidth;           // average width, in logical units, of
                           //    character
   LONG lfEscapement;      // angle (1/10 degree) of each line of text
   LONG lfOrientation;     // angle (1/10 degree) of text baseline
   LONG lfWeight;          // font weight, 0-4000 (400 normal, 700 bold)
   BYTE lfItalic;          // TRUE if font is italic
   BYTE lfUnderline;       // TRUE if font is underlined
   BYTE lfStrikeOut;       // TRUE if font is struck out (lined through)
   BYTE lfCharSet;         // ANSI_CHARSET, SYMBOL_CHARSET,
                           //  OEM_CHARSET, or UNICODE_CHARSET
   BYTE lfOutPrecision;    // One of the OUT_ constants
   BYTE lfClipPrecision;   // One of the CLIP_ constants
   BYTE lfQuality;         // DEFAULT_QUALITY, DRAFT_QUALITY,
                           //   PROOF_QUALITY
   BYTE lfPitchAndFamily;  // Combination of pitch constants
                           //   (DEFAULT_PITCH, FIXED_PITCH,
                           //   or VARIABLE_PITCH) and
                           //   FF_ font family constants
   CHAR lfFaceName[LF_FACESIZE]; // name of typeface
} LOGFONT;
```

LOGPALETTE **Defines a logical color palette**

```
typedef struct tagLOGPALETTE { /* lgpl */
    WORD         palVersion;      // windows version of structure
                                  //    (0x0300)
    WORD         palNumEntries;   // number of elements in palPalEntry
    PALETTEENTRY palPalEntry[1];  // array of palette entries
} LOGPALETTE;
```

LOGPEN **Defines characteristics of a logical pen**

```
typedef struct tagLOGPEN { /* lgpn */
    UINT     lopnStyle;          // combination of PS_ pen styles
    POINT    lopnWidth;          // width of pen in logical units
    COLORREF lopnColor;          // color of pen
} LOGPEN;
```

LUID **Locally Unique Identifier**

```
typedef LARGE_INTEGER LUID
```

LUID_AND_ATTRIBUTES **Represents an LUID and its attributes**

```
typedef struct _LUID_AND_ATTRIBUTES { /* luaa */
    LUID  Luid;
    DWORD Attributes;            // application-defined 32-bit set of
flags
} LUID_AND_ATTRIBUTES;
```

MAT2 **Contains values for a transformation matrix**

```
typedef struct _MAT2 { /* mt2 */
    FIXED eM11;      // M11 component of 3-by-3 transformation matrix.
    FIXED eM12;      // M11 component of 3-by-3 transformation matrix.
    FIXED eM21;      // M11 component of 3-by-3 transformation matrix.
    FIXED eM22;      // M11 component of 3-by-3 transformation matrix.
} MAT2;
```

MCI_ANIM_OPEN_PARMS **Contains information for MCI_OPEN**

```
typedef struct {
    DWORD       dwCallback;        // window handle for MCI_NOTIFY flag
    MCIDEVICEID wDeviceID;         // device ID returned to user
    LPCTSTR     lpstrDeviceType;   // name of device type
    LPCTSTR     lpstrElementName;  // device element (path) name
    LPCSTR      lpstrAlias;        // optional device alias
    DWORD       dwStyle;           // window style
    HWND        hWndParent;        // handle of parent
} MCI_ANIM_OPEN_PARMS;
```

MCI_ANIM_PLAY_PARMS **Contains parameters for MCI_PLAY**

```
typedef struct {
    DWORD  dwCallback;          // window handle for MCI_NOTIFY flag
    DWORD  dwFrom;              // position to play from
    DWORD  dwTo;                // position to play to
    DWORD  dwSpeed;             // play rate, in frames per second
} MCI_ANIM_PLAY_PARMS;
```

MCI_ANIM_RECT_PARMS **Contains parameters for MCI_PUT and MCI_WHERE**

```
typedef struct {
    DWORD dwCallback;           // window handle for MCI_NOTIFY flag
    RECT  rc;                   // rectangle
} MCI_ANIM_RECT_PARMS;
```

MCI_ANIM_STEP_PARMS **Contains parameters for MCI_STEP**

```
typedef struct {
    DWORD  dwCallback;          // window handle for MCI_NOTIFY flag
    DWORD  dwFrames;            // number of frames to skip
} MCI_ANIM_STEP_PARMS;
```

MCI_ANIM_UPDATE_PARMS **Contains parameters for MCI_UPDATE**

```
typedef struct {
    DWORD  dwCallback;          // window handle for MCI_NOTIFY flag
    RECT  rc;                   // rectangle
    HDC  hDC;                   // device context
} MCI_ANIM_UPDATE_PARMS;
```

MCI_ANIM_WINDOW_PARMS **Contains parameters for MCI_WINDOW**

```
typedef struct tagMCI_ANIM_WINDOW_PARMS {
    DWORD  dwCallback;          // window handle for MCI_NOTIFY flag
    DWORD  hWnd;                // identifies display window
    UINT  nCmdShow;             // specifies how window should be
                                //    displayed
    LPCTSTR  lpstrText;         // window caption
} MCI_ANIM_WINDOW_PARMS;
```

MCI_BREAK_PARMS **Contains parameters for MCI_BREAK**

```
typedef struct {
    DWORD  dwCallback;          // window handle for MCI_NOTIFY flag
    int  nVirtKey;              // virtual keycode of break key
    HWND  hwndBreak;            // window that must be current for
break detect
} MCI_BREAK_PARMS;
```

MCI_GENERIC_PARMS **Contains information for generic MCI messages**

```
typedef struct {
    DWORD  dwCallback;         // window handle for MCI_NOTIFY flag
} MCI_GENERIC_PARMS;
```

MCI_GETDEVCAPS_PARMS **Contains parameters for MCI_GETDEVCAPS**

```
typedef struct {
    DWORD  dwCallback;        // window handle for MCI_NOTIFY flag
    DWORD  dwReturn;          // contains return information
    DWORD  dwItem;            // capability being queried
} MCI_GETDEVCAPS_PARMS;
```

MCI_INFO_PARMS **Contains parameters for MCI_INFO**

```
typedef struct {
    DWORD  dwCallback;        // window handle for MCI_NOTIFY flag
    LPTSTR lpstrReturn;       // user-defined buffer for returned string
    DWORD  dwRetSize;         // size, in bytes, of buffer
} MCI_INFO_PARMS;
```

MCI_LOAD_PARMS **Contains parameters for MCI_LOAD**

```
typedef struct {
    DWORD   dwCallback;          // window handle for MCI_NOTIFY flag
    LPCTSTR lpfilename;          // filename of device element to load
} MCI_LOAD_PARMS;
```

MCI_OPEN_PARMS **Contains parameters for MCI_OPEN**

```
typedef struct {
    DWORD       dwCallback;        // window handle for MCI_NOTIFY flag
    MCIDEVICEID wDeviceID;         // device ID
    LPCTSTR     lpstrDeviceType;   // name or constant ID for device
    LPCTSTR     lpstrElementName;  // device-element name (usu. path)
    LPCTSTR     lpstrAlias;        // optional device alias
} MCI_OPEN_PARMS;
```

MCI_OVLY_LOAD_PARMS **Contains parameters for video overlay MCI_LOAD**

```
typedef struct {
    DWORD   dwCallback;            // window handle for MCI_NOTIFY flag
    LPCTSTR lpfilename;            // null-terminated string
    RECT    rc;                    // rectangle
} MCI_OVLY_LOAD_PARMS;
```

MCI_OVLY_OPEN_PARMS **Contains parameters for video overlay MCI_OPEN**

```
typedef struct {
    DWORD  dwCallback;             // window handle for MCI_NOTIFY flag
    MCIDEVICEID  wDeviceID;        // device id
    LPCTSTR  lpstrDeviceType;      // device type
    LPCTSTR  lpstrElementName;     // device-element name (usually path)
    LPCTSTR  lpstrAlias;           // optional device alias
    DWORD  dwStyle;                // windows style
    HWND  hWndParent;              // parent window
} MCI_OVLY_OPEN_PARMS;
```

MCI_OVLY_RECT_PARMS **Contains parameters for video overlay MCI_PUT**

```
typedef struct {
    DWORD dwCallback;              // window handle for MCI_NOTIFY flag
    RECT  rc;                      // rectangle
} MCI_OVLY_RECT_PARMS;
```

MCI_OVLY_SAVE_PARMS — **Contains parameters for video overlay MCI_SAVE**

```
typedef struct {
    DWORD  dwCallback;          // window handle for MCI_NOTIFY flag
    LPCTSTR lpfilename;         // filename for save
    RECT  rc;                   // rectangle
} MCI_OVLY_SAVE_PARMS;
```

MCI_OVLY_WINDOW_PARMS — **Parameters for video overlay MCI_WINDOW**

```
typedef struct {
    DWORD  dwCallback;          // window handle for MCI_NOTIFY flag
    HWND   hWnd;                // display window
    UINT   nCmdShow;            // One of SW_ (show window) constants
    LPCTSTR  lpstrText;         // window caption
} MCI_OVLY_WINDOW_PARMS;
```

MCI_PLAY_PARMS — **Contains parameters for MCI_PLAY**

```
typedef struct {
    DWORD  dwCallback;          // window handle for MCI_NOTIFY flag
    DWORD  dwFrom;              // position to start playing
    DWORD  dwTo;                // position to end playing
} MCI_PLAY_PARMS;
```

MCI_RECORD_PARMS — **Contains parameters for MCI_RECORD**

```
typedef struct {
    DWORD  dwCallback;          // window handle for MCI_NOTIFY flag
    DWORD  dwFrom;              // position to start recording
    DWORD  dwTo;                // position to end recording
} MCI_RECORD_PARMS;
```

MCI_SAVE_PARMS — **Contains parameters for MCI_SAVE**

```
typedef struct {
    DWORD   dwCallback;         // window handle for MCI_NOTIFY flag
    LPCTSTR lpfilename;         // name of save file
} MCI_SAVE_PARMS;
```

MCI_SEEK_PARMS **Contains parameters for MCI_SEEK**

```
typedef struct {
    DWORD  dwCallback;          // window handle for MCI_NOTIFY flag
    DWORD  dwTo;                // position to seek to
} MCI_SEEK_PARMS;
```

MCI_SEQ_SET_PARMS **Contains parameters for MIDI sequencer MCI_SET**

```
typedef struct {
    DWORD  dwCallback;      // window handle for MCI_NOTIFY flag
    DWORD  dwTimeFormat;    // time format of sequencer
    DWORD  dwAudio;         // audio output channel
    DWORD  dwTempo;         // tempo
    DWORD  dwPort;          // output port
    DWORD  dwSlave;         // synchronization for slave operation
    DWORD  dwMaster;        // synchronization for master operation
    DWORD  dwOffset;        // data offset
} MCI_SEQ_SET_PARMS;
```

MCI_SET_PARMS **Contains parameters for MCI_SET**

```
typedef struct {
    DWORD  dwCallback;          // window handle for MCI_NOTIFY flag
    DWORD  dwTimeFormat;        // time format of sequencer
    DWORD  dwAudio;             // audio output channel
} MCI_SET_PARMS;
```

MCI_SOUND_PARMS **Contains parameters for MCI_SOUND**

```
typedef struct {
    DWORD   dwCallback;         // window handle for MCI_NOTIFY flag
    LPCTSTR lpstrSoundName;     // name of sound
} MCI_SOUND_PARMS;
```

MCI_STATUS_PARMS **Contains parameters for MCI_STATUS**

```
typedef struct {
    DWORD  dwCallback;          // window handle for MCI_NOTIFY flag
    DWORD  dwReturn;            // returned information
    DWORD  dwItem;              // item being queried
    DWORD  dwTrack;             // length or number of tracks
} MCI_STATUS_PARMS;
```

MCI_SYSINFO_PARMS **Contains parameters for MCI_SYSINFO**

```
typedef struct {
    DWORD  dwCallback;         // window handle for MCI_NOTIFY flag
    LPTSTR lpstrReturn;        // buffer for returned string
    DWORD  dwRetSize;          // size of buffer
    DWORD  dwNumber;           // device position in MCI device table
    UINT   wDeviceType;        // type of device
} MCI_SYSINFO_PARMS;
```

MCI_VD_ESCAPE_PARMS **Contains parameters for videodisc MCI_ESCAPE**

```
typedef struct {
    DWORD   dwCallback;           // window handle for MCI_NOTIFY flag
    LPCTSTR lpstrCommand;         // command to send to the device
} MCI_VD_ESCAPE_PARMS;
```

MCI_VD_PLAY_PARMS **Contains parameters for videodisc MCI_PLAY**

```
typedef struct {
    DWORD  dwCallback;       // window handle for MCI_NOTIFY flag
    DWORD  dwFrom;           // position to start playing
    DWORD  dwTo;             // position to end playing
    DWORD  dwSpeed;          // speed, in frames per second
} MCI_VD_PLAY_PARMS;
```

MCI_VD_STEP_PARMS **Contains parameters for videodisc MCI_STEP**

```
typedef struct {
    DWORD  dwCallback;        // window handle for MCI_NOTIFY flag
    DWORD  dwFrames;          // # of frames to skip
} MCI_VD_STEP_PARMS;
```

MCI_WAVE_DELETE_PARMS **Contains parameters for waveform MCI_DELETE**

```
typedef struct {
    DWORD  dwCallback;        // window handle for MCI_NOTIFY flag
    DWORD  dwFrom;            // starting position for delete
    DWORD  dwTo;              // ending position for delete
} MCI_WAVE_DELETE_PARMS;
```

MCI_WAVE_OPEN_PARMS **Contains parameters for waveform MCI_OPEN**

```
typedef struct {
    DWORD  dwCallback;               // window handle for MCI_NOTIFY flag
    MCIDEVICEID  wDeviceID;          // device ID
    LPCTSTR  lpstrDeviceType;        // device name
    LPCTSTR  lpstrElementName;       // element-device name (usually path)
    LPCTSTR  lpstrAlias;             // optional device alias
    DWORD  dwBufferSeconds;          // buffer length in seconds
} MCI_WAVE_OPEN_PARMS;
```

MCI_WAVE_SET_PARMS **Contains parameters for waveform MCI_SET**

```
typedef struct {
    DWORD dwCallback;         // window handle for MCI_NOTIFY flag
    DWORD dwTimeFormat;       // time format
    DWORD dwAudio;            // audio channel for output
    UINT  wInput;             // audio channel for input
    UINT  wOutput;            // output channel
    WORD  wFormatTag;         // interpretation of waveform format
    WORD  wReserved2;
    WORD  nChannels;          // monaural (1) or stereo (2)
    WORD  wReserved3;
```

```
    DWORD nSamplesPerSec;      // samples per second
    DWORD nAvgBytesPerSec;     // sample rate, in bytes per second
    WORD  nBlockAlign;         // block alignment of data
    WORD  wReserved4;
    WORD  wBitsPerSample;      // number of bits per sample
    WORD  wReserved5;
} MCI_WAVE_SET_PARMS;
```

MDICREATESTRUCT **Initialization data for MDI child window**

```
typedef struct tagMDICREATESTRUCT { /* mdic */
    LPCTSTR szClass;     // name of window class for MDI child
    LPCTSTR szTitle;     // title of MDI child window
    HANDLE  hOwner;      // owner of MDI child
    int     x;           // x-coord of upper-left corner of MDI child
    int     y;           // y-coord of upper-left corner of MDI child
    int     cx;          // window width
    int     cy;          // window height
    DWORD   style;       // window style
    LPARAM  lParam;      // application-defined data
} MDICREATESTRUCT;
```

MEASUREITEMSTRUCT **Contains dimensions of owner-drawn control**

```
typedef struct tagMEASUREITEMSTRUCT {   /* mis */
    UINT  CtlType;            // One of the ODT_ control type constants
    UINT  CtlID;              // control ID
    UINT  itemID;             // item ID
    UINT  itemWidth;          // item width
    UINT  itemHeight;         // item height
    DWORD itemData;           // application-defined data
} MEASUREITEMSTRUCT;
```

MEDIA_TYPE **Defines a set of device media types**

```
typedef enum _MEDIA_TYPE {
    Unknown,                      // Format is unknown
    F5_1Pt2_512,                  // 5.25", 1.2MB,  512 bytes/sector
```

```
    F3_1Pt44_512,               // 3.5",  1.44MB, 512 bytes/sector
    F3_2Pt88_512,               // 3.5",  2.88MB, 512 bytes/sector
    F3_20Pt8_512,               // 3.5",  20.8MB, 512 bytes/sector
    F3_720_512,                 // 3.5",  720KB,  512 bytes/sector
    F5_360_512,                 // 5.25", 360KB,  512 bytes/sector
    F5_320_512,                 // 5.25", 320KB,  512 bytes/sector
    F5_320_1024,                // 5.25", 320KB,  1024 bytes/sector
    F5_180_512,                 // 5.25", 180KB,  512 bytes/sector
    F5_160_512,                 // 5.25", 160KB,  512 bytes/sector
    RemovableMedia,             // Removable media other than floppy
    FixedMedia                  // Fixed hard disk media
} MEDIA_TYPE;
```

MEMORY_BASIC_INFORMATION **Contains virtual memory information**

```
typedef struct _MEMORY_BASIC_INFORMATION { /* mbi */
    PVOID BaseAddress;            /* base address of region    */
    PVOID AllocationBase;         /* allocation base address   */
    DWORD AllocationProtect;      /* initial access protection */
    DWORD RegionSize;             /* size, in bytes, of region */
    DWORD State;                  /* committed, reserved, free */
    DWORD Protect;                /* current access protection */
    DWORD Type;                   /* type of pages             */
} MEMORY_BASIC_INFORMATION;
typedef MEMORY_BASIC_INFORMATION *PMEMORY_BASIC
_INFORMATION;
```

MEMORYSTATUS **Contains memory availability information**

```
typedef struct _MEMORYSTATUS { /* mst */
    DWORD dwLength;             /* sizeof(MEMORYSTATUS)        */
    DWORD dwMemoryLoad;         /* percent of memory in use    */
    DWORD dwTotalPhys;          /* bytes of physical memory    */
    DWORD dwAvailPhys;          /* free physical memory bytes  */
    DWORD dwTotalPageFile;      /* bytes of paging file        */
    DWORD dwAvailPageFile;      /* free bytes of paging file   */
    DWORD dwTotalVirtual;       /* user bytes of address space */
    DWORD dwAvailVirtual;       /* free user bytes             */
} MEMORYSTATUS, *LPMEMORYSTATUS;
```

MENU_EVENT_RECORD **Used internally by the console**

```
typedef struct _MENU_EVENT_RECORD { /* mer */
    UINT dwCommandId;             // used internally
} MENU_EVENT_RECORD, *PMENU_EVENT_RECORD;
```

MENUITEMTEMPLATE **Defines a menu item**

```
typedef struct {     /* mit */
    WORD mtOption;              // One of the MF_ menu format constants
    WORD mtID;                  // command item identifier
    WCHAR mtString[1];          // string for menu item
} MENUITEMTEMPLATE;
```

MENUITEMTEMPLATEHEADER **Contains header data for a menu template**

```
typedef struct {     /* mith */
    WORD versionNumber;           // should be zero
    WORD offset;                  // offset from end of header
} MENUITEMTEMPLATEHEADER;
```

METAFILEPICT **Defines metafile picture format for clipboard**

```
typedef struct tagMETAFILEPICT { /* mfp */
    LONG      mm;             // mapping mode
    LONG      xExt;           // width  (in mapping mode units)
    LONG      yExt;           // height (in mapping mode units)
    HMETAFILE hMF;            // handle of memory metafile
} METAFILEPICT;
```

METAHEADER **Contains information about a metafile**

```
typedef struct tagMETAHEADER {  /* mh */
    WORD  mtType;            // 1 = in memory, 2 = on disk
    WORD  mtHeaderSize;      // size, in words, of metafile header
    WORD  mtVersion;         // version; 0x300 for DIB, 0x100 otherwise
    DWORD mtSize;            // size, in words, of file
    WORD  mtNoObjects;       // number of objects in file
    DWORD mtMaxRecord;       // size of largest record
    WORD  mtNoParameters;    // reserved
} METAHEADER;
```

METARECORD **Contains a metafile record**

```
typedef struct tagMETARECORD {  /* mr */
    DWORD rdSize;          // size of record in words
    WORD  rdFunction;      // function of this record
    WORD  rdParm[1];       // array of words containing function
                           //    parameters
} METARECORD;
```

MIDIHDR **Defines MIDI system-exclusive data buffer**

```
typedef struct midihdr_tag {
    LPSTR  lpData;                  // system-exclusive data buffer
    DWORD  dwBufferLength;          // length of buffer
    DWORD  dwBytesRecorded;         // amount of data in buffer
    DWORD  dwUser;                  // user data
    DWORD  dwFlags;                 // MHDR_DONE or MHDR_PREPARED
    struct midihdr_tag *lpNext;     // reserved
    DWORD  reserved;                // reserved
} MIDIHDR;
```

MIDIINCAPS **Describes MIDI input device capabilities**

```
typedef struct midiincaps_tag {
    WORD  wMid;                     // manufacturer identifier
    WORD  wPid;                     // product identifier
    MMVERSION  vDriverVersion;      // driver version number
    TCHAR  szPname[MAXPNAMELEN];    // product identifier
} MIDIINCAPS;
```

MIDIOUTCAPS **Describes MIDI output device capabilities**

```
typedef struct midiincaps_tag {
    WORD  wMid;                     // manufacturer identifier
    WORD  wPid;                     // product identifier
    MMVERSION  vDriverVersion;      // driver version number
    TCHAR  szPname[MAXPNAMELEN];    // product identifier
    WORD   wTechnology;             // type of MIDI output device
                                    //    (MOD_ constant)
    WORD   wVoices;                 // number of voices
```

```
    WORD   wNotes;           // maximum # simultaneously played notes
    WORD   wChannelMask;     // bitmask of channels device responds to
    DWORD  dwSupport;        // combination of MIDICAPS_ constants
} MIDIOUTCAPS;
```

MINMAXINFO **Contains window size and tracking data**

```
typedef struct tagMINMAXINFO {  /* mmi */
    POINT ptReserved;
    POINT ptMaxSize;             // maximize height and width of window
    POINT ptMaxPosition;         // upper left corner of maximized window
    POINT ptMinTrackSize;        // minimum tracking width and height
    POINT ptMaxTrackSize;        // maximum tracking width and height
} MINMAXINFO;
```

MMCKINFO **Contains RIFF chunk information**

```
typedef struct _MMCKINFO {
    FOURCC ckid;            // chunk identifier
    DWORD  cksize;          // chunk size, in bytes
    FOURCC fccType;         // form type (RIFF) or list type (LIST hunks)
    DWORD  dwDataOffset;    // offset of chunk's data member
    DWORD  dwFlags;         // MMIO_DIRTY is chunk is "dirty"
} MMCKINFO;
```

MMIOINFO **Contains open file state information**

```
typedef struct _MMIOINFO {
    DWORD  dwFlags;         // how opened; an MMIO_ constant
    FOURCC fccIOProc;       // 4-char code for file's I/O procedure
    LPMMIOPROC pIOProc;     // file's I/O procedure
    UINT   wErrorRet;       // extended error from mmioFileOpen call
    HANDLE htask;           // handle of task
    LONG   cchBuffer;       // size of buffer, in characters
    LPSTR  pchBuffer;       // address of buffer
    LPSTR  pchNext;         // next location to read from I/O buffer
    LPSTR  pchEndRead;      // one past last location that can be read
    LPSTR  pchEndWrite;     // one past last location that can be written
```

```
    LONG    lBufOffset;   // internal use only
    LONG    lDiskOffset;  // current file position
    DWORD   adwInfo[3];   // state information used by I/O procedure
    DWORD   dwReserved1;
    DWORD   dwReserved2;
    HMMIO   hmmio;        // Identifies the open file
} MMIOINFO;
```

MMTIME **General-purpose timing structure**

```
typedef struct mmtime_tag {
    WORD  wType;                 // type of union, a
                                 //    TIME_ constant
    union {
        DWORD  ms;               // milliseconds
        DWORD  sample;           // number of samples
        DWORD  cb;               // bytes
        struct {                 // SMPTE time
            BYTE  hour;
            BYTE  min;
            BYTE  sec;
            BYTE  frame;
            BYTE  fps;
            BYTE  dummy;
        } smpte;
        struct {
            DWORD  songptrpos;   // song pointer
        } midi;
    } u;
} MMTIME;
```

MONCBSTRUCT **Contains data about current DDE transaction**

```
typedef struct tagMONCBSTRUCT { /* mcbst */
    UINT     cb;          // byte count
    DWORD    dwTime;      // time transaction occurred
    HANDLE   hTask;       // task
    DWORD    dwRet;       // return value
```

```
    UINT     wType;         // transaction type
    UINT     wFmt;          // transaction format
    HCONV    hConv;         // identifies transaction conversation
    HSZ      hsz1;          // a string
    HSZ      hsz2;          // another string
    HDDEDATA hData;         // data exchange, if any, during transaction
    DWORD    dwData1;       // additional data
    DWORD    dwData2;       // yet more data
    CONVCONTEXT cc;         // language information
    DWORD    cbData;        // amount, in bytes, of data in transaction
    DWORD    Data[8];       // first 32 bytes of transaction data
} MONCBSTRUCT;
```

MONCONVSTRUCT **Contains data about a DDE conversation**

```
typedef struct tagMONCONVSTRUCT { /* mcvst */
    UINT   cb;                  // number of bytes in this structure
    BOOL   fConnect;            // TRUE if conversation is connected
    DWORD  dwTime;              // time that conversation was established
    HANDLE hTask;               // task identifier
    HSZ    hszSvc;              // service name of conversation
    HSZ    hszTopic;            // topic of conversation
    HCONV  hConvClient;         // handle of client in conversation
    HCONV  hConvServer;         // handle of server in conversation
} MONCONVSTRUCT;
```

MONERRSTRUCT **Contains data about the current DDE error**

```
typedef struct tagMONERRSTRUCT { /* mest */
    UINT   cb;                      // size of this structure
    UINT   wLastError;              // identity of last error
    DWORD  dwTime;                  // time of error
    HANDLE hTask;                   // task identifier
} MONERRSTRUCT;
```

MONHSZSTRUCT **Contains data about a DDE string handle**

```
typedef struct tagMONHSZSTRUCT { /* mhst */
    UINT   cb;              // size, in bytes, of this structure
    BOOL   fsAction;        // action on string handle (MH_ constant)
    DWORD  dwTime;          // time when action takes place
    HSZ    hsz;             // identifies the string
    HANDLE hTask;           // task identifier
    char   str[1];          // string
} MONHSZSTRUCT;
```

MONITOR_INFO_1 **Identifies an installed monitor**

```
typedef struct _MONITOR_INFO_1 { /* mi1 */
    LPTSTR pName;                // name of installed monitor
} MONITOR_INFO_1;
```

MONITOR_INFO_2 **Identifies an installed monitor**

```
typedef struct _MONITOR_INFO_2 { /* mi2 */
    LPTSTR pName;                // name of installed monitor
    LPTSTR pEnvironment ;        // environment for this DLL
    LPTSTR pDLLName ;            // name of DLL
} MONITOR_INFO_2;
```

MONLINKSTRUCT **Contains data about an advise loop**

```
typedef struct tagMONLINKSTRUCT { /* mlst */
    UINT   cb;            // number of bytes in this record
    DWORD dwTime;         // time when advise loop started
    HANDLE hTask;         // task identifier
    BOOL   fEstablished;  // was advise loop successful?
    BOOL   fNoData;       // was XTYPF_NODATA flag set?
    HSZ    hszSvc;        // identifies service name of server
    HSZ    hszTopic;      // topic name for which advise loop was created
    HSZ    hszItem;       // item requested
    UINT   wFmt;          // format of data
```

```
    BOOL  fServer;       // received link notification from server?
    HCONV hConvServer;   // server ID
    HCONV hConvClient;   // client ID
} MONLINKSTRUCT;
```

MONMSGSTRUCT **Contains data about a DDE message**

```
typedef struct tagMONMSGSTRUCT { /* mmst */
    UINT   cb;              // number of bytes in this record
    HWND   hwndTo;          // window to receive DDE message
    DWORD  dwTime;          // time at which message was sent or posted
    HANDLE hTask;           // task identifier
    UINT   wMsg;            // DDE message
    WPARAM wParam;          // app-defined data
    LPARAM lParam;          // app-defined data
    DDEML_MSG_HOOK_DATA dmhd;   // additional information
} MONMSGSTRUCT;
```

MOUSE_EVENT_RECORD **Contains mouse event information**

```
typedef struct _MOUSE_EVENT_RECORD { /* mer */
    COORD dwMousePosition; // character-cell coordinates of mouse
                           //   in buffer
    DWORD dwButtonState;   // lowest three bits correspond to state of
                           //   mouse buttons, the least significant
                           //   bit
                           //   being leftmost button.
    DWORD dwControlKeyState;  // control key state, combination of:
                              //     RIGHT_ALT_PRESSED
                              //     LEFT_ALT_PRESSED
                              //     RIGHT_CTRL_PRESSED
                              //     LEFT_CTRL_PRESSED
                              //     SHIFT_PRESSED
                              //     NUMLOCK_ON
                              //     SCROLLLOCK_ON
                              //     CAPSLOCK_ON
                              //     ENHANCED_KEY
    DWORD dwEventFlags;       // MOUSE_MOVED or DOUBLE_CLICK
} MOUSE_EVENT_RECORD;
```

MOUSEHOOKSTRUCT **Contains data about a mouse event**

```
typedef struct tagMOUSEHOOKSTRUCT { /* ms */
    POINT pt;              // x and y screen coord of cursor
    HWND  hwnd;            // window to receive mouse message
    UINT  wHitTestCode;    // hit-test code (see WM_NCHITTEST message)
    DWORD dwExtraInfo;     // extra information associated with message
} MOUSEHOOKSTRUCT;
```

MSG **Contains message information**

```
typedef struct tagMSG {     /* msg */
    HWND   hwnd;               // window receiving message
    UINT   message;            // message identifier
    WPARAM wParam;             // message-specific data
    LPARAM lParam;             // message-specific data
    DWORD  time;               // time message was posted
    POINT  pt;                 // cursor position when message was
posted
} MSG;
```

MULTIKEYHELP **Contains key-word data for Windows Help**

```
typedef struct tagMULTIKEYHELP { /* mkh */
    DWORD mkSize;              // size of this structure
    BYTE  mkKeylist;           // char identifying keyword table to
                               be searched
    TCHAR szKeyphrase[1];      // keyword to be located in table
} MULTIKEYHELP;
```

NAME_BUFFER **Contains local network name information**

```
typedef struct _NAME_BUFFER { /* nb */
    UCHAR name[NCBNAMSZ];       // local network name
    UCHAR name_num;             // number for local network name
    UCHAR name_flags;           // One of the following constants:
                                //   REGISTERING, REGISTERED,
                                //   DEREGISTERED
                                //   DUPLICATE, DUPLICATE_DEREG
                                //   GROUP_NAME, UNIQUE_NAME
    } NAME_BUFFER;
```

NCB **Network control block**

```
typedef struct _NCB { /* ncb */
    UCHAR  ncb_command;          // command, one of the NCB* constants
    UCHAR  ncb_retcode;          // return code, one of the
                                 //    NRC_ constants
    UCHAR  ncb_lsn;              // local session number
    UCHAR  ncb_num;              // Number of this control block
    PUCHAR ncb_buffer;           // message buffer
    WORD   ncb_length;           // size of message buffer in bytes
    UCHAR  ncb_callname[NCBNAMSZ]; // remote name
    UCHAR  ncb_name[NCBNAMSZ];   // local name
    UCHAR  ncb_rto;              // receive timeout, in half-second
                                 //   units
    UCHAR  ncb_sto;              // send timeout, in half-second units
    void (*ncb_post) (struct _NCB *); // routine to call when
                                      // asynchronous NCB finishes
    UCHAR  ncb_lana_num;         // LAN adapter number
    UCHAR  ncb_cmd_cplt;         // command complete flag
    UCHAR  ncb_reserve[10];
    HANDLE ncb_event;            // handle to a Windows event that
                                 //    is set to the signaled state
                                 //    when the asynchronous network-
                                 //    control block finishes.
} NCB;
```

NCCALCSIZE_PARAMS **Contains data for calculating client area**

```
typedef struct tagNCCALCSIZE_PARAMS { /* nccp */
    RECT       rgrc[3];   // First element is size of window after move
                          // or resize. Second element is size of window
                          // before change. Third element is size of
                          // window's client area before change.
    PWINDOWPOS lppos;     // size and position specified in move or
resize
} NCCALCSIZE_PARAMS;
```

NDDESHAREINFO **Describes network DDE share attributes**

```
typedef struct _NDDESHAREINFO {
    LONG   lRevision;          // revision level of structure; 1 for NT
    LPTSTR lpszShareName;      // name of share
    LONG   lShareType;         // type of share; one of SHARE_ constants
    LPTSTR lpszAppTopicList;   // topic list; see below
    LONG   fSharedFlag;        // boolean to allow sharing
    LONG   fService;           // When TRUE, DDE share will not check to
                               //  see if the current user has set it as
                               //  trusted before before allowing DDE
                               //  communication through it.
    LONG    fStartAppFlag;     // If TRUE, share is trusted to
                               //   start apps
    LONG    nCmdShow;          // Preferred mode for apps to be shown in
    LONG    qModifyId[2];      // modification serial number for
                               //   DDE comm
    LONG    cNumItems;         // number of items in list
    LPTSTR  lpszItemList;      // list of null-terminated strings
                               //   identifying topics requested
}NDDESHAREINFO;
```

lpszAppTopicList points to a buffer containing null-terminated strings for the DDE, OLE, and static application/topic pairs. The buffer should be in the following format: <DDE application name>|

```
<DDE topic name>\0
<OLE application name>|
<OLE topic name>\0
<static application name>|
<static topic name>\0\0
```

NETRESOURCE **Information about network resource**

```
typedef struct _NETRESOURCE {  /* nr */
    DWORD  dwScope;           // scope of enumeration; a
                              //    RESOURCE_constant
    DWORD  dwType;            // a RESOURCETYPE_ constant
    DWORD  dwDisplayType;     // a RESOURCEDISPLAYTYPE_ constant
    DWORD  dwUsage;           // a RESOURCEUSAGE_ constant
    LPTSTR lpLocalName;       // name of local device
    LPTSTR lpRemoteName;      // name of remote device
```

```
    LPTSTR lpComment;        // provider-supplied comment
    LPTSTR lpProvider;       // name of provider
} NETRESOURCE;
```

NEWCPLINFO **Contains Control Panel app resource data**

```
typedef struct tagNEWCPLINFO {  /* ncpli */
    DWORD dwSize;           // size of this structure
    DWORD dwFlags;          // Control Panel flags
    DWORD dwHelpContext;    // context number for topic in help project
    LONG  lData;            // application-defined data
    HICON hIcon;            // icon resource for application
    char  szName[32];       // application name
    char  szInfo[64];       // application description
    char  szHelpFile[128];  // path of application help file, if any
} NEWCPLINFO;
```

NEWTEXTMETRIC **Contains information about a physical font**

```
typedef struct tagNEWTEXTMETRIC { /* ntm */
    LONG  tmHeight;            // height of characters (ascent +
descent)
  LONG  tmAscent;               // units above baseline for characters
  LONG  tmDescent;              // units below baseline for characters
  LONG  tmInternalLeading;      // space inside bounds set by tmHeight
  LONG  tmExternalLeading;      // extra space app adds between rows
  LONG  tmAveCharWidth;         // average character width
  LONG  tmMaxCharWidth;         // maximum character width
  LONG  tmWeight;               // weight of font
  LONG  tmOverhang;             // extra width per string (only some
                                //    synthesized fonts)
  LONG  tmDigitizedAspectX;     // horizontal aspect for font's device
  LONG  tmDigitizedAspectY;     // vertical aspect for font's device
  BYTE  tmFirstChar;            // value of first character defined
  BYTE  tmLastChar;             // value of last  character defined
  BYTE  tmDefaultChar;          // char to be substitute for missing
                                //   chars
  BYTE  tmBreakChar;            // char for word breaks in
```

```
                                    //   justification
    BYTE  tmItalic;                 // nonzero if font is italic
    BYTE  tmUnderlined;             // nonzero if font is underlined
    BYTE  tmStruckOut;              // nonzero if font is struck out
    BYTE  tmPitchAndFamily;         // see below
    BYTE  tmCharSet;                // character set
    DWORD ntmFlags;                 // font attribute flags:
                                    //  0  Italic
                                    //  1  Underscore
                                    //  2  Negative
                                    //  3  Outline
                                    //  4  Strikeout
                                    //  5  Bold
    UINT  ntmSizeEM;                // size of em square for font
    UINT  ntmCellHeight;            // height of font in notional units
    UINT  ntmAvgWidth;              // average width of char, notional
units
} NEWTEXTMETRIC;
```

OFSTRUCT **Contains data about an open file**

```
typedef struct _OFSTRUCT { /* of */
    BYTE cBytes;                    // length in bytes of this structure
    BYTE fFixedDisk;                // nonzero if this is a fixed disk
    WORD nErrCode;                  // MS-DOS error code if OpenFile
failed
    WORD Reserved1;
    WORD Reserved2;
    BYTE szPathName[OFS_MAXPATHNAME]; // name of file to open
} OFSTRUCT;
```

OPENFILENAME **Contains data for the open-filename dialog box**

```
typedef struct tagOFN { /* ofn */
    DWORD     lStructSize;        // length in bytes of this structure
    HWND      hwndOwner;          // window owning dialog box
    HINSTANCE hInstance;          // application instance
```

```
    LPCTSTR  lpstrFilter;       // buffer containing pairs of
                                //    null-terminated filter strings
    LPTSTR   lpstrCustomFilter; // buffer containing a pair of
                                // user-defined filter strings
    DWORD    nMaxCustFilter;    // size of buffer above
    DWORD    nFilterIndex;      // index into lpcstrFilter array,
                                //    pointing to initial filter
                                //    selection
    LPTSTR   lpstrFile;         // buffer containing initial filename
    DWORD    nMaxFile;          // size of lpstrFile buffer
    LPTSTR   lpstrFileTitle;    // title of selected file
    DWORD    nMaxFileTitle;     // size of lpstrFileTitle buffer
    LPCTSTR  lpstrInitialDir;   // initial file directory
    LPCTSTR  lpstrTitle;        // title bar of dialog box
    DWORD    Flags;             // combination of OFN_ constants
    WORD     nFileOffset;       // offset of filename in lpstrFile
    WORD     nFileExtension;    // offset of file extension in
                                //    lpstrFile
    LPCTSTR  lpstrDefExt;       // default extension
    DWORD    lCustData;         // application-specific data
    LPOFNHOOKPROC lpfnHook;     // hook function for dialog messages
    LPCTSTR  lpTemplateName;    // optional substitute dialog template
} OPENFILENAME;
```

OUTLINETEXTMETRIC — **Contains TrueType font metrics**

```
typedef struct _OUTLINETEXTMETRIC { // otm
    UINT   otmSIZE;
    TEXTMETRIC otmTextMetrics;      // Byte size of this structure
    BYTE   otmFiller;               // Further information on this font
    PANOSE otmPanoseNumber;         // Panose number for this font
    UINT   otmfsSelection;          // 0 = Italic, 1 = Underscore,
                                    //    2 = Negative,
                                    //    3 = Outline, 4 = Strikeout,
                                    //    5 = Bold
    UINT   otmfsType;               // If bit 1 set, cannot be
                                    //    embedded, bit 2 set, embedded
                                    //    only as read-only
    int    otmsCharSlopeRise;       // 1 if slope vertical
```

```
    int     otmsCharSlopeRun;         // 0 if slope vertical
    int     otmItalicAngle;           // Counterclockwise degrees from
                                      //   vertical
    UINT    otmEMSquare;              // Logical units of em-square
    int     otmAscent;                // Typographic ascent
    int     otmDescent;               // Typographic descent
    UINT    otmLineGap;               // Typographic line spacing
    UINT    otmsCapEmHeight;          // Not Supported
    UINT    otmsXHeight;              // Not Supported
    RECT    otmrcFontBox;             // Bounding box for font
    int     otmMacAscent;             // Ascent, in Macintosh terms
    int     otmMacDescent;            // Descent in Macintosh terms
    UINT    otmMacLineGap;            // Line Spcing in Macintosh terms
    UINT    otmusMinimumPPEM;         // Smallest recommended size,
                                      //    in pixels/em-square
    POINT   otmptSubscriptSize;       // Recommended subscript size
    POINT   otmptSubsciptOffset;      // Recommended subscript position
                                      //    offset
    POINT   otmptSuperscriptsSize;    // Recommended superscript size
    POINT   otmptSuperscriptOffset;   // Recommended superscript position
                                      //    offset
    UINT    otmsStrikeoutSize;        // Recommended width of strike-out
                                      //    stroke
    int     otmsStrikeoutPosition;    // Recommended position of
                                      //    strikeout
    int     otmsUnderscoreSize;       // Recommended width of underscore
    int     otmsUnderscorePosition;   // Recommended position of under
                                      //    score
    PSTR    otmpFamilyName;           // Offset from beginning of struct
                                      //    to family name
    PSTR    otmpFaceName;             // Offset from beginning of struct
                                      //    to face name
    PSTR    otmpStyleName;            // Offset from beginning of struct
                                      //    to style name
    PSTR    otmpFullName;             / Offset from beginning of struct
                                      //    to full font name
} OUTLINETEXTMETRIC;
```

OUTPUT_DEBUG_STRING_INFO **Contains debug string information**

```
typedef struct _OUTPUT_DEBUG_STRING_INFO { /* odsi */
    LPSTR lpDebugStringData;      // debugging string in call process's
                                  //    address space
    WORD  fUnicode;               // if nonzero, UNICODE string;
                                  //    otherwise,
                                  //    it's an ANSI string
    WORD  nDebugStringLength;     // length of string in bytes
} OUTPUT_DEBUG_STRING_INFO;
```

OVERLAPPED **Contains overlapped I/O offset and event**

```
typedef struct _OVERLAPPED { /* o */
    DWORD  Internal;        // system dependent status
    DWORD  InternalHigh;    // length of data transmitted
    DWORD  Offset;          // file position to start transfer
    DWORD  OffsetHigh;      // high word of offset of starting position
    HANDLE hEvent;          // event set to the signaled state when
                            //    the transfer has been completed
} OVERLAPPED;
```

PAINTSTRUCT **Contains painting data for a client area**

```
typedef struct tagPAINTSTRUCT { /* ps */
    HDC  hdc;                     // device context for painting
    BOOL fErase;                  // non-zero to erase background
    RECT rcPaint;                 // area to be painted
    BOOL fRestore;                // reserved by Windows
    BOOL fIncUpdate;              // reserved by Windows
    BYTE rgbReserved[32];         // reserved by Windows
} PAINTSTRUCT;
```

PALETTEENTRY **Specifies entry in logical color palette**

```
typedef struct tagPALETTEENTRY { /* pe */
    BYTE peRed;                   // red intensity
    BYTE peGreen;                 // green intensity
    BYTE peBlue;                  // blue intensity
```

```
    BYTE peFlags;                   // NULL, PC_EXPLICIT,
                                    // PC_NOCOLLAPSE, or PC_RESERVED
} PALETTEENTRY;
```

PANOSE **Contains Panose numbers for a TrueType font**

```
typedef struct tagPANOSE { /* pnse */
   DWORD ulCulture;        // PAN_ANY or PAN_CULTURE_LATIN
   BYTE bFamilyType;       // PAN_ANY, PAN_NO_FIT, or a PAN_FAMILY_const
   BYTE bSerifStyle;       // PAN_ANY, PAN_NO_FIT, or a PAN_SERIF_ const
   BYTE bWeight;           // PAN_ANY, PAN_NO_FIT, or a PAN_WEIGHT_ const
   BYTE bProportion;       // PAN_ANY, PAN_NO_FIT, or a PAN_PROP_ const
   BYTE bContrast;         // PAN_ANY, PAN_NO_FIT, or a
                           //   PAN_CONTRAST_ const
   BYTE bStrokeVariation;// PAN_ANY, PAN_NO_FIT, or a PAN_STROKE_ const
   BYTE bArmStyle;         // PAN_ANY, PAN_NO_FIT, or a PAN_STRAIGHT or
                           //   PAN_BENT_ const
   BYTE bLetterform;       // PAN_ANY, PAN_NO_FIT, or a PAN_LETT_ const
   BYTE bMidline;          // PAN_ANY, PAN_NO_FIT, or a PAN_MIDLINE_ const
   BYTE bXHeight;          // PAN_ANY, PAN_NO_FIT, or a PAN_XHEIGHT_ const
} PANOSE
```

PARTITION_INFORMATION **Provides disk partition information**

```
typedef struct _PARTITION_INFORMATION {
    BYTE PartitionType;                // PARTITION_ type constant
    BOOLEAN BootIndicator;             // TRUE if bootable
    BOOLEAN RecognizedPartition;       // TRUE if recognized type
    BOOLEAN RewritePartition;          // TRUE if rewritable partition
    LARGE_INTEGER StartingOffset;      // starting offset
    LARGE_INTEGER PartitionLength;     // partition offset
    LARGE_INTEGER HiddenSectors;       // number of hidden sectors
} PARTITION_INFORMATION ;
```

PCMWAVEFORMAT **Describes PCM waveform data format**

```
typedef struct pcmwaveformat_tag {
    WAVEFORMAT  wf;
    WORD  wBitsPerSample;         // number of bits per sample
} PCMWAVEFORMAT;
```

PERF_COUNTER_BLOCK **Length of counter data**

```
typedef struct _PERF_COUNTER_BLOCK { /* pcd */
    DWORD ByteLength;              // length of structure, including
                                   //     following counters
} PERF_COUNTER_BLOCK;
```

PERF_COUNTER_DEFINITION **Performance counter information**

```
typedef struct _PERF_COUNTER_DEFINITION { /* pcd */
    DWORD  ByteLength;             // length of this structure
    DWORD  CounterNameTitleIndex;  // index of title name in registry
                                   //    title database
    LPWSTR CounterNameTitle;       // name of counter
    DWORD  CounterHelpTitleIndex;  // index of help name in registry
                                   //    title database
    LPWSTR CounterHelpTitle;       // name of help title
    DWORD  DefaultScale;           // power of ten to scale chart by
    DWORD  DetailLevel;            // One of the
                                   //    PERF_DETAIL_ constants
    DWORD  CounterType;            // Combination of PERF_ constants
    DWORD  CounterSize;            // counter size, in bytes
    DWORD  CounterOffset;          // offset from start of
                                   //    PERF_COUNTER_BLOCK structure
                                   //    to the first byte of this
                                   //    counter.
} PERF_COUNTER_DEFINITION;
```

PERF_DATA_BLOCK **Performance information**

```
typedef struct _PERF_DATA_BLOCK { /* pdb */
    WCHAR   Signature[4];          // UNICODE string PERF
    DWORD   LittleEndian;          // TRUE if processor is LittleEndian
    DWORD   Version;               // version of PERF_ structure
    DWORD    Revision;             // revision of PERF_ structure
    DWORD    TotalByteLength;      // byte length of performance data
    DWORD    HeaderLength;         // byte length of this structure
    DWORD    NumObjectTypes;       // number of object types monitored
```

```
    DWORD     DefaultObject;        // object title index of default
                                    //    object whose performance data
                                    //    is to be displayed
    SYSTEMTIME    SystemTime;       // time when system is monitored
    LARGE_INTEGER PerfTime;         // performance-counter value
    LARGE_INTEGER PerfFreq;         // performance-counter frequency
    LARGE_INTEGER PerfTime100nSec; // performance-counter time(.01 sec)
    DWORD     SystemNameLength;     // length in bytes of system name
    DWORD     SystemNameOffset;     // offset, from the beginning of
                                    //    this structure, to the name of
                                    //    the system being monitored
} PERF_DATA_BLOCK;
```

PERF_INSTANCE_DEFINITION **Instance information**

```
typedef struct _PERF_INSTANCE_DEFINITION { /* pid */
   DWORD ByteLength;                // byte length of structure
   DWORD ParentObjectTitleIndex;    // parent object title index in
                                    //    registry
   DWORD ParentObjectInstance;      // index to an instance of the
                                    //    parent object type that is
                                    //    the parent of this instance
   DWORD UniqueID;                  // unique identifier used in place of
                                    //    instance name
   DWORD NameOffset;                // offset from the beginning of this
                                    //     structure to the Unicode name
                                    //     of this instance
   DWORD NameLength;                // byte length of instance name
} PERF_INSTANCE_DEFINITION;
```

PERF_OBJECT_TYPE **Object-specific performance information**

```
typedef struct _PERF_OBJECT_TYPE {  /* pot */
  DWORD  TotalByteLength;           // Byte-length of object-specific
                                    //    data
  DWORD  DefinitionLength;          // Byte-length of object-specific
                                    //    data
  DWORD  HeaderLength;              // Length of this strructure
  DWORD  ObjectNameTitleIndex;      // Index to object name in title
                                    //    database
```

```
  LPWSTR ObjectNAmeTitle;        // Name of this object
  DWORD  ObjectHelpTitleIndex;   // Index to help topic name in
                                 //    the title database
  LPWSTR ObjectHelpTitle;        // Help topic name
  DWORD  DetailLevel;            // A PERF_DETAIL constants
  DWORD  NumCounters;            // Number on instances for provided
                                 //    counters
  DWORD  DefaultCounter;         // Index of default counter
  DWORD  NumInstances;           // Number of instances for provided
                                 //    counters
  DWORD  CodePage;               // Code page, if this is not UNICODE
  LARGE_INTEGER PerfTime;        // High-resolution counter value
  LARGE_INTEGER PerfFreq;        // Counts per second for counter
} PERF_OBJECT_TYPE;
```

POINT **Contains the coordinates of a point**

```
typedef struct tagPOINT { /* pt */
    LONG x;                      // x-coordinate of point
    LONG y;                      // y-coordinate of point
} POINT;
```

POINTFX **Describes a point in a character outline**

```
typedef struct tagPOINTFX { /* ptfx */
    FIXED x;           // x-coord of point on outline of TrueType font
    FIXED y;           // y-coord of point on outline of TrueType font
} POINTFX;
```

POINTL **Point coordinates as LONG values**

```
typedef struct _POINTL { /* ptl */
    LONG x;                      // x-coordinate of point
    LONG y;                      // y-coordinate of point
} POINTL;
```

POINTS **Defines x and y coordinates**

```
typedef struct tagPOINTS { /* pts */
    SHORT x;                    // x-coordinate of point
    SHORT y;                    // y-coordinate of point
} POINTS;
```

POLYTEXT **Identifies strings for PolyTextOut**

```
typedef struct _POLYTEXT { /* ptxt */
    int   x;          // horizontal reference point for string
    int   y;          // vertical reference point for string
    UINT  n;          // number of characters in string
    TCHAR *lpwstr;    // string of text to be drawn
    UINT  uiFlags;    // combination of ETO_OPAQUE, ETO_CLIPPED, and
                      //    ETO_DELTAVECTOR constants
    RECT  rcl;        // dimensions of opaquing or clipping  rectangle
    int   *pdx;       // array of width values for each character
                      //    instring
} POLYTEXT;
```

PORT_INFO_1 **List of supported printer ports**

```
typedef struct _PORT_INFO_1 { /* pi1 */
    LPSTR pName;                // name of supported printer port
} PORT_INFO_1;
```

PREVENT_MEDIA_REMOVAL **Provides removable media locking data**

```
typedef struct _PREVENT_MEDIA_REMOVAL{
   BOOLEAN PreventMediaRemoval;  // TRUE to lock media
} PREVENT_MEDIA_REMOVAL ;
```

PRINTDLG **Contains data for the print-text dialog box**

```
typedef struct tagPD {  /* pd */
    DWORD     lStructSize;          // length, in bytes, of structure
    HWND      hwndOwner;            // owner of print dialog box
    HANDLE    hDevMode;             // movable global memory object
                                    //    containing
                                    //    a DEVMODE structure
    HANDLE    hDevNames;            // movable global memory object
containing
                                    //    a DEVNAMES structure
    HDC       hDC;                  // device or information context
    DWORD     Flags;                // combination of PD_ constants
    WORD      nFromPage;            // starting page
    WORD      nToPage;              // ending page
    WORD      nMinPage;             // minimum value for page range
    WORD      nMaxPage;             // maximum value for page range
    WORD      nCopies;              // number of copies to be printed
    HINSTANCE hInstance;            // application instance
    DWORD     lCustData;            // application-defined data
    LPPRINTHOOKPROC lpfnPrintHook;  // hook function for Print
                                    //     Dialog box
    LPSETUPHOOKPROC lpfnSetupHook;  // hook function for Setup
                                    //    Dialog box
    LPCSTR  lpPrintTemplateName;    // hook function for Print Dialog
                                    //    box
    LPCSTR  lpSetupTemplateName;    // hook function for Setup Dialog
                                    //    box
    HANDLE  hPrintTemplate;         // global memory object containing
                                    //    preloaded dialog box template
                                    //    to be used instead of the
                                    //    default Print Dialog box.
    HANDLE  hSetupTemplate;         // global memory object containing
                                    //    preloaded dialog box template
                                    //   to be used instead of the
                                    //   default Setup Dialog box.
} PRINTDLG;
```

PRINTER_DEFAULTS **Specifies the printer defaults**

```
typedef struct _PRINTER_DEFAULTS {  /* pd */
    LPTSTR      pDatatype;        // default data type for printer
    LPDEVMODE   pDevMode;         // address of DEVMODE structure
    ACCESS_MASK DesiredAccess;    // Access rights for printer
} PRINTER_DEFAULTS;
```

PRINTER_INFO_1 **General printer information**

```
typedef struct _PRINTER_INFO_1 { /* pri1 */
    DWORD  Flags;             // combination of PRINTER_ENUM_ constants
    LPTSTR pDescription;      // description of structure's contents
    LPTSTR pName;             // names contents of structure
    LPTSTR pComment;          // additional description of structure
} PRINTER_INFO_1;
```

PRINTER_INFO_2 **Detailed printer information**

```
typedef struct _PRINTER_INFO_2 { /* pri2 */
    LPTSTR    pServerName;      // Name of printer server
    LPTSTR    pPrinterName;     // Name of printer
    LPTSTR    pShareName;       // Name of sharepoint for printer
    LPTSTR    pPortName;        // Name of port to which printer
                                //    is attached
    LPTSTR    pDriverName;      // Name of the printer driver
    LPTSTR    pComment;         // Description of printer
    LPTSTR    pLocation;        // Describes physical loccation of
                                //    printer
    LPDEVMODE pDevMode;         // Default printer information
    LPTSTR    pSepFile;         // Name of file used as seperator page
    LPTSTR    pPrintProcessor;  // Name of print processor used by
                                //    printer
    LPTSTR    pDatatype;        // Name of data type used to record
                                //    job
    LPTSTR    pParameters;      // Default printer-processor
                                //    parameters
PSECURITY_DESCRIPTOR pSecurityDescriptor;
    DWORD     Attributes;       // One of the PRINTER_ATTRIBUTE
                                //    constants
```

```
    DWORD     Priority;           // Spooler priority value for routing
                                  //    jobs
    DWORD     DefaultPriority;    // Default priority assigned to jobs
    DWORD     StartTime;          // Earliest time at which this job
                                  //    will be printed
    DWORD     UntilTime;          // Latest time at which this job
                                  //    will be printed
    DWORD     Status;             // One of the PRINTER_STATUS constnts
    DWORD     cJobs;              // Number of print jobs queued for
                                  //    printer
    DWORD     AveragePPM;         // Average number of pages printed per
                                  //    minute
} PRINTER_INFO_2;
```

PRINTER_INFO_3 **Printer security information**

```
typedef struct _PRINTER_INFO_3 { /* pri3 */
    PSECURITY_DESCRIPTOR pSecurityDescriptor;
} PRINTER_INFO_3;
```

PRINTPROCESSOR_INFO_1 **Installed print processor names**

```
typedef struct _PRINTPROCESSOR_INFO_1 { /* ppi1 */
    LPSTR pName;                  // name of installed print processor
} PRINTPROCESSOR_INFO_1;
```

PRIVILEGE_SET **Specifies a set of privileges**

```
typedef struct _PRIVILEGE_SET { /* ps */
    DWORD PrivilegeCount;         // number of privileges in set
    DWORD Control;                // privilege control flag
    LUID_AND_ATTRIBUTES Privilege[ANYSIZE_ARRAY];
} PRIVILEGE_SET;
```

PROCESS_INFORMATION **Contains new process handles and IDs**

```
typedef struct _PROCESS_INFORMATION { /* pi */
    HANDLE hProcess;        // returns handle to newly created process
    HANDLE hThread;         // returns handle to newly created thread
    DWORD  dwProcessId;     // global process identifier
```

```
    DWORD  dwThreadId;          // global thread identifier
} PROCESS_INFORMATION;
```

PROVIDOR_INFO_1 **Identifies a print provider**

```
typedef struct _PROVIDOR_INFO_1 { /* pi1 */
    LPTSTR pName;           // name of print provider
    LPTSTR pEnvironment;    // environment for which this DLL was
                            //    designed
    LPTSTR pDLLName ;       // name of DLL
} PROVIDOR_INFO_1;
```

QUERY_SERVICE_CONFIG **Service configuration information**

```
typedef struct _QUERY_SERVICE_CONFIG { /* qsc */
    DWORD dwServiceType;        // one of the following:
                                //   SERVICE_WIN32_OWN_PROCESS
                                //   SERVICE_WIN32_SHARE_PROCESS
                                //   SERVICE_KERNEL_DRIVER
                                //   SERVICE_FILE_SYSTEM_DRIVER
    DWORD dwStartType;          // one of the following
                                //   SERVICE_BOOT_START
                                //   SERVICE_SYSTEM_START
                                //   SERVICE_AUTO_START
                                //   SERVICE_DEMAND_START
                                //   SERVICE_DISABLED
    DWORD dwErrorControl;       // Any one of the
                                //   SERVICE_ERROR_ constants
    LPTSTR lpBinaryPathName;    // path to service binary file
    LPTSTR lpLoadOrderGroup;    // name of load ordering group
    DWORD dwTagId;              // unique tag for this service
                                //   in group
    LPTSTR lpDependencies;      // array of null-separated names of
                                // service that must start before
                                //   this one
    LPTSTR lpServiceStartName;  // account name in the form of
                                //    "DomainName\Username"
    LPTSTR lpDisplayName;       // name used to identify service
} QUERY_SERVICE_CONFIG, LPQUERY_SERVICE_CONFIG;
```

QUERY_SERVICE_LOCK_STATUS Service lock status and owner name

```
typedef struct _QUERY_SERVICE_LOCK_STATUS { /* qsls */
    DWORD fIsLocked;              // TRUE if database is locked
    LPTSTR lpLockOwner;           // name of user who acquired lock
    DWORD dwLockDuration;         // time, in seconds, since lock
established
} QUERY_SERVICE_LOCK_STATUS, * LPQUERY_SERVICE_LOCK_STATUS ;
```

RASCONN Contains remote access connection informtion

```
typedef struct _RASCONN {
    DWORD     dwSize;          // size in bytes of RASCONN structure
    HRASCONN  hrasconn;        // handle for remote access connection
    TCHAR     szEntryName[RAS_MaxEntryName + 1];
} RASCONN ;
```

RASCONNSTATE Enumeration type describing states of RAS connection

```
typedef enum _RASCONNSTATE {
        RASCS_OpenPort = 0,
        RASCS_PortOpened,
        RASCS_ConnectDevice,
        RASCS_DeviceConnected,
        RASCS_AllDevicesConnected,
        RASCS_Authenticate,
        RASCS_AuthNotify,
        RASCS_AuthRetry,
        RASCS_AuthCallback,
        RASCS_AuthChangePassword,
        RASCS_AuthProject,
        RASCS_AuthLinkSpeed,
        RASCS_AuthAck,
        RASCS_ReAuthenticate,
        RASCS_Authenticated,
        RASCS_SendCallback,
        RASCS_PrepareForCallback,
        RASCS_WaitForModemReset,
        RASCS_WaitForCallback,
```

```
        RASCS_Interactive = RASCS_PAUSED,
        RASCS_RetryLogon,
        RASCS_CallbackSetByCaller,
        RASCS_PasswordExpired,
        RASCS_Connected = RASCS_DONE,
        RASCS_Disconnected
} RASCONNSTATE ;
```

RASCONNSTATUS **Describes current status of a RAS connection**

```
typedef struct _RASCONNSTATUS {
    DWORD          dwSize;        // size of this structure in bytes
    RASCONNSTATE   rasconnstate;  // state of remote access connection
    DWORD          dwError;       // either ERROR_NOT_ENOUGH_MEMORY
                                  //    or ERROR_INVALID_HANDLE
    TCHAR          szDeviceType[RAS_MaxDeviceType + 1];
    TCHAR          szDeviceName[RAS_MaxDeviceName + 1];
} RASCONNSTATUS;
```

RASDIALPARAMS **Contains remote access connection dial information**

```
typedef struct _RASDIALPARAMS {
   DWORD  dwSize;                // size of this structure in bytes
   TCHAR  szEntryName[RAS_MaxEntryName + 1];
   TCHAR  szPhoneNumber[RAS_MaxPhoneNumber + 1];
   TCHAR  szCallbackNumber[RAS_MaxCallbackNumber + 1];
   TCHAR  szUserName[UNLEN + 1];
   TCHAR  szPassword[PWLEN + 1];
   TCHAR  szDomain[DNLEN + 1] ;
} RASDIALPARAMS;
```

RASENTRYNAME **Contains entry name from a remote access phone book**

```
typedef struct _RASENTRYNAME {
    DWORD  dwSize;     // size of this structure in bytes
    TCHAR  szEntryName[RAS_MaxEntryName + 1];
}RASENTRYNAME;
```

RASTERIZER_STATUS — **Contains data about TrueType installation**

```
typedef struct _RASTERIZER_STATUS {     /* rs */
    short nSize;                    // size of this structure in bytes
    short wFlags;                   // TT_ENABLED or TT_AVAILABLE
    short nLanguageID;              // language specified in system's
                                    //   INI file
} RASTERIZER_STATUS;
```

REASSIGN_BLOCKS — **Provides disk block reassignment data**

```
typedef struct _REASSIGN_BLOCKS {
    WORD   Reserved;                // reserved; set it to zero
    WORD   Count;                   // number of blocks to reassign
    DWORD BlockNumber[1];           // array or blocks to reassign
} REASSIGN_BLOCKS ;
```

RECT — **Contains the coordinates of a rectangle**

```
typedef struct tagRECT {     /* rc */
    LONG left;                      // x-coord, upper-left corner
    LONG top;                       // y-coord, upper-left corner
    LONG right;                     // x-coord, lower-right corner
    LONG bottom;                    // y-coord, lower-right corner
} RECT;
```

RECTL — **Contains the coordinates of a rectangle**

```
typedef struct _RECTL {     /* rc */
    LONG left;                      // x-coord, upper-left corner
    LONG top;                       // y-coord, upper-left corner
    LONG right;                     // x-coord, lower-right corner
    LONG bottom;                    // y-coord, lower-right corner
} RECTL;
```

RGBQUAD — **Describes colors for a DIB**

```
typedef struct tagRGBQUAD { /* rgbq */
    BYTE    rgbBlue;                // intensity of blue
    BYTE    rgbGreen;               // intensity of green
```

```
    BYTE    rgbRed;              // intensity of red
    BYTE    rgbReserved;
} RGBQUAD;
```

RGBTRIPLE **Describes colors for a PM-compatible DIB**

```
typedef struct tagRGBTRIPLE { /* rgbt */
    BYTE rgbtBlue;               // intensity of blue
    BYTE rgbtGreen;              // intensity of green
    BYTE rgbtRed;                // intensity of red
} RGBTRIPLE;
```

RGNDATA **Region rectangle data**

```
typedef struct _RGNDATA { /* rgnd */
    RGNDATAHEADER rdh;           // header information
    char          Buffer[1];     // buffer containing region data
} RGNDATA;
```

RGNDATAHEADER **Region rectangle data description**

```
typedef struct _RGNDATAHEADER { /* rgndh */
    DWORD dwSize;     // size, in bytes, of this header
    DWORD iType;      // must be RDH_RECTANGLES
    DWORD nCount;     // number of rectangle making up region
    DWORD nRgnSize;   // size of the buffer required to receive the RECT
                      //   structure that specifies the coordinates of
                      //   the rectangles that make up the region. If the
                      //   size is not known, this member can be zero.
    RECT  rcBound;    // bounding rectangle for region
} RGNDATAHEADER;
```

RIP_INFO **Contains RIP error information**

```
typedef struct _RIP_INFO { /* ri */
    DWORD  dwError;          // error that caused the RIP debug event
    DWORD  dwType;           // SLE_ constant or zero
} RIP_INFO;
```

SECURITY_ATTRIBUTES **Contains object security attributes**

```
typedef struct _SECURITY_ATTRIBUTES { /* sa */
    DWORD  nLength;              // length, in bytes, of this struc-
ture
    LPVOID lpSecurityDescriptor; // security descriptor for the
                                 //    object that controls the
                                 //    sharing of it
    BOOL   bInheritHandle;       // if TRUE the returned handle
                                 //    is inherited when a new process
                                 //    is created
} SECURITY_ATTRIBUTES;
```

SECURITY_DESCRIPTOR **Opaque security information**

```
typedef PVOID PSECURITY_DESCRIPTOR;
```

SECURITY_DESCRIPTOR_CONTROL **Qualifies a security descriptor**

```
typedef WORD SECURITY_DESCRIPTOR_CONTROL;
                                 // contains one of the SE_ constants
```

SECURITY_IMPERSONATION_LEVEL **Contains impersonation level enumerators**

```
typedef enum tagSECURITY_IMPERSONATION_LEVEL { /* sil */
    SecurityAnonymous,
    SecurityIdentification,
    SecurityImpersonation,
    SecurityDelegation
} SECURITY_IMPERSONATION_LEVEL;
```

SECURITY_INFORMATION **Specifies security information type**

```
typedef DWORD SECURITY_INFORMATION

combination of OWNER_SECURITY_INFORMATION,
               GROUP_SECURITY_INFORMATION,
               DACL_SECURITY_INFORMATION,
               SACL_SECURITY_INFORMATION   bit flag constants
```

SECURITY_QUALITY_OF_SERVICE **Used for server/client impersonation**

```
typedef struct _SECURITY_QUALITY_OF_SERVICE { /* sqos */
    DWORD Length;                 // length of this structure in bytes
    SECURITY_IMPERSONATION_LEVEL ImpersonationLevel;
    SECURITY_CONTEXT_TRACKING_MODE ContextTrackingMode;
    BOOLEAN EffectiveOnly;
} SECURITY_QUALITY_OF_SERVICE;
```

SERVICE_STATUS **Specifies service status**

```
typedef struct _SERVICE_STATUS { /* ss */
    DWORD dwServiceType;        // one of the following:
                                //    SERVICE_WIN32_OWN_PROCESS
                                //    SERVICE_WIN32_SHARE_PROCESS
                                //    SERVICE_KERNEL_DRIVER
                                //    SERVICE_FILE_SYSTEM_DRIVER
    DWORD dwCurrentState;       // one of the following:
                                //  SERVICE_STOPPED
                                //  SERVICE_START_PENDING
                                //  SERVICE_STOP_PENDING
                                //  SERVICE_RUNNING
                                //  SERVICE_CONTINUE_PENDING
                                //  SERVICE_PAUSE_PENDING
                                //  SERVICE_PAUSED
    DWORD dwControlsAccepted; // Combination of these flags:
                                //  SERVICE_ACCEPT_STOP
                                //  SERVICE_ACCEPT_PAUSE_CONTINUE
                                //  SERVICE_ACCEPT_SHUTDOWN
    DWORD dwWin32ExitCode;      // Win32 error code that service uses to
                                //    report an error that occurs when it
                                //    is starting or stopping

    DWORD dwServiceSpecificExitCode;
    DWORD dwCheckPoint;         // incremented periodically to report
                                //  its progress
    DWORD dwWaitHint;           // amount of time, in milliseconds, that
                                //  the service expects a pending start,
                                //  stop, or continue operation to take
                                //  before completion
} SERVICE_STATUS, *LPSERVICE_STATUS;
```

SERVICE_TABLE_ENTRY **Service start information**

```
typedef struct _SERVICE_TABLE_ENTRY { /* ste */
    LPTSTR lpServiceName;          // name of service
    LPSERVICE_MAIN_FUNCTION lpServiceProc;
} SERVICE_TABLE_ENTRY, *LPSERVICE_TABLE_ENTRY;
```

SESSION_BUFFER **Contains data for a local network session**

```
typedef struct _SESSION_BUFFER { /* sb */
    UCHAR lsn;                     // local session number
    UCHAR state;                   // one of these values:
                                   // LISTEN_OUTSTANDING
                                   // CALL_PENDING
                                   // SESSION_ESTABLISHED
                                   // HANGUP_PENDING
                                   // HANGUP_COMPLETE
                                   // SESSION_ABORTED
    UCHAR local_name[NCBNAMSZ];    // 16-byte NetBIOS name, local
                                   //   computer
    UCHAR remote_name[NCBNAMSZ];   // 16-byte NetBIOS name, remote
                                   //   computer
    UCHAR rcvs_outstanding;        // number of pending NBRECV commands
    UCHAR sends_outstanding;       // number of pending NBSEND &
                                   //   NBSENDCHAIN commands
} SESSION_BUFFER;
```

SESSION_HEADER **Contains information about a network session**

```
typedef struct _SESSION_HEADER { /* sh */
    UCHAR sess_name;               // name number of the session
    UCHAR num_sess;                // number of sessions with this name
    UCHAR rcv_dg_outstanding;      // number of outstanding NCBDGRECV and
                                   //     NCBDGRECVBC commands
    UCHAR rcv_any_outstanding;     // number of outstanding NCBRECVANY
                                   //     commands
} SESSION_HEADER;
```

SET_PARTITION_INFORMATION **Information for setting a disk partition's type**

```
typedef struct _SET_PARTITION_INFORMATION {
   BYTE PartitionType;          // any PARTITION constant or
VALID_NTFT
} SET_PARTITION_INFORMATION ;
```

SID **Security identifier**

```
typedef PVOID PSID;
```

SID_AND_ATTRIBUTES **SID and associated attributes**

```
typedef struct _SID_AND_ATTRIBUTES { /* saa */
    PSID  Sid;                   // security identifier
    DWORD Attributes;            // attributes of SID
} SID_AND_ATTRIBUTES ;
```

SID_IDENTIFIER_AUTHORITY **SID top-level authority**

```
typedef struct _SID_IDENTIFIER_AUTHORITY { /* sia */
    BYTE Value[6];               //  SID's top-level authority
} SID_IDENTIFIER_AUTHORITY ;
```

The identifier authority value identifies the agency that issued the SID. Some identifier authorities are predefined:

SECURITY_NULL_SID_AUTHORITY
SECURITY_WORLD_SID_AUTHORITY
SECURITY_LOCAL_SID_AUTHORITY
SECURITY_CREATOR_SID_AUTHORITY
SECURITY_NT_AUTHORITY

SID_NAME_USE **Enumerates type of SID**

```
typedef enum tagSID_NAME_USE {
    SidTypeUser = 1,
    SidTypeGroup,
    SidTypeDomain,
    SidTypeAlias,
    SidTypeWellKnownGroup,
```

```
    SidTypeDeletedAccount,
    SidTypeInvalid,
    SidTypeUnknown
} SID_NAME_USE;
```

SINGLE_LIST_ENTRY **Single-linked list structure**

```
typedef struct _SINGLE_LIST_ENTRY { /* sle */
    struct _SINGLE_LIST_ENTRY *Next;
} SINGLE_LIST_ENTRY;
```

SIZE **Contains returned extents**

```
typedef struct tagSIZE { /* siz */
    LONG cx;                    // rectangle's width
    LONG cy;                    // rectangle's height
} SIZE;
```

SMALL_RECT **Rectangle coordinates as SHORT values**

```
typedef struct _SMALL_RECT { /* srct */
    SHORT Left;                 // x-coord of upper-left corner
    SHORT Top;                  // y-coord of upper-left corner
    SHORT Right;                // x-coord of lower-right corner
    SHORT Bottom;               // y-coord of lower-right corner
} SMALL_RECT;
```

STARTUPINFO **Process startup information**

```
typedef struct _STARTUPINFO { /* si */
    DWORD   cb;                 // number of bytes in this structure
    LPTSTR  lpReserved;
    LPTSTR  lpDesktop;          // name of a desktop to start process
in
    LPTSTR  lpTitle;            // title displayed in title bar

    DWORD   dwX;                // Ignored unless dwFlags specifies
    DWORD   dwY;                // STARTF_USEPOSITION. Specifies the x
                                // and y offsets, in pixels, of the
                                // upper left corner of a window if a
                                //    new window is created. Also
```

```
                                        //     height and width.
    DWORD   dwXSize;                    // Ignored unless dwFlags specifies
    DWORD   dwYSize;                    // STARTF_USESIZE. Specifies the width
                                        // (dwXSize) and height (dwYSize), in
                                        // pixels, of the window if a new
                                        // window is created.
        DWORD   dwXCountChars;          // Ignored unless dwFlags specifies
    DWORD   dwYCountChars;              // STARTF_USECOUNTCHARS. For console
                                        //     processes, specifies the screen
                                        //     buffer width (dwXCountChars) and
                                        //     height (dwYCountChars), in
                                        //     character columns and rows, if a
                                        //     new console window is created.
        DWORD   dwFillAttribute;        // Ignored unless dwFlags specifies
                                        // STARTF_USEFILLATTRIBUTE. For
                                        //     console processes, specifies the
                                        //     initial text and background
                                        //     colors if a new console window
                                        //     is created.
    DWORD   dwFlags;                    // specifies whether members of this
                                        // structure are used. Can be any
                                        // combination of STARTF_ constants
    WORD    wShowWindow;                // Default value first call to
                                        //     ShowWindow
    WORD    cbReserved2;
    LPBYTE  lpReserved2;
    HANDLE  hStdInput;                  // standard input handle
    HANDLE  hStdOutput;                 // standard output handle
    HANDLE  hStdError;                  // standard error output handle
} STARTUPINFO, *LPSTARTUPINFO;
```

String **Contains a version string**

```
String {
    WCHAR  szKey[];     // arbitrary 7-bit ASCII English string
    BYTE   Padding[];
    String Value[];     // zero-terminated string formatted in the
                        //    language and code page indicated by the
                        //    current StringTable structure
} String;
```

StringFileInfo **Language and codepage dependent version info**

```
StringFileInfo {
    WCHAR       szKey[];           // contains "StringFileInfo"
    BYTE        Padding[];
    StringTable Children[];        // list of StringTable structures
};
```

StringTable **Contains format info and version strings**

```
StringTable {
    WCHAR  szKey[];       // 8-digit hexadecimal number stored as string.
                          //   The four most significant digits represent
                          //   the language identifier, and the four
                          //   least significant digits represent the
                          //   code page for which the data is formatted
    BYTE   Padding[];
    String Children[];    // list of zero or more Strings
};
```

SYSTEM_ALARM_ACE **Specifies accesses that cause alarms**

Reserved for future use.

SYSTEM_AUDIT_ACE **Specifies accesses that cause audits**

```
typedef struct _SYSTEM_AUDIT_ACE { /* sada */
    ACE_HEADER  Header;
    ACCESS_MASK Mask;         // access rights causing audit messages
    DWORD       SidStart;     //
} SYSTEM_AUDIT_ACE;
```

SYSTEM_INFO **Computer system-specific information**

```
typedef struct _SYSTEM_INFO { /* sinf */
    DWORD  dwOemId;                       // Manufacturer identification
                                          //    code
    DWORD  dwPageSize;                    // System page size and
                                          //    granularity
    LPVOID lpMinimumApplicationAddress; // Low memory address
```

```
                                                  //    accessible for apps
    LPVOID lpMaximumApplicationAddress;  // High memory address
                                         //   accessible for apps
    DWORD  dwActiveProcessorMask;        // Bitmask identifying
                                         //    available processors
    DWORD  dwNumberOfProcessors;         // Number of processors
                                         //    in system
    DWORD  dwProcessorType;              // A PROCESSOR_ constant
    DWORD  dwallocationGranularity;      // Memory allocation granu
                                         //   larity
    DWORD  dwReserved;                   // reserved
} SYSTEM_INFO;
```

SYSTEMTIME **Contains time in individual values**

```
typedef struct _SYSTEMTIME {  /* st */
    WORD wYear;                   // current year
    WORD wMonth;                  // current month
    WORD wDayOfWeek;              // current day of week
    WORD wDay;                    // current day
    WORD wHour;                   // current hour
    WORD wMinute;                 // current minute
    WORD wSecond;                 // current second
    WORD wMilliseconds;           // current milliseconds
} SYSTEMTIME;
```

TAPE_CREATE_PARTITION **Tape partition information**

```
typedef struct _TAPE_CREATE_PARTITION {  /* tcp */
    ULONG Method;             // One of the TAPE_PARTITION_ constants
    ULONG Count;              // number of partitions to create
    ULONG Size;               // array of sizes for Count partitions
} TAPE_CREATE_PARTITION;
```

TAPE_ERASE **Tape erasure information**

```
typedef struct _TAPE_ERASE { /* ter */
    ULONG Type;          // either TAPE_ERASE_LONG or TAPE_ERASE_SHORT
} TAPE_ERASE;
```

TAPE_GET_DRIVE_PARAMETERS **Tape drive information**

```
typedef struct _TAPE_GET_DRIVE_PARAMETERS { /* tgdp */
    BOOLEAN ECC;              // does drive support error corr. codes?
    BOOLEAN Compression;      // is hardware data compression enabled?
    BOOLEAN DataPadding;       // is data padding enabled?
    BOOLEAN ReportSetmarks;    // is setmark reporting enabled?
    ULONG   DefaultBlockSize;  // default fixed block size
    ULONG   MaximumBlockSize;  // maximum block size, in bytes
    ULONG   MinimumBlockSize;  // minimum block size, in bytes
    ULONG   MaximumPartitionCount;  // maximum number of partitions
    ULONG   FeaturesLow;        // low-order 32-bits of features flags
                               //    combination of TAPE_DRIVE_ flag
    ULONG   FeaturesHigh;      // high-order 32-bits of features flags
                                //    combination of TAPE_DRIVE_ flags
    ULONG   EOTWarningZoneSize; // number of bytes between the end-of-
                                //    tape warning and the physical
                                //    end of the tape
} TAPE_GET_DRIVE_PARAMETERS;
```

TAPE_GET_MEDIA_PARAMETERS **Tape information**

```
typedef struct _TAPE_GET_MEDIA_PARAMETERS {  /* tgmp */
    LARGE_INTEGER   Capacity;        // total number of bytes on tape
    LARGE_INTEGER   Remaining;       // remaining bytes on tape
    DWORD   BlockSize;               // number of bytes per block
    DWORD   PartitionCount;          // number of partitions
    BOOLEAN WriteProtected;          // is tape write protected
} TAPE_GET_MEDIA_PARAMETERS;
```

TAPE_GET_POSITION **Tape position information**

```
typedef struct _TAPE_GET_POSITION { /* tgpos */
    ULONG Type;                 // either TAPE_ABSOLUTE_POSITION or
                                //    TAPE_RELATIVE_POSITION
    ULONG Partition;            // partition to position within
    ULONG OffsetLow;            // low-order  32 bits of offset address
    ULONG OffsetHigh;           // high-order 32 bits of offset address
} TAPE_GET_POSITION;
```

TAPE_SET_POSITION **Tape position information**

```
typedef struct _TAPE_SET_POSITION { /* tspos */
    ULONG Method;            // type of positioning
    ULONG Partition;         // partition to position within
    ULONG OffsetLow;         // low-order  32 bits of offset address
    ULONG OffsetHigh;        // high-order 32 bits of offset address
} TAPE_SET_POSITION;
```

TAPE_PREPARE **Tape preparation information**

```
typedef struct _TAPE_PREPARE { /* tp */
    ULONG Operation;                 // one of TAPE_LOCK, TAPE_UNLOCK,
                                     //   TAPE_TENSION, or TAPE_UNLOAD
} TAPE_PREPARE;
```

TAPE_SET_DRIVE_PARAMETERS **Tape drive information**

```
typedef struct _TAPE_SET_DRIVE_PARAMETERS {  /* tsdp */
    BOOLEAN ECC;                     // state of error correction
    BOOLEAN Compression;             // state of hardware data compression
    BOOLEAN DataPadding;             // state of data padding
    BOOLEAN ReportSetmarks;          // state of report set marks
    ULONG   EOTWarningZoneSize;      // number of bytes between
                                     //    end-of-tape
                                     // warning and physical end of tape
} TAPE_SET_DRIVE_PARAMETERS;
```

TAPE_SET_MEDIA_PARAMETERS **Tape information**

```
typedef struct _TAPE_SET_MEDIA_PARAMETERS { /* tsmp */
    ULONG BlockSize;                 // number of bytes per block
} TAPE_SET_MEDIA_PARAMETERS;
```

TAPE_WRITE_MARKS **Tapemark information**

```
typedef struct _TAPE_WRITE_MARKS { /* twm */
    ULONG Type;                      // one of TAPE_LONG_FILEMARKS
                                     // TAPE_SEQUENTIAL_FILEMARKS
                                     // TAPE_SETMARKS
                                     // TAPE_SHORT_FILEMARKS
```

```
    ULONG Count;                    // number of tapemarks to write
} TAPE_WRITE_MARKS;
```

TEXTMETRIC **Contains information about a physical font**

```
typedef struct tagTEXTMETRIC { /* tm */
    LONG tmHeight;            // height of characters (ascent + descent)
    LONG tmAscent;            // units above baseline for characters
    LONG tmDescent;           // units below baseline for characters
    LONG tmInternalLeading;   // space inside bounds set by tmHeight
    LONG tmExternalLeading;   // extra space app adds between rows
    LONG tmAveCharWidth;      // average character width
    LONG tmMaxCharWidth;      // maximum character width
    LONG tmWeight;            // weight of font
    LONG tmOverhang;          // extra width per string (only some
                              //    synthesized fonts)
    LONG tmDigitizedAspectX;  // horizontal aspect for font's device
    LONG tmDigitizedAspectY;  // vertical aspect for font's device
    BYTE tmFirstChar;         // value of first character defined
    BYTE tmLastChar;          // value of last  character defined
    BYTE tmDefaultChar;       // char to be substitute for missing chars
    BYTE tmBreakChar;         // char for word breaks in justification
    BYTE tmItalic;            // nonzero if font is italic
    BYTE tmUnderlined;        // nonzero if font is underlined
    BYTE tmStruckOut;         // nonzero if font is struck out
    BYTE tmPitchAndFamily;    // pitch and family (see NEWTEXTMETRIC)
    BYTE tmCharSet;           // character set
} TEXTMETRIC;
```

TIME_ZONE_INFORMATION **Contains time-zone settings**

```
typedef struct _TIME_ZONE_INFORMATION { /* tzi */
    LONG       Bias;                // current bias, in minutes,
                                    //    for local time
    WCHAR      StandardName[ 32 ];// standard time name
    SYSTEMTIME StandardDate;        // date when Std. time comes in
    LONG       StandardBias;        // Std. time bias
    WCHAR      DaylightName[ 32 ]; // daylight savings time name
```

```
    SYSTEMTIME DaylightDate;       // date when DST comes in
    LONG       DaylightBias;       // DST bias
} TIME_ZONE_INFORMATION;
```

TIMECAPS **Contains timer resolution information**

```
typedef struct timecaps_tag {
    UINT  wPeriodMin;           // minimum time period, in milliseconds
    UINT  wPeriodMax;           // minimum time period, in milliseconds
} TIMECAPS;
```

TOKEN_CONTROL **Token control information**

```
typedef struct _TOKEN_CONTROL { /* tc */
    LUID TokenId;             // LUID for this instance of token object
    LUID AuthenticationId;    // LUID assigned to session for tokens
    LUID ModifiedId;          // LUID that changes when token changes
    TOKEN_SOURCE TokenSource; // agency that issued token
} TOKEN_CONTROL ;
```

TOKEN_DEFAULT_DACL **Token default access control list**

```
typedef struct _TOKEN_DEFAULT_DACL {  /* tdd */
    PACL DefaultDacl;
} TOKEN_DEFAULT_DACL;
```

TOKEN_GROUPS **Group SIDs and attributes**

```
typedef struct _TOKEN_GROUPS { /* tg */
    DWORD GroupCount;            // number of groups in access token
    SID_AND_ATTRIBUTES Groups[ANYSIZE_ARRAY];
} TOKEN_GROUPS;
```

TOKEN_INFORMATION_CLASS **Token information enumerated type**

```
typedef enum tagTOKEN_INFORMATION_CLASS { /* tic */
    TokenUser = 1,
    TokenGroups,
    TokenPrivileges,
    TokenOwner,
```

```
    TokenPrimaryGroup,
    TokenDefaultDacl,
    TokenSource,
    TokenType,
    TokenImpersonationLevel,
    TokenStatistics
} TOKEN_INFORMATION_CLASS;
```

TOKEN_OWNER Token owner SID

```
ypedef struct _TOKEN_OWNER { /* to */
    PSID Owner;       // Points to an SID structure representing a user
                      //    who will become the owner of any objects
                      //    created by a process using this access token
} TOKEN_OWNER;
```

TOKEN_PRIMARY_GROUP Token primary group SID

```
typedef struct _TOKEN_PRIMARY_GROUP { /* tpg */
    PSID PrimaryGroup;    // Points to an SID structure representing a
                          // group that will become the primary group
                          // of any objects created by a process using
                          // this access token.
} TOKEN_PRIMARY_GROUP;
```

TOKEN_PRIVILEGES Token LUID and attributes

```
typedef struct _TOKEN_PRIVILEGES { /* tp */
    DWORD PrivilegeCount;       // number of privileges in this record
    LUID_AND_ATTRIBUTES Privileges[ANYSIZE_ARRAY];
} TOKEN_PRIVILEGES;
```

TOKEN_SOURCE Identifies token source

```
typedef struct _TOKEN_SOURCE { /* ts */
    CHAR SourceName[8];      // 8-byte string identifying access
                             //    token source
    LUID SourceIdentifier;   // LUID provided by source component named
                             //    by the SourceName member
} TOKEN_SOURCE;
```

TOKEN_STATISTICS **Token information**

```
typedef struct _TOKEN_STATISTICS { /* tst */
    LUID     TokenId;                // unique id for this token object
    LUID     AuthenticationId;       // unique id for this session
    LARGE_INTEGER  ExpirationTime;   // time when this token expires
    TOKEN_TYPE     TokenType;        // indicates primary or
                                     //    impersonation token
    SECURITY_IMPERSONATION_LEVEL ImpersonationLevel;
    DWORD   DynamicCharged;          // Available bytes of memory for
                                     //     protection
    DWORD   DynamicAvailable         // Bytes free in DynamicCharged
    DWORD   GroupCount;              // # Suplemental security group
                                     //     identifyers
    DWORD   PriveledgeCount;         // # of priveledges included in
                                     //      token
    LUID    ModifiedId;              // id that changes each time token
                                     //      is changed
} TOKEN_STATISTICS;
```

TOKEN_TYPE **Token primary or impersonated**

```
typedef enum tagTOKEN_TYPE { /* tt */
    TokenPrimary = 1,
    TokenImpersonation
} TOKEN_TYPE;
```

TOKEN_USER **Token user SID and attributes**

```
typedef struct _TOKEN_USER { /* tu */
    SID_AND_ATTRIBUTES User;
} TOKEN_USER;
```

TTPOLYCURVE **Describes a curve in a character outline**

```
typedef struct tagTTPOLYCURVE { /* ttpc */
    WORD    wType;    // either TT_PRIM_LINE or TT_PRIM_QSPLINE
    WORD    cpfx;     // number of POINTXFX structures in array
    POINTFX apfx[1]; // array of ponts that define polyline or Bezier
} TTPOLYCURVE;
```

TTPOLYGONHEADER **Specifies starting point for character outline**

```
typedef struct tagTTPOLYGONHEADER { /* ttph */
    DWORD   cb;        // # of bytes in this and TTPOLYCURVE structures
    DWORD   dwType;    // must be TT_POLYGON_CURVE
    POINTFX pfxStart;  // starting point of contour in character out-
line
} TTPOLYGONHEADER;
```

ULARGE_INTEGER **64-bit unsigned integer**

```
typedef struct _ULARGE_INTEGER { /* uli */
    DWORD LowPart;
    DWORD HighPart;
} ULARGE_INTEGER;
```

UNLOAD_DLL_DEBUG_INFO **Unloaded DLL information**

```
typedef struct _UNLOAD_DLL_DEBUG_INFO { /* uddi */
    LPVOID lpBaseOfDll;          // base address of DLL
} UNLOAD_DLL_DEBUG_INFO;
```

Var **Language and codepage independent version info**

```
Var {
    WCHAR szKey[];          // arbitrary 7-bit ASCII English string
    BYTE  Padding[];
    Var   Value[];          // list of zero or more Var structures
};
```

VarFileInfo **Language and codepage independent version info**

```
VarFileInfo {
    WCHAR szKey[];          // Contains "VarFileInfo"
    BYTE  Padding[];
    Var   Children[];       // list of zero or more Var structures.
};
```

VERIFY_INFORMATION **Information for logically formatting a disk extent**

```
typedef struct _VERIFY_INFORMATION {
   LARGE_INTEGER  StartingOffset;   // starting offset of disk extent
   DWORD  Length;                  // length, in bytes, of disk extent
} VERIFY_INFORMATION ;
```

VS_FIXEDFILEINFO **Language and codepage independent version info**

```
typedef struct tagVS_FIXEDFILEINFO {  /* vsffi */
    DWORD dwSignature;          // Cointains the value 0xFEEFo4BD.
    DWORD dwStrucVersion;       // Binary version number, must be >
                                //    0x0029
    DWORD dwFileVersionMS;      // Most significant 32 bits of file's
                                //    version
    DWORD dwFileVersionLS;      // Least significant 32 bits of file's
                                //    version
    DWORD dwProductVersionMS    // Most significant 32 bits of product's
                                /     version
    DWORD dwProductVersionLS    // Least significant 32 bits of
                                //    product's version
    DWORD dwFileFlagsMask;      // Bitmask specifying valid bits in
                                //     dwFileFlags
    DWORD dwFileFlags;          // One or more of the VS_FF_ constants
    DWORD dwFileOS;             // One or more VOS_constants defining
                                //     host system
    DWORD dwFileType;           // One of the VFT_ constants
    DWORD dwFileSubtype;        // One of the VFT2_ constants
    DWORD dwFileDateMS          // Most significant 32 bits of file's
                                //      creation date
    DWORD dwFileDateLS          // Least significant 32 bits of file's
                                //       creation date
} VS_FIXEDFILEINFO;
```

VS_VERSION_INFO **Contains version information about a file.**

```
VS_VERSION_INFO {
    WORD  wLength;          // length of the VS_VERSION_INFO
                            structure
    WORD  wValueLength;     // length of the Value member
    WORD  bText;            // 1 if contains text data; 0 if binary data.
    WCHAR szKey[];          // Contains "VS_VERSION_INFO"
    BYTE  Padding1[];
    VS_FIXEDFILEINFO Value; // Contains a VS_FIXEDFILEINFO structure
                            //     that specifies arbitrary data
                            //     associated with this structure
    BYTE  Padding2[];
    BYTE  Children[];       //  list of StringFileInfo or VarFileInfo
                            //     structures (or both) that are children
                            //     of the current version structure.
};
```

WAVEFORMAT **Describes waveform data format**

```
typedef struct waveformat_tag {
    WORD  wFormatTag;        // must be  WAVE_FORMAT_PCM
    WORD  nChannels;         // number of channels in waveform data
    DWORD nSamplesPerSec;    // number of samples per second
    DWORD nAvgBytesPerSec;   // average number of bytes per second
    WORD  nBlockAlign;       // block alignment, in bytes
} WAVEFORMAT;
```

WAVEHDR **Defines waveform data header**

```
typedef struct wavehdr_tag {
    LPSTR  lpData;                   // waveform data buffer
    DWORD  dwBufferLength;           // length of buffer
    DWORD  dwBytesRecorded;          // number of bytes recorded
    DWORD  dwUser;                   // 32 bits of user data
    DWORD  dwFlags;                  // one or more of WHDR_ constants
    DWORD  dwLoops;                  // number of times to play loop
    struct wavehdr_tag *lpNext;      // reserved
    DWORD  reserved;
} WAVEHDR;
```

WAVEINCAPS **Describes waveform input device capabilities**

```
typedef struct waveincaps_tag {
    WORD    wMid;                   // manufacturer identifier for the
                                    //     device driver
    WORD    wPid;                   // product identifier for the device
                                    //     driver
    VERSION vDriverVersion;         // version number of driver
    TCHAR   szPname[MAXPNAMELEN];   // name of product
    DWORD   dwFormats;              // combination of
                                    //     WAVE_FORMAT_ constants
    WORD    wChannels;              // monaural (1) or stereo (2) input
} WAVEINCAPS;
```

WAVEOUTCAPS **Describes waveform output device capabilities**

```
typedef struct waveoutcaps_tag {
    WORD  wMid;      // manufacturer identifier for the device driver
    WORD  wPid;      // product identifier for the device driver
    MMVERSION  vDriverVersion; // version number of driver
    TCHAR  szPname[MAXPNAMELEN];  // name of product
    DWORD  dwFormats;          // combination of WAVE_FORMAT_ constants
    WORD  wChannels;           // monaural (1) or stereo (2) input
    DWORD  dwSupport;          // combination of WAVECAPS_ constants
} WAVEOUTCAPS;
```

WIN32_FIND_DATA **File information**

```
typedef struct _WIN32_FIND_DATA { /* wfd */
    DWORD    dwFileAttributes;          // combo of FILE_ATTRIBUTE
constants
    FILETIME ftCreationTime;            // creation time
    FILETIME ftLastAccessTime;          // last access time
    FILETIME ftLastWriteTime;           // last modification time
    DWORD    nFileSizeHigh;             // high bits of files size
    DWORD    nFileSizeLow;              // low  bits of files size
    DWORD    dwReserved0;
    DWORD    dwReserved1;
```

```
    TCHAR    cFileName[ MAX_PATH ];          // name of file
    TCHAR    cAlternateFileName[ 14 ];       // 8.3 format alternate file-
name
} WIN32_FIND_DATA;
```

WINDOW_BUFFER_SIZE_RECORD **Console screen buffer size**

```
typedef struct _WINDOW_BUFFER_SIZE_RECORD { /* wbsr */
    COORD dwSize;                          // new size of screen buffer
} WINDOW_BUFFER_SIZE_RECORD;
```

WINDOWPLACEMENT **Contains window-placement information**

```
typedef struct tagWINDOWPLACEMENT {      /* wndpl */
    UINT  length;          // length, in bytes, of the structure
    UINT  flags;           // WPF_SETMINPOSITION and/or
                           //     WPF_RESTORETOMAXIMIZED
    UINT  showCmd;         // one of the SW_ ShowWindow constants
    POINT ptMinPosition;   // coords of window's top-left corner
                           //     minimized
    POINT ptMaxPosition;   // coords of window's top-left corner
                           //     maximized
    RECT  rcNormalPosition; // coords when window is in restored state
} WINDOWPLACEMENT;
```

WINDOWPOS **Contains window size and position data**

```
typedef struct tagWINDOWPOS { /* wp */
    HWND hwnd;                     // handle of target window
    HWND hwndInsertAfter;          // window behind which target is
placed
    int  x;                        // x-coord of upper-left corner
    int  y;                        // y-coord of upper-left corner
    int  cx;                       // width
    int  cy;                       // height
    UINT flags;                    // One of the SWP_ constants
} WINDOWPOS;
```

WNDCLASS **Defines a window class**

```
typedef struct tagWNDCLASS {     /* wc */
    UINT    style;              // Combination of CS_ window class
styles
    WNDPROC lpfnWndProc;        // window procedure for this class
    int     cbClsExtra;         // number of extra bytes for class
    int     cbWndExtra;         // number of extra bytes per window
    HANDLE  hInstance;          // application instance
    HICON   hIcon;              // default icon for window
    HCURSOR hCursor;            // default cursor
    HBRUSH  hbrBackground;      // default background brush
    LPCTSTR lpszMenuName;       // name of default main menu
    LPCTSTR lpszClassName;      // name of this window class
} WNDCLASS;
```

XFORM **Specifies a transformation matrix**

```
ypedef struct  tagXFORM {  /* xfrm */
    FLOAT eM11;                 // meaning dependent on application
    FLOAT eM12;
    FLOAT eM21;
    FLOAT eM22;
    FLOAT eDx;
    FLOAT eDy;
} XFORM;
```

CHAPTER 2

API FUNCTION REFERENCE

This chapter lists all of the Windows API functions, organized by category or topic. Each function description being with a prototype, followed by a descriptive list of parameters. The next paragraph describes the purpose of the function; the description ends with an explanation of the function's return values.

Bitmaps

```
BOOL BitBlt(hdcDest, nXDest, nYDest, nWidth, nHeight,hdcSrc, nXSrc,
nYSrc, dwRop)
   HDC    hdcDest;  // handle of destination device context
   int    nXDest;   // x-coord of dest rect upper left corner
   int    nYDest;   // y-coord of dest rect upper left corner
   int    nWidth;   // width of destination rect.
   int    nHeight;  // height of destination rect.
   HDC    hdcSrc;   // handle of source device context
   int    nXSrc;    // x-coord of source rect upper left corner
   int    nYSrc;    // y-coord of source rect upper left corner
   DWORD  dwRop;    // raster operation code
```

The BitBlt function performs a bit-block transfer of the color data corresponding to a rectangle of pixels from the specified source device context into the given destination device context.

Returns TRUE for success, and FALSE on error.

```
HBITMAP CopyBitmap(hbmpSource, cxNew, cyNew, uFlags)
   HBITMAP  hbmpSource;  // handle of bitmap to copy
   int      cxNew;       // new width of the bitmap
   int      cyNew;       // new height of the bitmap
   UINT     uFlags;      // action flags
```

The CopyBitmap function creates a new bitmap and copies the given bitmap to the new one, stretching and color-converting the bits as specified.

If the function succeeds, the return value is the handle of the new bitmap; otherwise, it is NULL.

```
HBITMAP CreateBitmap(nWidth, nHeight, cPlanes, cBitsPerPel, lpvBits)
   int    nWidth;         // bitmap width, in pixels
   int    nHeight;        // bitmap height, in pixels
   UINT   cPlanes;        // # of color planes used by device
   UINT   cBitsPerPel;    // # of bits to identify a color
   CONST VOID  *lpvBits;  // array containing color data
```

The CreateBitmap function creates a bitmap with the given width, height, and color format (color planes and bits per pixel).

If the function succeeds, the return value is a handle of a bitmap; otherwise, it is NULL.

```
HBITMAP CreateBitmapIndirect(lpbm)
  CONST BITMAP *lpbm;   // address of the bitmap data
```

The CreateBitmapIndirect function creates a bitmap with the given width, height, and color format (color planes and bits per pixel).

If the function succeeds, the return value is a handle of the bitmap; otherwise, it is NULL.

```
HBITMAP CreateCompatibleBitmap(hdc, nWidth, nHeight)
  HDC  hdc;           // handle of device context
  int  nWidth;        // width of bitmap, in pixels
  int  nHeight;       // height of bitmap, in pixels
```

The CreateCompatibleBitmap function creates a bitmap compatible with the device that is associated with the given device context (DC).

If the function succeeds, the return value is a handle of the bitmap; otherwise, it is NULL.

```
HBITMAP CreateDIBitmap(hdc, lpbmih, fdwInit, lpbInit, lpbmi, fuUsage)
  HDC  hdc;                               // handle of device context
  CONST BITMAPINFOHEADER * lpbmih;        // address of bitmap size and format
  DWORD fdwInit;                          // initialization flag
  CONST VOID  *lpbInit;                   // address of initialization data
  CONST BITMAPINFO *  lpbmi;            // address of bitmap color-format data
  UINT  fuUsage;                        // color-data usage
```

The CreateDIBitmap function creates a device-dependent bitmap (DDB) from a device-independent bitmap (DIB) and, optionally, sets the bitmap bits.

If the function succeeds, the return value is a handle of the bitmap; otherwise, it is NULL.

```
HBITMAP CreateDIBSection(hdc, lpInfo, fInit, iUsage, *lppBits)
  HDC hdc;                   // handle of device context
  CONST BITMAPINFO *lpInfo;  // address of bitmap info
  UINT iUsage;               // color info
  LPVOID *lpvBits;           // address of buffer
```

The CreateDIBSection function copies color data for a number of scan lines into the given buffer.

If the function succeeds, the return value is a handle that identifies the bitmap; otherwise, it is NULL.

```
BOOL ExtFloodFill(hdc, nXStart, nYStart, crColor, fuFillType)
  HDC  hdc;               // handle of device context
  int  nXStart;           // x-coordinate where filling begins
  int  nYStart;           // y-coordinate where filling begins
  COLORREF  crColor;      // fill color
  UINT  fuFillType;       // fill type
```

The ExtFloodFill function fills an area of the display surface with the current brush.

If the function succeeds, the return value is TRUE; otherwise, it is FALSE. To get extended error information, use the GetLastError function.

```
BOOL FloodFill(hdc, nXStart, nYStart, crFill)
  HDC  hdc;             // handle of device context
  int  nXStart;         // x-coord., where fill begins
  int  nYStart;         // y-coord., where fill begins
  COLORREF  crFill;     // fill color
```

The FloodFill function fills an area of the display surface with the current brush. The area is assumed to be bounded as specified by the crFill parameter.

The FloodFill function is included only for compatibility with earlier versions of Windows. For Win32-based applications, use the ExtFloodFill function with FLOOD-FILLBORDER specified.

If the function succeeds, the return value is TRUE; otherwise, it is FALSE. To get extended error information, use the GetLastError function.

```
LONG GetBitmapBits(hbmp, cbBuffer, lpvBits)
  HBITMAP  hbmp;    // handle of bitmap
  LONG  cbBuffer;   // number of bytes to copy to buffer
  LPVOID  lpvBits;  // address of buffer for bitmap bits
```

The GetBitmapBits function copies the bits of the specified bitmap into a buffer. The GetBitmapBits function is included only for compatibility with earlier versions of Windows. For Win32-based applications, use the GetDIBits function.

If the function succeeds, the return value is the actual number of bytes in the bitmap; otherwise, it is zero.

```
BOOL GetBitmapDimensionEx(hBitmap, lpDimension)
  HBITMAP  hBitmap;      // handle of bitmap
  LPSIZE  lpDimension;   // address of structure receiving dimensions
```

The GetBitmapDimensionEx function retrieves the dimensions of a bitmap. The retrieved dimensions must have been set by the SetBitmapDimensionEx function.

If the function was successful, the return value is TRUE; otherwise, it is FALSE. To get extended error information, use the GetLastError function.

```
UINT GetDIBColorTable(hdc, uStartIndex, uNumIndices, lpColors)
  HDC  hdc;                 // handle of the device context
  UINT  uStartIndex;        // starting index in color table
  UINT  uNumIndices;        // number of color table entries to retrieve
  RGBQUAD FAR *lpColors;    // address of buffer to receive color entries
```

The GetDIBColorTable function retrieves the entries from the color table for the device-independent bitmap (DIB) currently selected into the given device context.

If the function succeeds, the return value is the number of entries retrieved from the color table; otherwise, it is zero.

```
int GetDIBits(hdc, hbmp, uStartScan, cScanLines, lpvBits, lpbi, uUsage)
  HDC    hdc;             // handle of device context
  HBITMAP  hbmp;          // handle of bitmap
  UINT  uStartScan;       // first scan line to set in destination bitmap
  UINT  cScanLines;       // number of scan lines to copy
  LPVOID  lpvBits;        // address of array for bitmap bits
  LPBITMAPINFO  lpbi;     // address of structure with bitmap data
  UINT  uUsage;           // RGB or palette index
```

The GetDIBits function retrieves the bits of the specified bitmap and copies them into the given buffer using the specified format.

If the function succeeds, the return value is the number of scan lines copied from the bitmap; otherwise, it is zero.

```
COLORREF GetPixel(hdc, nXPos, nYPos)
  HDC  hdc;       // handle of device context
  int  nXPos;     // x-coordinate of pixel
  int  nYPos;     // y-coordinate of pixel
```

The GetPixel function retrieves the red, green, blue (RGB) color value of the pixel at the specified coordinates.

If the function succeeds, the return value is an RGB value. If the pixel is outside of the current clipping region, the return value is CLR_INVALID.

```
int GetStretchBltMode(hdc)
  HDC  hdc;       // handle of device context
```

The GetStretchBltMode function retrieves the current stretching mode. The stretching mode defines how color data is added to or removed from bitmaps that are stretched or compressed when the StretchBlt function is called.

If the function succeeds, the return value is the current stretching mode; otherwise, it is zero.

```
HBITMAP LoadBitmap(hinst, lpszBitmap)
  HINSTANCE  hinst;      // handle of application instance
  LPCTSTR  lpszBitmap;   // address of bitmap resource name
```

The LoadBitmap function loads the specified bitmap resource from the given module's executable file.

If the function succeeds, the return value is the handle of the specified bitmap; otherwise, it is NULL.

```
HBITMAP LoadBitmap(hinst, lpszBitmap, cxNew, cyNew, uFlags)
  HINSTANCE  hinst;      // handle of application instance
  LPCTSTR  lpszBitmap;   // address of bitmap resource name
  int  cxNew;            // new width of the bitmap
  int  cyNew;            // new height of the bitmap
  UINT  uFlags;          // action flags
```

The LoadBitmapEx function loads the specified bitmap resource and creates a bitmap of the specified size and color.

If the function succeeds, the return value is the handle of the specified bitmap; otherwise, it is NULL.

```
BOOL MaskBlt(hdcDest, nXDest, nYDest, nWidth, nHeight,
hdcSrc, nXSrc, nYSrc, hbmMask, xMask, yMask, dwRop)
  HDC  hdcDest;       // handle of destination device context
  int  nXDest;        // x-coord. of upper left corner of dest rectangle
  int  nYDest;        // y-coord. of upper left corner of dest rectangle
  int  nWidth;        // width of source and destination rectangles
  int  nHeight;       // height of source and destination rectangles
  HDC  hdcSrc;        // handle of source device context
  int  nXSrc;         // x-coord. of upper left corner of source
                      //   rectangle
  int  nYSrc;         // y-coord. of upper left corner of source
                      //   rectangle
```

```
HBITMAP  hbmMask;    // handle of monochrome bit mask
int  xMask;          // horizontal pixel offset into the mask bitmap
int  yMask;          // vertical pixel offset into the mask bitmap
DWORD  dwRop;        // raster operation code
```

The MaskBlt function combines the color data for the source and destination bitmaps using the given mask and raster operation.

If the function succeeds, the return value is TRUE; otherwise, it is FALSE. To get extended error information, use the GetLastError function.

```
BOOL PatBlt(hdc, nXLeft, nYLeft, nWidth, nHeight, dwRop)
  HDC  hdc;        // handle of device context
  int  nXLeft;     // x-coord. of upper left corner of rect. to be filled
  int  nYLeft;     // y-coord. of upper left corner of rect. to be filled
  int  nWidth;     // width of rectangle to be filled
  int  nHeight;    // height of rectangle to be filled
  DWORD  dwRop;    // raster operation code
```

The PatBlt function paints the given rectangle using the brush that is currently selected into the given device context. The brush color and the surface color(s) are combined by using the given raster operation.

If the function succeeds, the return value is TRUE; otherwise, it is FALSE. To get extended error information, use the GetLastError function.

```
BOOL PlgBlt(hdcDest, lpPoint, hdcSrc, nXSrc, nYSrc, nWidth,
nHeight, hbmMask, xMask, yMask)
  HDC  hdcDest;              // handle of destination device context
  CONST POINT *  lpPoint;    // vertices of destination parallelogram
  HDC  hdcSrc;               // handle of source device context
  int  nXSrc;                // x-coord. of upper left corner of source
                             //    rect.
  int  nYSrc;                // y-coord. of upper left corner of
                             //    source rect.
  int  nWidth;               // width of source rectangle
  int  nHeight;              // height of source rectangle
  HBITMAP hbmMask;           // handle of bitmask
  int  xMask;                // x-coord. of upper left corner of
                             //   bitmask rect.
  int  yMask;                // y-coord. of upper left corner of
                             //    bitmask rect.
```

The PlgBlt function performs a bit-block transfer of the bits of color data from the specified rectangle in the source device context to the specified parallelogram in the destination device context. If the given bitmask handle identifies a valid monochrome bitmap, the function uses this bitmap to mask the bits of color data from the source rectangle.

If the function succeeds, the return value is TRUE; otherwise, it is FALSE. To get extended error information, use the GetLastError function.

```
LONG SetBitmapBits(hbmp, cBytes, lpBits)
  HBITMAP  hbmp;         // handle of bitmap
  DWORD  cBytes;         // number of bytes in bitmap array
  CONST VOID  *lpBits;   // address of array with bitmap bits
```

The SetBitmapBits function sets the bits of color data for the given bitmap to the specified values. The SetBitmapBits function is included only for compatibility with earlier versions of Windows. For Win32-based applications, use the SetDIBits function.

If the function succeeds, the return value is the number of bytes used in setting the bitmap bits; otherwise, it is zero.

```
BOOL SetBitmapDimensionEx(hBitmap, nWidth, nHeight, lpSize)
  HBITMAP  hBitmap;   // handle of bitmap
  int  nWidth;        // bitmap width in .01-mm units
  int  nHeight;       // bitmap height in .01-mm units
  LPSIZE  lpSize;     // address of structure for original dimensions
```

The SetBitmapDimensionEx function assigns preferred dimensions to a bitmap. These dimensions can be used by applications; however, they are not used by Windows.

If the function succeeds, the return value is TRUE; otherwise, it is FALSE. To get extended error information, use the GetLastError function.

```
UINT SetDIBColorTable(hdc, uStartIndex, uNumIndices, lpColors)
  HDC  hdc;                 // handle of the device context
  UINT  uStartIndex;        // starting index in color table
  UINT  uNumIndices;        // number of color table entries to set
  RGBQUAD FAR *lpColors;    // address of the new color table
```

The SetDIBColorTable function replaces entries in a color table for the device-independent bitmap (DIB) currently selected into the given device context.

If the function succeeds, the return value is the number of entries set in the color table; otherwise, it is zero.

```
int SetDIBits(hdc, hbmp, uStartScan, cScanLines, lpvBits, lpbmi,
fuColorUse)
  HDC  hdc;                    // handle of device context
  HBITMAP  hbmp;               // handle of bitmap
  UINT  uStartScan;            // starting scan line
  UINT  cScanLines;            // number of scan lines
  CONST VOID * lpvBits;        // array of bitmap bits
  CONST BITMAPINFO * lpbmi;    // address of structure with bitmap data
  UINT  fuColorUse;            // type of color indices to use
```

The SetDIBits function sets the pixels in the given bitmap using the color data found in the given device-independent bitmap (DIB).

If the function succeeds, the return value is the number of scan lines copied; otherwise, it is zero. To get extended error information, use the GetLastError function.

```
int SetDIBitsToDevice(hdc, XDest, YDest, dwWidth, dwHeight,
                       XSrc, YSrc, uStartScan, cScanLines,
                      lpvBits, lpbmi, fuColorUse)
  HDC  hdc;             // handle of device context
  int  XDest;           // x-coordinate of upper left corner of dest. rect.
  int  YDest;           // y-coordinate of upper left corner of dest. rect.
  DWORD  dwWidth;       // source rectangle width
  DWORD  dwHeight;      // source rectangle height
  int  XSrc;            // x-coordinate of lower left corner of
                        //   source rect.
  int  YSrc;            // y-coordinate of lower left corner of
                        //   source rect.
  UINT  uStartScan;     // first scan line in array
  UINT  cScanLines;     // number of scan lines
  CONST VOID *  lpvBits;       // address of array with DIB bits
  CONST BITMAPINFO *  lpbmi; // address of structure with bitmap info.
  UINT  fuColorUse;            // RGB or palette indices
```

The SetDIBitsToDevice function sets the pixels in the given rectangle on the device that is associated with the destination device context using color data from a device-independent bitmap (DIB).

If the function succeeds, the return value is the number of scan lines set; otherwise, it is zero. To get extended error information, use the GetLastError function.

```
COLORREF SetPixel(hdc, X, Y, crColor)
  HDC  hdc;           // handle of device context
  int  X;             // x-coordinate of pixel
  int  Y;             // y-coordinate of pixel
  COLORREF  crColor;  // pixel color
```

The SetPixel function sets the pixel at the specified coordinates to the specified color.

If the function succeeds, the return value is the original color of the pixel. If the specified coordinates correspond to a pixel outside the current clipping region, the return value is GDI_ERROR. If the function fails for any other reason, the return value is COLOR_INVALID. To get extended error information, use the GetLastError function.

```
BOOL SetPixelV(hdc, X, Y, crColor)
  HDC  hdc;           // handle of device context
  int  X;             // x-coordinate of pixel
  int  Y;             // y-coordinate of pixel
  COLORREF  crColor;  // new pixel color
```

The SetPixelV function sets the pixel at the specified coordinates to the closest approximation of the specified color. The point must be in the clipping region and the visible part of the device surface.

If the function succeeds, the return value is TRUE; otherwise, it is FALSE. To get extended error information, use the GetLastError function.

```
int SetStretchBltMode(hdc, iStretchMode)
  HDC  hdc;           // handle of device context
  int  iStretchMode;  // bitmap stretching mode
```

The SetStretchBltMode function sets the bitmap stretching mode in the given device context.

If the function succeeds, the return value is the previous stretching mode; otherwise, it is zero.

```
BOOL StretchBlt(hdcDest, nXOriginDest, nYOriginDest, nWidthDest,
nHeightDest, hdcSrc, nXOriginSrc, nYOriginSrc, nWidthSrc, nHeightSrc,
dwRop)
  HDC  hdcDest;       // handle of destination device context
  int  nXOriginDest;  // x-coord of upper left corner of dest. rect.
  int  nYOriginDest;  // y-coord of upper left corner of dest. rect.
  int  nWidthDest;    // width of destination rectangle
  int  nHeightDest;   // height of destination rectangle
```

```
HDC  hdcSrc;          // handle of source device context
int  nXOriginSrc;     // x-coord of upper left corner of source rect
int  nYOriginSrc;     // y-coord of upper left corner of source rect
int  nWidthSrc;       // width of source rectangle
int  nHeightSrc;      // height of source rectangle
DWORD  dwRop;         // raster operation code
```

The StretchBlt function copies a bitmap from a source rectangle into a destination rectangle, stretching or compressing the bitmap to fit the dimensions of the destination rectangle, if necessary. Windows stretches or compresses the bitmap according to the stretching mode currently set in the destination device context.

If the function was successful, the return value is TRUE; otherwise, it is FALSE. To get extended error information, use the GetLastError function.

```
int StretchDIBits(hdc, XDest, YDest, nDestWidth, nDestHeight, XSrc,
YSrc, nSrcWidth, nSrcHeight, lpBits, lpBitsInfo, iUsage, dwRop)
  HDC  hdc;            // handle of device context
  int  XDest;          // x-coordinate of upper left corner of dest. rect.
  int  YDest;          // y-coordinate of upper left corner of dest. rect.
  int  nDestWidth;     // width of destination rectangle
  int  nDestHeight;    // height of destination rectangle
  int  XSrc;           // x-coordinate of upper left corner of
                       //   source rect.
  int  YSrc;           // y-coordinate of upper left corner of
                       //   source rect.
  int  nSrcWidth;      // width of source rectangle
  int  nSrcHeight;     // height of source rectangle
  CONST VOID  *lpBits;             // address of bitmap bits
  CONST BITMAPINFO *  lpBitsInfo;  // address of bitmap data
  UINT  iUsage;                    // usage
  DWORD  dwRop;                    // raster operation code
```

The StretchDIBits function copies the color data for a rectangle of pixels in a device-independent bitmap (DIB) to the given destination rectangle. If the destination rectangle is larger than the source rectangle, this function stretches the rows and columns of color data to fit the destination rectangle. If the destination rectangle is smaller than the source rectangle, this function compresses the rows and columns by using the specified raster operation.

If the function succeeds, the return value is the number of scan lines copied; otherwise, it is GDI_ERROR. To get extended error information, use the GetLastError function.

Buttons

```
BOOL CheckDlgButton(hwndDlg, idButton, uCheck)
HWND  hwndDlg; // handle of dialog box
int  idButton; // button-control identifier
UINT  uCheck;  // check state
```

The CheckDlgButton function places a check mark next to (checks) or removes a check mark from (clears) a button control, or it changes the state of a three-state button.

If the function succeeds, the return value is TRUE; otherwise, it is FALSE. To get extended error information, use the GetLastError function.

```
BOOL CheckRadioButton(hwndDlg, idFirstButton, idLastButton,
idCheckButton)
  HWND  hwndDlg;          // handle of dialog box
  int  idFirstButton;     // identifier of first radio button in group
  int  idLastButton;      // identifier of last radio button in group
  int  idCheckButton;     // identifier of radio button to select
```

The CheckRadioButton function adds a check mark to (checks) a given radio button in a group and removes a check mark from (clears) all other radio buttons in the group.

If the function succeeds, the return value is TRUE; otherwise, it is FALSE. To get extended error information, use the GetLastError function.

```
UINT IsDlgButtonChecked(hwndDlg, idButton)
  HWND  hwndDlg;    // handle of dialog box
  int  idButton;    // button identifier
```

The IsDlgButtonChecked function determines whether a button control has a check mark next to it or whether a three-state button control is grayed, checked, or neither.

The return value from a button created with the BS_AUTOCHECKBOX, BS_AUTORADIOBUTTON, BS_AUTO3STATE, BS_CHECKBOX, BS_RADIOBUTTON, or BS_3STATE style can be 0, 1, 0 2.

Carets

```
BOOL CreateCaret(hwnd, hbmp, nWidth, nHeight)
HWND  hwnd;        // handle of owner window
HBITMAP  hbmp;     // handle of bitmap for caret shape
int  nWidth;       // caret width
int  nHeight;      // caret height
```

The CreateCaret function creates a new shape for the system caret and assigns ownership of the caret to the given window. The caret shape can be a line, a block, or a bitmap.

If the function succeeds, the return value is TRUE; otherwise, it is FALSE. To get extended error information, use the GetLastError function.

```
BOOL DestroyCaret(VOID)
```

The DestroyCaret function destroys the caret's current shape, frees the caret from the window, and removes the caret from the screen. If the caret shape is based on a bitmap, DestroyCaret does not free the bitmap.

If the function succeeds, the return value is TRUE; otherwise, it is FALSE. To get extended error information, use the GetLastError function.

```
UINT GetCaretBlinkTime(VOID)
```

The GetCaretBlinkTime function returns the elapsed time, in milliseconds, required to invert the caret's pixels.

If the function succeeds, the return value is the blink time, in milliseconds; otherwise, it is zero. To get extended error information, use the GetLastError function.

```
BOOL GetCaretPos(lpPoint)
    LPPOINT  lpPoint;    // address of structure to receive coordinates
```

The GetCaretPos function copies the caret's position, in client coordinates, to the specified POINT structure.

If the function succeeds, the return value is TRUE; otherwise, it is FALSE. To get extended error information, use the GetLastError function.

```
BOOL HideCaret(hwnd)
    HWND  hwnd; // handle of window with caret
```

The HideCaret function removes the caret from the screen. Hiding the caret does not destroy its current shape or invalidate the insertion point.

If the function succeeds, the return value is TRUE; otherwise, it is FALSE. To get extended error information, use the GetLastError function.

```
BOOL SetCaretBlinkTime(wMSeconds)
    UINT  wMSeconds; // blink time, in milliseconds
```

The SetCaretBlinkTime function sets the caret blink time to the specified number of milliseconds. The blink time is the elapsed time, in milliseconds, required to invert the caret's pixels.

If the function succeeds, the return value is TRUE; otherwise, it is FALSE. To get extended error information, use the GetLastError function.

```
BOOL SetCaretPos(nX, nY)
   int  nX;  // horizontal position
   int  nY;  // vertical position
```

The SetCaretPos function moves the caret to the specified coordinates. If the window that owns the caret was created with the CS_OWNDC class style, then the specified coordinates are subject to the mapping mode of the device context (DC) associated with that window.

If the function succeeds, the return value is TRUE; otherwise, it is FALSE. To get extended error information, use the GetLastError function.

```
BOOL ShowCaret(hwnd)
   HWND  hwnd; // handle of window with caret
```

The ShowCaret function makes the caret visible on the screen at the caret's current position. When the caret becomes visible, it begins flashing automatically.

If the function succeeds, the return value is TRUE; otherwise, it is FALSE. To get extended error information, use the GetLastError function.

Clipboard

```
BOOL ChangeClipboardChain(hwndRemove, hwndNext)
   HWND  hwndRemove;   // handle of window to remove
   HWND  hwndNext;     // handle of next window
```

The ChangeClipboardChain function removes a given window from the chain of clipboard viewers.

If the function succeeds, the return value is TRUE; otherwise, it is FALSE. To get extended error information, use GetLastError function.

```
BOOL CloseClipboard(VOID)
```

The CloseClipboard function closes the clipboard.

If the function succeeds, the return value is TRUE; otherwise, it is FALSE. To get extended error information, use the GetLastError function.

```
int CountClipboardFormats(VOID)
```

The CountClipboardFormats function retrieves the number of different data formats currently on the clipboard.

If the function succeeds, the return value is the number of different data formats currently on the clipboard; otherwise, it is zero. To get extended error information, use the GetLastError function.

```
#include <shell.h>
int WINAPI DragQueryDropFileInfo(hDrop, iFile, lpdfi)
HDROP hDrop;
int iFile;
LPDROPFILEINFO lpdfi;
```

The DragQueryDropFileInfo function retrieves information about a file involved in a Move, Copy, or Link operation.

Returns

The return value is the number of files in the file list.

```
BOOL WINAPI DragQueryInfo(hDrop, lpDi)
HDROP hDrop;          // list of files
LPDRAGINFO lpDi;      // DRAGINFO dtructure to fill in
```

The DragQueryInfo function retrieves extended information about a drag and drop operation.

The return value is TRUE if the function is successful, FALSE otherwise.

```
BOOL EmptyClipboard(VOID)
```

The EmptyClipboard function empties the clipboard and frees handles to data in the clipboard. The function then assigns ownership of the clipboard to the window that currently has the clipboard open.

If the function succeeds, the return value is TRUE; otherwise, it is FALSE. To get extended error information, use the GetLastError function.

```
UINT EnumClipboardFormats(uFormat)
UINT  uFormat;       // known clipboard format
```

The EnumClipboardFormats function enumerates the formats currently available on the clipboard. Upon each call to this function, the uFormat parameter specifies an available clipboard format, and the function returns the next available format.

If the function succeeds, the return value is the next available clipboard format after the specified format; otherwise, it is zero. To get extended error information, use the GetLastError function. If there are no more available clipboard formats or the clipboard is not open, the return value is zero.

```
HANDLE GetClipboardData(uFormat)
  UINT  uFormat;       // clipboard format
```

The GetClipboardData function retrieves data from the clipboard in the specified format. The clipboard must have been opened previously.

If the function succeeds, the return value is the handle of a clipboard object in the specified format; otherwise, it is NULL. To get extended error information, use the GetLastError function.

```
int GetClipboardFormatName(uFormat, lpszFormatName, cchFormatName)
  UINT  uFormat;            // clipboard format to retrieve
  LPTSTR  lpszFormatName;   // address of buffer for name
  int  cchFormatName;       // length of name string in characters
```

The GetClipboardFormatName function retrieves from the clipboard the name of the specified registered format. The function copies the name to the specified buffer.

If the function succeeds the return value is the length, in characters, of the string copied to the buffer. Otherwise the return value is zero, indicating the requested format does not exist or is predefined. To get extended error information, use the GetLastError function.

```
HWND GetClipboardOwner(VOID)
```

The GetClipboardOwner function retrieves the window handle of the current owner of the clipboard.

If the function succeeds, the return value is the handle of the window that owns the clipboard. If the clipboard is not owned, the return value is NULL. To get extended error information, use the GetLastError function.

```
HWND GetClipboardViewer(VOID)
```

The GetClipboardViewer function retrieves the handle of the first window in the clipboard viewer chain.

If the function succeeds, the return value is the handle of the first window in the clipboard viewer chain. If there is no clipboard viewer, the return value is NULL. To get extended error information, use the GetLastError function.

```
HWND GetOpenClipboardWindow(VOID)
```

The GetOpenClipboardWindow function retrieves the handle of the window that currently has the clipboard open.

If the function succeeds, the return value is the handle of the window that has the clipboard open. If no window has the clipboard open, the return value is NULL. To get extended error information, use the GetLastError function.

```
int GetPriorityClipboardFormat(puPriorityList, cList)
  UINT  *puPriorityList;     // address of priority list
  int  cList;                // number of entries in list
```

The GetPriorityClipboardFormat function returns the first available clipboard format in the specified list.

If the function succeeds, the return value is the first clipboard format in the list for which data is available. If the clipboard is empty, the return value is NULL. If the clipboard contains data, but not in any of the specified formats, the return value is –1. To get extended error information, use the GetLastError function.

```
BOOL IsClipboardFormatAvailable(uFormat)
  UINT  uFormat;       // clipboard format
```

The IsClipboardFormatAvailable function determines whether the clipboard contains data in the specified format.

If the clipboard format is available, the return value is TRUE; otherwise, it is FALSE. To get extended error information, use the GetLastError function.

```
BOOL OpenClipboard(hwnd)
  HWND  hwnd;    // handle of window opening clipboard
```

The OpenClipboard function opens the clipboard for examination and prevents other applications from modifying the clipboard content.

If the function succeeds, the return value is TRUE; otherwise, it is FALSE. To get extended error information, use the GetLastError function.

```
UINT RegisterClipboardFormat(lpszFormat)
  LPCTSTR  lpszFormat;     // address of name string
```

The RegisterClipboardFormat function registers a new clipboard format. This format can then be used as a valid clipboard format.

If the function succeeds, the return value identifies the registered clipboard format; otherwise, it is zero. To get extended error information, use the GetLastError function.

```
HANDLE SetClipboardData(uFormat, hData)
  UINT  uFormat;        // clipboard format
  HANDLE  hData;        // data handle
```

The SetClipboardData function places data on the clipboard in the specified clipboard format. The window must be the current clipboard owner, and the application must have called the OpenClipboard function. (When responding to the WM_RENDER-FORMAT and WM_RENDERALLFORMATS messages, the clipboard owner must not call OpenClipboard before calling SetClipboardData.)

If the function succeeds, the return value is the handle of the data; otherwise, the return value is NULL. To get extended error information, use the GetLastError function.

```
HWND SetClipboardViewer(hwnd)
  HWND  hwnd;    // handle of clipboard viewer window
```

The SetClipboardViewer function adds the specified window to the chain of clipboard viewers. Clipboard viewer windows receive a WM_DRAWCLIPBOARD message whenever the content of the clipboard changes.

If the function succeeds, the return value identifies the next window in the clipboard viewer chain. If an error occurs or there are no other windows in the clipboard viewer chain, the return value is NULL. To get extended error information, use the GetLastError information.

Clipping

```
int ExcludeClipRect(hdc, nLeftRect, nTopRect, nRightRect, nBottomRect)
  HDC hdc;          // handle of device context
  int nLeftRect;    // x-coordinate of upper-left corner of rectangle
  int nTopRect;     // y-coordinate of upper-left corner of rectangle
  int nRightRect;   // x-coordinate of lower-right corner of rectangle
  int nBottomRect;  // y-coordinate of lower-right corner of rectangle
```

The ExcludeClipRect function creates a new clipping region that consists of the existing clipping region minus the specified rectangle.

If the function succeeds, the return value specifies the new clipping region's complexity and can be any one of the following values:

Value	Meaning
NULLREGION	Region is empty.
SIMPLEREGION	Region is a single rectangle.
COMPLEXREGION	Region is more than one rectangle.
ERROR	No region was created.

```
int ExtSelectClipRgn(hdc, hrgn, fnMode)
  HDC  hdc;         // handle of device context
  HRGN  hrgn;       // handle of region
  int  fnMode;      // region-selection mode
```

The ExtSelectClipRgn function combines the given region with the current clipping region by using the specified mode.

If the function succeeds, the return value specifies the new clipping region's complexity and can be any one of the following values:

Value	Meaning
NULLREGION	Region is empty.
SIMPLEREGION	Region is a single rec tangle.
COMPLEXREGION	Region is more than one rectangle.
ERROR	An error occurred.

```
int GetClipBox(hdc, lprc)
  HDC  hdc;         // handle of the device context
  LPRECT  lprc;     // address of structure with rectangle
```

The GetClipBox function retrieves the dimensions of the tightest bounding rectangle that can be drawn around the current visible area on the device. The visible area is defined by the current clipping region or clip path, as well as any overlapping windows.

If the function succeeds, the return value specifies the clipping box's complexity and can be any one of the following values:

Value	Meaning
NULLREGION	Region is empty.
SIMPLEREGION	Region is a single rectangle.
COMPLEXREGION	Region is more than one rectangle.
ERROR	An error occurred.

```
int GetClipRgn(hdc, hrgn)
  HDC  hdc;        // handle of device context
  HRGN  hrgn;      // handle of region
```

The GetClipRgn function retrieves a handle identifying the current application-defined clipping region for the given device context.

If the function succeeds and there is no clipping region for the given device context, the return value is 0. If the function succeeds and there is a clipping region for the given device context, the return value is 1. If an error occurs, the return value is – 1.

```
int GetMetaRgn(hdc, hrgn)
  HDC  hdc;   // handle of device context
  HRGN  hrgn; // handle of region
```

The GetMetaRgn function retrieves the current metaregion for the given device context.

If the function succeeds, the return value is 1; otherwise, it is 0.

```
int IntersectClipRect(hdc, nLeftRect, nTopRect, nRightRect, nBottomRect)
  HDC  hdc;          // handle of device context
  int  nLeftRect;    // x-coordinate of upper-left corner of rectangle
  int  nTopRect;     // y-coordinate of upper-left corner of rectangle
  int  nRightRect;   // x-coordinate of lower-right corner of rectangle
  int  nBottomRect;  // y-coordinate of lower-right corner of rectangle
```

The IntersectClipRect function creates a new clipping region from the intersection of the current clipping region and the specified rectangle.

If the function succeeds, the return value specifies the new clipping region's type and can be any one of the following values:

Value	Meaning
NULLREGION	Region is empty.
SIMPLEREGION	Region is a single rectangle.
COMPLEXREGION	Region is more than one rectangle.
ERROR	An error occurred.

```
int OffsetClipRgn(hdc, nXOffset, nYOffset)
  HDC  hdc;        // handle of device context
  int  nXOffset;   // offset along x-axis
```

```
int  nYOffset;    // offset along y-axis
```

The OffsetClipRgn function moves the clipping region of the given device context by the specified offsets.

If the function succeeds, the return value specifies the new region's complexity and can be any one of the following values:

Value	Meaning
NULLREGION	Region is empty.
SIMPLEREGION	Region is a single rectangle.
COMPLEXREGION	Region is more than one rectangle.
ERROR	An error occurred. (The current clipping region is unaffected.)

```
BOOL PtVisible(hdc, X, Y)
HDC  hdc;    // handle of device context
int  X;      // x-coordinate of point
int  Y;      // y-coordinate of point
```

The PtVisible function indicates whether the specified point is within the clipping region of the given device context.

If the specified point is within the clipping region of the device context, the return value is TRUE; otherwise, it is FALSE.

```
BOOL RectVisible(hdc, lprc)
  HDC  hdc;            // handle of the device context
  CONST RECT  *lprc;   // address of rectangle structure
```

The RectVisible function determines whether any part of the specified rectangle lies within the clipping region of the given device context.

If some portion of the specified rectangle lies within the clipping region, the return value is TRUE; otherwise, it is FALSE.

```
BOOL SelectClipPath(hdc, iMode)
  HDC  hdc;       // handle of device context
  int  iMode;     // clipping mode
```

The SelectClipPath function selects the current path as a clipping region for the given device context, combining the new region with any existing clipping region by using the specified mode.

If the function succeeds, the return value is TRUE; otherwise, it is FALSE. Use the GetLastError function to get the error value, which can be one of the following:

```
ERROR_CAN_NOT_COMPLETE
  ERROR_INVALID_PARAMETER
  ERROR_NOT_ENOUGH_MEMORY
```

```
int SelectClipRgn(hdc, hrgn)
  HDC  hdc;      // handle of device context
  HRGN  hrgn;    // handle of region to be selected
```

The SelectClipRgn function selects the given region as the current clipping region for the given device context.

If the function succeeds, the return value specifies the region's complexity and can be any one of the following values:

Value	Meaning
NULLREGION	Region is empty.
SIMPLEREGION	Region is a single rectangle.
COMPLEXREGION	Region is more than one rectangle.
ERROR	An error occurred.

```
int SetMetaRgn(hdc)
  HDC  hdc;        // handle of device context
```

The SetMetaRgn function intersects the current clipping region for the given device context with the current metaregion and saves the combined region as the new metaregion for the given device context. The clipping region is reset to a null region.

If the function succeeds, the return value specifies the new clipping region's complexity and can be any one of the following values:

Value	Meaning
NULLREGION	Region is empty.
SIMPLEREGION	Region is a single rectangle.
COMPLEXREGION	Region is more than one rectangle.
ERROR	An error occurred.

Colors

```
BOOL AnimatePalette(hpal, iStartIndex, cEntries, ppe)
  HPALETTE  hpal;               // handle of logical palette
  UINT  iStartIndex;            // first entry in logical palette
  UINT  cEntries;               // entries in logical palette to replace
  CONST PALETTEENTRY  *ppe;  // address of first replacement
```

The AnimatePalette function replaces entries in the given logical palette.

If the function succeeds, the return value is TRUE; otherwise, it is FALSE. To get extended error information, use the GetLastError function.

```
HPALETTE CreateHalftonePalette(hdc)
  HDC  hdc;       // handle of device context
```

The CreateHalftonePalette function creates a halftone palette for the given device context.

If the function succeeds, the return value identifies a logical halftone palette; otherwise, it is zero. To get extended error information, use the GetLastError function.

```
HPALETTE CreatePalette(lplgpl)
  CONST LOGPALETTE  *lplgpl;    // address of logical palette
```

The CreatePalette function creates a logical palette.

If the function succeeds, the return value is a handle that identifies a logical palette; otherwise it is NULL. To get extended error information, use the GetLastError function.

```
BOOL GetColorAdjustment(hdc, lpca)
  HDC  hdc;                     // handle of device context
  LPCOLORADJUSTMENT  lpca;    // address of color adjustment structure
```

The GetColorAdjustment function retrieves the color adjustment values for the given device context.

If the function succeeds, the return value is TRUE; otherwise, it is FALSE. To get extended error information, use the GetLastError function.

```
COLORREF GetNearestColor(hdc, crColor)
  HDC  hdc;                 // handle of device context
  COLORREF  crColor;     // color to match
```

The GetNearestColor function returns a color value identifying a color from the system palette that will be displayed when the specified color value is used.

If the function succeeds, the return value identifies a color from the system palette that corresponds to the given color value; otherwise, it is CLR_INVALID. To get extended error information, use the GetLastError function.

```
UINT GetNearestPaletteIndex(hpal, crColor)
  HPALETTE  hpal;       // handle of logical palette
  COLORREF  crColor;    // color to match
```

The GetNearestPaletteIndex function retrieves the index for the entry in the given logical palette that most closely matches a specified color value.

If the function succeeds, the return value is the index of an entry in a logical palette; otherwise, it is CLR_INVALID. To get extended error information, use the GetLastError function.

```
UINT GetPaletteEntries(hpal, iStartIndex, nEntries, lppe)
  HPALETTE  hpal;          // handle of logical palette
  UINT  iStartIndex;       // first entry to retrieve
  UINT  nEntries;          // number of entries to retrieve
  LPPALETTEENTRY  lppe;    // address of array receiving entries
```

The GetPaletteEntries function retrieves a specified range of palette entries from the given logical palette.

If the function succeeds and the handle of the logical palette is a valid pointer (not NULL), the return value is the number of entries retrieved from the logical palette. If the function succeeds and handle of the logical palette is NULL, the return value is the number of entries in the given palette. Otherwise, it is zero. To get extended error information, use the GetLastError function.

```
UINT GetSystemPaletteEntries(hdc, iStartIndex, nEntries, lppe)
  HDC  hdc;                // handle of device context
  UINT  iStartIndex;       // first entry to retrieve
  UINT  nEntries;          // number of entries to retrieve
  LPPALETTEENTRY  lppe;    // address of array receiving entries
```

The GetSystemPaletteEntries function retrieves a range of palette entries from the system palette that is associated with the given device context.

If the function succeeds, the return value is the number of entries retrieved from the palette; otherwise, it is zero. To get extended error information, use the GetLastError function.

```
UINT GetSystemPaletteUse(hdc)
  HDC  hdc;      // handle of device context
```

The GetSystemPaletteUse function retrieves the current state of the system (physical) palette for the given device context.

If the function succeeds, the return value is the current state of the system palette. It can be any of the following values: SYSPAL_NOSTATIC, SYSPAL_STATIC, SYSPAL_ERROR.

```
UINT RealizePalette(hdc)
  HDC  hdc;      // handle of device context
```

The RealizePalette function maps palette entries from the current logical palette to the system palette.

If the function succeeds, the return value is the number of entries in the logical palette mapped to the system palette; otherwise, it is GDI_ERROR. To get extended error information, use the GetLastError function.

```
BOOL ResizePalette(hpal, nEntries)
  HPALETTE  hpal;  // handle of logical palette
  UINT  nEntries;  // number of entries in logical palette
```

The ResizePalette function increases or decreases the size of the given logical palette based on the specified value.

If the function succeeds, the return value is TRUE; otherwise, it is FALSE. To get extended error information, use the GetLastError function.

```
HPALETTE SelectPalette(hdc, hpal, bForceBackground)
  HDC  hdc;                // handle of device context
  HPALETTE  hpal;          // handle of logical palette
  BOOL  bForceBackground;  // foreground and background mode
```

The SelectPalette function selects the given logical palette into the given device context.

If the function succeeds, the return value identifies the device context's previous logical palette; otherwise, it is null. To get extended error information, use the GetLastError function.

```
BOOL SetColorAdjustment(hdc, lpca)
  HDC  hdc;                         // handle of device context
  CONST COLORADJUSTMENT *  lpca;    // address of color adjustment
                                    //   structure
```

The SetColorAdjustment function sets the color adjustment values for the given device context using the specified values.

If the function succeeds, the return value is TRUE; otherwise, it is FALSE. To get extended error information, use the GetLastError function.

```
UINT SetPaletteEntries(hpal, iStart, cEntries, lppe)
  HPALETTE  hpal;                  // handle of logical palette
  UINT  iStart;                    // first entry to set
  UINT  cEntries;                  // number of entries to set
  CONST PALETTEENTRY  *lppe;       // address of array of structures
```

The SetPaletteEntries function sets red, green, and blue color values and flags in a range of entries in a logical palette.

If the function succeeds, the return value is the number of entries that were set in the logical palette; otherwise, it is zero. To get extended error information, use the GetLastError function.

```
UINT SetSystemPaletteUse(hdc, uUsage)
  HDC  hdc;          // handle of device context
  UINT  uUsage;      // system palette usage
```

The SetSystemPaletteUse function allows an application to specify whether the system palette contains 2 or 20 static colors. The default system palette contains 20 static colors. (Static colors cannot be changed when an application realizes a logical palette.)

If the function succeeds, the return value is the previous usage of the system palette (either SYSPAL_NOSTATIC or SYSPAL_STATIC); otherwise, it is SYSPAL_ERROR. To get extended error information, use the GetLastError function.

```
BOOL UnrealizeObject(hgdiobj)
  HGDIOBJ  hgdiobj;   // logical palette handle
```

The UnrealizeObject function resets a logical palette. It directs the system to realize the palette as though it had not previously been realized. The next time the application calls the RealizePalette function for the specified palette, the system completely remaps the logical palette to the system palette.

If the function succeeds, the return value is TRUE; otherwise it is FALSE. To get extended error information, use the GetLastError function.

```
BOOL UpdateColors(hdc)
  HDC  hdc;      // handle of device context
```

The UpdateColors function updates the client area of the given device context by remapping the current colors in the client area to the currently realized logical palette.

If the function succeeds, the return value is TRUE; otherwise, it is FALSE. To get extended error information, use the GetLastError function.

Combo Boxes

```
int DlgDirListComboBox(hwndDlg, lpPathSpec, nIDComboBox,
nIDStaticPath, uFiletype)
  HWND  hwndDlg;         // handle of dialog box with combo box
  LPTSTR  lpPathSpec;    // address of path or filename string
  int  nIDComboBox;      // identifier of combo box
  int  nIDStaticPath;    // identifier of static control
  UINT  uFiletype;       // file attributes to display
```

The DlgDirListComboBox function fills the specified combo box with a directory listing. It fills the list with the names of all files, drives, and subdirectories that match the specified attributes and path string.

If the function succeeds, the return value is nonzero; otherwise, it is zero. For example, if the string specified by lpPathSpec is not a valid path, the function fails. To get extended error information, use the GetLastError function.

```
BOOL DlgDirSelectComboBoxEx(hwndDlg, lpszPath, cchString, nIDComboBox)
  HWND  hwndDlg;        // handle of dialog box with list box
  LPTSTR  lpszPath;     // address of buffer for path string
  int  cchString;       // number of characters in path string
  int  nIDComboBox;     // identifier of combo box
```

The DlgDirSelectComboBoxEx function retrieves the current selection from a combo box filled by using the DlgDirListComboBox function. The selection is interpreted as a drive letter, a file, or a directory name.

If the current selection is a directory name, the return value is nonzero; otherwise, it is zero. To get extended error information, use the GetLastError function.

Communications

```
BOOL BuildCommDCB(lpszDef, lpdcb)
  LPCTSTR  lpszDef;      // address of device-control string
  LPDCB  lpdcb;          // address of device-control block
```

The BuildCommDCB function fills a specified DCB structure with the values in a given string.

If the function succeeds, the return value is TRUE; otherwise, it is FALSE. To get extended error information, use the GetLastError function.

```
BOOL BuildCommDCBAndTimeouts(lpDef, lpDCB, lpCommTimeouts)
  LPCTSTR  lpDef;                    // address of the device-control
                                     //   string
  LPDCB  lpDCB;                      // address of the device-control
                                     //    block
  LPCOMMTIMEOUTS lpCommTimeouts;     // address of comm. time-out structure
```

The BuildCommDCBAndTimeouts function translates a device-definition string into appropriate device-control block codes and then places these codes into a device control block. The function can also set up time-out values, including the possibility of no time-outs, for a device; the function's behavior in this regard varies based on the contents of the device-definition string.

If the function succeeds, the return value is TRUE; otherwise, it is FALSE. To get extended error information, use the GetLastError function.

```
BOOL ClearCommBreak(hCommDev)
  HANDLE  hCommDev;          // handle of communications device
```

The ClearCommBreak function restores character transmission for a given communications device and places the transmission line in a nonbreak state.

If the function succeeds, the return value is TRUE; otherwise, it is FALSE. To get extended error information, use the GetLastError function.

```
BOOL ClearCommError(hCommDev, lpdwErrors, lpcst)
  HANDLE  hCommDev;       // handle of communications device
  LPDWORD  lpdwErrors;    // address of variable to receive error codes
  LPCOMSTAT  lpcst;       // buffer for communications status
```

The ClearCommError function retrieves information about a communications error and reports the current status of a communications device. The function is called when a communications error occurs, and it clears the device's error flag to enable additional input and output (I/O) operations.

If the function succeeds, the return value is TRUE; otherwise, it is FALSE. To get extended error information, use the GetLastError function.

```
BOOL CommConfigDialog(lpszName, hWndOwner, lpCC, lpdwSize)
  LPTSTR lpszName;        // address of device name string
  HWND hWndOwner;         // handle of window
  LPCOMMCONFIG lpCC;      // address of comm. configuration structure
```

```
LPDWORD lpdwSize;      // address of size of buffer
```

The CommConfigDialog function displays a driver-supplied configuration dialog.

If the function succeeds, the return value is TRUE; otherwise, it is FALSE. To get extended error information, use the GetLastError function.

```
BOOL GetCommConfig(hCommDev, lpCC, lpdwSize)
  HANDLE hCommDev;     // handle of communications service
  LPCOMMCONFIG lpCC;   // address of comm.configuration structure
  LPDWORD lpdwSize;    // address of size of buffer
```

The GetCommConfig function gets the current configuration of a communications device.

If the function succeeds, the return value is TRUE; otherwise, it is FALSE. To get extended error information, use the GetLastError function.

```
BOOL GetCommModemStatus(hCommDev, lpfdwModemStats)
  HANDLE  hCommDev;          // handle of communications device
  LPDWORD  lpfdwModemStats;  // address of control-register values
```

The GetCommModemStatus function retrieves modem control-register values.

If the function succeeds, the return value is TRUE; otherwise, it is FALSE. To get extended error information, use the GetLastError function.

```
BOOL GetCommProperties(hCommDev, lpcmmp)
  HANDLE  hCommDev;     // handle of communications device
  LPCOMMPROP  lpcmmp;   // address of communications properties struc-
  ture
```

The GetCommProperties function fills a buffer with information about the communications properties for a given communications device.

If the function succeeds, the return value is TRUE; otherwise, it is FALSE. To get extended error information, use the GetLastError function.

```
BOOL GetCommState(hCommDev, lpdcb)
  HANDLE  hCommDev;  // handle of communications device
  LPDCB  lpdcb;      // address of device-control block structure
```

The GetCommState function fills in a device-control block (a DCB structure) with the current control settings for a given communications device.

If the function succeeds, the return value is TRUE; otherwise, it is FALSE. To get extended error information, use the GetLastError function.

```
BOOL GetCommTimeouts(hCommDev, lpct)
  HANDLE  hCommDev;      // handle of communications device
  LPCOMMTIMEOUTS  lpct; // address of comm. time-outs structure
```

The GetCommTimeouts function retrieves the time-out parameters for all read and write operations on a given communications device.

If the function succeeds, the return value is TRUE; otherwise, it is FALSE. To get extended error information, use the GetLastError function.

```
BOOL GetDefaultCommConfig(lpszName, lpCC, lpdwSize)
  LPCSTR lpszName;
  LPCOMMCONFIG lpCC;
  LPDWORD lpdwSize;
```

The GetDefaultCommConfig function gets the default configuration for a communications device.

If the function succeeds, the return value is TRUE; otherwise, it is FALSE. To get extended error information, use the GetLastError function.

```
BOOL PurgeComm(hCommDev, fdwAction)
  HANDLE  hCommDev;   // handle of communications resource
  DWORD  fdwAction;   // action to perform
```

The PurgeComm function can discard all characters from the output or input buffer of a given communications resource. It can also terminate pending read or write operations on the resource.

If the function succeeds, the return value is TRUE; otherwise, it is FALSE. To get extended error information, use the GetLastError function.

```
BOOL SetCommBreak(hCommDev)
  HANDLE  hCommDev;   // handle of communications device
```

The SetCommBreak function suspends character transmission for a given communications device and places the transmission line in a break state until the ClearCommBreak function is called.

If the function succeeds, the return value is TRUE; otherwise, it is FALSE. To get extended error information, use the GetLastError function.

```
BOOL SetCommConfig(hCommDev, lpCC, lpdwSize)
  HANDLE hCommDev;    // handle of communications device
  LPBYTE lpCC;        // address of comm. configuration services
  DWORD lpdwSize;     // address of size of structure
```

The SetCommConfig function sets the current configuration of a communications device.

If the function succeeds, the return value is TRUE; otherwise, it is FALSE. To get extended error information, use the GetLastError function.

```
BOOL SetCommMask(hCommDev, fdwEvtMask)
  HANDLE  hCommDev;   // handle of communications device
  DWORD   fdwEvtMask; // mask that identifies enabled events
```

The SetCommMask function specifies a set of events to be monitored for a given communications device.

If the function succeeds, the return value is TRUE; otherwise, it is FALSE. To get extended error information, use the GetLastError function.

```
BOOL SetCommState(hCommDev, lpdcb)
  HANDLE  hCommDev; // handle of communications device
  LPDCB   lpdcb;    // address of device-control block structure
```

The SetCommState function configures a communications device according to the specifications in a device-control block (a DCB structure). The function reinitializes all hardware and control settings, but it does not empty output or input queues.

If the function succeeds, the return value is TRUE; otherwise, it is FALSE. To get extended error information, use the GetLastError function.

```
BOOL SetCommTimeouts(hCommDev, lpctmo)
  HANDLE  hCommDev;         // handle of communications device
  LPCOMMTIMEOUTS  lpctmo;   // address of comm. time-out structure
```

The SetCommTimeouts function sets the time-out parameters for all read and write operations on a given communications device.

If the function succeeds, the return value is TRUE; otherwise, it is FALSE. To get extended error information, use the GetLastError function.

```
BOOL SetDefaultCommConfig(lpszName, lpCC, dwSize)
  LPCSTR lpszName;    // string specifying the name of the device
  LPCOMMCONFIG lpCC;  // Points to a COMMCONFIG structure
  DWORD dwSize;       // size of the structure pointed to by lpCC
```

The SetDefaultCommConfig function sets the default configuration for a communications device.

If the function succeeds, the return value is TRUE; otherwise, it is FALSE. To get extended error information, use the GetLastError function.

```
BOOL SetupComm(hCommDev, cbInQueue, cbOutQueue)
  HANDLE  hCommDev;   // handle of communications device
  DWORD  cbInQueue;   // size of input buffer
  DWORD  cbOutQueue;  // size of output buffer
```

The SetupComm function initializes the communications parameters for a given communications device.

If the function succeeds, the return value is TRUE; otherwise, it is FALSE. To get extended error information, use the GetLastError function.

```
BOOL TransmitCommChar(hCommDev, chTransmit)
  HANDLE  hCommDev;   // handle of communications device
  char  chTransmit;   // character to transmit
```

The TransmitCommChar function transmits a specified character ahead of any pending data in the output buffer of the specified communications device.

If the function succeeds, the return value is TRUE; otherwise, it is FALSE. To get extended error information, use the GetLastError function.

```
BOOL WaitCommEvent(hCommDev, lpfdwEvtMask, lpo)
  HANDLE  hCommDev;         // handle of communications device
  LPDWORD  lpfdwEvtMask;    // variable for event that occurred
  LPOVERLAPPED  lpo;        // address of overlapped structure
```

The WaitCommEvent function waits for an event to occur for a specified communications device. The set of events that are monitored by this function is contained in the event mask associated with the device handle.

If the function succeeds, the return value is TRUE; otherwise, it is FALSE. To get extended error information, use the GetLastError function.

CONSOLE

```
BOOL AllocConsole(VOID)
```

The AllocConsole function allocates a new console for the calling process.

If the function succeeds, the return value is TRUE; otherwise, it is FALSE. To get extended error information, use the GetLastError function.

```
HANDLE CreateConsoleScreenBuffer(fdwAccess, fdwShareMode, lpsa, fdwType,
                                 pvReserved)
  DWORD  fdwAccess;               // access flag
```

```
DWORD  fdwShareMode;           // buffer share mode
LPSECURITY_ATTRIBUTES  lpsa;  // address of security attributes
DWORD  fdwType;                // type of buffer to create
PVOID  pvReserved;             // reserved
```

The CreateConsoleScreenBuffer function creates a console screen buffer and returns a handle of it.

If the function succeeds, the return value is a handle of the new console screen buffer; otherwise, it is INVALID_HANDLE_VALUE. To get extended error information, use the GetLastError function.

```
BOOL FillConsoleOutputAttribute(hConsole, wAttribute, cCharCells,
                                coordAttr, lpcWritten)
  HANDLE  hConsole;      // handle of screen buffer
  WORD  wAttribute;      // color attribute to write
  DWORD  cCharCells;     // number of character cells to write to
  COORD  coordAttr;      // x- and y-coordinates of first cell
  LPDWORD  lpcWritten;   // address of number of cells written to
```

The FillConsoleOutputAttribute function sets the text and background color attributes for a specified number of character cells, beginning at the given coordinates in a screen buffer.

If the function succeeds, the return value is TRUE; otherwise, it is FALSE. To get extended error information, use the GetLastError function.

```
BOOL FillConsoleOutputCharacter(hConsole, chFillChar, cCharCells,
                                coordChar, lpcWritten)
  HANDLE  hConsole;      // handle of screen buffer
  TCHAR  chFillChar;     // character to write
  DWORD  cCharCells;     // number of character cells to write to
  COORD  coordChar;      // x- and y-coordinates of first cell
  LPDWORD  lpcWritten;   // address of number of cells written to
```

The FillConsoleOutputCharacter function writes a character to the screen buffer a specified number of times, beginning at the given coordinates.

If the function succeeds, the return value is TRUE; otherwise, it is FALSE. To get extended error information, use the GetLastError function.

```
BOOL FlushConsoleInputBuffer(hConsoleInput)
  HANDLE  hConsoleInput;   // handle of console input buffer
```

The FlushConsoleInputBuffer function flushes the console input buffer. All input records currently in the input buffer are discarded.

If the function succeeds, the return value is TRUE; otherwise, it is FALSE. To get extended error information, use the GetLastError function.

```
BOOL FreeConsole(VOID)
```

The FreeConsole function detaches the calling process from its console.

If the function succeeds, the return value is TRUE; otherwise, it is FALSE. To get extended error information, use the GetLastError function.

```
BOOL GenerateConsoleCtrlEvent(fdwEvent, IDProcessGroup)
  DWORD  fdwEvent;          // signal to generate
  DWORD  IDProcessGroup;    // identifier process group to get signal
```

The GenerateConsoleCtrlEvent function sends a specified signal to a console process group that shares the console associated with the calling process.

If the function succeeds, the return value is TRUE; otherwise, it is FALSE. To get extended error information, use the GetLastError function.

```
UINT GetConsoleCP(VOID)
```

The GetConsoleCP function returns the identity of the input code page used by the console associated with the calling process. A console uses its input code page to translate keyboard input into the corresponding character value.

The return value is a code that identifies the code page.

```
BOOL GetConsoleCursorInfo(hConsoleOutput, pcci)
  HANDLE  hConsoleOutput;         // handle of console screen buffer
  PCONSOLE_CURSOR_INFO  pcci;     // address of cursor information
```

The GetConsoleCursorInfo function retrieves information about the size and visibility of the cursor for the specified console screen buffer.

If the function succeeds, the return value is TRUE; otherwise, it is FALSE. To get extended error information, use the GetLastError function.

```
BOOL GetConsoleMode(hConsole, lpfdwMode)
  HANDLE  hConsole;       // handle of console input or screen buffer
  LPDWORD  lpfdwMode;     // current mode of buffer
```

The GetConsoleMode function reports the current input mode of a console's input buffer or the current output mode of a console screen buffer.

If the function succeeds, the return value is TRUE; otherwise, it is FALSE.

```
UINT GetConsoleOutputCP(VOID)
```

The GetConsoleOutputCP function returns the identity of the output code page used by the console associated with the calling process. A console uses its output code page to translate the character values written by the various output functions into the images displayed in the console window.

The return value is a code that identifies the code page.

```
BOOL GetConsoleScreenBufferInfo(hConsoleOutput, pcsbi)
  HANDLE  hConsoleOutput;              // handle of console screen
                                       //    buffer
  PCONSOLE_SCREEN_BUFFER_INFO  pcsbi;  // address of screen buffer
                                       //    info.
```

The GetConsoleScreenBufferInfo function retrieves information about the specified console screen buffer.

If the function succeeds, the return value is TRUE; otherwise, it is FALSE. To get extended error information, use the GetLastError function.

```
DWORD GetConsoleTitle(lpszTitle, cchTitle)
  LPTSTR  lpszTitle;  // address of buffer for title
  DWORD  cchTitle;    // size of the buffer, in characters
```

The GetConsoleTitle function retrieves the title bar string for the current console window.

If the function succeeds, the return value is the length, in characters, of the string copied to the buffer; otherwise, it is zero. To get extended error information, use the GetLastError function.

```
COORD GetLargestConsoleWindowSize(hConsoleOutput)
  HANDLE  hConsoleOutput;  // handle of console screen buffer
```

The GetLargestConsoleWindowSize function returns the size of the largest possible console window, based on the current font and the size of the display. If the function succeeds, the return value is a COORD structure that specifies the number of character cell rows (X member) and columns (Y member) in the largest possible console window. Otherwise, the members of the structure are zero.

```
BOOL GetNumberOfConsoleInputEvents(hConsoleInput, lpcNumberOfEvents)
  HANDLE  hConsoleInput;         // handle of console input buffer
  LPDWORD  lpcNumberOfEvents;    // address for number of events
```

The GetNumberOfConsoleInputEvents function retrieves the number of unread input records in the console's input buffer.

If the function succeeds, the return value is TRUE; otherwise, it is FALSE. To get extended error information, use the GetLastError function.

```
BOOL GetNumberOfConsoleMouseButtons(lpcMouseButtons)
   LPDWORD  lpcMouseButtons;  // address of number of buttons
```

The GetNumberOfConsoleMouseButtons function retrieves the number of buttons on the mouse used by the current console.

If the function succeeds, the return value is TRUE; otherwise, it is FALSE. To get extended error information, use the GetLastError function.

```
HANDLE GetStdHandle(fdwDevice)
   DWORD  fdwDevice;   // input, output, or error device
```

The GetStdHandle function returns a handle for the standard input, standard output, or standard error device.

If the function succeeds, the return value is a handle of the specified device; otherwise, it is the INVALID_HANDLE_VALUE flag. To get extended error information, use the GetLastError function.

```
BOOL HandlerRoutine(dwCtrlType)
   DWORD  dwCtrlType;    // control signal type
```

A HandlerRoutine function is a function that a console process specifies to handle control signals received by the process. The function can have any name.

If the function handles the control signal, it should return TRUE. If it returns FALSE, the next handler function in the list of handlers for this process is used.

```
BOOL PeekConsoleInput(hConsoleInput, pirBuffer, cInRecords, lpcRead)
   HANDLE  hConsoleInput;       // handle of a console input buffer
   PINPUT_RECORD  pirBuffer;    // address of the buffer for peek data
   DWORD  cInRecords;           // number of records to read
   LPDWORD  lpcRead;            // address of number of records read
```

The PeekConsoleInput function reads data from the specified console input buffer without removing it from the buffer.

If the function succeeds, the return value is TRUE; otherwise, it is FALSE. To get extended error information, use the GetLastError function.

```
BOOL ReadConsole(hConsoleInput, lpvBuffer, cchToRead, lpcchRead,
lpvReserved)
   HANDLE  hConsoleInput;    // handle of a console input buffer
   LPVOID  lpvBuffer;        // address of buffer to receive data
```

```
    DWORD  cchToRead;          // number of characters to read
    LPDWORD  lpcchRead;        // address of number of characters read
    LPVOID  lpvReserved;       // reserved
```

The ReadConsole function reads character input from the console input buffer and removes it from the buffer.

If the function succeeds, the return value is TRUE; otherwise, it is FALSE. To get extended error information, use the GetLastError function.

```
BOOL ReadConsoleInput(hConsoleInput, pirBuffer, cInRecords, lpcRead)
    HANDLE  hConsoleInput;       // handle of console input buffer
    PINPUT_RECORD  pirBuffer;    // address of the buffer for read data
    DWORD  cInRecords;           // number of records to read
    LPDWORD  lpcRead;            // address of number of records read
```

The ReadConsoleInput function reads data from a console input buffer and removes it from the buffer.

If the function succeeds, the return value is TRUE; otherwise, it is FALSE. To get extended error information, use the GetLastError function.

```
BOOL ReadConsoleOutput(hConsoleOutput, pchiDestBuffer,
coordDestBufferSize, coordDestBufferCoord, psrctSourceRect)
    HANDLE  hConsoleOutput;          // handle of console screen buffer
    PCHAR_INFO  pchiDestBuffer;      // address of buffer that receives data
    COORD  coordDestBufferSize;      // column-row size of destination buffer
    COORD  coordDestBufferCoord;     // upper left cell to write to
    PSMALL_RECT  psrctSourceRect;    // address of rectangle to read from
```

The ReadConsoleOutput function reads character and color attribute data from a specified rectangular block of character cells in a console screen buffer, and the function writes the data to a rectangular block at a given location in the destination buffer.

If the function succeeds, the return value is TRUE; otherwise, it is FALSE. To get extended error information, use the GetLastError function.

```
BOOL ReadConsoleOutputAttribute(hConsoleOutput, lpwAttribute,
cReadCells, coordReadCoord,lpcNumberRead)
    HANDLE  hConsoleOutput;  // handle of console screen buffer
    LPWORD  lpwAttribute;    // address of buffer to receive attributes
    DWORD  cReadCells;       // number of character cells to read from
    COORD  coordReadCoord;   // coordinates of first cell to read from
    LPDWORD  lpcNumberRead;  // address of number of cells read from
```

The ReadConsoleOutputAttribute function copies a specified number of foreground and background color attributes from consecutive cells of a console screen buffer, beginning at a specified location.

If the function succeeds, the return value is TRUE; otherwise, it is FALSE. To get extended error information, use the GetLastError function.

```
BOOL ReadConsoleOutputCharacter(hConsoleOutput, lpReadBuffer, cchRead,
                                coordReadCoord, lpcNumberRead)
  HANDLE  hConsoleOutput;  // handle of console screen buffer
  LPTSTR  lpReadBuffer;    // address of buffer to receive characters
  DWORD  cchRead;          // number of character cells to read from
  COORD  coordReadCoord;   // coordinates of first cell to read from
  LPDWORD  lpcNumberRead;  // address of number of cells read from
```

The ReadConsoleOutputCharacter function copies a specified number of characters from consecutive cells of a console screen buffer, beginning at a given location.

If the function succeeds, the return value is TRUE; otherwise, it is FALSE. To get extended error information, use the GetLastError function.

```
BOOL ScrollConsoleScreenBuffer(hConsoleOutput, psrctSourceRect,
                               psrctClipRect, coordDestOrigin, pchiFill)
  HANDLE  hConsoleOutput;         // handle of console screen buffer
  PSMALL_RECT  psrctSourceRect;   // screen buffer rect. to move
  PSMALL_RECT  psrctClipRect;     // affected screen buffer rect.
  COORD  coordDestOrigin;         // new location of screen buffer
                                  //    rect.
  PCHAR_INFO  pchiFill;           // address of fill character and
                                  //    color
```

The ScrollConsoleScreenBuffer function moves a block of data in a screen buffer. The effects of the move can be limited by specifying a clipping rectangle, so the contents of the screen buffer outside the clipping rectangle are unchanged.

If the function succeeds, the return value is TRUE; otherwise, it is FALSE. To get extended error information, use the GetLastError function.

```
BOOL SetConsoleActiveScreenBuffer(hConsoleOutput)
  HANDLE  hConsoleOutput;  // handle of console screen buffer
```

The SetConsoleActiveScreenBuffer function sets the specified screen buffer to be the currently displayed console screen buffer.

If the function succeeds, the return value is TRUE; otherwise, it is FALSE. To get extended error information, use the GetLastError function.

```
BOOL SetConsoleCP(IDCodePage)
  UINT  IDCodePage;      // code page to set
```

The SetConsoleCP function sets the input code page used by the console associated with the calling process. A console uses its input code page to translate keyboard input into the corresponding character value.

If the function succeeds, the return value is TRUE; otherwise, it is FALSE. To get extended error information, use the GetLastError function.

```
BOOL SetConsoleCtrlHandler(pHandlerRoutine, fAdd)
  PHANDLER_ROUTINE  pHandlerRoutine;    // address of handler function
  BOOL  fAdd;                           // handler to add or remove
```

The SetConsoleCtrlHandler function adds or removes an application-defined HandlerRoutine function from the list of handler functions for the calling process. If no handler function is specified, the function sets an inheritable attribute that determines whether the calling process ignores CTRL+C signals.

If the function succeeds, the return value is TRUE; otherwise, it is FALSE. To get extended error information, use the GetLastError function.

```
BOOL SetConsoleCursorInfo(hConsoleOutput, pcci)
  HANDLE  hConsoleOutput;       // handle of console screen buffer
  PCONSOLE_CURSOR_INFO  pcci;   // address of cursor information
```

The SetConsoleCursorInfo function sets the size and visibility of the cursor for the specified console screen buffer.

If the function succeeds, the return value is TRUE; otherwise, it is FALSE. To get extended error information, use the GetLastError function.

```
BOOL SetConsoleCursorPosition(hConsoleOutput, coordCursor)
  HANDLE  hConsoleOutput; // handle of console screen buffer
  COORD  coordCursor;     // new cursor position coordinates
```

The SetConsoleCursorPosition function sets the cursor position in the specified console screen buffer.

If the function succeeds, the return value is TRUE; otherwise, it is FALSE. To get extended error information, use the GetLastError function.

```
BOOL SetConsoleMode(hConsole, fdwMode)
  HANDLE  hConsole;   // handle of console input or screen buffer
  DWORD  fdwMode;     // input or output mode to set
```

The SetConsoleMode function sets the input mode of a console's input buffer or the output mode of a console screen buffer.

If the function succeeds, the return value is TRUE; otherwise, it is FALSE. To get extended error information, use the GetLastError function.

```
BOOL SetConsoleOutputCP(IDCodePage)
  UINT  IDCodePage;   // code page to set
```

The SetConsoleOutputCP function sets the output code page used by the console associated with the calling process. A console uses its output code page to translate the character values written by the various output functions into the images displayed in the console window.

If the function succeeds, the return value is TRUE; otherwise, it is FALSE. To get extended error information, use the GetLastError function.

```
BOOL SetConsoleScreenBufferSize(hConsoleOutput, coordSize)
  HANDLE  hConsoleOutput;  // handle of console screen buffer
  COORD  coordSize;        // new size, in character rows and cols.
```

The SetConsoleScreenBufferSize function changes the size of the specified console screen buffer.

If the function succeeds, the return value is TRUE; otherwise, it is FALSE. To get extended error information, use the GetLastError function.

```
BOOL SetConsoleTextAttribute(hConsoleOutput, wAttr)
  HANDLE  hConsoleOutput;  // handle of console screen buffer
  WORD  wAttr;             // text and background colors
```

The SetConsoleTextAttribute function sets the foreground (text) and background color attributes of characters written to the screen buffer by the WriteFile or WriteConsole function, or echoed by the ReadFile or ReadConsole function. This function affects only text written after the function call.

If the function succeeds, the return value is TRUE; otherwise, it is FALSE. To get extended error information, use the GetLastError function.

```
BOOL SetConsoleTitle(lpszTitle)
  LPTSTR  lpszTitle;   // address of new title
```

The SetConsoleTitle function sets the title bar string for the current console window.

If the function succeeds, the return value is TRUE; otherwise, it is FALSE. To get extended error information, use the GetLastError function.

```
BOOL SetConsoleWindowInfo(hConsoleOutput, fAbsolute, psrctWindowRect)
  HANDLE  hConsoleOutput;       // handle of console screen buffer
  BOOL  fAbsolute;              // coordinate type flag
```

```
PSMALL_RECT  psrctWindowRect; // address of new window rectangle
```

The SetConsoleWindowInfo function sets the current size and position of a console screen buffer's window.

If the function succeeds, the return value is TRUE; otherwise, it is FALSE. To get extended error information, use the GetLastError function.

```
VOID SetFileApisToOEM(VOID)
```

The SetFileApisToOEM function sets a group of Win32 functions to produce OEM character set strings. This function is useful for 8-bit console input and output.

If the function succeeds, the return value is TRUE; otherwise, it is FALSE. To get extended error information, use the GetLastError function.

```
BOOL WriteConsole(hConsoleOutput, lpvBuffer, cchToWrite, lpcchWritten,
lpvReserved)
    HANDLE  hConsoleOutput;  // handle of console screen buffer
    CONST VOID  *lpvBuffer;  // address of buffer to write from
    DWORD  cchToWrite;       // number of characters to write
    LPDWORD  lpcchWritten;   // address of number of characters written
    LPVOID  lpvReserved;     // reserved
```

The WriteConsole function writes a character string to a console screen buffer beginning at the current cursor location.

If the function succeeds, the return value is TRUE; otherwise, it is FALSE. To get extended error information, use the GetLastError function.

```
BOOL WriteConsoleInput(hConsoleInput, pirBuffer, cInRecords, lpcWritten)
    HANDLE  hConsoleInput;       // handle of console input buffer
    PINPUT_RECORD  pirBuffer;    // address of the buffer for write data
    DWORD  cInRecords;           // number of records to write
    LPDWORD  lpcWritten;         // address of number of records written
```

The WriteConsoleInput function writes data directly to the console input buffer.

If the function succeeds, the return value is TRUE; otherwise, it is FALSE. To get extended error information, use the GetLastError function.

```
BOOL WriteConsoleOutput(hConsoleOutput, pchiSrcBuffer,
coordSrcBufferSize, coordSrcBufferCoord,  psrctDestRect)
    HANDLE  hConsoleOutput;        // handle of console screen buffer
    PCHAR_INFO  pchiSrcBuffer;     // address of buffer with data to write
    COORD  coordSrcBufferSize;     // column-row size of source buffer
    COORD  coordSrcBufferCoord;    // upper left cell to write from
```

```
PSMALL_RECT  psrctDestRect;   // address of rectangle to write to
```

The WriteConsoleOutput function writes character and color attribute data to a specified rectangular block of character cells in a console screen buffer. The data to be written is taken from a correspondingly sized rectangular block at a given location in the source buffer.

If the function succeeds, the return value is TRUE; otherwise, it is FALSE. To get extended error information, use the GetLastError function.

```
BOOL WriteConsoleOutputAttribute(hConsoleOutput, lpwAttribute,
                                 cWriteCells, coordWrite, lpcWritten)
  HANDLE  hConsoleOutput;  // handle of console screen buffer
  LPWORD  lpwAttribute;    // address of buffer to write attributes from
  DWORD  cWriteCells;      // number of character cells to write to
  COORD  coordWrite;       // coordinates of first cell to write to
  LPDWORD  lpcWritten;     // address of number of cells written to
```

The WriteConsoleOutputAttribute function copies a specified number of foreground and background color attributes to consecutive cells of a console screen buffer, beginning at a given location.

If the function succeeds, the return value is TRUE; otherwise, it is FALSE. To get extended error information, use the GetLastError function.

```
BOOL WriteConsoleOutputCharacter(hConsoleOutput, lpWriteBuffer,
                                 cchWrite,coordWriteCoord, lpcWritten)
  HANDLE  hConsoleOutput;  // handle of console screen buffer
  LPTSTR  lpWriteBuffer;   // address of buffer to write characters from
  DWORD  cchWrite;         // number of character cells to write to
  COORD  coordWriteCoord;  // coordinates of first cell to write to
  LPDWORD  lpcWritten;     // address of number of cells written to
```

The WriteConsoleOutputCharacter function copies a specified number of characters to consecutive cells of a console screen buffer, beginning at a given location.

If the function succeeds, the return value is TRUE; otherwise, it is FALSE. To get extended error information, use the GetLastError function.

Cursors

```
BOOL ClipCursor(lprc)
  CONST RECT  *lprc;  // address of structure with rectangle
```

The ClipCursor function confines the cursor to a rectangular area on the screen. If a subsequent cursor position (set by the SetCursorPos function or the mouse) lies outside the rectangle, Windows automatically adjusts the position to keep the cursor inside the rectangular area.

If the function succeeds, the return value is TRUE; otherwise, it is FALSE. To get extended error information, use the GetLastError function.

```
HCURSOR CopyCursor(hcur)
    HCURSOR  hcur;    // handle of cursor to copy
```

The CopyCursor function copies a cursor.

If the function succeeds, the return value is the handle of the duplicate cursor; otherwise, it is NULL. To get extended error information, use the GetLastError function.

```
HCURSOR CreateCursor(hinst, xHotSpot, yHotSpot, nWidth, nHeight,
                     pvANDplane, pvXORplane)
    HINSTANCE  hinst;        // handle of application instance
    int  xHotSpot;           // horizontal position of hot spot
    int  yHotSpot;           // vertical position of hot spot
    int  nWidth;             // cursor width
    int  nHeight;            // cursor height
    CONST VOID  *pvANDplane; // address of AND bitmask array
    CONST VOID  *pvXORplane; // address of XOR bitmask array
```

The CreateCursor function creates a cursor having the specified size, bit patterns, and hot spot.

If the function succeeds, the return value identifies the cursor; otherwise, it is NULL. To get extended error information, use the GetLastError function.

```
BOOL DestroyCursor(hcur)
    HCURSOR  hcur;         // handle of cursor to destroy
```

The DestroyCursor function destroys a cursor created by the CreateCursor function and frees any memory the cursor occupied. Do not use this function to destroy a cursor that was not created with the CreateCursor function.

If the function succeeds, the return value is TRUE; otherwise, it is FALSE. To get extended error information, use the GetLastError function.

```
BOOL GetClipCursor(lprc)
    LPRECT  lprc;    // address of structure for rectangle
```

The GetClipCursor function retrieves the screen coordinates of the rectangular area to which the cursor is confined.

If the function succeeds, the return value is TRUE; otherwise, it is FALSE. To get extended error information, use the GetLastError function.

```
HCURSOR GetCursor(VOID)
```

The GetCursor function retrieves the handle of the current cursor.

If the function succeeds, the return value is the handle of the current cursor; if there is no cursor, the return value is NULL.

```
BOOL GetCursorPos(lpPoint)
    LPPOINT  lpPoint;    // address of structure for cursor position
```

The GetCursorPos function retrieves the cursor's position, in screen coordinates.

If the function succeeds, the return value is TRUE; otherwise, it is FALSE. To get extended error information, use the GetLastError function.

```
HCURSOR LoadCursor(hinst, lpszCursor)
    HINSTANCE  hinst;      // handle of application instance
    LPCTSTR  lpszCursor;   // name string or cursor resource identifier
```

The LoadCursor function loads the specified cursor resource from the executable (.EXE) file associated with the given application instance.

If the function succeeds, the return value is the handle of the newly loaded cursor; otherwise, it is NULL. To get extended error information, use the GetLastError function.

```
HCURSOR LoadCursorEx(hinst, lpszCursor, cxNew, cyNew, uFlags)
    HINSTANCE  hinst;      // handle of application instance
    LPCTSTR  lpszCursor;   // name string or cursor resource identifier
    int  cxNew;            // new width of the cursor
    int  cyNew;            // new height of the cursor
    UINT  uFlags;          // action flags
```

The LoadCursorEx function loads the specified cursor resource and creates a cursor of the specified size and color.

If the function succeeds, the return value is the handle of the new cursor; otherwise, it is NULL.

```
HCURSOR SetCursor(hcur)
    HCURSOR  hcur;      // handle of cursor
```

The SetCursor function establishes the cursor shape.

The return value is the handle of the previous cursor, if there was one. If there was no previous cursor, the return value is NULL.

```
BOOL SetCursorPos(X, Y)
  int  X;   // horizontal position
  int  Y;   // vertical position
```

The SetCursorPos function moves the cursor to the specified screen coordinates. If the new coordinates are not within the screen rectangle set by the most recent ClipCursor function, Windows automatically adjusts the coordinates so that the cursor stays within the rectangle.

If the function succeeds, the return value is TRUE; otherwise, it is FALSE. To get extended error information, use the GetLastError function.

```
int ShowCursor(bShow)
  BOOL  bShow;   // cursor visibility flag
```

The ShowCursor function displays or hides the cursor.

The return value specifies the new display counter.

Device Contexts

```
BOOL CancelDC(hdc)
  HDC  hdc;      // handle of device context
```

The CancelDC function cancels any pending operation on the given device context (DC).

If the function succeeds, the return value is TRUE. Otherwise, it is FALSE.

```
HDC CreateCompatibleDC(hdc)
  HDC  hdc;      // handle of memory device context
```

The CreateCompatibleDC function creates a memory device context (DC) compatible with the given device.

If the function succeeds, the return value is the handle of a memory DC; otherwise, it is NULL.

```
HDC CreateDC(lpszDriver, lpszDevice, lpszOutput, lpInitData)
  LPCTSTR  lpszDriver;       // address of string specifying driver name
  LPCTSTR  lpszDevice;       // address of string specifying device name
  LPCTSTR  lpszOutput;       // address of string specifying port or
                             //   file
  CONST DEVMODE *lpInitData; // address of optional printer data
```

The CreateDC function creates a device context (DC) for the specified device by using the given name.

If the function succeeds, the return value is the handle of a DC for the specified device; otherwise, it is NULL.

```
HDC CreateIC(lpszDriver, lpszDevice, lpszOutput, lpdvmInit)
   LPCTSTR  lpszDriver;  // address of string specifying driver name
   LPCTSTR  lpszDevice;  // address of string specifying device name
   LPCTSTR  lpszOutput;  // address of string specifying port or file
                         //   name
   CONST DEVMODE * lpdvmInit; // address of optional initialization data
```

The CreateIC function creates an information context for the specified device. The information context provides a fast way to get information about the device without creating a device context.

If the function succeeds, the return value is the handle of an information context; otherwise, it is NULL.

```
BOOL DeleteDC(hdc)
   HDC  hdc;      // handle of device context
```

The DeleteDC function deletes the given device context (DC).

If the function succeeds, the return value is TRUE; otherwise, it is FALSE.

```
BOOL DeleteObject(hObject)
   HGDIOBJ  hObject;      // handle of graphic object
```

The DeleteObject function deletes a logical pen, brush, font, bitmap, region, or palette, freeing all system resources associated with the object. After the object is deleted, the given handle is no longer valid.

If the function succeeds, the return value is TRUE. If the given handle is not valid or is currently selected into a device context (DC), the return value is FALSE.

```
int DrawEscape(hdc, nEscape, cbInput, lpszInData)
   HDC  hdc;           // handle of device context
   int  nEscape;       // specifies escape function
   int  cbInput;       // size of structure for input
   LPCSTR  lpszInData; // address of structure for input
```

The DrawEscape function accesses drawing capabilities of a video display that are not directly available through the graphics device interface (GDI).

The return value specifies the outcome of the function. It is greater than zero if the function is successful, except for the QUERYESCSUPPORT draw escape, which checks for implementation only. The return value is zero if the escape is not implemented. The return value is less than zero if an error occurred. Use the GetLastError function to obtain extended error information.

```
VOID CALLBACK EnumObjectsProc(lpLogObject, lpData)
    LPVOID  lpLogObject;  // address of graphic-object structure
    LPARAM  lpData;       // address of application-defined data
```

The EnumObjectsProc function is an application-defined callback function that processes object data supplied by the EnumObjects function.

This function does not return a value.

```
HGDIOBJ GetCurrentObject(hdc, uObjectType)
    HDC  hdc;            // handle of device context
    UINT  uObjectType;   // object-type identifier
```

The GetCurrentObject function returns the currently selected object of the specified type.

If the function succeeds, the return value is the handle of the specified object. Otherwise, it is NULL.

```
HDC GetDC(hwnd)
    HWND  hwnd;    // handle of window
```

The GetDC function retrieves a handle of a display device context (DC) for the client area of the given window. The display DC can be used in subsequent GDI functions to draw in the client area of the window.

This function retrieves a common, class, or private DC depending on the class style specified for the given window. For common DCs, GetDC assigns default attributes to the DC each time it is retrieved. For class and private DCs, GetDC leaves the previously assigned attributes unchanged.

If the function succeeds, the return value identifies the DC for the given window's client area. Otherwise, it is NULL.

```
HDC GetDCEx(hwnd, hrgnClip, flags)
    HWND  hwnd;       // handle of window
    HRGN  hrgnClip;   // handle of clip region
    DWORD  flags;     // device-context creation flags
```

The GetDCEx function retrieves the handle of a display device (DC) context for the given window. The display DC can be used in subsequent GDI functions to draw in the client area.

This function is an extension to the GetDC function that gives an application more control over how and whether clipping occurs in the client area.

If the function succeeds, the return value is the handle of the DC for the given window. Otherwise, the return value is NULL, indicating the hwnd parameter is invalid.

The GetDCOrg function is obsolete. Win32-based applications should use the GetDCOrgEx function.

```
BOOL GetDCOrgEx(hdc, lpPoint)
  HDC  hdc;          // device-context handle
  LPPOINT lpPoint; // structure that receives translation origin
```

The GetDCOrgEx function obtains the final translation origin for a given device context (DC). The final translation origin specifies an offset that Windows uses to translate device coordinates into client coordinates (for coordinates in an application's window).

If the function succeeds, the return value is TRUE; otherwise, it is FALSE.

```
int GetDeviceCaps(hdc, nIndex)
  HDC  hdc;       // device-context handle
  int  nIndex;    // index of capability to query
```

The GetDeviceCaps function retrieves device-specific information about a given device.

The return value specifies the value of the desired item.

```
int GetObject(hgdiobj, cbBuffer, lpvObject)
  HGDIOBJ  hgdiobj;   // handle of object
  int  cbBuffer;      // size of buffer for object information
  LPVOID  lpvObject;  // address of buffer for object information
```

The GetObject function fills a buffer with information defining a given object. The function retrieves a BITMAP, EXTLOGPEN, LOGPEN, LOGBRUSH, or LOGFONT structure, or an integer, depending on the given object.

If lpvObject is a valid pointer and the function succeeds, the return value is the number of bytes returned; if lpvObject is NULL and the function succeeds, the return value is the number of bytes required to hold the object. Otherwise, the return value is zero.

```
DWORD GetObjectType(hgdiobj)
   HGDIOBJ  hgdiobj;      // handle of graphic object
```

The GetObjectType identifies the type of the given object.

If the function succeeds, the return value identifies the object. This value can be one of the following: OBJ_BITMAP, OBJ_BRUSH, OBJ_FONT, OBJ_PAL, OBJ_PEN, OBJ_EXTPEN, OBJ_REGION, OBJ_DC, OBJ_MEMDC, OBJ_METAFILE, OBJ_METADC, OBJ_ENHMETAFILE, OBJ_ENHMETADC. If the function fails, the return value is zero.

```
HGDIOBJ GetStockObject(fnObject)
   int  fnObject;    // type of stock object
```

The GetStockObject function retrieves a handle to one of the predefined stock pens, brushes, fonts, or palettes.

If the function succeeds, the return value identifies the logical object requested; otherwise, it is NULL.

```
int ReleaseDC(hwnd, hdc)
   HWND  hwnd; // handle of window
   HDC  hdc;   // handle of device context
```

The ReleaseDC function releases a device context (DC), freeing it for use by other applications. The effect of the ReleaseDC function depends on the type of device-context. It frees only common and window DCs. It has no effect on class or private DCs.

The return value specifies whether the DC is released. It is 1 if the DC is released. Otherwise, it is 0.

```
HDC ResetDC(hdc, lpInitData)
   HDC  hdc;                        // handle of device context
   CONST DEVMODE *  lpInitData;  // structure with DC information
```

The ResetDC function updates the given printer or plotter device context (DC), based on the information in the specified structure.

If the function succeeds, the return value is the handle of the original DC. Otherwise, it is NULL.

```
BOOL RestoreDC(hdc, nSavedDC)
   HDC  hdc;          // handle of device context
   int  nSavedDC;    // specifies state to be restored
```

The RestoreDC function restores the given device context (DC) to the specified state. The DC is restored by popping state information off a stack created by earlier calls to the SaveDC function.

If the function succeeds, the return value is TRUE. Otherwise, it is FALSE.

```
int SaveDC(hdc)
  HDC  hdc;        // handle of device context
```

The SaveDC function saves the current state of the given device context (DC) by copying data describing selected objects and graphic modes (such as the bitmap, brush, palette, font, pen, region, drawing mode, and mapping mode) to a context stack.

If the function succeeds, the return value identifies the saved device context. Otherwise, it is zero.

```
HGDIOBJ SelectObject(hdc, hgdiobj)
  HDC  hdc;            // handle of device context
  HGDIOBJ  hgdiobj;    // handle of object
```

The SelectObject function selects an object into the given device context (DC). The new object replaces the previous object of the same type.

If the selected object is not a region and the function succeeds, the return value is the handle of the object being replaced. If the selected object is a region and the function succeeds, the return value is one of the following values: SIMPLEREGION, COMPLEXREGION, NULLREGION. If an error occurs and the selected object is not a region, the return value is NULL. Otherwise, it is GDI_ERROR.

Dialog Boxes

```
HWND CreateDialog(hinst, lpszTemplate, hwndOwner, dlgprc)
  HANDLE  hinst;          // handle of application instance
  LPCTSTR  lpszTemplate;   // identifies dialog box template name
  HWND  hwndOwner;         // handle of owner window
  DLGPROC  dlgprc;         // address of dialog box procedure
```

The CreateDialog function creates a modeless dialog box from a dialog box template resource.

If the function succeeds, the return value is the handle of the dialog box; otherwise, it is NULL.

```
HWND CreateDialogIndirect(hinst, lpTemplate, hwndOwner, dlgprc)
  HANDLE  hinst;               // handle of application instance
  LPCDLGTEMPLATE lpTemplate;  // address of dialog box template
  HWND  hwndOwner;             // handle of owner window
  DLGPROC  dlgprc;             // address of dialog box procedure
```

The CreateDialogIndirect function creates a modeless dialog box from a dialog box template in memory.

If the function succeeds, the return value is the window handle of the dialog box; otherwise, it is NULL.

```
HWND CreateDialogIndirectParam(hinst, lpTemplate, hwndOwner,
                               dlgprc, lParamInit)
  HINSTANCE  hinst;             // handle of application instance
  LPCDLGTEMPLATE  lpTemplate;   // address of dialog box template
  HWND  hwndOwner;              // handle of owner window
  DLGPROC  dlgprc;              // address of dialog box procedure
  LPARAM  lParamInit;           // initialization value
```

The CreateDialogIndirectParam function creates a modeless dialog box from a dialog box template in memory. Before displaying the dialog box, the function passes an application-defined value to the dialog box procedure as the lParam parameter of the WM_INITDIALOG message. An application can use this value to initialize dialog box controls.

If the function succeeds, the return value is the window handle of the dialog box; otherwise, it is NULL.

```
HWND CreateDialogParam(hinst, lpszTemplate, hwndOwner, dlgprc,
                       lParamInit)
  HINSTANCE  hinst;         // handle of application instance
  LPCTSTR  lpszTemplate;    // identifies dialog box template
  HWND  hwndOwner;          // handle of owner window
  DLGPROC  dlgprc;          // address of dialog box procedure
  LPARAM  lParamInit;       // initialization value
```

The CreateDialogParam function creates a modeless dialog box from a dialog box template resource. Before displaying the dialog box, the function passes an application-defined value to the dialog box procedure as the lParam parameter of the WM_INITDIALOG message. An application can use this value to initialize dialog box controls.

If the function succeeds, the return value is the window handle of the dialog box; otherwise, it is NULL.

```
LRESULT DefDlgProc(hwndDlg, uMsg, wParam, lParam)
  HWND  hwndDlg;    // handle of dialog box
  UINT  uMsg;       // message
  WPARAM  wParam;   // first message parameter
```

```
LPARAM  lParam;   // second message parameter
```

The DefDlgProc function carries out default message processing for a window procedure belonging to an application-defined dialog box class.

The return value specifies the result of the message processing and depends on the message sent.

```
int DialogBox(hinst, lpszTemplate, hwndOwner, dlgprc)
  HANDLE  hinst;           // handle of application instance
  LPCTSTR  lpszTemplate;   // identifies dialog box template
  HWND  hwndOwner;         // handle of owner window
  DLGPROC  dlgprc;         // address of dialog box procedure
```

The DialogBox function creates a modal dialog box from a dialog box template resource. DialogBox does not return control until the given callback function terminates the modal dialog box by calling the EndDialog function.

If the function succeeds, the return value is the nResult parameter in the call to the EndDialog function used to terminate the dialog box; otherwise, it is –1.

```
int DialogBoxIndirect(hinst, hTemplate, hwndOwner, dlgprc)
  HANDLE  hinst;               // handle of application instance
  LPDLGTEMPLATE  hTemplate;    // identifies dialog box template
  HWND  hwndOwner; // handle of owner window
  DLGPROC  dlgprc; // address of dialog box procedure
```

The DialogBoxIndirect function creates a modal dialog box from a dialog box template in memory. The DialogBoxIndirect function does not return control until the given callback function terminates the modal dialog box by calling the EndDialog function.

If the function succeeds, the return value is the nResult parameter given in the call to the EndDialog function used to terminate the dialog box; otherwise, it is –1.

```
int DialogBoxIndirectParam(hinst, hTemplate, hwndOwner, dlgprc,
                           lParamInit)
  HINSTANCE  hinst;            // handle of application instance
  LPCDLGTEMPLATE  hTemplate;   // identifies dialog box template
  HWND  hwndOwner;             // handle of owner window
  DLGPROC  dlgprc;             // address of dialog box procedure
  LPARAM  lParamInit;          // initialization value
```

The DialogBoxIndirectParam function creates a modal dialog box from a dialog box template in memory. Before displaying the dialog box, the function passes an application-defined value to the dialog box procedure as the lParam parameter of the

WM_INITDIALOG message. An application can use this value to initialize dialog box controls.

If the function succeeds, the return value is the nResult parameter given in the call to the EndDialog function used to terminate the dialog box; otherwise, it is –1.

```
int DialogBoxParam(hinst, lpszTemplate, hwndOwner, dlgprc, lParamInit)
  HINSTANCE  hinst;        // handle of application instance
  LPCTSTR  lpszTemplate;   // identifies dialog box template
  HWND  hwndOwner;         // handle of owner window
  DLGPROC  dlgprc;         // address of dialog box procedure
  LPARAM  lParamInit;      // initialization value
```

The DialogBoxParam function creates a modal dialog box from a dialog box template resource. Before displaying the dialog box, the function passes an application-defined value to the dialog box procedure as the lParam parameter of the WM_INITDIALOG message. An application can use this value to initialize dialog box controls.

If the function succeeds, the return value is the nResult parameter given in the call to the EndDialog function used to terminate the dialog box; otherwise, it is –1.

```
BOOL CALLBACK DialogProc(hwndDlg, uMsg, wParam, lParam)
  HWND  hwndDlg;    // handle of dialog box
  UINT  uMsg;       // message
  WPARAM  wParam;   // first message parameter
  LPARAM  lParam;   // second message parameter
```

The DialogProc function is an application-defined callback function that processes messages sent to a modal or modeless dialog box.

Except in response to the WM_INITDIALOG message, the dialog box procedure should return nonzero if it processes the message, and zero if it does not. In response to a WM_INITDIALOG message, the dialog box procedure should return zero if it calls the SetFocus function to set the focus to one of the controls in the dialog box. Otherwise, it should return nonzero, in which case the system sets the focus to the first control in the dialog box that can be given the focus.

```
BOOL EndDialog(hwndDlg, nResult)
  HWND  hwndDlg; // handle of dialog box
  int  nResult;  // value to return
```

The EndDialog function destroys a modal dialog box, causing the system to end any processing for the dialog box.

If the function succeeds, the return value is TRUE; otherwise, it is FALSE.

```
LONG GetDialogBaseUnits(VOID)
```

The GetDialogBaseUnits function returns the dialog box base units used by Windows to create dialog boxes. Both Windows and applications use these units to convert the width and height of dialog boxes and controls from dialog units, as given in dialog box templates, to pixels, and vice versa.

If the function succeeds, the low-order word of the return value contains the horizontal dialog box base unit, and the high-order word contains the vertical dialog box base unit.

```
int GetDlgCtrlID(hwndCtl)
  HWND  hwndCtl;          // handle of control
```

The GetDlgCtrlID function returns the identifier of the given control.

If the function succeeds, the return value is the identifier of the control; otherwise, it is NULL, indicating, for example, that hwndCtl is not a valid window handle.

```
HWND GetDlgItem(hwndDlg, idControl)
  HWND  hwndDlg;       // handle of dialog box
  int  idControl;      // identifier of control
```

The GetDlgItem function retrieves the handle of a control in the given dialog box.

If the function succeeds, the return value is the window handle of the given control; otherwise, it is NULL, indicating an invalid dialog box handle or a nonexistent control.

```
UINT GetDlgItemInt(hDlg, nIDDlgItem, lpTranslated, bSigned)
  HWND  hDlg;             // handle of dialog box
  int  nIDDlgItem;        // identifier of control
  BOOL*  lpTranslated;    // address of variable for error flag
  BOOL  bSigned;          // signed or unsigned indicator
```

The GetDlgItemInt function translates the text of a control in the given dialog box into an integer value.

If the function succeeds, the return value is the translated value of the control text. Because zero is a valid return value, you must use the lpTranslated parameter to detect errors. If your application requires a signed return value, it should cast the return value as an int type.

```
UINT GetDlgItemText(hwndDlg, idControl, lpsz, cchMax)
  HWND  hwndDlg;     // handle of dialog box
  int  idControl;    // identifier of control
  LPTSTR  lpsz;      // address of buffer for text
  int  cchMax;       // maximum size of string
```

The GetDlgItemText function retrieves the title or text associated with a control in a dialog box.

If the function succeeds, the return value specifies the number of characters copied to the buffer, not including the terminating null character; otherwise, it is zero.

```
HWND GetNextDlgGroupItem(hwndDlg, hwndCtl, fPrevious)
  HWND  hwndDlg;    // handle of dialog box
  HWND  hwndCtl;    // handle of control
  BOOL  fPrevious;  // direction flag
```

The GetNextDlgGroupItem function retrieves the handle of the first control in a group of controls that precedes (or follows) the given control in the given dialog box.

If the function succeeds, the return value is the handle of the previous (or next) control in the group of controls.

```
HWND GetNextDlgTabItem(hwndDlg, hwndCtl, fPrevious)
  HWND  hwndDlg;    // handle of dialog box
  HWND  hwndCtl;    // handle of known control
  BOOL  fPrevious;  // direction flag
```

The GetNextDlgTabItem function retrieves the handle of the first control that has the WS_TABSTOP style that precedes (or follows) the given control.

If the function succeeds, the return value is the window handle of the previous (or next) control that has the WS_TABSTOP style set.

```
BOOL IsDialogMessage(hwndDlg, lpmsg)
  HWND  hwndDlg; // handle of dialog box
  LPMSG  lpmsg;  // address of structure with message
```

The IsDialogMessage function determines whether the specified message is intended for the given dialog box and, if it is, processes the message.

If the message has been processed, the return value is TRUE; otherwise, it is FALSE.

```
BOOL MapDialogRect(hwndDlg, lprc)
  HWND  hwndDlg; // handle of dialog box
  LPRECT  lprc   // address of structure with rectangle
```

The MapDialogRect function converts (maps) the specified dialog box units to screen units (pixels). The function replaces the coordinates in the specified RECT structure with the converted coordinates, which allows the structure to be used to create a dialog box or position a control within a dialog box.

If the function succeeds, the return value is TRUE; otherwise, it is FALSE.

```
int MessageBox(hwndOwner, lpszText, lpszTitle, fuStyle)
  HWND  hwndOwner;      // handle of owner window
  LPCTSTR  lpszText;  // address of text in message box
  LPCTSTR  lpszTitle; // address of title of message box
  UINT  fuStyle;        // style of message box
```

The MessageBox function creates, displays, and operates a message box. The message box contains an application-defined message and title, plus any combination of predefined icons and push buttons.

The return value is zero if there is not enough memory to create the message box. Otherwise, it is one of the following menu-item values returned by the dialog box: IDABORT, IDCANCEL, IDIGNORE, IDNO, IDOK, IDRETRY, IDYES. If a message box has a Cancel button, the function returns the IDCANCEL value if either the ESC key is pressed or the Cancel button is selected. If the message box has no Cancel button, pressing ESC has no effect.

```
int MessageBoxEx(hwndOwner, lpszText, lpszCaption, fuStyle, wLanguageID)
  HWND  hwndOwner;        // handle of owner window
  LPCTSTR  lpszText;      // address of text in message box
  LPCTSTR  lpszCaption; // address of title of message box
  UINT  fuStyle;          // style of message box
  WORD  wLanguageID;      // language identifier
```

The MessageBoxEx function creates, displays, and operates a message box. The message box contains an application-defined message and title, plus any combination of predefined icons and push buttons. The wLanguageld parameter specifies which set of language resources is used for the predefined push buttons. For full descriptions of the other parameters of MessageBoxEx, see the description of the MessageBox function.

If the function fails, the return value is zero, in which case extended error information can be obtained by calling the GetLastError function. If the function succeeds, the return value is a nonzero menu-item value returned by the dialog box.

```
BOOL API MessageBoxIndirect(lpMsgBoxParams)
  LPMSGBOXPARAMS lpMsgBoxParams;  // structure for message box
                                  //   parameters
```

The MessageBoxIndirect function creates, displays, and operates a message box. The message box contains application-defined message text and title, any icon, and any combination of predefined push buttons.

The return value specifies the result of the message processing and depends on the message sent.

```
BOOL SetDlgItemInt(hwndDlg, idControl, uValue, fSigned)
  HWND  hwndDlg;    // handle of dialog box
  int  idControl;   // identifier of control
  UINT  uValue;     // value to set
  BOOL  fSigned;    // signed or unsigned indicator
```

The SetDlgItemInt function sets the text of a given control in a dialog box to the string representation of a given integer.

If the function succeeds, the return value is TRUE; otherwise, it is FALSE. Use the GetLastError function to get extended error information.

```
BOOL SetDlgItemText(hwndDlg, idControl, lpsz)
  HWND  hwndDlg;    // handle of dialog box
  int  idControl;   // identifier of control
  LPCTSTR  lpsz;    // text to set
```

The SetDlgItemText function sets the title or text of a control in a dialog box.

If the function succeeds, the return value is TRUE; otherwise, it is FALSE. Use the GetLastError function to get extended error information.

Edit Controls

```
int CALLBACK EditWordBreakProc(lpch, ichCurrent, cch, action)
  LPTSTR  lpch;     // address of edit text
  int  ichCurrent;  // index of starting point
  int  cch;         // length in characters of edit text
  int  code;        // action to take
```

An EditWordBreakProc function is an application-defined callback function that a multi-line edit control or rich edit control calls to break a line of text. A value of type EDITWORDBREAKPROC is a pointer to such a function.

If the action parameter specifies WB_ISDELIMITER, the return value is nonzero (TRUE) if the character at the current position is a delimiter, or zero if it is not. Otherwise, the return value is an index to the beginning of a word in the buffer of text.

Errors

```
BOOL Beep(dwFreq, dwDuration)
  DWORD  dwFreq;      // sound frequency, in hertz
  DWORD  dwDuration;  // sound duration, in milliseconds
```

The Beep function generates simple tones on the speaker.

If the function succeeds, the return value is TRUE; otherwise, it is FALSE. To get extended error information, use the GetLastError function.

```
BOOL ExitWindows(dwReserved, uReserved)
  DWORD  dwReserved;  // reserved
  UINT   uReserved;   // reserved
```

The ExitWindows function logs the current user off.

If the function succeeds, the return value is TRUE; otherwise, it is FALSE. To get extended error information, use the GetLastError function.

```
BOOL ExitWindowsEx(fuOptions, dwReserved)
  UINT   fuOptions;    // shutdown operation
  DWORD  dwReserved;  // reserved
```

The ExitWindowsEx function either logs off, shuts down, or shuts down and restarts the system.

If the function succeeds, the return value is TRUE; otherwise, it is FALSE. To get extended error information, use the GetLastError function.

```
BOOL FlashWindow(hwnd, fInvert)
  HWND  hwnd;       // handle of window to flash
  BOOL  fInvert;    // flash status
```

The FlashWindow function flashes the given window once.

The return value specifies the window's state before the call to the FlashWindow function. If the window was active before the call, it is TRUE; otherwise, it is FALSE.

```
BOOL MessageBeep(fuType)
  UINT  fuType;     // sound type
```

The MessageBeep function plays a waveform sound. The waveform sound for each sound type is identified by an entry in the [sounds] section of the registry.

If the function succeeds, the return value is TRUE; otherwise, it is FALSE. To get extended error information, use the GetLastError function.

```
UINT SetErrorMode(fuErrorMode)
  UINT  fuErrorMode;     // error mode
```

The SetErrorMode function controls whether Windows handles serious errors or allows the calling application to handle them.

The return value is the previous state of the error mode.

```
VOID SetLastErrorEx(fdwError, fdwType)
  DWORD  fdwError; // per-thread error code
  DWORD  fdwType;  // error type
```

The SetLastErrorEx function sets the last-error code and type for the calling thread.

If the function succeeds, the return value is TRUE; otherwise, it is FALSE. To get extended error information, use the GetLastError function.

```
BOOL ClearEventLog(hEventLog, lpszBackupFile)
  HANDLE  hEventLog;       // handle to event log
  LPCTSTR lpszBackupFile; // name of backup file
```

The ClearEventLog function clears the given event log, and optionally saves the current copy of the logfile to a backup file.

If the function succeeds, the return value is TRUE. The given event log has been backed up (if lpszBackupFile is not NULL) and then cleared. Otherwise, the return value is FALSE. To get extended error information, use the GetLastError function.

```
BOOL CloseEventLog(hEventLog)
  HANDLE  hEventLog;     // handle to event log
```

The CloseEventLog function closes the given event log.

If the function succeeds, the return value is TRUE; otherwise, it is FALSE. To get extended error information, use the GetLastError function.

```
BOOL DeregisterEventSource(hEventLog)
  HANDLE  hEventLog;     // handle to event log
```

The DeregisterEventSource function closes a handle returned by the RegisterEventSource function.

If the function succeeds, the return value is TRUE; otherwise, it is FALSE. To get extended error information, use the GetLastError function.

```
BOOL GetNumberOfEventLogRecords(hEventLog, pcRecords)
  HANDLE  hEventLog;     // handle to event log
  PDWORD  pcRecords;     // buffer for number of records
```

The GetNumberOfEventLogRecords function retrieves the number of records in the given event log.

If the function succeeds, the return value is TRUE; otherwise, it is FALSE. To get extended error information, use the GetLastError function.

```
BOOL GetOldestEventLogRecord(hEventLog, pdwOldestRecord)
   HANDLE  hEventLog;          // handle to event log
   PDWORD  pdwOldestRecord;    // buffer for number of oldest record
```

The GetOldestEventLogRecord function retrieves the absolute record number of the oldest record in the given event log.

If the function succeeds, the return value is TRUE; otherwise, it is FALSE. To get extended error information, use the GetLastError function.

```
HANDLE OpenBackupEventLog(lpszUNCServerName, lpszFileName)
   LPCTSTR  lpszUNCServerName;    // backup file server name
   LPCTSTR  lpszFileName;         // backup filename
```

The OpenBackupEventLog function opens a handle of a backup event log. This handle can be used with the BackupEventLog function.

If the function succeeds, the return value is a handle of the backup event log; otherwise, the return value is NULL.

```
HANDLE OpenEventLog(lpszUNCServerName, lpszSourceName)
   LPCTSTR  lpszUNCServerName;    // address of server name
   LPCTSTR  lpszSourceName;       // address of source name
```

The OpenEventLog function opens a handle of an event log.

If the function succeeds, the return value is the handle of an event log; otherwise, the return value is NULL. To get extended error information, use the GetLastError function.

```
BOOL ReadEventLog(hEventLog, fdwRead, dwRecordNumber, lpvBuffer,
cbBuffer, pcbRead, pcbRequired)

HANDLE  hEventLog;          // handle of event log
   DWORD  fdwRead;          // specifies how to read log
   DWORD  dwRecordNumber;   // number of first record
   LPVOID  lpvBuffer;       // address of buffer for read data
   DWORD  cbBuffer;         // number of bytes to read
   DWORD  *pcbRead;         // number of bytes read
   DWORD  *pcbRequired;     // number of bytes required for next record
```

The ReadEventLog function reads a whole number of entries from the given event log. The function can be used to read log entries in forward or reverse chronological order.

If the function succeeds, the return value is TRUE; otherwise, it is FALSE. To get extended error information, use the GetLastError function.

```
HANDLE RegisterEventSource(lpszUNCServer, lpszSource)
  LPCTSTR  lpszUNCServer;  // server name for source
  LPCTSTR  lpszSource;     // source name for registered handle
```

The RegisterEventSource function returns a handle that can be used with the ReportEvent function to log an event. Any source name can be used; it will be carried in the event log record so that Event Viewer can use it for filtering.

If the function succeeds, the return value is a handle that can be used with the ReportEvent function; otherwise, the return value is NULL.

```
BOOL ReportEvent(hEventSource, fwEventType, fwCategory, IDEvent,
pUserSid, cStrings, cbData, plpszStrings, lpvData)
  HANDLE  hEventSource;    // handle returned by RegisterEventSource
  WORD  fwEventType;       // event type to log
  WORD  fwCategory;        // event category
  DWORD  IDEvent;          // event identifier
  PSID  pUserSid;          // user security identifier (optional)
  WORD  cStrings;          // number of strings to merge with message
  DWORD  cbData;           // size of binary data, in bytes
  LPCTSTR  *plpszStrings;  // array of strings to merge with message
  LPVOID  lpvData;         // address of binary data
```

The ReportEvent function writes an entry at the end of the given event log.

If the function succeeds, the return value is TRUE, indicating that the entry was written to the log. If the function fails, the return value is FALSE. To get extended error information, use the GetLastError function.

File Mapping

```
HANDLE CreateFileMapping(hFile, lpsa, fdwProtect, dwMaximumSizeHigh,
                         dwMaximumSizeLow, lpszMapName)
  HANDLE  hFile;                   // handle of file to map
  LPSECURITY_ATTRIBUTES  lpsa;     // optional security attributes
  DWORD  fdwProtect;               // protection for mapping object
  DWORD  dwMaximumSizeHigh;        // high-order 32 bits of object size
  DWORD  dwMaximumSizeLow;         // low-order 32 bits of object size
  LPCTSTR  lpszMapName;            // name of file-mapping object
```

The CreateFileMapping function creates a named or unnamed file-mapping object for the specified file.

If the function succeeds, the return value is a handle of the file-mapping object. If the object existed before the function call, the GetLastError function returns ERROR_ALREADY_EXISTS, and the return value is a valid handle to the existing file-mapping object (with its current size, not the new specified size). If the mapping object did not exist, GetLastError returns zero. If the function fails, the return value is NULL. To get extended error information, use the GetLastError function.

```
BOOL FlushViewOfFile(lpvBase, cbFlush)
  LPCVOID  lpvBase;    // start address of byte range to flush
  DWORD  cbFlush;      // number of bytes in range
```

The FlushViewOfFile function writes to the disk a byte range within a mapped view of a file.

If the function succeeds, the return value is TRUE; otherwise, it is FALSE. To get extended error information, use the GetLastError function.

```
LPVOID MapViewOfFile(hMapObject, fdwAccess, dwOffsetHigh,
                     dwOffsetLow, cbMap)
  HANDLE  hMapObject;    // file-mapping object to map into address
  space
  DWORD  fdwAccess;      // access mode
  DWORD  dwOffsetHigh;   // high-order 32 bits of file offset
  DWORD  dwOffsetLow;    // low-order 32 bits of file offset
  DWORD  cbMap;          // number of bytes to map
```

The MapViewOfFile function maps a view of a file into the address space of the calling process.

If the function succeeds, the return value is the starting address of the mapped view; otherwise, it is NULL. To get extended error information, use the GetLastError function.

```
LPVOID MapViewOfFileEx(hMapObject, fdwAccess, dwOffsetHigh,
                       dwOffsetLow, cbMap, lpvBase)
  HANDLE  hMapObject;    // file-mapping object to map into address space
  DWORD  fdwAccess;      // access mode
  DWORD  dwOffsetHigh;   // high-order 32 bits of file offset
  DWORD  dwOffsetLow;    // low-order 32 bits of file offset
  DWORD  cbMap;          // number of bytes to map
  LPVOID  lpvBase;       // suggested starting address for mapped view
```

The MapViewOfFileEx function maps a view of a file into the address space of the calling process. This extended function allows the calling process to specify a suggested memory address for the mapped view. This function is available only for Win32-based applications.

If the function succeeds, the return value is the starting address of the mapped view; otherwise, it is NULL. To get extended error information, use the GetLastError function.

```
HANDLE OpenFileMapping(dwDesiredAccess, bInheritHandle, lpName)
  DWORD  dwDesiredAccess; // access mode
  BOOL  bInheritHandle;   // inherit flag
  LPCTSTR  lpName;        // address of name of file-mapping object
```

The OpenFileMapping function opens a named file-mapping object.

If the function succeeds, the return value is an open handle to the specified file-mapping object. Otherwise, the return value is NULL. To get extended error information, use the GetLastError function.

```
HANDLE CreateMailslot(lpszName, cbMaxMsg, dwReadTimeout, lpsa)
  LPCTSTR  lpszName;             // address of string for mailslot name
  DWORD  cbMaxMsg;               // maximum message size
  DWORD  dwReadTimeout;          // milliseconds before read time-out
  LPSECURITY_ATTRIBUTES  lpsa;   // address of security structure
```

The CreateMailslot function creates a mailslot with the specified name and returns a handle that a mailslot server can use to perform operations on the mailslot. The mailslot is local to the computer that creates it. An error occurs if a mailslot with the specified name already exists.

If the function succeeds, the return value is a handle to the mailslot, for use in server mailslot operations. If the function fails, the return value is INVALID_HANDLE_VALUE. To get extended error information, use the GetLastError function.

```
BOOL GetMailslotInfo(hMailslot, lpcbMaxMsg, lpcbNextMsg, lpcMsg,
                     lpdwReadTimeout)
  HANDLE  hMailslot;          // mailslot handle
  LPDWORD  lpcbMaxMsg;        // address of maximum message size
  LPDWORD  lpcbNextMsg;       // address of size of next message
  LPDWORD  lpcMsg;            // address of number of messages
  LPDWORD  lpdwReadTimeout;   // address of read time-out
```

The GetMailslotInfo function retrieves information about the given mailslot.

If the function succeeds, the return value is TRUE; otherwise, it is FALSE. To get extended error information, use the GetLastError function.

```
BOOL SetMailslotInfo(hMailslot, dwReadTimeout)
  HANDLE  hMailslot;     // mailslot handle
  DWORD  dwReadTimeout; // read time-out
```

The SetMailslotInfo function sets the time-out value used by the given mailslot for a read operation.

If the function succeeds, the return value is TRUE; otherwise, it is FALSE. To get extended error information, use the GetLastError function.

Files

```
long _hread(hFile, lpBuffer, lBytes)
  HFILE  hFile;       // handle of file
  LPVOID  lpBuffer;   // address of buffer for read data
  long  lBytes;       // length, in bytes, of data buffer
```

The _hread function reads data from the specified file. This function is provided for compatibility with earlier versions of Windows. For applications written with the Win32 API, use the ReadFile function.

The return value indicates the number of bytes actually read from the file. If the number of bytes read is less than lBytes, the function has reached the end of file (EOF) before reading the specified number of bytes. If the function fails, the return value is HFILE_ERROR. To get extended error information, use the GetLastError function.

```
long _hwrite(hFile, lpBuffer, lBytes)
  HFILE  hFile;       // handle of file
  LPCSTR  lpBuffer;   // address of buffer for data to be written
  long  lBytes;       // number of bytes to write
```

The _hwrite function writes data to the specified file. This function is provided for compatibility with earlier versions of Windows. For applications written with the Win32 API, use the WriteFile function.

If the function succeeds, the return value indicates the number of bytes actually written to the file. Otherwise, it is HFILE_ERROR. To get extended error information, use the GetLastError function.

```
HFILE _lclose(hFile)
  HFILE  hFile;    // handle of file to close
```

The _lclose function closes the specified file so that it is no longer available for reading or writing. This function is provided for compatibility with earlier versions of Windows. For applications written with the Win32 API, use the CloseHandle function.

If the function succeeds, the return value is zero; otherwise, it is HFILE_ERROR. To get extended error information, use the GetLastError function.

```
HFILE _lcreat(lpszFileName, fnAttribute)
  LPCSTR lpszFileName;    // address of name of file to open
  int  fnAttribute;       // file attribute
```

The _lcreat function creates or opens a specified file. This function is provided for compatibility with earlier versions of Windows. For applications written with the Win32 API, use the CreateFile function.

If the function succeeds, the return value is a file handle; otherwise, it is HFILE_ERROR. To get extended error information, use the GetLastError function.

```
LONG _llseek(hFile, lOffset, nOrigin)
  HFILE  hFile;     // handle of file
  LONG  lOffset;    // number of bytes to move
  int  nOrigin;     // position to move from
```

The _llseek function repositions the file pointer in a previously opened file. This function is provided for compatibility with earlier versions of Windows. For applications written with the Win32 API, use the SetFilePointer function.

If the function succeeds, the return value specifies the new offset of the pointer, in bytes, from the beginning of the file. Otherwise, the return value is HFILE_ERROR. To get extended error information, use the GetLastError function.

```
HFILE _lopen(lpszFileName, fnOpenMode)
  LPCSTR  lpszFileName; // address of name of file to open
  int  fnOpenMode;      // file access mode
```

The _lopen function opens an existing file and sets the file pointer to the beginning of the file. This function is provided for compatibility with earlier versions of Windows. For applications written with the Win32 API, use the CreateFile function.

If the function succeeds, the return value is a file handle; otherwise, it is HFILE_ERROR. To get extended error information, use the GetLastError function.

```
UINT _lread(hFile, lpBuffer, cbRead)
  HFILE  hFile;       // handle of file
  LPVOID  lpBuffer;   // address of buffer for read data
  UINT  cbRead;       // length, in bytes, of data buffer
```

The _lread function reads data from the specified file. This function is provided for compatibility with earlier versions of Windows. For applications written with the Win32 API, use the ReadFile function.

The return value indicates the number of bytes actually read from the file. If the number of bytes read is less than cbRead, the function has reached the end of file (EOF) before reading the specified number of bytes. If the function fails, the return value is HFILE_ERROR. To get extended error information, use the GetLastError function.

```
UINT _lwrite(hFile, lpBuffer, cbWrite)
  HFILE  hFile;       // handle of file
  LPCSTR  lpBuffer;   // address of buffer for data to be written
  UINT  cbWrite;      // number of bytes to write
```

The _lwrite function writes data to the specified file. This function is provided for compatibility with earlier versions of Windows. For applications written with the Win32 API, use the WriteFile function.

If the function succeeds, the return value indicates the number of bytes actually written to the file. Otherwise, it is HFILE_ERROR. To get extended error information, use the GetLastError function.

```
BOOL CloseHandle(hObject)
  HANDLE  hObject;    // handle of object to close
```

The CloseHandle function closes an open object handle.

If the function succeeds, the return value is TRUE; otherwise, it is FALSE. To get extended error information, use the GetLastError function.

```
BOOL CopyFile(lpszExistingFile, lpszNewFile, fFailIfExists)
  LPCTSTR  lpszExistingFile; // address of name of an existing file
  LPCTSTR  lpszNewFile;      // address of filename to copy to
  BOOL  fFailIfExists;       // flag for operation if file exists
```

The CopyFile function copies an existing file to a new file.

If the function succeeds, the return value is TRUE; otherwise, it is FALSE. To get extended error information, use the GetLastError function.

```
BOOL CreateDirectory(lpszPath, lpsa)
  LPCTSTR  lpszPath;           // address of path of directory to cre-
  ate
  LPSECURITY_ATTRIBUTES  lpsa; // address of security descriptor
```

The CreateDirectory function creates a new directory.

If the function succeeds, the return value is TRUE; otherwise, it is FALSE. To get extended error information, use the GetLastError function.

```
BOOL CreateDirectoryEx(lpTemplateDirectory, lpNewDirectory,
                       lpSecurityAttributes)
  LPCTSTR  lpTemplateDirectory; // path string of template directory
  LPCTSTR  lpNewDirectory;      // path string of directory to create
  LPSECURITY_ATTRIBUTES  lpSecurityAttributes; // security descriptor
```

The CreateDirectoryEx function creates a new directory with a specified pathname that retains the attributes of a specified template directory. If the underlying file system supports security on files and directories, the function applies a specified security descriptor to the new directory. The new directory retains the other attributes of the specified template directory.

If the function succeeds, the return value is TRUE; otherwise, it is FALSE. To get extended error information, use the GetLastError function.

```
HANDLE CreateFile(lpszName, fdwAccess, fdwShareMode, lpsa, fdwCreate,
fdwAttrsAndFlags, hTemplateFile)
  LPCTSTR  lpszName;              // address of name of file
  DWORD  fdwAccess;               // access (read-write) mode
  DWORD  fdwShareMode;            // share mode
  LPSECURITY_ATTRIBUTES lpsa;     // address of security descriptor
  DWORD  fdwCreate;               // how to create
  DWORD  fdwAttrsAndFlags;        // file attributes
  HANDLE  hTemplateFile; // handle of file with attributes to copy
```

The CreateFile function creates, opens, or truncates a file, pipe, communications resource, disk device, or console. It returns a handle that can be used to access the object.

If the function succeeds, the return value is an open handle of the specified file. If the specified file exists before the function call and fdwCreate is CREATE_ALWAYS or OPEN_ALWAYS, a call to GetLastError returns ERROR_ALREADY_EXISTS (even though the function has succeeded). If the file does not exist before the call, GetLastError returns 0. If the function fails, the return value is INVALID_HANDLE_VALUE. To get extended error information, use GetLastError.

```
BOOL DefineDosDevice(dwFlags, lpDeviceName, lpTargetPath)
  DWORD  dwFlags;           // flags specifying device definition
  LPCTSTR  lpDeviceName;    // address of MS-DOS device name string
  LPCTSTR  lpTargetPath;    // address of MS-DOS or Windows NT path
```

The DefineDosDevice function lets an application define, redefine, or delete MS-DOS device names. MS-DOS device names are stored as symbolic links in the Windows NT object name space. The code that converts an MS-DOS path into a corresponding Windows NT path uses these symbolic links to map MS-DOS devices and drive letters. The DefineDosDevice function provides a mechanism whereby a Win32 application can modify the symbolic links used to implement the MS-DOS device name space.

If the function succeeds, the return value is TRUE; otherwise, it is FALSE. To get extended error information, use the GetLastError function.

```
BOOL DeleteFile(lpszFileName)
  LPCTSTR  lpszFileName;   // address of name of file to delete
```

The DeleteFile function deletes an existing file.

If the function succeeds, the return value is TRUE; otherwise, it is FALSE. To get extended error information, use the GetLastError function.

```
VOID WINAPI FileIOCompletionRoutine(fdwError, cbTransferred, lpo)
  DWORD  fdwError;        // completion code
  DWORD  cbTransferred;  // number of bytes transferred
  LPOVERLAPPED  lpo;      // address of structure with I/O information
```

The FileIOCompletionRoutine function is called when an asynchronous input and output (I/O) function (ReadFileEx or WriteFileEx) is completed and the calling thread is in an alertable wait (using the SleepEx, WaitForSingleObjectEx, or WaitForMultipleObjectsEx function with the fAlertable flag set to TRUE).

This function does not return a value.

```
BOOL FindClose(hFindFile)
  HANDLE  hFindFile;     // file search handle
```

The FindClose function closes the specified search handle. The FindFirstFile and FindNextFile functions use the search handle to locate files with names that match a given name.

If the function succeeds, the return value is TRUE; otherwise, it is FALSE. To get extended error information, use the GetLastError function.

```
BOOL FindCloseChangeNotification(hChange)
  HANDLE  hChange;     // handle of change notification to close
```

The FindCloseChangeNotification function stops change notification handle monitoring.

If the function succeeds, the return value is TRUE; otherwise, it is FALSE. To get extended error information, use the GetLastError function.

```
HANDLE FindFirstChangeNotification(lpszPath, fWatchSubTree, fdwFilter)
  LPCTSTR  lpszPath;      // address of name of directory to watch
  BOOL  fWatchSubTree;    // flag for monitoring directory or
                          //   directory tree
  DWORD  fdwFilter;       // filter conditions to watch for
```

The FindFirstChangeNotification function creates a change notification handle and sets up initial change notification filter conditions. A wait on a notification handle succeeds when a change matching the filter conditions occurs in the specified directory or subtree.

If the function succeeds, the return value is a handle of a find change notification object; otherwise, it is INVALID_HANDLE_VALUE. To get extended error information, use the GetLastError function.

```
HANDLE FindFirstFile(lpszSearchFile, lpffd)
  LPCTSTR  lpszSearchFile;     // address of name of file to search for
  LPWIN32_FIND_DATA  lpffd;    // address of returned information
```

The FindFirstFile function searches a directory for a file whose name matches the specified filename. FindFirstFile examines subdirectory names as well as filenames.

If the function succeeds, the return value is a search handle used in a subsequent call to FindNextFile or FindClose; otherwise, it is INVALID_HANDLE_VALUE. To get extended error information, use the GetLastError function.

```
BOOL FindNextChangeNotification(hChange)
  HANDLE  hChange; // handle of change notification to signal
```

The FindNextChangeNotification function requests that the operating system signal a change notification handle the next time it detects an appropriate change.

If the function succeeds, the return value is TRUE; otherwise, it is FALSE. To get extended error information, use the GetLastError function.

```
BOOL FindNextFile(hFindFile, lpffd)
  HANDLE  hFindFile;           // handle of search
  LPWIN32_FIND_DATA  lpffd;    // structure for data on found file
```

The FindNextFile function continues a file search from a previous call to the FindFirstFile function.

If the function succeeds, the return value is TRUE; otherwise, it is FALSE. To get extended error information, use the GetLastError function. If no matching files can be found, the GetLastError function returns ERROR_NO_MORE_FILES.

```
BOOL FlushFileBuffers(hFile)
    HANDLE  hFile;      // handle of file to which function writes data
```

The FlushFileBuffers function clears the buffers for the specified file and causes all buffered data to be written to the file.

If the function succeeds, the return value is TRUE; otherwise, it is FALSE. To get extended error information, use the GetLastError function.

```
DWORD GetCurrentDirectory(cchCurDir, lpszCurDir)
    DWORD  cchCurDir;     // size, in characters, of directory buffer
    LPTSTR lpszCurDir;    // address of buffer for current directory
```

The GetCurrentDirectory function retrieves the current directory for the current process.

If the function succeeds, the return value specifies the number of characters written to the buffer, not including the terminating null character; otherwise, it is zero. To get extended error information, use the GetLastError function.

If the buffer pointed to by lpszCurDir is not large enough, the return value specifies the required size of the buffer, including the number of bytes necessary for a terminating null character.

```
BOOL GetDiskFreeSpace(lpszRootPathName, lpSectorsPerCluster,
lpBytesPerSector, lpFreeClusters, lpClusters)
    LPCTSTR  lpszRootPathName;    // address of root path name
    LPDWORD  lpSectorsPerCluster; // address of sectors per cluster
    LPDWORD  lpBytesPerSector;    // address of bytes per sector
    LPDWORD  lpFreeClusters;      // address of number of free clusters
    LPDWORD  lpClusters;          // address of total number of clusters
```

The GetDiskFreeSpace function retrieves information about the specified disk, including the amount of free space on the disk.

If the function succeeds, the return value is TRUE; otherwise, it is FALSE. To get extended error information, use the GetLastError function.

```
UINT GetDriveType(lpszRootPathName)
    LPCTSTR  lpszRootPathName; // address of root path name
```

The GetDriveType function determines whether a disk drive is a removable, fixed, CD-ROM, RAM disk, or network drive.

The return value specifies the type of drive. It can be one of the following values: 0, 1, DRIVE_REMOVABLE, DRIVE_FIXED, DRIVE_REMOTE, DRIVE_CDROM, DRIVE_RAMDISK.

```
DWORD GetFileAttributes(lpszFileName)
   LPCTSTR  lpszFileName;   // address of name of file
```

The GetFileAttributes function returns attributes for the specified file.

If the function succeeds, the return value contains the attributes of the specified file; otherwise, it is 0xFFFFFFFF. To get extended error information, use the GetLastError function.

```
BOOL GetFileInformationByHandle(hFile, lpFileInformation)
HANDLE  hFile;                                  // handle of file
LPBY_HANDLE_FILE_INFORMATION lpFileInformation; // address of
                                                //   structure
```

The GetFileInformationByHandle function retrieves information about the specified file.

If the function succeeds, the return value is TRUE; otherwise, it is FALSE. To get extended error information, use the GetLastError function.

```
DWORD GetFileSize(hFile, lpdwFileSizeHigh)
   HANDLE  hFile;              // handle of file to get size of
   LPDWORD  lpdwFileSizeHigh;  // address of high-order word for
                               //   file size
```

The GetFileSize function retrieves the size, in bytes, of the specified file.

If the function succeeds, the return value is the low-order doubleword of the file size, and, if lpdwFileSizeHigh is non-NULL, the function puts the high-order doubleword of the file size into the LONG value pointed to by that parameter. If the function fails and if lpdwFileSizeHigh is NULL, the return value is 0xFFFFFFFF. To get extended error information, use the GetLastError function. If the function fails and if lpdwFileSizeHigh is non-NULL, the return value is 0xFFFFFFFF and GetLastError will return a value other than NO_ERROR.

```
DWORD GetFileType(hFile)
   HANDLE  hFile;      // file handle
```

The GetFileType function returns the type of the specified file.

The return value is one of the FILE_TYPE_ constants.

```
DWORD GetFullPathName(lpszFile, cchPath, lpszPath, ppszFilePart)
   LPCTSTR  lpszFile;      // address of name of file to find path for
   DWORD  cchPath;         // size, in characters, of path buffer
   LPTSTR  lpszPath;       // address of path buffer
   LPTSTR  *ppszFilePart;  // address of filename in path
```

The GetFullPathName function retrieves the full path and filename of a specified file.

If the GetFullPathName function succeeds, the return value is the length, in characters, of the string copied to lpszPath, not including the terminating null character. If the lpszPath buffer is too small, the return value is the size of the buffer, in characters, required to hold the path. If the function fails, the return value is zero. To get extended error information, use the GetLastError function.

```
DWORD GetLogicalDrives(VOID)
```

The GetLogicalDrives function returns a bitmask representing the currently available disk drives.

If the function succeeds, the return value is a bitmask representing the currently available disk drives. Bit position 0 (the least-significant bit) is drive A, bit position 1 is drive B, bit position 2 is drive C, and so on. If the function fails, the return value is zero.

```
DWORD GetLogicalDriveStrings(cchBuffer, lpszBuffer)
   DWORD  cchBuffer;     // size of buffer
   LPTSTR  lpszBuffer;   // address of buffer for drive strings
```

The GetLogicalDriveStrings function fills a buffer with strings that specify valid drives in the system.

If the function succeeds, the return value is the length, in characters, of the strings copied to the buffer, not including the terminating null character. Note that an ANSI-ASCII null character uses one byte, but a Unicode null character uses two bytes. If the buffer is not large enough, the return value is greater than cchBuffer. It is the size of the buffer required to hold the drive strings. If the function fails, the return value is zero. To get extended error information, use the GetLastError function. The GetTempDrive function is obsolete. Win32 applications should use the GetTempPath function.

```
UINT GetTempFileName(lpszPath, lpszPrefix, uUnique, lpszTempFile)
   LPCTSTR  lpszPath;     // name of directory where temp. file is created
   LPCTSTR  lpszPrefix;   // address of prefix of temp. filename
   UINT  uUnique;         // number used to create temp. filename
   LPTSTR  lpszTempFile;  // buffer that will receive temp. filename
```

The GetTempFileName function creates a temporary filename of the following form: path\preuuuu.tmp.

The return value specifies a unique numeric value used in the temporary filename. If the uUnique parameter is nonzero, the return value specifies that same number. If the function fails, the return value is zero. To get extended error information, use the GetLastError function.

```
DWORD GetTempPath(cchBuffer, lpszTempPath)
  DWORD  cchBuffer;      // size, in characters, of the buffer
  LPTSTR  lpszTempPath; // address of buffer for temp. path name
```

The GetTempPath function retrieves the path of the directory designated for temporary files.

If the function succeeds, the return value is the length, in characters, of the string copied to lpszTempPath, not including the terminating null character. If the return value is greater than cchBuffer, the return value is the size of the buffer required to hold the path. If the function fails, the return value is zero. To get extended error information, use the GetLastError function.

```
BOOL GetVolumeInformation(lpRootPathName, lpVolumeNameBuffer,
                          nVolumeNameSize, lpVolumeSerialNumber,
                          lpMaximumComponentLength, lpFileSystemFlags,
                          lpFileSystemNameBuffer, nFileSystemNameSize)
  LPCTSTR  lpRootPathName;             // address of root directory of
                                       //   file system
  LPTSTR  lpVolumeNameBuffer;          // address of name of the volume
  DWORD  nVolumeNameSize;              // length of volume name buffer
  LPDWORD  lpVolumeSerialNumber;       // address of volume serial
                                       //   number
  LPDWORD  lpMaximumComponentLength;   // address of system's max.
                                       //   length of filename
  LPDWORD  lpFileSystemFlags;          // address of file system flags
  LPTSTR  lpFileSystemNameBuffer;      // address of name of file
                                       //   system
  DWORD  nFileSystemNameSize;          // length of file system buffer
```

The GetVolumeInformation function returns information about the file system whose root directory is specified.

If all the requested information is retrieved, the return value is TRUE; otherwise, it is FALSE. To get extended error information, use the GetLastError function.

```
BOOL LockFile(hFile, dwFileOffsetLow, dwFileOffsetHigh, cbLockLow,
              cbLockHigh)
  HANDLE  hFile;             // handle of file to lock
  DWORD  dwFileOffsetLow;    // low-order word of lock region offset
  DWORD  dwFileOffsetHigh;   // high-order word of lock region offset
```

```
  DWORD  cbLockLow;           // low-order word of length to lock
  DWORD  cbLockHigh;          // high-order word of length to lock
```

The LockFile function locks a region in an open file. Locking a region prevents other processes from accessing the region.

If the function succeeds, the return value is TRUE; otherwise, it is FALSE. To get extended error information, use the GetLastError function.

```
BOOL LockFileEx(hFile, dwFlags, dwReserved, nNumberOfBytesToLockLow,
nNumberOfBytesToLockHigh, lpOverlapped)
  HANDLE  hFile;                       // handle of file to lock
  DWORD  dwFlags;                      // functional behavior modification
                                       //   flags
  DWORD  dwReserved;                   // reserved; must be set to zero
  DWORD  nNumberOfBytesToLockLow;      // low order 32-bits of length to
                                       //   lock
  DWORD  nNumberOfBytesToLockHigh;     // high order 32-bits of length to
                                       //   lock
  LPOVERLAPPED  lpOverlapped;          // struct with lock region start
                                       //   offset
```

The LockFileEx function locks a byte range within an open file for shared or exclusive access.

If the function succeeds, the return value is TRUE. If the function fails, the return value is FALSE or NULL. To get extended error information, use the GetLastError function.

```
BOOL MoveFile(lpszExisting, lpszNew)
  LPCTSTR  lpszExisting;   // address of name of the existing file
  LPCTSTR  lpszNew;        // address of new name for the file
```

The MoveFile function renames an existing file or a directory (including all its children).

If the function succeeds, the return value is TRUE; otherwise it is FALSE. To get extended error information, use the GetLastError function.

```
BOOL MoveFileEx(lpszExisting, lpszNew, fdwFlags)
  LPCTSTR  lpszExisting; // address of name of the existing file
  LPCTSTR  lpszNew;      // address of new name for the file
  DWORD  fdwFlags;       // flag to determine how to move file
```

The MoveFileEx function renames an existing file.

If the function succeeds, the return value is TRUE; otherwise, it is FALSE. To get extended error information, use the GetLastError function.

```
HFILE OpenFile(lpszFile, lpOpenBuff, fuMode)
  LPCSTR  lpszFile;         // address of filename
  LPOFSTRUCT  lpOpenBuff;   // address of buffer for file information
  UINT  fuMode;             // action and attributes
```

The OpenFile function creates, opens, reopens, or deletes a file. This function is provided for compatibility with earlier versions of Windows. In particular, the OpenFile function cannot open a named pipe. For Win32 applications, use the CreateFile function.

If the function succeeds, the return value specifies a file handle; otherwise, it is HFILE_ERROR. To get extended error information, use the GetLastError function.

```
DWORD QueryDosDevice(lpDeviceName, lpTargetPath, ucchMax)
  LPCTSTR  lpDeviceName;    // address of MS-DOS device name string
  LPTSTR  lpTargetPath;     // address of buffer for storing query
                            //   results
  DWORD  ucchMax;           // maximum storage capacity of buffer
```

The QueryDosDevice function lets an application obtain information about MS-DOS device names. The function can obtain the current mapping for a particular MS-DOS device name. The function can also obtain a list of all existing MS-DOS device names.

If the function succeeds, the return value is the number of characters stored into the buffer pointed to by lpTargetPath. If the function fails, the return value is zero. To get extended error information, use the GetLastError function.

```
BOOL ReadFile(hFile, lpBuffer, nNumberOfBytesToRead,
lpNumberOfBytesRead, lpOverlapped)
  HANDLE  hFile;                   // handle of file to read
  LPVOID  lpBuffer;                // address of buffer that receives
                                   //   data
  DWORD  nNumberOfBytesToRead;     // number of bytes to read
  LPDWORD  lpNumberOfBytesRead;    // address of number of bytes read
  LPOVERLAPPED  lpOverlapped;      // address of structure for data
```

The ReadFile function reads data from a file, starting at the position indicated by the file pointer. After the read operation has been completed, the file pointer is adjusted by the number of bytes actually read, unless the file handle is created with the overlapped attribute. If the file handle is created for overlapped input and output (I/O), the application must adjust the position of the file pointer after the read operation.

If the function succeeds, the return value is TRUE; otherwise, it is FALSE. To get extended error information, use the GetLastError function. If the return value is TRUE and the number of bytes read is zero, the file pointer was beyond the current end of the file at the time of the read operation.

```
BOOL ReadFileEx(hFile, lpBuffer, nNumberOfBytesToRead,
                lpOverlapped, lpcr)
  HANDLE  hFile;                              // handle of file to read
  LPVOID  lpBuffer;                           // address of buffer
  DWORD  nNumberOfBytesToRead;                // number of bytes to read
  LPOVERLAPPED  lpOverlapped;                 // address of offset
  LPOVERLAPPED_COMPLETION_ROUTINE lpcr;       // address of completion
                                              //   routine
```

The ReadFileEx function reads data from a file and reports its completion status asynchronously. This function is an extension to the ReadFile function that enables an application to continue with other processing.

If the function succeeds, the return value is TRUE; otherwise, it is FALSE. To get extended error information, use the GetLastError function. If the read operation has not finished, the function returns TRUE. If the calling thread is in an alertable wait (using the SleepEx, WaitForMultipleObjectsEx, or WaitForSingleObjectEx function) when the read operation finishes, the completion routine is called and the wait is completed with a return value of WAIT_IO_COMPLETION. If the calling thread is not in an alertable wait when the read operation finishes, the operating system queues the completion routine call until the thread enters an alertable wait. If ReadFileEx attempts to read past the end of the file, the function returns FALSE and GetLastError returns ERROR_HANDLE_EOF.

```
BOOL RemoveDirectory(lpszDir)
  LPCTSTR  lpszDir;   // address of directory to remove
```

The RemoveDirectory function deletes an existing empty directory.

If the function succeeds, the return value is TRUE; otherwise, it is FALSE. To get extended error information, use the GetLastError function.

```
DWORD SearchPath(lpszPath, lpszFile, lpszExtension, cchReturnBuffer,
                 lpszReturnBuffer, plpszFilePart)
  LPCTSTR  lpszPath;          // address of search path
  LPCTSTR  lpszFile;          // address of filename
  LPCTSTR  lpszExtension;     // address of extension
  DWORD  cchReturnBuffer;     // size, in characters, of buffer
  LPTSTR  lpszReturnBuffer;   // address of buffer for found filename
```

```
LPTSTR  *plpszFilePart;    // address of pointer to file component
```

The SearchPath function searches for the specified file.

If the function succeeds, the value returned is the length, in characters, of the string copied to the buffer, not including the terminating null character. If the return value is greater than cchReturnBuffer, the value returned is the size of the buffer required to hold the path. If the function fails, the return value is zero. To get extended error information, use the GetLastError function.

```
BOOL SetCurrentDirectory(lpszCurDir)
  LPCTSTR  lpszCurDir;     // address of name of new current directory
```

The SetCurrentDirectory function changes the current directory for the current process.

If the function succeeds, the return value is TRUE; otherwise, it is FALSE. To get extended error information, use the GetLastError function.

```
BOOL SetEndOfFile(hFile)
  HANDLE  hFile;      // handle of file whose EOF is to be set
```

The SetEndOfFile function moves the end-of-file (EOF) position for the specified file to the current position of the file pointer.

If the function succeeds, the return value is TRUE; otherwise, it is FALSE. To get extended error information, use the GetLastError function.

```
BOOL SetFileAttributes(lpFileName, dwFileAttributes)
  LPCTSTR  lpFileName;          // address of filename
  DWORD  dwFileAttributes;      // address of attributes to set
```

The SetFileAttributes function sets a file's attributes.

If the function succeeds, the return value is TRUE; otherwise, it is FALSE. To get extended error information, use the GetLastError function.

```
DWORD SetFilePointer(hFile, lDistanceToMove, lpDistanceToMoveHigh,
                     dwMoveMethod)
  HANDLE  hFile;                // handle of file
  LONG  lDistanceToMove;        // number of bytes to move file pointer
  PLONG  lpDistanceToMoveHigh;  // high-order word of distance to move
  DWORD  dwMoveMethod;          // how to move
```

The SetFilePointer function moves the file pointer of an open file.

If the function succeeds, the return value is the low-order doubleword of the new file pointer and if lpDistanceToMoveHigh is non-NULL, the function puts the high-order doubleword of the new file pointer into the LONG pointed to by that parameter. If the function fails and if lpDistanceToMoveHigh is NULL, the return value is 0xFFFFFFFF. To get extended error information, use the GetLastError function. If the function fails and if lpDistanceToMoveHigh is non-NULL, the return value is 0xFFFFFFFF and GetLastError will return a value other than NO_ERROR.

```
UINT SetHandleCount(cHandles)
  UINT  cHandles;     // number of file handles needed
```

The SetHandleCount function changes the number of file handles available to a process. The SetHandleCount function is not necessary under the Windows NT implementation of Win32; in fact, it has no effect when called under Windows NT. The SetHandleCount function may be necessary under other implementations of Win32, such as Win32s, in order to increase the default number of available file handles. Under Win32s, this default is 20. Under Windows NT, this function has no effect, and the return value is simply the value of the cHandles parameter.

Under other implementations of Win32, such as Win32s, the return value specifies the number of file handles actually available to the application. It may be fewer than the number specified by the cHandles parameter.

```
BOOL UnlockFile(hFile, dwFileOffsetLow, dwFileOffsetHigh,
               cbUnlockLow, cbUnlockHigh)
  HANDLE  hFile;             // handle of file to unlock
  DWORD  dwFileOffsetLow;    // low-order word of lock region offset
  DWORD  dwFileOffsetHigh;   // high-order word of lock region offset
  DWORD  cbUnlockLow;        // low-order word of length to unlock
  DWORD  cbUnlockHigh;       // high-order word of length to unlock
```

The UnlockFile function unlocks a region in an open file. Unlocking a region enables other processes to access the region.

If the function succeeds, the return value is TRUE; otherwise, it is FALSE. To get extended error information, use the GetLastError function.

```
BOOL UnlockFileEx(hFile, dwReserved, nNumberOfBytesToUnlockLow,
nNumberOfBytesToUnlockHigh, lpOverlapped)
  HANDLE  hFile;                      // handle of file to unlock
  DWORD dwReserved;                   // reserved; must be set to zero
  DWORD nNumberOfBytesToUnlockLow;    // low order 32-bits of length to
                                      //   unlock
  DWORD nNumberOfBytesToUnlockHigh;   // high order 32-bits of length to
                                      //   unlock
  LPOVERLAPPED  lpOverlapped;         // addr. of struct. with unlock
                                      //   region start offset
```

The UnlockFileEx function unlocks a previously locked byte range in an open file.

If the function succeeds, the return value is TRUE; otherwise, it is FALSE or NULL. To get extended error information, use the GetLastError function.

```
BOOL WriteFile(hFile, lpBuffer, nNumberOfBytesToWrite,
lpNumberOfBytesWritten, lpOverlapped)
  HANDLE  hFile;                      // handle of file to write to
  LPCVOID  lpBuffer;                  // address of data to write to file
  DWORD  nNumberOfBytesToWrite;       // number of bytes to write
  LPDWORD  lpNumberOfBytesWritten;    // address of number of bytes w
                                      //   ritten
  LPOVERLAPPED  lpOverlapped;         // structure needed for overlapped
                                      //   I/O
```

The WriteFile function writes data to a file. The function starts writing data to the file at the position indicated by the file pointer. After the write has been completed, the file pointer is adjusted by the number of bytes actually written, except when the file is opened with FILE_FLAG_OVERLAPPED. If the file handle was created for overlapped input and output (I/O), the application must adjust the position of the file pointer after the write is finished.

If the function succeeds, the return value is TRUE; otherwise, it is FALSE. To get extended error information, use the GetLastError function.

```
BOOL WriteFileEx(hFile, lpBuffer, nNumberOfBytesToWrite,
                lpOverlapped, lpCompletionRoutine)
  HANDLE  hFile;                   // handle of file to write
  LPCVOID  lpBuffer;               // address of buffer
  DWORD  nNumberOfBytesToWrite;    // no. of bytes to write
  LPOVERLAPPED  lpOverlapped;      // address of offset
  LPOVERLAPPED_COMPLETION_ROUTINE lpCompletionRoutine; // addr. of
                                                        //   routine
```

The WriteFileEx function writes data to a file and reports its completion status asynchronously. This function is an extension to the WriteFile function that enables an application to continue with other processing.

If the function succeeds, the return value is TRUE; otherwise, it is FALSE. To get extended error information, use the GetLastError function. If the write operation is not yet completed, the function returns TRUE. If the calling thread is in an alertable wait (using the SleepEx, WaitForSingleObjectEx, or WaitForMultipleObjectsEx function) when the write operation finishes, the completion routine is called and the wait is completed with a return value of WAIT_IO_COMPLETION. If the calling thread is not in an alertable wait when the write operation finishes, Windows queues the completion routine call until the thread enters an alertable wait.

Fonts and Text

```
int AddFontResource(lpszFilename)
   LPCTSTR  lpszFilename;   // address of font-resource filename
```

The AddFontResource function adds the font resource from the specified file to the Windows font table. The font can subsequently be used for text output by any Windows-based application.

If the function succeeds, the return value specifies the number of fonts added. If the function fails, the return value is zero. For extended error information, use the GetLastError function.

```
HFONT CreateFont(nHeight, nWidth, nEscapement, nOrientation, fnWeight,
                 fdwItalic, fdwUnderline, fdwStrikeOut, fdwCharSet,
                 fdwOutputPrecision, fdwClipPrecision, fdwQuality,
                 fdwPitchAndFamily, lpszFace)
   int  nHeight;                // logical height of font
   int  nWidth;                 // logical average character width
   int  nEscapement;            // angle of escapement
   int  nOrientation;           // base-line orientation angle
   int  fnWeight;               // font weight
   DWORD  fdwItalic;            // italic attribute flag
   DWORD  fdwUnderline;         // underline attribute flag
   DWORD  fdwStrikeOut;         // strikeout attribute flag
   DWORD  fdwCharSet;           // character set identifier
   DWORD  fdwOutputPrecision;   // output precision
   DWORD  fdwClipPrecision;     // clipping precision
   DWORD  fdwQuality;           // output quality
   DWORD  fdwPitchAndFamily;    // pitch and family
   LPCTSTR  lpszFace;           // address of typeface name string
```

The CreateFont function creates a logical font that has specific characteristics. The logical font can subsequently be selected as the font for any device.

If the function succeeds, the return value is a handle of a logical font; otherwise, it is NULL. To get extended error information, use the GetLastError function.

```
HFONT CreateFontIndirect(lplf)
  CONST LOGFONT  *lplf;    // address of logical font structure
```

The CreateFontIndirect function creates a logical font that has the characteristics specified in the given structure. The font can subsequently be selected as the current font for any device context.

If the function succeeds, the return value is a handle of a logical font; otherwise, it is NULL.

```
BOOL CreateScalableFontResource(fdwHidden, lpszFontRes,
                                lpszFontFile, lpszCurrentPath)
  DWORD  fdwHidden;           // flag for read-only embedded font
  LPCTSTR  lpszFontRes;       // address of filename for font resource
  LPCTSTR  lpszFontFile;      // address of filename for scalable font
  LPCTSTR  lpszCurrentPath;   // address of path to font file
```

The CreateScalableFontResource function creates a font resource file for a scalable font.

If the function succeeds, the return value is TRUE; otherwise, it is FALSE. To get extended error information, use the GetLastError function.

```
int DrawText(hdc, lpszStr, cchStr, lprc, wFormat)
  HDC  hdc;            // handle of device context
  LPCTSTR  lpszStr;    // address of string to draw
  int  cchStr;         // string length, in characters
  LPRECT  lprc;        // address of structure with formatting dimensions
  UINT  wFormat;       // text-drawing flags
```

The DrawText function draws formatted text in the specified rectangle. It formats the text according to the specified method (expanding tabs, justifying characters, breaking lines, and so forth).

If the function succeeds, the return value is the height of the text.

```
int EnumFontFamilies(hdc, lpszFamily, lpEnumFontFamProc, lParam)
  HDC  hdc;                           // handle of device control
  LPCTSTR  lpszFamily;                // address of family-name string
  FONTENUMPROC lpEnumFontFamProc;     // address of callback function
  LPARAM  lParam;                     // address of application-supplied
  data
```

The EnumFontFamilies function enumerates the fonts in a specified font family that are available on a given device.

If the function succeeds, the return value is the last value returned by the callback function. Its meaning is implementation specific.

```
int CALLBACK EnumFontFamProc(lpelf, lpntm, FontType, lParam)
  ENUMLOGFONT FAR* lpelf;    // address of logical-font data
  NEWTEXTMETRIC FAR* lpntm; // address of physical-font data
  int FontType;              // type of font
  LPARAM lParam;             // address of application-defined data
```

The EnumFontFamProc function is an application-defined callback function that retrieves data describing available fonts.

The return value must be a nonzero value to continue enumeration; to stop enumeration, it must return zero.

```
int EnumFonts(hdc, lpFaceName, lpFontFunc, lParam)
  HDC hdc;                   // handle of device context
  LPCTSTR lpFaceName;        // address of font typeface name string
  FONTENUMPROC lpFontFunc;   // address of callback function
  LPARAM lParam;             // address of application-supplied data
```

The EnumFonts function enumerates the fonts available on a given device. For each font with the specified typeface name, the EnumFonts function retrieves information about that font and passes it to the application-defined callback function. This callback function can process the font information as desired. Enumeration continues until there are no more fonts or the callback function returns zero.

If the function succeeds, the return value is the last value returned by the callback function. Its meaning is defined by the application.

```
int CALLBACK EnumFontsProc(lplf, lptm, dwType, lpData)
  lplf lplf;       // address of logical-font data
  lptm lptm;       // address of physical-font data
  DWORD dwType;    // font type
  LPARAM lpData;   // address of application-defined data
```

The EnumFontsProc function is an application-defined callback function that processes font data from the EnumFonts function.

The return value must be a nonzero value to continue enumeration; to stop enumeration, it must be zero.

```
BOOL ExtTextOut(hdc, X, Y, fuOptions, lprc, lpszString, cbCount, lpDx)
  HDC hdc;              // handle of device context
  int X;                // x-coordinate of reference point
```

```
int Y;                  // y-coordinate of reference point
UINT fuOptions;         // text-output options
CONST RECT *lprc;       // optional clipping and/or opaquing rectangle
LPCTSTR lpszString;     // address of string
UINT cbCount;           // number of characters in string
CONST INT * lpDx;       // array of intercharacter spacing values
```

The ExtTextOut function draws a character string by using the currently selected font. An optional rectangle may be provided, to be used for clipping, opaquing, or both.

If the string is drawn, the return value is TRUE; otherwise, it is FALSE. To get extended error information, use the GetLastError function.

```
BOOL GetAspectRatioFilterEx(hdc, lpAspectRatio)
  HDC hdc;                  // handle of device context
  LPSIZE lpAspectRatio;     // address of aspect-ratio filter
```

The GetAspectRatioFilterEx function retrieves the setting for the current aspect-ratio filter.

If the function succeeds, the return value is TRUE; otherwise, it is FALSE. To get extended error information, use the GetLastError function.

```
BOOL GetCharABCWidths(hdc, uFirstChar, uLastChar, lpabc)
  HDC hdc;              // handle of device context
  UINT uFirstChar;      // first character in range to query
  UINT uLastChar;       // last character in range to query
  LPABC lpabc;          // address of character-width structure
```

The GetCharABCWidths function retrieves the widths, in logical units, of consecutive characters in a given range from the current TrueType font. This function succeeds only with TrueType fonts.

If the function succeeds, the return value is TRUE; otherwise, it is FALSE. To get extended error information, use the GetLastError function.

```
BOOL GetCharABCWidthsFloat(hdc, iFirstChar, iLastChar, lpABCF)
  HDC hdc;              // handle of device context
  UINT iFirstChar;      // first character in range to query
  UINT iLastChar;       // last character in range to query
  LPABCFLOAT lpABCF;    // address of character-width structure
```

The GetCharABCWidthsFloat function retrieves the widths, in logical units, of consecutive characters in a given range from the current font.

If the function succeeds, the return value is TRUE; otherwise, it is FALSE. To get extended error information, use the GetLastError function.

```
BOOL GetCharWidth(hdc, iFirstChar, iLastChar, lpBuffer)
  HDC  hdc;           // handle of device context
  UINT  iFirstChar;   // first character in range to query
  UINT  iLastChar;    // last character in range to query
  LPINT  lpBuffer;    // address of buffer for widths
```

The GetCharWidth function retrieves the widths, in logical coordinates, of consecutive characters in a given range from the current font. GetCharWidth is maintained for compatibility with previous versions of Windows. New applications should call the GetCharWidth32 function, which provides more accurate results.

If the function succeeds, the return value is TRUE; otherwise, it is FALSE. To get extended error information, use the GetLastError function.

```
BOOL GetCharWidth32(hdc, iFirstChar, iLastChar, lpBuffer)
  HDC  hdc;           // handle of device context
  UINT  iFirstChar;   // first character in range to query
  UINT  iLastChar;    // last character in range to query
  LPINT  lpBuffer;    // address of buffer for widths
```

The GetCharWidth32 function retrieves the widths, in logical coordinates, of consecutive characters in a given range from the current font. This function supersedes the GetCharWidth function.

If the function succeeds, the return value is TRUE; otherwise, it is FALSE. To get extended error information, use the GetLastError function.

```
BOOL GetCharWidthFloat(hdc, iFirstChar, iLastChar, pxBuffer)
  HDC  hdc;           // handle of device context
  UINT  iFirstChar;   // first-character code point
  UINT  iLastChar;    // last-character code point
  PFLOAT  pxBuffer;   // address of buffer that receives width-values
```

The GetCharWidthFloat function retrieves the fractional widths of consecutive characters in a given range from the current font.

If the function succeeds, the return value is TRUE; otherwise, it is FALSE. To get extended error information, use the GetLastError function.

```
DWORD GetFontData(hdc, dwTable, dwOffset, lpvBuffer, cbData)
  HDC  hdc;           // handle of device context
  DWORD  dwTable;     // metric table to query
```

```
  DWORD  dwOffset;    // offset into table being queried
  LPVOID  lpvBuffer;  // address of buffer for returned data
  DWORD  cbData;      // length of data to query
```

The GetFontData function retrieves font metric data for a TrueType font.

If the function succeeds, the return value is the number of bytes returned; otherwise, it is GDI_ERROR.

```
DWORD GetGlyphOutline(hdc, uChar, uFormat, lpgm, cbBuffer, lpvBuffer,
                      lpmat2)
  HDC  hdc;                  // handle of device context
  UINT  uChar;               // character to query
  UINT  uFormat;             // format of data to return
  LPGLYPHMETRICS  lpgm;      // address of structure for metrics
  DWORD  cbBuffer;           // size of buffer for data
  LPVOID  lpvBuffer;         // address of buffer for data
  CONST MAT2 *  lpmat2;      // address of transformation matrix structure
```

The GetGlyphOutline function retrieves the outline or bitmap for a character in the TrueType font that is selected into the given device context.

If the function succeeds, and GGO_BITMAP or GGO_NATIVE is specified, the return value is greater than zero. If the function succeeds, and GGO_METRICS is specified, the return value is zero. If GGO_BITMAP or GGO_NATIVE is specified, and the buffer size or address is zero, the return value specifies the required buffer size. If GGO_BITMAP or GGO_NATIVE is specified, and the function fails for other reasons, the return value is GDI_ERROR. If GGO_METRICS is specified, and the function fails, the return value is GDI_ERROR.

```
DWORD GetKerningPairs(hdc, nNumPairs, lpkrnpair)
  HDC  hdc;                     // handle of device context
  DWORD  nNumPairs;             // number of kerning-pairs to be retrieved
  LPKERNINGPAIR  lpkrnpair;     // address of kerning-pair array
```

The GetKerningPairs function retrieves the character-kerning pairs for the currently selected font for the given device context (DC).

If the function succeeds, the return value is the number of kerning pairs returned; otherwise, it is zero.

```
UINT GetOutlineTextMetrics(hdc, cbData, lpOTM)
  HDC  hdc;                     // handle of device context
  UINT  cbData;                 // size of metric data array
  LPOUTLINETEXTMETRIC lpOTM;    // address of metric data array
```

The GetOutlineTextMetrics function retrieves text metrics for TrueType fonts.

If the function succeeds, the return value is TRUE or the size of the required buffer; otherwise, it is FALSE. To get extended error information, use the GetLastError function.

```
BOOL GetRasterizerCaps(lprs, cb)
  LPRASTERIZER_STATUS  lprs; // rasterizer information structure
  UINT  cb;                  // number of bytes in structure
```

The GetRasterizerCaps function returns flags indicating whether TrueType fonts are installed in the system.

If the function succeeds, the return value is TRUE; otherwise, it is FALSE. To get extended error information, use the GetLastError function.

```
DWORD GetTabbedTextExtent(hdc, lpszStr, cchString, nTabPos,
                          lpnTabStopPos)
  HDC  hdc;             // handle of device context
  LPCTSTR  lpszStr;     // address of character string
  int  cchString;       // number of characters in string
  int  nTabPos;         // number of tab positions
  LPINT  lpnTabStopPos; // address of array of tab positions
```

The GetTabbedTextExtent function computes the width and height of a character string. If the string contains one or more tab characters, the width of the string is based upon the specified tab stops. The GetTabbedTextExtent function uses the currently selected font to compute the dimensions of the string.

If the function succeeds, the return value is the dimensions of the string. The height is in the high-order word and the width is in the low-order word.

```
UINT GetTextAlign(hdc)
  HDC  hdc;      // handle of device context
```

The GetTextAlign function retrieves the text-alignment setting for the given device context (DC).

If the function succeeds, the return value is the status of the text-alignment flags. Otherwise, it is GDI_ERROR.

```
int GetTextCharacterExtra(hdc)
  HDC  hdc;      // handle of device context
```

The GetTextCharacterExtra function retrieves the current intercharacter spacing for the given device context (DC).

If the function succeeds, the return value is the current intercharacter spacing. Otherwise, it is INVALID_WIDTH.

```
COLORREF GetTextColor(hdc)
  HDC  hdc;       // handle of device context
```

The GetTextColor function retrieves the current text color for the given device context (DC).

If the function succeeds, the return value is the current text color as a COLORREF value; otherwise, it is CLR_INVALID.

```
BOOL GetTextExtentExPoint(hdc, lpszStr, cchString, nMaxExtent,
lpnFit, alpDx, lpSize)
  HDC  hdc;             // handle of device context
  LPCTSTR  lpszStr;     // address of character string
  int  cchString;       // number of characters in string
  int  nMaxExtent;      // maximum width for formatted string
  LPINT  lpnFit;        // address of value specifying max. # of chars.
  LPINT  alpDx;         // address of array for partial string widths
  LPSIZE  lpSize;       // address of structure with string dimensions
```

The GetTextExtentExPoint function retrieves the number of characters in a specified string that will fit within a given space and fills an array with the text extent for each of those characters. (A text extent is the distance between the beginning of the space and a character that will fit in the space.) This information is useful for word-wrapping calculations.

If the function succeeds, the return value is TRUE; otherwise, it is FALSE. To get extended error information, use the GetLastError function.

```
BOOL GetTextExtentPoint(hdc, lpsz, cbString, lpSize)
  HDC  hdc;             // handle of device context
  LPCTSTR  lpsz;        // address of text string
  int  cbString;        // number of characters in string
  LPSIZE  lpSize;       // address of structure for string size
```

The GetTextExtentPoint function computes the width and height of the given string of text. GetTextExtentPoint is maintained for compatibility with previous versions of Windows. New applications should call the GetTextExtentPoint32 function, which provides more accurate results.

If the function succeeds, the return value is TRUE; otherwise, it is FALSE. To get extended error information, use the GetLastError function.

```
BOOL GetTextExtentPoint32(hdc, lpsz, cbString, lpSize)
  HDC  hdc;           // handle of device context
  LPCTSTR  lpsz;      // address of text string
  int  cbString;      // number of characters in string
  LPSIZE  lpSize;     // address of structure for string size
```

The GetTextExtentPoint32 function computes the width and height of the given string of text. This function supersedes the GetTextExtentPoint function.

If the function succeeds, the return value is TRUE; otherwise, it is FALSE. To get extended error information, use the GetLastError function.

```
int GetTextFace(hdc, nCount, lpFaceName)
  HDC  hdc;              // handle of device context
  int  nCount;           // length of buffer receiving typeface name
  LPTSTR  lpFaceName;    // address of buffer receiving typeface name
```

The GetTextFace function retrieves the typeface name of the font that is selected into the given device context (DC).

If the function succeeds, the return value is the number of characters copied to the buffer; otherwise, it is zero. To get extended error information, use the GetLastError function.

```
BOOL GetTextMetrics(hdc, lptm)
  HDC  hdc;              // handle of device context
  LPTEXTMETRIC  lptm;    // address of text metrics structure
```

The GetTextMetrics function fills the given buffer with the metrics for the currently selected font.

If the function succeeds, the return value is TRUE; otherwise, it is FALSE. To get extended error information, use the GetLastError function.

```
int MulDiv(nMultiplicand, nMultiplier, nDivisor)
  int  nMultiplicand;    // 32-bit signed multiplicand
  int  nMultiplier;      // 32-bit signed multiplier
  int  nDivisor;         // 32-bit signed divisor
```

The MulDiv function multiplies two 32-bit values and then divides the 64-bit result by a third 32-bit value. The return value is rounded up or down to the nearest integer.

If the function succeeds, the return value is the result of the multiplication and division. If either an overflow occurred or nDivisor was 0, the return value is –1.

```
BOOL PolyTextOut(hdc, pptxt, cStrings)
  HDC  hdc;                  // handle of device context
```

```
CONST POLYTEXT *  pptxt;    // array of structures that identify
                            //   strings
int  cStrings;              // number of structures in array
```

The PolyTextOut function draws several strings using the font and text colors currently selected in the specified device context (DC).

If the function is successful, the return value is TRUE; otherwise, it is FALSE. To get extended error information, use the GetLastError function.

```
BOOL RemoveFontResource(lpFileName)
  LPCTSTR  lpFileName;     // address of font-resource filename
```

The RemoveFontResource function removes the fonts in the specified file from the Windows font table.

If the function succeeds, the return value is TRUE; otherwise, it is FALSE. To get extended error information, use the GetLastError function.

```
DWORD SetMapperFlags(hdc, dwFlag)
  HDC  hdc;         // handle of device context
  DWORD  dwFlag;    // font-mapper flag
```

The SetMapperFlags function alters the algorithm the font mapper uses when it maps logical fonts to physical fonts.

If the function succeeds, the return value is the previous value of the font-mapper flag; otherwise, it is GDI_ERROR. To get extended error information, use the GetLastError function.

```
UINT SetTextAlign(hdc, fMode)
  HDC  hdc;       // handle of device context
  UINT  fMode;    // text-alignment flag
```

The SetTextAlign function sets the text-alignment flags for the given device context (DC).

If the function succeeds, the return value is the previous text-alignment setting; otherwise, it is GDI_ERROR. To get extended error information, use the GetLastError function.

```
int SetTextCharacterExtra(hdc, nCharExtra)
  HDC  hdc;          // handle of device context
  int  nCharExtra;  // extra-space value
```

The SetTextCharacterExtra function sets the intercharacter spacing. Intercharacter spacing is added to each character, including break characters, when Windows writes a line of text.

If the function succeeds, the return value is the previous intercharacter spacing.

```
COLORREF SetTextColor(hdc, crColor)
  HDC  hdc;           // handle of device context
  COLORREF  crColor;  // text color
```

The SetTextColor function sets the text color for the given device context (DC) to the specified color.

If the function succeeds, the return value is a color reference for the previous text color; otherwise, it is CLR_INVALID. To get extended error information, use the GetLastError function.

```
BOOL SetTextJustification(hdc, nBreakExtra, nBreakCount)
  HDC  hdc;           // handle of device context
  int  nBreakExtra;   // length of extra space, in logical units
  int  nBreakCount;   // count of space characters in line of text
```

The SetTextJustification function specifies the amount of space Windows should add to the break characters in a string of text. The space is added when an application calls the TextOut or ExtTextOut functions.

If the function succeeds, the return value is TRUE; otherwise, it is FALSE. To get extended error information, use the GetLastError function.

```
LONG TabbedTextOut(hdc, x, y, lpString, nCount, nTabPositions,
                   lpnTabStopPositions, nTabOrigin)
  HDC  hdc;                      // handle of device context
  int  x;                        // x-coordinate of starting position
  int  y;                        // y-coordinate of starting position
  LPCTSTR  lpString;             // address of string
  int  nCount;                   // number of characters in string
  int  nTabPositions;            // number of tabs in array
  LPINT lpnTabStopPositions;     // address of array for tab positions
  int  nTabOrigin;               // x-coordinate for tab expansion
```

The TabbedTextOut function writes a character string at a specified location, expanding tabs to the values specified in an array of tab-stop positions. Text is written in the currently selected font.

If the function succeeds, the return value is the dimensions, in logical units, of the string. The height is in the high-order word and the width is in the low-order word.

```
BOOL TextOut(hdc, nXStart, nYStart, lpszString, cbString)
  HDC  hdc;              // handle of device context
  int  nXStart;          // x-coordinate of starting position
  int  nYStart;          // y-coordinate of starting position
  LPCTSTR  lpszString;   // address of string
  int  cbString;         // number of characters in string
```

The TextOut function writes a character string at the specified location, using the currently selected font.

If the function succeeds, the return value is TRUE; otherwise, it is FALSE. To get extended error information, use the GetLastError function.

Hooks

```
BOOL CallMsgFilter(lpmsg, nCode)
  LPMSG  lpmsg;  // address of structure with message data
  int  nCode;    // hook code
```

The CallMsgFilter function passes the specified message and hook code to the hook procedures associated with the WH_SYSMSGFILTER and WH_MSGFILTER hooks. A WH_SYSMSGFILTER or WH_MSGFILTER hook procedure is an application-defined callback function that examines and, optionally, modifies messages for a dialog box, message box, menu, or scroll bar.

If the application should process the message further, the return value is zero; otherwise, it is nonzero.

```
LRESULT CallNextHookEx(hhook, nCode, wParam, lParam)
  HHOOK  hhook;     // handle of current hook
  int  nCode;       // hook code passed to hook procedure
  WPARAM  wParam;   // value passed to hook procedure
  LPARAM  lParam;   // value passed to hook procedure
```

The CallNextHookEx function passes the hook information to the next hook procedure in the current hook chain.

If the function succeeds, the return value is the value returned by the next hook procedure in the chain. The current hook procedure must also return this value. The meaning of the return value depends on the hook type. For more information, see the descriptions of the individual hook procedures.

```
LRESULT CALLBACK CallWndProc(nCode, wParam, lParam)
   int  nCode;       // hook code
   WPARAM  wParam;   // current-process flag
   LPARAM  lParam;   // address of structure with message data
```

The CallWndProc hook procedure is an application-defined or library-defined callback function the system calls whenever the SendMessage function is called. Before passing the message to the destination window procedure, the system passes the message to the hook procedure. The hook procedure can examine the message; it cannot modify it.

The return value should be zero.

```
LRESULT CALLBACK CallWndRetProc(nCode, wParam, lParam)
   int  nCode;       // hook code
   WPARAM  wParam;   // current-process flag
   LPARAM  lParam;   // address of structure with message data
```

The CallWndRetProc hook procedure is an application-defined or library-defined callback function the system calls after the SendMessage function is called. After passing the message to the destination window procedure, the system passes the message to the hook procedure. The hook procedure can examine the message; it cannot modify it.

The return value should be zero.

```
LRESULT CALLBACK CBTProc(nCode, wParam, lParam)
   int  nCode;       // hook code
   WPARAM  wParam;   // depends on hook code
   LPARAM  lParam;   // depends on hook code
```

The CBTProc hook procedure is an application-defined or library-defined callback function the system calls before activating, creating, destroying, minimizing, maximizing, moving, or sizing a window; before completing a system command; before removing a mouse or keyboard event from the system message queue; before setting the keyboard focus; or before synchronizing with the system message queue. The value returned by the hook procedure determines whether Windows allows or prevents one of these operations. A computer-based training (CBT) application uses this hook procedure to receive useful notifications from the system.

```
LRESULT CALLBACK DebugProc(nCode, wParam, lParam)
   int  nCode;       // hook code
   WPARAM  wParam;   // type of hook about to be called
   LPARAM  lParam;   // address of structure with debugging information
```

The DebugProc hook procedure is an application-defined or library-defined callback function that Windows calls before calling the hook procedures associated with any other type of hook. The system passes information about the hook to be called to the DebugProc hook procedure, which examines the information and determines whether to allow the hook to be called.

To prevent the system from calling the hook, the return value must be a nonzero value. Otherwise, the hook procedure must pass the hook information to the CallNextHookEx function.

```
DWORD ForegroundIdleProc(nCode, wParam, lParam)
    int  nCode;       // hook code
    DWORD  wParam;    // not used
    LONG  lParam;     // not used
```

The ForegroundIdleProc hook procedure is an application-defined callback function the system calls whenever the 32-bit foreground thread is about to become idle.

The return value should be zero.

```
LRESULT CALLBACK JournalPlaybackProc(nCode, wParam, lParam)
    int  nCode;       // hook code
    WPARAM  wParam;   // undefined
    LPARAM  lParam;   // address of message being processed
```

The JournalPlaybackProc hook procedure is a callback function that inserts mouse and keyboard messages into the system message queue. Typically, an application uses this hook procedure to play back a series of mouse and keyboard messages recorded previously by the JournalRecordProc hook procedure. As long as a JournalPlaybackProc hook procedure is installed, regular mouse and keyboard input is disabled.

To have the system wait before processing the message, the return value must be the amount of time, in clock ticks, the system should wait. (This value can be computed by calculating the difference between the time members in the current and previous input messages.) To process the message immediately, the return value should be zero. The return value is used only if the hook code is HC_GETNEXT; otherwise, it is ignored.

```
LRESULT CALLBACK JournalRecordProc(nCode, wParam, lParam)
    int  nCode;       // hook code
    WPARAM  wParam;   // undefined
    LPARAM  lParam;   // address of message being processed
```

The JournalRecordProc hook procedure is a callback function that records messages the system removes from the system message queue. Later, an application can use a JournalPlaybackProc hook procedure to play back the messages.

The return value is ignored.

```
LRESULT CALLBACK KeyboardProc(nCode, wParam, lParam)
  int  nCode;        // hook code
  WPARAM  wParam;   // virtual-key code
  LPARAM  lParam;   // keystroke-message information
```

The KeyboardProc hook procedure is an application-defined or library-defined callback function the system calls whenever an application calls the GetMessage or PeekMessage function and there is a keyboard message (WM_KEYUP or WM_KEYDOWN) to be processed. To prevent Windows from passing the message to the rest of the hook chain or to the target window procedure, the return value must be a nonzero value. To allow Windows to pass the message to the target window procedure, bypassing the remaining procedures in the chain, the return value must be zero.

```
LRESULT CALLBACK MessageProc(nCode, wParam, lParam)
  int  nCode;        // hook code
  WPARAM  wParam;   // undefined
  LPARAM  lParam;   // address of structure with message data
```

The MessageProc hook procedure is an application-defined callback function the system calls after an input event occurs in a dialog box, message box, menu, or scroll bar, but before the message generated by the input event is processed. The hook procedure can monitor messages for a dialog box, message box, menu, or scroll bar created by a particular application or all applications.

If the hook procedure processes the message, the return value must be a nonzero value. Otherwise, it must be zero.

```
LRESULT CALLBACK MouseProc(nCode, wParam, lParam)
  int  nCode;        // hook code
  WPARAM  wParam;   // message identifier
  LPARAM  lParam;   // mouse coordinates
```

The MouseProc hook procedure is an application-defined or library-defined callback function the system calls whenever an application calls the GetMessage or PeekMessage function and there is a mouse message to be processed.

To enable the system to process the message, the return value must be zero. To discard the message, the return value must be a nonzero value.

```
HHOOK SetWindowsHookEx(idHook, hkprc, hMod, dwThreadID)
   int  idHook;          // type of hook to install
   HOOKPROC  hkprc;      // address of hook procedure
   HINSTANCE  hMod;      // handle of application instance
   DWORD  dwThreadID;    // identity of thread to install hook for
```

The SetWindowsHookEx function installs an application-defined hook procedure into a hook chain. An application installs a hook procedure to monitor the system for certain types of events. A hook procedure can monitor events associated either with a specific thread or with all threads in the system.

If the function succeeds, the return value is the handle of the hook procedure. Otherwise, the return value is NULL.

```
LRESULT CALLBACK ShellProc(nCode, wParam, lParam)
   int  nCode;        // hook code
   WPARAM  wParam;    // event-specific information
   LPARAM  lParam;    // undefined
```

The ShellProc hook procedure is an application-defined or library-defined callback function a shell application uses to receive useful notifications from the system.

The return value should be zero.

```
LRESULT CALLBACK SysMsgProc(nCode, wParam, lParam)
   int  nCode;        // message flag
   WPARAM  wParam;    // undefined
   LPARAM  lParam;    // address of structure with message data
```

The SysMsgProc hook procedure is a library-defined callback function the system calls after an input event occurs in a dialog box, message box, menu, or scroll bar, but before the message generated by the input event is processed. The hook procedure can monitor messages for any dialog box, message box, menu, or scroll bar in the system.

If the hook procedure processes the message, the return value must be a nonzero value. Otherwise, it must be zero.

```
BOOL UnhookWindowsHookEx(hhook)
   HHOOK  hhook;      // handle of hook procedure to remove
```

The UnhookWindowsHookEx function removes a hook procedure installed in a hook chain by the SetWindowsHookEx function.

If the function succeeds, the return value is TRUE; otherwise, it is FALSE.

Icons

```
UINT ArrangeIconicWindows(hwnd)
    HWND  hwnd;    // handle of parent window
```

The ArrangeIconicWindows function arranges all the minimized (iconic) child windows of the given parent window.

If the function succeeds, the return value is the height of one row of icons; otherwise, it is zero. To get extended error information, use the GetLastError function.

```
HICON CopyIcon(hicon)
    HICON  hicon;  // handle of icon to copy
```

The CopyIcon function copies the given icon from another module to the current module.

If the function succeeds, the return value is the handle of the duplicate icon; otherwise, it is NULL. To get extended error information, use the GetLastError function.

```
HICON LoadIconEx(hiconSource, cxNew, cyNew, uFlags)
    HICON  hiconSource;   // handle of icon to copy
    int  cxNew;           // new width of the icon
    int  cyNew;           // new height of the icon
    UINT  uFlags;         // action flags
```

The CopyIconEx function allocates a new icon resource and copies the source icon, setting its size and format as specified. The hot spot is set to the middle of the icon.

If the function succeeds, the return value is the handle of the new icon; otherwise, it is NULL.

```
HICON CreateIcon(hinst, nWidth, nHeight, cPlanes, cBitsPixel,
                lpbANDbits, lpbXORbits)
    HINSTANCE  hinst;          // handle of application instance
    int  nWidth;               // icon width
    int  nHeight;              // icon height
    BYTE  cPlanes;             // number of planes in XOR bitmask
    BYTE  cBitsPixel;          // number of bits per pixel in XOR bitmask
    CONST BYTE  *lpbANDbits;   // address of AND bitmask array
    CONST BYTE  *lpbXORbits;   // address of XOR bitmask array
```

The CreateIcon function creates an icon that has the specified size, colors, and bit patterns.

If the function succeeds, the return value is the handle of an icon; otherwise, it is NULL. To get extended error information, use the GetLastError function.

```
HICON CreateIconFromResource(pbIconBits, cbIconBits, fIcon, dwVersion)
  PBYTE  pbIconBits;  // address of icon or cursor bits
  DWORD  cbIconBits;  // number of bytes in bit buffer
  BOOL  fIcon;        // icon or cursor flag
  DWORD  dwVersion;   // Windows format version
```

The CreateIconFromResource function creates an icon or cursor from resource bits describing the icon.

If the function succeeds, the return value is the handle of the icon or cursor; otherwise, it is NULL. To get extended error information, use the GetLastError function.

```
HICON CreateIconIndirect(pici)
  PICONINFO  pici;    // address of icon information structure
```

The CreateIconIndirect function creates an icon or cursor from an ICONINFO structure.

If the function succeeds, the return value is the handle of the icon or cursor that is created; otherwise, it is NULL. To get extended error information, use the GetLastError function.

```
BOOL DestroyIcon(hicon)
  HICON  hicon;       // handle of icon to destroy
```

The DestroyIcon function destroys an icon created by the CreateIcon function and frees any memory the icon occupied. Do not use DestroyIcon to destroy an icon that was not created by the CreateIcon function.

If the function succeeds, the return value is TRUE; otherwise, it is FALSE. To get extended error information, use the GetLastError function.

```
BOOL DrawIcon(hdc, X, Y, hicon)
  HDC  hdc;       // handle of device context
  int  X;         // x-coordinate of upper left corner
  int  Y;         // y-coordinate of upper left corner
  HICON  hicon;  // handle of icon to draw
```

The DrawIcon function draws an icon in the client area of the window of the given device context (DC).

If the function succeeds, the return value is TRUE; otherwise, it is FALSE. To get extended error information, use the GetLastError function.

```
BOOL DrawIconEx(hdc, x, y, hicon, cx, cy, ropMask, ropImage, hbrSrc,
uFlags)
   HDC  hdc;           // handle of device context
   int  x;             // x-coordinate of upper left corner
   int  y;             // y-coordinate of upper left corner
   HICON  hicon;       // handle of icon to draw
   int  cx;            // width of the icon
   int  cy;            // height of the icon
   DWORD  ropMask;     // raster operation for icon bitmask bitmap
   DWORD  ropImage;    // raster operation for icon color bitmap
   HBRUSH  hbrSrc;     // handle of brush for raster operations
   UINT  uFlags;       // icon-drawing flags
```

The DrawIconEx function draws an icon in the client area of the window of the given device context (DC), performing the specified raster operations, and stretching or compressing the icon as specified.

If the function succeeds, the return value is TRUE; otherwise, it is FALSE. To get extended error information, use the GetLastError function.

```
BOOL GetIconInfo(hicon, piconinfo)
   HICON  hicon;           // icon handle
   PICONINFO  piconinfo;  // address of icon structure
```

The GetIconInfo function retrieves information about the given icon or cursor.

If the function succeeds, the return value is TRUE and the function fills in the members of the specified ICONINFO structure; otherwise, the return value is FALSE. To get extended error information, use the GetLastError function.

```
BOOL IsIconic(hwnd)
   HWND  hwnd;    // handle of window
```

The IsIconic function determines whether the given window is minimized (iconic).

If function succeeds, the return value is TRUE; otherwise, it is FALSE.

```
HICON LoadIcon(hinst, lpszIcon)
   HINSTANCE  hinst;   // handle of application instance
   LPCTSTR  lpszIcon;  // icon-name string or icon resource identifier
```

The LoadIcon function loads the specified icon resource from the executable (.EXE) file associated with the given application instance.

If the function succeeds, the return value is the handle of the newly loaded icon; otherwise, it is NULL. To get extended error information, use the GetLastError function.

```
HICON LoadIconEx(hinst, lpszIcon, cxNew, cyNew, uFlags)
  HINSTANCE  hinst;   // handle of application instance
  LPCTSTR  lpszIcon;  // name string or icon resource identifier
  int  cxNew;         // new width of the icon
  int  cyNew;         // new height of the icon
  UINT  uFlags;       // action flags
```

The LoadIconEx function loads the specified icon resource and creates an icon of the specified size and color.

If the function succeeds, the return value is the handle of the newly loaded icon; otherwise, it is NULL.

```
int LookupIconIdFromDirectory(presbits, fIcon)
  PBYTE  presbits; // address of resource data
  BOOL  fIcon;     // look for icon or cursor
```

The LookupIconIdFromDirectory function searches through icon or cursor data for the icon or cursor that best fits the current display device.

If the function succeeds, the return value is an integer resource identifier for the icon or cursor that best fits the current display device.

```
BOOL OpenIcon(hwnd)
  HWND  hwnd;    // handle of window
```

The OpenIcon function restores a minimized (iconic) window to its previous size and position; it then activates the window.

If the function succeeds, the return value is TRUE; otherwise, it is FALSE. To get extended error information, use the GetLastError function.

Keyboard

```
BOOL ActivateKeyboardLayout(hkl, fuFlags)
  HKL  hkl;         // handle of keyboard layout
  UINT  fuFlags;    // keyboard layout flags
```

The ActivateKeyboardLayout function activates a different keyboard layout.

If the function succeeds, the return value is TRUE; otherwise, it is FALSE. To get extended error information, use the GetLastError function.

```
BOOL EnableWindow(hwnd, fEnable)
   HWND  hwnd;       // handle of window
   BOOL  fEnable;    // flag for enabling or disabling input
```

The EnableWindow function enables or disables mouse and keyboard input to the given window or control. When input is disabled, the window does not receive input such as mouse clicks and key presses. When input is enabled, the window receives all input.

If the window was previously disabled, the return value is TRUE: otherwise, the return value is FALSE. To get extended error information, use the GetLastError function.

```
HWND GetActiveWindow(VOID)
```

The GetActiveWindow function retrieves the window handle of the active window associated with the thread that calls the function.

If the function succeeds, the return value is the handle of the active window associated with the thread that calls the function. If the calling thread does not have an active window, the return value is NULL.

```
SHORT GetAsyncKeyState(nVirtKey)
   int  nVirtKey;       // virtual-key code
```

The GetAsyncKeyState function determines whether a key is up or down at the time the function is called, and whether the key was pressed after a previous call to GetAsyncKeyState.

If the function succeeds, the return value specifies whether the key was pressed since the last call to GetAsyncKeyState, and whether the key is currently up or down. If the most significant bit is set, the key is down, and if the least significant bit is set, the key was pressed after the previous call to GetAsyncKeyState. The return value is zero if a window in another thread or process currently has the keyboard focus.

```
HWND GetFocus(VOID)
```

The GetFocus function retrieves the handle of the keyboard focus window associated with the thread that called the function.

If the function succeeds, the return value is the handle of the keyboard focus window associated with the calling thread. If the calling thread does not contain a keyboard focus window, the return value is NULL.

```
UINT GetKBCodePage(VOID)
```

The GetKBCodePage function is provided for compatibility with earlier versions of Windows. In Microsoft® Win32® application programming interface (API) it just calls the GetOEMCP function. New applications should use the GetOEMCP function.

If the function succeeds, the return value is an OEM code-page identifier, or it is the default identifier if the registry value is not readable. See GetOEMCP for a list of OEM code-page identifiers.

```
BOOL GetKeyboardLayoutName(lpszKLName)
  LPTSTR  lpszKLName;    // address of buffer for layout name
```

The GetKeyboardLayoutName function retrieves the name of the active keyboard layout.

If the function succeeds, the return value is TRUE; otherwise, it is FALSE. To get extended error information, use the GetLastError function.

```
BOOL GetKeyboardState(pbKeyState)
  PBYTE  pbKeyState;  // address of array to receive status data
```

The GetKeyboardState function copies the status of the 256 virtual keys to the specified buffer.

If the function succeeds, the return value is TRUE; otherwise, it is FALSE. To get extended error information, use the GetLastError function.

```
int GetKeyNameText(lParam, lpszBuffer, cchMaxKey)
  LONG  lParam;        // second parameter of keyboard message
  LPTSTR  lpszBuffer;  // address of buffer for key name
  int  cchMaxKey;      // maximum length of key-name string length
```

The GetKeyNameText function retrieves a string that represents the name of a key.

If the function succeeds a null-terminated string is copied into the specified buffer, and the return value is the length of the string, in characters, not counting the terminating null character.

```
BOOL IsWindowEnabled(hwnd)
  HWND  hwnd;    // handle of window to test
```

The IsWindowEnabled function determines whether the given window is enabled for mouse and keyboard input.

If the window is enabled, the return value is TRUE; otherwise, it is FALSE.

```
VOID keybd_event(bVirtualKey, bScanCode, dwFlags, dwExtraInfo)
  BYTE  bVirtualKey;  // virtual-key code
  BYTE  bScanCode;    // hardware scan code
  DWORD  dwFlags;     // flags specifying various function options
  DWORD  dwExtraInfo; // additional data associated with keystroke
```

The keybd_event function synthesizes a keystroke. The system can use such a synthesized keystroke to generate a WM_KEYUP or WM_KEYDOWN message. The keyboard driver's interrupt handler calls the keybd_event function.

This function has no return value.

```
HKL LoadKeyboardLayout(lpszKLName, fuFlags)
  LPCTSTR  lpszKLName;  // address of buffer for layout name
  UINT  fuFlags;        // keyboard layout flags
```

The LoadKeyboardLayout function loads a keyboard layout.

If the function succeeds, the return value is the handle of the keyboard layout; otherwise, it is NULL. To get extended error information, use the GetLastError function.

```
UINT MapVirtualKey(uCode, fuMapType)
  UINT  uCode;     // virtual-key code or scan code
  UINT  fuMapType; // translation to perform
```

The MapVirtualKey function translates (maps) a virtual-key code into a scan code or character value, or translates a scan code into a virtual-key code.

The return value is either a scan code, a virtual-key code, or a character value, depending on the value of uCode and fuMapType. If there is no translation, the return value is zero.

```
DWORD OemKeyScan(wOemChar)
  WORD  wOemChar;       // ASCII value of OEM character
```

The OemKeyScan function maps OEM ASCII codes 0 through 0x0FF into the OEM scan codes and shift states. The function provides information that allows a program to send OEM text to another program by simulating keyboard input.

If the function succeeds, the low-order word of the return value contains the scan code of the given OEM character, and the high-order word contains the shift state. If the character cannot be produced by a single keystroke using the current keyboard layout, the return value is 0xFFFFFFFF.

```
BOOL RegisterHotKey(hwnd, idHotKey, fuModifiers, uVirtKey)
  HWND  hwnd;         // window to receive hot-key notification
  int  idHotKey;      // identifier of hot key
  UINT  fuModifiers;  // key-modifier flags
  UINT  uVirtKey;     // virtual-key code
```

The RegisterHotKey function defines a hot key for the current thread.

If the function succeeds, the return value is TRUE; otherwise, it is FALSE.

```
HWND SetActiveWindow(hwnd)
  HWND  hwnd;    // handle of window to activate
```

The SetActiveWindow function makes the given top-level window associated with the thread calling this function the active window.

If the function succeeds, the return value is the handle of the window that was previously active.

```
HWND SetFocus(hwnd)
  HWND  hwnd;    // handle of window to receive focus
```

The SetFocus function sets the keyboard focus to the given window. All subsequent keyboard input is directed to this window. The window, if any, that previously had the keyboard focus loses it.

If the function succeeds, the return value is the handle of the window that previously had the keyboard focus. If there is no such window or if the hwnd parameter is invalid, the return value is NULL.

```
BOOL SetKeyboardState(lpbKeyState)
  LPBYTE  lpbKeyState;  // address of array with virtual-key codes
```

The SetKeyboardState function copies a 256-byte array of keyboard key states into the calling thread's keyboard-input state table. This is the same table accessed by the GetKeyboardState and GetKeyState functions. Changes made to this table do not affect keyboard input to any other thread.

If the function succeeds, the return value is TRUE; otherwise, it is FALSE. To get extended error information, use the GetLastError function.

```
int ToAscii(uVirtKey, uScanCode, lpbKeyState, lpwTransKey, fuState)
  UINT  uVirtKey;         // virtual-key code
  UINT  uScanCode;        // scan code
  PBYTE  lpbKeyState;     // address of key-state array
  LPWORD  lpwTransKey;    // buffer for translated key
  UINT  fuState;          // active-menu flag
```

The ToAscii function translates the specified virtual-key code and keyboard state to the corresponding Windows character or characters.

If the specified key is a dead key, the return value is negative.

```
int ToUnicode(wVirtKey, wScanCode, lpKeyState, pwszBuff,
              cchBuff, wFlags)
  UINT  wVirtKey;     // virtual-key code
  UINT  wScanCode;    // scan code
```

```
PBYTE  lpKeyState;  // address of key-state array
LPWSTR  pwszBuff;   // buffer for translated key
int  cchBuff;       // size of translated key buffer
UINT  wFlags;       // set of function-conditioning flags
```

The ToUnicode function translates the specified virtual-key code and keyboard state to the corresponding Unicode™ character or characters.

```
BOOL UnloadKeyboardLayout(hkl)
HKL  hkl;      // handle of keyboard layout
```

The UnloadKeyboardLayout function removes a keyboard layout.

If the function succeeds, the return value is the handle of the keyboard layout; otherwise, it is NULL. To get extended error information, use the GetLastError function.

```
BOOL UnregisterHotKey(hwnd, idHotKey)
HWND  hwnd;       // window associated with hot key
int  idHotKey;    // identifier of hot key
```

The UnregisterHotKey function frees a hot key previously registered by the calling thread.

If the function succeeds, the return value is TRUE; otherwise, it is FALSE. To get extended error information, use the GetLastError function.

```
SHORT VkKeyScan(ch)
TCHAR  ch;     // character to translate
```

The VkKeyScan function translates a character to the corresponding virtual-key code and shift state for the current keyboard.

If the function succeeds, the low-order byte of the return value contains the virtual-key code and the high-order byte contains the shift state, which can be a combination of flag bits.

List Boxes

```
int DlgDirList(hwndDlg, lpszPath, idListBox, idStaticPath, uFileType)
HWND  hwndDlg;       // handle of dialog box with list box
LPTSTR  lpszPath;    // address of path or filename string
int  idListBox;      // identifier of list box
int  idStaticPath;   // identifier of static control
UINT  uFileType;     // file attributes to display
```

The DlgDirList function fills the specified list box with the names of all files matching the specified path or filename.

If a listing is made — even an empty listing — the return value is nonzero. If the input string does not contain a valid search path, the return value is zero.

```
BOOL DlgDirSelectEx(hwndDlg, lpString, cchString, nIDListBox)
  HWND  hwndDlg;      // handle of dialog box with list box
  LPTSTR  lpString;   // address of buffer for path string
  int  cchString;     // number of characters in path string
  int  nIDListBox;    // identifier of list box
```

The DlgDirSelectEx function retrieves the current selection from a single-selection list box. It assumes that the list box has been filled by the DlgDirList function and that the selection is a drive letter, filename, or directory name.

If the current selection is a directory name, the return value is nonzero; otherwise, it is zero. To get extended error information, use the GetLastError function.

Memory Management

```
VOID CopyMemory (Destination, Source, Length)
  PVOID  Destination;       // address of copy destination
  CONST VOID *  Source;     // address of block to copy
  DWORD  Length;            // size, in bytes, of block to copy
```

The CopyMemory function copies a block of memory from one location to another.

This function has no return value.

```
VOID FillMemory (Destination, Length, Fill)
  PVOID  Destination;    // address of block to fill
  DWORD  Length;         // size, in bytes, of block to fill
  BYTE   Fill;           // byte value with which to fill
```

The FillMemory function fills a block of memory with a specified value.

This function has no return value.

```
HANDLE GetProcessHeap (VOID)
```

The GetProcessHeap function obtains a handle to the heap of the calling process. This handle can then be used in calls to the HeapAlloc, HeapReAlloc, HeapFree, and HeapSize functions.

If the function succeeds, the return value is a handle to the calling process's heap. If the function fails, the return value is NULL.

```
HGLOBAL GlobalAlloc(fuFlags, cbBytes)
   UINT  fuFlags;    // object allocation attributes
   DWORD  cbBytes;   // number of bytes to allocate
```

The GlobalAlloc function allocates the specified number of bytes from the heap. In the linear Win32 API environment, there is no difference between the local heap and the global heap.

If the function succeeds, the return value is the handle of the newly allocated memory object; otherwise, it is NULL. To get extended error information, use the GetLastError function.

```
HGLOBAL GlobalDiscard(hglbMem)
   HGLOBAL  hglbMem; // handle of global memory object
```

The GlobalDiscard function discards the specified global memory block. The lock count of the memory object must be zero.

If the function succeeds, the return value is the handle of the memory object; otherwise, it is NULL. To get extended error information, use the GetLastError function.

```
UINT GlobalFlags(hglbMem)
   HGLOBAL  hglbMem;   // handle of global memory object
```

The GlobalFlags function returns information about the specified global memory object.

If the function succeeds, the return value is a 32-bit value specifying the allocation flags and the lock count for the memory object; otherwise, it is the GMEM_INVALID_HANDLE flag, indicating that the global handle is not valid. To get extended error information, use the GetLastError function.

```
HGLOBAL GlobalFree(hglbMem)
   HGLOBAL  hglbMem;   // handle of global memory object
```

The GlobalFree function frees the specified global memory object and invalidates its handle.

If the function succeeds, the return value is NULL; otherwise, it is equal to the handle of the global memory object. To get extended error information, use the GetLastError function.

```
HGLOBAL GlobalHandle(lpvMem)
    LPCVOID  lpvMem;    // address of global memory block
```

The GlobalHandle function retrieves the handle associated with the specified pointer to a global memory block.

If the function succeeds, the return value is the handle of the specified global memory object; otherwise, it is NULL. To get extended error information, use the GetLastError function.

```
LPVOID GlobalLock(hglbMem)
    HGLOBAL  hglbMem;     // handle of global memory object
```

The GlobalLock function locks a global memory object and returns a pointer to the first byte of the object's memory block. The memory block associated with a locked memory object cannot be moved or discarded. For memory objects allocated with the GMEM_MOVEABLE flag, the function increments the lock count associated with the memory object.

If the function succeeds, the return value is a pointer to the first byte of the memory block; otherwise, it is NULL. To get extended error information, use the GetLastError function.

```
VOID GlobalMemoryStatus(lpmstMemStat)
    LPMEMORYSTATUS  lpmstMemStat;    // address of memory status structure
```

The GlobalMemoryStatus function retrieves information about current available memory. The function returns information about both physical and virtual memory.

This function does not return a value.

```
HGLOBAL GlobalReAlloc(hglbMem, cbBytes, fuFlags)
    HGLOBAL  hglbMem;   // handle of global memory object
    DWORD  cbBytes;     // new size of block
    UINT  fuFlags;      // how to reallocate object
```

The GlobalReAlloc function changes the size or attributes of a specified global memory object. The size can increase or decrease.

If the function succeeds, the return value is the handle of the reallocated memory object; otherwise, it is NULL. To get extended error information, use the GetLastError function.

```
DWORD GlobalSize(hglbMem)
    HGLOBAL  hglbMem;   // handle of global memory object
```

The GlobalSize function retrieves the current size, in bytes, of the specified global memory object.

If the function succeeds, the return value is the size, in bytes, of the specified global memory object. If the specified handle is not valid or if the object has been discarded, the return value is zero. To get extended error information, use the GetLastError function.

```
BOOL GlobalUnlock(hglbMem)
  HGLOBAL  hglbMem;   // handle of global memory object
```

The GlobalUnlock function decrements the lock count associated with a memory object that was allocated with the GMEM_MOVEABLE flag. This function has no effect on memory objects allocated with the GMEM_FIXED flag. This function is provided in Win32 only for compatibility with earlier versions of Windows. New Win32 applications should not use this function.

If the memory object is still locked after decrementing the lock count, the return value is TRUE; otherwise, it is FALSE. To get extended error information, use the GetLastError function. If GetLastError returns NO_ERROR, the memory object is unlocked. The GlobalUnWire function is obsolete. Applications that need to lock a global memory object should use the GlobalLock and GlobalUnlock functions.

```
LPVOID HeapAlloc(hHeap, dwFlags, dwBytes)
  HANDLE  hHeap;      // handle of private heap block
  DWORD  dwFlags;     // heap allocation control flags
  DWORD  dwBytes;     // number of bytes to allocate
```

The HeapAlloc function allocates a block of memory from a heap. The allocated memory is not movable.

If the function succeeds, the return value is a pointer to the allocated memory block. If the function fails and HEAP_GENERATE_EXCEPTIONS has not been specified, the return value is NULL. If the function fails and HEAP_GENERATE_EXCEPTIONS has been specified, the following exception values can be generated: STATUS_NO_MEMORY, STATUS_ACCESS_VIOLATION.

```
HANDLE HeapCreate(flOptions, dwInitialSize, dwMaximumSize)
  DWORD  flOptions;      // heap allocation flag
  DWORD  dwInitialSize;  // initial heap size
  DWORD  dwMaximumSize;  // maximum heap size
```

The HeapCreate function creates a heap object that is private to the calling process. The function reserves a contiguous block in the virtual address space of the process and allocates physical storage for a specified initial portion of this block.

If the function succeeds, the return value is a handle of the newly created heap; otherwise, it is NULL.

```
BOOL HeapDestroy(hHeap)
  HANDLE  hHeap;        // handle of heap
```

The HeapDestroy function destroys the specified heap object.

If the function succeeds, the return value is TRUE; otherwise, it is FALSE.

```
BOOL HeapFree(hHeap, dwFlags, lpMem)
  HANDLE  hHeap;        // handle of heap
  DWORD  dwFlags;       // heap freeing flags
  LPVOID  lpMem;        // address of memory to free
```

The HeapFree function frees a memory block allocated from a heap by the HeapAlloc or HeapReAlloc function.

If the function succeeds, the return value is TRUE; otherwise, it is FALSE.

```
LPVOID HeapReAlloc(hHeap, dwFlags, lpMem, dwBytes)
  HANDLE  hHeap;        // handle of heap block
  DWORD  dwFlags;       // heap reallocation flags
  LPVOID  lpMem;        // address of memory to reallocate
  DWORD  dwBytes;       // number of bytes to reallocate
```

The HeapReAlloc function reallocates a block of memory from a heap. The allocated memory is not movable.

If the function succeeds, the return value is a pointer to the reallocated memory block. If the function fails and HEAP_GENERATE_EXCEPTIONS has not been specified, the return value is NULL. If the function fails and HEAP_GENERATE_EXCEPTIONS has been specified, the following exception values can be generated: STATUS_NO_MEMORY, STATUS_ACCESS_VIOLATION.

```
DWORD HeapSize(hHeap, dwFlags, lpMem)
  HANDLE  hHeap;     // handle of heap
  DWORD dwFlags;     // heap size control flags
  LPCVOID  lpMem;    // address of memory to return size for
```

The HeapSize function returns the size, in bytes, of a memory block allocated from a heap by the HeapAlloc or HeapReAlloc function.

If the function succeeds, the return value is the size, in bytes, of the allocated memory block; otherwise, it is zero.

```
BOOL IsBadCodePtr(lpfnProc)
  FARPROC  lpfnProc;    // address of function
```

The IsBadCodePtr function determines whether the calling process has read access to the memory at the specified address.

If the calling process has read access to the specified memory, the return value is FALSE; otherwise, it is TRUE. To get extended error information, use the GetLastError function.

```
BOOL IsBadHugeReadPtr(lpvPtr, cbBytes)
  CONST VOID  *lpvPtr;  // address of memory block
  UINT  cbBytes;        // size of block
```

The IsBadHugeReadPtr function verifies that the calling process has read access to the specified range of memory.

If the calling process has read access to all bytes in the specified memory range, the return value is FALSE; otherwise, it is TRUE. To get extended error information, use the GetLastError function.

```
BOOL IsBadHugeWritePtr(lpvPtr, cbBytes)
  LPVOID  lpvPtr;  // address of memory block
  UINT  cbBytes;   // size of block
```

The IsBadHugeWritePtr function verifies that the calling process has write access to the specified range of memory.

If the calling process has write access to all bytes in the specified memory range, the return value is FALSE; otherwise, it is TRUE. To get extended error information, use the GetLastError function.

```
BOOL IsBadReadPtr(lpvPtr, cbBytes)
  CONST VOID  *lpvPtr;  // address of memory block
  UINT  cbBytes;        // size of block
```

The IsBadReadPtr function verifies that the calling process has read access to the specified range of memory.

If the calling process has read access to all bytes in the specified memory range, the return value is FALSE; otherwise, it is TRUE. To get extended error information, use the GetLastError function.

```
BOOL IsBadStringPtr(lpszStr, cchMax)
  LPCTSTR  lpszStr;  // address of string
  UINT  cchMax;      // maximum size of string
```

The IsBadStringPtr function verifies that the calling process has read access to a range of memory pointed to by a string pointer.

If the calling process has read access to all bytes up to the string's terminating null character or up to the number of bytes specified by cchMax, the return value is FALSE; otherwise, it is TRUE. To get extended error information, use the GetLastError function.

```
BOOL IsBadWritePtr(lpvPtr, cbBytes)
  LPVOID  lpvPtr;  // address of memory block
  UINT  cbBytes;   // size of block
```

The IsBadWritePtr function verifies that the calling process has write access to the specified range of memory.

If the calling process has write access to all bytes in the specified memory range, the return value is FALSE; otherwise, it is TRUE. To get extended error information, use the GetLastError function.

```
HLOCAL LocalAlloc(fuFlags, cbBytes)
  UINT  fuFlags;      // allocation attributes
  UINT  cbBytes;      // number of bytes to allocate
```

The LocalAlloc function allocates the specified number of bytes from the heap. In the linear Win32 API environment, there is no difference between the local heap and the global heap.

If the function succeeds, the return value is the handle of the newly allocated memory object; otherwise, it is NULL. To get extended error information, use the GetLastError function.

```
HLOCAL LocalDiscard(hlocMem)
  HLOCAL  hlocMem;    // handle of local memory object
```

The LocalDiscard function discards the specified local memory object. The lock count of the memory object must be zero.

If the function succeeds, the return value is the handle of the local memory object; otherwise, it is NULL. To get extended error information, use the GetLastError function.

```
UINT LocalFlags(hlocMem)
  HLOCAL  hlocMem;    // handle of local memory object
```

The LocalFlags function returns information about the specified local memory object.

If the function succeeds, the return value is a 32-bit value that specifies the allocation flags and the lock count for the memory object; otherwise, it is the

LMEM_INVALID_HANDLE flag, indicating that the local handle is not valid. To get extended error information, use the GetLastError function.

```
HLOCAL LocalFree(hlocMem)
  HLOCAL  hlocMem;    // handle of local memory object
```

The LocalFree function frees the specified local memory object and invalidates its handle.

If the function succeeds, the return value is NULL; otherwise, it is equal to the handle of the local memory object. To get extended error information, use the GetLastError function.

```
HLOCAL LocalHandle(lpvMem)
  LPCVOID  lpvMem;    // address of local memory object
```

The LocalHandle function retrieves the handle associated with the specified pointer to a local memory object.

If the function succeeds, the return value is the handle of the specified local memory object; otherwise, it is NULL. To get extended error information, use the GetLastError function.

```
LPVOID LocalLock(hlocMem)
  HLOCAL  hlocMem;    // handle of local memory object
```

The LocalLock function locks a local memory object and returns a pointer to the first byte of the object's memory block. The memory block associated with a locked memory object cannot be moved or discarded. For memory objects allocated with the LMEM_MOVEABLE flag, the function increments the object's lock count.

If the function succeeds, the return value is a pointer to the first byte of the memory block; otherwise, it is NULL. To get extended error information, use the GetLastError function.

```
HLOCAL LocalReAlloc(hlocMem, cbBytes, fuFlags)
  HLOCAL  hlocMem; // handle of local memory object
  UINT  cbBytes;   // new size of block
  UINT  fuFlags;   // how to reallocate object
```

The LocalReAlloc function changes the size or the attributes of a specified local memory object. The size can increase or decrease.

If the function succeeds, the return value is the handle of the reallocated memory object; otherwise, it is NULL. To get extended error information, use the GetLastError function.

```
UINT LocalSize(hlocMem)
   HLOCAL  hlocMem;    // handle of local memory object
```

The LocalSize function returns the current size, in bytes, of the specified local memory object.

If the function succeeds, the return value is the size, in bytes, of the specified local memory object. If the specified handle is not valid or if the object has been discarded, the return value is zero. To get extended error information, use the GetLastError function.

```
BOOL LocalUnlock(hlocMem)
   HLOCAL  hlocMem;    // handle of local memory object
```

The LocalUnlock function decrements the lock count associated with a memory object that was allocated with the LMEM_MOVEABLE flag. This function has no effect on memory objects allocated with the LMEM_FIXED flag.

If the memory object is still locked after decrementing the lock count, the return value is TRUE; otherwise, it is FALSE. To get extended error information, use the GetLastError function. If GetLastError returns NO_ERROR, the memory object is unlocked.

```
VOID MoveMemory (Destination, Source, Length)
   PVOID  Destination;       // address of move destination
   CONST VOID *  Source;     // address of block to move
   DWORD  Length;            // size, in bytes, of block to move
```

The MoveMemory function moves a block of memory from one location to another.

This function has no return value.

```
LPVOID VirtualAlloc(lpvAddress, cbSize, fdwAllocationType, fdwProtect)
   LPVOID  lpvAddress;         // address of region to reserve or commit
   DWORD  cbSize;              // size of region
   DWORD  fdwAllocationType;   // type of allocation
   DWORD  fdwProtect;          // type of access protection
```

The VirtualAlloc function reserves or commits a region of pages in the virtual address space of the calling process. Memory allocated by this function is automatically initialized to zero.

If the function succeeds, the return value is the base address of the allocated region of pages; otherwise, it is NULL. To get extended error information, use the GetLastError function.

```
BOOL VirtualFree(lpvAddress, cbSize, fdwFreeType)
  LPVOID  lpvAddress;    // address of region of committed pages
  DWORD  cbSize;         // size of region
  DWORD  fdwFreeType;    // type of free operation
```

The VirtualFree function releases or decommits (or both) a region of pages within the virtual address space of the calling process.

If the function succeeds, the return value is TRUE; otherwise, it is FALSE. To get extended error information, use the GetLastError function.

```
BOOL VirtualLock(lpvAddress, cbSize)
  LPVOID  lpvAddress;    // address of first byte of range to lock
  DWORD  cbSize;         // number of bytes in range to lock
```

The VirtualLock function locks the specified region of the process's virtual address space into memory, ensuring that subsequent access to the region will not incur a page fault.

If the function succeeds, the return value is TRUE; otherwise, it is FALSE. To get extended error information, use the GetLastError function.

```
BOOL VirtualProtect(lpvAddress, cbSize, fdwNewProtect, pfdwOldProtect)
  LPVOID  lpvAddress;       // address of region of committed pages
  DWORD  cbSize;            // size of region
  DWORD  fdwNewProtect;     // desired access protection
  PDWORD  pfdwOldProtect;   // address of variable to get old protection
```

The VirtualProtect function changes the access protection on a region of committed pages in the virtual address space of the calling process.

If the function succeeds, the return value is TRUE; otherwise, it is FALSE. To get extended error information, use the GetLastError function.

```
BOOL VirtualProtectEx(hProcess, lpvAddress, cbSize, fdwNewProtect,
                      pfdwOldProtect)
  HANDLE  hProcess;         // handle of process
  LPVOID  lpvAddress;       // address of region of committed pages
  DWORD  cbSize;            // size of region
  DWORD  fdwNewProtect;     // desired access protection
  PDWORD  pfdwOldProtect;   // address of variable to get old protection
```

The VirtualProtectEx function changes the access protection on a region of committed pages in the virtual address space of a specified process.

If the function succeeds, the return value is TRUE; otherwise, it is FALSE. To get extended error information, use the GetLastError function.

```
DWORD VirtualQuery(lpvAddress, pmbiBuffer, cbLength)
  LPCVOID  lpvAddress;                       // address of region
  PMEMORY_BASIC_INFORMATION  pmbiBuffer;  // address of information
                                             //   buffer
  DWORD  cbLength;                           // size of buffer
```

The VirtualQuery function provides information about a range of pages in the virtual address space of the calling process.

The return value is the actual number of bytes returned in the information buffer.

```
DWORD VirtualQueryEx(hProcess, lpvAddress, pmbiBuffer, cbLength)
  HANDLE  hProcess;                          // handle of process
  LPCVOID  lpvAddress;                       // address of region
  PMEMORY_BASIC_INFORMATION  pmbiBuffer;  // address of information
                                             //   buffer
  DWORD  cbLength;                           // size of buffer
```

The VirtualQueryEx function provides information about a range of pages within the virtual address space of a specified process.

The return value is the actual number of bytes returned in the information buffer.

```
BOOL VirtualUnlock(lpvAddress, cbSize)
  LPVOID  lpvAddress;   // address of first byte of range
  DWORD  cbSize;        // number of bytes in range
```

The VirtualUnlock function unlocks a specified range of pages in the virtual address space of a process, enabling the system to swap the pages out to the paging file if necessary.

If the function succeeds, the return value is TRUE; otherwise, it is FALSE. To get extended error information, use the GetLastError function.

```
VOID ZeroMemory (Destination, Length)
  PVOID  Destination; // address of block to fill with zeros
  DWORD  Length;      // size, in bytes, of block to fill with zeros
```

The ZeroMemory function fills a block of memory with zeros.

This function has no return value.

Menus

```
BOOL WINAPI AppendMenuItem(hMenu, lpmii)
  HMENU hMenu;           // handle of menu
  LPMENUITEMINFO lpmii; // address of MENUITEMINFO structure
```

The AppendMenuItem function adds a new menu item to the end of the specified menu.

If the function succeeds, the return value is TRUE; otherwise, it is FALSE. To get extended error information, use the GetLastError function.

```
BOOL API CheckMenuRadioItem(hmenu, idFirst, idLast, idCheck, uFlags)
  HMENU hmenu;   // handle of menu that contains group of menu items
  UINT idFirst;  // first menu item in group
  UINT idLast;   // last menu item in group
  UINT idCheck;  // menu item to check
  UINT uFlags;   // MF_BYCOMMAND or MF_BYPOSITION
```

The CheckMenuRadioItem function checks the specified menu item and makes it a radio item. At the same time, the function unchecks all other menu items in the specified group and clears the radio-item type flag for those items.

If the function is succeeds, the return value is TRUE; otherwise, it is FALSE. Use the GetLastError function for extended error information.

```
HMENU CreateMenu(VOID)
```

The CreateMenu function creates a menu. The menu is initially empty, but it can be filled with menu items by using the AppendMenuItem and InsertMenuItem functions.

If the function succeeds, the return value is the handle of the newly created menu; otherwise, it is NULL.

```
HMENU CreatePopupMenu(VOID)
```

The CreatePopupMenu function creates a pop-up menu. The menu is initially empty, but it can be filled with menu items by using the AppendMenuItem and InsertMenuItem functions.

If the function succeeds, the return value is the handle of the newly created pop-up menu; otherwise, it is NULL.

```
BOOL DeleteMenu(hmenu, uItem, fuFlags)
  HMENU  hmenu;     // handle of menu
  UINT  uItem;      // menu item identifier or position
```

```
UINT  fuFlags;    // menu item flag
```

The DeleteMenu function deletes an item from the given menu. If the menu item invokes a pop-up menu, this function destroys the handle of the pop-up menu and frees the memory used by the pop-up menu.

If the function succeeds, the return value is TRUE; otherwise, it is FALSE. To get extended error information, use the GetLastError function.

```
BOOL DestroyMenu(hmenu)
  HMENU  hmenu;  // handle of menu to destroy
```

The DestroyMenu function destroys the given menu and frees any memory that the menu occupies.

If the function succeeds, the return value is TRUE; otherwise, it is FALSE. To get extended error information, use the GetLastError function.

```
BOOL DrawMenuBar(hwnd)
  HWND  hwnd;    // handle of window with menu bar to redraw
```

The DrawMenuBar function redraws the menu bar of the given window. If the menu bar changes after Windows has created the window, this function must be called to draw the changed menu bar.

If the function succeeds, the return value is TRUE; otherwise, it is FALSE. To get extended error information, use the GetLastError function.

```
BOOL EnableMenuItem(hmenu, uItem, fuFlags)
  HMENU  hmenu;     // handle of menu
  UINT  uItem;      // menu item to enable, disable, or gray
  UINT  fuFlags;    // menu item flags
```

The EnableMenuItem function enables, disables, or grays the given menu item.

The return value specifies the previous state of the menu item (it is either MF_DISABLED, MF_ENABLED, or MF_GRAYED). If the menu item does not exist, the return value is 0xFFFFFFFF.

```
HMENU GetMenu(hwnd)
  HWND  hwnd;       // handle of window
```

The GetMenu function retrieves the handle of the menu assigned to the given window.

If the function succeeds, the return value is the handle of the menu. If the given window has no menu, the return value is NULL. If the window is a child window, the return value is undefined.

```
LONG GetMenuCheckMarkDimensions(VOID)
```

The GetMenuCheckMarkDimensions function returns the dimensions of the default check mark bitmap. Windows displays this bitmap next to checked menu items. Before calling the SetMenuItemBitmaps function to replace the default check mark bitmap for a menu item, an application must determine the correct bitmap size by calling GetMenuCheckMarkDimensions.

The return value specifies the height and width, in pixels, of the default check mark bitmap. The high-order word contains the height; the low-order word contains the width.

```
UINT WINAPI GetMenuDefaultItem(hMenu, fByPos, gmdiFlags)
  HMENU hMenu;      // handle of default menu item
  UINT fByPos;      // meaning of return value: identifier or position
  UINT gmdiFlags;   // menu item search flags
```

The GetMenuDefaultItem function returns the default menu item on the specified menu.

If the function succeeds, the return value is the identifier or position of the menu item; otherwise, it is – 1.

```
int GetMenuItemCount(hmenu)
  HMENU  hmenu;     // handle of menu
```

The GetMenuItemCount function determines the number of items in the given menu bar or pop-up menu.

If the function succeeds, the return value specifies the number of items in the menu; otherwise, it is –1. To get extended error information, use the GetLastError function.

```
UINT GetMenuItemID(hmenu, nPos)
  HMENU  hmenu;     // handle of menu
  int  nPos;        // position of menu item
```

The GetMenuItemID function retrieves the menu item identifier of a menu item located at the specified position in the given menu bar or pop-up menu.

If the function succeeds, the return value specifies the identifier of the given menu item. If the menu item identifier is NULL or if the specified item invokes a pop-up menu, the return value is 0xFFFFFFFF.

```
BOOL WINAPI GetMenuItemInfo(hMenu, uItem, fByPosition, lpmii)
  HMENU hMenu;            // handle of menu
  UINT uItem;             // menu item identifier or position
  BOOL fByPosition;       // meaning of uItem parameter
```

```
LPMENUITEMINFO lpmii; // address of MENUITEMINFO structure
```

The GetMenuItemInfo function gets information about a menu item.

If the function succeeds, the return value is TRUE; otherwise, it is FALSE. To get extended error information, use the GetLastError function.

```
BOOL WINAPI GetMenuItemRect(hWnd, hMenu, uItem, lprcItem)
  HWND hWnd;          // handle of window
  HMENU hMenu;        // handle of menu bar or pop-up item
  UINT uItem;         // position of menu item
  LPRECT lprcItem;    // address of RECT structure
```

The GetMenuItemRect function retrieves the bounding rectangle for the specified menu item.

If the function succeeds, the return value is TRUE; otherwise, it is FALSE.

```
int GetMenuString(hmenu, idItem, lpsz, cchMax, fuFlags)
  HMENU  hmenu;       // handle of menu
  UINT  idItem;       // menu item identifier
  LPTSTR  lpsz;       // address of buffer for string
  int  cchMax;        // maximum length of string
  UINT  fuFlags;      // menu flags
```

The GetMenuString function copies the text string of the specified menu item into the given buffer.

If the function succeeds, the return value specifies the number of characters copied to the buffer, not including the terminating null character; otherwise, it is zero.

```
HMENU GetSubMenu(hmenu, nPos)
  HMENU  hmenu;       // handle of menu
  int  nPos;          // menu item position
```

The GetSubMenu function retrieves the handle of the pop-up menu activated by the specified menu item.

If the function succeeds, the return value is the handle of the pop-up menu activated by the menu item. If the menu item does not activate a pop-up menu, it is NULL.

```
HMENU GetSystemMenu(hwnd, fRevert)
  HWND  hwnd;         // handle of window to own System menu
  BOOL  fRevert;      // reset flag
```

The GetSystemMenu function allows the application to access the System menu (also known as Control menu) for copying and modifying.

If the fRevert parameter is FALSE, the return value is the handle of a copy of the System menu. If the fRevert parameter is TRUE, the return value is NULL.

```
BOOL HiliteMenuItem(hwnd, hmenu, uItemHilite, uHilite)
  HWND  hwnd;          // handle of window with menu
  HMENU  hmenu;        // handle of menu
  UINT  uItemHilite;  // menu item to highlight or unhighlight
  UINT  uHilite;      // highlight flags
```

The HiliteMenuItem function highlights or removes the highlighting from an item in a menu bar.

If the menu item is set to the specified highlight state, the return value is TRUE; otherwise, it is FALSE.

```
BOOL WINAPI InsertMenuItem(hMenu, uItem, fByPosition, lpmii)
  HMENU hMenu;             // handle of menu
  UINT uItem;              // menu item to insert before new item
  BOOL fByPosition;        // meaning of uItem parameter
  LPMENUITEMINFO lpmii;  // address of MENUITEMINFO structure
```

The InsertMenuItem function appends a new item to the end of the specified menu.

If the function succeeds, the return value is TRUE; otherwise, it is FALSE. To get extended error information, use the GetLastError function.

```
BOOL IsMenu(hMenu)
  HMENU  hMenu;    // handle to test
```

The IsMenu function determines whether a handle is a menu handle.

If hMenu is a menu handle, the function returns TRUE; if it is not, the function returns FALSE.

```
HMENU LoadMenu(hinst, lpMenuName)
  HINSTANCE  hinst;      // handle of application instance
  LPCTSTR  lpMenuName;  // menu name string or menu-resource identifier
```

The LoadMenu function loads the specified menu resource from the executable (.EXE) file associated with the given application instance.

If the function succeeds, the return value is the handle of the menu resource; otherwise, it is NULL. To get extended error information, use the GetLastError function.

```
HMENU LoadMenuIndirect(lpMenuTemplate)
  CONST MENUTEMPLATE  *lpMenuTemplate;    // address of menu template
```

The LoadMenuIndirect function loads the specified menu template in memory.

If the function succeeds, the return value is the handle of the menu; otherwise, it is NULL. To get extended error information, use the GetLastError function.

```
UINT WINAPI MenuItemFromPoint(hWnd, hMenu, ptScreen)
  HWND hWnd;        // handle of window
  HMENU hMenu;      // handle of menu
  POINT ptScreen;   // location to test
```

The MenuItemFromPoint function determines which menu item, if any, is at the specified location.

The return value is the zero-based position of the menu item at the specified location, or –1 if no menu item is at the specified location.

```
BOOL RemoveMenu(hmenu, uItem, fuFlags)
  HMENU  hmenu;     // handle of menu
  UINT  uItem;      // menu item identifier or position
  UINT  fuFlags;    // menu item flag
```

The RemoveMenu function deletes a menu item from the given menu. If the menu item activates a pop-up menu, RemoveMenu does not destroy the pop-up menu or its handle, allowing the menu to be reused. Before this function is called, the GetSubMenu function should retrieve the handle of the pop-up menu.

If the function succeeds, the return value is TRUE; otherwise, it is FALSE. To get extended error information, use the GetLastError function.

```
BOOL SetMenu(hwnd, hmenu)
  HWND  hwnd;       // handle of window
  HMENU  hmenu;     // handle of menu
```

The SetMenu function assigns a new menu to the given window.

If the function succeeds, the return value is TRUE; otherwise, it is FALSE. To get extended error information, use the GetLastError function.

```
BOOL SetMenuDefaultItem(hmenu, idDefault, fByPos)
  HMENU hmenu;      // handle of menu
  UINT idDefault;   // default menu item
  UINT fByPos;      // meaning of idDefault: position or identifier
```

The SetMenuDefaultItem function sets the default menu item for the specified menu.

If the function succeeds, the return value is TRUE; otherwise, it is FALSE.

```
BOOL SetMenuItemBitmaps(hmenu, uItem, fuFlags, hbmUnchecked, hbmChecked)
  HMENU  hmenu;              // handle of menu
  UINT  uItem;               // menu item to receive new bitmaps
  UINT  fuFlags;             // menu item flags
  HBITMAP  hbmUnchecked;     // handle of unchecked bitmap
  HBITMAP  hbmChecked;       // handle of checked bitmap
```

The SetMenuItemBitmaps function associates the given bitmap with a menu item. Whether the menu item is checked or unchecked, Windows displays the appropriate bitmap next to the menu item.

If the function succeeds, the return value is TRUE; otherwise, it is FALSE. To get extended error information, use the GetLastError function.

```
BOOL WINAPI SetMenuItemInfo(hMenu, uItem, fByPosition, lpmii)
  HMENU hMenu;             // handle of menu
  UINT uItem;              // menu item to change
  BOOL fByPosition;        // meaning of uItem: position or identifier
  LPMENUITEMINFO lpmii;    // address of MENUITEMINFO structure
```

The SetMenuItemInfo function changes information about a menu item.

If the function succeeds, the return value is TRUE; otherwise, it is FALSE. To get extended error information, use the GetLastError function.

```
BOOL TrackPopupMenu(hmenu, fuFlags, x, y, nReserved, hwnd, lprc)
  HMENU hmenu;        // handle of menu
  UINT fuFlags;       // menu position
  int x;              // horizontal position, in screen coordinates
  int y;              // vertical position, in screen coordinates
  int nReserved;      // reserved; must be zero
  HWND hwnd;          // handle of window
  LPCRECT lprc;       // address of RECT structure
```

The TrackPopupMenu function displays a floating pop-up menu at the specified location and tracks the selection of items on the pop-up menu. The floating pop-up menu can appear anywhere on the screen.

If the function succeeds, the return value is TRUE; otherwise, it is FALSE. To get extended error information, use the GetLastError function.

```
BOOL TrackPopupMenuEx(hmenu, fuFlags, x, y, hwnd, lptpm)
  HMENU hmenu;         // handle of menu
  UINT fuFlags;        // menu position flags
  int x;               // horizontal position, in screen coordinates
  int y;               // vertical position, in screen coordinates
  HWND hwnd;           // handle of window
  LPTPMPARAMS lptpm;   // address of TPMPARAMS structure
```

The TrackPopupMenuEx function displays a floating pop-up menu at the specified location and tracks the selection of items on the pop-up menu. The floating pop-up menu can appear anywhere on the screen.

If the function succeeds, the return value is TRUE; otherwise, it is FALSE. To get extended error information, use the GetLastError function.

Messages and Message Queues

```
LRESULT DefWindowProc(hwnd, uMsg, wParam, lParam)
  HWND  hwnd;        // handle of window
  UINT  uMsg;        // message identifier
  WPARAM  wParam;    // first message parameter
  LPARAM  lParam;    // second message parameter
```

The DefWindowProc function calls the default window procedure to provide default processing for any window messages that an application does not process. This function ensures that every message is processed. DefWindowProc is called with the same parameters received by the window procedure.

The return value is the result of the message processing and depends on the message.

```
LONG DispatchMessage(lpmsg)
  CONST MSG  *lpmsg;     // address of structure with message
```

The DispatchMessage function dispatches a message to a window procedure. It is typically used to dispatch a message retrieved by the GetMessage function.

The return value specifies the value returned by the window procedure. Although its meaning depends on the message being dispatched, the return value generally is ignored.

```
BOOL GetInputState(VOID)
```

The GetInputState function determines whether there are mouse-button or keyboard messages in the calling thread's message queue.

If the queue contains one or more new mouse-button or keyboard messages, the return value is TRUE; otherwise, it is FALSE.

```
BOOL GetMessage(lpmsg, hwnd, uMsgFilterMin, uMsgFilterMax)
  LPMSG  lpmsg;           // address of structure with message
  HWND  hwnd;             // handle of window
  UINT  uMsgFilterMin;    // first message
  UINT  uMsgFilterMax;    // last message
```

The GetMessage function retrieves a message from the calling thread's message queue and places it in the specified structure. This function can retrieve both messages associated with a given window and thread messages posted via the PostThreadMessage function. The function retrieves messages that lie within a specified range of message values. GetMessage does not retrieve messages for windows that belong to other threads or applications.

If a message other than WM_QUIT is retrieved, the return value is TRUE. If the WM_QUIT message is retrieved, the return value is FALSE.

```
LONG GetMessageExtraInfo(VOID)
```

The GetMessageExtraInfo function retrieves extra information associated with the last message retrieved by the GetMessage or PeekMessage function. This information may be added to a message by the driver for a pointing device or keyboard.

If the function succeeds, the return value specifies the extra information. The meaning of the extra information is device specific.

```
DWORD GetMessagePos(VOID)
```

The GetMessagePos function returns a long value that gives the cursor position in screen coordinates. This position is the point occupied by the cursor when the last message retrieved by the GetMessage function occurred.

The return value specifies the x- and y-coordinates of the cursor position.

```
LONG GetMessageTime(VOID)
```

The GetMessageTime function returns the message time for the last message retrieved by the GetMessage function from the current thread's message queue. The time is a long integer that specifies the elapsed time, in milliseconds, from the time the system was started to the time the message was created (that is, placed in the thread's message queue).

The return value specifies the message time.

```
DWORD GetQueueStatus(fuFlags)
    UINT  fuFlags;      // queue-status flags
```

The GetQueueStatus function returns flags that indicate the type of messages found in the calling thread's message queue.

The high-order word of the return value indicates the types of messages currently in the queue. The low-order word indicates the types of messages that have been added to the queue and that are still in the queue since the last call to the GetQueueStatus, GetMessage, or PeekMessage function.

```
BOOL InSendMessage(VOID)
```

The InSendMessage function specifies whether the current window procedure is processing a message that was sent from another thread by a call to the SendMessage function.

If the window procedure is processing a message sent to it from another thread by the SendMessage function, the return value is TRUE; otherwise, the return value is FALSE.

```
BOOL PeekMessage(lpmsg, hwnd, uMsgFilterMin, uMsgFilterMax, fuRemoveMsg)
    LPMSG  lpmsg;          // address of structure for message
    HWND  hwnd;            // handle of window
    UINT  uMsgFilterMin;   // first message
    UINT  uMsgFilterMax;   // last message
    UINT  fuRemoveMsg;     // removal flags
```

The PeekMessage function checks a thread message queue for a message and places the message (if any) in the specified structure.

If a message is available, the return value is TRUE; otherwise, it is FALSE.

The PostAppMessage function is retained only for compatibility with earlier versions of Microsoft® Windows. For Win32-based applications, use the PostThreadMessage function.

```
BOOL PostMessage(hwnd, uMsg, wParam, lParam)
    HWND  hwnd;        // handle of destination window
    UINT  uMsg;        // message to post
    WPARAM  wParam;    // first message parameter
    LPARAM  lParam;    // second message parameter
```

The PostMessage function places (posts) a message in the message queue associated with the thread that created the given window and then returns without waiting for the thread to process the message. Messages in a message queue are retrieved by calls to the GetMessage or PeekMessage function.

If the function succeeds, the return value is TRUE; otherwise, it is FALSE. To get extended error information, use the GetLastError function.

```
VOID PostQuitMessage(nExitCode)
   int  nExitCode;      // exit code
```

The PostQuitMessage function indicates to Windows that a thread has made a request to terminate (quit). It is typically used in response to a WM_DESTROY message.

This function does not return a value.

```
BOOL PostThreadMessage(dwThreadId, uMsg, wParam, lParam)
   DWORD  dwThreadId;  // thread identifier
   UINT  uMsg;         // message to post
   WPARAM  wParam;     // first message parameter
   LPARAM  lParam;     // second message parameter
```

The PostThreadMessage function places (posts) a message in the message queue of the given thread and then returns without waiting for the thread to process the message.

If the function succeeds, the return value is TRUE; otherwise, it is FALSE. To get extended error information, use the GetLastError function.

```
UINT RegisterWindowMessage(lpsz)
   LPCTSTR  lpsz;      // address of message string
```

The RegisterWindowMessage function defines a new window message that is guaranteed to be unique throughout the system. The returned message value can be used when calling the SendMessage or PostMessage function.

If the message is successfully registered, the return value is a message identifier in the range 0xC000 through 0xFFFF; otherwise, it is zero.

```
BOOL ReplyMessage(lResult)
   LRESULT  lResult;     // message-dependent reply
```

The ReplyMessage function is used to reply to a message sent through the SendMessage function without returning control to the function that called SendMessage.

If the calling thread was processing a message sent from another thread or process, the return value is TRUE; otherwise, it is FALSE.

```
VOID CALLBACK SendAsyncProc(hwnd, uMsg, dwData, lResult)
   HWND  hwnd;         // handle of destination window
   UINT  uMsg;         // message
```

```
DWORD  dwData;      // application-defined value
LRESULT  lResult;   // result of message processing
```

A SendAsyncProc function is an application-defined callback function that the operating system calls when the SendMessageCallback function is called. The system passes the message to the callback function after passing the message to the destination window procedure. A value of type SENDASYNCPROC is a pointer to such a function.

This callback function does not return a value.

```
LRESULT SendMessage(hwnd, uMsg, wParam, lParam)
  HWND  hwnd;        // handle of destination window
  UINT  uMsg;        // message to send
  WPARAM  wParam;    // first message parameter
  LPARAM  lParam;    // second message parameter
```

The SendMessage function sends the specified message to the given window or windows. The function calls the window procedure for the given window and does not return until the window procedure has processed the message. The PostMessage function, in contrast, posts a message to a thread's message queue and returns immediately.

The return value specifies the result of the message processing and depends on the message sent.

```
BOOL SendMessageCallback(hwnd, uMsg, wParam, lParam, lpResultCallBack,
                         dwData)
  HWND  hwnd;                          // handle of destination window
  UINT  uMsg;                          // message to send
  WPARAM  wParam;                      // first message parameter
  PARAM  lParam;                       // second message parameter
  SENDASYNCPROC  lpResultCallBack;     // function to receive message
                                       //   value
  DWORD  dwData;                       // value to pass to callback
                                       //   function
```

The SendMessageCallback function sends the specified message to the given window or windows. The function calls the window procedure for the given window and returns immediately. After the window procedure processes the message, the system calls the specified callback function, passing the result of the message processing and an application-defined value to the callback function.

If the function succeeds, the return value is TRUE; otherwise, it is FALSE. To get extended error information, use the GetLastError function.

```
LRESULT SendMessageTimeout(hwnd, uMsg, wParam, lParam, fuFlags,
uTimeout, lpdwResult)
  HWND  hwnd;             // handle of destination window
  UINT  uMsg;             // message to send
  WPARAM  wParam;         // first message parameter
  LPARAM  lParam;         // second message parameter
  UINT  fuFlags;          // how to send the message
  UINT  uTimeout;         // time-out duration
  LPDWORD  lpdwResult;    // return value for synchronous call
```

The SendMessageTimeout function sends the specified message to the given window or windows. The function calls the window procedure for the given window and, if the given window belongs to a different thread, does not return until the window procedure has processed the message or the specified time-out period has elapsed. If the window receiving the message belongs to the same queue as the current thread, the window procedure is called directly*the time-out value is ignored.

```
BOOL SendNotifyMessage(hwnd, uMsg, wParam, lParam)
  HWND  hwnd;       // handle of destination window
  UINT  uMsg;       // message to send
  WPARAM  wParam;   // first message parameter
  LPARAM  lParam;   // second message parameter
```

The SendNotifyMessage function sends the specified message to the given window. If the window was created by the calling thread, SendNotifyMessage calls the window procedure for the window and does not return until the window procedure has processed the message. If the window was created by a different thread, SendNotifyMessage passes the message to the window procedure and returns immediately; it does not wait for the window procedure to finish processing the message.

```
LPARAM SetMessageExtraInfo(lParam)
  LPARAM  lParam;     // application-defined 32-bit value
```

The SetMessageExtraInfo function sets the extra message information for the current thread. Extra message information is an application- or driver-defined 32-bit value associated with the current thread's message queue. An application can use the GetMessageExtraInfo function to retrieve a thread's extra message information.

```
BOOL SetMessageQueue(cMessagesMax)
  int  cMessagesMax; // size of message queue
```

The SetMessageQueue function creates a new message queue. It is useful in Windows-based applications (version 3.x) that require a queue that contains more than

eight messages (the maximum size of the default queue). It does nothing running with Microsoft Windows NT, because queues are expanded dynamically as necessary.

```
BOOL TranslateMessage(lpmsg)
  CONST MSG  *lpmsg;  // address of structure with message
```

The TranslateMessage function translates virtual-key messages into character messages. The character messages are posted to the calling thread's message queue, to be read the next time the thread calls the GetMessage or PeekMessage function.

If the message is translated (that is, a character message is posted to the thread's message queue), the return value is TRUE; otherwise, it is FALSE.

```
BOOL WaitMessage(VOID)
```

The WaitMessage function yields control to other threads when a thread has no other messages in its message queue. The WaitMessage function suspends the thread and does not return until a new message is placed in the thread's message queue.

If the function succeeds, the return value is TRUE; otherwise, it is FALSE. To get extended error information, use the GetLastError function.

Mouse

```
VOID mouse_event(dwFlags, dx, dy, cButtons, dwExtraInfo)
  DWORD  dwFlags;     // flags specifying various motion/click variants
  DWORD  dx;          // horizontal mouse position or position change
  DWORD  dy;          // vertical mouse position or position change
  DWORD  cButtons;    // unused; reserved for future use; set to zero
  DWORD  dwExtraInfo; // 32 bits of application-defined information
```

The mouse_event function synthesizes mouse motion and button clicks.

This function has no return value.

```
HWND GetCapture(VOID)
```

The GetCapture function retrieves the handle of the window (if any) that has captured the mouse. Only one window at any given time can capture the mouse; this window receives mouse input whether or not the cursor is within its borders.

If the function succeeds, the return value is the handle of the capture window associated with the current thread. If no window in the thread has captured the mouse, the return value is NULL.

```
UINT GetDoubleClickTime(VOID)
```

The GetDoubleClickTime function retrieves the current double-click time for the mouse. A double-click is a series of two clicks of the mouse button, the second occurring within a specified time after the first. The double-click time is the maximum number of milliseconds that may occur between the first and second click of a double-click.

If the function succeeds, the return value specifies the current double-click time, in milliseconds.

```
BOOL ReleaseCapture(VOID)
```

The ReleaseCapture function releases the mouse capture from a window in the current thread and restores normal mouse input processing. A window that has captured the mouse receives all mouse input, regardless of the position of the cursor, except when a mouse button is clicked while the cursor hot spot is in the window of another thread.

If the function succeeds, the return value is TRUE; otherwise, it is FALSE.

```
HWND SetCapture(hwnd)
    HWND  hwnd;     // handle of window to receive mouse capture
```

The SetCapture function sets the mouse capture to the given window belonging to the current thread. Once a window has captured the mouse, all mouse input is directed to that window, regardless of whether the cursor is within the borders of that window. Only one window at a time can capture the mouse.

If the mouse cursor is over a window created by another thread, the system will direct mouse input to the given window only if a mouse button is down.

If the function succeeds, the return value is the handle of the window that had previously captured the mouse. If there is no such window, the return value is NULL.

```
BOOL SetDoubleClickTime(uInterval)
    UINT  uInterval;     // double-click interval
```

The SetDoubleClickTime function sets the double-click time for the mouse. A double-click is a series of two clicks of a mouse button, the second occurring within a specified time after the first. The double-click time is the maximum number of milliseconds that may occur between the first and second clicks of a double-click.

If the function succeeds, the return value is TRUE; otherwise, it is FALSE.

```
BOOL SwapMouseButton(fSwap)
   BOOL  fSwap;      // reverse or restore buttons
```

The SwapMouseButton function reverses or restores the meaning of the left and right mouse buttons.

If the meaning of the mouse buttons was reversed previously, before the function was called, the return value is TRUE; otherwise, it is FALSE.

Multiple Document Interface

```
WORD API CascadeChildWindows(hwndParent, wFlags)
   HWND hwndParent;     \\ handle of parent window
   WORD wFlags;         \\ types of windows not to arrange
```

The CascadeChildWindows function cascades the child windows of the specified parent window.

If the function succeeds, the return value is the number of windows arranged; otherwise, it is zero.

```
WORD WINAPI CascadeWindows(hwndParent, wFlags, lpRect, cChildren,
                           ahwndChildren)
   HWND hwndParent;                 \\ handle of parent window
   WORD wFlags;                     \\ types of windows not to arrange
   LPCRECT lpRect;                  \\ rectangle to arrange windows in
   WORD cChildren;                  \\ number of windows to arrange
   const HWND FAR *ahwndChildren;   \\ array of window handles
```

The CascadeWindows function cascades the specified windows or the child windows of the specified parent window.

If the function succeeds, the return value is the number of windows arranged; otherwise, it is zero.

```
HWND CreateMDIWindow(lpszClassName, lpszWindowName, dwStyle, x, y,
                     nWidth, nHeight, hwndParent, hinst, lParam)
   LPTSTR  lpszClassName;   // address of registered child class name
   LPTSTR  lpszWindowName;  // address of window name
   DWORD  dwStyle;          // window style
```

```
  int  x;                  // horizontal position of window
  int  y;                  // vertical position of window
  int  nWidth;             // width of window
  int  nHeight;            // height of window
  HWND  hwndParent;        // handle of parent window (MDI client)
  HINSTANCE  hinst;        // handle of application instance
  LPARAM  lParam;          // application-defined value
```

The CreateMDIWindow function creates a multiple document interface (MDI) child window.

If the function succeeds, the return value is the handle of the created window; otherwise, it is NULL.

```
LRESULT DefFrameProc(hwndFrame, hwndMDIClient, uMsg, wParam, lParam)
  HWND  hwndFrame;       // handle of MDI frame window
  HWND  hwndMDIClient;   // handle of MDI client window
  UINT  uMsg;            // message
  WPARAM  wParam;        // first message parameter
  LPARAM  lParam;        // second message parameter
```

The DefFrameProc function provides default processing for any window messages that the window procedure of a multiple document interface (MDI) frame window does not process. All window messages that are not explicitly processed by the window procedure must be passed to the DefFrameProc function, not the DefWindowProc function.

The return value specifies the result of the message processing and depends on the message. If the hwndMDIClient parameter is NULL, the return value is the same as for the DefWindowProc function.

```
LRESULT DefMDIChildProc(hwndChild, uMsg, wParam, lParam)
  HWND  hwndChild; // handle of MDI child window
  UINT  uMsg;      // message
  WPARAM  wParam;  // first message parameter
  LPARAM  lParam;  // second message parameter
```

The DefMDIChildProc function provides default processing for any window message that the window procedure of a multiple document interface (MDI) child window does not process. A window message not processed by the window procedure must be passed to the DefMDIChildProc function, not the DefWindowProc function.

The return value specifies the result of the message processing and depends on the message.

```
WORD API TileChildWindows(hwndParent, wFlags);
  HWND hwndParent; \\ handle of parent window
  WORD wFlags;     \\ types of windows not to arrange
```

The TileChildWindows function tiles the child windows of the specified parent window.

If the function succeeds, the return value is the number of windows arranged; otherwise, it is zero.

Painting and Drawing

```
HDC BeginPaint(hwnd, lpps)
  HWND  hwnd;       // handle of window
  LPPAINTSTRUCT  lpps;  // address of structure for paint information
```

The BeginPaint function prepares the given window for painting and fills a PAINTSTRUCT structure with information about the painting.

If the function succeeds, the return value is the handle of a display device context (DC) for the given window. Otherwise, it is NULL, indicating that no display DC is available.

```
BOOL WINAPI DrawAnimatedRects(idAni, lprcClosed, lprcOpen, lprcClip)
  int idAni;          // type of annimation
  LPCRECT lprcClosed; // address of rectangle coordinates (minimized)
  LPCRECT lprcOpen;   // address of rectangle coordinates (restored)
  LPCRECT lprcClip;   // address of rectangle clipping region
```

The DrawAnimatedRects function draws a wire-frame rectangle and animates it to indicate the opening of an icon or the minimizing or maximizing of a window.

If the function succeeds, the return value is TRUE; otherwise, it is FALSE.

```
void WINAPI DrawCaption(hdc, lprc, hfont, hicon, lpszText, wFlags)
  HDC hdc;          // handle of device context
  LPRECT lprc;      // address of bounding rectangle coordinates
  HFONT hfont;      // handle of font for caption
  HICON hicon;      // handle of icon in caption
  LPSTR lpszText;   // address of caption string
  WORD wFlags;      // drawing options
```

The DrawCaption function draws a window caption.

This function does not return a value.

```
BOOL DrawEdge(hdc, lprc, edgeType, uFlags)
   HDC hdc;          // handle of device context
   LPRECT lprc;      // address of rectangle coordinates
   EDGE edgeType;    // type of inner and outer edge to draw
   UINT uFlags;      // type of border
```

The DrawEdge function draws a rectangle that has a three-dimensional border by using two three-dimensional border styles.

If the function succeeds, the return value is TRUE; otherwise, it is FALSE. To get extended error information, use the GetLastError function.

```
BOOL WINAPI DrawState(hdc, hbr, lpOutputFunc, lData, wData, x, y,
cx, cy, fuFlags)
   HDC hdc;                        // handle of device context
   HBRUSH hbr;                     // handle of brush
   DRAWSTATEPROC lpOutputFunc;     // address of callback function
   LPARAM lData;                   // image information
   WPARAM wData;                   // more image information
   int x;                          // horizontal location of image
   int y;                          // vertical location of image
   int cx;                         // width of image
   int cy;                         // height of image
   UINT fuFlags;                   // image type and state
```

The DrawState function displays an image and applies a visual effect to indicate a state, such as a disabled or default state.

If the function succeeds, the return value is TRUE; otherwise, it is FALSE.

```
BOOL CALLBACK DrawStateProc(hdc, lData, wData, cx, cy)
   HDC hdc;          // handle of device context
   LPARAM lData;     // image information
   WPARAM wData;     // more image information
   int cx;           // width of image
   int cy;           // height of image
```

The DrawStateProc function is an application-defined callback function that renders a complex image for the DrawState function.

If the function succeeds, the return value is TRUE; otherwise, it is FALSE.

```
int WINAPI DrawTextEx(hdc, lpchText, cchText, lprc, dwDTFormat,
lpDTParams)
  HDC hdc;                       // handle of device context
  LPCSTR lpchText;               // address of string to draw
  int cchText;                   // length of string to draw
  LPRECT lprc;                   // address of rectangle coordinates
  DWORD dwDTFormat;              // formatting options
  LPDRAWTEXTPARAMS lpDTParams;   // address of structure for more options
```

The DrawTextEx function draws formatted text in the specified rectangle.

If the function succeeds, the return value is the text height; otherwise, it is zero.

```
BOOL EndPaint(hwnd, lpPaint)
  HWND  hwnd;                    // handle of window
  CONST PAINTSTRUCT  *lpPaint;   // address of structure for paint data
```

The EndPaint function marks the end of painting in the given window. This function is required for each call to the BeginPaint function, but only after painting is complete.

This function always returns TRUE.

```
int ExcludeUpdateRgn(hdc, hwnd)
  HDC  hdc;      // handle of device context
  HWND  hwnd;    // handle of window
```

The ExcludeUpdateRgn function prevents drawing within invalid areas of a window by excluding an updated region in the window from a clipping region.

```
BOOL GdiFlush(VOID)
```

The GdiFlush function flushes the calling thread's current batch.

If all functions in the current batch succeed, the return value is TRUE; otherwise, it is FALSE, indicating that at least one function returned an error.

```
DWORD GdiGetBatchLimit(VOID)
```

The GdiGetBatchLimit function returns the maximum number of function calls that can be accumulated in the calling thread's current batch. The system flushes the current batch whenever this limit is exceeded.

If the function succeeds, the return value is the batch limit; otherwise, it is zero. To get extended error information, use the GetLastError function.

```
DWORD GdiSetBatchLimit(dwLimit)
    DWORD  dwLimit;        // batch limit
```

The GdiSetBatchLimit function sets the maximum number of functions that can be accumulated in the calling thread's current batch. The system flushes the current batch whenever this limit is exceeded.

If the function succeeds, the return value is the previous batch limit; otherwise, it is zero. To get extended error information, use the GetLastError function.

```
COLORREF GetBkColor(hdc)
    HDC  hdc;       // handle of device context
```

The GetBkColor function returns the current background color of the given device context.

If the function succeeds, the return value is a COLORREF value for the current background color; otherwise, it is CLR_INVALID.

```
int GetBkMode(hdc)
    HDC  hdc;       // handle of device context
```

The GetBkMode function returns the background mix mode of the given device context. The background mix mode is used with text, hatched brushes, and pen styles that are not solid lines.

If the function succeeds, the return value specifies the current background mix mode, either OPAQUE or TRANSPARENT. If the function fails, the return value is zero.

```
UINT GetBoundsRect(hdc, lprcBounds, flags)
    HDC  hdc;              // handle of device context
    LPRECT  lprcBounds;    // address of structure for bounding rectangle
    UINT  flags;           // information to return
```

The GetBoundsRect function returns the current accumulated bounding rectangle for a given device context (DC).

The return value specifies the state of the accumulated bounding rectangle

```
int GetROP2(hdc)
    HDC  hdc;       // handle of device context
```

The GetROP2 function retrieves the foreground mix mode of the given device context (DC). The mix mode specifies how the pen or interior color and the color already on the screen are combined to yield a new color.

If the function succeeds, the return value specifies the foreground mix mode; otherwise, it is zero.

```
BOOL GetUpdateRect(hwnd, lprc, bErase)
  HWND  hwnd;    // handle of window
  LPRECT  lprc;  // address of update rectangle coordinates
  BOOL  bErase;  // erase flag
```

The GetUpdateRect function retrieves the coordinates of the smallest rectangle that completely encloses the update region of the given window. If the window was created with the CS_OWNDC style and the mapping mode is not MM_TEXT, GetUpdateRect retrieves the rectangle in logical coordinates. Otherwise, it retrieves the rectangle in client coordinates. If there is no update region, GetUpdateRect retrieves an empty rectangle (sets all coordinates to zero).

If the update region is not empty, the return value is TRUE; otherwise, it is FALSE.

```
int GetUpdateRgn(hwnd, hrgn, fErase)
  HWND  hwnd;    // handle of window
  HRGN  hrgn;    // handle of region
  BOOL  fErase;  // erase background flag
```

The GetUpdateRgn function retrieves the update region of the given window by copying it into the given region. The coordinates of the update region are relative to the upper left corner of the window (that is, they are client coordinates).

The return value indicates the complexity of the resulting region.

```
HDC GetWindowDC(hwnd)
  HWND  hwnd;       // handle of window
```

The GetWindowDC function retrieves the device context (DC) for the entire window, including title bar, menus, and scroll bars. A window DC permits painting anywhere in a window, because the origin of the DC is the upper left corner of the window instead of the client area. GetWindowDC assigns default attributes to the window DC each time it retrieves the DC. Previous attributes are lost.

If the function succeeds, the return value is the handle of a DC for the given window. Otherwise, it is NULL, indicating an error or an invalid hwnd parameter.

```
BOOL GrayString(hdc, hbr, lpOutputFunc, lParam, nCount, X, Y, nWidth,
nHeight)
  HDC  hdc;                       // handle of device context
  HBRUSH  hbr;                    // handle of brush for graying
  GRAYSTRINGPROC  lpOutputFunc;   // address of callback function
  LPARAM  lParam;                 // address of application-defined data
  int  nCount;                    // number of characters to output
  int  X;                         // horizontal position
```

```
    int  Y;                              // vertical position
    int  nWidth;                         // width
    int  nHeight;                        // height
```

The GrayString function draws gray text at the given location. The function draws the text by copying it into a memory bitmap, graying the bitmap, and then copying the bitmap to the screen. The function grays the text regardless of the selected brush and background. GrayString uses the font currently selected for the given device context (DC). If the lpOutputFunc parameter is NULL, GDI uses the TextOut function, and the lParam parameter is assumed to be a pointer to the character string to be output. If the characters to be output cannot be handled by TextOut (for example, the string is stored as a bitmap), the application must supply its own output function.

If the string is drawn, the return value is TRUE. If the return value is FALSE, either the TextOut function or the application-defined output function returned FALSE, or there was insufficient memory to create a memory bitmap for graying.

```
BOOL InvalidateRect(hwnd, lprc, fErase)
    HWND  hwnd;          // handle of window with changed update region
    CONST RECT  *lprc;   // address of rectangle coordinates
    BOOL  fErase;        // erase-background flag
```

The InvalidateRect function adds a rectangle to the given window's update region. The update region represents the portion of the window's client area that must be redrawn.

If the function succeeds, the return value is TRUE; otherwise, it is FALSE.

```
BOOL InvalidateRgn(hwnd, hrgn, fErase)
    HWND  hwnd;    // handle of window with changed update region
    HRGN  hrgn;    // handle of region to add
    BOOL  fErase;  // erase-background flag
```

The InvalidateRgn function invalidates the client area within the given region by adding it to the current update region of the given window. The invalidated region, along with all other areas in the update region, is marked for painting when the next WM_PAINT message occurs.

This function always returns TRUE.

```
BOOL LockWindowUpdate(hwndLock)
    HWND  hwndLock;        // handle of window to lock
```

The LockWindowUpdate function disables or reenables drawing in the given window. Only one window can be locked at a time.

If the function succeeds, the return value is TRUE; otherwise, it is FALSE, indicating an error occurred or another window was already locked.

```
BOOL CALLBACK OutputProc(hdc, lpData, cchData)
  HDC  hdc;          // handle of device context
  LPARAM  lpData;    // address of string to be drawn
  int  cchData;      // length of string to be drawn
```

The OutputProc function is an application-defined callback function that draws a string as a result of a call to the GrayString function.

If it succeeds, the callback function should return TRUE; otherwise, it should return FALSE.

```
BOOL WINAPI PaintDesktop(hdc)
  HDC hdc;
```

The PaintDesktop function fills the clipping region in the specified device context (DC) with the desktop pattern or wallpaper. The function is provided primarily for shell desktops.

If the function succeeds, the return value is TRUE; otherwise, it is FALSE.

```
BOOL RedrawWindow(hwnd, lprcUpdate, hrgnUpdate, afuRedraw)
  HWND  hwnd;                 // handle of window
  CONST RECT  *lprcUpdate;    // address of structure with update
                              //   rectangle
  HRGN  hrgnUpdate;           // handle of update region
  UINT  afuRedraw;            // array of redraw flags
```

The RedrawWindow function updates the given rectangle or region in a window's client area.

If the function succeeds, the return value is TRUE; otherwise, it is FALSE. To get extended error information, use the GetLastError function.

```
BOOL API ResetDisplay(VOID);
```

The ResetDisplay function informs the system that the display resolution is to be changed. A Control Panel application calls this function after updating the registry.

If the function succeeds, the return value is TRUE; otherwise, it is FALSE.

```
int SetBkMode(hdc, iBkMode)
  HDC  hdc;          // handle of device context
  int  iBkMode;      // flag specifying background mode
```

The SetBkMode function sets the background mix mode of the given device context (DC). The background mix mode is used with text, hatched brushes, and pen styles that are not solid lines.

If the function succeeds, the return value specifies the previous background mode; otherwise, it is zero.

```
UINT SetBoundsRect(hdc, lprcBounds, flags)
  HDC  hdc;                    // handle of device context
  CONST RECT  *lprcBounds;     // address of rectangle coordinates
  UINT  flags;                 // controls rectangle combination
```

The SetBoundsRect function controls the accumulation of bounding rectangle information for the given device context (DC). Windows can maintain a bounding rectangle for all drawing operations. An application can examine and set this rectangle. The drawing boundaries are useful for invalidating bitmap caches.

If the function succeeds, the return value specifies the previous state of the bounding rectangle.

```
BOOL SetRectRgn(hrgn, nLeftRect, nTopRect, nRightRect, nBottomRect)
  HRGN  hrgn;          // handle of region
  int  nLeftRect;      // x-coordinate of upper left corner of rectangle
  int  nTopRect;       // y-coordinate of upper left corner of rectangle
  int  nRightRect;     // x-coordinate of lower right corner of rectangle
  int  nBottomRect;    // y-coordinate of lower right corner of rectangle
```

The SetRectRgn function changes the given region into a rectangular region with the specified coordinates.

If the function succeeds, the return value is TRUE; otherwise, it is FALSE.

```
int SetROP2(hdc, fnDrawMode)
  HDC  hdc;            // handle of device context
  int  fnDrawMode;     // drawing mode
```

The SetROP2 function sets the current foreground mix mode. GDI uses the foreground mix mode to combine pens and interiors of filled objects with the colors already on the screen. The foreground mix mode defines how colors from the brush or pen and the colors in the existing image are to be combined.

If the function succeeds, the return value specifies the previous mix mode; otherwise, it is zero.

```
BOOL UpdateWindow(hwnd)
  HWND  hwnd;       // handle of window
```

The UpdateWindow function updates the client area of the given window by sending a WM_PAINT message to the window if the window's update region is not empty.

The function sends a WM_PAINT message directly to the window procedure of the given window, bypassing the application queue. If the update region is empty, no message is sent.

If the function succeeds, the return value is TRUE; otherwise, it is FALSE.

```
BOOL ValidateRect(hwnd, lprc)
  HWND  hwnd;          // handle of window
  CONST RECT  *lprc;  // address of validation rectangle coordinates
```

The ValidateRect function validates the client area within the given rectangle by removing the rectangle from the update region of the given window.

If the function succeeds, the return value is TRUE; otherwise, it is FALSE.

```
BOOL ValidateRgn(hwnd, hrgn)
  HWND  hwnd;    // handle of window
  HRGN  hrgn;    // handle of valid region
```

The ValidateRgn function validates the client area within the given region by removing the region from the current update region of the given window.

If the function succeeds, the return value is TRUE; otherwise, it is FALSE.

```
HWND WindowFromDC(hdc)
  HDC  hdc;      // handle of window
```

The WindowFromDC function returns the handle of the window associated with the given display device context (DC). Output functions that use the given DC draw into this window.

If the function succeeds, the return value is the handle of the window associated with the given display DC; otherwise, the return value is NULL.

Performance Monitoring

```
BOOL QueryPerformanceCounter(lpliPerformanceCount)
  LARGE_INTEGER  *lpliPerformanceCount; // current counter value
```

The QueryPerformanceCounter function retrieves the current value of the high-resolution performance counter, if one exists.

If the installed hardware supports a high-resolution performance counter, the return value is FALSE; otherwise, it is TRUE. To get extended error information, use the GetLastError function.

```
BOOL QueryPerformanceFrequency(lpliPerformanceFreq)
  LARGE_INTEGER  *lpliPerformanceFreq;  // address of current frequency
```

The QueryPerformanceFrequency function retrieves the frequency of the high-resolution performance counter, if one exists.

If the installed hardware supports a high-resolution performance counter, the return value is FALSE; otherwise, it is TRUE. To get extended error information, use the GetLastError function.

Pipes

```
BOOL CallNamedPipe(lpszPipeName, lpvWriteBuf, cbWriteBuf, lpvReadBuf,
                   cbReadBuf, lpcbRead, dwTimeout)
  LPCTSTR  lpszPipeName;   // address of pipe name
  LPVOID  lpvWriteBuf;     // address of write buffer
  DWORD  cbWriteBuf;       // size, in bytes, of write buffer
  LPVOID  lpvReadBuf;      // address of read buffer
  DWORD  cbReadBuf;        // size, in bytes, of read buffer
  LPDWORD  lpcbRead;       // address of number of bytes read
  DWORD  dwTimeout;        // time-out time, in milliseconds
```

The CallNamedPipe function connects to a message-type pipe (and waits if an instance of the pipe is not available), writes to and reads from the pipe, and then closes the pipe.

If the function succeeds, the return value is TRUE; otherwise, it is FALSE. To get extended error information, use the GetLastError function.

```
BOOL ConnectNamedPipe(hNamedPipe, lpOverlapped)
  HANDLE  hNamedPipe;            // handle of named pipe to connect
  LPOVERLAPPED  lpOverlapped;    // address of overlapped structure
```

The ConnectNamedPipe function enables a named pipe server process to wait for a client process to connect to an instance of a named pipe. A client process connects by calling either the CreateFile or CallNamedPipe function.

If the function succeeds, the return value is TRUE; otherwise, it is FALSE. To get extended error information, use the GetLastError function.

```
HANDLE CreateNamedPipe(lpName, dwOpenMode, dwPipeMode, nMaxInstances,
                       nOutBufferSize, nInBufferSize, nDefaultTimeOut,
                       lpSecurityAttributes)
  LPCTSTR  lpName;         // address of pipe name
```

```
DWORD  dwOpenMode;       // pipe open mode
DWORD  dwPipeMode;       // pipe-specific modes
DWORD  nMaxInstances;    // maximum number of instances
DWORD  nOutBufferSize;   // output buffer size, in bytes
DWORD  nInBufferSize;    // input buffer size, in bytes
DWORD  nDefaultTimeOut;  // time-out time, in milliseconds
LPSECURITY_ATTRIBUTES  lpSecurityAttributes; // security attr.
                                             //   structure
```

The CreateNamedPipe function creates an instance of a named pipe and returns a handle for subsequent pipe operations. A named pipe server process uses this function either to create the first instance of a specific named pipe and establish its basic attributes or to create a new instance of an existing named pipe.

If the function succeeds, the return value is a handle to the server end of a named pipe instance. Otherwise, it is INVALID_HANDLE_VALUE. To get extended error information, use the GetLastError function. The return value is ERROR_INVALID_PARAMETER if nMaxInstances is greater than PIPE_UNLIMITED_INSTANCES.

```
BOOL CreatePipe(phRead, phWrite, lpsa, cbPipe)
  PHANDLE  phRead;              // address of variable for read handle
  PHANDLE  phWrite;             // address of variable for write handle
  LPSECURITY_ATTRIBUTES  lpsa;  // address of security attributes
  DWORD  cbPipe;                // number of bytes reserved for pipe
```

The CreatePipe function creates an anonymous pipe and returns handles to the read and write ends of the pipe.

If the function succeeds, the return value is TRUE; otherwise, it is FALSE. To get extended error information, use the GetLastError function.

```
BOOL DisconnectNamedPipe(hNamedPipe)
  HANDLE  hNamedPipe;    // handle of named pipe
```

The DisconnectNamedPipe function disconnects the server end of a named pipe instance from a client process.

If the function succeeds, the return value is TRUE; otherwise, it is FALSE. To get extended error information, use the GetLastError function.

```
BOOL GetNamedPipeHandleState(hNamedPipe, lpdwState, lpdwCurInstances,
  lpcbMaxCollect, lpdwCollectTimeout, lpszUser, cchMaxUser)
  HANDLE  hNamedPipe;           // handle of named pipe
  LPDWORD  lpdwState;           // address of flags indicating pipe
                                //   state
```

```
LPDWORD  lpdwCurInstances;     // number of current pipe instances
LPDWORD  lpcbMaxCollect;       // max. bytes before remote transmission
LPDWORD  lpdwCollectTimeout;  // max. time before remote transmission
LPTSTR  lpszUser;              // address of user name of client
                               //   process
DWORD  cchMaxUser;             // size, in characters, of user name
                               //   buffer
```

The GetNamedPipeHandleState function retrieves information about a given named pipe. The information returned can vary during the lifetime of an instance of the named pipe.

If the function succeeds, the return value is TRUE; otherwise, it is FALSE. To get extended error information, use the GetLastError function.

```
BOOL GetNamedPipeInfo(hNamedPipe, lpdwType, lpcbOutBuf, lpcbInBuf,
                      lpcMaxInstances)
  HANDLE  hNamedPipe;         // handle of named pipe
  LPDWORD  lpdwType;          // flags indicating type of pipe
  LPDWORD  lpcbOutBuf;        // size, in bytes, of pipe's output buffer
  LPDWORD  lpcbInBuf;         // size, in bytes, of pipe's input buffer
  LPDWORD  lpcMaxInstances;  // max. number of pipe instances
```

The GetNamedPipeInfo function retrieves information about the given named pipe.

If the function succeeds, the return value is TRUE; otherwise, it is FALSE. To get extended error information, use the GetLastError function.

```
BOOL PeekNamedPipe(hPipe, lpvBuffer, cbBuffer, lpcbRead, lpcbAvail,
lpcbMessage)
  HANDLE  hPipe;          // handle of pipe to copy from
  LPVOID  lpvBuffer;      // address of data buffer
  DWORD  cbBuffer;        // size, in bytes, of data buffer
  LPDWORD  lpcbRead;      // address of number of bytes read
  LPDWORD  lpcbAvail;     // address of total number of bytes available
  LPDWORD  lpcbMessage; // address of unread bytes in this message
```

The PeekNamedPipe function copies data from a named or anonymous pipe into a buffer without removing it from the pipe. It also returns information about data in the pipe.

If the function succeeds, the return value is TRUE; otherwise, it is FALSE. To get extended error information, use the GetLastError function.

```
BOOL SetNamedPipeHandleState(hNamedPipe, lpdwMode, lpcbMaxCollect,
lpdwCollectDataTimeout)
   HANDLE hNamedPipe;                // handle of named pipe
   LPDWORD lpdwMode;                 // address of new pipe mode
   LPDWORD lpcbMaxCollect;           // max. bytes before remote
                                     //   transmission
   LPDWORD lpdwCollectDataTimeout; // max. time before remote
                                     //   transmission
```

The SetNamedPipeHandleState function sets the read mode and the blocking mode of the given named pipe. If the specified handle is to the client end of a named pipe and if the named pipe server process is on a remote computer, the function can also be used to control local buffering.

If the function succeeds, the return value is TRUE; otherwise, it is FALSE. To get extended error information, use the GetLastError function.

```
BOOL TransactNamedPipe(hNamedPipe, lpvWriteBuf, cbWriteBuf, lpvReadBuf,
                       cbReadBuf, lpcbRead, lpo)
   HANDLE  hNamedPipe;    // handle of named pipe
   LPVOID  lpvWriteBuf;   // address of write buffer
   DWORD  cbWriteBuf;     // size of the write buffer, in bytes
   LPVOID  lpvReadBuf;    // address of read buffer
   DWORD  cbReadBuf;      // size of read buffer, in bytes
   LPDWORD  lpcbRead;     // address of variable for bytes actually read
   LPOVERLAPPED  lpo;     // address of overlapped structure
```

The TransactNamedPipe function combines into a single network operation the functions that write a message to and read a message from the given named pipe.

If the function succeeds, the return value is TRUE; otherwise, it is FALSE. To get extended error information, use the GetLastError function.

```
BOOL WaitNamedPipe(lpszPipeName, dwTimeout)
   LPCTSTR  lpszPipeName;   // address of name of pipe to wait for
   DWORD  dwTimeout;        // time-out interval, in milliseconds
```

The WaitNamedPipe function waits until either a time-out interval elapses or an instance of the specified named pipe is available to be connected to (that is, the pipe's server process has a pending ConnectNamedPipe operation on the pipe).

If an instance of the pipe is available before the time-out interval elapses, the return value is TRUE. Otherwise, it is FALSE. To get extended error information, use the GetLastError function.

Printing and Print Spooler

```
int AbortDoc(hdc)
   HDC  hdc;       // handle of device context
```

The AbortDoc function stops the current print job and erases everything drawn since the last call to the StartDoc function. This function replaces the ABORTDOC printer escape.

If the function succeeds, the return value is greater than zero. Otherwise, the return value is the SP_ERROR value. To get extended error information, use the GetLastError function.

```
BOOL AbortPrinter(hPrinter)
   HANDLE  hPrinter;      // handle of printer
```

The AbortPrinter function deletes a printer's spool file if the printer is configured for spooling.

If the function succeeds, the return value is TRUE; otherwise, it is FALSE. To get extended error information, use the GetLastError function.

```
BOOL CALLBACK AbortProc(hdc, iError)
   HDC  hdc;       // handle of device context
   int  iError;    // error value
```

The AbortProc function is an application-defined callback function that is called when a print job is to be canceled during spooling.

The callback function should return TRUE to continue the print job or FALSE to cancel the print job.

```
BOOL AddForm(hPrinter, cLevel, pForm)
   HANDLE  hPrinter;   // handle of printer
   DWORD  cLevel;      // structure level
   LPBYTE  pForm;      // address of form info. structure
```

The AddForm function adds a form to the list of available forms that can be selected for the given printer.

If the function succeeds, the return value is TRUE; otherwise, it is FALSE. To get extended error information, use the GetLastError function.

```
BOOL AddJob(hPrinter, cLevel, pData, cbBuf, pcbNeeded)
   HANDLE  hPrinter;      // handle of printer
   DWORD  cLevel;         // structure level
```

```
  LPBYTE  pData;        // address of add job info. structure
  DWORD  cbBuf;         // number of bytes in buffer
  LPDWORD  pcbNeeded;   // address of variable with no. of bytes copied
                        //   (or required)
```

The AddJob function returns a full path and filename of a file that can be used to store a print job.

If the function succeeds, the return value is TRUE; otherwise, it is FALSE. To get extended error information, use the GetLastError function.

```
BOOL AddMonitor (pName, Level, pMonitors)
  LPTSTR  pName;       // address of server name
  DWORD  Level;        // structure level
  LPBYTE  pMonitors;   // address of monitor info. structure
```

The AddMonitor function installs a local printer monitor and links the configuration, data, and monitor files. Future releases of Windows NT may allow remote installation of printer monitors.

If the function succeeds, the return value is TRUE; otherwise, it is FALSE. To get extended error information, use the GetLastError function.

```
BOOL AddPort(lpszName, hwnd, lpszMonitorName)
  LPTSTR  lpszName;          // address of server name
  HWND  hwnd;                // handle of parent window
  LPTSTR  lpszMonitorName;   // address of monitor name
```

The AddPort function adds the name of a port to the list of supported ports.

If the function succeeds, the return value is TRUE; otherwise, it is FALSE. To get extended error information, use the GetLastError function.

```
HANDLE AddPrinter(lpszName, dwLevel, lpbPrinter)
  LPTSTR  lpszName;     // address of server name
  DWORD  dwLevel;       // structure level
  LPBYTE  lpbPrinter;   // address of printer info. structure
```

The AddPrinter function adds a printer to the list of supported printers for a specified server.

If the function succeeds, the return value is the handle of a new printer object; otherwise, it is NULL. To get extended error information, use the GetLastError function.

```
BOOL AddPrinterConnection (pName)
  LPTSTR  pName;      // address of printer name
```

The AddPrinterConnection function adds a connection to the specified printer for the current user.

If the function succeeds, the return value is TRUE; otherwise, it is FALSE. To get extended error information, use the GetLastError function.

```
BOOL AddPrinterDriver(lpszName, dwLevel, lpbDriverInfo)
  LPTSTR  lpszName;         // address of server name
  DWORD  dwLevel;           // structure level
  LPBYTE  lpbDriverInfo;    // address of printer info. structure
```

The AddPrinterDriver function installs a local or remote printer driver and links the configuration, data, and driver files.

If the function succeeds, the return value is TRUE; otherwise, it is FALSE. To get extended error information, use the GetLastError function.

```
BOOL AddPrintProcessor(lpszServer, lpszEnvir, lpszPath, lpszPPName)
  LPTSTR  lpszServer;     // address of server name
  LPTSTR  lpszEnvir;      // address of environment name
  LPTSTR  lpszPath;       // address of path
  LPTSTR  lpszPPName;     // address of print processor name
```

The AddPrintProcessor function installs a print processor on the specified server and adds the print processor name to an internal list of supported print processors.

If the function succeeds, the return value is TRUE; otherwise, it is FALSE. To get extended error information, use the GetLastError function.

```
BOOL AddPrintProvidor (pName, Level, pProvidorInfo)
  LPTSTR  pName;            // address of server name
  DWORD  Level;             // structure level
  LPBYTE  pProvidorInfo;    // address of provider info. structure
```

The AddPrintProvidor function installs a local printer provider and links the configuration, data, and provider files. Future releases of Windows NT may allow remote installation of printer providers.

If the function succeeds, the return value is TRUE; otherwise, it is FALSE. To get extended error information, use the GetLastError function.

```
LONG AdvancedDocumentProperties(hwnd, hPrinter, lpszDevName, pdmOutput,
pdmInput)
  HWND  hwnd;               // handle of dialog box's parent window
  HANDLE  hPrinter;         // handle of printer
  LPTSTR  lpszDevName;      // address of driver name
  PDEVMODE  pdmOutput;      // address of modified device mode structure
  PDEVMODE  pdmInput;       // address of original device mode structure
```

The AdvancedDocumentProperties function displays a printer configuration dialog box for the given printer, allowing the user to configure that printer.

If the function succeeds, the return value is TRUE; otherwise, it is FALSE. To get extended error information, use the GetLastError function.

```
BOOL ClosePrinter(hPrinter)
  HANDLE  hPrinter;      // handle of printer object
```

The ClosePrinter function closes the given printer object.

If the function succeeds, the return value is TRUE; otherwise, it is FALSE. To get extended error information, use the GetLastError function.

```
BOOL ConfigurePort(lpszName, hwnd, lpszPortName)
  LPTSTR  lpszName;      // address of server name
  HWND  hwnd;            // handle of parent window
  LPTSTR  lpszPortName; // address of port name
```

This function displays the port configuration dialog box for the given port on the specified server.

If the function succeeds, the return value is TRUE; otherwise, it is FALSE. To get extended error information, use the GetLastError function.

```
HANDLE ConnectToPrinterDlg (hwnd, Flags)
  HWND  hwnd;       // handle of parent window
  DWORD  Flags;     // reserved for future use
```

The ConnectToPrinterDlg function displays a dialog box that allows users to browse and connect to printers on a network.

If the function succeeds and the user selects a printer, the return value is a handle to the selected printer. If the function fails or the user cancels the dialog box without selecting a printer, the return value is NULL.

```
BOOL DeleteForm(hPrinter, lpszFormName)
  HANDLE  hPrinter;      // handle of printer
  LPTSTR  lpszFormName; // address of form name
```

The DeleteForm function removes a form name from the list of supported forms.

If the function succeeds, the return value is TRUE; otherwise, it is FALSE. To get extended error information, use the GetLastError function.

```
BOOL DeleteMonitor(pName, pEnvironment, pMonitorName)
  LPTSTR  pName;         // address of server name
  LPTSTR  pEnvironment; // address of environment string
```

```
LPTSTR  pMonitorName; // address of monitor name
```

The DeleteMonitor function removes a printer monitor added by using the AddMonitor function.

If the function succeeds, the return value is TRUE; otherwise, it is FALSE. To get extended error information, use the GetLastError function.

```
BOOL DeletePort(lpszName, hwnd, lpszPortName)
  LPTSTR  lpszName;      // address of server name
  HWND  hwnd;            // handle of window that displays dialog box
  LPTSTR  lpszPortName;  // address of port name
```

The DeletePort function displays a dialog box that allows the user to delete a port name.

If the function succeeds, the return value is TRUE; otherwise, it is FALSE. To get extended error information, use the GetLastError function.

```
BOOL DeletePrinter(hPrinter)
  HANDLE  hPrinter;      // handle of printer object
```

The DeletePrinter function deletes the given printer object.

If the function succeeds, the return value is TRUE; otherwise, it is FALSE. To get extended error information, use the GetLastError function.

```
BOOL DeletePrinterConnection (pName)
  LPTSTR  pName;      // address of printer name
```

The DeletePrinterConnection function deletes a connection to a printer that was established by a call to the AddPrinterConnection or ConnectToPrinterDlg function.

If the function succeeds, the return value is TRUE; otherwise, it is FALSE. To get extended error information, use the GetLastError function.

```
BOOL DeletePrinterDriver(lpszName, lpszEnvironment, lpszDriverName)
  LPTSTR  lpszName;          // address of server name
  LPTSTR  lpszEnvironment;   // address of environment
  LPTSTR  lpszDriverName;    // address of driver name
```

The DeletePrinterDriver function removes the specified printer driver name from the list of names of supported drivers for the given server.

If the function succeeds, the return value is TRUE; otherwise, it is FALSE. To get extended error information, use the GetLastError function.

```
BOOL DeletePrintProcessor (pName, pEnvironment, pPrintProcessorName)
  LPTSTR  pName;                 // address of server name
  LPTSTR  pEnvironment;          // address of environment string
  LPTSTR  pPrintProcessorName;  // address of processor name
```

The DeletePrintProcessor function removes a printer processor added by the AddPrintProcessor function.

If the function succeeds, the return value is TRUE; otherwise, it is FALSE. To get extended error information, use the GetLastError function.

```
BOOL DeletePrintProvidor (pName, pEnvironment, pPrintProvidorName)
  LPTSTR  pName;          // address of server name
  LPTSTR  pEnvironment;       // address of environment string
  LPTSTR pPrintProvidorName; // address of provider name
```

The DeletePrintProvidor function removes a printer provider added by using the AddPrintProvidor function.

If the function succeeds, the return value is TRUE; otherwise, it is FALSE. To get extended error information, use the GetLastError function.

```
DWORD DeviceCapabilities(pDevice, pPort, fwCapability, pOutput,
                         pDevMode)
  LPCTSTR  pDevice;              // address of device name string
  LPCTSTR  pPort;                // address of port name string
  WORD  fwCapability;            // device capability to query
  LPTSTR  pOutput;               // address of output
  CONST DEVMODE *  pDevMode;  // address of device mode structure
```

The DeviceCapabilities function retrieves the capabilities of a printer device driver.

If the function succeeds, the return value varies depending on the value specified by the fwCapability parameter; otherwise, it is – 1.

```
LONG DocumentProperties(hwnd, hPrinter, pDeviceName, pdmOutput, dmInput,
                        fMode)
  HWND  hwnd;            // handle of parent window
  HANDLE  hPrinter;      // handle of printer
  LPTSTR  pDeviceName;   // address of device name
  PDEVMODE  pdmOutput;   // address of modified device mode structure
  PDEVMODE  pdmInput;    // address of original device mode structure
  DWORD  fMode;          // mode value
```

The DocumentProperties function displays a printer configuration dialog box for the given printer.

If the fMode parameter is zero, the return value is the size of the buffer required to contain the printer driver initialization data. This buffer can be larger than a DEVMODE structure if the printer driver appends private data to the structure. If the function displays the initialization dialog box, the return value is either the IDOK or IDCANCEL value, depending on which button the user selects. If the function does not display the dialog box and succeeds, the return value is the IDOK value. If the function fails, the return value is less than zero.

```
int EndDoc(hdc)
  HDC  hdc;       // handle of device context
```

The EndDoc function ends a print job. This function replaces the ENDDOC printer escape.

If the function succeeds, the return value is greater than zero; otherwise, it is the SP_ERROR value. To get extended error information, use the GetLastError function.

```
BOOL EndDocPrinter(hPrinter)
  HANDLE  hPrinter;      // handle of printer
```

The EndDocPrinter function ends a print job for the given printer.

If the function succeeds, the return value is TRUE; otherwise, it is FALSE. To get extended error information, use the GetLastError function.

```
BOOL EndPagePrinter(hPrinter)
  HANDLE  hPrinter;      // handle of printer
```

The EndPagePrinter function indicates the end of one page and the beginning of the next page for the given printer.

If the function succeeds, the return value is TRUE; otherwise, it is FALSE. To get extended error information, use the GetLastError function.

```
BOOL EnumForms(hPrinter, dwLevel, lpbForm, dwBuf, lpdwNeeded,
            lpdwReturned)
  HANDLE  hPrinter;      // handle of printer
  DWORD  dwLevel;        // structure level
  LPBYTE  lpbForm;       // address of form info. structure
  DWORD  dwBuf;          // number of bytes in buffer
  LPDWORD  lpdwNeeded;   // address of variable with no. of bytes
  LPDWORD lpdwReturned;  // address of variable with no. of bytes
                         //   returned
```

The EnumForms function enumerates the forms supported by the given printer.

If the function succeeds, the return value is TRUE; otherwise, it is FALSE. To get extended error information, use the GetLastError function.

```
BOOL EnumJobs(hPrinter, dwFirstJob, dwNoJobs, dwLevel, lpbJob, dwBuf,
            pdwNeeded, lpdwReturned)
  HANDLE  hPrinter;        // handle of printer
  DWORD  dwFirstJob;       // location of first job in print queue
  DWORD  dwNoJobs;         // number of jobs to enumerate
  DWORD  dwLevel;          // structure level
  LPBYTE  lpbJob;          // address of job info. structures
  DWORD  dwBuf;            // number of bytes in buffer
  LPDWORD  lpdwNeeded;     // addr. of variable with no. of bytes copied
  LPDWORD  lpdwReturned;   // variable with # of job info structs copied
```

The EnumJobs function enumerates print jobs for the given printer.

If the function succeeds, the return value is TRUE; otherwise, it is FALSE. To get extended error information, use the GetLastError function.

```
BOOL EnumMonitors(lpszName, dwLevel, lpbMonitors, cbBuf, lpdwNeeded,
                lpdwReturned)
  LPTSTR  lpszName;      // address of server name
  DWORD  dwLevel;        // structure level
  LPBYTE  lpbMonitors;   // address of monitor info. structures
  DWORD  cbBuf;          // number of bytes in buffer
  LPDWORD  lpdwNeeded;   // addr. of variable with no. of bytes copied
                            (or required)
  LPDWORD lpdwReturned;  // variable with # of job info. structures
                         //    copied
```

The EnumMonitors function enumerates the monitors available for the given server.

If the function succeeds, the return value is TRUE; otherwise, it is FALSE. To get extended error information, use the GetLastError function.

```
BOOL EnumPorts(lpszName, dwLevel, lpbPorts, cbBuf, lpdwNeeded,
             lpdwReturned)
  LPTSTR  lpszName;        // address of server name
  DWORD  dwLevel;          // structure level
  LPBYTE  lpbPorts;        // address of port info. structures
  DWORD  cbBuf;            // number of bytes in buffer
  LPDWORD  lpdwNeeded;     // addr. of variable with no. of bytes copied
```

```
  LPDWORD  lpdwReturned;   // variable with # of job info structs copied
```

The EnumPorts function enumerates the ports available for printing on a specified server.

If the function succeeds, the return value is TRUE; otherwise, it is FALSE. To get extended error information, use the GetLastError function.

```
BOOL EnumPrinterDrivers(lpszName, lpszEnvironment, dwLevel,
                        lpbDriverInfo, cbBuf, lpdwNeeded, lpdwReturned)
  LPTSTR lpszName;          // address of server name
  LPTSTR lpszEnvironment;   // address of environment
  DWORD  dwLevel;           // structure level
  LPBYTE lpbDriverInfo;     // address of driver info. structures
  DWORD  cbBuf;             // number of bytes in buffer
  LPDWORD lpdwNeeded;       // addr. of variable with no. of bytes copied
  LPDWORD lpdwReturned;     // variable with # of job info structs copied
```

The EnumPrinterDrivers function enumerates all of the printer drivers installed on the specified printer server.

If the function succeeds, the return value is TRUE; otherwise, it is FALSE. To get extended error information, use the GetLastError function.

```
BOOL EnumPrinters(dwType, lpszName, dwLevel, lpbPrinters, cbBuf,
                  lpdwNeeded, lpdwReturned)
  DWORD  dwType;            // printer type or types
  LPTSTR  lpszName;         // name of printer
  DWORD  dwLevel;           // structure level
  LPBYTE  lpbPrinters;      // address of printer info. structures
  DWORD  cbBuf;             // number of bytes in buffer
  LPDWORD  lpdwNeeded;      // addr. of variable with no. of bytes copied
  LPDWORD  lpdwReturned;    // variable with # of printer info structs
```

The EnumPrinters function enumerates available printers, print servers, domains, or print providers.

If the function succeeds, the return value is TRUE; otherwise, it is FALSE. To get extended error information, use the GetLastError function.

```
BOOL EnumPrintProcessors(lpszName, lpszEnvir, dwLevel, lpbPPInfo,
                         cbBuf, lpdwNeeded, lpdwReturned)
  LPTSTR  lpszName;         // address of server name
  LPTSTR  lpszEnvir;        // address of environment name
  DWORD  dwLevel;           // structure level
```

```
  LPBYTE  lpbPPInfo;       // address of print processor structures
  DWORD  cbBuf;            // number of bytes in buffer
  LPDWORD  lpdwNeeded;     // addr. of variable with no. of bytes copied
  LPDWORD  lpdwReturned;   // variable with # of job info structs copied
```

The EnumPrintProcessors function enumerates the print processors installed on the specified server.

If the function succeeds, the return value is TRUE; otherwise, it is FALSE. To get extended error information, use the GetLastError function.

```
int Escape(hdc, nEscape, cbInput, lpvInData, lpvOutData)
  HDC  hdc;               // handle of device context
  int  nEscape;           // escape function
  int  cbInput;           // number of bytes in input structure
  LPCSTR  lpvInData;      // address of input structure
  LPVOID  lpvOutData;     // address of output structure
```

The Escape function allows applications to access capabilities of a particular device not directly available through GDI. Escape calls made by an application are translated and sent to the driver.

If the function succeeds, the return value is greater than zero, except for the QUERYESCSUPPORT printer escape, which checks for implementation only. If the escape is not implemented, the return value is zero. Otherwise, a return value of less than zero indicates an error. To get extended error information, use the GetLastError function. If the function fails, the return value is one of the following values: SP_ERROR, SP_OUTOFDISK, SP_OUTOFMEMORY, SP_USERABORT

```
BOOL GetForm(hPrinter, lpszForm, dwLevel, lpbForm, cbBuf, lpdwNeeded)
  HANDLE  hPrinter;       // handle of printer
  LPTSTR  lpszForm;       // address of form name
  DWORD  dwLevel;         // structure level
  LPBYTE  lpbForm;        // address of form info. structure
  DWORD  cbBuf;           // number of bytes in buffer
  LPDWORD  lpdwNeeded;    // variable with no. of bytes retrieved
```

The GetForm function retrieves form data for the given printer.

If the function succeeds, the return value is TRUE; otherwise, it is FALSE. To get extended error information, use the GetLastError function.

```
BOOL GetJob(hPrinter, dwJobId, dwLevel, lpbJob, cbBuf, lpdwNeeded)
  HANDLE  hPrinter;       // handle of printer
  DWORD  dwJobId;         // print job
```

```
  DWORD  dwLevel;        // structure level
  LPBYTE  lpbJob;        // address of job info. structure
  DWORD  cbBuf;          // number of bytes in buffer
  LPDWORD  lpdwNeeded;   // variable with no. of bytes retrieved
```

The GetJob function retrieves print job data for the given printer.

If the function succeeds, the return value is TRUE; otherwise, it is FALSE. To get extended error information, use the GetLastError function.

```
BOOL GetPrinter(hPrinter, dwLevel, lpbPrinter, cbBuf, lpdwNeeded)
  HANDLE  hPrinter;      // handle of printer
  DWORD  dwLevel;        // structure level
  LPBYTE  lpbPrinter;    // address of printer info. structure
  DWORD  cbBuf;          // number of bytes in buffer
  LPDWORD  lpdwNeeded;   // variable with no. of bytes retrieved
```

The GetPrinter function retrieves data for the given printer.

If the function succeeds, the return value is TRUE; otherwise, it is FALSE. To get extended error information, use the GetLastError function.

```
DWORD GetPrinterData(hPrinter, pValueName, pType, pData,
                     nSize, pcbNeeded)
  HANDLE  hPrinter;      // handle of printer
  LPTSTR  pValueName;    // address of data type
  LPDWORD  pType;        // address of variable that receives data type
  LPBYTE  pData;         // address of array receiving data
  DWORD  nSize;          // number of bytes in buffer
  LPDWORD  pcbNeeded;    // addr. of variable with no. of bytes
                         //   retrieved
```

The GetPrinterData function retrieves printer configuration data for the given printer.

If the function succeeds, the return value is the ERROR_SUCCESS value; otherwise, it is FALSE. To get extended error information, use the GetLastError function.

```
BOOL GetPrinterDriver(hPrinter, lpszEnv, dwLevel, lpbDrvInfo, cbBuf,
                      lpdwNeeded)
  HANDLE  hPrinter;      // handle of printer
  LPTSTR  lpszEnv;       // address of environment
  DWORD  dwLevel;        // structure level
  LPBYTE  lpbDrvInfo;    // address of drive info. structure
  DWORD  cbBuf;          // number of bytes in buffer
```

```
LPDWORD  lpdwNeeded;  // addr. of variable with no. of bytes
retrieved
```

The GetPrinterDriver function retrieves driver data for the given printer.

If the function succeeds, the return value is TRUE; otherwise, it is FALSE. To get extended error information, use the GetLastError function.

```
BOOL GetPrinterDriverDirectory(lpszName, lpszEnv, dwLevel, lpbDir,
                               cbBuf, lpdwNeeded)
  LPTSTR  lpszName;      // address of server name
  LPTSTR  lpszEnv;       // address of environment
  DWORD  dwLevel;        // structure level
  LPBYTE  lpbDir;        // address of buffer that receives path
  DWORD  cbBuf;          // number of bytes in buffer
  LPDWORD  lpdwNeeded;   // addr. of variable with no. of bytes
                         //   retrieved
```

The GetPrinterDriverDirectory function retrieves the path of the printer driver directory.

If the function succeeds, the return value is TRUE; otherwise, it is FALSE. To get extended error information, use the GetLastError function.

```
BOOL GetPrintProcessorDirectory(lpszName, lpszEnv, dwLevel,
                                lpbProcessorDir, cbBuf, lpdwNeeded)
  LPTSTR  lpszName;           // address of server name
  LPTSTR  lpszEnv;            // address of environment
  DWORD  dwLevel;             // structure level
  LPBYTE  lpbProcessorDir;    // address of buffer that receives path
  DWORD  cbBuf;               // number of bytes in buffer
  LPDWORD  lpdwNeeded;        // addr. of variable with no. of bytes
```

The GetPrintProcessorDirectory function retrieves the path for the print processor on the specified server.

If the function succeeds, the return value is TRUE; otherwise, it is FALSE. To get extended error information, use the GetLastError function.

```
BOOL OpenPrinter(pPrinterName, phPrinter, pDefault)
  LPTSTR  pPrinterName;         // address of printer or server name
  LPHANDLE  phPrinter;          // address of printer or server handle
  LPPRINTER_DEFAULTS pDefault;  // address of printer defaults structure
```

The OpenPrinter function retrieves a handle identifying the specified printer or print server.

If the function succeeds, the return value is TRUE; otherwise, it is FALSE. To get extended error information, use the GetLastError function.

```
HPRINTER PrinterMessageBox (hPrinter, dwError, hwndOwner, pText,
                             pCaption, dwType)
  HANDLE  hPrinter;    // handle of printer
  DWORD  dwError;      // printing job error
  HWND  hwndOwner;     // handle of owner window
  LPTSTR  pText;       // address of message box text
  LPTSTR  pCaption;    // address of message box title
  DWORD  dwType;       // style of message box
```

The PrinterMessageBox function displays a message box that allows an application that is printing to notify the user of a printing job error.

If PrinterMessageBox sends a net popup, the return value is IDOK. Otherwise, the function returns the value returned by the message box that the function displays. Following are two typical return values: IDCANCEL, IDRETRY.

```
BOOL PrinterProperties(hwnd, hPrinter)
  hwnd  hwnd;          // handle of parent window
  HANDLE  hPrinter;    // handle of printer
```

The PrinterProperties function displays a printer properties dialog box for the given printer.

If the function succeeds, the return value is TRUE; otherwise, it is FALSE. To get extended error information, use the GetLastError function.

```
BOOL ReadPrinter(hPrinter, lpBuf, cbBuf, lpdwBytes)
  HANDLE  hPrinter;      // handle of printer
  LPVOID  lpBuf;         // address of buffer that receives data
  DWORD  cbBuf;          // number of bytes in buffer
  LPDWORD  lpdwBytes;    // address of variable with no. of bytes
                         //   retrieved
```

The ReadPrinter function retrieves data from the given printer.

If the function succeeds, the return value is TRUE; otherwise, it is FALSE. To get extended error information, use the GetLastError function.

```
BOOL ResetPrinter (hPrinter, pDefault)
  HANDLE  hPrinter;                 // handle of printer
  LPPRINTER_DEFAULTS  pDefault;     // address of printer defaults struc-
  ture
```

The ResetPrinter function allows an application to specify the data type and device mode values that are used for printing documents submitted by the StartDocPrinter function. Once printing of a document has started, these values can be overridden by using the SetJob function.

If the function succeeds, the return value is TRUE; otherwise, it is FALSE. To get extended error information, use the GetLastError function.

```
BOOL ScheduleJob(hPrinter, dwJobID)
   HANDLE  hPrinter;   // handle of printer
   DWORD  dwJobID;     // scheduled print job
```

The ScheduleJob function informs the print spooler that the specified job can be scheduled for printing.

If the function succeeds, the return value is TRUE; otherwise, it is FALSE. To get extended error information, use the GetLastError function.

```
int SetAbortProc(hdc, lpAbortProc)
   HDC  hdc;                  // handle of device context
   ABORTPROC  lpAbortProc;   // address of abort function
```

The SetAbortProc function sets the AbortProc function that allows a print job to be canceled during spooling. This function replaces the SETABORTPROC printer escape.

If the function succeeds, the return value is greater than zero. Otherwise, it is the SP_ERROR value. To get extended error information, use the GetLastError function.

```
BOOL SetForm(hPrinter, lpszForm, dwLevel, lpbForm)
   HANDLE  hPrinter;   // handle of printer
   LPTSTR  lpszForm;   // address of form name
   DWORD  dwLevel;     // structure level
   LPBYTE  lpbForm;    // address of form info. structure
```

The SetForm function sets the form information for the given printer.

If the function succeeds, the return value is TRUE; otherwise, it is FALSE. To get extended error information, use the GetLastError function.

```
BOOL SetJob(hPrinter, dwJob, dwLevel, lpbJob, dwCommand)
   HANDLE  hPrinter;   // handle of printer object
   DWORD  dwJob;       // print job
   DWORD  dwLevel;     // structure level
   LPBYTE  lpbJob;     // address of job info. structure
   DWORD  dwCommand;   // job operation
```

The SetJob function pauses, resumes, cancels, or restarts the specified print job on the given printer. The function can also be used to set print job parameters such as the job priority, the document name, and so on.

If the function succeeds, the return value is TRUE; otherwise, it is FALSE. To get extended error information, use the GetLastError function.

```
BOOL SetPrinter(hPrinter, dwLevel, lpbPrinter, dwCommand)
  HANDLE  hPrinter;     // handle of printer
  DWORD  dwLevel;       // structure level
  LPBYTE  lpbPrinter;   // address of array containing printer data
  DWORD  dwCommand;     // printer state command
```

The SetPrinter function sets the specified printer by pausing printing, resuming printing, or clearing all print jobs. The function can also be used to set printer data.

If the function succeeds, the return value is TRUE; otherwise, it is FALSE. To get extended error information, use the GetLastError function.

```
DWORD SetPrinterData(hPrinter, lpszType, dwType, lpbData, cbData)
  HANDLE  hPrinter;   // handle of printer
  LPTSTR  lpszType;   // address of data type
  DWORD  dwType;      // type of information
  LPBYTE  lpbData;    // array containing printer config. data
  DWORD  cbData;      // number of bytes in array
```

The SetPrinterData function sets the configuration data for a printer.

If the function succeeds, the return value is the ERROR_SUCCESS value; otherwise, it is an error value.

```
int StartDoc(hdc, lpdi)
  HDC  hdc;                   // handle of device context
  CONST DOCINFO *  lpdi;      // address of doc. info. structure
```

The StartDoc function starts a print job. This function replaces the STARTDOC printer escape.

If the function succeeds, the return value is greater than zero; this value is the print job identifier for the document. Otherwise, it is the SP_ERROR value. To get extended error information, use the GetLastError function.

```
DWORD StartDocPrinter(hPrinter, dwLevel, lpbDocInfo)
  HANDLE  hPrinter;     // handle of printer
  DWORD  dwLevel;       // structure level
  LPBYTE  lpbDocInfo;   // address of doc. info. structure
```

The StartDocPrinter function informs the print spooler that a document is to be spooled for printing.

If the function succeeds, the return value identifies the print job; otherwise, it is zero. To get extended error information, use the GetLastError function.

```
int StartPage(hDC)
  HDC  hDC;       // handle of device context
```

The StartPage function prepares the printer driver to accept data.

If the function succeeds, the return value is greater than zero; otherwise, it is the SP_ERROR value. To get extended error information, use the GetLastError function.

```
BOOL StartPagePrinter(hPrinter)
  HANDLE  hPrinter;     // handle of printer
```

The StartPagePrinter function informs the spooler that a page is about to be printed on the given printer.

If the function succeeds, the return value is TRUE; otherwise, it is FALSE. To get extended error information, use the GetLastError function.

```
DWORD WaitForPrinterChange(hPrinter, Flags)
  HANDLE  hPrinter;   // handle of printer
  DWORD  Flags;       // bitmask with changes to wait for
```

The WaitForPrinterChange function returns when one or more requested changes occur on a printer or print server or if the function times out.

If the function succeeds, the return value is a bitmask that indicates the changes that have occurred. The following printer change values, which are also used with the function's Flags parameter, have meaning: PRINTER_CHANGE_ADD_PRINTER, PRINTER_CHANGE_SET_PRINTER, PRINTER_CHANGE_DELETE_PRINTER, PRINTER_CHANGE_ADD_JOB, PRINTER_CHANGE_SET_JOB, PRINTER_CHANGE_DELETE_JOB, PRINTER_CHANGE_WRITE_JOB, PRINTER_CHANGE_ADD_FORM, PRINTER_CHANGE_SET_FORM, PRINTER_CHANGE_DELETE_FORM, PRINTER_CHANGE_ADD_PORT, PRINTER_CHANGE_CONFIGURE_PORT, PRINTER_CHANGE_DELETE_PORT, PRINTER_CHANGE_ADD_PRINT_PROCESSOR, PRINTER_CHANGE_DELETE_PRINT_PROCESSOR, PRINTER_CHANGE_ADD_PRINTER_DRIVER, PRINTER_CHANGE_DELETE_PRINTER_DRIVER, PRINTER_CHANGE_TIMEOUT. If the function times out, the values passed in are returned unchanged except the PRINTER_CHANGE_TIMEOUT value is set. If the function fails or if the printer is closed by another thread, the return value is zero. If the printer was closed, the GetLastError function returns the ERROR_INVALID_HANDLE value.

```
BOOL WritePrinter(hPrinter, pBuf, cbBuf, lpdwWritten)
  HANDLE  hPrinter;      // handle of printer
  LPVOID  pBuf;          // address of buffer containing printer data
  DWORD  cbBuf;          // number of bytes in buffer
  LPDWORD  lpdwWritten;  // addr. of variable with no. of bytes written
```

The WritePrinter function informs the print spooler that the specified data should be written to the given printer.

If the function succeeds, the return value is TRUE; otherwise, it is FALSE. To get extended error information, use the GetLastError function.

Processes and Threads

```
AttachThreadInput
  BOOL AttachThreadInput(idAttach, idAttachTo, fAttach)
  DWORD  idAttach;    // thread to attach
  DWORD  idAttachTo;  // thread to attach to
  BOOL  fAttach;      // attach or detach
```

The AttachThreadInput function attaches the input processing mechanism of one thread to that of another thread.

If the function succeeds, the return value is TRUE; otherwise, it is FALSE. To get extended error information, use the GetLastError function.

```
BOOL CreateProcess(lpszImageName, lpszCommandLine, lpsaProcess,
                   lpsaThread, fInheritHandles, fdwCreate,
                   lpvEnvironment, lpszCurDir, lpsiStartInfo,
                   lppiProcInfo)
LPCTSTR  lpszImageName;                    // address of module name
LPCTSTR  lpszCommandLine;                  // address of command line
LPSECURITY_ATTRIBUTES  lpsaProcess;        // process security attributes
LPSECURITY_ATTRIBUTES  lpsaThread;         // thread security attributes
BOOL  fInheritHandles;                     // handle inheritance flag
DWORD  fdwCreate;                          // creation flags
LPVOID  lpvEnvironment;                    // address of new environment
                                           //   block
```

```
  LPCTSTR  lpszCurDir;                   // address of current directory
                                         //   name
  LPSTARTUPINFO  lpsiStartInfo;          // address of STARTUPINFO
  LPPROCESS_INFORMATION  lppiProcInfo; // address of PROCESS_INFORMATION
```

The CreateProcess function creates a new process and its primary thread. The new process executes the specified executable file.

If the function succeeds, the return value is TRUE; otherwise, it is FALSE. To get extended error information, use the GetLastError function.

```
HANDLE CreateRemoteThread(hProcess, lpsa, cbStack, lpStartAddr,
                          lpvThreadParm,    fdwCreate, lpIDThread)
  HANDLE  hProcess;                        // handle to process to create
                                           //   thread in
  LPSECURITY_ATTRIBUTES  lpsa;             // address of thread security
                                           //   attributes
  DWORD  cbStack;                          // initial thread stack size,
                                           //   in bytes
  LPTHREAD_START_ROUTINE  lpStartAddr;     // address of thread function
  LPVOID  lpvThreadParm;                   // address of argument for
                                           //   new thread
  DWORD  fdwCreate;              // creation flags
  LPDWORD  lpIDThread;           // address of returned thread identifier
```

The CreateRemoteThread function creates a thread that runs in the address space of another process.

If the function succeeds, the return value is a handle to the new thread; otherwise, it is NULL. To get extended error information, use the GetLastError function.

```
HANDLE CreateThread(lpsa, cbStack, lpStartAddr, lpvThreadParm,
fdwCreate, lpIDThread)
  LPSECURITY_ATTRIBUTES  lpsa;             // address of thread security
                                           //   attributes
  DWORD  cbStack;                          // initial thread stack size,
                                           //   in bytes
  LPTHREAD_START_ROUTINE  lpStartAddr;     // address of thread function
  LPVOID  lpvThreadParm;                   // argument for new thread
  DWORD  fdwCreate;                        // creation flags
  LPDWORD  lpIDThread;                     // address of returned thread
                                           //   ID
```

The CreateThread function creates a thread to execute within the address space of the calling process.

If the function succeeds, the return value is a handle to the new thread; otherwise, the return value is NULL. Use the GetLastError function to obtain extended error information.

```
BOOL DuplicateHandle(hSourceProcess, hSource, hTargetProcess,
lphTarget, fdwAccess, fInherit, fdwOptions)
  HANDLE  hSourceProcess; // handle of process with handle to duplicate
  HANDLE  hSource;        // handle to duplicate
  HANDLE  hTargetProcess; // handle of process to duplicate to
  LPHANDLE  lphTarget;    // address of duplicate handle
  DWORD  fdwAccess;       // access for duplicate handle
  BOOL  fInherit;         // handle inheritance flag
  DWORD  fdwOptions;      // optional actions
```

The DuplicateHandle function duplicates an object handle.

If the function succeeds, the return value is TRUE; otherwise, it is FALSE. To get extended error information, use the GetLastError function.

```
VOID ExitProcess(uExitCode)
  UINT  uExitCode;    // exit code for all threads
```

The ExitProcess function ends a process and all its threads.

This function does not return a value.

```
VOID ExitThread(dwExitCode)
  DWORD  dwExitCode;  // exit code for this thread
```

The ExitThread function ends a thread.

This function does not return a value.

```
LPTSTR GetCommandLine(VOID)
```

The GetCommandLine function returns the command line for the current process.

The return value is the address of the command line for the current process.

```
HANDLE GetCurrentProcess(VOID)
```

The GetCurrentProcess function returns a pseudohandle for the current process.

The return value is a pseudohandle to the current process.

```
DWORD GetCurrentProcessId(VOID)
```

The GetCurrentProcessId function returns the process identifier of the calling process.

The return value is the process identifier of the calling process.

```
HANDLE GetCurrentThread(VOID)
```

The GetCurrentThread function returns a pseudohandle for the current thread.

The return value is a pseudohandle for the current thread.

```
DWORD GetCurrentThreadId(VOID)
```

The GetCurrentThreadId function returns the thread identifier of the calling thread.

The return value is the thread identifier of the calling thread.

```
LPVOID GetEnvironmentStrings(VOID)
```

The GetEnvironmentStrings function returns the address of the environment block for the current process.

The return value is the address of the environment block for the current process.

```
DWORD GetEnvironmentVariable(lpszName, lpszValue, cchValue)
  LPCTSTR  lpszName;  // address of environment variable name
  LPTSTR   lpszValue; // address of buffer for variable value
  DWORD    cchValue;  // size of buffer, in characters
```

The GetEnvironmentVariable function retrieves the value of the specified variable from the environment block of the calling process.

If the function succeeds, the return value is the number of characters stored in lpszValue, not including the terminating null character. The return value is zero if the environment variable name was not found in the environment block for the current process. If the lpszValue buffer is not large enough, the return value is the size, in characters, of the buffer required to hold the value string including the terminating null character.

```
BOOL GetExitCodeProcess(hProcess, lpdwExitCode)
  HANDLE   hProcess;       // handle to the process
  LPDWORD  lpdwExitCode;   // address to receive termination status
```

The GetExitCodeProcess function retrieves the termination status of the specified process.

If the function succeeds, the return value is TRUE; otherwise, it is FALSE. To get extended error information, use the GetLastError function.

```
BOOL GetExitCodeThread(hThread, lpdwExitCode)
HANDLE   hThread;        // handle to the thread
LPDWORD  lpdwExitCode;   // address to receive termination status
```

The GetExitCodeThread function retrieves the termination status of the specified thread.

If the function succeeds, the return value is TRUE; otherwise, it is FALSE. To get extended error information, use the GetLastError function.

```
DWORD GetPriorityClass(hProcess)
  HANDLE  hProcess;      // handle to the process
```

The GetPriorityClass function returns the priority class for the given process. This value, together with the priority value of each thread of the process, determines each thread's base priority level.

If the function succeeds, the return value is the priority class of the specified process; otherwise, it is zero. To get extended error information, use the GetLastError function.

```
BOOL GetProcessShutdownParameters(lpdwLevel, lpdwFlags)
  LPDWORD  lpdwLevel;   // shutdown priority
  LPDWORD  lpdwFlags;   // shutdown flag
```

The GetProcessShutdownParameters function retrieves shutdown parameters for the currently calling process.

If the function succeeds, the return value is TRUE; otherwise, it is FALSE.

```
BOOL GetProcessTimes(hProcess, lpCreationTime, lpExitTime, lpKernelTime,
                     lpUserTime)
  HANDLE  hProcess;           // specifies the process of interest
  LPFILETIME lpCreationTime;  // when the process was created
  LPFILETIME lpExitTime;      // when the process exited
  LPFILETIME lpKernelTime;    // time the process has spent in kernel
                              //   mode
  LPFILETIME lpUserTime;      // time the process has spent in user mode
```

The GetProcessTimes function obtains timing information about a specified process.

If the function succeeds, the return value is TRUE; otherwise, it is FALSE. Call GetLastError for extended error information.

```
VOID GetStartupInfo(lpsi)
  LPSTARTUPINFO  lpsi;     // address of STARTUPINFO structure
```

The GetStartupInfo function retrieves the contents of the STARTUPINFO structure that was specified when the calling process was created.

This function does not return a value.

```
int GetThreadPriority(hThread)
  HANDLE  hThread;    // handle to thread
```

The GetThreadPriority function returns the priority value for the given thread. This value together with the priority class of the thread's process determines the thread's base-priority level.

If the function succeeds, the return value is the thread's priority level; otherwise, it is THREAD_PRIORITY_ERROR_RETURN. To get extended error information, use the GetLastError function.

```
BOOL GetThreadTimes(hThread, lpCreationTime, lpExitTime, lpKernelTime,
                    lpUserTime)
  HANDLE  hThread;                // specifies the thread of interest
  LPFILETIME  lpCreationTime;     // when the thread was created
  LPFILETIME  lpExitTime;         // when the thread was destroyed
  LPFILETIME  lpKernelTime;       // time thread has spent in kernel mode
  LPFILETIME  lpUserTime;         // time thread has spent in user mode
```

The GetThreadTimes function obtains timing information about a specified thread.

If the function succeeds, the return value is TRUE; otherwise, it is FALSE. Call GetLastError for extended error information.

```
DWORD LoadModule(lpszModule, lpvParamBlock)
  LPCSTR  lpszModule;       // address of filename to load
  LPVOID  lpvParamBlock;    // address of parameter block for new module
```

The LoadModule function loads and executes a Windows-based application or creates a new instance of an existing Windows-based application. This function is provided for compatibility with earlier versions of Windows. For Win32-based applications, use the CreateProcess function.

If the function succeeds, the return value is greater than 31; otherwise, it is an error value, which may be one of the following: 0, ERROR_BAD_FORMAT, ERROR_FILE_NOT_FOUND, ERROR_PATH_NOT_FOUND.

```
HANDLE OpenProcess(fdwAccess, fInherit, IDProcess)
  DWORD  fdwAccess;   // access flag
  BOOL  fInherit;     // handle inheritance flag
  DWORD  IDProcess;   // process identifier
```

The OpenProcess function returns a handle of an existing process object.

If the function succeeds, the return value is an open handle of the specified process; otherwise, it is NULL. To get extended error information, use the GetLastError function.

```
DWORD ResumeThread(hThread)
   HANDLE  hThread; // identifies thread to restart
```

The ResumeThread function decrements a thread's suspend count. When the suspend count is decremented to zero, the execution of the thread is resumed.

If the function succeeds, the return value is the thread's previous suspend count. Otherwise, the return value is 0xFFFFFFFF. To get extended error information, use the GetLastError function.

```
BOOL SetEnvironmentVariable(lpszName, lpszValue)
   LPCTSTR  lpszName;     // address of environment variable name
   LPCTSTR  lpszValue;    // address of new value for variable
```

The SetEnvironmentVariable function sets the value of an environment variable for the current process.

If the function succeeds, the return value is TRUE; otherwise, it is FALSE. To get extended error information, use the GetLastError function.

```
BOOL SetPriorityClass(hProcess, fdwPriority)
   HANDLE  hProcess;      // handle to the process
   DWORD  fdwPriority;    // priority class value
```

The SetPriorityClass function sets the priority class for the given process. This value together with the priority value of each thread of the process determines each thread's base priority level.

If the function succeeds, the return value is TRUE; otherwise, it is FALSE. To get extended error information, use the GetLastError function.

```
BOOL SetProcessShutdownParameters(dwLevel, dwFlags)
   DWORD  dwLevel;     // shutdown priority
   DWORD  dwFlags;     // shutdown flags
```

The SetProcessShutdownParameters function sets shutdown parameters for the currently calling process. This function sets a shutdown order for a process relative to the other processes in the system.

If the function is succeeds, the return value is TRUE; otherwise, it is FALSE.

```
BOOL SetThreadPriority(hThread, nPriority)
   HANDLE  hThread;    // handle to the thread
   int  nPriority;     // thread priority level
```

The SetThreadPriority function sets the priority value for the given thread. This value together with the priority class of the thread's process determines the thread's base priority level.

If the function succeeds, the return value is TRUE; otherwise, it is FALSE. To get extended error information, use the GetLastError function.

```
VOID Sleep(cMilliseconds)
  DWORD  cMilliseconds;    // sleep time in milliseconds
```

The Sleep function suspends the execution of the current thread for a specified interval.

This function does not return a value.

```
DWORD SleepEx(dwTimeout, fAlertable)
  DWORD  dwTimeout;      // time-out interval in milliseconds
  BOOL  fAlertable;      // early completion flag
```

The SleepEx function causes the current thread to enter a waiting state until the specified interval of time has passed, or until an I/O completion callback function is called. This function is available only in the Win32 API.

The return value is zero if the specified time interval expired. The return value is WAIT_IO_COMPLETION if the function returned due to one or more I/O completion callback functions. This can happen only if fAlertable is TRUE, and if the thread that called the SleepEx function is the same thread that called the extended I/O function.

```
DWORD SuspendThread(hThread)
  HANDLE  hThread;    // handle to the thread
```

The SuspendThread function suspends the given thread.

If the function succeeds, the return value is the thread's previous suspend count; otherwise, it is 0xFFFFFFFF. To get extended error information, use the GetLastError function.

```
BOOL TerminateProcess(hProcess, uExitCode)
  HANDLE  hProcess;   // handle to the process
  UINT  uExitCode;    // exit code for the process
```

The TerminateProcess function terminates the given process and all of its threads.

If the function succeeds, the return value is TRUE; otherwise, it is FALSE. To get extended error information, use the GetLastError function.

```
BOOL TerminateThread(hThread, dwExitCode)
  HANDLE  hThread;    // handle to the thread
  DWORD  dwExitCode;  // exit code for the thread
```

The TerminateThread function terminates a thread.

If the function succeeds, the return value is TRUE; otherwise, it is FALSE. To get extended error information, use the GetLastError function.

```
DWORD TlsAlloc(VOID)
```

The TlsAlloc function allocates a thread local storage (TLS) index. Any thread of the process can subsequently use this index to store and retrieve values that are local to the thread.

If the function succeeds, the return value is a TLS index; otherwise, it is 0xFFFFFFFF. To get extended error information, use the GetLastError function.

```
BOOL TlsFree(dwTlsIndex)
    DWORD  dwTlsIndex;    // TLS index to free
```

The TlsFree function releases a thread local storage (TLS) index, making it available for reuse.

If the function succeeds, the return value is TRUE; otherwise, it is FALSE. To get extended error information, use the GetLastError function.

```
LPVOID TlsGetValue(dwTlsIndex)
    DWORD  dwTlsIndex;    // TLS index to retrieve value for
```

The TlsGetValue function retrieves the value in the calling thread's thread local storage (TLS) slot for a specified TLS index. Each thread of a process has its own slot for each TLS index.

If the function succeeds, the return value is the value stored in the calling thread's TLS slot associated with the specified index; otherwise, it is zero. To get extended error information, use the GetLastError function. Note that the data stored in a TLS slot can have a value of zero. In this case, the return value is zero and GetLastError returns NO_ERROR.

```
BOOL TlsSetValue(dwTlsIndex, lpvTlsValue)
    DWORD  dwTlsIndex;    // TLS index to set value for
    LPVOID  lpvTlsValue;  // value to be stored
```

The TlsSetValue function stores a value in the calling thread's thread local storage (TLS) slot for a specified TLS index. Each thread of a process has its own slot for each TLS index.

If the function succeeds, the return value is TRUE; otherwise, it is FALSE. To get extended error information, use the GetLastError function.

```
DWORD WaitForInputIdle(hProcess, dwTimeout)
  HANDLE  hProcess;   // handle to process
  DWORD  dwTimeout;   // time-out interval in milliseconds
```

The WaitForInputIdle function waits until the given process is waiting for user input with no input pending, or until the time-out interval has elapsed. The WaitForInputIdle function only works with GUI applications. If a console application calls the function, it returns immediately, with no wait.

The following table shows the possible return values: 0, WAIT_TIMEOUT, 0xFFFFFFFF.

```
UINT WinExec(lpszCmdLine, fuCmdShow)
  LPCSTR  lpszCmdLine;  // address of command line
  UINT  fuCmdShow;      // window style for new application
```

The WinExec function runs the specified application. This function is provided for compatibility with earlier versions of Windows, For Win32-based applications, use the CreateProcess function.

If the function succeeds, the return value is greater than 31; otherwise, it is one of the following error values: 0, ERROR_BAD_FORMAT, ERROR_FILE_NOT_FOUND, ERROR_PATH_NOT_FOUND.

```
void Yield(void)
```

The Yield function is obsolete. In the Win32 application programming interface (API), this function does nothing. Threads that contain windows should use the DispatchMessage, PeekMessage, or TranslateMessage functions. The message-loop functions handle message synchronization properly and yield at the appropriate times. Threads that do not contain windows should use the Sleep function with a sleep time of zero milliseconds to give up the remainder of their current time slice.

GetPrivateProfileInt

```
UINT GetPrivateProfileInt(lpszSection, lpszKey, dwDefault, lpszFile)
  LPCTSTR  lpszSection; // address of section name
  LPCTSTR  lpszKey;     // address of key name
  INT  dwDefault;       // return value if key name is not found
  LPCTSTR  lpszFile;    // address of initialization filename
```

The GetPrivateProfileInt function retrieves an integer associated with a key in the specified section of the given initialization file. This function is provided for compatibility with 16-bit Windows-based applications. New applications should store initialization information in the registry.

If the function succeeds, the return value is the integer equivalent of the string following the specified key name in the specified initialization file. If the key is not found, the return value is the specified default value. If the value of the key is less than zero, the return value is zero.

```
DWORD GetPrivateProfileSection(lpszSection, lpszReturnBuffer, cchBuffer,
                               lpszFile)
  LPCTSTR  lpszSection;       // address of section name
  LPTSTR  lpszReturnBuffer;   // address of return buffer
  DWORD  cchBuffer;           // size of return buffer
  LPCTSTR  lpszFile;          // address of initialization filename
```

The GetPrivateProfileSection function retrieves the keys and values for the specified section from the given initialization file. The section must not exceed 32K. This function is provided for compatibility with 16-bit applications written for Windows. New applications should store initialization information in the registry.

The return value specifies the number of characters copied to the buffer, not including the terminating null character. If the buffer is not large enough to contain all the key name and value pairs associated with the named section, the return value is equal to cchBuffer minus two.

```
DWORD GetPrivateProfileString(lpszSection, lpszKey, lpszDefault,
                              lpszReturnBuffer, cchReturnBuffer,
                              lpszFile)
  LPCTSTR  lpszSection;       // address of section name
  LPCTSTR  lpszKey;           // address of key name
  LPCTSTR  lpszDefault;       // address of default string
  LPTSTR  lpszReturnBuffer;   // address of destination buffer
  DWORD  cchReturnBuffer;     // size of destination buffer
  LPCTSTR  lpszFile;          // address of initialization filename
```

The GetPrivateProfileString function retrieves a string from the specified section in the given initialization file. This function is provided for compatibility with 16-bit Windows-based applications. New applications should store initialization information in the registry.

If the function succeeds, the return value is the number of characters copied to the buffer, not including the terminating null character. If neither lpszSection nor lpszKey is NULL and the supplied destination buffer is too small to hold the requested string, the string is truncated and followed by a null character, and the return value is equal to cchReturnBuffer minus one. If either lpszSection or lpszKey is NULL and the supplied destination buffer is too small to hold all the strings, the last string is truncated and followed by two null characters. In this case, the return value is equal to cchReturnBuffer minus two.

```
UINT GetProfileInt(lpszSection, lpszKey, dwDefault)
  LPCTSTR  lpszSection; // address of section name
  LPCTSTR  lpszKey;     // address of key name
  INT  dwDefault;       // default value if key name is not found
```

The GetProfileInt function retrieves an integer from the specified key name in the given section of the WIN.INI file. This function is provided for compatibility with 16-bit Windows-based applications. New applications should store initialization information in the registry.

If the function succeeds, the return value is the integer equivalent of the string following the key name in WIN.INI. If the function cannot find the key, the return value is the default value. If the value of the key is less than zero, the return value is zero.

```
DWORD GetProfileSection(lpszSection, lpszReturnBuffer, cchBuffer)
  LPCTSTR  lpszSection;      // address of section name
  LPTSTR  lpszReturnBuffer;  // address of return buffer
  DWORD  cchBuffer;          // size of return buffer
```

The GetProfileSection function retrieves the keys and values for the specified section of the WIN.INI file. The section must not exceed 32K. This function is provided for compatibility with 16-bit Windows-based applications. New applications should store initialization information in the registry.

The return value specifies the number of characters copied to the specified buffer, not including the terminating null character. If the buffer is not large enough to contain all the keys and values associated with the named section, the return value is equal to the length specified by cchBuffer minus two.

```
DWORD GetProfileString(lpszSection, lpszKey, lpszDefault,
                       lpszReturnBuffer, cchReturnBuffer)
  LPCTSTR  lpszSection;      // address of section name
  LPCTSTR  lpszKey;          // address of key name
  LPCTSTR  lpszDefault;      // address of default string
  LPTSTR  lpszReturnBuffer;  // address of destination buffer
  DWORD  cchReturnBuffer;    // size of destination buffer
```

The GetProfileString function retrieves the string associated with the specified key in the given section of the WIN.INI file. This function is provided for compatibility with 16-bit Windows-based applications. New applications should store initialization information in the registry.

If the function succeeds, the return value is the number of characters copied to the buffer, not including the null-terminating character. If neither lpszSection nor lpszKey is NULL and the supplied destination buffer is too small to hold the requested string, the string is truncated and followed by a null character, and the return value is equal to cchReturnBuffer minus one. If either lpszSection or lpszKey is NULL and the supplied destination buffer is too small to hold all the strings, the last string is truncated and followed by two null characters. In this case, the return value is equal to cchReturnBuffer minus two.

```
LONG RegCloseKey(hkey)
  HKEY  hkey; // handle of key to close
```

The RegCloseKey function releases the handle of the given key.

If the function succeeds, the return value is ERROR_SUCCESS; otherwise, it is an error value.

```
LONG RegConnectRegistry(lpszComputerName, hkey, phkResult)
  LPTSTR  lpszComputerName;  // address of name of remote computer
  HKEY  hkey;                // predefined registry handle
  PHKEY  phkResult;          // address of buffer for remote registry
                                handle
```

The RegConnectRegistry function establishes a connection to a predefined registry handle on another computer.

If the function succeeds, the return value is ERROR_SUCCESS; otherwise, it is an error value.

```
LONG RegCreateKeyEx(hkey, lpszSubKey, dwReserved, lpszClass, fdwOptions,
                    samDesired, lpSecurityAttributes, phkResult,
                    lpdwDisposition)
  HKEY  hkey;                // handle of an open key
  LPCTSTR  lpszSubKey;       // address of subkey name
  DWORD  dwReserved;         // reserved
  LPTSTR  lpszClass;         // address of class string
  DWORD  fdwOptions;         // special options flag
  REGSAM  samDesired;        // desired security access
  LPSECURITY_ATTRIBUTES  lpSecurityAttributes;     // address of key
                                                      security struc-
                                                      ture
  PHKEY  phkResult;          // address of buffer for opened handle
  LPDWORD  lpdwDisposition;  // address of disposition value buffer
```

The RegCreateKeyEx function creates the specified key. If the key already exists in the registry, the function opens it.

If the function succeeds, the return value is ERROR_SUCCESS; otherwise, it is an error value.

```
LONG RegDeleteKey(hkey, lpszSubKey)
  HKEY  hkey;            // handle of open key
  LPCTSTR  lpszSubKey;   // address of name of subkey to delete
```

The RegDeleteKey function deletes the specified key.

If the function succeeds, the return value is ERROR_SUCCESS; otherwise, it is an error value.

```
LONG RegDeleteValue(hkey, lpszValue)
  HKEY  hkey;          // handle of key
  LPTSTR  lpszValue;   // address of value name
```

The RegDeleteValue function removes a named value from the given registry key.

If the function succeeds, the return value is ERROR_SUCCESS; otherwise, it is an error value.

```
LONG RegEnumKey(hkey, iSubKey, lpszName, cchName)
  HKEY  hkey;          // handle of key to query
  DWORD  iSubKey;      // index of subkey to query
  LPTSTR  lpszName;    // address of buffer for subkey name
  DWORD  cchName;      // size of subkey buffer
```

The RegEnumKey function enumerates subkeys of the given open registry key. The function retrieves the name of one subkey each time it is called. This function is provided for compatibility with Windows version 3.1. New applications should use the RegEnumKeyEx function.

If the function succeeds, the return value is ERROR_SUCCESS; otherwise, it is an error value.

```
LONG RegEnumKeyEx(hkey, iSubkey, lpszName, lpcchName, lpdwReserved,
                  lpszClass, lpcchClass, lpftLastWrite)
  HKEY  hkey;                 // handle of key to enumerate
  DWORD  iSubkey;             // index of subkey to enumerate
  LPTSTR  lpszName;           // address of buffer for subkey name
  LPDWORD  lpcchName;         // address for size of subkey buffer
  LPDWORD  lpdwReserved;      // reserved
  LPTSTR  lpszClass;          // address of buffer for class string
```

```
  LPDWORD  lpcchClass;        // address for size of class buffer
  PFILETIME  lpftLastWrite;   // address for time key last written to
```

The RegEnumKeyEx function enumerates subkeys of the given open registry key. The function retrieves information about one subkey each time it is called. Unlike the RegEnumKey function, RegEnumKeyEx retrieves the class name of the subkey and the time it was last modified.

If the function succeeds, the return value is ERROR_SUCCESS; otherwise, it is an error value.

```
LONG RegEnumValue(hkey, iValue, lpszValue, lpcchValue, lpdwReserved,
                  lpdwType, lpbData, lpcbData)
  HKEY  hkey;               // handle of key to query
  DWORD  iValue;            // index of value to query
  LPTSTR  lpszValue;        // address of buffer for value string
  LPDWORD  lpcchValue;      // address for size of value buffer
  LPDWORD  lpdwReserved;    // reserved
  LPDWORD  lpdwType;        // address of buffer for type code
  LPBYTE  lpbData;          // address of buffer for value data
  LPDWORD  lpcbData;        // address for size of data buffer
```

The RegEnumValue function enumerates the values for the given open registry key. The function copies one indexed value name and data block for the key each time it is called.

If the function succeeds, the return value is ERROR_SUCCESS; otherwise, it is an error value.

```
LONG RegFlushKey(hkey)
  HKEY  hkey; // handle of key to write
```

The RegFlushKey function writes all the attributes of the given open key into the registry.

If the function succeeds, the return value is ERROR_SUCCESS; otherwise, it is an error value.

```
LONG RegGetKeySecurity(hkey, SecInf, pSecDesc, lpcbSecDesc)
  HKEY  hkey;    // open handle of key to set
  SECURITY_INFORMATION  SecInf;    // descriptor contents
  PSECURITY_DESCRIPTOR  pSecDesc; // address of descriptor for key
  LPDWORD  lpcbSecDesc;           // address of size of buffer and
                                  //    descriptor
```

The RegGetKeySecurity function retrieves a copy of the security descriptor protecting the given open registry key.

If the function succeeds, the return value is ERROR_SUCCESS; otherwise, it is an error value.

```
LONG RegLoadKey(hkey, lpszSubKey, lpszFile)
  HKEY  hkey;           // handle of open key
  LPCTSTR  lpszSubKey;  // address of name of subkey
  LPCTSTR  lpszFile;    // address of filename for registry information
```

The RegLoadKey function creates a subkey under HKEY_USER or HKEY_LOCAL_MACHINE and stores registration information from a specified file into that subkey. This registration information is in the form of a hive. A hive is a discrete body of keys, subkeys, and values that is rooted at the top of the registry hierarchy. A hive is backed by a single file and .log file.

If the function succeeds, the return value is ERROR_SUCCESS; otherwise, it is an error value.

```
LONG RegNotifyChangeKeyValue(hkey, fWatchSubTree, fdwNotifyFilter,
                             hEvent, fAsync)
  HKEY  hkey;               // handle of key to watch
  BOOL  fWatchSubTree;      // flag for subkey notification
  DWORD  fdwNotifyFilter;   // changes to be reported
  HANDLE  hEvent;           // handle of signaled event
  BOOL  fAsync;             // flag for asynchronous reporting
```

The RegNotifyChangeKeyValue function indicates when a registry key or any of its subkeys has changed.

If the function succeeds, the return value is ERROR_SUCCESS; otherwise, it is an error value.

```
LONG RegOpenKey(hkey, lpszSubKey, phkResult)
  HKEY  hkey;           // handle of open key
  LPCTSTR  lpszSubKey;  // address of name of subkey to open
  PHKEY  phkResult;     // address of handle of open key
```

The RegOpenKey function opens the specified key. This function is provided for compatibility with Windows version 3.1. New applications should use the RegOpenKeyEx function.

If the function succeeds, the return value is ERROR_SUCCESS; otherwise, it is an error value.

```
LONG RegOpenKeyEx(hkey, lpszSubKey, dwReserved, samDesired, phkResult)
  HKEY  hkey;           // handle of open key
  LPCTSTR  lpszSubKey;  // address of name of subkey to open
  DWORD  dwReserved;    // reserved
  REGSAM  samDesired;   // security access mask
  PHKEY  phkResult;     // address of handle of open key
```

The RegOpenKeyEx function opens the specified key.

If the function succeeds, the return value is ERROR_SUCCESS; otherwise, it is an error value.

```
LONG RegQueryInfoKey(hkey,lpszClass,lpcchClass,lpdwReserved,lpcSubKeys,
                     lpcchMaxSubkey, lpcchMaxClass, lpcValues,
                     lpcchMaxValueName, lpcbMaxValueData,
                     lpcbSecurityDescriptor, lpftLastWriteTime)
  HKEY  hkey;                        // handle of key to query
  LPTSTR  lpszClass;                 // address of buffer for class
                                     //   string
  LPDWORD  lpcchClass;               // address of size of class string
                                     //   buffer
  LPDWORD  lpdwReserved;             // reserved
  LPDWORD  lpcSubKeys;               // address of buffer for number of
                                     //   subkeys
  LPDWORD  lpcchMaxSubkey;           // buffer for longest subkey name
                                     //   length
  LPDWORD  lpcchMaxClass;            // buffer for longest class string
                                     //   length
  LPDWORD  lpcValues;                // buffer for number of value
                                     //   entries
  LPDWORD  lpcchMaxValueName;        // buffer for longest value name
                                     //   length
  LPDWORD  lpcbMaxValueData;         // buffer for longest value data
                                     //   length
  LPDWORD  lpcbSecurityDescriptor;   // buffer for security descr length
  PFILETIME  lpftLastWriteTime;      // address of buffer for last
                                     //   write time
```

The RegQueryInfoKey function retrieves information about a specified registry key.

If the function succeeds, the return value is ERROR_SUCCESS; otherwise, it is an error value.

```
LONG RegQueryValue(hkey, lpszSubKey, lpszValue, pcbValue)
    HKEY  hkey;            // handle of key to query
    LPCTSTR  lpszSubKey;   // address of name of subkey to query
    LPTSTR  lpszValue;     // address of buffer for returned string
    PLONG  pcbValue;       // address of buffer for size of returned string
```

The RegQueryValue function retrieves the value associated with the unnamed value for a specified key in the registry. This function retrieves the data for a key's first value that has a NULL name. This function is provided for compatibility with Windows version 3.1. New applications should use the RegQueryValueEx function.

If the function succeeds, the return value is ERROR_SUCCESS; otherwise, it is an error value.

```
LONG RegQueryValueEx(hkey, lpszValueName, lpdwReserved, lpdwType,
lpbData, lpcbData)
    HKEY  hkey;               // handle of key to query
    LPTSTR  lpszValueName;    // address of name of value to query
    LPDWORD  lpdwReserved;    // reserved
    LPDWORD  lpdwType;        // address of buffer for value type
    LPBYTE  lpbData;          // address of data buffer
    LPDWORD  lpcbData;        // address of data buffer size
```

The RegQueryValueEx function retrieves the type and data for a specified value name associated with an open registry key.

If the function succeeds, the return value is ERROR_SUCCESS; otherwise, it is an error value.

```
LONG RegReplaceKey(hkey, lpszSubKey, lpszNewFile, lpszBackupFile)
    HKEY  hkey;                 // handle of open key
    LPCTSTR  lpszSubKey;        // address of name of subkey
    LPCTSTR  lpszNewFile;       // address of filename for file with
                                //   new data
    LPCTSTR  lpszBackupFile;    // address of filename for backup file
```

The RegReplaceKey function replaces the file backing a key and all its subkeys with another file, so that when the system is next started, the key and subkeys will have the values stored in the new file.

If the function succeeds, the return value is ERROR_SUCCESS; otherwise, it is an error value.

```
LONG RegRestoreKey(hkey, lpszFile, fdw)
  HKEY  hkey;          // handle of key where restore begins
  LPCTSTR  lpszFile;   // address of filename containing saved tree
  DWORD  fdw;          // optional flags
```

The RegRestoreKey function reads the registry information in a specified file and copies it over the specified key. This registry information may be in the form of a key and multiple levels of subkeys.

If the function succeeds, the return value is ERROR_SUCCESS; otherwise, it is an error value.

```
LONG RegSaveKey(hkey, lpszFile, lpsa)
  HKEY  hkey;                        // handle of key where save begins
  LPCTSTR  lpszFile;                 // address of filename to save to
  LPSECURITY_ATTRIBUTES lpsa;        // address of security structure
```

The RegSaveKey function saves the given key and all of its subkeys and values to a new file.

If the function succeeds, the return value is ERROR_SUCCESS; otherwise, it is an error value.

```
LONG RegSetKeySecurity(hkey, si, psd)
  HKEY  hkey;                     // open handle of key to set
  SECURITY_INFORMATION  si;       // descriptor contents
  PSECURITY_DESCRIPTOR  psd;      // address of descriptor to for key
```

The RegSetKeySecurity function sets the security of an open registry key.

If the function succeeds, the return value is ERROR_SUCCESS; otherwise, it is an error value.

```
LONG RegSetValue(hkey, lpszSubKey, fdwType, lpszData, cbData)
  HKEY  hkey;    // handle of key to set value for
  LPCTSTR  lpszSubKey;  // address of subkey name
  DWORD  fdwType;       // type of value
  LPCTSTR  lpszData;    // address of value data
  DWORD  cbData;        // size of value data
```

The RegSetValue function associates a value with a specified key. This value must be a text string and cannot have a name. This function is provided for compatibility with Windows version 3.1. New applications should use the RegSetValueEx function, which allows an application to set any number of named values of any data type.

If the function succeeds, the return value is ERROR_SUCCESS; otherwise, it is an error value.

```
LONG RegSetValueEx(hkey, lpszValueName, dwReserved, fdwType,
                   lpbData, cbData)
  HKEY  hkey;               // handle of key to set value for
  LPCTSTR  lpszValueName;   // address of value to set
  DWORD  dwReserved;        // reserved
  DWORD  fdwType;           // flag for value type
  CONST BYTE *  lpbData;    // address of value data
  DWORD  cbData;            // size of value data
```

The RegSetValueEx function stores data in the value field of an open registry key. It can also set additional value and type information for the given key.

If the function succeeds, the return value is ERROR_SUCCESS; otherwise, it is an error value.

```
LONG RegUnLoadKey(hkey, lpszSubKey)
  HKEY  hkey;             // handle of open key
  LPCTSTR  lpszSubKey;    // address of name of subkey to unload
```

The RegUnLoadKey function unloads the specified key and subkeys from the registry.

If the function succeeds, the return value is ERROR_SUCCESS. Otherwise, it is an error code.

```
BOOL WritePrivateProfileSection(lpszSection, lpszKeysAndValues,
                                lpszFile)
  LPCTSTR  lpszSection;         // address of string with section name
  LPCTSTR  lpszKeysAndValues;   // address of string with data
  LPCTSTR  lpszFile;            // address of string with filename
```

The WritePrivateProfileSection function replaces the keys and values under the specified section in the given initialization file. This function is provided for compatibility with 16-bit Windows-based applications. New applications should store initialization information in the registry.

If the function succeeds, the return value is TRUE; otherwise, it is FALSE. To get extended error information, use the GetLastError function.

```
BOOL WritePrivateProfileString(lpszSection, lpszKey, lpszString,
                               lpszFile)
  LPCTSTR  lpszSection; // address of section name
  LPCTSTR  lpszKey;     // address of key name
  LPCTSTR  lpszString;  // address of string to add
  LPCTSTR  lpszFile;    // address of initialization filename
```

The WritePrivateProfileString function copies a string into the specified section of the specified initialization file. This function is provided for compatibility with 16-bit Windows-based applications. New applications should store initialization information in the registry.

If the function successfully copies the string to the initialization file, the return value is TRUE. If the function fails, or if it flushes the cached version of the most recently accessed initialization file, the return value is FALSE. To get extended error information, use the GetLastError function.

```
BOOL WriteProfileSection(lpszSection, lpszKeysAndValues)
  LPCTSTR  lpszSection;         // address of section name
  LPCTSTR  lpszKeysAndValues;   // address of buffer with data
```

The WriteProfileSection function replaces the contents of the specified section in the WIN.INI file with the specified keys and values. This function is provided for compatibility with 16-bit Windows applications. New applications should store initialization information in the registry.

If the function succeeds, the return value is TRUE; otherwise, it is FALSE. To get extended error information, use the GetLastError function.

```
BOOL WriteProfileString(lpszSection, lpszKey, lpszString)
  LPCTSTR  lpszSection;    // address of section name
  LPCTSTR  lpszKey;        // address of key name
  LPCTSTR  lpszString;     // address of string to write
```

The WriteProfileString function copies a string into the specified section of the WIN.INI file. This function is provided for compatibility with 16-bit Windows-based applications. New applications should store initialization information in the registry.

If the function successfully copies the string to the WIN.INI file, the return value is TRUE. If the function fails, or if it flushes the cached version of WIN.INI, the return value is FALSE. To get extended error information, use the GetLastError function.

```
BeginUpdateResource
  HANDLE BeginUpdateResource(lpszExeFile, bDeleteExistingResources)
  LPCTSTR  lpszExeFile;            // addr. of file in which to update
                                   //   resources
  BOOL  bDeleteExistingResources;  // deletion option
```

The BeginUpdateResource function returns a handle that can be used by the UpdateResource function to add, delete, or replace resources in an executable file.

If the function succeeds, the return value is a handle that can be used by the UpdateResource and EndUpdateResource functions. The return value is NULL if the specified file is not an executable file, the executable file is already loaded, the file does not exist, or the file cannot be opened for writing. To get extended error information, use the GetLastError function.

```
BOOL EndUpdateResource(hUpdateFile, fDiscard)
  HANDLE  hUpdateFile;  // update-file handle
  BOOL  fDiscard;       // write flag
```

The EndUpdateResource function ends a resource update in an executable file.

If the function succeeds and the accumulated resource modifications specified by calls to the UpdateResource function are written to the specified executable file, the return value is TRUE; otherwise, it is FALSE. To get extended error information, use the GetLastError function.

```
BOOL CALLBACK EnumResLangProc(hModule, lpszType, lpszName, wIDLanguage,
                                  lParam)
  HANDLE  hModule;     // resource-module handle
  LPCTSTR  lpszType;   // address of resource type
  LPCTSTR  lpszName;   // address of resource name
  WORD  wIDLanguage;   // resource language identifier
  LONG  lParam;        // application-defined parameter
```

The EnumResLangProc function is an application-defined callback function that receives resource languages as a result of a call to the EnumResourceLanguages function.

This callback function should return TRUE to continue enumeration; otherwise, it should return FALSE to stop enumeration.

```
BOOL CALLBACK EnumResNameProc(hModule, lpszType, lpszName, lParam)
  HANDLE  hModule;      // resource-module handle
  LPCTSTR  lpszType;    // address of resource type
  LPTSTR  lpszName;     // address of resource name
  LONG  lParam;         // application-defined parameter
```

The EnumResNameProc function is an application-defined callback function that receives resource names as a result of a call to the EnumResourceNames function.

This callback function should return TRUE to continue enumeration; otherwise, it should return FALSE to stop enumeration.

```
BOOL EnumResourceLanguages(hModule, lpszType, lpszName, lpEnumFunc,
                           lParam)
  HINSTANCE  hModule;           // resource-module handle
  LPCTSTR  lpszType;            // address of resource type
  LPCTSTR  lpszName;            // address of resource name
  ENUMRESLANGPROC  lpEnumFunc;  // address of callback function
  LONG  lParam;                 // application-defined parameter
```

The EnumResourceLanguages function searches a module for each resource of the specified type and name and passes the language of each resource it locates to a defined callback function.

If the function succeeds, the return value is TRUE; otherwise, it is FALSE. To get extended error information, use the GetLastError function.

```
BOOL EnumResourceNames(hModule, lpszType, lpEnumFunc, lParam)
  HINSTANCE  hModule;           // resource-module handling
  LPCTSTR  lpszType;            // address of resource type
  ENUMRESNAMEPROC  lpEnumFunc;  // address of callback function
  LONG  lParam;                 // application-defined parameter
```

The EnumResourceNames function searches a module for each resource of the specified type passes the name of each resource it locates to an application-defined callback function.

If the function succeeds, the return value is TRUE; otherwise, it is FALSE. To get extended error information, use the GetLastError function.

```
BOOL EnumResourceTypes(hModule, lpEnumFunc, lParam)
  HINSTANCE  hModule;           // resource-module handle
  ENUMRESTYPEPROC  lpEnumFunc;  // address of callback function
  LONG  lParam;                 // application-defined parameter
```

The EnumResourceTypes function searches a module for resources and passes each resource type it finds to an application-defined callback function.

If the function succeeds, the return value is TRUE; otherwise, it is FALSE. To get extended error information, use the GetLastError function.

```
BOOL CALLBACK EnumResTypeProc(hModule, lpszType, lParam)
  HANDLE  hModule;    // resource-module handle
  LPTSTR  lpszType;   // address of resource type
  LONG  lParam;       // application-defined parameter
```

The EnumResTypeProc function is an application-defined callback function that receives resource types as a result of a call to the EnumResourceTypes function.

The callback function should return TRUE to continue enumeration; otherwise, it should return FALSE to stop enumeration.

```
HRSRC FindResource(hModule, lpszName, lpszType)
  HINSTANCE  hModule;   // resource-module handle
  LPCTSTR  lpszName;    // address of resource name
  LPCTSTR  lpszType;    // address of resource type
```

The FindResource function determines the location of a resource with the given type and name in the given module.

If the function succeeds, the return value is a handle to the specified resource's info block. To obtain a handle to the resource, pass this handle to the LoadResource function. If the function fails, the return value is NULL. To get extended error information, use the GetLastError function.

```
HRSRC FindResourceEx(hModule, lpszType, lpszName, wLanguage)
  HINSTANCE  hModule;   // resource-module handle
  LPCTSTR  lpszType;    // address of resource type
  LPCTSTR  lpszName;    // address of resource name
  WORD  wLanguage;      // resource language
```

The FindResourceEx function determines the location of the resource with the specified type, name, and language in the given module.

If the function succeeds, the return value is a handle to the specified resource's info block. To obtain a handle to the resource, pass this handle to the LoadResource function. If the function fails, the return value is NULL. To get extended error information, use the GetLastError function.

```
HGLOBAL LoadResource(hModule, hResInfo)
  HINSTANCE  hModule;   // resource-module handle
  HRSRC  hResInfo;      // resource handle
```

The LoadResource function loads the specified resource into global memory.

If the function succeeds, the return value is a handle to the global memory block containing the data associated with the resource. Otherwise, it is NULL. To get extended error information, us the GetLastError function.

```
LPVOID LockResource(hglb)
  HGLOBAL  hglb;      // handle to resource to lock
```

The LockResource function locks the specified resource in memory.

If the loaded resource is locked, the return value is a pointer to the first byte of the resource; otherwise, it is NULL.

```
DWORD SizeofResource(hModule, hrsrc)
  HINSTANCE  hModule;    // resource-module handle
  HRSRC  hrsrc;          // resource handle
```

The SizeofResource function returns the size, in bytes, of the given resource.

If the function succeeds, the return value is the number of bytes in the resource; otherwise, it is zero. To get extended error information, use the GetLastError function.

```
BOOL UpdateResource(hUpdateFile, lpszType, lpszName, IDLanguage,
                    lpvData, cbData)
  HANDLE  hUpdateFile;  // update-file handle
  LPCTSTR  lpszType;    // address of resource type to update
  LPCTSTR  lpszName;    // address of resource name to update
  WORD  IDLanguage;     // language identifier of resource
  LPVOID  lpvData;      // address of resource data
  DWORD  cbData;        // length of resource data, in bytes
```

The UpdateResource function adds, deletes, or replaces a resource in an executable file.

If the function succeeds, the return value is TRUE; otherwise, it is FALSE. To get extended error information, use the GetLastError function.

Scroll Bars

```
BOOL EnableScrollBar(hwnd, fuSBFlags, fuArrowFlags)
  HWND  hwnd;           // handle of window or scroll bar
  UINT  fuSBFlags;      // scroll bar type flag
  UINT  fuArrowFlags;   // scroll bar arrow flag
```

The EnableScrollBar function enables or disables one or both scroll bar arrows.

If the arrows are enabled or disabled as specified, the return value is TRUE. If the arrows are already in the requested state or an error occurs, the return value is FALSE.

```
BOOL GetScrollInfo(hwnd, fnBar, lpsi)
  HWND  hwnd;           // handle of window with scroll bar
  int  fnBar;           // scroll bar flag
  LPSCROLLINFO  lpsi;   // pointer to structure for scroll parameters
```

The GetScrollInfo function retrieves the parameters of a scroll bar, including the minimum and maximum scrolling positions, the page size, and the position of the scroll box (thumb).

If the function retrieved any values, the return value is TRUE; otherwise, it is FALSE.

```
int GetScrollPos(hwnd, fnBar)
  HWND  hwnd;     // handle of window with scroll bar
  int  fnBar;     // scroll bar flags
```

The GetScrollPos function retrieves the current position of the scroll box (thumb) in the given scroll bar. The current position is a relative value that depends on the current scrolling range. For example, if the scrolling range is 0 through 100 and the scroll box is in the middle of the bar, the current position is 50.

If the function succeeds, the return value is the current position of the scroll box; otherwise, it is zero. To get extended error information, use the GetLastError function.

```
BOOL GetScrollRange(hwnd, fnBar, lpMinPos, lpMaxPos)
  HWND  hwnd;       // handle of window with scroll bar
  int  fnBar;       // scroll bar flags
  LPINT  lpMinPos;  // address of variable that receives minimum
                    //   position
  LPINT  lpMaxPos;  // address of variable that receives maximum
                    //   position
```

The GetScrollRange function retrieves the current minimum and maximum scroll box (thumb) positions for the given scroll bar.

If the function succeeds, the return value is TRUE; otherwise, it is FALSE. To get extended error information, use the GetLastError function.

```
BOOL ScrollDC(hdc, dx, dy, lprcScroll, lprcClip, hrgnUpdate, lprcUpdate)
  HDC  hdc;                  // handle of device context
  int  dx;                   // horizontal scroll units
  int  dy;                   // vertical scroll units
  CONST RECT *lprcScroll;    // structure for scrolling rectangle
  CONST RECT *lprcClip;      // address of structure for clipping
                             //   rectangle
  HRGN  hrgnUpdate;          // handle of scrolling region
  LPRECT  lprcUpdate;        // address of structure for update rectangle
```

The ScrollDC function scrolls a rectangle of bits horizontally and vertically.

If the function succeeds, the return value is TRUE; otherwise, it is FALSE. To get extended error information, use the GetLastError function.

```
BOOL ScrollWindow(hwnd, dx, dy, lprcScroll, lprcClip)
  HWND  hwnd;                  // handle of window to scroll
  int  dx;                     // amount of horizontal scrolling
  int  dy;                     // amount of vertical scrolling
```

```
  CONST RECT *  lprcScroll;  // address of structure with scroll
                             //   rectangle
  CONST RECT *  lprcClip;    // address of structure with clip
                             //   rectangle
```

The ScrollWindow function scrolls the content of the given window's client area.

If the function succeeds, the return value is TRUE; otherwise, it is FALSE. To get extended error information, use the GetLastError function.

```
int ScrollWindowEx(hwnd, dx, dy, lprcScroll, lprcClip, hrgnUpdate,
lprcUpdate, fuScroll)
  HWND  hwnd;                // handle of window to scroll
  int  dx;                   // amount of horizontal scrolling
  int  dy;                   // amount of vertical scrolling
  CONST RECT *lprcScroll;    // address of structure with scroll rectangle
  CONST RECT *lprcClip;      // address of structure with clip rectangle
  HRGN  hrgnUpdate;          // handle of update region
  LPRECT  lprcUpdate;        // address of structure for update rectangle
  UINT  fuScroll;            // scrolling flags
```

The ScrollWindowEx function scrolls the content of the given window's client area. This function is similar to the ScrollWindow function, but it has additional features.

If the function succeeds, the return value is SIMPLEREGION (rectangular invalidated region), COMPLEXREGION (nonrectangular invalidated region; overlapping rectangles), or NULLREGION (no invalidated region). Otherwise, the return value is ERROR.

```
int SetScrollInfo(hwnd, fnBar, lpsi, fRedraw)
  HWND  hwnd;              // handle of window with scroll bar
  int  fnBar;              // scroll bar flag
  LPSCROLLINFO  lpsi;      // pointer to structure with scroll parameters
  BOOL  fRedraw;           // redraw flag
```

The SetScrollInfo function sets the parameters of a scroll bar, including the minimum and maximum scrolling positions, the page size, and the position of the scroll box (thumb). The function also redraws the scroll bar, if requested.

The return value is the current position of the scroll box.

```
int SetScrollPos(hwnd, fnBar, nPos, fRedraw)
  HWND  hwnd;        // handle of window with scroll bar
  int  fnBar;        // scroll bar flag
```

```
  int  nPos;        // new position of scroll box
  BOOL  fRedraw;    // redraw flag
```

The SetScrollPos function sets the position of the scroll box (thumb) in the given scroll bar and, if requested, redraws the scroll bar to reflect the new position of the scroll box.

If the function succeeds, the return value is the previous position of the scroll box; otherwise, it is zero. To get extended error information, use the GetLastError function.

```
BOOL SetScrollRange(hwnd, fnBar, nMinPos, nMaxPos, fRedraw)
  HWND  hwnd;     // handle of window with scroll bar
  int  fnBar;     // scroll bar flag
  int  nMinPos; // minimum scrolling position
  int  nMaxPos; // maximum scrolling position
  BOOL  fRedraw; // redraw flag
```

The SetScrollRange function sets the minimum and maximum position values for the given scroll bar. It can also be used to hide or show a standard scroll bar.

If the function succeeds, the return value is TRUE; otherwise it is FALSE. To get extended error information, use the GetLastError function.

```
BOOL ShowScrollBar(hwnd, fnBar, fShow)
  HWND  hwnd;     // handle of window with scroll bar
  int  fnBar;     // scroll bar flag
  BOOL  fShow;    // scroll bar visibility flag
```

The ShowScrollBar function shows or hides the given scroll bar.

If the function succeeds, the return value is TRUE; otherwise, it is FALSE. To get extended error information, use the GetLastError function.

Structured Exception Handling

```
BOOL AbnormalTermination(VOID)
```

The AbnormalTermination function indicates whether the try block of a try-finally statement terminated normally. The function can be called only from within the finally block of a try-finally statement.

If the try block of the try-finally statement terminated abnormally, the return value is TRUE; otherwise, it is FALSE.

```
LPEXCEPTION_POINTERS GetExceptionInformation(VOID)
```

The GetExceptionInformation function retrieves a machine-independent description of an exception, and information about the machine state that existed for the thread when the exception occurred. This function can be called only from within the filter expression of a try-except exception handler.

The return value is a pointer to an EXCEPTION_POINTERS structure that contains pointers to two other structures: an EXCEPTION_RECORD structure containing a description of the exception, and a CONTEXT structure containing the machine-state information.

```
VOID RaiseException(dwExceptionCode, dwExceptionFlags, cArguments,
lpArguments)
  DWORD  dwExceptionCode;         // exception code
  DWORD  dwExceptionFlags;        // continuable exception flag
  DWORD  cArguments;              // number of arguments in array
  CONST DWORD *  lpArguments;     // address of array of arguments
```

The RaiseException function raises an exception in the calling thread.

This function does not return a value.

```
LPTOP_LEVEL_EXCEPTION_FILTER SetUnhandledExceptionFilter
 (lpTopLevelExceptionFilter)
  LPTOP_LEVEL_EXCEPTION_FILTER
  lpTopLevelExceptionFilter; // exception filter function
```

The SetUnhandledExceptionFilter function lets an application supersede the top-level exception handler placed at the top of each thread and process. After calling this function, if an exception occurs in a process that is not being debugged, and the exception makes it to the unhandled exception filter, that filter will call the exception filter function specified by the lpTopLevelExceptionFilter parameter.

The SetUnhandledExceptionFilter function returns the address of the previous exception filter established with the function. A NULL return value means that there is no current top-level exception handler.

```
LONG UnhandledExceptionFilter(lpexpExceptionInfo)
  STRUCT _EXCEPTION_POINTERS *
    lpexpExceptionInfo;        // address of exception info
```

The UnhandledExceptionFilter function passes unhandled exceptions to the debugger, if the process is being debugged. Otherwise, it optionally displays an Application Error message box and causes the exception handler to be executed. This function can be called only from within the filter expression of a try-except exception handler.

The function returns one of the following values:
EXCEPTION_CONTINUE_SEARCH, EXCEPTION_EXECUTE_HANDLER

Synchronization

```
HANDLE CreateEvent(lpsa, fManualReset, fInitialState, lpszEventName)
  LPSECURITY_ATTRIBUTES  lpsa; // address of security attributes
  BOOL  fManualReset;      // flag for manual-reset event
  BOOL  fInitialState;     // flag for initial state
  LPCTSTR  lpszEventName;  // address of event-object name
```

The CreateEvent function creates a named or unnamed event object.

If the function succeeds, the return value is a handle of the event object. If the named event object existed before the function call, the GetLastError function returns ERROR_ALREADY_EXISTS. Otherwise, GetLastError returns zero. If the function fails, the return value is NULL. To get extended error information, use the GetLastError function.

```
HANDLE CreateMutex(lpsa, fInitialOwner, lpszMutexName)
  LPSECURITY_ATTRIBUTES  lpsa;  // address of security attributes
  BOOL  fInitialOwner;          // flag for initial ownership
  LPCTSTR  lpszMutexName;       // address of mutex-object name
```

The CreateMutex function creates a named or unnamed mutex object.

If the function succeeds, the return value is a handle of the mutex object. If the named mutex object existed before the function call, the GetLastError function returns ERROR_ALREADY_EXISTS. Otherwise, GetLastError returns zero. If the function fails, the return value is NULL. To get extended error information, use the GetLastError function.

```
HANDLE CreateSemaphore(lpsa, cSemInitial, cSemMax, lpszSemName)
  LPSECURITY_ATTRIBUTES  lpsa;  // address of security attributes
  LONG  cSemInitial;            // initial count
  LONG  cSemMax;                // maximum count
  LPCTSTR  lpszSemName;         // address of semaphore-object name
```

The CreateSemaphore function creates a named or unnamed semaphore object.

If the function succeeds, the return value is a handle of the semaphore object. If the named semaphore object existed before the function call, the GetLastError function returns ERROR_ALREADY_EXISTS. Otherwise, GetLastError returns zero. If the function fails, the return value is NULL. To get extended error information, use the GetLastError function.

```
VOID DeleteCriticalSection(lpcsCriticalSection)
  LPCRITICAL_SECTION  lpcsCriticalSection;  // critical section object
```

The DeleteCriticalSection function releases all resources used by an unowned critical section object.

This function does not return a value.

```
VOID EnterCriticalSection(lpcsCriticalSection)
  LPCRITICAL_SECTION  lpcsCriticalSection;  // critical section object
```

The EnterCriticalSection function waits for ownership of the specified critical section object. The function returns when the calling thread is granted ownership.

This function does not return a value.

```
BOOL GetOverlappedResult(hFile, lpoOverlapped, lpcbTransfer, fWait)
  HANDLE  hFile;                // handle of file, pipe, or comm device
  LPOVERLAPPED  lpoOverlapped;  // address of overlapped structure
  LPDWORD  lpcbTransfer;        // address of actual bytes count
  BOOL  fWait;                  // wait flag
```

The GetOverlappedResult function returns the results of an overlapped operation on the specified file, named pipe, or communications device.

If the function succeeds, the return value is TRUE; otherwise, it is FALSE. To get extended error information, use the GetLastError function.

```
VOID InitializeCriticalSection(lpcsCriticalSection)
  LPCRITICAL_SECTION  lpcsCriticalSection;  // critical section object
```

The InitializeCriticalSection function initializes a critical section object.

This function does not return a value.

```
LONG InterlockedDecrement(lplVal)
  LPLONG  lplVal;  // address of the variable to decrement
```

The InterlockedDecrement function both decrements (decreases by one) the value of the specified 32-bit variable and checks the resulting value. The function prevents more than one thread from using the InterlockedDecrement or InterlockedIncrement function to access the same variable simultaneously.

If the result of the decrement is zero, the return value is zero. If the result of the decrement is less than zero, the return value is less than zero. If the result of the decrement is greater than zero, the return value is greater than zero. A nonzero return value may not be equal to the result of the decrement.

```
LONG InterlockedExchange(Target, Value)
  LPLONG  Target;  // address of 32-bit value to exchange
  LONG  Value;     // new value for the LONG value pointed to by Target
```

The InterlockedExchange function atomically exchanges a pair of 32-bit values.

The function returns the prior value of the LONG value pointed to by Target.

```
LONG InterlockedIncrement(lplVal)
  LPLONG  lplVal;  // address of the variable to increment
```

The InterlockedIncrement function both increments (increases by one) the value of the specified 32-bit variable and checks the resulting value. The function prevents more than one thread from using the InterlockedDecrement or InterlockedIncrement function to access the same variable simultaneously.

If the result of the increment is zero, the return value is zero. If the result of the increment is less than zero, the return value is less than zero. If the result of the increment is greater than zero, the return value is greater than zero. A nonzero return value may not be equal to the result of the increment.

```
VOID LeaveCriticalSection(lpcsCriticalSection)
  LPCRITICAL_SECTION  lpcsCriticalSection;  // critical section object
```

The LeaveCriticalSection function releases ownership of the specified critical section object.

This function does not return a value.

```
DWORD MsgWaitForMultipleObjects(cObjects, lphObjects, fWaitAll,
dwTimeout, fdwWakeMask )
  DWORD  cObjects;      // number of handles in handle array
  LPHANDLE  lphObjects; // address of object-handle array
  BOOL  fWaitAll;       // wait for all or wait for one
  DWORD  dwTimeout;     // time-out interval in milliseconds
  DWORD  fdwWakeMask;   // type of input events to wait for
```

The MsgWaitForMultipleObjects function returns when one of the following occurs: Either any one or all of the specified objects are in the signaled state, or a specified type of input becomes available in the thread's input queue, or the time-out interval elapses. Note that MsgWaitForMultipleObjects doesn't return if there was previously unread input of the specified type in the queue. It only wakes up when input arrives.

If the function succeeds, the return value indicates the event that caused the function to return; otherwise, it is 0xFFFFFFFF. To get extended error information, use the GetLastError function.

```
HANDLE OpenEvent(fdwAccess, fInherit, lpszEventName)
  DWORD  fdwAccess;         // access flag
  BOOL  fInherit;           // inherit flag
  LPCTSTR  lpszEventName;   // address of event-object name
```

The OpenEvent function returns a handle of an existing named event object.

If the function succeeds, the return value is a handle of the event object; otherwise, it is NULL. To get extended error information, use the GetLastError function.

```
HANDLE OpenMutex(fdwAccess, fInherit, lpszMutexName)
  DWORD  fdwAccess;         // access flag
  BOOL  fInherit;           // inherit flag
  LPCTSTR  lpszMutexName;   // address of mutex-object name
```

The OpenMutex function returns a handle of an existing named mutex object.

If the function succeeds, the return value is a handle of the mutex object; otherwise, it is NULL. To get extended error information, use the GetLastError function.

```
HANDLE OpenSemaphore(fdwAccess, fInherit, lpszSemName)
  DWORD  fdwAccess;       // access flag
  BOOL  fInherit;         // inherit flag
  LPCTSTR  lpszSemName;   // address of semaphore-object name
```

The OpenSemaphore function returns a handle of an existing named semaphore object.

If the function succeeds, the return value is a handle of the semaphore object; otherwise, it is NULL. To get extended error information, use the GetLastError function.

```
BOOL PulseEvent(hEvent)
  HANDLE  hEvent;     // handle of event object
```

The PulseEvent function provides a single operation that sets (to signaled) the state of the specified event object and then resets it (to nonsignaled) after releasing the appropriate number of waiting threads.

If the function succeeds, the return value is TRUE; otherwise, it is FALSE. To get extended error information, use the GetLastError function.

```
BOOL ReleaseMutex(hMutex)
  HANDLE  hMutex;     // handle of mutex object
```

The ReleaseMutex function releases ownership of the specified mutex object.

If the function succeeds, the return value is TRUE; otherwise, it is FALSE. To get extended error information, use the GetLastError function.

```
BOOL ReleaseSemaphore(hSemaphore, cReleaseCount, lplPreviousCount)
  HANDLE  hSemaphore;         // handle of the semaphore object
  LONG  cReleaseCount;        // amount to add to current count
  LPLONG  lplPreviousCount;   // address of previous count
```

The ReleaseSemaphore function increases the count of the specified semaphore object by a specified amount.

If the function succeeds, the return value is TRUE; otherwise, it is FALSE. To get extended error information, use the GetLastError function.

```
BOOL ResetEvent(hEvent)
  HANDLE  hEvent;     // handle of event object
```

The ResetEvent function sets the state of the specified event object to nonsignaled.

If the function succeeds, the return value is TRUE; otherwise, it is FALSE. To get extended error information, use the GetLastError function.

```
BOOL SetEvent(hEvent)
  HANDLE  hEvent;     // handle of event object
```

The SetEvent function sets the state of the specified event object to signaled.

If the function succeeds, the return value is TRUE; otherwise, it is FALSE. To get extended error information, use the GetLastError function.

```
DWORD WaitForMultipleObjects(cObjects, lphObjects, fWaitAll, dwTimeout)
  DWORD  cObjects;              // number of handles in handle array
  CONST HANDLE *  lphObjects;   // address of object-handle array
  BOOL  fWaitAll;               // wait flag
  DWORD  dwTimeout;             // time-out interval in milliseconds
```

The WaitForMultipleObjects function returns either when any one or when all of the specified objects are in the signaled state, or when the time-out interval elapses.

If the function succeeds, the return value indicates the event that caused the function to return; otherwise, it is WAIT_FAILED. To get extended error information, use the GetLastError function.

```
DWORD WaitForMultipleObjectsEx(cObjects, lphObjects, fWaitAll,
                               dwTimeout, fAlertable)
  DWORD  cObjects;              // number of handles in handle array
  CONST HANDLE *  lphObjects;   // address of object-handle array
  BOOL  fWaitAll;               // wait flag
  DWORD  dwTimeout;             // time-out interval in milliseconds
  BOOL  fAlertable;             // alertable wait flag
```

The WaitForMultipleObjectsEx function is an extended wait function that can be used to perform an alertable wait. This enables the function to return when the system queues an I/O completion routine to be executed by the calling thread. The function also returns either when any one or when all of the specified objects are in the signaled state, or when the time-out interval elapses. This function is available only in Microsoft® Windows NT™.

If the function succeeds, the return value indicates the event that caused the function to return; otherwise, it is 0xFFFFFFFF.

```
DWORD WaitForSingleObject(hObject, dwTimeout)
  HANDLE  hObject;    // handle of object to wait for
  DWORD  dwTimeout;   // time-out interval in milliseconds
```

The WaitForSingleObject function returns when the specified object is in the signaled state or when the time-out interval elapses.

If the function succeeds, the return value indicates the event that caused the function to return; otherwise, it is WAIT_FAILED. To get extended error information, use the GetLastError function.

```
DWORD WaitForSingleObjectEx(hObject, dwTimeout, fAlertable)
  HANDLE  hObject;    // handle of object to wait for
  DWORD  dwTimeout;   // time-out interval in milliseconds
  BOOL  fAlertable;   // return to execute I/O completion routine
                      //   if TRUE
```

The WaitForSingleObjectEx function is an extended wait function that can be used to perform an alertable wait. This enables the function to return when the system queues an I/O completion routine to be executed by the calling thread. The function also returns when the specified object is in the signaled state or when the time-out interval elapses. This function is available only in Microsoft® Windows NT™.

If the function succeeds, the return value indicates the event that caused the function to return; otherwise, it is 0xFFFFFFFF.

System Information

```
BOOL AbortSystemShutdown(lpszMachineName)
    LPTSTR  lpszMachineName;     // name of computer to stop shutting down
```

The AbortSystemShutdown function stops a system shutdown started by using the InitiateSystemShutdown function.

If the function succeeds, the return value is TRUE; otherwise, it is FALSE. To get extended error information, use the GetLastError function.

```
DWORD ExpandEnvironmentStrings(lpszSrc, lpszDest, cchDest)
    LPCTSTR  lpszSrc;    // string with environment variables
    LPTSTR  lpszDest;    // string with expanded environment variables
    DWORD  cchDest;      // maximum characters in expanded string
```

The ExpandEnvironmentStrings function expands environment-variable strings and replaces them with their defined values.

If the function succeeds, the return value is the number of characters stored in the destination buffer. If the number of characters is greater than the size of the destination buffer, the return value is the size of the buffer required to hold the expanded strings. If the function fails, the return value is zero. To get extended error information, use the GetLastError function.

```
BOOL GetComputerName(lpszName, lpcchBuffer)
    LPTSTR  lpszName;       // address of name buffer
    LPDWORD  lpcchBuffer;  // address of size of name buffer
```

The GetComputerName function retrieves the computer name of the current system. This name is established at system startup, when it is initialized from the registry.

If the function succeeds, the return value is TRUE and the variable at lpcchBuffer contains the number of characters copied to the destination buffer, not including the terminating null character. If the function fails, the return value is FALSE. To get extended error information, use the GetLastError function.

```
int GetKeyboardType(fnKeybInfo)
    int  fnKeybInfo; // type of information to retrieve
```

The GetKeyboardType function retrieves information about the current keyboard.

If the function succeeds, the return value specifies the requested information. Otherwise, it is zero.

```
UINT GetSystemDirectory(lpszSysPath, cchSysPath)
  LPTSTR  lpszSysPath;  // address of buffer for system directory
  UINT  cchSysPath;     // size of directory buffer
```

The GetSystemDirectory function retrieves the path of the Windows system directory. The system directory contains such files as Windows libraries, drivers, and font files.

If the function succeeds, the return value is the length, in characters, of the string copied to the buffer, not including the terminating null character. If the length is greater than the size of the buffer, the return value is the size of the buffer required to hold the path. If the function fails, the return value is zero. To get extended error information, use the GetLastError function.

```
VOID GetSystemInfo(lpSystemInfo)
  LPSYSTEM_INFO  lpSystemInfo; // address of system information
                               //   structure
```

The GetSystemInfo function returns information about the current system.

This function does not return a value.

```
int GetSystemMetrics(nIndex)
  int  nIndex;      // system measurement to retrieve
```

The GetSystemMetrics function retrieves the dimensions of a Windows display element (its metrics) or a system configuration setting. All dimensions are in pixels.

The return value is the requested system metric or configuration flag.

```
BOOL GetUserName(lpBuffer, lpcchBuffer)
  LPTSTR  lpBuffer;      // address of name buffer
  LPDWORD  lpcchBuffer; // address of size of name buffer
```

The GetUserName function retrieves the user name of the current thread. This is the name of the user currently logged onto the system.

If the function succeeds, the return value is TRUE, and the variable pointed to by lpcchBuffer contains the number of characters copied to the buffer specified by lpBuffer, including the terminating null character. If the function fails, the return value is FALSE. Use the GetLastError function to obtain extended error information.

```
DWORD GetVersion(VOID)
```

The GetVersion function returns the current version number of Windows and information about the operating system platform.

If the function succeeds, the return value is the major and minor version numbers of Windows and a code specifying the operating system platform. The low word contains the version number of Windows. The high-order byte specifies the minor version (revision) number, in hexadecimal notation. The low-order byte specifies the major version number, in hexadecimal notation. The high word contains the information about the operating system platform. The high bit specifies the platform.

```
UINT GetWindowsDirectory(lpszWinPath, cchWinPath)
  LPTSTR  lpszWinPath;  // address of buffer for Windows directory
  UINT  cchWinPath;     // size of directory buffer
```

The GetWindowsDirectory function retrieves the path of the Windows directory. The Windows directory contains such files as Windows-based applications, initialization files, and Help files.

If the function succeeds, the return value is the length, in characters, of the string copied to the buffer, not including the terminating null character. If the length is greater than the size of the buffer, the return value is the size of the buffer required to hold the path. If the function fails, the return value is zero. To get extended error information, use the GetLastError function.

```
BOOL InitiateSystemShutdown(lpszMachineName, lpszMessage, dwTimeout,
                            fForceAppsClosed, fReboot)
  LPTSTR  lpszMachineName;   // address of name of computer to shut
  down
  LPTSTR  lpszMessage;      // message to display in dialog box
  DWORD  dwTimeout;         // time to display dialog box
  BOOL  fForceAppsClosed;   // force applications w/unsaved changes flag
  BOOL  fReboot;            // reboot flag
```

The InitiateSystemShutdown function initiates a shutdown and optional restart of the specified computer.

If the function succeeds, the return value is TRUE; otherwise, it is FALSE. To get extended error information, use the GetLastError function.

```
BOOL SetComputerName(lpszName)
  LPCTSTR  lpszName;    // address of new computer name
```

The SetComputerName function sets the computer name to be used the next time the system is restarted.

If the function succeeds, the return value is TRUE; otherwise, it is FALSE. To get extended error information, use the GetLastError function.

```
BOOL WINAPI SetSysColors(cDspElements, lpnDspElements, lpdwRgbValues)
  int  cDspElements;              // number of elements to change
  CONST INT  *lpnDspElements;     // address of array of elements
```

```
CONST COLORREF  *lpdwRgbValues; // address of array of RGB values
```

The SetSysColors function sets the colors for one or more display elements. Display elements are the various parts of a window and the Windows display that appear on the system display screen.

If the function succeeds, the return value is TRUE; otherwise, it is FALSE. To get extended error information, use the GetLastError function.

```
BOOL SystemParametersInfo(wAction, wParam, lpvParam, fUpdateProfile)
  UINT  wAction;        // system parameter to query or set
  UINT  wParam;         // depends on action to be taken
  PVOID  lpvParam;      // depends on action to be taken
  UINT  fUpdateProfile; // user profile update flag
```

The SystemParametersInfo function queries or sets system-wide parameters. This function can also update the user profile while setting a parameter.

If the function succeeds, the return value is TRUE; otherwise, it is FALSE. To get extended error information, use the GetLastError function.

```
BOOL DosDateTimeToFileTime(wDOSDate, wDOSTime, lpft)
  WORD  wDOSDate;     // 16-bit MS-DOS date
  WORD  wDOSTime;     // 16-bit MS-DOS time
  LPFILETIME  lpft;   // address of buffer for 64-bit file time
```

The DosDateTimeToFileTime function converts MS-DOS date and time values to a 64-bit file time.

If the function succeeds, the return value is TRUE; otherwise, it is FALSE. To get extended error information, use the GetLastError function.

```
BOOL FileTimeToDosDateTime(lpft, lpwDOSDate, lpwDOSTime)
  CONST FILETIME *  lpft;  // address of 64-bit file time
  LPWORD  lpwDOSDate;      // address of variable for MS-DOS date
  LPWORD  lpwDOSTime;      // address of variable for MS-DOS time
```

The FileTimeToDosDateTime function converts a 64-bit file time to MS-DOS date and time values.

If the function succeeds, the return value is TRUE; otherwise, it is FALSE. To get extended error information, use the GetLastError function.

```
BOOL FileTimeToLocalFileTime(lpft, lpftLocal)
  CONST FILETIME *  lpft;  // address of UTC file time to convert
  LPFILETIME  lpftLocal;   // address of converted file time
```

The FileTimeToLocalFileTime function converts a file time based on the Coordinated Universal Time (UTC) to a local file time.

If the function succeeds, the return value is TRUE; otherwise, it is FALSE. To get extended error information, use the GetLastError function.

```
BOOL FileTimeToSystemTime(lpft, lpst)
  CONST FILETIME *  lpft;  // address of file time to convert
  LPSYSTEMTIME  lpst;      // address of converted system time
```

The FileTimeToSystemTime function converts a 64-bit file time to system time format.

If the function succeeds, the return value is TRUE; otherwise, it is FALSE. To get extended error information, use the GetLastError function.

```
DWORD GetCurrentTime(VOID)
```

The GetCurrentTime function retrieves the number of milliseconds that have elapsed since Windows was started.

If the function succeeds, the return value is the number of milliseconds that have elapsed since Windows was started.

```
BOOL GetFileTime(hFile, lpftCreation, lpftLastAccess, lpftLastWrite)
  HANDLE  hFile;                 // identifies the file
  LPFILETIME  lpftCreation;      // address of creation time
  LPFILETIME  lpftLastAccess;    // address of last access time
  LPFILETIME  lpftLastWrite;     // address of last write time
```

The GetFileTime function retrieves the date and time that a file was created, last accessed, and last modified.

If the function succeeds, the return value is TRUE; otherwise, it is FALSE. To get extended error information, use the GetLastError function.

```
VOID GetLocalTime(lpst)
  LPSYSTEMTIME  lpst;   // address of system time structure
```

The GetLocalTime function retrieves the current local date and time.

```
VOID GetSystemTime(lpst)
  LPSYSTEMTIME  lpst;   // address of system time structure
```

The GetSystemTime function retrieves the current system date and time. The system time is expressed in Coordinated Universal Time (UTC).

```
DWORD GetTickCount(VOID)
```

The GetTickCount function retrieves the number of milliseconds that have elapsed since Windows was started.

If the function succeeds, the return value is the number of milliseconds that have elapsed since Windows was started.

```
DWORD GetTimeZoneInformation(lptzi)
  LPTIME_ZONE_INFORMATION  lptzi; // address of time-zone settings
```

The GetTimeZoneInformation function retrieves the current time-zone parameters. These parameters control the translations between Coordinated Universal Time (UTC) time and local time. If the function succeeds, the return value is one of the following values: TIME_ZONE_ID_UNKNOWN, TIME_ZONE_ID_STANDARD, TIME_ZONE_ID_DAYLIGHT, 0xFFFFFFFF.

```
BOOL LocalFileTimeToFileTime(lpftLocal, lpft)
  CONST FILETIME *  lpftLocal;  // address of local file time to convert
  LPFILETIME  lpft;             // address of converted file time
```

The LocalFileTimeToFileTime function converts a local file time to a file time based on Coordinated Universal Time (UTC).

If the function succeeds, the return value is TRUE; otherwise, it is FALSE. To get extended error information, use the GetLastError function.

```
BOOL SetFileTime(hFile, lpftCreation, lpftLastAccess, lpftLastWrite)
  HANDLE  hFile;                    // identifies the file
  CONST FILETIME *  lpftCreation;   // time the file was created
  CONST FILETIME *  lpftLastAccess; // time the file was last accessed
  CONST FILETIME *  lpftLastWrite;  // time the file was last written
```

The SetFileTime function sets the date and time that a file was created, last accessed, or last modified.

If the function succeeds, the return value is TRUE; otherwise, it is FALSE. To get extended error information, use the GetLastError function.

```
BOOL SetLocalTime(lpst)
  CONST SYSTEMTIME *  lpst;  // address of local time to set
```

The SetLocalTime function sets the current local time and date.

If the function succeeds, the return value is TRUE; otherwise, it is FALSE. To get extended error information, use the GetLastError function.

```
BOOL SetSystemTime(lpst)
  CONST SYSTEMTIME * lpst;  // address of system time to set
```

The SetSystemTime function sets the current system time and date. The system time is expressed in Coordinated Universal Time (UTC).

If the function succeeds, the return value is TRUE; otherwise, it is FALSE. To get extended error information, use the GetLastError function.

```
BOOL SetTimeZoneInformation(lptzi)
  CONST TIME_ZONE_INFORMATION * lptzi; // address of time-zone
                                       //    settings
```

The SetTimeZoneInformation function sets the current time-zone parameters. These parameters control translations from Coordinated Universal Time (UTC) time to local time.

If the function succeeds, the return value is TRUE; otherwise, it is FALSE. To get extended error information, use the GetLastError function.

```
BOOL SystemTimeToFileTime(lpst, lpft)
  CONST SYSTEMTIME * lpst;  // address of system time to convert
  LPFILETIME lpft;          // address of buffer for converted
                            //   file time
```

The SystemTimeToFileTime function converts a system time to a file time.

If the function succeeds, the return value is TRUE; otherwise, it is FALSE. To get extended error information, use the GetLastError function.

Window Classes

```
BOOL GetClassInfo(hinst, lpszClass, lpwc)
  HINSTANCE hinst;      // handle of application instance
  LPCTSTR lpszClass;    // address of class name string
  LPWNDCLASS lpwc;      // address of structure for class data
```

The GetClassInfo function retrieves information about a window class.

If the function finds a matching class and successfully copies the data, the return value is TRUE; otherwise, it is FALSE. To get extended error information, use the GetLastError function.

```
BOOL GetClassInfoEx(hinst, lpszClass, lpwcx, cbwcx)
  HINSTANCE  hinst;      // handle of application instance
  LPCTSTR  lpszClass;    // address of class name string
  LPWNDCLASSEX  lpwcx;   // address of structure for class data
  UINT  cbwcx;           // size of WNDCLASSEX structure
```

The GetClassInfoEx function retrieves information about a window class, including the handle of the small icon associated with the window class. GetClassInfo does not retrieve the handle of the small icon.

If the function finds a matching class and successfully copies the data, the return value is TRUE; otherwise, it is FALSE. To get extended error information, use the GetLastError function.

```
DWORD GetClassLong(hwnd, nIndex)
  HWND  hwnd;        // handle of window
  int  nIndex;       // offset of value to retrieve
```

The GetClassLong function retrieves the specified 32-bit (long) value from the WNDCLASS structure associated with the given window.

If the function succeeds, the return value is the requested 32-bit value; otherwise, it is zero. To get extended error information, use the GetLastError function.

```
int GetClassName(hwnd, lpClassName, cchClassName)
  HWND  hwnd;            // handle of window
  LPTSTR  lpClassName;   // address of buffer for class name
  int  cchClassName;     // size of buffer, in characters
```

The GetClassName function retrieves the name of the class to which the given window belongs.

If the function succeeds, the return value is the number of characters copied to the specified buffer; otherwise, it is zero. To get extended error information, use the GetLastError function.

```
WORD GetClassWord(hwnd, nIndex)
  HWND  hwnd;     // handle of window
  int  nOffset;  // offset of value to retrieve
```

The GetClassWord function retrieves the 16-bit (word) value at the specified offset into the extra class memory for the window class to which the given window belongs.

If the function succeeds, the return value is the requested 16-bit value; otherwise, it is zero. To get extended error information, use the GetLastError function.

```
LONG GetWindowLong(hwnd, nIndex)
  HWND  hwnd;     // handle of window
  int  nIndex;    // offset of value to retrieve
```

The GetWindowLong function retrieves information about the given window. The function also retrieves the 32-bit (long) value at the specified offset into the extra window memory of the given window.

If the function succeeds, the return value is the requested 32-bit value; otherwise, it is zero. To get extended error information, use the GetLastError function.

```
WORD GetWindowWord(hwnd, nIndex)
  HWND  hwnd;     // handle of window
  int  nIndex;    // offset of value to retrieve
```

The GetWindowWord function retrieves a 16-bit (word) value at the specified offset into the extra window memory for the given window.

If the function succeeds, the return value is the requested 16-bit value; otherwise, it is zero. To get extended error information, use the GetLastError function.

```
ATOM RegisterClass(lpwc)
  CONST WNDCLASS  *lpwc;   // address of structure with class data
```

The RegisterClass function registers a window class for subsequent use in calls to the CreateWindow or CreateWindowEx function.

If the function succeeds, the return value is an atom that uniquely identifies the class being registered; otherwise, it is zero. To get extended error information, use the GetLastError function.

```
ATOM RegisterClassEx(lpwcx, cbwcx)
  CONST WNDCLASSEX FAR  *lpwcx;   // address of structure with class
                                  //    data
  UINT  cbwcx;                    // size of WNDCLASSEX structure
```

The RegisterClassEx function registers a window class for subsequent use in calls to the CreateWindow or CreateWindowEx function.

If the function succeeds, the return value is an atom that uniquely identifies the class being registered; otherwise, it is zero. To get extended error information, use the GetLastError function.

```
DWORD SetClassLong(hwnd, nIndex, lNewVal)
  HWND  hwnd;     // handle of window
  int  nIndex;    // index of value to change
  LONG  lNewVal; // new value
```

The SetClassLong function replaces the specified 32-bit (long) value at the specified offset into the extra class memory or the WNDCLASS structure for the class to which the given window belongs.

If the function succeeds, the return value is the previous value of the specified 32-bit integer; otherwise, it is zero. To get extended error information, use the GetLastError function.

```
WORD SetClassWord(hwnd, nIndex, wNewWord)
   HWND  hwnd;       // handle of window
   int  nIndex;      // index of value to change
   WORD  wNewWord;   // new value
```

The SetClassWord function replaces the 16-bit (word) value at the specified offset into the extra class memory for the window class to which the given window belongs.

If the function succeeds, the return value is the previous value of the specified 16-bit integer; otherwise, it is zero. To get extended error information, use the GetLastError function.

```
LONG SetWindowLong(hwnd, nIndex, lNewLong)
   HWND  hwnd;       // handle of window
   int  nIndex;      // offset of value to set
   LONG  lNewLong;   // new value
```

The SetWindowLong function changes an attribute of the given window. The function also sets a 32-bit (long) value at the specified offset into the extra window memory of the given window.

If the function succeeds, the return value is the previous value of the specified 32-bit integer; otherwise, it is zero. To get extended error information, use the GetLastError function.

```
WORD SetWindowWord(hwnd, nIndex, wNewWord)
   HWND  hwnd;       // handle of window
   int  nIndex;      // offset of value to set
   WORD  wNewWord;   // new value
```

The SetWindowWord function replaces the 16-bit (word) value at the specified offset into the extra window memory for the given window.

If the function succeeds, the return value is the previous value of the specified 16-bit integer; otherwise, it is zero. To get extended error information, use the GetLastError function.

```
BOOL UnregisterClass(lpszClass, hinst)
  LPCTSTR  lpszClass;   // address of class name string
  HINSTANCE  hinst;     // handle of application instance
```

The UnregisterClass function removes a window class, freeing the memory required for the class.

If the function succeeds, the return value is TRUE. If the class could not be found or if a window still exists that was created with the class, the return value is FALSE. To get extended error information, use the GetLastError function.

Windows

```
BOOL AdjustWindowRect(lprc, fdwStyle, fMenu)
LPRECT  lprc;     // address of client-rectangle structure
DWORD  fdwStyle; // window styles
BOOL  fMenu;     // menu-present flag
```

The AdjustWindowRect function calculates the required size of the window rectangle based on the desired client-rectangle size. The window rectangle can then be passed to the CreateWindowEx function to create a window whose client area is the desired size.

If the function succeeds, the return value is TRUE; otherwise, it is FALSE. To get extended error information, use the GetLastError function.

```
BOOL AdjustWindowRectEx(lprc, fdwStyle, fMenu, fdwExStyle)
  LPRECT  lprc;        // address of client-rectangle structure
  DWORD  fdwStyle;     // window styles
  BOOL  fMenu;         // menu-present flag
  DWORD  fdwExStyle;   // extended style
```

The AdjustWindowRectEx function calculates the required size of the rectangle of a window with extended style based on the desired client-rectangle size. The window rectangle can then be passed to the CreateWindowEx function to create a window whose client area is the desired size.

If the function succeeds, the return value is TRUE; otherwise, it is FALSE. To get extended error information, use the GetLastError function.

```
BOOL AnyPopup(VOID)
```

The AnyPopup function indicates whether an owned, visible, top-level pop-up, or overlapped window exists on the screen. The function searches the entire Windows screen, not just the calling application's client area.

If a pop-up window exists, the return value is TRUE even if the pop-up window is completely covered by other windows. Otherwise, it is FALSE.

```
HDWP BeginDeferWindowPos(cWindows)
  int  cWindows;        // number of windows
```

The BeginDeferWindowPos function allocates memory for a multiple-window – position structure and returns the handle of the structure.

If the function succeeds, the return value identifies the multiple-window – position structure. If insufficient system resources are available to allocate the structure, the return value is NULL.

```
BOOL BringWindowToTop(hwnd)
  HWND  hwnd;        // handle of window
```

The BringWindowToTop function brings the given window to the top of the Z order. If the window is a top-level window, it is activated. If the window is a child window, the top-level parent window associated with the child window is activated.

If the function succeeds, the return value is TRUE; otherwise, it is FALSE. To get extended error information, use the GetLastError function.

```
HWND ChildWindowFromPoint(hwndParent, pt)
  HWND  hwndParent;   // handle of parent window
  POINT  pt;          // structure with point coordinates
```

The ChildWindowFromPoint function determines which, if any, of the child windows belonging to the given parent window contains the specified point.

If the function succeeds, the return value is the handle of the child window that contains the point, even if the child window is hidden or disabled. If the point lies outside the parent window, the return value is NULL. If the point is within the parent window but not within any child window, the return value is the handle of the parent window.

```
HWND ChildWindowFromPointEx(hwndParent, pt, uFlags)
  HWND  hwndParent;   // handle of parent window
  POINT  pt;          // structure with point coordinates
  UINT  uFlags;       // skipping flags
```

The ChildWindowFromPointEx function determines which, if any, of the child windows belonging to the given parent window contains the specified point. The function can ignore invisible, disabled, and transparent child windows.

If the function succeeds, the return value is the handle of the first child window that contains the point and meets the criteria specified by uFlags. If the point is within the parent window but not within any child window that meets the criteria, the return value is the handle of the parent window. If the point lies outside the parent window or if the function fails, the return value is NULL.

```
BOOL CloseWindow(hwnd)
  HWND  hwnd;       // handle of window to minimize
```

The CloseWindow function minimizes (but does not destroy) the given window.

If the function succeeds, the return value is TRUE; otherwise, it is FALSE. To get extended error information, use the GetLastError function.

```
HWND CreateWindow(lpszClassName, lpszWindowName, dwStyle, x, y, nWidth,
nHeight, hwndParent, hmenu, hinst, lpvParam)
  LPCTSTR  lpszClassName;     // address of registered class name
  LPCTSTR  lpszWindowName;    // address of window name
  DWORD  dwStyle;             // window style
  int  x;                     // horizontal position of window
  int  y;                     // vertical position of window
  int  nWidth;                // window width
  int  nHeight;               // window height
  HWND  hwndParent;           // handle of parent or owner window
  HMENU  hmenu;               // handle of menu or child-window
                              //   identifier
  HANDLE  hinst;              // handle of application instance
  LPVOID  lpvParam;           // address of window-creation data
```

The CreateWindow function creates an overlapped, pop-up, or child window. It specifies the window class, window title, window style, and (optionally) the initial position and size of the window. The function also specifies the window's parent or owner, if any, and the window's menu.

If the function succeeds, the return value is the handle of the new window; otherwise, it is NULL. To get extended error information, use the GetLastError function.

```
HWND CreateWindowEx(dwExStyle, lpszClassName, lpszWindowName, dwStyle,
                    x, y, nWidth, nHeight, hwndParent, hmenu, hinst,
                    lpvParam)
  DWORD  dwExStyle;           // extended window style
  LPCTSTR  lpszClassName;     // address of registered class name
  LPCTSTR  lpszWindowName;    // address of window name
  DWORD  dwStyle;             // window style
  int  x;                     // horizontal position of window
  int  y;                     // vertical position of window
```

```
int  nWidth;                 // window width
int  nHeight;                // window height
HWND  hwndParent;            // handle of parent or owner window
HMENU  hmenu;                // handle of menu, or child-window
                             //   identifier
HINSTANCE  hinst;            // handle of application instance
LPVOID  lpvParam;            // address of window-creation data
```

The CreateWindowEx function creates an overlapped, pop-up, or child window with an extended style; otherwise, this function is identical to the CreateWindow function. For more information about creating a window and for full descriptions of the other parameters of CreateWindowEx, see the description of CreateWindow.

If the function succeeds, the return value is the handle of the new window; otherwise, it is NULL.

```
HDWP DeferWindowPos(hdwp, hwnd, hwndInsertAfter, x, y, cx, cy, dwFlags)
  HDWP  hdwp;              // handle of internal structure
  HWND  hwnd;              // handle of window to position
  HWND  hwndInsertAfter;   // placement-order handle
  int  x;                  // horizontal position
  int  y;                  // vertical position
  int  cx;                 // width
  int  cy;                 // height
  UINT  dwFlags;           // window-positioning flags
```

The DeferWindowPos function updates the specified multiple-window – position structure for the given window. The function then returns the handle of the updated structure. The EndDeferWindowPos function uses the information in this structure to change the position and size of a number of windows simultaneously. The BeginDeferWindowPos function creates the structure.

The return value identifies the updated multiple-window – position structure. The handle returned by this function may differ from the handle passed to the function. The new handle that this function returns should be passed during the next call to the DeferWindowPos or EndDeferWindowPos function. If insufficient system resources are available for the function to succeed, the return value is NULL.

```
BOOL DestroyWindow(hwnd)
  HWND  hwnd;    // handle of window to destroy
```

The DestroyWindow function destroys the given window. The function sends WM_DESTROY and WM_NCDESTROY messages to the window to deactivate it and remove the keyboard focus from it. The function also destroys the window's menu, flushes the thread message queue, destroys timers, removes clipboard ownership, and breaks the clipboard viewer chain (if the window is at the top of the viewer chain). If the given window is a parent or owner window, DestroyWindow automatically destroys the associated child or owned windows when it destroys the parent or owner window. The function first destroys child or owned windows, and then it destroys the parent or owner window. DestroyWindow also destroys modeless dialog boxes created by the CreateDialog function.

If the function succeeds, the return value is TRUE; otherwise, it is FALSE. To get extended error information, use the GetLastError function.

```
BOOL DrawFrameControl(hdc, lprc, uType, uState)
  HDC  hdc;       // handle of device context
  LPRECT  lprc;  // address of bounding rectangle
  UINT  uType;   // frame-control type
  UINT  uState;  // frame-control state
```

The DrawFrameControl function draws a frame control of the specified type and style.

If the function succeeds, the return value is TRUE; otherwise, it is FALSE.

```
BOOL EndDeferWindowPos(hdwp)
  HDWP  hdwp;        // handle of internal structure
```

The EndDeferWindowPos function simultaneously updates the position and size of one or more windows in a single screen-refreshing cycle.

If the function succeeds, the return value is TRUE; otherwise, it is FALSE. To get extended error information, use the GetLastError function.

```
BOOL CALLBACK EnumChildProc(hwnd, lParam)
  HWND  hwnd;        // handle of child window
  LPARAM  lParam;  // application-defined value
```

The EnumChildProc function is an application-defined callback function that receives child window handles as a result of a call to the EnumChildWindows function.

To continue enumeration, the callback function must return TRUE; to stop enumeration, it must return FALSE.

```
BOOL EnumChildWindows(hwndParent, wndenmprc, lParam)
HWND  hwndParent;        // handle of parent window
WNDENUMPROC  wndenmprc;  // address of callback function
LPARAM  lParam;          // application-defined value
```

The EnumChildWindows function enumerates the child windows that belong to the given parent window by passing the handle of each child window, in turn, to an application-defined callback function. EnumChildWindows continues until the last child window is enumerated or the callback function returns FALSE.

If the function succeeds, the return value is TRUE; otherwise, it is FALSE.

```
BOOL EnumThreadWindows(dwThreadId, lpfn, lParam)
  DWORD  dwThreadId;  // thread identifier
  WNDENUMPROC  lpfn;  // address of callback function
  LPARAM  lParam;     // application-defined value
```

The EnumThreadWindows function enumerates all windows associated with a thread by passing the handle of each window, in turn, to an application-defined callback function. EnumThreadWindows continues until the last window is enumerated or the callback function returns FALSE.

If the function succeeds, the return value is TRUE; otherwise, it is FALSE.

```
BOOL CALLBACK EnumThreadWndProc(hwnd, lParam)
  HWND  hwnd;       // handle of window
  LPARAM  lParam;  // application-defined value
```

The EnumThreadWndProc function is an application-defined callback function that receives the window handles associated with a thread as a result of a call to the EnumThreadWindows function.

To continue enumeration, the callback function must return TRUE; to stop enumeration, it must return FALSE.

```
BOOL EnumWindows(wndenmprc, lParam)
  WNDENUMPROC  wndenmprc;  // address of callback function
  LPARAM  lParam;         // application-defined value
```

The EnumWindows function enumerates all top-level windows on the screen by passing the handle of each window, in turn, to an application-defined callback function. EnumWindows continues until the last top-level window is enumerated or the callback function returns FALSE.

If the function succeeds, the return value is TRUE; otherwise, it is FALSE.

```
BOOL CALLBACK EnumWindowsProc(hwnd, lParam)
  HWND  hwnd;       // handle of parent window
  LPARAM  lParam;  // application-defined value
```

The EnumWindowsProc function is an application-defined callback function that receives top-level window handles as a result of a call to the EnumWindows function.

To continue enumeration, the callback function must return TRUE; to stop enumeration, it must return FALSE.

```
HWND FindWindow(lpszClass, lpszWindow)
  LPCTSTR  lpszClass;    // address of class name
  LPCTSTR  lpszWindow;   // address of window name
```

The FindWindow function retrieves the handle of the top-level window whose class name and window name match the specified strings. This function does not search child windows.

If the function succeeds, the return value is the handle of the window that has the specified class name and window name; otherwise, it is NULL. To get extended error information, use the GetLastError function.

```
HWND FindWindowEx(hwndParent, hwndChildAfter, lpszClass, lpszWindow)
  HWND  hwndParent;      // handle of parent window
  HWND  hwndChildAfter;  // handle of a child window
  LPCTSTR  lpszClass;    // address of class name
  LPCTSTR  lpszWindow;   // address of window name
```

The FindWindowEx function retrieves the handle of a window whose class name and window name match the specified strings. The function searches child windows, beginning with the one following the given child window.

If the function succeeds, the return value is the handle of the window that has the specified class and window names; otherwise, it is NULL. To get extended error information, use the GetLastError function.

```
BOOL GetClientRect(hwnd, lprc)
  HWND  hwnd;     // handle of window
  LPRECT  lprc;  // address of structure for client coordinates
```

The GetClientRect function retrieves the coordinates of a window's client area. The client coordinates specify the upper left and lower right corners of the client area. Because client coordinates are relative to the upper left corner of a window's client area, the coordinates of the upper left corner are (0,0).

If the function succeeds, the return value is TRUE; otherwise, it is FALSE. To get extended error information, use the GetLastError function.

```
HWND GetDesktopWindow(VOID)
```

The GetDesktopWindow function returns the handle of the Windows desktop window. The desktop window covers the entire screen; it is the area on top of which all icons and other windows are painted.

The return value is the handle of the desktop window.

```
HWND GetForegroundWindow(VOID)
```

The GetForegroundWindow function returns the handle of the foreground window (the window with which the user is currently working). The system assigns a slightly higher priority to the thread that creates the foreground window than it does to other threads.

The return value is the handle of the foreground window.

```
HWND GetLastActivePopup(hwndOwner)
  HWND  hwndOwner;       // handle of owner window
```

The GetLastActivePopup function determines which pop-up window owned by the given window was most recently active.

The return value identifies the most recently active pop-up window. The return value is the same as the hwndOwner parameter, if any of the following conditions are met:

- The window identified by hwndOwner was most recently active.
- The window identified by hwndOwner does not own any pop-up windows.
- The window identified by hwndOwner is not a top-level window or it is owned by another window.

```
HWND GetNextWindow(hwnd, fuDirection)
  HWND  hwnd;          // handle of current window
  UINT  fuDirection;  // direction flag
```

The GetNextWindow function retrieves the handle of the next or previous window in the Z order. The next window is below the given window; the previous window is above. Windows maintains separate Z orders for topmost windows, top-level windows, and child windows. If the given window is a topmost window, the function retrieves the handle of the next (or previous) topmost window. If the given window is a top-level window, the function retrieves the handle of the next (or previous) top-level window. If the given window is a a child window, the function searches for a handle of the next (or previous) child window.

If the function succeeds, the return value is the handle of the next (or previous) window. If there is no next (or previous) window, the return value is NULL. To get extended error information, use the GetLastError function.

```
HWND GetParent(hwndChild)
  HWND  hwndChild;     // handle of child window
```

The GetParent function retrieves the handle of the given child window's parent window.

If the function succeeds, the return value is the handle of the parent window. If the window has no parent window, the return value is NULL. To get extended error information, use the GetLastError function.

```
HWND GetTopWindow(hwndParent)
  HWND  hwndParent;      // handle of parent window
```

The GetTopWindow function examines the Z order of the child windows associated with the given parent window and retrieves the handle of the child window at the top of the Z order.

If the function succeeds, the return value is the handle of the child window at the top of the Z order. If the given window has no child windows, the return value is NULL. To get extended error information, use the GetLastError function.

```
HWND GetWindow(hwnd, uCmd)
  HWND  hwnd;    // handle of original window
  UINT  uCmd;    // relationship flag
```

The GetWindow function retrieves the handle of a window that has the specified relationship to the given window.

If the function succeeds, the return value is a window handle. If no window exists with the specified relationship to the given window, the return value is NULL. To get extended error information, use the GetLastError function.

```
BOOL GetWindowPlacement(hwnd, lpwndpl)
  HWND  hwnd;                   // handle of window
  WINDOWPLACEMENT * lpwndpl; // address of structure for position data
```

If the function succeeds, the return value is TRUE; otherwise, it is FALSE. To get extended error information, use the GetLastError function.

```
BOOL GetWindowRect(hwnd, lprc)
  HWND  hwnd;    // handle of window
  LPRECT  lprc;  // address of structure for window coordinates
```

The GetWindowRect function retrieves the dimensions of the bounding rectangle of the given window. The dimensions are given in screen coordinates that are relative to the upper left corner of the screen.

If the function succeeds, the return value is TRUE; otherwise, it is FALSE. To get extended error information, use the GetLastError function.

```
int GetWindowText(hwnd, lpsz, cch)
  HWND  hwnd;    // handle of window or control with text
```

```
LPTSTR  lpsz;  // address of buffer for text
int  cch;      // maximum number of characters to copy
```

The GetWindowText function copies the text of the given window's title bar (if it has one) into a buffer. If the given window is a control, the text of the control is copied.

If the function succeeds, the return value is the length, in characters, of the copied string, not including the terminating null character. If the window has no title bar or text, if the title bar is empty, or if the window or control handle is invalid, the return value is zero. To get extended error information, use the GetLastError function.

```
int GetWindowTextLength(hwnd)
  HWND  hwnd;    // handle of window or control with text
```

The GetWindowTextLength function retrieves the length, in characters, of the given window's title bar text (if the window has a title bar). If the given window is a control, the function retrieves the length of the text within the control.

If the function succeeds, the return value is the length, in characters, of the text. If the window has no text, the return value is zero. To get extended error information, use the GetLastError function.

```
DWORD GetWindowThreadProcessId(hwnd, lpdwProcessId)
  HWND  hwnd;                 // handle of window
  LPDWORD  lpdwProcessId;  // address of variable for process identifier
```

The GetWindowThreadProcessId function retrieves the identifier of the thread that created the given window and, optionally, the identifier of the process that created the window.

The return value is the identifier of the thread that created the window.

```
BOOL IsChild(hwndParent, hwnd)
  HWND  hwndParent;   // handle of parent window
  HWND  hwnd;         // handle of window to test
```

The IsChild function tests whether a specified window is a child window or descendant window of a given parent window. A child window is the direct descendant of a given parent window if that parent window is in the chain of parent windows; the chain of parent windows leads from the original overlapped or pop-up window to the child window.

If the function succeeds, the return value is TRUE; otherwise, it is FALSE.

```
BOOL IsWindow(hwnd)
  HWND  hwnd;    // handle of window
```

The IsWindow function determines whether the specified window handle identifies an existing window.

If the window handle identifies an existing window, the return value is TRUE; otherwise, it is FALSE.

```
BOOL IsWindowUnicode(hwnd)
  HWND  hwnd;    // handle of window
```

The IsWindowUnicode function determines whether the given window is a native Unicode™ window.

If the function succeeds, the return value is TRUE; otherwise, it is FALSE.

```
BOOL IsZoomed(hwnd)
  HWND  hwnd;        // handle of window
```

The IsZoomed function determines whether a window is maximized.

If the function succeeds, the return value is TRUE; otherwise, it is FALSE.

```
BOOL MoveWindow(hwnd, x, y, cx, cy, fRepaint)
  HWND  hwnd;        // handle of window
  int  x;            // horizontal position
  int  y;            // vertical position
  int  cx;           // width
  int  cy;           // height
  BOOL  fRepaint;    // repaint flag
```

The MoveWindow function changes the position and dimensions of the given window. For a top-level window, the position and dimensions are relative to the upper left corner of the screen. For a child window, they are relative to the upper left corner of the parent window's client area.

If the function succeeds, the return value is TRUE; otherwise, it is FALSE.

```
BOOL SetForegroundWindow(hwnd)
  HWND  hwnd;    // handle of window to bring to foreground
```

The SetForegroundWindow function puts the thread that created the given window into the foreground and activates the window. Keyboard input is directed to the window, and various visual cues are changed for the user.

If the function succeeds, the return value is TRUE; otherwise, it is FALSE. To get extended error information, use the GetLastError function.

```
HWND SetParent(hwndChild, hwndNewParent)
  HWND  hwndChild;      // handle of window whose parent is changing
  HWND  hwndNewParent;  // handle of new parent window
```

The SetParent function changes the parent window of the given child window.

If the function succeeds, the return value is the handle of the previous parent window; otherwise, the return value is NULL. To get extended error information, use the GetLastError function.

```
BOOL SetWindowPlacement(hwnd, lpwndpl)
  HWND  hwnd;                           // handle of window
  CONST WINDOWPLACEMENT *  lpwndpl; // structure with position data
```

The SetWindowPlacement function sets the show state and the restored, minimized, and maximized positions of the given window.

If the function succeeds, the return value is TRUE; otherwise, it is FALSE. To get extended error information, use the GetLastError function.

```
BOOL SetWindowPos(hwnd, hwndInsertAfter, x, y, cx, cy, fuFlags)
  HWND  hwnd;             // handle of window
  HWND  hwndInsertAfter;  // placement-order handle
  int  x;                 // horizontal position
  int  y;                 // vertical position
  int  cx;                // width
  int  cy;                // height
  UINT  fuFlags;          // window-positioning flags
```

The SetWindowPos function changes the size, position, and Z order of a child, pop-up, or top-level window. Child, pop-up, and top-level windows are ordered according to their appearance on the screen. The topmost window receives the highest rank and is the first window in the Z order.

If the function succeeds, the return value is TRUE; otherwise, it is FALSE. To get extended error information, use the GetLastError function.

```
BOOL SetWindowText(hwnd, lpsz)
  HWND  hwnd;      // handle of window or control
  LPCTSTR  lpsz;   // address of string
```

The SetWindowText function changes the text of the given window's title bar (if it has one). If the given window is a control, the text of the control is changed.

If the function succeeds, the return value is TRUE; otherwise, it is FALSE. To get extended error information, use the GetLastError function.

```
BOOL ShowOwnedPopups(hwnd, fShow)
  HWND  hwnd;    // handle of window
  BOOL  fShow;   // window visibility flag
```

The ShowOwnedPopups function shows or hides all pop-up windows owned by the given window.

If the function succeeds, the return value is TRUE; otherwise, it is FALSE. To get extended error information, use the GetLastError function.

```
BOOL ShowWindow(hwnd, nCmdShow)
  HWND  hwnd;        // handle of window
  int  nCmdShow;     // show state of window
```

The ShowWindow function sets the given window's show state.

If the window was previously visible, the return value is TRUE. If the window was previously hidden, the return value is FALSE.

```
HWND WindowFromPoint(pt)
  POINT  pt;         // structure with point
```

The WindowFromPoint function retrieves the handle of the window that contains the specified point.

If the function succeeds, the return value is the handle of the window that contains the point. If no w0.indow exists at the given point, the return value is NULL.

CHAPTER 3

MESSAGES

Every window has a procedure that processes messages. Messages come from two sources: the Windows operating system and applications. Windows sends messages to inform a window of an event, such as a timer tick, command selection, mouse movement, or some other change to the system, the window, or the window's child windows. An application can also send messages to various windows in order to request information, change settings, or control the exchange of information.

This chapter lists messages by category; for example, all messages related to list boxes can be found together. Each message is listed with a short description, the values required in its wparam and lparam parameters, and the expected return values (if any). Chapter Four indexes all messages in alphabetical order, and includes information on compatibility across various Windows versions.

Buttons

An application sends these messages to a button window to change its state, appearance, and characteristics.

Message	Description	wparam	lparam	Return
BM_CLICK	Sends WM_L-BUTTONDOWN and WM_LBUTTONUP messages to the target button, and a BN_CLICKED notification message to the button's parent Window.	n/a	n/a	n/a
BM_GETBIT-MAP	Obtains handle of bitmap associated with target button.	n/a	n/a	Handle of button's bitmap
BM_GETCHECK	Retrieves the check state of a radio button or check box.	n/a	n/a	0 = unchecked 1 = checked 2 = grayed
BM_GETICON	Obtains handle of icon . associated with target button	n/a	n/a	Handle of button's icon
BM_GETSTATE	Obtains state information for target button.	n/a	n/a	Current state of button. Extract info with these bitmaps: 0x0003 check state 0x0004 highlight 0x0008 focus state
BM_SETBITMAP	Sets bitmap for target button.	Bitmap handle	Flag: TRUE to redraw button, FALSE for no redraw	Handle of previous bitmap, if any; otherwise, NULL

Message	Description	wparam	lparam	Return
BM_SETCHECK	Sets check state of target button.	New check state (see BM_GET-CHECK)	n/a	Always 0
BM_SETICON	Sets icon for target button.	Icon handle	Flag: TRUE to redraw button, FALSE for no redraw	Handle of previous icon, if any; other wise, NULL
BM_SETSTATE	Change the highlight of a button. state	Flag: TRUE for highlight, FALSE for no highlight	n/a	Always 0
BM_SETSTYLE	Changes target button's	Button style, style.defined by the BS_ constants given in Chapter 5	Flag: TRUE to redraw button, FALSE for no redraw	Always 0
DM_GETDEFID	Obtains the handle of the default button for a target dialog box.	n/a	n/a	The handle of the default button for the target dialog box.
DM_SETDEFID	Sets the default buttonfor the target dialog box.	Handle of button to be assigned as default for target dialog box	n/a	Always TRUE
WM_CTL-COLORBTN	Sent to parent win -dow when a button is about to be drawn. By responding to this message, the parent window can set a button's text and background colors.	Handle of button display context	Handle of target button	Must return handle of brush.

These notification messages arrive via a WM_COMMAND message.

Notification Message	Description	wparam	lparam
BN_CLICKED	User clicked a button.	INT identifier of button	HWND handle of button
BN_DBLCLK	User double-clicked a button.	INT identifier of button	HWND handle of button
BN_DISABLE	Button is disabled.	n/a	n/a
BN_DOUBLE-CLICKED	Replaced by BN_DBLCLK	n/a	n/a
BN_HILITE	User highlighted a button.	n/a	n/a
BN_PAINT	Button should be painted.	n/a	n/a
BN_UNHILITE	Highlight should be removed.	n/a	n/a

Button List Boxes

The button list box control is a horizontal list box containing a set of buttons; when a button in the list is selected, the parent window is notified.

Message	Description	wparam	lparam	Return
BL_ADDBUTTON	Adds a button to a button list box.	Not used; must be zero	Address to CREATELIST-BUTTON structure	Zero-based index to button in list box. Returns BL_ERR on error, or BL_ERRSPACE if insufficient memory.
BL_DELETE-BUTTON	Deletes the given button in a button list box.	Zero-based index of button to be deleted.	Not used; must be zero	Count of remaining buttons in list box, or BL_ERR on error.

Message	Description	wparam	lparam	Return
BL_GETCARET-INDEX	Retrieves the index of the button that has the focus.	Not used; must be zero	Not used; must be zero	Zero-based index of item that has focus
BL_GETCOUNT	Retrieves the number of buttons.	Not used; must be zero	Not used; must be zero	Number of buttons in list box, or BL_ERR on error.
BL_GETCURSEL	Retrieves index of currently selected button.	Not used; must be zero	Not used; must be zero	Zero-based index of currently selected button, or BL_ERR if no button is selected.
BL_GETITEM-DATA	Retrieves application-supplied doubleword value associated with the specified button	Zero-based index of button	Not used; must be zero	Doubleword value of button, or BL_ERR on error.
BL_GETITEM-RECT	Retrieves the dimen-sions of rectangle bounding a button	Zero-based index of button	Address to RECT struct	BL_ERR returned on error.
BL_GETTEXT	Retrieves the text of a button.	Zero-based index of button	LPCSTR to string buffer	Number of charac ters retrieved, or BL_ERR on error.
BL_GET-TEXTLEN	Retrieves the length of the text for a button.	Zero-based index of button	Not used; must be zero	Number of charac ters in button's text, or BL_ERR on error.
BL_GETTOP-INDEX	Retrieves index of the first visible button.	Not used; must be zero	Not used; must be zero	Zero-based index of first visible button.

Message	Description	wparam	lparam	Return
BL_INSERT-BUTTON	Inserts a button.	Zero-based index before which this button will be inserted.	Address to CREATELIST BUTTON structure	Returns index at which the button was inserted. Returns BL_ERR on error, or BL_ERRSPACE if insufficient memory.
BL_RESET-CONTENT	Removes all buttons.	Not used; must be zero	Not used; must be zero	n/a
BL_SETCARET-INDEX	Sets focus rectangle to the specified button.	Zero-based index of button	Not used; must be zero	BL_ERR on error
BL_SETCURSEL	Selects a button and scrolls it into view.	Zero-based index of button	Not used; must be zero	BL_ERR on error
BL_SETITEM-DATA	Associates a 32-bit value with a button.	Zero-based index of button	DWORD value	BL_OKAY on suc cess; BL_ERR on error.
BL_SETTOPINDEX	Ensures that a specific button is visible.	Zero-based index of button	Not used; must be zero	BL_ERR on error
BLN_CLICKED	Notifies parent window when the user double-clicks a button.	INT identifier of button	HWND handle of button	
BLN_KILLFOCUS	Notifies parent window when a button list box loses the input focus.	INT identifier of button	HWND handle of button	
BLN_SELCANCEL	Notifies parent window when the user cancels the selection.	INT identifier of button	HWND handle of button	
BLN_SETFOCUS	Notifies parent window when a list box receives the input focus.	INT identifier of button	HWND handle of button	

Message	Description	wparam	lparam	Return
BLN_SELCHANGE	Notifies the parent window when the selection in a button list box is about to chan	INT identifier of button	HWND	handle of button

Clipboard

These message store, interrogate, and retrieve information stored in the system Clipboard.

Message	Description	wparam	lparam	Return
WM_ASKCB-FORMATNAME	Sent to Clipboard owner by Clipboard viewer window to request the name of a CF_OWNERDISPLAY Clipboard format.	DWORD size of receiving buffer	LPSTR to buffer receiving Clipboard format info	If processed, return zero
WM_CHANGECB-CHAIN	Sent to first window in Clipboard viewer chain when a window is being removed from the chain.	HWND of window being removed	HWND of next window in chain	If processed, return zero
WM_COPY	Copies current selection in combo box or edit control to the Clipboard in CF_TEXT format.	Not used; must be zero	Not used; must be zero	n/a
WM_CUT	Copies current selection in combo box or edit control to the Clipboard in CF_TEXT format.	Not used; must be zero	Not used; must be zero	n/a
WM_DESTROY-CLIPBOARD	Sent to the Clipboard owner when a call to	n/a	n/a	If processed, return zero

Message	Description	wparam	lparam	Return
	the EmptyClipboard function empties the Clipboard.			
WM_DRAW-CLIPBOARD	Sent to the first window in the Clipboard viewer chain when the content of the Clipboard changes.	n/a	n/a	n/a
WM_HSCROLL-CLIPBOARD	Sent to Clipboard owner by a Clipboard viewer window when the Clipboard contains data in the CF_OWNERDISPLAY format and an event occurs in the Clipboard viewer's horizontal scroll bar. The owner should scroll the Clipboard image and update the scroll bar values.	HWND of Clipboard viewer window	LW = scroll bar code, defined by the SB_ constants (see Chapter 5) HW = scroll bar position	If processed, return zero
WM_PAINTCLIP-BOARD	Sent to the Clipboard owner by a Clipboard viewer window when the Clipboard contains data in the CF_OWNER-DISPLAY format and the Clipboard viewer's client area needs repainting.	HWND of Clipboard viewer window	HGLOBAL of PAINTSTRUCT object	If processed, return zero
WM_PASTE	Copies current content of Clipboard at the current caret position.	Not used; must be zero	Not used; must be zero	n/a

Message	Description	wparam	lparam	Return
WM_RENDER-ALLFORMATS	Sent to the Clipboard owner before it is destroyed, if the Clipboard owner has delayed rendering one or more Clipboard formats.	n/a	n/a	If processed, return zero
WM_RENDER-FORMAT	Sent to the Clipboard owner if it has delayed rendering a specific Clipboard format and if an application has requested data in that format.	UINT identifying Clipboard format	n/a	If processed, return zero
WM_SIZECLIP-BOARD	Sent to the Clipboard owner by a Clipboard viewer window when the Clipboard contains data in the CF_OWNER-DISPLAY format and the Clipboard viewer's client area has changed size.	HWND of Clipboard viewer window	HGLOBAL of RECT object	If processed, return zero
WM_VSCROLL-CLIPBOARD	Sent to Clipboard owner by a Clipboard viewer window when the Clipboard contains data in the CF_OWNER-DISPLAY format and an event occurs in the Clipbo ard viewer's vertical scroll bar. The owner should scroll the Clipboard image and update the scroll bar values.	HWND of Clipboard viewer window	LW = scroll bar code, defined by the SB_ constants (see Chapter 5) HW = scroll bar position	If processed, return zero

Combo Boxes

All of these messages apply to combo box controls. Most will be sent by your application to a combo box to control its contents and edit control.

Message	Description	wparam	lparam	Return
CB_ADDSTRING	Adds string to list box	Not used; must be zero	LPCSTR address of string to add	Zero-based index to the string in the list box of the combo box. On error, returns CB_ERR. If insuficient space, returns CB_ERRSPACE.
CB_DELETE-STRING	Deletes string from list box	Index of item to deleted.	Not used; must be zero	Count of the strings remaining in list. If the index parameter is out-of-range, returns CB_ERR.
CB_DIR	Add a list of filenames to the list box	UINT bitmask of file attributes, using DDL_ constants (see Chapter 5)	LPCSTR address of filename; may include wildcards.	Zero-based index of last filename added to list. If error, returns CB_ERR. If insufficient space, returns CB_ERRSPACE.
CB_FINDSTRING	Search list box for an item beginning with the characters in specified string.	UINT index of item before start of search	LPCSTR to prefix string address	Zero-based index of matching item. If the search is unsuccessful, returns CB_ERR.

Message	Description	wparam	lparam	Return
CB_FINDSTRING-EXACT	Search list box for an item exactly matching characters in specified string.	UINT index of item before start of search	LPCSTR to prefix string address	Zero-based index of matching item. If the search is unsuccessful, returns CB_ERR.
CB_GETCOUNT	Retrieves number of items in the list box	Not used; must be zero	Not used; must be zero	Number of items in the list box, or CB_ERR on error.
CB_GETCURSEL	Retrieves index of currently selected item, if any, in list box	Not used; must be zero	Not used; must be zero	Zero-based index of the currently selected item. If no item is selected, returns CB_ERR.
CB_GETDROPPED-CONTROLRECT	Retrieve screen coordinates of drop-down list box	Not used; must be zero	FAR address of RECT structure	Always CB_OKAY
CB_GETEDITSEL	Gets starting and ending character positions of current selection in edit control	LP to DWORD that receives starting position. Can be NULL	LP to DWORD that receives ending position. Can be NULL	DWORD positions LW = starting position HW = ending position
CB_GET-EXTENDEDUI	Determines whether a combo box has default or extended user interface.	n/a	n/a	TRUE = extended UI FALSE = standard UI
CB_GET-HORIZONTAL-EXTENT	Retrieves the width, in pixels, by which list box can be horizontally scrolled	n/a	n/a	Scrollable width, in pixels
CB_GETITEM-DATA	Retrieves application-supplied 32-bit value associated with specified item	Zero-based item index	Not used; must be zero	32-bit value associated with the item. On error, returns CB_ERR.

Message	Description	wparam	lparam	Return
CB_GETITEM-HEIGHT	Determines height of list items or selection field	Zero-based item index. If set to -1, obtains height of selection field.	Not used; must be zero	Height, in pixels, of list items in a combo box. If the combo box has CBS_OWNER DRAWVARIABLE style, returns height of item specified by the index parameter. If index is –1, returns height of the edit control. On error returns CB_ERR.
CB_GETLBTEXT	Retrieves a string from the list	Zero-based item index	LPCSTR address of buffer	Length of string, in bytes, excluding terminating null. If index parameter is invalid, returns CB_ERR.
CB_GETLBTEXT-LEN	Retrieves length, in characters, of string in list	Zero-based item index	Not used; must be zero	Length of string, in bytes, excluding terminating null. If index parameter is invalid, returns CB_ERR.
CB_GETLOCALE	Retrieves current locale	Not used; must be zero	Not used; must be zero	HW = country code LW = language identifier.
CB_GETTOP-INDEX	Retrieves zero-based index of first visible item in list box	Not used; must be zero	Not used; must be zero	Index of first visible item in list box; on error, returns CB_ERR.

Message	Description	wparam	lparam	Return
CB_INITSTORAGE	Sent before adding large number of items to list box; allocates memory for storing list box items.	INT number of items to add.	DWORD bytes of memory to allocate	Maximum number of items that mem ory object can store; on error, returns CB_ERR.
CB_INSERT-STRING	Inserts string into l ist box	Zero-based item index	LPCSTR to string	Index of position where string was inserted. On error, returns CB_ERR; if insufficient stor age space, returns CB_ERRSPACE.
CB_LIMITTEXT	Limits the length of text that user may type into edit control	Maximum number of characters	Not used; must be zero	Always TRUE
CB_RESET-CONTENT	Removes all items from list box and edit control	Not used; must be zero	Not used; must be zero	Always CB_OKAY
CB_SELECT-STRING	Search list for item that begins with characters in specified string. If matching item is found, select and copy it to edit control.	Zero-based index of item before first selection; if -1, search entire list	LPCSTR address of prefix string	Index of selected item; if the search is unsuccessful, returns CB_ERR and current selection is not changed.
CB_SETCURSEL	Select string in list; if necessary, the list scrolls the string into view. Text in the edit control changes to reflect new selection, and any previous selection is removed.	Zero-based item index; if -1, edit control is cleared and current seclection is removed.	Not used; must be zero	Index of the item selected. If index greater than the number of items in the list or if index equals –1, returns CB_ERR and selection is cleared.
CB_SETDROPPED-WIDTH	Set width, in pixels, of the list box	UINT width of list box; must be >= to width of edit control.	Not used; must be zero	New width of list box; on error, returns CB_ERR.

Message	Description	wparam	lparam	Return
CB_SETEDITSEL	Select characters in edit control.	Not used; must be zero	HW = ending position LW = starting position	TRUE, unless sent to a combo box with the CBS_DROP DOWNLIST style, when returns CB_ERR.
CB_SET-EXTENDEDUI	Select either default or extended user interface for a combo box that has the CBS_DROP DOWN or CBS_DROPDOWN-LIST style.	TRUE = extended UI FALSE = standard UI	Not used; must be zero	CB_OKAY; return CB_ERR on error.
CB_SET-HORIZONTAL-EXTENT	Sets width, in pixels, by which list box can be scrolled horizontally	Scrollable width of list box, in pixels.	Not used; must be zero	n/a
CB_SETITEM-DATA	Sets 32-bit value associated with specified item	Zero-based index of item	New 32-bit value for item	On error, returns CB_ERR
CB_SETITEM-HEIGHT	Sets height of list items or selection field	Zero-based index of item; if -1, sets height of selection field.	INT height of item	On error, returns CB_ERR
CB_SETLOCALE	Sets current locale	WORD locale identifier	Not used; must be zero	Previous locale value; on error returns CB_ERR
CB_SETTO-PINDEX	Ensures a particular item is visible in list box	Zero-based index of item	Not used; must be zero	On success, zero; on error, CB_ERR
CB_SHOWDROP-DOWN	Shows or hides list box	TRUE shows list box; FALSE hides it	Not used; must be zero	Always TRUE

These notification messages arrive via a WM_COMMAND message.

Notification Message	Description	wparam	lparam
CBN_CLOSEUP	Indicates the list in a drop-down combo box or drop-down list box is about to close.	INT identifier of combo box	HWND of combo box
CBN_DBLCLK	Indicates the user has double-clicked a list item in a simple combo box.	INT identifier of combo box	HWND of combo box
CBN_DROPDOWN	Indicates the list in a drop-down combo box or drop-down list box is about to open.	INT identifier of combo box	HWND of combo box
CBN_EDIT-CHANGE	Indicates the user has changed the text in the edit control of a simple or drop-down combo box. This notification message is sent after the altered text is displayed.	INT identifier of combo box	HWND of combo box
CBN_EDITUPDATE	Indicates the user has changed the text in the edit control of a simple or drop-down combo box. This notification message is sent before the altered text is displayed.	INT identifier of combo box	HWND of combo box
CBN_ERRSPACE	Indicates the combo box cannot allocate enough memory to carry out a request, such as adding a list item.	INT identifier of combo box	HWND of combo box
CBN_KILLFOCUS	Indicates the combo box is about to lose the in put focus.	INT identifier of combo box	HWND of combo box

Notification Message	Description	wparam	lparam
CBN_SELCHANGE	Indicates the current selection has changed.	INT identifier of combo box	HWND of combo box
CBN_SETFOCUS	Indicates the combo box has received the input focus. HWND of combo box		INT identifier of combo box

Common Controls

Windows 4.0 provides a set of common, extended-function controls, including button list boxes, header controls, hot key controls, image lists, progress bars, property sheets, rich edit controls, status windows, tab controls, toolbars, tooltip controls, trackbars, tree view controls, and up-down controls. The following messages apply to all of these custom control types.

Message	Description	wparam	lparam	Return
WM_NOTIFY	Informs the parent window of a custom control that an event has occurred in the control.	INT identifier of control	Address to NMHDRstructure	NMHDR for notification messages that specify otherwise.

The common set of notification messages informs a parent window of actions involving its child custom controls. Unlike standard notification messages received via WM_COMMAND messages, these notification messages arrive via a WM_NOTIFY message (see above).

Notification Message	Description	wparam	lparam
NM_CLICK	User clicked the left mouse button within the control.	Not used; must be zero	Address to NMHDR structure
NM_DBLCLK	User double-clicked the left mouse button within the control.	Not used; must be zero	Address to NMHDR structure

Notification Message	Description	wparam	lparam
NM_KILLFOCUS	Control lost the focus.	Not used; must be zero	Address to NMHDR structure
NM_OUTOF-MEMORY	Control could not complete an operation due to insufficient memory.	Not used; must be zero	Address to NMHDR structure
NM_RCLICK	User clicked the right mouse button within the control.	Not used; must be zero	Address to NMHDR structure
NM_RDBLCLK	User double-clicked the right mouse button within the control.	Not used; must be zero	Address to NMHDR structure
NM_RETURN	The ENTER key was pressed while this control had focus.	Not used; must be zero	Address to NMHDR structure
NM_SETFOCUS	Control received input focus.	Not used; must be zero	Address to NMHDR structure

Control Fonts

This group of messages applies to fonts used in all types of controls.

Message	Description	wparam	lparam	Return
WM_GETFONT	Retrieve the font with which the control is currently drawing its text.	Not used; must be zero	Not used; must be zero	HFONT of font used by control; NULL for system font.
WM_SETFONT	Specifies the font that a control is to use when drawing text	HFONT of font being assigned	If TRUE, control is redrawn.	n/a

Dialog Boxes

An application uses these messages to manipulate dialog boxes.

Message	Description	wparam	lparam	Return
DM_REPOSITION	Repositions a top-level dialog box so that it fits within desktop area	Not used; always zero	Not used; always zero	n/a
WM_CTL-COLORDLG	Sent to a dialog box before it is drawn by Windows. By responding, the dialog box can set its text and background colors by using the given display device context handle.	HDC of dialog box display context	HWND of dialog box	Must return the handle of a brush for painting dialog box background.
WM_CTLCOLOR-LISTBOX	Sent to the parent window of a list box before Windows draws it. By responding, the parent window can set text and background colors for the list box by using the given display device context handle.	HDC of list box display context	HWND of list box	Must return the handle of a brush for painting list box background.
WM_CTL-COLORMSGBOX	Sent to the parent window of a message box before Windows draws it. By responding, the parent window can set text and background colors for the message box by using the given display device context handle.	HDC of message box display context	HWND of message box	Must return the handle of a brush for painting messagebox background.

Message	Description	wparam	lparam	Return
WM_ENTERIDLE	Sent to owner window of a modal dialog box or menu that is entering an idle state.	Idle source flag; see MSGF_ constant in Chapter 5	HWND of dialog box or owner window	If processed, return zero
WM_GET-DLGCODE	Sent to the dialog box procedure associated with a control. Normally, Windows handles all direction-key and TAB-key input to the control. By responding to the WM_GETDLGCODE message, an application can take control of a particular type of input and process the input itself.	n/a	n/a	One of the DLGC_ constants; see Chapter 5.
WM_INITDIALOG	Sent to the dialog box procedure immediately before a dialog box is displayed.	HWND of control to receive focus	initialization parameter	Returning TRUE directs Windows to set the keyboard focus to the control given by the HWND. Return FALSE to prevent Windows from set ting the default keyboard focus.
WM_NEXT-DLGCTL	Sent to a dialog box procedure to set the keyboard focus to a different control in the dialog box.	Identifies control to receive focus.	TRUE = wparam is identifier for specific control. FALSE = is wparam is 0, move to next control; otherwise move to previous control.	If processed, return zero

Dynamic Data Exchange

These messages occur when a dynamic data exchange (DDE) communication is underway. The return value should be zero for all DDE messages.

Message	Description	wparam	lparam
WM_DDE_ACK (Response to WM_DDE_ INITIATE)	Notifies a dynamic data exchange (DDE) application of receipt and processing of a WM_DDE_INITIATE message.	HWND of server window posting the message	LW = atom identify ing replying application. HW = atom identifying topic of conversation
WM_DDE_ACK (Response to WM_DDE_ EXECUTE)	Notifies a dynamic data exchange (DDE) application of receipt and processing of a WM_DDE_EXECUTE message.	HWND of server window posting the message	Contains packed para meters to be extracted by UnpackDDElParam function. The Low com ponent specifies a DDEACK structure con taining a series of flags indicating the status of the response. The High component is a HGLOBAL of a global memory object contain ing the command string.
WM_DDE_ACK (Response to all other messages)	Notifies a dynamic data exchange (DDE) application of receipt and processing of a WM_DDE_DATA, WM_DDE_ADVISE, WM_DDE_UNADVISE, WM_DDE_POKE, or in some cases, WM_DDE_REQUEST message.	HWND of server window posting the message	Contains packed para meters to be extracted by UnpackDDElParam function. The Low com ponent specifies a DDEACK structure con taining a series of flags indicating the status of the response. The High component is a global atom that identifies the name of the data item for which the response is sent.

Message	Description	wparam	lparam
WM_DDE_ADVISE	Posted to a DDE server application to request server to supply an update for a data item whenever the item changes.	HWND of server window posting the message	Contains packed para meters to be extracted by UnpackDDElParam function. The Low com ponent identifies a global memory object contain ing a DDEADVISE structure specifying how data is to be sent. The High component is a global atom that identi fies the data requested.
WM_DDE_DATA	Posted to a DDE client application to pass a data item to the client or to notify the client of the availability of a data item.	HWND of server window posting the message	Contains packed para meters to be extracted by UnpackDDElParam function. The Low com ponent contains an HGLOBAL that identi fies a global memory object containing a DDEDATA structure with the data and addi tional information. The handle should be set to NULL if the server is notifying the client that the data-item value has changed during a warm link. A warm link is estab-lished by the client sending a WM_DDE_ADVISE message with the fDeferUpd bit set. The High component con tains an atom that identi ies the data item for which the data or notifi cation is sent.

Message	*Description*	*wparam*	*lparam*
WM_DDE_-EXECUTE	Posted to a DDE server application to send a string to the server to be processed as a series of commands.	HWND of server window posting the message	HGLOBAL of global memory object that ref erences an ANSI or UNICODE command string depending on the types of windows involved in the conversation.
WM_DDE_-INITIATE	Sent to initiate a conversation with a server application responding to the specified application and topic names.	HWND of server window posting the message	LW contains an atom that identifies the appli cation with which a con versation is requested. HW contains an atom that identifies the topic for which a conversation is requested. If the topic is NULL, conversations for all available topics are requested.
WM_DDE_POKE	Posted to a DDE server application to request the server to accept an unsolicited data item.	HWND of server window posting the message	Contains packed para meters to be extracted by UnpackDDElParam function. The Low com ponent contains an HGLOBAL that identi fies a global memory object containing a DDEPOKE structure with the data and addi tional information. The High component con tains a global atom that identifies the data item for which the data or notification is being sent.

Message	*Description*	*wparam*	*lparam*
WM_DDE_-REQUEST	Posted to a DDE server application to request the value of a data item.	HWND of server window posting the message	LW specifies a standard or registered Clipboard format. HW contains an atom that identifies the data item requested from the server.
WM_DDE_-TERMINATE	Posted to terminate a conversation.	HWND of server window posting the message	Not used; must be zero
WM_DDE_-UNADVISE	Posted to inform a DDE server application that the specified item or a particular Clipboard format for the item should no longer be updated.	HWND of server window posting the message	LW specifies a standard or registered Clipboard format. HW contains an atom that identifies the data item previously requested from the server.

Edit Controls

These messages change the text and selection in an edit control.

Message	Description	wparam	lparam	Return
EM_CANUNDO	Determines whether an edit-control operation can be undone	Not used; must be zero	Not used; must be zero	Returns TRUE if edit control can handle EM_UNDO messages, FALSE if not.
EM_CHAR-FROMPOS	Retrieves the zero-based character index and zero-based line index of character nearest the specified point	Not used; must be zero	LW = X coordinate HW = Y coordinate	LW = character index HW = line index

Message	Description	wparam	lparam	Return
EM_EMPTY-UNDOBUFFER	Resets the undo flag of an edit control	Not used; must be zero	Not used; must be zero	n/a
EM_FMTLINES	Sets the inclusion flag of soft line break characters on or off within a multiline edit control	Linebreak flag; if TRUE, inserts linebreaks, if FALSE, removes them.	Not used; must be zero	Returns wparam
EM_GETFIRST-VISIBLELINE	Determines the upper-most visible line	Not used; must be zero	Not used; must be zero	Zero-based index of the uppermost visible line in a multiline edit con trol. For single-line edit controls, the return value is the zero-based index of the first visible character.
EM_GETHANDLE	Retrieves handle of the memory currently allocated for a multi-line edit control's text.	Not used; must be zero	Not used; must be zero	Memory handle identifying the buffer that holds thecontent of the edit control; zero on error
EM_GETLIMIT-TEXT	Retrieves the current text limit, in characters, for an edit control.	Not used; must be zero	Not used; must be zero	Returns the text limit.
EM_GETLINE	Copies a line of text from an edit control into a specified buffer.	Line number to retrieve	LPCSTR of receiving buffer	Number of charac ters copied, or zero on error.
EM_GETLINE-COUNT	Retrieves the number of lines in a multiline edit control.	Not used; must be zero	Not used; must be zero	Number of lines in the multiline edit control. If no text, returns 1.

Message	Description	wparam	lparam	Return
EM_GET-MARGINS	Retrieves widths of left and right margins	Not used; must be zero	Not used; must be zero	LW = left margin HW = right margin
EM_GETMODIFY	Determines whether content of edit control has been modified.	Not used; must be zero	Not used; must be zero	TRUE is modified, otherwise FALSE.
EM_GETPASS-WORDCHAR	Retrieves password character displayed when the user enters text.	Not used; must be zero	Not used; must be zero	Character to be dis played in place of character typed by user. Returns NULL if no pass word character exists.
EM_GETRECT	Retrieves formatting rectangle	Not used; must be zero	LPRECT to RECT structure to hold information.	Not meaningful
EM_GETSEL	Gets starting and ending character positions of current selection in edit control	LP to DWORD that receives starting position. Can be NULL	LP to DWORD that receives ending position. Can be NULL	DWORD positions LW = starting position HW = ending position
EM_GETWORD-BREAKPROC	Retrieves address of current wordwrap function.	Not used; must be zero	Not used; must be zero	Address of the application-defined wordwrap func tion, or NULL if no wordwrap func tion exists.
EM_LIMITTEXT	Replaced by EM_SETLIMITTEXT.	n/a	n/a	n/a
EM_LINE-FROMCHAR	Retrieves index of line containing the specified character index.	INT character index. If parameter is –1, either the line number of the current line (the line containing the caret)is	Not used; must be zero	Zero-based line number of line containing charac ter index.

Message	Description	wparam	lparam	Return
		retrieved or, if there is a selection, the line number of the line containing the beginning of the selection is retrieved.		
EM_LINEINDEX	Retrieves number of characters from beginning of the edit control to specified line.	Zero-based line index; if -1, retrieves for current (caret) line.	Not used; must be zero	Character index of the line specified in the wparam, or –1 on error.
EM_LINELENGTH	Retrieves length of a line, in characters	Index of a character in the line whose length is to be retrieved. If parameter is –1, message returns number of unselected characters on lines containing selected characters.	Not used; must be zero	Length, in charac ters, of line speci fied by the wparam parameter.
EM_LINESCROLL	Scrolls text vertically or horizontally	Number of characters to scroll horizontally	Number of lines to scroll vertically	If sent to a multi line edit control, returns TRUE; if sent to a single-line edit control, returns FALSE.
EM_POSFROM-CHAR	Retrieves coordinates of specified character in an edit control.	Zero-based character index	Not used; must be zero	LW = x coordinate HW = y coordinate If wparam greater than index of last character, returns coordinates just beyond last character.

Message	Description	wparam	lparam	Return
EM_REPLACESEL	Replaces current selection in an edit control with specified text.	Not used; must be zero	LPCSTR address of replacement string	n/a
EM_SCROLL	Scrolls text vertically	Scroll action; must be one of the SB_ constants. See Chapter 5.	Not used; must be zero	If successful, HW is TRUE and LW is number of lines that the command scrolls. On error, HW is FALSE.
EM_SCROLL-CARET	Scrolls caret into view.	Not used now; reserved for future. use. Must be zero.	Not used now; reserved for future use. Must be zero.	Non-zero if sent to edit control.
EM_SETHANDLE	Sets handle of the memory that will be used by a multiline edit control.	HLOCAL of memory block	Not used; must be zero	n/a
EM_SETLIMIT-TEXT	Set the text limit (maximum amount of text, in bytes) for an edit control.	New text limits, in bytes	Not used; must be zero	n/a
EM_SETMARGINS	Sets widths of the left and right margins, in pixels.	Flag for left and/or right margins; one or combination of EC_LEFTMARGIN and EC_RIGHT-MARGHIN.	LW = new left margin HW = new right margin	n/a
EM_SETMODIFY	Sets or clears the modification flag zero	TRUE = modified FALSE = unchanged	Not used; must be	n/a
EM_SETPASS-WORDCHAR	Sets or removes the password character	LB = Password character	Not used; must be zero	n/a

Message	Description	wparam	lparam	Return
EM_SETREAD-ONLY	Sets or removes the read-only style (ES_READONLY)	TRUE = Read only FALSE = Edits allowed	Not used; must be zero	TRUE on success, FALSE on error.
EM_SETRECT	Sets formatting rectangle of multiline edit control. Repaints.	Not used; must be zero	LPRECT address of RECT structure	n/a
EM_SETRECTNP	Set formatting rectangle of multiline edit control. Does not repaint.	Not used; must be zero	LPRECT address of RECT structure	na
EM_SETSEL	Selects range of characters.	Starting character position	Starting character position	n/a
EM_SETTAB-STOPS	Sets tab stops	Number of tab stops	LP WORD to array of tab positions.	TRUE on success, FALSE on error.
EM_SETWORD-BREAK	Not supported. Use EM_SETWORD-BREAKPROC instead.	n/a	n/a	n/a
EM_SETWORD-BREAKPROC	Replaces the default wordwrap function with an application-defined wordwrap function.	Not used; must be zero	EDITWORD-BREAKPROC for wordwrap function	n/a
EM_UNDO	Undo the last edit control operation.	Not used; must be zero	Not used; must be zero	For single-line edit control, always returns TRUE. For multiline edit con trol, returns TRUE if undo operation is successful, or FALSE if the undo fails.

Message	Description	wparam	lparam	Return
WM_CTL-COLOREDIT	Sent to parent window of an edit control when the control is about to be drawn. By responding to this message, the parent window can use the given device context (DC) handle to set the text and back-ground colors of the edit control.	HDC of display context	HWND of static control	Handle of brush
WM_UNDO	Undoes the last operation for an edit control.	Not used; must be zero	Not used; must be zero	TRUE on success, FALSE on failure.

These notification messages arrive via a WM_COMMAND message.

Notification Message	Description	wparam	lparam
EN_CHANGE	The user has modified text in an edit control. Windows updates the display before sending this message (unlike EN_UPDATE).	INT identifier of edit control	HWND of edit control
EN_ERRSPACE	The edit control cannot allocate enough memory to meet a specific request.	INT identifier of edit control	HWND of edit control
EN_HSCROLL	The user has clicked the edit control's horizontal scroll bar. Windows sends this message before updating the screen.	INT identifier of edit control	HWND of edit control
EN_KILLFOCUS	The user has selected another control.	LW = identifier of edit control HW = notify code	HWND of edit control

Notification Message	Description	wparam	lparam
EN_MAXTEXT	While inserting text, the user has exceeded the specified number of characters for the edit control. Insertion has been truncated. This message also sent either when an is edit - control does not have the ES_AUTOHSCROLL style and the number of characters to be inserted exceeds the width of the edit control or when an edit control does not have the ES_AUTOVSCROLL style and the total number of lines to be inserted exceeds the height of the edit control.	INT identifier of edit control	HWND of edit control
EN_SETFOCUS	The user has selected this edit control.	LW = identifier of edit control HW = notify code	HWND of edit control
EN_UPDATE	The user has altered the text in the edit control and Windows is about to display the new text. Windows sends this message after formatting the text, but before displaying it, so that the application can resize the edit control window.	INT identifier of edit control	HWND of edit control
EN_VSCROLL	The user has clicked the editcontrol's vertical scroll bar. Windows sends this message before updating the screen.	INT identifier of edit control	HWND of edit control

Header Controls

This custom control implements a window usually positioned above columns of text or numbers, with titles for each column. It can be divided into parts, and the user can drag the dividers that separate the parts to set the width of each column.

Message	Description	wparam	lparam	Return
HDM_DELETE-ITEM	Deletes an item	Index of item to be deleted	Not used; must be zero	TRUE on success, FALSE on failure
HDM_GETITEM	Retrieves information about an item.	Index of item for which information is to be retrieved	Address to HD_ITEM struct	TRUE on success, FALSE on failure
HDM_GETITEM-COUNT	Retrieves a count of items.	Not used; must be zero	Not used; must be zero	number of items, or –1 on error
HDM_INSERT-ITEM	Inserts a new item.	Index of the item before which new item is inserted.	Address to HD_ITEM struct	Index of the new item if successful; on error returns -1
HDM_LAYOUT	Retrieves size and position of header within given rectangle.	Not used; must be zero	Address to HD_LAYOUT struct	TRUE on success, FALSE on failure
HDM_SETITEM	Sets the attributes of the specified item	Index of the item whose attributes are to be changed.	Address to HD_ITEM struct	TRUE on success, FALSE on failure

These notification messages arrive via a WM_NOTIFY message.

Notification Message	Description	wparam	lparam
HDN_BEGIN-TRACK	User has begun dragging a divider in the control.	n/a	Address to HD_NOTIFY struct
HDN_ENDTRACK	User has finished dragging a divider.	n/a	Address to HD_NOTIFY struct
HDN_ITEM-	Attributes of a header item	n/a	Address to HD_NOTIFY

Notification Message	Description	wparam	lparam
CHANGED	have changed.		struct
HDN_ITEM-CHANGING	Attributes of a header item are about to change.	n/a	Address to HD_NOTIFY struct
HDN_ITEMCLICK	User clicked the control.	n/a	Address to HD_NOTIFY struct
HDN_TRACK	User is dragging a divider in the header control.	n/a	Address to HD_NOTIFY struct

Hot Key Controls

A hot key control makes it easy for a user to enter a key combination to be used as a hot key.

Message	Description	wparam	lparam	Return
HKM_GET-HOTKEY	Retrieves virtual-key code and modifier lags of a hot key.	Not used; must be zero	Not used; must be zero	LW = virtual key code HW = modifiers; combination of HOTKEYF_ constants
HKM_SET HOTKEY	Sets the hot key combination.	LW = virtual key code HW = modifiers; combination of HOTKEYF_ constants	Not used; must be zero	n/a
HKM_SETRULES	Defines the invalid combinations and the default modifier combination	Invalid key info, combination of HKCOMB constants	Combination of HOTKEYF_ constants	n/a

Icons

These messages relate to icons representing windows.

Message	Description	wparam	lparam	Return
WM_GETICON	Retrieves the handle of the big or small icon associated with a window.	TRUE to retrieve big icon; FALSE for small.	n/a	HICON of request ed icon, or NULL on error.
WM_ICON-ERASEBKGND	Sent to a minimized window when the background of the icon must be filled before painting the icon.	HDC of device context	Not used; must be zero	If processed, return non-zero
WM_PAINTICON	Sent to a minimized window when the icon is to be painted.	Not used; must be zero	Not used; must be zero	If processed, return zero
WM_QUERY-DRAGICON	Sent to minimized window when it is about to be dragged by the user but does not have an icon defined for its class.	Not used; must be zero	Not used; must be zero	Return handle of an icon or cursor for system to dis play while the user drags the icon.
WM_SETICON	Associates a new big or small icon with a window.	TRUE to set big icon, FALSE to set small icon.	HICON of new icon, of NULL to remove existing icon.	HICON of previ ous icon, or NULL on error.

Keyboard

These messages occur during keyboard-related events, such as when keys are pressed and released.

Message	Description	wparam	lparam	Return
WM_CHAR	Posted to window with keyboard focus when Translate-Message translates a WM_KEYDOWN message.	INT virtual key code, see VK_con-stants in Chapter 5)	DWORD (32-bit) bitmapped value, as follows: 0-15 repeat count 16-23 scan code 24 extended key flag 25-28 reserved 29 ALT state 30 previous key state 0 = up 1 = down 31 transition state 0 = pressed 1 = released	If processed, return zero
WM_DEADCHAR	Posted to window with keyboard focus when Translate-Message translates a WM_KEYUP message.	Character code, definedby VK_constants (see Chapter 5)	see WM_CHAR	If processed, return zero
WM_GETHOTKEY	Determines hot key associated with a window.	Not used; must be zero	Not used; must be zero	LB = Virtual-key code HB = modifiers (see HOTKEYF_ constants in Chapter 5) Returns NULL if no hot key is asso ciated with the window.

Message	Description	wparam	lparam	Return
WM_HOTKEY	Posted when user presses a hot key registered by the RegisterHotKey function.	INT value, either IDHOT_SNAP-DESKTOP or ID-HOT_SNAP-WINDOW	n/a	n/a
WM_KEYDOWN	Posted to window with keyboard focus when nonsystem key (w/o ALT) is pressed	INT virtual-key code, see VK_ constants in chapter 5	DWORD (32-bit) bitmapped value see WM_CHAR abovefor mapping	If processed, return zero
WM_KEYUP	Posted to window with keyboard focus when a nonsystem key (w/o ALT) is released	INT virtual-key code, see VK_ constants in chapter 5	DWORD (32-bit) bitmapped value see WM_CHAR above for mapping	If processed, return zero
WM_KILLFOCUS	Sent to a window immediately before it loses keyboard focus.	HWND of window receiving focus	n/a	If processed, return zero
WM_SETFOCUS	Sent to window after it gains the keyboard focus.	HWND of window losing focus	n/a	If processed, return zero
WM_SETHOTKEY	Sent to associate a hot key with the window.	LW = virtual key-code (VK_ constant) HW = combination of HOTKEYF_ constants	Not used; must be zero	-1 = failed: invalid key 0 = failed: invalid window 1 = success 2 = success, but another window has same key
WM_SYSCHAR	Posted to window with keyboard focus when WM_SYS-KEYDOWN mess-age is translated by TranslateMessage. Specifies character code of a	TCHAR character code	DWORD (32-bit) bitmapped value see WM_CHAR . above for mapping	If processed, return zero

Message	Description	wparam	lparam	Return
	system (with ALT) character key.			
WM_SYS-DEADCHAR	Sent to window with keyboard focus when WM_SYS-KEYDOWN message is translated by Translate-Message.Specifies the character code of a system (with ALT) dead key.	TCHAR character code	DWORD (32-bit) bitmapped value see WM_CHAR above for mapping	If processed, return zero
WM_SYS-KEYDOWN	Posted to window with keyboard focus when system key (with ALT) is pressed	INT virtual-key code, see VK_ constants in chapter 5	DWORD (32-bit) bitmapped value see WM_CHAR above for mapping	If processed, return zero
WM_SYSKEYUP	Posted to window with keyboard focus when system key (with ALT) is released	INT virtual-key code, see VK_ constants in chapter 5	DWORD (32-bit) bitmapped value see WM_CHAR above for mapping	If processed, return zero

List Box Controls

All of these messages apply to list box controls. Most will be sent by your application to a combo box to control its contents and edit control. In a multiple selection list box, the anchor item is at the beginning of a multiple selection, and the caret item marks the selection's end.

Message	Description	wparam	lparam	Return
LB_ADDFILE	Adds specified file-name to a list box that contains a directory listing.	Not used; must be zero	LPCSTR address of filename to add	Zero-based index of filename added, or LB_ERR on error.

Message	Description	wparam	lparam	Return
LB_ADDSTRING	Adds string to list box	Not used; must be zero	LPCSTR address of string to add	Zero-based index to the string in the list box of the combo box. On error, returns LB_ERR. If insuf ficient space, returns LB_ERRSPACE.
LB_DELETE-STRING	Deletes string from list box	Index of item to deleted.	Not used; must be zero	Count of the strings remaining in list. If the index parameter is out-of-range, returns LB_ERR.
LB_DIR	Add a list of file-names to the list box	UINT bitmask of file attributes, using DDL_ constants (see Chapter 5)	LPCSTR address of filename; may include wildcards.	Zero-based index of last filename added to list. If error, returns LB_ERR. If insufficient space, returns LB_ERRSPACE.
LB_FINDSTRING	Search list box for an item beginning with the characters in specified string.	UINT index of item before start of search	LPCSTR to prefix string address	Zero-based index of matching item. If the search is unsuccessful, returns LB_ERR.
LB_FIND-STRINGEXACT	Search list box for an item exactly matching characters in specified string.	UINT index of item before start of search	LPCSTR to prefix string address	Zero-based index of matching item. If the search is unsuccessful, returns LB_ERR.
LB_GET-ANCHORINDEX	Retrieves index of anchor item	Not used; must be zero	Not used; must be zero	Zero-based index of anchor item.

Message	Description	wparam	lparam	Return
LB_GET-CARETINDEX	Retrieves index of item with caret	Not used; must be zero	Not used; must be zero	Zero-based index of caret item.
LB_GETCOUNT	Retrieves number of items in the list box	Not used; must be zero	Not used; must be zero	Number of items in the list box, or LB_ERR on error.
LB_GETCURSEL	Retrieves index of currently selected item, if any, in list box	Not used; must be zero	Not used; must be zero	Zero-based index of the currently selected item. If no item is selected, returns LB_ERR.
LB_GET-HORIZONTAL-EXTENT	Retrieves the width, in pixels, by which list box can be horizontally scrolled	n/a	n/a	Scrollable width, in pixels
LB_GETITEMDATA	Retrieves application-supplied 32-bit value associated with specified item	Zero-based item index	Not used; must be zero	32-bit value associ ated with the item. On error, returns LB_ERR.
LB_GETITEM-HEIGHT	Determines height of list items or selection field	Zero-based item index. If set to -1, obtains height of selection field.	Not used; must be zero	Height, in pixels, of list items in a combo box. If the combo box has LBS_OWNER DRAWVARI ABLE style, returns height of item specified by the index parame ter. If index is –1, returns height of the edit control. On error returns LB_ERR.

Message	Description	wparam	lparam	Return
LB_GETLOCALE	Retrieves current locale	Not used; must be zero	Not used; must be zero	HW = country code LW = language identifier.
LB_GETSEL	Retrieve the selection state of an item.	Zero-based item index.	Not used; must be zero	> 0 is selected, zero if not; LB_ERR on error.
LB_GET-SELCOUNT	Retrieve number of items selected.	Not used; must be zero	Not used; must be zero	Number of items selected, or LB_ERR if single-selection list box
LB_GETSELITEMS	Fills a buffer with an array of integers specifying item numbers of selected items.	Maximum number of items	LPINT address of buffer	Number of items placed in buffer, or LB_ERR if single-selection list box
LB_GETTEXT	Retrieve a string.	Zero-based item index.	LPCSTR address of buffer	Text of item, including terminat ing NUL, or LB_ERR if invalid index.
LB_GETTEXTLEN	Retrieve length of string.	Zero-based item index.	Not used; must be zero	Length of text, excluding terminat ing NUL, or LB_ERR if invalid index.
LB_GET-TOPINDEX	Retrieves zero-based index of first visible item in list box	Not used; must be zero	Not used; must be zero	Index of first visi ble item in list box; on error, returns LB_ERR.
LB_INSERT-STRING	Inserts string into list box	Zero-based item index	LPCSTR to string	Index of position where string was inserted. On error, returns LB_ERR; if insufficient stor

Message	Description	wparam	lparam	Return
				age space, returns LB_ERRSPACE.
LB_RESET-CONTENT	Removes all items from list box and edit control	Not used; must be zero	Not used; must be zero	Always LB_OKAY
LB_SELECT-STRING	Search list for item that begins with characters in specified string. If matching item is found, select and copy it to edit control.	Zero-based index of item before first selection; if -1, search entire list	LPCSTR address of prefix string	Index of selected item; if the search is unsuccessful, returns LB_ERR and current selec tion is not changed.
LB_SELITEM-RANGE	Selects one or more consecutive items.	Selection flag. TRUE to select and highlight items, FALSE to remove selection and unhigh-light items.	LW = first item HW = last item	LB_ERR on error
LB_SELITEM-RANGEEX	Selects one or more consecutive items.	Zero-based index of first item	Zero-based index of last item	LB_ERR on error
LB_SETANCHOR-INDEX	Set the anchor item	Zero-based index to set as anchor.	Not used; must be zero	Index of anchor item, or LB_ERR on error
LB_SETCARET-INDEX	Set the caret item	Zero-based index to set as caret.	Not used; must be zero	Index of caret item, or LB_ERR on error
LB_SETCOLUMN-WIDTH	Sets width, in pixels, of all columns	Column width in pixels	Not used; must be zero	n/a
LB_SETCOUNT	Sets count of items in a list box created with the LBS_NO-DATA style.	New count of items	Not used; must be zero	LB_ERR on error

Message	Description	wparam	lparam	Return
LB_SETCURSEL	Select string in list; if necessary, the list scrolls the string into view. Text in the edit control changes to reflect new selection, and any previous selection is removed.	Zero-based item index; if -1, edit control is cleared and current selection is removed.	Not used; must be zero	Index of the item selected. If index greater than the number of items in the list or if index equals –1, returns LB_ERR and selection is cleared.
LB_SETHORI-ZONTALEXTENT	Sets width, in pixels, by which list box can be scrolled horizontally	Scrollable width of list box, in pixels.	Not used; must be zero	n/a
LB_SETITEM-DATA	Sets 32-bit value associated with specified item	Zero-based index of item	New 32-bit value for item	On error, returns LB_ERR
LB_SETITEM-HEIGHT	Sets height of list items or selection field	Zero-based index of item; if -1, sets height of selection field.	INT height of item	On error, returns LB_ERR
LB_SETLOCALE	Sets current locale	WORD locale identifier	Not used; must be zero	Previous locale value; on error returns LB_ERR
LB_SETTAB-STOPS	Sets tab-stop positions	Number of tab stops	LPINT address of tab-stop array	TRUE on success, FALSE on failure
LB_SETTOP-INDEX	Ensures a particular item is visible in list box	Zero-based index of item	Not used; must be zero	On success, zero; on error, LB_ERR
WM_CHARTO-ITEM	Sent by a list box with the LBS_ WANTKEYBOARD-INPUT style to its owner in response to a WM_CHAR message.	LW = Character code HW = Caret position	HWND of list box	-1 or -2 indicates that application handled selection; otherwise, returns zero-based index of item for which list box is to per form default key action.

Message	Description	wparam	lparam	Return
WM_DELETE-ITEM	Sent to owner of an owner-drawn list box or combo box that is destroyed or when items are removed by the LB_DELETE-STRING, LB_RESET-CONTENT, CB_DELETESTRING, or CB_RESET-CONTENT messages.	Control identifier of list or combo box	Address to DELETEITEM-STRUCT containing item information.	Return TRUE if processing this message.
WM_VKEYTO-ITEM	Sent by a list box with the LBS_WANT-KEYBOARDINPUT style to its owner in response to a WM_KEYDOWN message. HWND of list box	LW = Virtual key code	HW = Caret position	-1 or -2 indicates that application handled selection; otherwise, returns zero-based index of item for which list box is to perform default key action.

These notification messages arrive via a WM_COMMAND message.

Notification Message	Description	wparam	lparam
LBN_DBLCLK	Indicates the user has double-clicked a list item in a simple list box.	INT identifier of list box	HWND of list box
LBN_ERRSPACE	Indicates the list box cannot allocate enough memory to carry out a request, such as adding a list item.	INT identifier of list box	HWND of list box
LBN_KILLFOCUS	Indicates the list box is about to lose the input focus.	INT identifier of list box	HWND of list box
LBN_SELCANCEL	Indicates the current selection is canceled.	INT identifier of list box	HWND of list box

Notification Message	Description	wparam	lparam
LBN_SELCHANGE	Indicates the current selection has changed.	INT identifier of list box	HWND of list box
LBN_SETFOCUS	Indicates the list box has received the input focus.	INT identifier of list box	HWND of list box

List View Controls

These messages work with a list view control, which display a collection of items, each item consisting of an icon and a label.

Message	Description	wparam	lparam	Return
LVM_ARRANGE	Arrange items	Alignment and sorting flags; combination of LVA_ constants.	Not used; must be zero	TRUE on success; FALSE on failure
LVM_CREATE-DRAGIMAGE	Creates a drag image for specified item.	Zero-based index of item.	Address to POINT struct containing coordinates of upper left corner of image	HANDLE of drag image list if suc cessful, NULL on error.
LVM_DELETE-ALLITEMS	Removes all items	Not used; must be zero	Not used; must be zero	TRUE on success; FALSE on failure
LVM_DELETE-COLUMN	Removes a column	Zero-based column index	Not used; must be zero	TRUE on success; FALSE on failure
LVM_DELETE-ITEM	Remove an item	Zero-based item index	Not used; must be zero	TRUE on success; FALSE on failure
LVM_EDITLABEL	Begins in-place editing of specified item's text.	Zero-based item index	Not used; must be zero	HWND of edit control used to edit item text, or NULL on error.
LVM_ENSURE-VISIBLE	Ensures that a list view item is entirely or at least partially visible.	Zero-based item index	TRUE if partial view okay, FALSE if not	TRUE on success; FALSE on failure

Message	Description	wparam	lparam	Return
LVM_FINDITEM	Searches item with specified characteristics.	Zero-based index of first item to search, or -1 to search complete list	Address to LV_FINDINFO struct with search information	Index of the item if successful, –1 on error.
LVM_GETBKCOLOR	Get background color of a list view.	Not used; must be zero	Not used; must be zero	The background color as a COLOR REF value.
LVM_GETCALLBACKMASK	Get callback mask	Not used; must be zero	Not used; must be zero	UINT callback mask
LVM_GETCOLUMN	Gets attributes of a column.	Zero-based column index	Address to LV_COLUMN struct	TRUE on success; FALSE on failure
LVM_GETCOLUMNWIDTH	Gets width of column	Zero-based column index	Not used; must be zero	INT width of column
LVM_GETCOUNTPERPAGE	Calculates number of items that fit vertically in visible area of a view control when in list or report view.	Not used; must be zero	Not used; must be zero	INT number of items that fit
LVM_GETEDITCONTROL	Gets handle of edit control used to edit an item's text.	Not used; must be zero	Not used; must be zero	HWND of edit control if successful, NULL otherwise.
LVM_GETIMAGELIST	Gets handle of an image list used for drawing items.	TRUE to get small icon list, FALSE to get normal list	Not used; must be zero	HANDLE of image list, or NULL on failure
LVM_GETITEM	Gets attributes of an item.	Not used; must be zero	Address to LV_ITEM struct	TRUE on success; FALSE on failure
LVM_GETITEMCOUNT	Gets number of items	Not used; must be zero	Not used; must be zero	INT number of items
LVM_GETITEMPOSITION	Gets position of an item.	Zero-based item index	Address to POINT struct	TRUE on success; FALSE on failure

Message	Description	wparam	lparam	Return
LVM_GET-ITEMRECT	Gets the bounding rectangle for all or part of an item in the current view.	Zero-based item index	Address to RECT struct receiving bounding rectangle information. When sending this message, the RECT's left member should contain a code, on of the LVIR constants.	TRUE on success; FALSE on failure
LVM_GET-ITEMSTATE	Gets the state of an item.	Zero-based item index	Mask specifying which of the item's state flags to return, any combination of LVIS_ constants	Item state flags, based on mask.
LVM_GET-ITEMTEXT	Gets the item text of an item or subitem.	Zero-based item index	Address to LV_ITEM struct	n/a
LVM_GET-NEXTITEM	Searches for item that has specified properties and that bears the specified relationship to a given item.	Index of item to begin the searching with, or –1 find the first item that matches the specified flags.	Value specifying the geometric relation of the requested item to the specified item, and the state of the requested item. One of the LVNI_ constants.	Index of next item if successful, –1 otherwise.
LVM_GET-ORIGIN	Gets the current view origin.	Not used; must be zero	Address to POINT struct to receive origin coordinates	TRUE if success ful, FALSE if the current view is list view or report view.
LVM_GET-STRINGWIDTH	Gets minimum column width necessary to display all of a given string.	Not used; must be zero	LPCSTR to test string	INT column width successful, 0 other wise.

Message	Description	wparam	lparam	Return
LVM_GETTEXT-BKCOLOR	Gets the text back-ground color.	Not used; must be zero	Not used; must be zero	COLORREF text background color
LVM_GET-TEXTCOLOR	Gets the text color.	Not used; must be zero	Not used; must be zero	COLORREF text color
LVM_GET-TOPINDEX	Gets index of top-most visible item.	Not used; must be zero	Not used; must be zero	INT index of top most item, zero if list is in icon or small icon view.
LVM_GET-VIEWRECT	Gets bounding rec-tangle of all items	Not used; must be zero	Address to RECT struct that receives bounding info	TRUE on success; FALSE on failure
LVM_HITTEST	Determines which item, if any, is at specified position.	Not used; must be zero	Address to LV_HITTESTINFO struct containing hit test info	INT index of item at specified posi tion if any, –1 on error.
LVM_INSERT-COLUMN	Insert a new column	Zero-based index of column before which the new column is inserted.	Address to LV_COLUMN struct	Index of new col umn if successful, –1 on error.
LVM_INSERT-ITEM	Inserts a new item	Not used; must be zero	Address to LV_ITEM struct	Index of new item if successful, –1 on error.
LVM_REDRAW-ITEMS	Forces a range of items to repaint.	Not used; must be zero LW = first item HW = last item	Indexes of items to redraw:	TRUE on success; FALSE on failure
LVM_SCROLL	Scroll items	Not used; must be zero	Amount of hori-zontal and vertical scrolling, in pixels. LW contains x change, HW contains y change. If current view is report view, LW must be zero and HW is number of lines to scroll.	TRUE on success; FALSE on failure

Message	Description	wparam	lparam	Return
LVM_SETBK-COLOR	Sets background color	Not used; must be zero	COLORREF color of back-ground	TRUE on success; FALSE on failure
LVM_SETCALL-BACKMASK	Sets callback mask	New UINT value of callback mask	Not used; must be zero	TRUE on success; FALSE on failure
LVM_SET-COLUMN	Sets the attributes of column.	Zero-based column index.	Address to LV_COLUMN struct containing new column info	TRUE on success; FALSE on failure
LVM_SET-COLUMNWIDTH	Sets width of column	Zero-based column index	LW contains new column width	TRUE on success; FALSE on failure
LVM_SET-IMAGELIST	Sets image list used for drawing items.	Identifies image list to return handle of. Can be one of the LVSIL_ constants.	HIMAGELIST of new image list	TRUE on success; FALSE on failure
LVM_SETITEM	Sets an item's attributes.	Not used; must be zero	Pointer to LV_ITEM structure containing new item attributes	TRUE on success; FALSE on failure
LVM_SET-ITEMCOUNT	Sets number of items	INT number of items	Not used; must be zero	n/a
LVM_SET-ITEMSTATE	Sets state of item.	Zero-based item index	Pointer to LV_ITEM structure containing new item state	n/a
LVM_SET-ITEMTEXT	Sets item text	Zero-based item index	Pointer to LV_ITEM structure containing new item text	n/a
LVM_SET-TEXTBKCOLOR	Sets text background color	Not used; must be zero	COLORREF for new text back-ground color	TRUE on success; FALSE on failure

Message	Description	wparam	lparam	Return
LVM_SET-TEXTCOLOR	Sets text color	Not used; must be zero	COLORREF for new text color	TRUE on success; FALSE on failure
LVM_SORTITEMS	Sorts items using an application-defined comparison function.	Application-defined parameter passed to comparison function.	Pointer to FNLVCOMPARE function for sorting items	TRUE on success; FALSE on failure
LVM_UPDATE	Updates an item.	Zero-based item index	Not used; must be zero	TRUE on success; FALSE on failure

These notification messages arrive via a WM_NOTIFY message to the parent window.

Notification Message	Description	wparam	lparam
LVN_BEGIN-DRAG	Notifies parent window that a drag and drop operation involving the left mouse button is being initiated.	n/a	Address to NM_LISTVIEW struct; iItem member identifies item being dragged
LVN_BEGIN-LABELEDIT	Notifies parent window of the start of label editing for an item.	n/a	Address to NM_LISTVIEW struct; iItem member identifies item
LVN_BEGIN-RDRAG	Notifies parent window that a drag and drop operation involving the right mouse button is being initiated.	n/a	Address to NM_LISTVIEW struct; iItem member identifies item being dragged
LVN_COLUMN CLICK	Notifies parent window that a column was clicked.	n/a	Address to NM_LISTVIEW struct; iItem member is −1, and iSubItem member identifies column
LVN_DELETE-ALLITEMS	Notifies parent window that all items in the list view were deleted.	n/a	n/a

Notification Message	Description	wparam	lparam
LVN_DELETE-ITEM	Notifies parent window that an item was deleted.	n/a	Address to NM_LISTVIEW struct; iItem member identifies deleted item
LVN_ENDDRAG	Notifies parent window of end of default processing for drag and drop operation involving the left mouse button.	n/a	Address to NM_LISTVIEW struct; iItem identifies dragged item and ptAction specifies screen coordinates of drop location.
LVN_ENDLABEL-EDIT	Notifies parent window of end of label editing for an item.	n/a	Address to NM_LISTVIEW struct; iItem member identifies the item, or is −1 if edit ing canceled.
LVN_ENDRDRAG	Notifies parent window of end of default processing for drag and drop operationinvolving the right mouse button.	n/a	Address to NM_LISTVIEW struct; iItem identifies dragged item and ptAction speci fies screen coordinates of drop location.
LVN_GETDI-SPINFO	Requests that parent window provide information needed to display or sort an item.	n/a	Address to LV_DISPINFO struct specifying type information and receiving information.
LVN_INSERTITEM	Notifies parent window that a new item was inserted.	n/a	Address to NM_LISTVIEW struct; iItem member identifies new item
LVN_ITEM-CHANGED	Notifies parent window that item has changed.	n/a	Address to NM_LISTVIEW struct containing new item index and changed attributes.

Notification Message	Description	wparam	lparam
LVN_ITEM-CHANGING	Notifies parent window that an item is changing. IMPORTANT: Parent must respond to this message with TRUE to allow change, or FALSE to stop changes.	n/a	Address to NM_LISTVIEW struct containing new item index and changing attributes.
LVN_KEYDOWN	Notifies parent window that a key has been pressed.	n/a	Address to LV_KEY DOWN struct containing key information.
LVN_SETDISPINFO	Notifies parent window that it must update the information it maintains for an item.	n/a	Address to LV_DISPINFO struct specifying the changed item information

Menus

These messages relate to menus and their processes.

Message	Description	wparam	lparam	Return
WM_CONTEXT-MENU	Received when user clicks right-mouse button in the window.	HWND of window	LW = horizontal cursor position, in screen coord HW = vertical cursor position, in screen coord	Ignored; use zero
WM_ENTER-MENULOOP	Informs an application's main window procedure that a menu modal loop has been entered.	If TRUE, menu is a popup.	Not used; must be zero	If processed, return zero

Message	Description	wparam	lparam	Return
WM_EXIT-MENULOOP	Informs an application's main window procedure that a menu modal loop has been exitted.	If TRUE, menu is a popup.	Not used; must be zero	If processed, return zero
WM_INITMENU	Sent when a menu is about to become active.	HMENU of menu to initialize	n/a	If processed, return zero
WM_INITMENU-POPUP	Sent when a pop-up menu is about to become active.	HMENU of pop-up menu to initialize	LW = UINT zero-based position of menu HW = TRUE if System menu, FALSE if not.	If processed, return zero
WM_MENUCHAR	Sent when a menu is active and the user presses a key that does not correspond to any mnemonic or accelerator key.	LW = ASCII character code HW = Either MF_POPUP or MF_SYSMENU	HMENU of menu	Return one of following in HW: 0 = discard and beep 1 = close menu 2 = LW contains zero-based index of menu item to be selected
WM_MENU-SELECT	Sent to menu's owner window when user selects menu item.	LW = zero-based menu item index HW = Flags; see MF_ constants in Chapter 5	HMENU of menu	If processed, return zero
WM_SYS-COMMAND	Received when user chooses command from System menu or when user chooses the Maximize or Minimize button.	UINT command type; one of the SC_ constants in Chapter 5	LW = x-pos of cursor, if applicable HW = y-pos of cursor, or -1 if system	If processed, return zero

Message	Description	wparam	lparam	Return
			accelerator used, or zero if using mnemonic	

Mouse and Pointing Devices

These messages relate to mouse actions, inlcuding movement and button clicking.

Message	Description	wparam	lparam	Return
WM_CAPTURE-CHANGED	Sent to window that is losing mouse capture.	n/a	HWND of window to gain mouse capture	If processed, return zero
WM_LBUTTOND-BLCLK	Posted when user double-clicks left mouse button while the cursor is in client area of window.	key flags; can be any combination of the MK_ constants (see Chapter 5)	LW = cursor x-coord HW = cursor y-coord	If processed, return zero
WM_LBUTTON-DOWN	Posted when user presses the left mouse button while the cursor is in client area of window.	key flags; can be any combination of the MK_ constants (see Chapter 5)	LW = cursor x-coord HW = cursor y-coord	If processed, return zero
WM_LBUTTONUP	Posted when user releases the left mouse button while the cursor is in client area of window.	key flags; can be any combination of the MK_ constants (see Chapter 5)	LW = cursor x-coord HW = cursor y-coord	If processed, return zero
WM_MBUTTOND-BLCLK	Posted when user double-clicks middle mouse button while the cursor is in client area of window.	key flags; can be any combination of the MK_ constants (see Chapter 5)	LW = cursor x-coord HW = cursor y-coord	If processed, return zero

Message	Description	wparam	lparam	Return
WM_MBUTTON-DOWN	Posted when user presses the middle mouse button while the cursor is in client area of window.	key flags; can be any combination of the MK_ constants (see Chapter 5)	LW = cursor x-coord HW = cursor y-coord	If processed, return zero
WM_MBUTTONUP	Posted when user re-leases the middle mouse button while the cursor is in client area of window.	key flags; can be any combination of the MK_ constants (see Chapter 5)	LW = cursor x-coord HW = cursor y-coord	If processed, return zero
WM_MOUSE-ACTIVATE	Sent when cursor is in an inactive window and user presses a mouse button.	HWND of top-level parent window	LW = hit-test value; see WM_NCHIT-TEST HW = UINT message generated by mouse action	Must be one of the MA_ constants (see Chapter 5)
WM_MOUSE-MOVE	Posted when the cursor moves. If the mouse is not captured, the message is posted to the window con-taining cursor. Other-wise, message is posted to window that has captured the mouse.	key flags; can be any combination of the MK_ constants (see Chapter 5)	LW = cursor x-coord HW = cursor y-coord	If processed, return zero
WM_NCHITTEST	Sent to a window when cursor moves, or when a mouse button is pressed or released.	n/a	LW = cursor x-coord HW = cursor y-coord	Returns one of the HT??? constants (see Chapter 5)

Message	Description	wparam	lparam	Return
WM_NCLBUTTON-DBLCLK	Posted when user double-clicks left mouse button while cursor is within non-client area of a window.	One of the HT??? hit-test constants; see Chapter 5	POINTS structure; see Chapter 1	If processed, return zero
WM_NCLBUTTON-DOWN	Posted when user presses the left mouse button while cursor is within nonclient area of a window.	One of the HT??? hit-test constants; see Chapter 5	POINTS structure; see Chapter 1	If processed, return zero
WM_NCL-BUTTONUP	Posted when user releases the left mouse button while cursor is within nonclient area of a window.	One of the HT??? hit-test constants; see Chapter 5	POINTS structure; see Chapter 1	If processed, return zero
WM_NCM-BUTTONDBLCLK	Posted when user double-clicks middle mouse button while cursor is within non-client area of a window.	One of the HT??? hit-test constants; see Chapter 5	POINTS structure; see Chapter 1	If processed, return zero
WM_NCM-BUTTONDOWN	Posted when user presses the middle mouse button while cursor is within non-client area of a window.	One of the HT??? hit-test constants; see Chapter 5	POINTS structure; see Chapter 1	If processed, return zero
WM_NCM-BUTTONUP	Posted when user releases the middle mouse button while cursor is within non-client area of a window.	One of the HT??? hit-test constants; see Chapter 5	POINTS structure; see Chapter 1	If processed, return zero

Message	Description	wparam	lparam	Return
WM_NCMOUSE-MOVE	Posted when cursor is moved within - the nonclient area of the window.	One of the HT??? hit-test constants; see Chapter 5	POINTS structure; see Chapter 1	If processed, return zero
WM_NCR-BUTTONDBLCLK	Posted when user double-clicks right mouse button while cursor is within non-client area of a window.	One of the HT??? hit-test constants; see Chapter 5	POINTS structure; see Chapter 1	If processed, return zero
WM_NCRBUTTON-DOWN	Posted when user presses the right mouse button while cursor is within nonclient area of a window.	One of the HT??? hit-test constants; see Chapter 5	POINTS structure; see Chapter 1	If processed, return zero
WM_NCR-BUTTONUP	Posted when user releases the right mouse button while cursor is within non-client area of a window.	One of the HT??? hit-test constants; see Chapter 5	POINTS structure; see Chapter 1	If processed, return zero
WM_RBUTTOND-BLCLK	Posted when user double-clicks right mouse button while the cursor is in client area of window.	key flags; can be any combination of the MK_ constants (see Chapter 5)	LW = cursor x-coord HW = cursor y-coord	If processed, return zero
WM_RBUTTON-DOWN	Posted when user presses the right mouse button while the cursor is in client area of window.	key flags; can be any combination of the MK_ constants (see Chapter 5)	LW = cursor x-coord HW = cursor y-coord	If processed, return zero
WM_RBUTTONUP	Posted when user releases the right mouse button while the cursor is in client area of window.	key flags; can be any combination of the MK_ constants (see Chapter 5)	LW = cursor x-coord HW = cursor y-coord	If processed, return zero

Message	Description	wparam	lparam	Return
WM_SETCURSOR	If mouse input is not captured, this message is sent to a window if the mouse causes the cursor to move.	HWND of window with cursor	LW = hit test code HW = mouse-message ID	Return TRUE if message is processed; otherwise, return FALSE for default processing.

Multiple Document Interface

The MDI interface defines several messages that control the loading and organization of document child windows.

Message	Description	wparam	lparam	Return
WM_CHILD-ACTIVATE	Sent to an MDI child window when user clicks the window's title bar or when window is activated, moved, or sized.	n/a	n/a	Must return zero
WM_MDI-ACTIVATE (client)	Sent to MDI client window, telling it to activate a different MDI child window.	HWND of child to activate	Not used; must be zero	Always zero
WM_MDI-ACTIVATE (child)	Received by MDI child being activated or deactivated by a WM_MDIACTIVATE message sent to MDI client.	HWND of child being deactivated	HWND of child being activated	Must return zero
WM_MDI-CASCADE	Sent to MDI client window to arrange all its child windows in cascade format.	Flag; must be zero or MDITILE_SKIP-DISABLED	Not used; must be zero	TRUE on success; FALSE on failure.
WM_MDICREATE	Sent to a MDI client window to create an MDI child window.	Not used; must be zero	Address to MDI-CREATESTRUCT	HWND of new child, or NULL on error.

Message	Description	wparam	lparam	Return
WM_MDIDESTROY	Sent to a MDI client window to destroy an MDI child window.	HWND of child to close	Not used; must be zero	Always zero
WM_MDIGET-ACTIVE	Retrieves handle of active MDI child window.	Not used; must be zero	Address to BOOL; receives TRUE if child is maximized, FALSE if not. Ignored if NULL.	HWND of active MDI child window
WM_MDIICON-ARRANGE	Arranges all minimized MDI child windows.	Not used; must be zero	Not used; must be zero	n/a
WM_MDI-MAXIMIZE	Maximizes an MDI child window.	HWND of child window to be maximized.	Not used; must be zero	Always zero.
WM_MDINEXT	Activates next or previous child window.	HWND of child window.	If FALSE, activates next window after one specified; if TRUE, activates previous window. In both cases, specified child is sent behind all other child windows.	Always zero.
WM_MDI-REFRESHMENU	Refreshes Window menu of the MDI frame window.	Not used; must be zero	Not used; must be zero	HWND of frame window; on error, returns NULL
WM_MDI-RESTORE	Restores an MDI child window from maximized or mini-mized size.	HWND of child window	Not used; must be zero	Always zero.
WM_MDISET-MENU	Sent to a MDI client window to replace entire menu of an MDI frame window, to replace the Window menu of the frame window, or both.	HMENU of new menu for frame window	HMENU of new Window menu of frame window	Handle of old frame window menu, or NULL on error.

Message	Description	wparam	lparam	Return
WM_MDITILE	Arranges all MDI child windows in a tile format.	Tiling flag, one of the MDITILE_ constants (see Chapter 5)	Not used; must be zero	TRUE on success; FALSE on error

Owner-Drawn Controls

Windows sends these messages to the owning window of an owner-drawn item, such as a menu or button.

Message	Description	wparam	lparam	Return
WM_COMPARE-ITEM	Determines relative position of new item in sorted list of owner-drawn combo box or list box. When application adds a new item,Windows sends this message to the owner of a combo box or list box created with the CBS_SORT or LBS_SORT style.	Control identifier	LPCOMPARE--ITEMSTRUCT to structure with items	Return value indi cates the relative position of the two items: -1 = Item 1 < Item 2 0 = Item 1 == Item 2 +1 = Item 1 > Item 2
WM_DRAWITEM	Sent to window that owns an owner-drawn button, combo box, list box, or menu when a visual aspect of the button, combo box, list box, or menu changes.	UINT control identifier	Address to DRAWITEM-STRUCT	If processed, return TRUE

Message	Description	wparam	lparam	Return
WM _MEASURE-ITEM	Sent to owner window of owner-drawn button, combo box, list box, or menu item when control or menu is created.	UINT control identifier	Address to MEASUREITEM-STRUCT	If processed, return TRUE

Painting and Drawing

Windows sends these messages when it needs to paint or draw an item or window.

Message	Description	wparam	lparam	Return
WM_DISPLAY-CHANGE	Sent to all windows when the display resolution is about to change, and again when the resolution has changed.	FALSE = Display is about to change TRUE = Display has changed	LW = horizontal resolution HW = vertical resolution	n/a
WM_ERASE-BKGND	Sent when the window back-ground must be erased	HDC of device context	n/a	Return non-zero if application erases background; other wise, return zero.
WM_NCPAINT	Sent to a window when its frame must be painted.	HRGN of update region	n/a	If processed, return zero
WM_PAINT	Sent when Windows or another appli-cation makes a request to paint a portion of an application's window.	n/a	n/a	If processed, return zero

Message	Description	wparam	lparam	Return
WM_PRINT	Sent to a window to request that it draw itself in the specified DC, usually a printer DC.	HDC of DC to draw in	One or more of the PRF_ constants (see Chapter 5)	n/a
WM_PRINT-CLIENT	Sent to a window to request that it draw its client area in the specified DC, usually a printer DC.	HDC of DC to draw in	One or more of the PRF_ constants (see Chapter 5)	n/a
WM_SETREDRAW	Sent a window to allow changes in that window to be or to prevent redrawn changes in that window from being redrawn.	TRUE = set redraw flag FALSE = do not redraw	Not used; must be zero	If processed, return zero

Palettes

These messages inform applications of changes in the system palettes.

Message	Description	wparam	lparam	Return
WM_PALETTE-CHANGED	Sent to all top-level and overlapped windows after the window with the key-board focus has rea= lized its logical palette, thereby changing the system palette.	HWND of window that changed system palette	n/a	If processed, return zero
WM_PALETTEIS-CHANGING	Informs applications that an application is going to realize its logical palette.	HWND of window that changed system palette	n/a	If processed, return zero

Message	Description	wparam	lparam	Return
WM_QUERY-NEWPALETTE	Informs a window that it is about to receive the keyboard focus.	n/a	n/a	Return TRUE if window realizes its palette; FALSE if not.
WM_SYSCOLOR-CHANGE	Sent to all top-level windows when a change is made to a s ystem color setting.	n/a	n/a	n/a

Progress Bar Controls

These messages work with progress bars: controls that indicate the progress of a lengthy operation.

Message	Description	wparam	lparam	Return
PBM_DELTAPOS	Advances position for a progress bar by specified increment; redraws to reflect new position	UINT increment	Not used; must be zero	UINT previous position
PBM_SETPOS	Sets position for a progress bar and redraws to reflect new position.	UINT new position	Not used; must be zero	UINT previous position
PBM_SETRANGE	Sets minimum and maximum values; redraws to reflect new range.	Not used; must be zero	LW = minimum value HW = maximum value	Previous range values (LW = min, HW = max), or zero on error
PBM_SETSTEP	Specifies the step increment.	UINT new step increment	Not used; must be zero	Previous step increment
PBM_STEPIT	Advances position by the step increment and redraws to reflect new position.	Not used; must be zero	Not used; must be zero	Previous position

Property Sheet Controls

These messages relate to property sheets: windows that contain overlapping, tabbed child windows with controls used for setting properties.

Message	Description	wparam	lparam	Return
PSM_ADDPAGE	Adds a new page to the end of a property sheet.	Not used; must be zero	HPROPSHEET-PAGE of page to add	n/a
PSM_APPLY	Simulates a press of the Apply Now button	Not used; must be zero	Not used; must be zero	TRUE on success; FALSE on failure
PSM_CANCEL-TOCLOSE	Disables Cancel button and changes text of OK button to Close.	Not used; must be zero	Not used; must be zero	n/a
PSM_CHANGED	Informs that information in a page has changed.	HWND of changed child page	Not used; must be zero	n/a
PSM_QUERY-SIBLINGS	Forwards the message to each page in the property sheet.	Application-defined parameter	Application-defined parameter	Returns the non-zero value from a page in the proper ty sheet, or zero if no page returns a non-zero value.
PSM_REMOVE-PAGE	Removes a page	INT index of page to remove	HPROPSHEET-PAGE of page to remove	n/a
PSM_REBOOT-SYSTEM	Indicates that system needs to be restarted for changes to take effect.	Not used; must be zero	Not used; must be zero	n/a
PSM_RESTART-WINDOWS	Indicates that Windows needs to be restarted for changes to take effect.	Not used; must be zero	Not used; must be zero	n/a

Message	Description	wparam	lparam	Return
PSM_SETCURSEL	Activates the given page	INT index of page to activate	HPROPSHEET-PAGE of page to activate	TRUE on success, FALSE on failure
PSM_SETTITLE	Sets title	DWORD style; combination of PSH_ constants	LPCSTR to new title text	n/a
PSM_UNCHANGED	Information in a page has reverted to previously saved state.	HWND of page in unchanged state	Not used; must be zero	n/a

These notification messages arrive via a WM_NOTIFY message to the parent window. These notification messages are unusual in that most require a return value from the recipient window.

Notification Message	Description	lparam	Return
PSN_APPLY	Indicates that user pressed the OK or Apply Now buttons.	Address of NMHDR structure; hwndFrom member is handle of property sheet, and hwndTo member is handle of page	n/a
PSN_HASHELP	Queries a page to determine whether to en able Help button.	Address of NMHDR structure; hwndFrom member is handle of property sheet, and hwndTo member is handle of page	TRUE to enable Help, FALSE to disable
PSN_HELP	Notifies a page that the user pressed the Help button.	Address of NMHDR structure; hwndFrom member is handle of property sheet, and hwndTo member is handle of page	n/a
PSN_KILLACTIVE	Notifies a page that it is about to lose activation either because another page is being activated or the user pressed the OK button.	Address of NMHDR structure; hwndFrom member is handle of property sheet, and hwndTo member is handle of page	TRUE to allow deactivation, or FALSE to l disalow

Notification Message	Description	lparam	Return
PSN_RESET	Notifies a page that user pressed the Cancel button and wants to cancel all changes made since last pressing the Apply Now button.	Address of NMHDR structure; hwndFrom member is handle of property sheet, and hwndTo member is handle of page	TRUE to allow cancella tion, or FALSE to disallow
PSN_SETACTIVE	Notifies a page that it is about to be activated.	Address of NMHDR structure; hwndFrom member is handle of property sheet, and hwndTo member is handle of page	n/a

Scroll Bar Controls

These messages relate to the movement and settings of both horizontal and vertical scroll bars.

Message	Description	wparam	lparam	Return
SBM_ENABLE_ ARROWS	Sent to enable or disable one or both arrows of a scroll bar control.	scroll-bar arrow flags; combination of ESB_ flags (see Chapter 5)	Not used; must be zero	TRUE on success; FALSE on error
SBM_GETPAGE	Sent to a scroll bar control to retrieve the current page size. Page size affects the length of the pro- portional scroll box.	Not used; must be zero	Not used; must be zero	Current page size
SBM_GETPOS	Sent to retrieve current position of scroll box in a scroll bar control. Current position is relative to current scrolling range.	Not used; must be zero	Not used; must be zero	Current relative position of scroll box

Message	Description	wparam	lparam	Return
SBM_GETRANGE	Sent to a scroll bar control to retrieve the minimum and maximum position values.	LPINT to hold minimum position.	LPINT to hold maximum position.	n/a
SBM_GET-SCROLLINFO	Retrieves parameters of a scroll bar.	Not used; must be zero	Address to SCROLLINFO structure (see Chapter 1)	True on success; FALSE on failure
SBM_SETPAGE	Sent to a scroll bar control to set the page size and, if requested, redraw scroll bar.	LW = new page size	TRUE to redraw; FALSE to not.	Previous page size; on error, returns FALSE.
SBM_SETPOS	Sent to a scroll bar control to set the scroll box position, and, if requested, redraw scroll bar.	LW = new position	TRUE to redraw; FALSE to not.	Previous position; on error, returns FALSE.
SBM_SETRANGE	Sent to a scroll bar control to set the minimum and maximum position values. Does NOT redraw scroll bar.	Minimum position value	Maximum position value	Previous range; on error, returns FALSE.
SBM_SETRANGE-REDRAW	Sent to a scroll bar control to set the minimum and maximum position values. Redraws scroll bar.	Minimum position value	Maximum position value	Previous range; on error, returns FALSE.
SBM_SET-SCROLLINFO	Sent to set the parameters of a scroll bar.	If TRUE, redraw; if FALSE, do not.	Address to SCROLLINFO structure (see Chapter 1)	Current position of the scroll box.
WM_CTLCOLOR-SCROLLBAR	Sent to the parent window of a scroll bar control when the control is about to be drawn.	HDC of scroll bar DC	HWND of scroll bar control	Handle of brush for painting scroll bar

Message	Description	wparam	lparam	Return
WM_HSCROLL	Sent when a scroll event occurs in the window's standard horizontal scroll bar.	LW = Scroll code, one of the SB_ constants (see Chapter 5) HW = Current position of scroll box	HWND of scroll bar	If processed, return zero
WM_VSCROLL	Sent when a scroll event occurs in the window's standard vertical scroll bar.	LW = Scroll code, one of the SB_ constants (see Chapter 5) HW = Current position of scroll box	HWND of scroll bar	If processed, return zero

Static Controls

Following are the messages used with static controls. (STM_GETICON and STM_SETICON are used only with icons.)

Message	Description	wparam	lparam	Return
STM_GETBITMAP	Sent to retrieve handle of bitmap associated with a static control with SS_BITMAP style.	Not used; must be zero	Not used; must be zero	HBITMAP of bitmap, or NULL on error
STM_GETICON	Sent to retrieve handle of icon associated with a static control with SS_ICON style.	Not used; must be zero	Not used; must be zero	HICON of icon, or NULL on error

Message	Description	wparam	lparam	Return
STM_GETMETAPICT	Sent to retrieve handle of metafile associated with a static control with SS_METAPICT style.	Not used; must be zero	Not used; must be zero	HANDLE of metafile, or NULL on error

Static Controls

Following are the messages used with static controls. (STM_GETICON and STM_SETICON are used only with icons.)

Message	Description	wparam	lparam	Return
STM_SETBITMAP	Sent to associate a bitmap with a static control with SS_BITMAP style.	HBITMAP of bitmap to be assigned	Not used; must be zero	HBITMAP of previous bitmap, or NULL on error
STM_SETICON	Sent to associate an icon with a static control with SS_ICON style.	HICON of icon to be assigned	Not used; must be zero	HICON of previ ous icon, or NULL on error
STM_SETMETAPICT	Sent to associate a metafile with a static control with SS_BITMAP style.	HANDLE of metafile to be assigned	Not used; must be zero	HANDLE of previ ous metafile, or NULL on error
WM_CTLCOLORSTATIC	Sent to the parent window of a static control when the control is about to be drawn.	HDC of static control DC	HWND of static control	Handle of brush for painting static control

Status Windows

These messages work with status windows, horizontal windows at the bottom of parent windows through which applications can display various kinds of status information.

Message	Description	wparam	lparam	Return
SB_GETBORDERS	Retrieves current widths of horizontal and vertical borders	Not used; must be zero	Address of 3-element INT array. First element receives width of the horizontal border, second receives width of vertical border, and third receives width of border between rectangles.	TRUE on success; FALSE on failure
SB_GETPARTS	Retrieves number of parts in a status window.	INT number of parts for which to get coordinates.	Address of INT array having same number of elements as parts specified by wparam. Each element receives client coordinate of right edge of corresponding part.	Number of parts, or zero on error
SB_GETTEXT	Retrieves text from given part of a status window.	Zero-based INT index of the part from which to retrieve text.	Address of the buffer to receive the text	32-bit value consisting of two 16-bit values. Low word specifies # of characters in text. High word specifies the type of operation used to draw the text; see SBT_ constants

Message	Description	wparam	lparam	Return
SB_GETTEXT-LENGTH	Retrieves # of characters in text from given part of a status window.	ero-based INT index of the part from which to retrieve text.	Not used; must be zero	32-bit value con sisting of two 16-bit values. Low word specifies # of characters in text. High word speci fies the type of operation used to draw the text; see SBT_ constants
SB_SETBORDERS	Sets widths of horizontal and vertical borders.	Not used; must be zero	Address of 3-element INT array. First element contains width of the horizontal border, second contains width of vertical border, and third contains width of border between rectangles.	TRUE on success; FALSE on failure
SB_SETMIN-HEIGHT	Sets the minimum height of drawing area.	INT height of drawing area	Not used; must be zero	n/a
SB_SETPARTS	Sets number of parts, and coordinate of right edge of each part.	INT number of parts for which to get coordinates.	Address of INT array having same number of elements as parts specified by wparam. Each element contains client coordinate of right edge of corresponding part.	TRUE on success; FALSE on failure

Message	Description	wparam	lparam	Return
SB_SETTEXT	Sets text in given part.	Zero-based index of the part to set, combined with one or more SBT_ constants.	Address of buffer containing new text	TRUE on success; FALSE on failure
SB_SIMPLE	Specifies whether a status window displays simple text or displays all window parts set by a previous SB_SETPARTS message.	TRUE to display simple text, FALSE to display text in parts.	Not used; must be zero	FALSE on failure

Tab Control

These messages relate to tab control, which allow the definition of "flip-book" tabs that allow simplified paging through documents.

Message	Description	wparam	lparam	Return
TCM_ADJUST-RECT	Calculates display area given a window rectangle, or calculates window rectangle that corresponds to a given display area.	TRUE to calculate window rectangle, FALSE to calculate display rectangle	Address of RECT, containing either display or window rectangle based on wparam value. Contents replaced by calculated value.	n/a
TCM_DELETE-ALLITEMS	Removes all items	Not used; must be zero	Not used; must be zero	TRUE on success; FALSE on error
TCM_DELETE-ITEM	Removes an item	Zero-based INT tab index	Not used; must be zero	TRUE on success; FALSE on error
TCM_GETCURSEL	Determines currently selected tab	Not used; must be zero	Not used; must be zero	Zero-based index of tab, or -1 on error

Message	Description	wparam	lparam	Return
TCM_GET-IMAGELIST	Gets associated image list	Not used; must be zero	Not used; must be zero	HIMAGELIST of associated image list; NULL on error
TCM_GETITEM	Gets information about a tab	Zero-based INT tab index	Address of TC_ITEM struct to receive tab data.	TRUE on success; FALSE on error
TCM_GETITEM-COUNT	Gets number of tabs	Not used; must be zero	Not used; must be zero	INT number of tabs, or zero on error
TCM_GETITEM-RECT	Gets bounding rectangle for a tab	Zero-based INT tab index	Address of RECT struct to receive tab rectangle	TRUE on success; FALSE on error
TCM_GETROW-COUNT	Gets current number of rows of tabs	Not used; must be zero	Not used; must be zero	INT number of rows
TCM_GETTOOL-TIPS	Gets handle of tool tips control	Not used; must be zero	Not used; must be zero	HWND of tooltips control, or NULL on error
TCM_HITTEST	Determines which tab, if any, is at specified screen position.	Not used; must be zero	Address of a TC_HITTEST -INFO structure specifyingscreen position to test.	Zero-based INT index of tab, or -1 on failure.
TCM_INSERT-ITEM	Inserts a new tab	Zero-based INT tab index before which new tab is to be inserted	Address of TC_ITEM struct containing info on new tab	Zero-based INT index of new tab, or -1 on failure.
TCM_REMOVE-IMAGE	Removes image from image list.	Zero-based INT image index	Not used; must be zero	n/a
TCM_SETCURSEL	Selects a tab	Zero-based INT tab index	Not used; must be zero	Zero-based INT index of previously selected tab, or – 1 on error.

Message	Description	wparam	lparam	Return
TCM_SETIMAGE-LIST	Sets the image list	Not used; must be zero	HIMAGELIST of image list	HIMAGELIST of previous image list
TCM_SETITEM	Sets some or all of a tab's attributes.	Zero-based INT tab index	Address of TC_ITEM struct containing new info for tab	TRUE on success; FALSE on error
TCM_SETITEM-EXTRA	Sets number of bytes per tab reserved for application-defined data	INT number of bytes to reserve per tab	Not used; must be zero	TRUE on success; FALSE on error
TCM_SETITEM-SIZE	Sets width and height (in pixels) of tabs in fixed-width or owner-drawn tab control.	Not used; must be zero	LW = width (x dim) HW = height (y dim)	LW = old width HW = new height
TCM_SET-PADDING	Sets amount of space (padding) around each tab's icon and label	Not used; must be zero	LW = width (x pad) HW = height (y pad)	LW = old width HW = new height
TCM_SETTOOL-TIPS	Assigns tool tips control	HWND of tool tips control	Not used; must be zero	n/a

These notification messages arrive via a WM_NOTIFY message to the parent window.

Notification Message	Description	wparam	lparam
TCN_SEL CHANGE	Sent to the parent window of a tab control when the currently selected tab changes.	INT ident of tab control	HWND of tab control

Notification Message	Description	wparam	lparam
TCN_SEL-CHANGE	Sent to the parent window of a tab control when the currently selected tab is about to change. NOTE: Return TRUE to allow change, or FALSE to prevent change	INT ident of tab control	HWND of tab control

Windows

These messages indicate the creation, destruction, or change of a windows.

Message	Description	wparam	lparam	Return
WM_ACTIVATE	Sent when a window isbeing activated or deactivated.	Activation flag, one of the WA_ constants (see Chapter 5)	HW = TRUE if minimized, FALSE if not LW = HWND of window being activated or deactivated	If processed, return zero
WM_ACTIVATE-APP	Sent when a window belonging to a different application than the active window is about to be activated. Sent to application whose window is being activated and to application whose window is being deactivated.	TRUE if being activated; FALSE if being deactivated	If wparam is TRUE, identifies thread that owns window being deactivated. If wparam is FALSE, identifies thread that owns window being activated.	If processed, return zero

Message	Description	wparam	lparam	Return
WM_CANCEL-MODE	Sent to focus window when a dialog box or message box is displayed, enabling the focus window to cancel modes, such as mouse capture.	n/a	n/a	If processed, return zero
WM_CLOSE	Sent as a signal that a window or an application should terminate.	n/a	n/a	If processed, return zero
WM_COPYDATA	Sent when application passes data to another application.	HWND of sending window	Address to COPYDATA-STRUCT	If message processed, return TRUE; otherwise, return FALSE.
WM_CREATE	Sent when an application requests that a window be created by calling the Create-WindowEx or Create Window function.	n/a	Far point to CREATESTRUCT	Return 0 to continue creation of the window. If return is –1, the window is destroyed and the CreateWindowEx or CreateWindow function return a NULL handle.
WM_DESTROY	Sent when a window is being destroyed, to the window procedure of the window being destroyed after the window is removed from the screen.	n/a	n/a	If processed, return zero
WM_ENABLE	Sent when an application changes the enabled state of a window.	TRUE to enable, FALSE to disable	n/a	If processed, return zero

Message	Description	wparam	lparam	Return
WM_END-SESSION	Sent to an application after Windows processes the results of the WM_QUERY-ENDSESSION message.	TRUE if session is ending, FALSE if not.	n/a	If processed, return zero
WM_GET-MINMAXINFO	Sent to a window when its size or position is about to change.	n/a	Address to MINMAXINFO struct	If processed, return zero
WM_GETTEXT	Retrieves text corresponding to a window into a buffer	Number of characters to copy	LPCSTR of buffer for text	Number of charac ters copied.
WM_GETTEXT-LENGTH	Determines the length, in characters, of the text associated with a window.	Not used; must be zero	Not used; must be zero	Length, in charac ters, of the text, not counting terminat ing NUL.
WM_MOVE	Sent after a window has been moved.	n/a	Coordinates of upper left corner, x position in LW and y position in HW.	If processed, return zero
WM_MOVING	Sent to a window that the user is moving.	Edge of window being moved, as defined by the WMSZ_ constants.	Address to RECT structure containing coordinate of drag rectangle.	If processed, return TRUE
WM_NC-ACTIVATE	Sent to a window when its nonclient area needs to be changed to indicate an active or inactive state.	TRUE for active FALSE for inactive	n/a	When wparam is FALSE, application should return TRUE to tell Windows toproceedwith the default processing, or return FALSE to prevent the title bar or icon from being deactivated. When

Message	Description	wparam	lparam	Return
				wparam is TRUE, return value is ignored.
WM_NCCALC-SIZE	Sent when the size and position of a window's client area must be calculated.	If TRUE, application should specify valid portion of client area.	Address to NCCALCSIZE_PARAMS structure	If wparam is FALSE, return zero. If wparam is TRUE, application can return zero or a valid combination of the WVR_ values (see Chapter 5)
WM_NCCREATE	Sent prior to the WM_CREATE message when a window is first created.	n/a	Far point to CREATE-STRUCT	Return 0 to continue creation of the window. If return is –1, the window is destroyed and the CreateWindowEx or CreateWindow function return a NULL handle.
WM_NCDESTROY	Informs a window that its nonclient area is being destroyed.	n/a	n/a	If processed, return zero
WM_NOTIFY	Informs the parent window of a control that an event has occurred in the control or that the control requires information.	INT identifier of control	Address to NMHDR struct	Ignore, except for notifications that specify otherwise.

Message	Description	wparam	lparam	Return
WM_PARENT-NOTIFY	Sent to the parent of a child window when the child window is created or destroyed, or when the user clicks a mouse button while the cursor is over the child window.	LW = A WM_ message indicating the type of event. HW = When LW is WM_CREATE or WM_DESTROY, contains id of child; otherwise, undefined	When wparam is WM_CREATE or WM_DESTROY, LW contains handle of child. For other events, LW contains x-position and HW contains Y-position of cursor.	If processed, return zero
WM_POWER	Sent when the system, typically a battery-powered personal computer, is about to enter suspended mode.	Power-event notification, one of the PWR_ constants (see Chapter 5)	n/a	If wparam is PWR_SUSPENDREQUEST, the return value is PWR_FAIL to prevent the system from entering the suspended state; otherwise, it is PWR_OK. If wParam is PWR_SUSPEND-RESUME or PWR_CRITICALRESUME, the return value is zero.
WM_QUERYEND-SESSION	Sent when the user chooses to end the Windows session or when an application calls ExitWindows.	0 = User requested Shutdown !0 = User click End Task in Task List	n/a	TRUE if okay to terminate; FALSE to stop termination.

Message	Description	wparam	lparam	Return
WM_QUERYOPEN	Sent to an icon when user requests that window be restored to its previous size and position.	n/a	n/a	TRUE if icon can be restored; FALSE if not.
WM_QUIT	Indicates a request to terminate an application; generated when application calls PostQuitMessage.	Exit code given in PostQuitMessage	n/a	No return value, because message loop terminates before the message is sent to the application's window procedure.
WM_SETTEXT	Sets text of window or control	Not used; must be zero	LPCSTR of new window text	TRUE on success; FALSE on error
WM_SHOW-WINDOW	Sent to a window when it is about to be hidden or shown.	TRUE if being shown, FALSE if being hidden.	Zero when message is sent via a call to ShowWindow; otherwise, contains one of the SW_ constants (see Chapter 5)	If processed, return zero
WM_SIZE	Sent to a window after its size has changed.	One of the SIZE_constants (see Chapter 5)	LW = width of client area HW = height of client area	If processed, return zero
WM_SIZING	Sent to a window that the user is resizing.	Edge of window being resized, one of the WMSZ_ constants (see Chapter 5)	Address to RECT containing coords of drag rectangle.	If processed, return TRUE
WM_STYLE-CHANGED	Sent to a window after SetWindowLong changes one or more of the window's styles.	Specifies whether the window's extended or non extended styles have changed.	Address to STYLESTRUCT containing style information.	If processed, return zero

Message	Description	wparam	lparam	Return
		This parameter can be a combination of the GWL_ constants.		
WM_STYLE-CHANGING	Sent to a window when SetWindow-Long is about to change one or more of the window's styles.	Specifies whether the window's extended or non extended styles have changed. This parameter can be a combination of the GWL_ constants.	Address to STYLESTRUCT containing style information.	If processed, return zero
WM_WINDOW-POSCHANGED	Sent to a window whose size, position, or place in the Z order has changed.	n/a	Address to WINDOWPOS struct (see Chapter 5)	If processed, return zero
WM_WINDOW POSCHANGING	Sent to a window whose size, position, or place in the Z order is about to change.	n/a	Address to WINDOWPOS struct (see Chapter 5)	If processed, return zero

Unclassified

These messages are difficult to categorize.

Message	Description	wparam	lparam	Return
WM_CLEAR	Deletes (clears) current selection, if any, from the edit control or combo box.	Not used; must be zero	Not used; must be zero	n/a

Message	Description	wparam	lparam	Return
WM_QUEUESYNC	Sent by computer-based training (CBT) application to separate user-input messages from other messages sent through WH_JOURNAL-PLAYBACK hook procedure.	Not used; must be zero	Not used; must be zero	CBT application should return zero when processing this message.
WM_DEVMODE-CHANGE	Sent to all top-level windows whenever the user changes device-mode settings.	n/a	LPCSTR address of device name	If processed, return zero
WM_CANCEL-JOURNAL	Posted to an application when a user cancels the application's journaling activities.	n/a	n/a	None. Meant to be processed within an application's main loop or a GetMessage hook procedure, not from a window procedure.
WM_FONT-CHANGE	Sent to all top-level windows after system changes the pool of font resources.	n/a	n/a	
WM_SPOOLER-STATUS	Sent from Print Manager whenever a job is added to or removed from the Print Manager queue.	Job status value	LW contains # of print jobs	If processed, return zero
WM_COM-PACTING	Sent to all top-level windows when Windows detects more than 12.5	Specifies CPU time currently spent by Windows compacting memory to CPU	n/a	If processed, return zero

Message	Description	wparam	lparam	Return
	percent of system time over a 30- to 60-second interval is being spent compacting memory. Indicates limited system memory.	time currently spent performing other operations.		
WM_WININI-CHANGE	Sent to all top-level windows after making a change to the WIN.INI file.	Not used; must be zero	LPCSTR address of section-name string	If processed, return zero
WM_TIME-CHANGE	Sent to all top-level windows after changing the system time. Always TRUE	Not used; must be zero	Not used; must be zero	If processed, return zero
WM_HELP	Sent whenever user presses the F1 key.	Not used; must be zero	Address to HELPINFO struct	Always TRUE
WM_TCARD	Sent to an application that has initiated a training card with Window Help.	User action; one of IDABORT, IDCANCEL, IDCLOSE, IDHELP, IDIGNORE, IDOK, IDNO, IDRETRY, IDYES, HELP_TCARD_DATA, HELP_TCARD_NEXT, HELP_TCARD_OTHER_CALLER	If wparam specifies HELP_TCARD_DATA, this parameter is a long integer specified by the help author. Otherwise, this parameter is zero.	Ignored; use zero.
WM_RASDIAL-EVENT	The asynchronous RasDial API sends this message to notify the changes in the remote network	A RASCONN-STATE value for the current state of the connection.	n/a	An error code if current state (in wparam) is RASCS_Disconnected.

Message	Description	wparam	lparam	Return
	connection state while the connection is being established.			
WM_COMMAND	Sent when user selects a menu command, when a control sends a notification message to its parent window, or when accelerator keystroke is translated.	HW = notification code LW = item, control, or accelerator identifier	HWND of control, or NULL if message generated by menu item or accelerator	If processed, return zero
WM_CHOOSE-FONT_GETLOG-FONT	Sent to Font dialog box created by the ChooseFont function to retrieve current LOGFONT structure.	Not used; must be zero	Address of LOGFONT structure to receive font information	n/a
WM_DROPFILES	Sent when user releases left mouse button while cursor is in window of an application that has registered itself as a recipient of dropped files.	HANDLE of internal drop structure (used by DragFinish, DragQueryFile, and DragQueryPoint functions to retrieve information about dropped files)	Not used; must be zero	If processed, return zero
WM_TIMER	Posted to installing thread's message queue or sent to appropriate TimerProc callback function after each interval specified in SetTimer function used to install a timer.	UINT timer identifier	Address of timer callback function (may be NULL	If processed, return zero

CHAPTER 4

API and Message Index

This chapter lists all messages, API functions, and window styles in alphabetical order. For each item, a column tells whether it is implemented only for Windows NT version 3.5 (code name: Daytona), if it is included in Windows 95, how the Windows 95 implementation differs from Windows NT, and the history of the item ("widened" means that 16-bit values were widened to 32 bits)

API AND MESSAGE INDEX

API Function, Style, or Message	Only NT3.5?	In Win4?	Differences in Windows 95 from NT	History
__WSAFDIsSet	No	Yes		new
_hread	No	Yes		widened
_hwrite	No	Yes		widened
_lcreat	No	Yes		widened
_llseek	No	Yes		widened
_lopen	No	Yes		widened
_lread	No	Yes		widened
_lwrite	No	Yes		widened
AbnormalTermination	No	Yes		new
AbortDoc	No	Yes	int == 16 bits	widened
AbortPath	No	Yes	16-bit coordinates only	new
AbortPrinter	No	Yes		new
AbortProc	No	No		dropped
AbortSystemShutdown	No	No		new
AbsoluteToSelfRelativeSD	No	No		new
accept	No	Yes		new
AccessCheck	No	No		new
AccessCheckAndAuditAlarm	No	No		new
AccessResource	No	No		dropped
acmChooseWaveFilter	No	Yes		new
acmChooseWaveFormat	No	Yes		new
acmCloseConversion	No	Yes		new
acmConvert	No	Yes		new
acmConverterAdd	No	Yes		new

API Function, Style, or Message	Only NT3.5?	In Win4?	Differences in Windows 95 from NT	History
acmConverterClose	No	Yes		new
acmConverterEnum	No	Yes		new
acmConverterGetInfo	No	Yes		new
acmConverterOpen	No	Yes		new
acmConverterRemove	No	Yes		new
acmConverterSendMessage	No	Yes		new
acmEnumWaveFilters	No	Yes		new
acmEnumWaveFormats	No	Yes		new
acmEnumWaveFormatTags	No	Yes		new
acmGetFormatString	No	Yes		new
acmGetVersion	No	Yes		new
acmGetWaveFormatSize	No	Yes		new
acmOpenConversion	No	Yes		new
acmQueryConversionSize	No	Yes		new
acmSuggestFormat	No	Yes		new
ActivateKeyboardLayout	No	Yes	only 1 keyboard loaded at once	new
AddAccessAllowedAce	No	No		new
AddAccessDeniedAce	No	No		new
AddAce	No	No		new
AddAtom	No	Yes		widened
AddAuditAccessAce	No	No		new
AddFontModule	No			dropped
AddFontResource	No	Yes	int == 16 bits	changed
AddForm	No	No		new
AddJob	No	Yes		new

API Function, Style, or Message	Only NT3.5?	In Win4?	Differences in Windows 95 from NT	History
AddMonitor	No	Yes		new
AddPort	No	Yes		new
AddPrinter	No	Yes		new
AddPrinterConnection	No			dropped
AddPrinterDriver	No	Yes		new
AddPrintProcessor	No	Yes		new
AddPrintProvidor	No	Yes		new
AdjustTokenGroups	No	No		new
AdjustTokenPrivileges	No	No		new
AdjustWindowRect	No	Yes		widened
AdjustWindowRectEx	No	Yes		widened
AdvancedDocumentProperties	No	Yes		new
AdvancedSetupDialog	No			dropped
AllocateAndInitializeSid	No	No		new
AllocateLocallyUniqueId	No	No		new
AllocConsole	No	Yes		new
AllocDiskSpace	No	No		dropped
AllocDSToCSAlias	No	No		dropped
AllocFileHandles	No	No		dropped
AllocGDIMem	No	No		dropped
AllocMem	No	No		dropped
AllocResource	No	No		dropped
AllocSelector	No	No		dropped
AllocUserMem	No	No		dropped
AngleArc	No	No		new
AnimatePalette	No	Yes	int == 16 bits	widened

API Function, Style, or Message	Only NT3.5?	In Win4?	Differences in Windows 95 from NT	History
AnsiLower	No	Yes		widened
AnsiLowerBuff	No	Yes		widened
AnsiNext	No	Yes		widened
AnsiPrev	No	Yes		widened
AnsiToOem	No	Yes		widened
AnsiToOemBuff	No	Yes		widened
AnsiUpper	No	Yes		widened
AnsiUpperBuff	No	Yes		widened
AnyPopup	No	Yes		widened
AppendMenu	No	Yes		widened
Arc	No	Yes	16-bit coordinates only	widened
ArcTo	No	No		new
AreAllAccessesGranted	No	No		new
AreAnyAccessesGranted	No	No		new
ArrangeIconicWindows	No	Yes		widened
AttachThreadInput	No	Yes		new
auxGetDevCaps	No	Yes		widened
auxGetNumDevs	No	Yes		widened
auxGetVolume	No	Yes		widened
auxOutMessage	No	Yes		widened
auxSetVolume	No	Yes		widened
BackupEventLog	No	No		new
BackupRead	No	No		new
BackupSeek	No	No		new
BackupWrite	No	No		new
Beep	No	Yes		new

API Function, Style, or Message	Only NT3.5?	In Win4?	Differences in Windows 95 from NT	History
BeginDeferWindowPos	No	Yes		widened
BeginPaint	No	Yes		widened
BeginPath	No	Yes	16-bit coordinates only	new
BeginUpdateResource	No	No		new
bind	No	Yes		new
BitBlt	No	Yes	16-bit coordinates only	widened
BL_ADDBUTTON	No	Yes		
BL_DELETEBUTTON	No	Yes		
BL_GETCARETINDEX	No	Yes		
BL_GETCOUNT	No	Yes		
BL_GETCURSEL	No	Yes		
BL_GETITEMDATA	No	Yes		
BL_GETITEMRECT	No	Yes		
BL_GETOPINDEX	No	Yes		
BL_GETTEXT	No	Yes		
BL_GETTEXTLEN	No	Yes		
BL_INSERTBUTTON	No	Yes		
BL_RESETCONTENT	No	Yes		
BL_SETCARETINDEX	No	Yes		
BL_SETCURSEL	No	Yes		
BL_SETITEMDATA	No	Yes		
BL_SETOPTINDEX	No	Yes		
BLN_CLICKED	No	Yes		
BLN_KILLFOCUS	No	Yes		
BLN_SELCANCEL	No	Yes		
BLN_SELCHANGE	No	Yes		

API Function, Style, or Message	Only NT3.5?	In Win4?	Differences in Windows 95 from NT	History
BLN_SETFOCUS	No	Yes		
BM_GETBITMAP	No	Yes		
BM_GETCHECK	No	Yes		widened
BM_GETICON	No	Yes		
BM_GETIMAGE	No	Yes		new
BM_GETSTATE	No	Yes		widened
BM_SETBITMAP	No	Yes		
BM_SETCHECK	No	Yes		widened
BM_SETICON	No	Yes		
BM_SETIMAGE	No	Yes		new
BM_SETSTATE	No	Yes		widened
BM_SETSTYLE	No	Yes		widened
BN_CLICKED	No	Yes		widened
BN_DISABLE	No	Yes		widened
BN_DOUBLECLICKED	No	Yes		widened
BN_HILITE	No	Yes		widened
BN_PAINT	No	Yes		widened
BN_UNHILITE	No	Yes		widened
BringWindowToTop	No	Yes		widened
BS_3STATE	No	Yes		
BS_AUTO3STATE	No	Yes		
BS_AUTOCHECKBOX	No	Yes		
BS_AUTORADIOBUTTON	No	Yes		
BS_BOTTOM	No	Yes		
BS_CENTER	No	Yes		
BS_CHECKBOX	No	Yes		

API Function, Style, or Message	Only NT3.5?	In Win4?	Differences in Windows 95 from NT	History
BS_DEFPUSHBUTTON	No	Yes		
BS_DIBPATTERN	No	Yes	Windows 95 only supports 8x8 brushes	new
BS_DIBPATTERN8X8	No		pattern bitmaps truncated to 8X*	new
BS_DIBPATTERNPT	No		pattern bitmaps truncated to 8X*	new
BS_GROUPBOX	No	Yes		
BS_HATCHED	No	Yes		new
BS_HOLLOW	No	Yes		new
BS_INDEXED	No	Yes		new
BS_LEFT	No	Yes		
BS_MULTILINE	No	Yes		
BS_NOTIFY	No	Yes		
BS_NULL	No	Yes		new
BS_OWNERDRAW	No	Yes		
BS_PATTERN	No	Yes		new
BS_PATTERN8X8	No		pattern bitmaps truncated to 8X*	new
BS_PUSHBOX	No	Yes		
BS_PUSHBUTTON	No	Yes		
BS_PUSHLIKE	No	Yes		
BS_RADIOBUTTON	No	Yes		
BS_RIGHT	No	Yes		
BS_RIGHTBUTTON	No	Yes		
BS_SOLID	No	Yes		new
BS_TOP	No	Yes		

API Function, Style, or Message	Only NT3.5?	In Win4?	Differences in Windows 95 from NT	History
BS_VCENTER	No	Yes		
BuildCommDCB	No	Yes		widened
BuildCommDCBAndTimeouts	No	Yes		new
CallMsgFilter	No	Yes		widened
CallNamedPipe	No	Yes		new
CallNextHookEx	No	Yes		new
CallNextHookProc	No	No		dropped
CallWindowProc	No	Yes		widened
CancelDC	No	No		new
CascadeChildWindows	No	Yes		new
CascadeWindows	No	Yes		new
Catch	No	No		dropped
CB_ADDSTRING	No	Yes		widened
CB_DELETESTRING	No	Yes		widened
CB_DIR	No	Yes		widened
CB_FINDSTRING	No	Yes		widened
CB_GETCOUNT	No	Yes		widened
CB_GETCURSEL	No	Yes		widened
CB_GETDROPPEDCONTROLRECT	No	Yes		widened
CB_GETDROPPEDSTATE	No	Yes		widened
CB_GETDROPPEDWIDTH	No	Yes		
CB_GETEDITSEL	No	Yes		widened
CB_GETEXTENDEDUI	No	Yes		widened
CB_GETHORIZONTALEXTENT	No	Yes		
CB_GETITEMDATA	No	Yes		widened
CB_GETITEMHEIGHT	No	Yes		widened

API Function, Style, or Message	Only NT3.5?	In Win4?	Differences in Windows 95 from NT	History
CB_GETLBTEXT	No	Yes		widened
CB_GETLBTEXTLEN	No	Yes		widened
CB_GETTOPINDEX	No	Yes		
CB_INITSTORAGE	No	Yes		
CB_INSERTSTRING	No	Yes		widened
CB_LIMITTEXT	No	Yes		widened
CB_MSGMAX	No	Yes		widened
CB_RESETCONTENT	No	Yes		widened
CB_SELECTSTRING	No	Yes		widened
CB_SETCURSEL	No	Yes		widened
CB_SETDROPPEDWIDTH	No	Yes		
CB_SETEDITSEL	No	Yes		widened
CB_SETEXTENDEDUI	No	Yes		widened
CB_SETHORIZONTALEXTENT	No	Yes		
CB_SETITEMDATA	No	Yes		widened
CB_SETITEMHEIGHT	No	Yes		widened
CB_SETTOPINDEX	No	Yes		
CB_SHOWDROPDOWN	No	Yes		widened
CBN_CLOSEUP	No	Yes		widened
CBN_DBLCLK	No	Yes		widened
CBN_DROPDOWN	No	Yes		widened
CBN_EDITCHANGE	No	Yes		widened
CBN_EDITUPDATE	No	Yes		widened
CBN_ERRSPACE	No	Yes		widened
CBN_KILLFOCUS	No	Yes		widened
CBN_SELCHANGE	No	Yes		widened

API Function, Style, or Message	Only NT3.5?	In Win4?	Differences in Windows 95 from NT	History
CBN_SETFOCUS	No	Yes		widened
CBS_AUTOHSCROLL	No	Yes		
CBS_DISABLENOSCROLL	No	Yes		
CBS_DROPDOWN	No	Yes		
CBS_DROPDOWNLIST	No	Yes		
CBS_HASSTRINGS	No	Yes		
CBS_LOWERCASE	No	Yes		
CBS_NOINTEGRALHEIGHT	No	Yes		
CBS_OEMCONVERT	No	Yes		
CBS_OWNERDRAWFIXED	No	Yes		
CBS_OWNERDRAWVARIABLE	No	Yes		
CBS_SIMPLE	No	Yes		
CBS_SORT	No	Yes		
CBS_UPPERCASE	No	Yes		
ChangeClipboardChain	No	Yes		widened
ChangeMenu	No	Yes		widened
ChangeSelector	No	No		dropped
ChangeServiceConfig	No	No		new
char_array_from_ndr	No	No		new
char_from_ndr	No	No		new
CharLower	No	Yes		widened
CharLowerBuff	No	Yes		widened
CharNext	No	Yes		widened
CharPrev	No	Yes		widened
CharToOem	No	Yes		widened
CharToOemBuff	No	Yes		widened

API Function, Style, or Message	Only NT3.5?	In Win4?	Differences in Windows 95 from NT	History
CharUpper	No	Yes		widened
CharUpperBuff	No	Yes		widened
CheckColorsInGamut	Yes	Yes		new
CheckDlgButton	No	Yes		widened
CheckMenuItem	No	Yes		widened
CheckMenuRadioItem	No	Yes		new
CheckRadioButton	No	Yes		widened
ChildWindowFromPoint	No	Yes		widened
ChildWindowFromPointEx	No	Yes		new
ChooseColor	No	Yes		widened
ChooseFont	No	Yes		widened
ChoosePixelFormat	Yes	No		new
Chord	No	Yes	16-bit coordinates only	widened
ClassFirst	No	No		dropped
ClassNext	No	No		dropped
ClearCommBreak	No	Yes		widened
ClearCommError	No	Yes		new
ClearEventLog	No	No		new
ClientThreadConnect- bogus	No	No		new
ClientToScreen	No	Yes		widened
ClipCursor	No	Yes		widened
CloseClipboard	No	Yes		widened
CloseComm	No	No		dropped
CloseDesktop	No	No		new
CloseDriver	No	No		dropped
CloseEnhMetaFile	No	Yes		new

API Function, Style, or Message	Only NT3.5?	In Win4?	Differences in Windows 95 from NT	History
CloseEventLog	No	No		new
CloseFigure	No	Yes	16-bit coordinates only	new
CloseHandle	No	Yes		new
CloseMetaFile	No	Yes	int == 16 bits	widened
ClosePrinter	No	Yes		new
CloseServiceHandle	No	No		new
closesocket	No	Yes		new
CloseSound	No	No		dropped
CloseWindow	No	Yes		widened
Cls_OnNotify	No	Yes		
ColorMatchToTarget		Yes		
CombineRgn	No	Yes	16-bit coordinates only	widened
CombineTransform	No	No		new
CommandLineToArgvW	Yes	No		new
CommDlgExtendedError	No	Yes		widened
CompareFileTime	No	Yes		new
CompareStringA	Yes	Yes		new
CompareStringW	No	No		new
ConfigurePort	No	Yes		new
connect	No	Yes		new
ConnectNamedPipe	No	No		new
ContinueDebugEvent	No	Yes		new
ControlService	No	No		new
ConvertDefaultLocale	Yes	No		new
ConvertRequest	No			widened
CopyAcceleratorTable	No	Yes		new

API Function, Style, or Message	Only NT3.5?	In Win4?	Differences in Windows 95 from NT	History
CopyCursor	No	Yes		new
CopyEnhMetaFile	No	Yes		new
CopyFile	No	Yes		new
CopyIcon	No	Yes		new
CopyImage	No	Yes		
CopyLZFile	No	Yes		widened
CopyMetaFile	No	Yes	int == 16 bits	widened
CopyRect	No	Yes		widened
CopySid	No	No		new
CountClipboardFormats	No	Yes		widened
CountVoiceNotes	No	No		dropped
CreateAcceleratorTable	No	Yes		new
CreateBitmap	No	Yes	int == 16 bits	widened
CreateBitmapIndirect	No	Yes	int == 16 bits	widened
CreateBrushIndirect	No	Yes	int == 16 bits	widened
CreateCaret	No	Yes		widened
CreateColorSpace	Yes	Yes		new
CreateCompatibleBitmap	No	Yes	int == 16 bits	widened
CreateCompatibleDC	No	Yes	int == 16 bits	widened
CreateConsoleScreenBuffer	No	Yes		new
CreateCursor	No	Yes		widened
CreateDC	No	Yes	int == 16 bits	widened
CreateDialog	No	Yes		widened
CreateDialogIndirect	No	Yes		widened
CreateDialogIndirectParam	No	Yes		widened
CreateDialogParam	No	Yes		widened

API Function, Style, or Message	Only NT3.5?	In Win4?	Differences in Windows 95 from NT	History
CreateDIBIcon	No			dropped
CreateDIBitmap	No	Yes	int == 16 bits	widened
CreateDIBPatternBrush	No	Yes	int == 16 bits	widened
CreateDIBPatternBrushPt	No	No		new
CreateDIBSection	Yes	Yes		new
CreateDirectory	No	Yes		new
CreateDirectoryEx	No	Yes		new
CreateDiscardableBitmap	No	Yes	int == 16 bits	widened
CreateEllipticRgn	No	Yes	16-bit coordinates only	widened
CreateEllipticRgnIndirect	No	Yes	16-bit coordinates only	widened
CreateEnhMetaFile	No	Yes		new
CreateEvent	No	Yes		new
CreateFile	No	Yes		new
CreateFileMapping	No	Yes		new
CreateFont	No	Yes	int == 16 bits	widened
CreateFontIndirect	No	Yes	int == 16 bits	widened
CreateHalftonePalette	No	No		new
CreateHatchBrush	No	Yes	int == 16 bits	widened
CreateIC	No	Yes	int == 16 bits	widened
CreateIcon	No	Yes		widened
CreateIconFromResource	No	Yes		new
CreateIconIndirect	No	Yes		new
CreateIoCompletionPort	Yes	No		new
CreateMailslot	No	Yes		new
CreateMappedBitmap	No	Yes		
CreateMDIWindow	No	Yes		new

API Function, Style, or Message	Only NT3.5?	In Win4?	Differences in Windows 95 from NT	History
CreateMenu	No	Yes		widened
CreateMetaFile	No	Yes	int == 16 bits	widened
CreateMutex	No	Yes		new
CreateNamedPipe	No	No		new
CreatePalette	No	Yes	int == 16 bits	widened
CreatePatternBrush	No	Yes	int == 16 bits	widened
CreatePen	No	Yes	int == 16 bits	widened
CreatePenIndirect	No	Yes	int == 16 bits	widened
CreatePipe	No	Yes		new
CreatePolygonRgn	No	Yes	16-bit coordinates only	widened
CreatePolyPolygonRgn	No	Yes	16-bit coordinates only	widened
CreatePopupMenu	No	Yes		widened
CreatePrivateObjectSecurity	No	No		new
CreateProcess	No	Yes		new
CreateRectRgn	No	Yes	16-bit coordinates only	widened
CreateRectRgnIndirect	No	Yes	16-bit coordinates only	widened
CreateRemoteThread	No	No		new
CreateRoundRectRgn	No	Yes	16-bit coordinates only	widened
CreateScalableFontResource	No	Yes	int == 16 bits	widened
CreateSemaphore	No	Yes		new
CreateService	No	No		new
CreateSolidBrush	No	Yes	int == 16 bits	widened
CreateStatusWindow	No	Yes		
CreateTapePartition	No	No		new
CreateThread	No	Yes		new
CreateToolbarEx	No	Yes		

API Function, Style, or Message	Only NT3.5?	In Win4?	Differences in Windows 95 from NT	History
CreateUpDownControl	No	Yes		
CreateUserObjectSecurity	No	No		new
CreateWindow	No	Yes		widened
CreateWindowEx	No	Yes		widened
data_from_ndr	No	No		new
data_into_ndr	No	No		new
data_size_ndr	No	No		new
DdeAbandonTransaction	No	Yes		widened
DdeAccessData	No	Yes		widened
DdeAddData	No	Yes		widened
DdeClientTransaction	No	Yes		widened
DdeCmpStringHandles	No	Yes		widened
DdeConnect	No	Yes		widened
DdeConnectList	No	Yes		widened
DdeCreateDataHandle	No	Yes		widened
DdeCreateStringHandle	No	Yes		widened
DdeDisconnect	No	Yes		widened
DdeDisconnectList	No	Yes		widened
DdeEnableCallback	No	Yes		widened
DdeFreeDataHandle	No	Yes		widened
DdeFreeStringHandle	No	Yes		widened
DdeGetData	No	Yes		widened
DdeGetLastError	No	Yes		widened
DdeImpersonateClient	No	No		new
DdeInitialize	No	Yes		widened
DdeKeepStringHandle	No	Yes		widened

API Function, Style, or Message	Only NT3.5?	In Win4?	Differences in Windows 95 from NT	History
DdeNameService	No	Yes		widened
DdePostAdvise	No	Yes		widened
DdeQueryConvInfo	No	Yes		widened
DdeQueryNextServer	No	Yes		widened
DdeQueryString	No	Yes		widened
DdeReconnect	No	Yes		widened
DdeRevertToSelf	No			new
DdeSetQualityOfService	No	No		
DdeSetUserHandle	No	Yes		widened
DdeUnaccessData	No	Yes		widened
DdeUninitialize	No	Yes		widened
DebugActiveProcess	No	Yes		new
DebugBreak	No	Yes		widened
DebugProc	No	Yes		widened
DebugSnapShotProcessHeaps	No			new
DefDlgProc	No	Yes		widened
DefDriverProc	No	Yes		widened
DeferWindowPos	No	Yes		widened
DefFrameProc	No	Yes		widened
DefHookProc	No	Yes		widened
DefineDosDevice	No	No		
DefineHandleTable	No	Yes		widened
DefMDIChildProc	No	Yes		widened
DefWindowProc	No	Yes		widened
DeleteAce	No	No		new
DeleteAtom	No	Yes		widened

API Function, Style, or Message	Only NT3.5?	In Win4?	Differences in Windows 95 from NT	History
DeleteColorSpace	Yes	Yes		new
DeleteCriticalSection	No	Yes		new
DeleteDC	No	Yes	int == 16 bits	widened
DeleteEnhMetaFile	No	Yes	int == 16 bits	new
DeleteFile	No	Yes		new
DeleteForm	No	No		new
DeleteMenu	No	Yes		widened
DeleteMetaFile	No	Yes	int == 16 bits	widened
DeleteMonitor	No	Yes		new
DeleteObject	No	Yes	Windows 95 succeeds the deletion if the object is currently selected into a DC and creates a Zombie object; NT simply fails the call.	widened
DeletePort	No	Yes		new
DeletePrinter	No	Yes		new
DeletePrinterConnection	No			dropped
DeletePrinterDriver	No	Yes		new
DeletePrintProcessor	No	Yes		new
DeletePrintProvidor	No	Yes		new
DeleteService	No	No		new
DeregisterEventSource	No	No		new
DescribePixelFormat	Yes	No		new
DestroyAcceleratorTable	No	Yes		new
DestroyCaret	No	Yes		widened
DestroyCursor	No	Yes		widened
DestroyIcon	No	Yes		widened

API Function, Style, or Message	Only NT3.5?	In Win4?	Differences in Windows 95 from NT	History
DestroyMenu	No	Yes		widened
DestroyPrivateObjectSecurity	No	No		new
DestroyUserObjectSecurity	No	No		new
DestroyWindow	No	Yes		widened
DeviceCapabilities	No	No		new
DeviceCapabilitiesEx	No	No		dropped
DeviceIoControl	No	Yes		new
DeviceMode	No	Yes		widened
DeviceModeEx	No	Yes		widened
DialogBox	No	Yes		widened
DialogBoxIndirect	No	Yes		widened
DialogBoxIndirectParam	No	Yes		widened
DialogBoxParam	No	Yes		widened
DisableThreadLibraryCalls	Yes	No		new
DisconnectNamedPipe	No	No		new
DispatchMessage	No	Yes		widened
DlgDirList	No	Yes		widened
DlgDirListComboBox	No	Yes		widened
DlgDirSelect	No	No		dropped
DlgDirSelectComboBox	No	No		dropped
DlgDirSelectComboBoxEx	No	Yes		widened
DlgDirSelectEx	No	Yes		widened
DM_GETDEFID	No	Yes		new
DM_REPOSITION	No	Yes		
DM_SETDEFID	No	Yes		new
DoContextMenu	No	Yes		

API Function, Style, or Message	Only NT3.5?	In Win4?	Differences in Windows 95 from NT	History
DocumentProperties	No	Yes		new
DOS3Call	No	No		dropped
DosDateTimeToFileTime	No	Yes		new
double_array_from_ndr	No	No		new
double_from_ndr	No	No		new
DPtoLP	No	Yes	16-bit coordinates only	widened
DragAcceptFiles	No	Yes		widened
DragFinish	No	Yes		widened
DragQueryFile	No	Yes		widened
DragQueryPoint	No	Yes		widened
DrawAnimatedRects	No	Yes		new
DrawCaption	No	Yes		new
DrawEdge	No	Yes		new
DrawEscape	No	No		new
DrawFocusRect	No	Yes		widened
DrawFrameControl	No	Yes		new
DrawIcon	No	Yes		widened
DrawIconEx	No	Yes		
DrawInsert	No	Yes		
DrawMenuBar	No	Yes		widened
DrawState	No	Yes		new
DrawStatusText	No	Yes		
DrawText	No	Yes		widened
DrawTextEx	No	Yes		new
DriverCallback	No	Yes		new
DrvClose	No	Yes		new

API Function, Style, or Message	Only NT3.5?	In Win4?	Differences in Windows 95 from NT	History
DrvGetModuleHandle	No	Yes		new
DrvOpen	No	Yes		new
DrvSendMessage	No	Yes		new
DuplicateHandle	No	Yes		new
DuplicateIcon	No	Yes		new
DuplicateToken	No	No		new
Ellipse	No	Yes	16-bit coordinates only	widened
EM_CANUNDO	No	Yes		widened
EM_CHARFROMPOS	No	Yes		
EM_EMPTYUNDOBUFFER	No	Yes		widened
EM_FMTLINES	No	Yes		widened
EM_GETFIRSTVISIBLELINE	No	Yes		widened
EM_GETHANDLE	No	Yes		widened
EM_GETLIMITTEXT	No	Yes		
EM_GETLINE	No	Yes		widened
EM_GETLINECOUNT	No	Yes		widened
EM_GETMARGINS	No	Yes		
EM_GETMODIFY	No	Yes		widened
EM_GETRECT	No	Yes		widened
EM_GETSEL	No	Yes		changed
EM_GETTHUMB	No	Yes		new
EM_LIMITTEXT	No	Yes		widened
EM_LINEFROMCHAR	No	Yes		widened
EM_LINEINDEX	No	Yes		widened
EM_LINELENGTH	No	Yes		widened
EM_LINESCROLL	No	Yes		changed

API Function, Style, or Message	Only NT3.5?	In Win4?	Differences in Windows 95 from NT	History
EM_POSFROMCHAR	No	Yes		
EM_REPLACESEL	No	Yes		widened
EM_SCROLL	No	Yes		widened
EM_SETHANDLE	No	Yes		widened
EM_SETLIMITTEXT	No	Yes		
EM_SETMARGINS	No	Yes		
EM_SETMODIFY	No	Yes		widened
EM_SETPASSWORDCHAR	No	Yes		widened
EM_SETREADONLY	No	Yes		widened
EM_SETRECT	No	Yes		widened
EM_SETRECTNP	No	Yes		widened
EM_SETSEL	No	Yes	Same as NT, but different from Win16 implementation; see bug #8476 for more info. Porttool should reflect this difference.	changed
EM_SETTABSTOPS	No	Yes		widened
EM_SETWORDBREAK	No	Yes		widened
EM_UNDO	No	Yes		widened
EmptyClipboard	No	Yes		widened
EN_CHANGE	No	Yes		widened
EN_ERRSPACE	No	Yes		widened
EN_HSCROLL	No	Yes		widened
EN_KILLFOCUS	No	Yes		widened
EN_MAXTEXT	No	Yes		widened
EN_SETFOCUS	No	Yes		widened
EN_UPDATE	No	Yes		widened

API Function, Style, or Message	Only NT3.5?	In Win4?	Differences in Windows 95 from NT	History
EN_VSCROLL	No	Yes		widened
EnableCommNotification	No	Yes		new
EnableHardwareInput	No	Yes		widened
EnableICM	No	Yes		new
EnableMenuItem	No	Yes		widened
EnableScrollBar	No	Yes		widened
EnableWindow	No	Yes		widened
EndDeferWindowPos	No	Yes		widened
EndDialog	No	Yes		widened
EndDoc	No	Yes	int == 16 bits	widened
EndDocPrinter	No	Yes		new
EndFileTypeActions	No	Yes		
EndPage	No	Yes	int == 16 bits	widened
EndPagePrinter	No	Yes		new
EndPaint	No	Yes		widened
EndPath	No	Yes	16-bit coordinates only	new
EndUpdateResource	No	No		new
EnterCriticalSection	No	Yes		new
enum_from_ndr	No	No		new
EnumCalendarInfo	Yes	No		new
EnumCalendarInfoProc	Yes	No		new
EnumChildWindows	No	Yes		widened
EnumClipboardFormats	No	Yes		widened
EnumCodePagesProc	Yes	No		new
EnumCommDevices	No	Yes		
EnumDateFormats	Yes	No		new

API Function, Style, or Message	Only NT3.5?	In Win4?	Differences in Windows 95 from NT	History
EnumDateFormatsProc	Yes	No		new
EnumDependentServices	No	No		new
EnumDesktops	No			new
EnumEnhMetaFile	No	Yes		new
EnumerateProfiles		Yes		
EnumFileTypeActions	No	Yes		
EnumFontFamilies	No	Yes	int == 16 bits	widened
EnumFontFamProc	No	Yes		new
EnumFonts	No	Yes	int == 16 bits	widened
EnumForms	No	No		new
EnumJobs	No	Yes		new
EnumLocalesProc	Yes	No		new
EnumMetaFile	No	Yes	int == 16 bits	widened
EnumMonitors	No	Yes		new
EnumNamedDeviceColors	No	Yes		new
EnumNearestFonts	No	No		dropped
EnumObjects	No	Yes	int == 16 bits	widened
EnumPorts	No	Yes		new
EnumPrinterDrivers	No	Yes		new
EnumPrinters	No	Yes		new
EnumPrintProcessorDatatypes	No	Yes		new
EnumPrintProcessors	No	Yes		new
EnumProps	No	Yes		widened
EnumPropsEx	No	Yes		new
EnumQueueMessages	No			new
EnumResLangProc	No	Yes		new

API Function, Style, or Message	Only NT3.5?	In Win4?	Differences in Windows 95 from NT	History
EnumResNameProc	No	Yes		new
EnumResourceLanguages	No	Yes		new
EnumResourceNames	No	Yes		new
EnumResourceTypes	No	Yes		new
EnumResTypeProc	No	Yes		new
EnumServicesStatus	No	No		new
EnumSystemCodePagesW	Yes	No		new
EnumSystemLocales	Yes	No		new
EnumTaskWindows	No	Yes		widened
EnumThreadWindows	No	Yes		new
EnumThreadWndProc	No	Yes		new
EnumTimeFormats	Yes	No		new
EnumTimeFormatsProc	Yes	No		new
EnumWindows	No	Yes		widened
EqualPrefixSid	No	No		new
EqualRect	No	Yes		widened
EqualRgn	No	Yes	16-bit coordinates only	widened
EqualSid	No	No		new
EraseTape	No	No		new
Escape	No	Yes	int == 16 bits	widened
EscapeCommFunction	No	Yes		widened
ExcludeClipRect	No	Yes	16-bit coordinates only	widened
ExcludeUpdateRgn	No	Yes		widened
ExitProcess	No	Yes		new
ExitThread	No	Yes		new
ExitWindows	No	Yes		widened

API Function, Style, or Message	Only NT3.5?	In Win4?	Differences in Windows 95 from NT	History
ExitWindowsEx	No	Yes		new
ExpandEnvironmentStrings	No	No		new
ExtCreateFontIndirect	No			dropped
ExtCreatePen	No	Yes	Only supports solid colors (e.g., BS_SOLID brushes); also int == 16 bits	new
ExtCreateRegion	No	Yes	16-bit coordinates only	new
ExtDeviceMode	No	No		dropped
ExtendedProviderFunction	No			new
ExtEscape	No	Yes	int == 16 bits	new
ExtFloodFill	No	Yes	16-bit coordinates only	widened
ExtractAssociatedIcon	No	Yes		new
ExtractIcon	No	Yes		widened
ExtSelectClipRgn	No	Yes	16-bit coordinates only	new
ExtTextOut	No	Yes	16-bit coordinates only	widened
FatalAppExit	No	Yes		widened
FatalExit	No	Yes		widened
FileIoCompletionRoutine	No			new
FileTimeToDosDateTime	No	Yes		new
FileTimeToLocalFileTime	No	Yes		new
FileTimeToSystemTime	No	Yes		new
FillActionLists	No	Yes		
FillActionMenu	No	Yes		
FillConsoleOutputAttribute	No	Yes		new
FillConsoleOutputCharacter	No	Yes		new
FillPath	No	Yes	16-bit coordinates only	new
FillRect	No	Yes		widened

API Function, Style, or Message	Only NT3.5?	In Win4?	Differences in Windows 95 from NT	History
FillRgn	No	Yes	16-bit coordinates only	widened
FindAtom	No	Yes		widened
FindClose	No	Yes		new
FindCloseChangeNotification	No	Yes		new
FindExecutable	No	Yes		widened
FindFirstChangeNotification	No	Yes		new
FindFirstFile	No	Yes		new
FindFirstFreeAce	No	No		new
FindMenuDefaultID	No	Yes		new
FindNextChangeNotification	No	Yes		new
FindNextFile	No	Yes		new
FindResource	No	Yes		widened
FindResourceEx	No	Yes		new
FindText	No	Yes		widened
FindWindow	No	Yes		widened
FindWindowEx	No	Yes		new
FlashWindow	No	Yes		widened
FlattenPath	No	Yes	16-bit coordinates only	new
float_array_from_ndr	No	No		new
float_from_ndr	No	No		new
FloodFill	No	Yes	16-bit coordinates only	widened
FlushComm	No	No		dropped
FlushConsoleInputBuffer	No	Yes		new
FlushFileBuffers	No	Yes		new
FlushInstructionCache	No	Yes	Not valid on single processor machines. Windows 95 always	

API Function, Style, or Message	Only NT3.5?	In Win4?	Differences in Windows 95 from NT	History
			returns TRUE status.	new
FlushViewOfFile	No	Yes		new
FoldStringA	No			new
FoldStringW	No	No		new
FormatMessage	No	Yes		new
FORWARD_WM_NOTIFY	No	Yes		
FrameRect	No	Yes		widened
FrameRgn	No	Yes	16-bit coordinates only	widened
FreeAllGDIMem	No	No		dropped
FreeAllMem	No	No		dropped
FreeAllUserMem	No	No		dropped
FreeConsole	No	Yes		new
FreeDDElParam	No	Yes		new
FreeEnvironmentStrings	Yes	No		new
FreeICMLibrary		Yes		
FreeLibrary	No	Yes		widened
FreeLibraryAndExitThread	Yes	No		new
FreeLibraryAndExitThread	No	No		new
FreeModule	No	Yes		widened
FreeProcInstance	No	Yes		widened
FreeResource	No	Yes		widened
FreeSelector	No	No		dropped
FreeSid	No	No		new
GdiComment	No	Yes	int == 16 bits	new
GdiFlush	No	No	Always returns TRUE	new
GdiGetBatchLimit	No	No	Always returns TRUE	new

API Function, Style, or Message	Only NT3.5?	In Win4?	Differences in Windows 95 from NT	History
GdiSetBatchLimit	No	No	Always returns TRUE	new
GenerateConsoleCtrlEvent	No	Yes		new
GetAce	No	No		new
GetAclInformation	No	No		new
GetACP	No	Yes		new
GetActionKey	No	Yes		
GetActiveWindow	No	Yes		widened
GetArcDirection	No	Yes	int == 16 bits	new
GetAspectRatioFilter	No	No		dropped
GetAspectRatioFilterEx	No	Yes	int == 16 bits	widened
GetAsyncKeyState	No	Yes		widened
GetAtomHandle	No	Yes		widened
GetAtomName	No	Yes		widened
GetBinaryType	Yes	No		new
GetBitmapBits	No	Yes	int == 16 bits	widened
GetBitmapDimension	No	No		dropped
GetBitmapDimensionEx	No	Yes	int == 16 bits	widened
GetBkColor	No	Yes	int == 16 bits	widened
GetBkMode	No	Yes	int == 16 bits	widened
GetBoundsRect	No	Yes	16-bit coordinates only	widened
GetBrushOrg	No	Yes		widened
GetBrushOrgEx	No	Yes	16-bit coordinates only	widened
GetBValue	No	Yes		widened
GetCapture	No	Yes		widened
GetCaretBlinkTime	No	Yes		widened
GetCaretPos	No	Yes		widened

API Function, Style, or Message	Only NT3.5?	In Win4?	Differences in Windows 95 from NT	History
GetCharABCWidths	No	Yes	int == 16 bits	widened
GetCharABCWidthsFloat	No	No		new
GetCharacterizationTable	No	Yes		new
GetCharWidth	No	Yes	int == 16 bits	widened
GetCharWidth32	No	Yes	int == 16 bits	new
GetCharWidthFloat	No	Yes	int == 16 bits	new
GetClassInfo	No	Yes		widened
GetClassLong	No	Yes		widened
GetClassName	No	Yes		widened
GetClassWord	No	Yes		changed
GetClientRect	No	Yes		widened
GetClipboardData	No	Yes		widened
GetClipboardFormatName	No	Yes		widened
GetClipboardOwner	No	Yes		widened
GetClipboardViewer	No	Yes		widened
GetClipBox	No	Yes	16-bit coordinates only	widened
GetClipCursor	No	Yes		widened
GetClipRgn	No	Yes	16-bit coordinates only	new
GetCodeHandle	No	No		dropped
GetCodeInfo	No	No		dropped
GetColorAdjustment	No	No	int == 16 bits	new
GetColorProfile		Yes		
GetColorSpace	No	Yes		new
GetCommandLine	No	Yes		new
GetCommConfig	Yes	Yes		new
GetCommConfig	No	Yes		new

API Function, Style, or Message	Only NT3.5?	In Win4?	Differences in Windows 95 from NT	History
GetCommError	No	No		dropped
GetCommEvent	No	Yes		new
GetCommMask	No	Yes		new
GetCommModemStatus	No	Yes		new
GetCommProperties	No	Yes		new
GetCommState	No	Yes		
widenedGetCommTimeouts	No	Yes		new
GetComputerName	No	Yes		new
GetConsoleCP	No	No		new
GetConsoleCursorInfo	No	Yes		new
GetConsoleMode	No	Yes		new
GetConsoleOutputCP	No	No		new
GetConsoleScreenBufferInfo	No	Yes		new
GetConsoleTitle	No	Yes		new
GetCPInfo	No	Yes		new
GetCurrencyFormat	Yes	No		new
GetCurrentDirectory	No	Yes		new
GetCurrentObject	No	No	int == 16 bits	new
GetCurrentPDB	No	No		dropped
GetCurrentPosition	No	No		dropped
GetCurrentPositionEx	No	Yes	int == 16 bits	widened
GetCurrentProcess	No	Yes		new
GetCurrentProcessId	No	Yes		new
GetCurrentTask	No	Yes		widened
GetCurrentThread	No	Yes		new
GetCurrentThreadId	No	Yes		new

API Function, Style, or Message	Only NT3.5?	In Win4?	Differences in Windows 95 from NT	History
GetCurrentTime	No	Yes		widened
GetCursor	No	Yes		widened
GetCursorPos	No	Yes		widened
GetDateFormatA	Yes	Yes		new
GetDateFormatW	No	No		new
GetDC	No	Yes		widened
GetDCEx	No	Yes		widened
GetDCOrg	No	No		dropped
GetDCOrgEx	No	Yes	int == 16 bits	new
GetDefaultCommConfig	Yes	Yes		new
GetDesktopWindow	No	Yes		widened
GetDeviceCaps	No	Yes	int == 16 bits	widened
GetDeviceGammaRamp		Yes		
GetDialogBaseUnits	No	Yes		widened
GetDIBits	No	Yes	int == 16 bits	widened
GetDiskFreeSpace	No	Yes		new
GetDlgCtrlID	No	Yes		widened
GetDlgItem	No	Yes		widened
GetDlgItemInt	No	Yes		widened
GetDlgItemText	No	Yes		widened
GetDOSEnvironment	No	No		dropped
GetDoubleClickTime	No	Yes		widened
GetDriverInfo	No			widened
GetDriverModuleHandle	No			widened
GetDriveType	No	Yes		widened
GetEnhMetaFile	No	Yes		new

API Function, Style, or Message	Only NT3.5?	In Win4?	Differences in Windows 95 from NT	History
GetEnhMetaFileBits	No	Yes		new
GetEnhMetaFileDescription	No	Yes		new
GetEnhMetaFileHeader	No	Yes		new
GetEnhMetaFilePaletteEntries	No	Yes		new
GetEnvironment	No			dropped
GetEnvironmentStrings	No	Yes		new
GetEnvironmentVariable	No	Yes		new
GetExceptionCode	No	Yes		new
GetExceptionInformation	No	Yes		new
GetExitCodeProcess	No	Yes		new
GetExitCodeThread	No	Yes		new
GetExpandedName	No	Yes		new
GetFileAttributes	No	Yes		new
GetFileInformationByHandle	No	Yes		new
GetFileResource	No	Yes		widened
GetFileResourceSize	No	Yes		widened
GetFileSecurity	No	No		new
GetFileSize	No	Yes		new
GetFileTime	No	Yes		new
GetFileTitle	No	Yes		widened
GetFileType	No	Yes		new
GetFileTypeInfo	No	Yes		
GetFileVersionInfo	No	Yes		widened
GetFileVersionInfoSize	No	Yes		widened
GetFocus	No	Yes		widened
GetFontData	No	Yes	int == 16 bits	widened

API Function, Style, or Message	Only NT3.5?	In Win4?	Differences in Windows 95 from NT	History
GetFontMapperControls	No	No		new
GetFontResourceInfo	No	Yes	int == 16 bits	new
GetForegroundWindow	No	Yes		new
GetForm	No	No		new
GetFreeSpace	No	Yes		widened
GetFreeSystemResources	No	Yes		widened
GetFullPathName	No	Yes		new
GetGlyphOutline	No	Yes	int == 16 bits	widened
GetGraphicsMode	No	Yes	Only GM_COMPATIBLE is supported in Windows 95	new
GetGValue	No	Yes		widened
gethostbyaddr	No	Yes		new
gethostbyname	No	Yes		new
gethostname	No	Yes		new
GetIconInfo	No	Yes		new
GetInputState	No	Yes		widened
GetInstanceData	No	No		dropped
GetJob	No	Yes		new
GetJobFromHandle	No			new
GetKernelObjectSecurity	No	No		new
GetKerningPairs	No	Yes	int == 16 bits	new
GetKeyboardLayoutName	No	Yes	only 1 keyboard loaded at once	new
GetKeyboardState	No	Yes		widened
GetKeyboardType	No	Yes		widened
GetKeyNameText	No	Yes		widened

API Function, Style, or Message	Only NT3.5?	In Win4?	Differences in Windows 95 from NT	History
GetKeyState	No	Yes		widened
GetLargestConsoleWindowSize	No	Yes		new
GetLastActivePopup	No	Yes		widened
GetLastError	No	Yes		new
GetLengthSid	No	No		new
GetLocaleInfoA	Yes	Yes		new
GetLocaleInfoW	No	No		new
GetLocalTime	No	Yes		new
GetLogColorSpace		Yes		new
GetLogicalDrives	No	Yes		new
GetLogicalDriveStrings	No	No		new
GetMailslotInfo	No	Yes		new
GetMapMode	No	Yes	int == 16 bits	widened
GetMenu	No	Yes		widened
GetMenuCheckMarkDimensions	No	Yes		widened
GetMenuContextHelpID	No	Yes		new
GetMenuDefaultItem	No	Yes		new
GetMenuItemCount	No	Yes		widened
GetMenuItemID	No	Yes		widened
GetMenuItemRect	No	Yes		new
GetMenuState	No	Yes		widened
GetMenuString	No	Yes		widened
GetMessage	No	Yes		widened
GetMessageExtraInfo	No	Yes		widened
GetMessagePos	No	Yes		widened
GetMessageTime	No	Yes		widened

API Function, Style, or Message	Only NT3.5?	In Win4?	Differences in Windows 95 from NT	History
GetMetaFile	No	Yes	int == 16 bits	widened
GetMetaFileBits	No	No		dropped
GetMetaFileBitsEx	No	Yes	int == 16 bits	widened
GetMetaRgn	No	Yes	int == 16 bits	new
GetMiterLimit	No	Yes		new
GetModuleFileName	No	Yes		widened
GetModuleHandle	No	Yes		widened
GetModuleUsage	No	No		dropped
GetNamedPipeHandleState	No	Yes		new
GetNamedPipeInfo	No	Yes		new
GetNearestColor	No	Yes	int == 16 bits	widened
GetNearestPaletteIndex	No	Yes	int == 16 bits	widened
GetNextDlgGroupItem	No	Yes		widened
GetNextDlgTabItem	No	Yes		widened
GetNextDriver	No			widened
GetNextWindow	No	Yes		widened
GetNumberFormat	Yes	No		new
GetNumberOfConsoleInputEvents	No	Yes		new
GetNumberOfConsoleMouseButtons	No	Yes		new
GetNumberOfEventLogRecords	No	No		new
GetNumTasks	No	Yes		widened
GetObject	No	Yes	int == 16 bits	widened
GetObjectSecurity	No	No		new
GetObjectType	No	No		new
GetOEMCP	No	Yes		new
GetOldestEventLogRecord	No	No		new

API Function, Style, or Message	Only NT3.5?	In Win4?	Differences in Windows 95 from NT	History
GetOpenClipboardWindow	No	Yes		widened
GetOpenFileName	No	Yes		new
GetOutlineTextMetrics	No	Yes	int == 16 bits	widened
GetOverlappedResult	No	Yes	Only on serial and IOCTL devices in Windows 95	new
GetPaletteEntries	No	Yes	int == 16 bits	widened
GetParent	No	Yes		widened
GetPath	No	Yes	16-bit coordinates only	new
getpeername	No	Yes		new
GetPixel	No	Yes	16-bit coordinates only	widened
GetPixelFormat	Yes	No		new
GetPolyFillMode	No	Yes	int == 16 bits	widened
GetPrinter	No	Yes		new
GetPrinterData	No	Yes		new
GetPrinterDriver	No	Yes		new
GetPrinterDriverDirectory	No	Yes		new
GetPrintProcessorDirectory	No	Yes		new
GetPriorityClass	No	Yes		new
GetPriorityClipboardFormat	No	Yes		widened
GetPrivateObjectSecurity	No	No		new
GetPrivateProfileInt	No	Yes		widened
GetPrivateProfileSection	No	Yes		widened
GetPrivateProfileString	No	Yes		widened
GetProcAddress	No	Yes		widened
GetProcessAffinityMask	Yes	No	This is valid on SMP platforms only; Windows 95 returns a constant	new

API Function, Style, or Message	Only NT3.5?	In Win4?	Differences in Windows 95 from NT	History
GetProcessExitCode	No	No		dropped
GetProcessHeap	No	Yes		new
GetProcessShutdownParameters	No	No		new
GetProcessTimes	No	No		
GetProcessWindowStation	No	No		new
GetProcessWorkingSetSize	Yes	No		new
GetProfileInt	No	Yes		widened
GetProfileSection	No	Yes		widened
GetProfileString	No	Yes		widened
GetProp	No	Yes		widened
getprotobyname	No	Yes		new
getprotobynumber	No	Yes		new
GetQueuedCompletionStatus	Yes	No		new
GetQueueStatus	No	Yes		widened
GetRasterizerCaps	No	Yes	int == 16 bits	widened
GetRegionData	No	Yes	int == 16 bits	new
GetRgnBox	No	Yes	int == 16 bits	widened
GetROP2	No	Yes	int == 16 bits	widened
GetRotateTransform	No	No		new
GetRValue	No	Yes		widened
GetSaveFileName	No	Yes		new
GetScrollInfo	No	Yes		new
GetScrollInfo	No	Yes		new
GetScrollPos	No	Yes		widened
GetScrollRange	No	Yes		widened
GetSecurityDescriptorControl	No	No		new

API Function, Style, or Message	Only NT3.5?	In Win4?	Differences in Windows 95 from NT	History
GetSecurityDescriptorDacl	No	No		new
GetSecurityDescriptorGroup	No	No		new
GetSecurityDescriptorLength	No	No		new
GetSecurityDescriptorOwner	No	No		new
GetSecurityDescriptorSacl	No	No		new
getservbyname	No	Yes		new
getservbyport	No	Yes		new
GetServiceDisplayName	No	No		new
GetServiceKeyName	No	No		new
GetShellWindow	No	Yes		new
GetSidIdentifierAuthority	No	No		new
GetSidLengthRequired	No	No		new
GetSidSubAuthority	No	No		new
GetSidSubAuthorityCount	No	No		new
getsockname	No	Yes		new
getsockopt	No	Yes		new
GetStartupInfo	No	Yes		new
GetStdHandle	No	Yes		new
GetStockObject	No	Yes	int == 16 bits	widened
GetStretchBltMode	No	Yes	int == 16 bits	widened
GetStringTypeA	Yes	Yes		new
GetStringTypeEx	Yes	No		new
GetStringTypeW	No	No		new
GetSubMenu	No	Yes		widened
GetSysColor	No	Yes		widened
GetSysModalWindow	No	Yes		widened

API Function, Style, or Message	Only NT3.5?	In Win4?	Differences in Windows 95 from NT	History
GetSystemDebugState	No	No		dropped
GetSystemDefaultLangID	No	Yes		new
GetSystemDefaultLCID	No	Yes		new
GetSystemDir	No	No		dropped
GetSystemDirectory	No	Yes		widened
GetSystemInfo	No	Yes		new
GetSystemMenu	No	Yes		widened
GetSystemMetrics	No	Yes		widened
GetSystemPaletteEntries	No	Yes	int == 16 bits	widened
GetSystemPaletteUse	No	Yes	int == 16 bits	widened
GetSystemPowerStatus	No	Yes		new
GetSystemTime	No	Yes	Returns localtime for M5, will return UTC for M6	new
GetSystemTimeAdjustment	Yes	No		new
GetTabbedTextExtent	No	Yes		widened
GetTapeParameters	No	No		new
GetTapePosition	No	No		new
GetTapeStatus	No	No		new
GetTempDrive	No	No		dropped
GetTempFileName	No	Yes		widened
GetTempPath	No	Yes		new
GetTextAlign	No	Yes	int == 16 bits	widened
GetTextCharacterExtra	No	Yes	int == 16 bits	widened
GetTextColor	No	Yes	int == 16 bits	widened
GetTextExtent	No	No		dropped
GetTextExtentEx	No	No		dropped

API Function, Style, or Message	Only NT3.5?	In Win4?	Differences in Windows 95 from NT	History
GetTextExtentExPoint	No	Yes	int == 16 bits	widened
GetTextExtentPoint	No	Yes	int == 16 bits	widened
GetTextExtentPoint32	No	Yes	int == 16 bits	new
GetTextFace	No	Yes	int == 16 bits	widened
GetTextMetrics	No	Yes	int == 16 bits	widened
GetThreadContext	No	Yes		new
GetThreadContext	No	Yes		new
GetThreadDesktop	No	Yes	NOP; only one desktop	new
GetThreadExitCode	No	Yes		new
GetThreadLocale	No	No	Locales are static and can change only at system boot	new
GetThreadPriority	No	Yes		new
GetThreadSelectorEntry	No	Yes		new
GetThreadTimes	No	No		
GetThresholdEvent	No	No		dropped
GetThresholdStatus	No	No		dropped
GetTickCount	No	Yes		widened
GetTimeFormatA	Yes	Yes		new
GetTimeFormatW	No	No		new
GetTimeZoneInformation	No	No		new
GetTokenInformation	No	No		new
GetTopWindow	No	Yes		widened
GetUpdateRect	No	Yes		widened
GetUpdateRgn	No	Yes		widened
GetUserDefaultLangID	No	Yes		new
GetUserDefaultLCID	No	Yes		new

API Function, Style, or Message	Only NT3.5?	In Win4?	Differences in Windows 95 from NT	History
GetUserName	No	No		new
GetUserObjectSecurity	No	No		new
GetVersion	No	Yes		widened
GetVersionEx	Yes	Yes		new
GetViewportExt	No	No		dropped
GetViewportExtEx	No	Yes	16-bit coordinates only	widened
GetViewportOrg	No	No		dropped
GetViewportOrgEx	No	Yes	16-bit coordinates only	widened
GetVolumeInformation	No	Yes		new
GetWindow	No	Yes		widened
GetWindowContextHelpID	No	Yes		new
GetWindowDC	No	Yes		widened
GetWindowExt	No	No		dropped
GetWindowExtEx	No	Yes	16-bit coordinates only	widened
GetWindowLong	No	Yes		widened
GetWindowOrg	No	No		dropped
GetWindowOrgEx	No	Yes	16-bit coordinates only	widened
GetWindowPlacement	No	Yes		widened
GetWindowRect	No	Yes		widened
GetWindowsDir	No	No		new
GetWindowsDirectory	No	Yes		widened
GetWindowStationAttrs	No			new
GetWindowTask	No	Yes		widened
GetWindowText	No	Yes		widened
GetWindowTextLength	No	Yes		widened
GetWindowThreadProcessId	No	Yes		new

API Function, Style, or Message	Only NT3.5?	In Win4?	Differences in Windows 95 from NT	History
GetWindowWord	No	Yes		changed
GetWinFlags	No	No		dropped
GetWinMetaFileBits	No	Yes		new
GetWorldTransform	No	No		new
GlobalAddAtom	No	Yes		widened
GlobalAlloc	No	Yes		widened
GlobalCompact	No	Yes		widened
GlobalDeleteAtom	No	Yes		widened
GlobalDiscard	No	Yes		widened
GlobalDosAlloc	No	No		dropped
GlobalDosFree	No	No		dropped
GlobalEntryHandle	No	No		dropped
GlobalEntryModule	No	No		dropped
GlobalFindAtom	No	Yes		widened
GlobalFirst	No	No		dropped
GlobalFix	No	Yes		obsolete
GlobalFlags	No	Yes		widened
GlobalFree	No	Yes		widened
GlobalGetAtomName	No	Yes		widened
GlobalHandle	No	Yes		widened
GlobalInfo	No	No		dropped
GlobalLock	No	Yes		widened
GlobalLRUNewest	No	Yes		widened
GlobalLRUOldest	No	Yes		widened
GlobalMemoryStatus	No	Yes		new
GlobalNext	No	No		dropped

API Function, Style, or Message	Only NT3.5?	In Win4?	Differences in Windows 95 from NT	History
GlobalNotify	No	No		dropped
GlobalPageLock	No	No		dropped
GlobalPageUnlock	No	No		dropped
GlobalReAlloc	No	Yes		widened
GlobalSize	No	Yes		widened
GlobalUnfix	No	Yes		obsolete
GlobalUnlock	No	Yes		widened
GlobalUnWire	No	Yes		obsolete
GlobalWire	No	Yes		obsolete
GrayString	No	Yes		widened
HANDLE_WM_NOTIFY	No	Yes		
HDN_BEGINTRACK	No	Yes		new
HDN_DIVIDERCLICK	No	Yes		new
HDN_DIVIDERDBLCLICK	No	Yes		new
HDN_ENDTRACK	No	Yes		new
HDN_ITEMCHANGED	No	Yes		new
HDN_ITEMCHANGING	No	Yes		new
HDN_ITEMCLICK	No	Yes		new
HDN_ITEMDBLCLICK	No	Yes		new
HDN_TRACK	No	Yes		new
Header_DeleteItem	No	Yes		new
Header_GetItem	No	Yes		new
Header_GetItemCount	No	Yes		new
Header_InsertItem	No	Yes		new
Header_Layout	No	Yes		new
Header_SetItem	No	Yes		new

API Function, Style, or Message	Only NT3.5?	In Win4?	Differences in Windows 95 from NT	History
HeapAlloc	No	Yes		new
HeapCreate	No	Yes		new
HeapDestroy	No	Yes		new
HeapFree	No	Yes		new
HeapRealloc	No	Yes		
HeapSize	No	Yes		new
HideCaret	No	Yes		widened
HiliteMenuItem	No	Yes		widened
HKM_GETHOTKEY	No	Yes		
HKM_SETHOTKEY	No	Yes		
HKM_SETRULES	No	Yes		
Hotkey_ChangePending	No	Yes		
Hotkey_DeleteAllPending	No	Yes		
Hotkey_DeletePending	No	Yes		
Hotkey_GetPending	No	Yes		
Hotkey_SetByInstance	No	Yes		
Hotkey_SetPending	No	Yes		
htonl	No	Yes		new
htons	No	Yes		new
I_RpcAllocate	No	No		new
I_RpcBindingCopy	No	No		new
I_RpcBindingInqDynamicEndpoint	No	No		new
I_RpcBindingIsClientLocal	No	No		new
I_RpcClearMutex	No	No		new
I_RpcDeleteMutex	No	No		new
I_RpcFree	No	No		new

API Function, Style, or Message	Only NT3.5?	In Win4?	Differences in Windows 95 from NT	History
I_RpcFreeBuffer	No	No		new
I_RpcGetAssociationContext	No	No		new
I_RpcGetBuffer	No	No		new
I_RpcGetCurrentCallHandle	No	No		new
I_RpcIfInqTransferSyntaxes	No	No		new
I_RpcMapWin32Status	No	No		new
I_RpcMonitorAssociation	No	No		new
I_RpcNsBindingSetEntryName	No	No		new
I_RpcNsGetBuffer	No	No		new
I_RpcNsRaiseException	No	No		new
I_RpcNsSendReceive	No	No		new
I_RpcParseSecurity	No	No		new
I_RpcPauseExecution	No	No		new
I_RpcReBindBuffer	No	No		new
I_RpcRequestMutex	No	No		new
I_RpcSendReceive	No	No		new
I_RpcSetAssociationContext	No	No		new
I_RpcStopMonitorAssociation	No	No		new
I_RpcTimeCharge	No	No		new
I_RpcTimeGet	No	No		new
I_RpcTimeReset	No	No		new
I_RpcTransClientReallocBuffer	No	No		new
I_RpcTransServerFindConnection	No	No		new
I_RpcTransServerNewConnection	No	No		new
I_RpcTransServerProtectThread	No	No		new
I_RpcTransServerReallocBuffer	No	No		new

API Function, Style, or Message	Only NT3.5?	In Win4?	Differences in Windows 95 from NT	History
I_RpcTransServerUnprotectThread	No	No		new
I_ScSetServiceBits	No	No		new
I_Trace	No	No		new
I_UuidCreate	No	No		new
ICAbout	No	Yes		new
ICCompress	No	Yes		new
ICCompressBegin	No	Yes		new
ICCompressEnd	No	Yes		new
ICCompressGetFormat	No	Yes		new
ICCompressGetFormatSize	No	Yes		new
ICCompressGetSize	No	Yes		new
ICCompressQuery	No	Yes		new
ICConfigure	No	Yes		new
ICDecompress	No	Yes		new
ICDecompressBegin	No	Yes		new
ICDecompressEnd	No	Yes		new
ICDecompressGetFormat	No	Yes		new
ICDecompressGetFormatSize	No	Yes		new
ICDecompressGetPalette	No	Yes		new
ICDecompressQuery	No	Yes		new
ICDrawBegin	No	Yes		new
ICDrawEnd	No	Yes		new
ICDrawFlush	No	Yes		new
ICDrawGetTime	No	Yes		new
ICDrawQuery	No	Yes		new
ICDrawRealize	No	Yes		new

API Function, Style, or Message	Only NT3.5?	In Win4?	Differences in Windows 95 from NT	History
ICDrawSetTime	No	Yes		new
ICDrawStart	No	Yes		new
ICDrawStop	No	Yes		new
ICDrawWindow	No	Yes		new
ICGetBuffersWanted	No	Yes		new
ICGetDefaultKeyFrameRate	No	Yes		new
ICGetDefaultQuality	No	Yes		new
ICGetDisplayFormat	No	Yes		new
ICGetInfo	No	Yes		new
ICGetQuality	No	Yes		new
ICGetState	No	Yes		new
ICGetStateSize	No	Yes		new
IContextMenu::AddRef	No	Yes		new
IContextMenu::InvokeCommand	No	Yes		new
IContextMenu::QueryContextMenu	No	Yes		new
IContextMenu::QueryInterface	No	Yes		new
IContextMenu::Release	No	Yes		new
ICQueryAbout	No	Yes		new
ICQueryConfigure	No	Yes		new
ICSetQuality	No	Yes		new
ICSetState	No	Yes		new
IExtractIcon::AddRef	No	Yes		new
IExtractIcon::ExtractIcon	No	Yes		new
ExtractIcon::GetIconLocation	No	Yes		new
IExtractIcon::QueryInterface	No	Yes		new
IExtractIcon::Release	No	Yes		new

API Function, Style, or Message	Only NT3.5?	In Win4?	Differences in Windows 95 from NT	History
ImageList_Add	No	Yes		new
ImageList_AddFromImageList	No	Yes		new
ImageList_AddIcon	No	Yes		new
ImageList_AddMasked	No	Yes		new
ImageList_CopyDitherImage	No	Yes		new
ImageList_Create	No	Yes		new
ImageList_Destroy	No	Yes		new
ImageList_DragMove	No	Yes		new
ImageList_DragShow	No	Yes		new
ImageList_Draw	No	Yes		new
ImageList_EndDrag	No	Yes		new
ImageList_ExtractIcon	No	Yes		new
ImageList_GetBkColor	No	Yes		new
ImageList_GetDragImage	No	Yes		new
ImageList_GetIconSize	No	Yes		new
ImageList_GetImageCount	No	Yes		new
ImageList_GetImageInfo	No	Yes		new
ImageList_GetImageRect	No	Yes		new
ImageList_LoadBitmap	No	Yes		new
ImageList_Merge	No	Yes		new
ImageList_Remove	No	Yes		new
ImageList_Replace	No	Yes		new
ImageList_ReplaceIcon	No	Yes		new
ImageList_SetDragImage	No	Yes		new
ImageList_SetObjectOwner	No	Yes		new
ImageList_SetOverlayImage	No	Yes		new

API Function, Style, or Message	Only NT3.5?	In Win4?	Differences in Windows 95 from NT	History
ImageList_StartDrag	No	Yes		new
ImageListSetBkColor	No	Yes		new
ImpersonateDDEClientWindow	No	No		new
ImpersonateNamedPipeClient	No	No		new
ImpersonateSelf	No	No		new
inet_addr	No	Yes		new
inet_ntoa	No	Yes		new
InflateRect	No	Yes		widened
InitAtomTable	No	Yes		widened
InitFileTypeActions	No	Yes		
InitializeAcl	No	No		new
InitializeCriticalSection	No	Yes		new
InitializeSecurityDescriptor	No	No		new
InitializeSid	No	No		new
InitiateSystemShutdown	No	No		new
InSendMessage	No	Yes		widened
InsertMenu	No	Yes		widened
InsertQueueMessage	No			new
InterlockedDecrement	No	Yes		new
InterlockedExchange	No	Yes		new
InterlockedIncrement	No	Yes		new
InterruptRegister	No	No		dropped
InterruptUnRegister	No	No		dropped
IntersectClipRect	No	Yes	16-bit coordinates only	widened
IntersectRect	No	Yes		widened
InvalidateRect	No	Yes		widened

API Function, Style, or Message	Only NT3.5?	In Win4?	Differences in Windows 95 from NT	History
InvalidateRgn	No	Yes		widened
InvertRect	No	Yes		widened
InvertRgn	No	Yes	16-bit coordinates only	widened
InvertTransform	No	No		new
ioctlsocket	No	Yes		new
IPersistFolder::AddRef	No	Yes		new
IPersistFolder::GetClassID	No	Yes		new
IPersistFolder::Initialize	No	Yes		new
IPersistFolder::QueryInterface	No	Yes		new
IPersistFolder::Release	No	Yes		new
IsBadCodePtr	No	Yes		widened
IsBadHugeReadPtr	No	Yes		widened
IsBadHugeWritePtr	No	Yes		widened
IsBadReadPtr	No	Yes		widened
IsBadStringPtr	No	Yes		widened
IsBadWritePtr	No	Yes		widened
IsCharAlpha	No	Yes		widened
IsCharAlphaNumeric	No	Yes		widened
IsCharLower	No	Yes		widened
IsCharUpper	No	Yes		widened
IsChild	No	Yes		widened
IsClipboardFormatAvailable	No	Yes		widened
IsDBCSLeadByte	No	Yes		widened
IsDialogMessage	No	Yes		widened
IsDlgButtonChecked	No	Yes		widened
IsGDIObject	No	No		dropped

API Function, Style, or Message	Only NT3.5?	In Win4?	Differences in Windows 95 from NT	History
IShellBrowser::AddRef	No	Yes		new
IShellBrowser::AddViewPropertySheetPages	No	Yes		new
IShellBrowser::BrowseObject	No	Yes		new
IShellBrowser::GetMenu	No	Yes		new
IShellBrowser::GetViewStateStream	No	Yes		new
IShellBrowser::GetWindow	No	Yes		new
IShellBrowser::GetWindowRect	No	Yes		new
IShellBrowser::QueryInterface	No	Yes		new
IShellBrowser::RefreshTree	No	Yes		new
IShellBrowser::Release	No	Yes		new
IShellBrowser::SetAccelerators	No	Yes		new
IShellBrowser::SetToolBarItems	No	Yes		new
IShellBrowser::UpdateMainWindow	No	Yes		new
IShellExtInit::AddRef	No	Yes		new
IShellExtInit::Initialize	No	Yes		new
IShellExtInit::QueryInterface	No	Yes		new
IShellExtInit::Release	No	Yes		new
IShellFolder::AddRef	No	Yes		new
IShellFolder::BindToObject	No	Yes		new
IShellFolder::BindToStorage	No	Yes		new
IShellFolder::CompareIDs	No	Yes		new
IShellFolder::CreateViewObject	No	Yes		new
IShellFolder::EnumObjects	No	Yes		new
IShellFolder::GetAttributesOf	No	Yes		new
IShellFolder::GetUIObjectOf	No	Yes		new
IShellFolder::LockContainer	No	Yes		new

API Function, Style, or Message	Only NT3.5?	In Win4?	Differences in Windows 95 from NT	History
IShellFolder::MonikerToIdList	No	Yes		new
IShellFolder::ParseDisplayName	No	Yes		new
IShellFolder::QueryInterface	No	Yes		new
IShellFolder::Release	No	Yes		new
IShellFolder::SetNameOf	No	Yes		new
IShellPropSheetExt::AddPages	No	Yes		new
IShellPropSheetExt::AddRef	No	Yes		new
IShellPropSheetExt::QueryInterface	No	Yes		new
IShellPropSheetExt::Release	No	Yes		new
IShellView::AddPropertySheetPages	No	Yes		new
IShellView::AddRef	No	Yes		new
IShellView::CreateViewWindow	No	Yes		new
IShellView::DestroyViewWindow	No	Yes		new
IShellView::GetCurrentInfo	No	Yes		new
IShellView::LoadViewState	No	Yes		new
IShellView::MenuCommand	No	Yes		new
IShellView::MenuHelp	No	Yes		new
IShellView::MenuInit	No	Yes		new
IShellView::QueryInterface	No	Yes		new
IShellView::Release	No	Yes		new
IShellView::SaveViewState	No	Yes		new
IShellView::SelectItem	No	Yes		new
IShellView::SetCurrentInfo	No	Yes		new
IsIconic	No	Yes		widened
IsMenu	No	Yes		widened
IsRectEmpty	No	Yes		widened

API Function, Style, or Message	Only NT3.5?	In Win4?	Differences in Windows 95 from NT	History
IsTask	No	Yes		widened
IsTextUnicode	Yes	No		new
IsTwoByteCharPrefix	No	Yes		widened
IsValidAcl	No	No		new
IsValidCodePage	No	Yes		new
IsValidLocale	Yes	No		new
IsValidSecurityDescriptor	No	No		new
IsValidSid	No	No		new
IsWindow	No	Yes		widened
IsWindowEnabled	No	Yes		widened
IsWindowUnicode	No	Yes		new
IsWindowVisible	No	Yes		widened
IsZoomed	No	Yes		widened
joyGetDevCaps	No	Yes		widened
joyGetNumDevs	No	Yes		widened
joyGetPos	No	Yes		widened
joyGetThreshold	No	Yes		widened
joyReleaseCapture	No	Yes		widened
joySetCalibration	No	Yes		widened
joySetCapture	No	Yes		widened
joySetThreshold	No	Yes		widened
keybd_event	No			new
KillTimer	No	Yes		widened
LB_ADDSTRING	No	Yes		widened
LB_DELETESTRING	No	Yes	wParam index cannot exceed 32K in Windows 95	widened

API Function, Style, or Message	Only NT3.5?	In Win4?	Differences in Windows 95 from NT	History
LB_DIR	No	Yes		widened
LB_FINDSTRING	No	Yes	wParam index cannot exceed 32K in Windows 95	widened
LB_FINDSTRINGEXACT	No	Yes	wParam index cannot exceed 32K in Windows 95	widened
LB_GETANCHORINDEX	No	Yes		
LB_GETCARETINDEX	No	Yes		widened
LB_GETCOUNT	No	Yes		widened
LB_GETCURSEL	No	Yes		widened
LB_GETHORIZONTALEXTENT	No	Yes		widened
LB_GETITEMDATA	No	Yes	wParam index cannot exceed 32K in Windows 95	widened
LB_GETITEMHEIGHT	No	Yes	wParam index cannot exceed 32K in Windows 95	widened
LB_GETITEMRECT	No	Yes	wParam index cannot exceed 32K in Windows 95	widened
LB_GETLOCALE	No	Yes		new
LB_GETSEL	No	Yes	wParam index cannot exceed 32K in Windows 95	widened
LB_GETSELCOUNT	No	Yes		widened
LB_GETSELITEMS	No	Yes	wParam index cannot exceed 32K in Windows 95	widened
LB_GETTEXT	No	Yes	wParam index cannot exceed 32K in Windows 95	widened

API Function, Style, or Message	Only NT3.5?	In Win4?	Differences in Windows 95 from NT	History
LB_GETTEXTLEN	No	Yes	wParam index cannot exceed 32K in Windows 95	widened
LB_GETTOPINDEX	No	Yes		widened
LB_INITSTORAGE	No	Yes		new
LB_INSERTSTRING	No	Yes	wParam index cannot exceed 32K in Windows 95	widened
LB_ITEMFROMPOINT	No	Yes		new
LB_MSGMAX	No	Yes		widened
LB_RESETCONTENT	No	Yes		widened
LB_SELECTSTRING	No	Yes	wParam index cannot exceed 32K in Windows 95	widened
LB_SELITEMRANGE	No	Yes	wParam index cannot exceed 32K in Windows 95	widened
LB_SETANCHORINDEX	No	Yes		new
LB_SETCARETINDEX	No	Yes	wParam index cannot exceed 32K in Windows 95	widened
LB_SETCOLUMNWIDTH	No	Yes		widened
LB_SETCURSEL	No	Yes	wParam index cannot exceed 32K in Windows 95	widened
LB_SETHORIZONTALEXTENT	No	Yes		widened
LB_SETITEMDATA	No	Yes	wParam index cannot exceed 32K in Windows 95	widened
LB_SETITEMHEIGHT	No	Yes	wParam index cannot exceed 32K in Windows 95	widened

API Function, Style, or Message	Only NT3.5?	In Win4?	Differences in Windows 95 from NT	History
LB_SETLOCALE	No	Yes		new
LB_SETSEL	No	Yes	wParam index cannot exceed 32K in Windows 95	widened
LB_SETTABSTOPS	No	Yes		widened
LB_SETTOPINDEX	No	Yes	wParam index cannot exceed 32K in Windows 95	widened
LBItemFromPt	No	Yes		
LBN_DBLCLK	No	Yes		widened
LBN_ERRSPACE	No	Yes		widened
LBN_KILLFOCUS	No	Yes		widened
LBN_SELCANCEL	No	Yes		widened
LBN_SELCHANGE	No	Yes		widened
LBN_SETFOCUS	No	Yes		widened
LBS_DISABLENOSCROLL	No	Yes		
LBS_EXTENDEDSEL	No	Yes		
LBS_HASSTRINGS	No	Yes		
LBS_MULTICOLUMN	No	Yes		
LBS_MULTIPLESEL	No	Yes		
LBS_NODATA	No	Yes		
LBS_NOINTEGRALHEIGHT	No	Yes		
LBS_NOREDRAW	No	Yes		
LBS_NOTIFY	No	Yes		
LBS_OWNERDRAWFIXED	No	Yes		
LBS_OWNERDRAWVARIABLE	No	Yes		
LBS_SORT	No	Yes		

API Function, Style, or Message	Only NT3.5?	In Win4?	Differences in Windows 95 from NT	History
LBS_STANDARD	No	Yes		
LBS_USETABSTOPS	No	Yes		
LBS_WANTKEYBOARDINPUT	No	Yes		
LCMapStringA	Yes	Yes		new
LCMapStringW	No	No		new
LeaveCriticalSection	No	Yes		new
LimitEMSPages	No	Yes		widened
LineDDA	No	Yes		widened
LineTo	No	Yes	16-bit coordinates only	widened
Link_BeginEnum	No	Yes		
Link_Copy	No	Yes		
Link_Create	No	Yes		
Link_Delete	No	Yes		
Link_EndEnum	No	Yes		
Link_Enum	No	Yes		
Link_GetParameters	No	Yes		
Link_GetSubject	No	Yes		
Link_Rename	No	Yes		
listen	No	Yes		new
ListView_Arrange	No	Yes		new
ListView_DeleteAllItems	No	Yes		new
ListView_DeleteColumn	No	Yes		new
ListView_DeleteItem	No	Yes		new
ListView_DragItem	No	Yes		new
ListView_EditLabel	No	Yes		new
ListView_EnsureVisible	No	Yes		new

API Function, Style, or Message	Only NT3.5?	In Win4?	Differences in Windows 95 from NT	History
ListView_FindItem	No	Yes		new
ListView_GetBkColor	No	Yes		new
ListView_GetCallbackMask	No	Yes		new
ListView_GetColumn	No	Yes		new
ListView_GetColumnWidth	No	Yes		new
ListView_GetEditControl	No	Yes		new
ListView_GetImageList	No	Yes		new
ListView_GetItem	No	Yes		new
ListView_GetItemCount	No	Yes		new
ListView_GetItemPosition	No	Yes		new
ListView_GetItemRect	No	Yes		new
ListView_GetItemState	No	Yes		new
ListView_GetItemText	No	Yes		new
ListView_GetNextItem	No	Yes		new
ListView_GetOrigin	No	Yes		new
ListView_GetStringWidth	No	Yes		new
ListView_GetTextBkColor	No	Yes		new
ListView_GetTextColor	No	Yes		new
ListView_GetViewRect	No	Yes		new
ListView_HitTest	No	Yes		new
ListView_InsertColumn	No	Yes		new
ListView_InsertItem	No	Yes		new
ListView_Read	No	Yes		new
ListView_RedrawItems	No	Yes		new
ListView_Scroll	No	Yes		new
ListView_SetBkColor	No	Yes		new

API Function, Style, or Message	Only NT3.5?	In Win4?	Differences in Windows 95 from NT	History
ListView_SetCallbackMask	No	Yes		new
ListView_SetColumn	No	Yes		new
ListView_SetColumnWidth	No	Yes		new
ListView_SetImageList	No	Yes		new
ListView_SetItem	No	Yes		new
ListView_SetItemPosition	No	Yes		new
ListView_SetItemState	No	Yes		new
ListView_SetItemText	No	Yes		new
ListView_SetTextBkColor	No	Yes		new
ListView_SetTextColor	No	Yes		new
ListView_Write	No	Yes		new
LoadAccelerators	No	Yes		widened
LoadAlterBitmap	No	Yes		new
LoadBitmap	No	Yes		widened
LoadCursor	No	Yes		widened
LoadCursorEx	No	Yes		new
LoadCursorFromFile	Yes	No		new
LoadICMLibrary		Yes		
LoadIcon	No	Yes		widened
LoadIconEx	No	Yes		new
LoadImage	No	Yes		
LoadKeyboardLayout	No	Yes	only 1 keyboard loaded at once	new
LoadLibrary	No	Yes		widened
LoadLibraryEx	No	No		new
LoadMenu	No	Yes		widened

API Function, Style, or Message	Only NT3.5?	In Win4?	Differences in Windows 95 from NT	History
LoadMenuIndirect	No	Yes		widened
LoadModule	No	Yes		widened
LoadResource	No	Yes		widened
LoadString	No	Yes		widened
LocalAlloc	No	Yes		widened
LocalCompact	No	Yes		widened
LocalDiscard	No	Yes		widened
LocalFileTimeToFileTime	No	Yes		new
LocalFirst	No	No		dropped
LocalFlags	No	Yes		widened
LocalFree	No	Yes		widened
LocalHandle	No	Yes		widened
LocalInfo	No	No		dropped
LocalInit	No			widened
LocalLock	No	Yes		widened
LocalNext	No	No		dropped
LocalNotify	No			widened
LocalReAlloc	No	Yes		widened
LocalShrink	No	Yes		widened
LocalSize	No	Yes		widened
LocalUnlock	No	Yes		widened
LockData	No	Yes		widened
LockFile	No	Yes		new
LockFileEx	No	No		new
LockInput	No	No		dropped
LockResource	No	Yes		widened

API Function, Style, or Message	Only NT3.5?	In Win4?	Differences in Windows 95 from NT	History
LockSegment	No	Yes		widened
LockServiceDatabase	No	No		new
LockWindowUpdate	No	Yes		widened
LogError	No			widened
LogParamError	No			widened
long_array_from_ndr	No	No		new
long_from_ndr	No	No		new
long_from_ndr_temp	No	No		new
LookupAccountName	No	No		new
LookupAccountSid	No	No		new
LookupIconIDFromDirectory	No	Yes		new
LookupIconIdFromDirectoryEx	No	Yes		new
LookupPrivilegeDisplayName	No	No		new
LookupPrivilegeName	No	No		new
LookupPrivilegeValue	No	No		new
LPtoDP	No	Yes	16-bit coordinates only	widened
lstrcat	No	Yes		widened
lstrcmp	No	Yes		widened
lstrcmpi	No	Yes		widened
lstrcpy	No	Yes		widened
lstrcpyn	Yes	No		new
lstrlen	No	Yes		widened
LVN_BEGINDRAG	No	Yes		new
LVN_BEGINLABELEDIT	No	Yes		new
LVN_BEGINRDRAG	No	Yes		new
LVN_COLUMNCLICK	No	Yes		new

API Function, Style, or Message	Only NT3.5?	In Win4?	Differences in Windows 95 from NT	History
LVN_DELETEALLITEMS	No	Yes		new
LVN_DELETEITEM	No	Yes		new
LVN_ENDDRAG	No	Yes		new
LVN_ENDLABELEDIT	No	Yes		new
LVN_ENDRDRAG	No	Yes		new
LVN_GETDISPINFO	No	Yes		new
LVN_INSERTITEM	No	Yes		new
LVN_ITEMCHANGED	No	Yes		new
LVN_ITEMCHANGING	No	Yes		new
LVN_KEYDOWN	No	Yes		new
LVN_PEN	No	Yes		new
LVN_SETDISPINFO	No	Yes		new
LZClose	No	Yes		widened
LZCopy	No	Yes		widened
LZDone	No	Yes		widened
LZInit	No	Yes		widened
LZOpenFile	No	Yes		widened
LZRead	No	Yes		widened
LZSeek	No	Yes		widened
LZStart	No	Yes		widened
MakeAbsoluteSD	No	No		new
MakeDragList	No	Yes		
MakeProcInstance	No	Yes		widened
MakeSelfRelativeSD	No	No		new
MapDialogRect	No	Yes		widened
MapGenericMask	No	No		new

API Function, Style, or Message	Only NT3.5?	In Win4?	Differences in Windows 95 from NT	History
MapViewOfFile	No	Yes	Memory mapped files appear in the same address space in all processes under Windows 95; not true for NT.	new
MapViewOfFileEx	No	Yes	Memory mapped files appear in the same address space in all processes under Windows 95; not true for NT.	new
MapVirtualKey	No	Yes		widened
MapWindowPoints	No	Yes		widened
MaskBlt	No	No	16-bit coordinates only	new
mciDriverNotify	No	Yes		new
mciDriverYield	No	Yes		new
mciEatCommandEntry	No	Yes		new
mciExecute	No	Yes		new
mciFreeCommandResource	No	Yes		new
mciGetCreatorTask	No	Yes		widened
mciGetDeviceID	No	Yes		widened
mciGetDeviceIDFromElementID	No	Yes		new
mciGetDriverData	No	Yes		new
mciGetErrorString	No	Yes		widened
mciGetParamSize	No	Yes		new
mciGetYieldProc	No	Yes		new
mciLoadCommandResource	No	Yes		new
mciSendCommand	No	Yes		widened
mciSendString	No	Yes		widened

API Function, Style, or Message	Only NT3.5?	In Win4?	Differences in Windows 95 from NT	History
mciSetDriverData	No	Yes		new
mciSetYieldProc	No	Yes		widened
mciSoundInit	No	Yes		new
mciUnlockCommandTable	No	Yes		new
MemManInfo	No	No		dropped
MemoryRead	No	No		dropped
MemoryWrite	No	No		dropped
MenuItemFromPoint	No	Yes		new
MessageBeep	No	Yes		widened
MessageBox	No	Yes		widened
MessageBoxEx	No	Yes		new
midiInAddBuffer	No	Yes		widened
midiInClose	No	Yes		widened
midiInGetDevCaps	No	Yes		widened
midiInGetErrorText	No	Yes		widened
midiInGetID	No	Yes		widened
midiInGetNumDevs	No	Yes		widened
midiInMessage	No	Yes		widened
midiInOpen	No	Yes		widened
midiInPrepareHeader	No	Yes		widened
midiInReset	No	Yes		widened
midiInStart	No	Yes		widened
midiInStop	No	Yes		widened
midiInUnprepareHeader	No	Yes		widened
midiOutCacheDrumPatches	No	Yes		widened
midiOutCachePatches	No	Yes		widened

API Function, Style, or Message	Only NT3.5?	In Win4?	Differences in Windows 95 from NT	History
midiOutClose	No	Yes		widened
midiOutGetDevCaps	No	Yes		widened
midiOutGetErrorText	No	Yes		widened
midiOutGetID	No	Yes		widened
midiOutGetNumDevs	No	Yes		widened
midiOutGetVolume	No	Yes		widened
midiOutLongMsg	No	Yes		widened
midiOutMessage	No	Yes		widened
midiOutOpen	No	Yes		widened
midiOutPrepareHeader	No	Yes		widened
midiOutReset	No	Yes		widened
midiOutSetVolume	No	Yes		widened
midiOutShortMsg	No	Yes		widened
midiOutUnprepareHeader	No	Yes		widened
midl_allocate	No	No		new
MIDL_user_allocate	No	No		new
MIDL_wchar_strcpy	No	No		new
MIDL_wchar_strlen	No	No		new
mmDrvInstall	No	Yes		new
mmGetCurrentTask	No	Yes		new
mmioAdvance	No	Yes		widened
mmioAscend	No	Yes		widened
mmioClose	No	Yes		widened
mmioCreateChunk	No	Yes		widened
mmioDescend	No	Yes		widened
mmioFlush	No	Yes		widened

API Function, Style, or Message	Only NT3.5?	In Win4?	Differences in Windows 95 from NT	History
mmioGetInfo	No	Yes		widened
mmioInstallIOProc	No	Yes		widened
mmioOpen	No	Yes		widened
mmioRead	No	Yes		widened
mmioRename	No	Yes		widened
mmioSeek	No	Yes		widened
mmioSendMessage	No	Yes		widened
mmioSetBuffer	No	Yes		widened
mmioSetInfo	No	Yes		widened
mmioStringToFOURCC	No	Yes		widened
mmioWrite	No	Yes		widened
mmsystemGetVersion	No	Yes		widened
mmTaskBlock	No	Yes		new
mmTaskCreate	No	Yes		new
mmTaskSignal	No	Yes		new
mmTaskYield	No	Yes		new
ModemAnswer	No	Yes		
ModemClose	No	Yes		
ModemCommand	No	Yes		
ModemDial	No	Yes		
ModemGetCommand	No	Yes		
ModemHangUp	No	Yes		
ModemOpen	No	Yes		
ModifyMenu	No	Yes		widened
ModifyWorldTransform	No	No		new
ModuleFindHandle	No	No		dropped

API Function, Style, or Message	Only NT3.5?	In Win4?	Differences in Windows 95 from NT	History
ModuleFindName	No	No		dropped
ModuleFirst	No	No		dropped
ModuleNext	No	No		dropped
MoveFile	No	Yes		new
MoveFileEx	No	No		new
MoveTo	No	No		dropped
MoveToEx	No	Yes	16-bit coordinates only	widened
MoveWindow	No	Yes		widened
MsgWaitForMultipleObjects	No	Yes		new
MulDiv	No	Yes		widened
MultiByteToWideChar	No	Yes		new
MultiplyTransforms	No	No		new
NDRCContextBinding	No	No		new
NDRCContextMarshall	No	No		new
NDRCContextUnmarshall	No	No		new
NDRcopy	No	No		new
NDRSContextMarshall	No	No		new
NDRSContextUnmarshall	No	No		new
NetBios	No	Yes		new
NetBIOSCall	No	No		dropped
NM_CLICK	No	Yes		
NM_CLICK	No	Yes		new
NM_DBLCLK	No	Yes		
NM_DBLCLK	No	Yes		new
NM_KILLFOCUS	No	Yes		
NM_KILLFOCUS	No	Yes		new

API Function, Style, or Message	Only NT3.5?	In Win4?	Differences in Windows 95 from NT	History
NM_OUTOFMEMORY	No	Yes		
NM_OUTOFMEMORY	No	Yes		new
NM_RCLICK	No	Yes		
NM_RCLICK	No	Yes		new
NM_RDBLCLK	No	Yes		
NM_RDBLCLK	No	Yes		new
NM_RETURN	No	Yes		
NM_RETURN	No	Yes		new
NM_SETFOCUS	No	Yes		
NM_SETFOCUS	No	Yes		new
NotifyBootConfigStatus	No	No		new
NotifyChangeEventLog	Yes	No		new
NotifyRegister	No	No		dropped
NotifyUnRegister	No	No		dropped
ntohl	No	Yes		new
ntohs	No	Yes		new
ObjectCloseAuditAlarm	No	No		new
ObjectOpenAuditAlarm	No	No		new
ObjectPrivilegeAuditAlarm	No	No		new
OemKeyScan	No	Yes		widened
OemToAnsi	No	Yes		widened
OemToAnsiBuff	No	Yes		widened
OemToChar	No	Yes		widened
OemToCharBuff	No	Yes		widened
OffsetClipRgn	No	Yes	16-bit coordinates only	widened
OffsetRect	No	Yes		widened

API Function, Style, or Message	Only NT3.5?	In Win4?	Differences in Windows 95 from NT	History
OffsetRgn	No	Yes	16-bit coordinates only	widened
OffsetViewportOrg	No	No		dropped
OffsetViewportOrgEx	No	Yes	16-bit coordinates only	widened
OffsetWindowOrg	No	No		dropped
OffsetWindowOrgEx	No	Yes	16-bit coordinates only	widened
OleActivate	No	Yes		widened
OleBlockServer	No	Yes		widened
OleClone	No	Yes		widened
OleClose	No	Yes		widened
OleCopyCompleted	No	Yes		widened
OleCopyFromLink	No	Yes		widened
OleCopyToClipboard	No	Yes		widened
OleCreate	No	Yes		widened
OleCreateFromClip	No	Yes		widened
OleCreateFromFile	No	Yes		widened
OleCreateFromTemplate	No	Yes		widened
OleCreateInvisible	No	Yes		widened
OleCreateLinkFromClip	No	Yes		widened
OleCreateLinkFromFile	No	Yes		widened
OleDelete	No	Yes		widened
OleDraw	No	Yes		widened
OleEnumFormats	No	Yes		widened
OleEnumObjects	No	Yes		widened
OleEqual	No	Yes		widened
OleExecute	No	Yes		widened
OleGetData	No	Yes		widened

API Function, Style, or Message	Only NT3.5?	In Win4?	Differences in Windows 95 from NT	History
OleGetLinkUpdateOptions	No	Yes		widened
OleIsDcMeta	No	Yes		widened
OleLoadFromStream	No	Yes		widened
OleLockServer	No	Yes		widened
OleMarkForCopy	No	Yes		widened
OleObjectConvert	No	Yes		widened
OleQueryBounds	No	Yes		widened
OleQueryClientVersion	No	Yes		widened
OleQueryCreateFromClip	No	Yes		widened
OleQueryLinkFromClip	No	Yes		widened
OleQueryName	No	Yes		widened
OleQueryOpen	No	Yes		widened
OleQueryOutOfDate	No	Yes		widened
OleQueryProtocol	No	Yes		widened
OleQueryReleaseError	No	Yes		widened
OleQueryReleaseMethod	No	Yes		widened
OleQueryReleaseStatus	No	Yes		widened
OleQueryServerVersion	No	Yes		widened
OleQuerySize	No	Yes		widened
OleQueryType	No	Yes		widened
OleReconnect	No	Yes		widened
OleRegisterClientDoc	No	Yes		widened
OleRegisterServer	No	Yes		widened
OleRegisterServerDoc	No	Yes		widened
OleRelease	No	Yes		widened
OleRename	No	Yes		widened

API Function, Style, or Message	Only NT3.5?	In Win4?	Differences in Windows 95 from NT	History
OleRenameClientDoc	No	Yes		widened
OleRenameServerDoc	No	Yes		widened
OleRequestData	No	Yes		widened
OleRevertClientDoc	No	Yes		widened
OleRevertServerDoc	No	Yes		widened
OleRevokeClientDoc	No	Yes		widened
OleRevokeObject	No	Yes		widened
OleRevokeServer	No	Yes		widened
OleRevokeServerDoc	No	Yes		widened
OleSavedClientDoc	No	Yes		widened
OleSavedServerDoc	No	Yes		widened
OleSaveToStream	No	Yes		widened
OleSetBounds	No	Yes		widened
OleSetColorScheme	No	Yes		widened
OleSetData	No	Yes		widened
OleSetFileFormat	No			widened
OleSetHostNames	No	Yes		widened
OleSetLinkUpdateOptions	No	Yes		widened
OleSetTargetDevice	No	Yes		widened
OleUnblockServer	No	Yes		widened
OleUnlockServer	No	Yes		widened
OleUpdate	No	Yes		widened
OpenBackupEventLog	No	No		new
OpenClipboard	No	Yes		widened
OpenComm	No	No		dropped
OpenDesktop	No			new

API Function, Style, or Message	Only NT3.5?	In Win4?	Differences in Windows 95 from NT	History
OpenDriver	No	No		dropped
OpenEvent	No	Yes		new
OpenEventLog	No	No		new
OpenFile	No	Yes		widened
OpenFileMapping	No	Yes		new
OpenIcon	No	Yes		widened
OpenMutex	No	Yes		new
OpenPrinter	No	Yes		new
OpenProcess	No	Yes		new
OpenProcessToken	No	No		new
OpenSCManager	No	No		new
OpenSemaphore	No	Yes		new
OpenService	No	No		new
OpenSound	No	No		dropped
OpenSpooler	No			new
OpenThreadToken	No	No		new
OpenWindowStation	No			new
OutputDebugString	No	Yes		widened
PackDDElParam	No	Yes		new
PaintDesktop	No	Yes		new
PaintRgn	No	Yes	16-bit coordinates only	widened
PatBlt	No	Yes	16-bit coordinates only	widened
PathToRegion	No	Yes	16-bit coordinates only	new
PBM_DELTAPOS	No	Yes		
PBM_SETPOS	No	Yes		
PBM_SETRANGE	No	Yes		

API Function, Style, or Message	Only NT3.5?	In Win4?	Differences in Windows 95 from NT	History
PBM_SETSTEP	No	Yes		
PBM_STEPIT	No	Yes		
PeekConsoleInput	No	Yes		new
PeekMessage	No	Yes		widened
PeekMessageEx	No	No		dropped
PeekNamedPipe	No	Yes		new
Pie	No	Yes	16-bit coordinates only	widened
PlayEnhMetaFile	No	Yes	Will skip records that couldn't be processed under Chicago's GDI: greater than 16-bit coordinates, no shearing or rotations, no dashed widelines, etc.	new
PlayEnhMetaFileRecord	No	Yes	Same caveats as PlayEnhMetaFile	new
PlayMetaFile	No	Yes	int == 16 bits	widened
PlayMetaFileRecord	No	Yes	int == 16 bits	widened
PlaySound	No	Yes		new
PlgBlt	No	No		new
PolyBezier	No	Yes	16-bit coordinates only	new
PolyBezierTo	No	Yes	16-bit coordinates only	new
PolyDraw	No	No		new
Polygon	No	Yes	16-bit coordinates only	widened
Polyline	No	Yes	16-bit coordinates only	widened
PolylineTo	No	Yes	16-bit coordinates only	new
PolyPolygon	No	Yes	16-bit coordinates only	widened
PolyPolyline	No	Yes	16-bit coordinates only	new

API Function, Style, or Message	Only NT3.5?	In Win4?	Differences in Windows 95 from NT	History
PolyTextOut	No	Yes	int == 16 bits	new
PostAppMessage	No	Yes		widened
PostMessage	No	Yes		widened
PostQuitMessage	No	Yes		widened
PostThreadMessage	No	Yes		new
PrepareTape	No	No		new
PrintDlg	No	Yes		new
PrinterProperties	No	Yes		new
PrivilegeCheck	No	No		new
PrivilegedServiceAuditAlarm	No	No		new
ProfClear	No	No		dropped
ProfFinish	No	No		dropped
ProfFlush	No	No		dropped
ProfInsChk	No	No		dropped
ProfSampRate	No	No		dropped
ProfSetup	No	No		dropped
ProfStart	No	No		dropped
ProfStop	No	No		dropped
Prop_Get	No	Yes		
Prop_Set	No	Yes		
PS_ALTERNATE	No	No		new
PS_COSMETIC	No	Yes		new
PS_DASH	No	Yes	Windows 95 doesn't support this in a wideline	widened
PS_DASHDOT	No	Yes	Windows 95 doesn't support this in a wideline	widened

API Function, Style, or Message	Only NT3.5?	In Win4?	Differences in Windows 95 from NT	History
PS_DASHDOTDOT	No	Yes	Windows 95 doesn't support this in a wideline	widened
PS_DOT	No	Yes	Windows 95 doesn't support this in a wideline	widened
PS_ENDCAP_FLAT	No	Yes	Supported only in a path in Windows 95	new
PS_ENDCAP_ROUND	No	Yes	Supported only in a path in Windows 95	new
PS_ENDCAP_SQUARE	No	Yes	Supported only in a path in Windows 95	new
PS_GEOMETRIC	No	Yes		new
PS_INSIDEFRAME	No	Yes		widened
PS_JOIN_BEVEL	No	Yes	Supported only in a path in Windows 95	new
PS_JOIN_MITER	No	Yes	Supported only in a path in Windows 95	new
PS_JOIN_ROUND	No	Yes	Supported only in a path in Windows 95	new
PS_NULL	No	Yes		widened
PS_SOLID	No	Yes		widened
PS_USERSTYLE	No	No		new
PSN_APPLY	No	Yes		
PSN_CANCELTOCLOSE	No	Yes		
PSN_CHANGED	No	Yes		
PSN_GETSIBLINGS	No	Yes		
PSN_GUISTART	No	Yes		
PSN_HASHELP	No	Yes		
PSN_HELP	No	Yes		

API Function, Style, or Message	Only NT3.5?	In Win4?	Differences in Windows 95 from NT	History
PSN_KILLACTIVE	No	Yes		
PSN_REBOOT	No	Yes		
PSN_RESET	No	Yes		
PSN_SETACTIVE	No	Yes		
PtInRect	No	Yes		widened
PtInRegion	No	Yes	16-bit coordinates only	widened
PtVisible	No	Yes	16-bit coordinates only	widened
PulseEvent	No	Yes		new
PurgeComm	No	Yes		new
QueryDosDevice	No			new
QueryPerformanceCounter	No	Yes		new
QueryPerformanceFrequency	No	Yes		new
QueryServiceConfig	No	No		new
QueryServiceLockStatus	No	No		new
QueryServiceObjectSecurity	No	No		new
QueryServiceStatus	No	No		new
RaiseException	No	Yes		new
ReadComm	No	No		dropped
ReadConsole	No	Yes		new
ReadConsoleInput	No	Yes		new
ReadConsoleOutput	No	Yes		new
ReadConsoleOutputAttribute	No	Yes		new
ReadConsoleOutputCharacter	No	Yes		new
ReadEventLog	No	No		new
ReadEventLogEntry	No	No		new
ReadFile	No	Yes	No overlapped regions, except for serial devices	new

API Function, Style, or Message	Only NT3.5?	In Win4?	Differences in Windows 95 from NT	History
ReadFileEx	No	No		new
ReadPrinter	No	Yes		new
ReadProcessMemory	No	Yes		new
ReadSpooler	No			new
RealizePalette	No	Yes	int == 16 bits	widened
Rectangle	No	Yes	16-bit coordinates only	widened
RectInRegion	No	Yes	16-bit coordinates only	widened
RectVisible	No	Yes	16-bit coordinates only	widened
recv	No	Yes		new
recvfrom	No	Yes		new
RedrawWindow	No	Yes		widened
RegCloseKey	No	Yes		new
RegConnectRegistry	No	No		new
RegCreateKey	No	Yes		widened
RegCreateKeyEx	No	Yes		new
RegDeleteKey	No	Yes		widened
RegDeleteValue	No	Yes		new
RegEnumKey	No	Yes		widened
RegEnumKeyEx	No	Yes		new
RegEnumValue	No	Yes		new
RegFlushKey	No	Yes		new
RegGetKeySecurity	No	No		new
RegisterClass	No	Yes		widened
RegisterClipboardFormat	No	Yes		widened
RegisterEventSource	No	No		new
RegisterHotKey	No	Yes		new

API Function, Style, or Message	Only NT3.5?	In Win4?	Differences in Windows 95 from NT	History
RegisterServiceCtrlHandler	No	No		new
RegisterWindowMessage	No	Yes		widened
RegLoadKey	No	Yes		new
RegNotifyChangeKeyValue	No	No		new
RegOpenKey	No	Yes		widened
RegOpenKeyEx	No	Yes		new
RegOpenRegistry	No	No		dropped
RegQueryInfoKey	No	Yes		new
RegQueryValue	No	Yes		widened
RegQueryValueEx	No	Yes		new
RegReplaceKey	No	No		new
RegRestoreKey	No	Yes		new
RegSaveKey	No	Yes		new
RegSetKeySecurity	No	No		new
RegSetValue	No	Yes		widened
RegSetValueEx	No	Yes		new
RegUnLoadKey	No	Yes		new
ReleaseCapture	No	Yes		widened
ReleaseDC	No	Yes		widened
ReleaseMutex	No	Yes		new
ReleaseSemaphore	No	Yes		new
RemoveDirectory	No	Yes		new
RemoveFontModule	No			dropped
RemoveFontResource	No	Yes	int == 16 bits	changed
RemoveMenu	No	Yes		widened
RemoveProp	No	Yes		widened

API Function, Style, or Message	Only NT3.5?	In Win4?	Differences in Windows 95 from NT	History
ReplaceText	No	Yes		new
ReplyMessage	No	Yes		widened
ReportEvent	No	No		new
ResetDC	No	Yes	int == 16 bits	widened
ResetDisplay	No	Yes		new
ResetEvent	No	Yes		new
ResizePalette	No	Yes	int == 16 bits	widened
RestoreDC	No	Yes	int == 16 bits	widened
ResumeThread	No	Yes		new
ReuseDDElParam	No	Yes		new
RevertToSelf	No	No		new
RoundRect	No	Yes	16-bit coordinates only	widened
RpcBindingCopy	No	Yes		new
RpcBindingFree	No	Yes		new
RpcBindingFromStringBinding	No	Yes		new
RpcBindingInqAuthClient	No	Yes		new
RpcBindingInqAuthInfo	No	Yes		new
RpcBindingInqObject	No	Yes		new
RpcBindingReset	No	Yes		new
RpcBindingSetAuthInfo	No	Yes		new
RpcBindingSetObject	No	Yes		new
RpcBindingToStringBinding	No	Yes		new
RpcBindingVectorFree	No	Yes		new
RpcEpRegister	No	Yes		new
RpcEpRegisterNoReplace	No	Yes		new
RpcEpResolveBinding	No	Yes		new

API Function, Style, or Message	Only NT3.5?	In Win4?	Differences in Windows 95 from NT	History
RpcEpUnregister	No	Yes		new
RpcIfIdVectorFree	No	Yes		new
RpcIfInqId	No	Yes		new
RpcImpersonateClient	No	Yes		new
RpcMgmtEnableIdleCleanup	No	Yes		new
RpcMgmtInqComTimeout	No	Yes		new
RpcMgmtInqStats	No	Yes		new
RpcMgmtIsServerListening	No	Yes		new
RpcMgmtSetComTimeout	No	Yes		new
RpcMgmtSetServerStackSize	No	Yes		new
RpcMgmtStatsVectorFree	No	Yes		new
RpcMgmtStopServerListening	No	Yes		new
RpcMgmtWaitServerListen	No	Yes		new
RpcNetworkInqProtseqs	No	Yes		new
RpcNetworkIsProtseqValid	No	Yes		new
RpcNsBindingExport	No	Yes		new
RpcNsBindingImportBegin	No	Yes		new
RpcNsBindingImportDone	No	Yes		new
RpcNsBindingImportNext	No	Yes		new
RpcNsBindingInqEntryName	No	Yes		new
RpcNsBindingLookupBegin	No	Yes		new
RpcNsBindingLookupDone	No	Yes		new
RpcNsBindingLookupNext	No	Yes		new
RpcNsBindingSelect	No	Yes		new
RpcNsBindingUnexport	No	Yes		new
RpcNsEntryExpandName	No	Yes		new

API Function, Style, or Message	Only NT3.5?	In Win4?	Differences in Windows 95 from NT	History
RpcNsEntryObjectInqBegin	No	Yes		new
RpcNsEntryObjectInqDone	No	Yes		new
RpcNsEntryObjectInqNext	No	Yes		new
RpcNsGroupDelete	No	Yes		new
RpcNsGroupMbrAdd	No	Yes		new
RpcNsGroupMbrInqBegin	No	Yes		new
RpcNsGroupMbrInqDone	No	Yes		new
RpcNsGroupMbrInqNext	No	Yes		new
RpcNsGroupMbrRemove	No	Yes		new
RpcNsMgmtBindingUnexport	No	Yes		new
RpcNsMgmtEntryCreate	No	Yes		new
RpcNsMgmtEntryDelete	No	Yes		new
RpcNsMgmtEntryInqIfIds	No	Yes		new
RpcNsMgmtHandleSetExpAge	No	Yes		new
RpcNsMgmtInqExpAge	No	Yes		new
RpcNsMgmtSetExpAge	No	Yes		new
RpcNsProfileDelete	No	Yes		new
RpcNsProfileEltAdd	No	Yes		new
RpcNsProfileEltInqBegin	No	Yes		new
RpcNsProfileEltInqDone	No	Yes		new
RpcNsProfileEltInqNext	No	Yes		new
RpcNsProfileEltRemove	No	Yes		new
RpcObjectInqType	No	Yes		new
RpcObjectSetInqFn	No	Yes		new
RpcObjectSetType	No	Yes		new
RpcProtseqVectorFree	No	Yes		new

API Function, Style, or Message	Only NT3.5?	In Win4?	Differences in Windows 95 from NT	History
RpcRaiseException	No	Yes		new
RpcRevertToSelf	No	Yes		new
RpcServerInqBindings	No	Yes		new
RpcServerInqIf	No	Yes		new
RpcServerListen	No	Yes		new
RpcServerRegisterAuthInfo	No	Yes		new
RpcServerRegisterIf	No	Yes		new
RpcServerUnregisterIf	No	Yes		new
RpcServerUseAllProtseqs	No	Yes		new
RpcServerUseAllProtseqsIf	No	Yes		new
RpcServerUseProtseq	No	Yes		new
RpcServerUseProtseqEp	No	Yes		new
RpcServerUseProtseqIf	No	Yes		new
RpcSsDestroyClientContext	No	Yes		new
RpcStringBindingCompose	No	Yes		new
RpcStringBindingParse	No	Yes		new
RpcStringFree	No	Yes		new
SaveDC	No	Yes	int == 16 bits	widened
SB_GETBORDERS	No	Yes		
SB_GETPARTS	No	Yes		
SB_GETTEXT	No	Yes		
SB_GETTEXTLENGTH	No	Yes		
SB_SETBORDERS	No	Yes		
SB_SETMINHEIGHT	No	Yes		
SB_SETPARTS	No	Yes		
SB_SETTEXT	No	Yes		

API Function, Style, or Message	Only NT3.5?	In Win4?	Differences in Windows 95 from NT	History
SB_SIMPLE	No	Yes		
SBM_ENABLE_ARROWS	No	Yes		new
SBM_GETPOS	No	Yes		new
SBM_GETRANGE	No	Yes		new
SBM_GETSCROLLINFO	No	Yes		new
SBM_SETPOS	No	Yes		new
SBM_SETRANGE	No	Yes		new
SBM_SETRANGEREDRAW	No	Yes		new
SBM_SETSCROLLINFO	No	Yes		new
ScaleViewportExt	No	No		dropped
ScaleViewportExtEx	No	Yes	16-bit coordinates only	widened
ScaleWindowExt	No	No		dropped
ScaleWindowExtEx	No	Yes	16-bit coordinates only	widened
ScheduleJob	No	Yes		new
ScreenToClient	No	Yes		widened
ScrollConsoleScreenBuffer	No	Yes		new
ScrollDC	No	Yes		widened
ScrollWindow	No	Yes		widened
ScrollWindowEx	No	Yes		widened
SearchPath	No	Yes		new
select	No	Yes		new
SelectClipPath	No	Yes	16-bit coordinates only	new
SelectClipRgn	No	Yes	16-bit coordinates only	widened
SelectPalette	No	Yes	int == 16 bits	widened
SelfRelativeToAbsoluteSD	No			new
send	No	Yes		new

API Function, Style, or Message	Only NT3.5?	In Win4?	Differences in Windows 95 from NT	History
SendDlgItemMessage	No	Yes		widened
SendDriverMessage	No	No		dropped
SendMessage	No	Yes		widened
SendMessageCallback	No	Yes	wParam is 16-bits	new
SendMessageTimeout	No	Yes	wParam is 16-bits	new
SendNotify	No	Yes		
SendNotifyMessage	No	Yes	wParam is 16-bits	widened
sendto	No	Yes		new
SetAbortProc	No	Yes	int == 16 bits	widened
SetAclInformation	No	No		new
SetActiveWindow	No	Yes		widened
SetArcDirection	No	Yes	16-bit coordinates only	new
SetBitmapBits	No	Yes	int == 16 bits	widened
SetBitmapDimension	No	No		dropped
SetBitmapDimensionEx	No	Yes	int == 16 bits	widened
SetBkColor	No	Yes	int == 16 bits	widened
SetBkMode	No	Yes	int == 16 bits	widened
SetBoundsRect	No	Yes	16-bit coordinates only	widened
SetBrushOrg	No	Yes		widened
SetBrushOrgEx	No	Yes	16-bit coordinates only	new
SetCapture	No	Yes		widened
SetCaretBlinkTime	No	Yes		widened
SetCaretPos	No	Yes		widened
SetClassLong	No	Yes		widened
SetClassWord	No	Yes		changed
SetClipboardData	No	Yes		widened

API Function, Style, or Message	Only NT3.5?	In Win4?	Differences in Windows 95 from NT	History
SetClipboardViewer	No	Yes		widened
SetColorAdjustment	No	No	int == 16 bits	new
SetColorProfile		Yes		
SetColorSpace	No	Yes		new
SetCommBreak	No	Yes		new
SetCommConfig	Yes	Yes		new
SetCommConfig	No	Yes		new
SetCommMask	No	Yes		new
SetCommState	No	Yes		new
SetCommTimeouts	No	Yes		new
SetCommUsage	No	Yes		
SetComputerName	No	Yes		new
SetConsoleActiveScreenBuffer	No	Yes		new
SetConsoleCP	No	No		new
SetConsoleCtrlHandler	No	Yes		new
SetConsoleCursorInfo	No	Yes		new
SetConsoleCursorPosition	No	Yes		new
SetConsoleMode	No	Yes		new
SetConsoleOutputCP	No	No		new
SetConsoleScreenBufferSize	No	Yes		new
SetConsoleTextAttribute	No	Yes		new
SetConsoleTitle	No	Yes		new
SetConsoleWindowInfo	No	Yes		new
SetConvertHook	No			widened
SetConvertParams	No			widened
SetCurrentDirectory	No	Yes		new

API Function, Style, or Message	Only NT3.5?	In Win4?	Differences in Windows 95 from NT	History
SetCursor	No	Yes		widened
SetCursorPos	No	Yes		widened
SetDebugErrorLevel	No	Yes		new
SetDefaultCommConfig	Yes	Yes		new
SetDeskWallpaper	No	Yes		new
SetDeviceGammaRamp		Yes		
SetDIBits	No	Yes	int == 16 bits	widened
SetDIBitsToDevice	No	Yes	int == 16 bits	widened
SetDlgItemInt	No	Yes		widened
SetDlgItemText	No	Yes		widened
SetDoubleClickTime	No	Yes		widened
SetEndOfFile	No	Yes		new
SetEnhMetaFileBits	No	Yes		new
SetEnvironment	No			dropped
SetEnvironmentVariable	No	Yes		new
SetErrorMode	Yes	No	This is used for RISC platforms only; x86 platforms and Windows 95 return a constant	new
SetErrorMode	No	Yes		widened
SetEvent	No	Yes		new
SetFileApisToOEM	No	No		
SetFileAttributes	No	Yes		new
SetFilePointer	No	Yes		new
SetFileSecurity	No	No		new
SetFileTime	No	Yes		new
SetFlat	No			new

API Function, Style, or Message	Only NT3.5?	In Win4?	Differences in Windows 95 from NT	History
SetFocus	No	Yes		widened
SetFontMapperControls	No	No		new
SetForegroundWindow	No	Yes		new
SetForm	No	No		new
SetGraphicsMode	No	No	Only GM_COMPATIBLE is supported in Windows 95	new
SetHandleCount	No	Yes		widened
SetJob	No	Yes		new
SetKernelObjectSecurity	No	No		new
SetKeyboardState	No	Yes		widened
SetLastError	No	Yes		new
SetLastErrorEx	No	Yes		new
SetLocaleInfo	Yes	No		new
SetLocalTime	No	Yes		new
SetMailslotInfo	No	Yes		new
SetMapMode	No	Yes	int == 16 bits	widened
SetMapperFlags	No	Yes	int == 16 bits	widened
SetMenu	No	Yes		widened
SetMenuContextHelpID	No	Yes		new
SetMenuDefaultItem	No	Yes		new
SetMenuItemBitmaps	No	Yes		widened
SetMenuItemInfo	No	Yes		new
SetMessageQueue	No	Yes		widened
SetMetaFileBits	No	No		dropped
SetMetaFileBitsEx	No	Yes	int == 16 bits	widened
SetMetaRgn	No	Yes	16-bit coordinates only	new

API Function, Style, or Message	Only NT3.5?	In Win4?	Differences in Windows 95 from NT	History
SetMiterLimit	No	Yes	int == 16 bits	new
SetNamedPipeHandleState	No	Yes		new
SetObjectSecurity	No	No		new
SetOverprint	No	Yes		new
SetPaletteEntries	No	Yes	int == 16 bits	widened
SetParent	No	Yes		widened
SetPixelFormat	Yes	No		new
SetPixelV	No	Yes	16-bit coordinates only	new
SetPolyFillMode	No	Yes	int == 16 bits	widened
SetPrinter	No	Yes		new
SetPrinterData	No	Yes		new
SetPriorityClass	No	Yes		new
SetPrivateObjectSecurity	No	No		new
SetProcessShutdownParameters	No	No		new
SetProp	No	Yes		widened
SetQueueMsg	No			new
SetRect	No	Yes		widened
SetRectEmpty	No	Yes		widened
SetRectRgn	No	Yes	16-bit coordinates only	widened
SetResourceHandler	No	No		dropped
SetROP2	No	Yes	int == 16 bits	widened
SetScrollInfo	No	Yes		new
SetScrollPos	No	Yes		widened
SetScrollRange	No	Yes		widened
SetSecurityDescriptorDacl	No	No		new
SetSecurityDescriptorGroup	No	No		new

API Function, Style, or Message	Only NT3.5?	In Win4?	Differences in Windows 95 from NT	History
SetSecurityDescriptorOwner	No	No		new
SetSecurityDescriptorSacl	No	No		new
SetServiceBits	Yes	No		new
SetServiceObjectSecurity	No	No		new
SetServiceStatus	No	No		new
SetShellWindow	No	Yes		new
setsockopt	No	Yes		new
SetSoundNoise	No	No		dropped
SetStdHandle	No	Yes		new
SetStretchBltMode	No	Yes	int == 16 bits	widened
SetSwapAreaSize	No	Yes		widened
SetSysColors	No	Yes		widened
SetSysModalWindow	No	Yes		widened
SetSystemCursor	Yes	No		new
SetSystemPaletteUse	No	Yes	int == 16 bits	widened
SetSystemPowerState	No	Yes		new
SetSystemTime	No	Yes		new
SetSystemTimeAdjustment	Yes	No		new
SetTapeParameters	No	No		new
SetTapePosition	No	No		new
SetTextAlign	No	Yes	int == 16 bits	widened
SetTextCharacterExtra	No	Yes	int == 16 bits	widened
SetTextColor	No	Yes	int == 16 bits	widened
SetTextJustification	No	Yes	int == 16 bits	widened
SetThreadAffinityMask	Yes	No	This is valid on SMP platforms only; Windows 95 returns a constant	new

API Function, Style, or Message	Only NT3.5?	In Win4?	Differences in Windows 95 from NT	History
SetThreadContext	No	Yes		new
SetThreadDesktop	No	Yes	NOP; only one desktop	new
SetThreadLocale	No	No	Locales are static and can change only at system boot	new
SetThreadPriority	No	Yes		new
SetTimer	No	Yes		widened
SetTimeZoneInformation	No	No		new
SetTokenInformation	No	No		new
SetUnhandledExceptionFilter	No	Yes		new
SetupComm	No	Yes		new
SetUserObjectSecurity	No	No		new
SetViewportExt	No	No		dropped
SetViewportExtEx	No	Yes	16-bit coordinates only	widened
SetViewportOrg	No	No		dropped
SetViewportOrgEx	No	Yes	16-bit coordinates only	widened
SetVoiceAccent	No	No		dropped
SetVoiceEnvelope	No	No		dropped
SetVoiceNote	No	No		dropped
SetVoiceQueueSize	No	No		dropped
SetVoiceSound	No	No		dropped
SetVoiceThreshold	No	No		dropped
SetVolumeLabel	No	Yes		new
SetWindowContextHelpID	No	Yes		new
SetWindowExt	No	No		dropped
SetWindowExtEx	No	Yes	16-bit coordinates only	widened
SetWindowLong	No	Yes		widened

API Function, Style, or Message	Only NT3.5?	In Win4?	Differences in Windows 95 from NT	History
SetWindowOrg	No	No		dropped
SetWindowOrgEx	No	Yes	16-bit coordinates only	widened
SetWindowPlacement	No	Yes		widened
SetWindowPos	No	Yes		widened
SetWindowsHook	No	Yes		widened
SetWindowsHookEx	No	Yes		widened
SetWindowText	No	Yes		widened
SetWindowWord	No	Yes		changed
SetWinMetaFileBits	No	Yes		new
SetWorldTransform	No	No		new
Shell_GetCachedImageIndex	No	Yes		
Shell_GetCurrentDate	No	Yes		
Shell_GetCurrentTime	No	Yes		
Shell_GetFileIcon	No	Yes		
Shell_GetIconIndex	No	Yes		
Shell_GetIconLocation	No	Yes		
Shell_GetImageLists	No	Yes		
Shell_Initialize	No	Yes		
Shell_InvokeCommand	No	Yes		
Shell_RenameObject	No	Yes		
Shell_SysColorChange	No	Yes		
Shell_Terminate	No	Yes		
ShellAbout	No	Yes		new
ShellExecute	No	Yes		widened
short_array_from_ndr	No	No		new
short_from_ndr	No	No		new

API Function, Style, or Message	Only NT3.5?	In Win4?	Differences in Windows 95 from NT	History
short_from_ndr_temp	No	No		new
ShowCaret	No	Yes		widened
ShowCursor	No	Yes		widened
ShowOwnedPopups	No	Yes		widened
ShowScrollBar	No	Yes		widened
ShowWindow	No	Yes		widened
shutdown	No	Yes		new
SizeofResource	No	Yes		widened
Sleep	No	Yes		new
SleepEx	No	Yes		new
sndPlaySound	No	Yes		widened
socket	No	Yes		new
StackTraceCSIPFirst	No	No		dropped
StackTraceFirst	No	No		dropped
StackTraceNext	No	No		dropped
StartDoc	No	Yes	int == 16 bits	widened
StartDocPrinter	No	Yes		new
StartDocSpooler	No			new
StartFrameSpooler	No			new
StartPage	No	Yes	int == 16 bits	widened
StartPagePrinter	No	Yes		new
StartSeparation	No	Yes		new
StartService	No	No		new
StartServiceCtrlDispatcher	No	No		new
StartSound	No	No		dropped
STM_GETBITMAP	No	Yes		new

API Function, Style, or Message	Only NT3.5?	In Win4?	Differences in Windows 95 from NT	History
STM_GETICON	No	Yes		widened
STM_GETMETAPICT	No	Yes		new
STM_MSGMAX	No	Yes		widened
STM_SETBITMAP	No	Yes		new
STM_SETICON	No	Yes		widened
STM_SETMETAPICT	No	Yes		new
STN_CLICKED	No	Yes		new
STN_DBLCLK	No	Yes		new
StopSound	No	No		dropped
StretchBlt	No	Yes	16-bit coordinates only	widened
StretchDIBits	No	Yes	int == 16 bits	widened
StrokeAndFillPath	No	Yes	16-bit coordinates only	new
StrokePath	No	Yes	16-bit coordinates only	new
SubtractRect	No	Yes		widened
SuspendThread	No	Yes		new
SwapBuffers	Yes	No		new
SwapMouseButton	No	Yes		widened
SwapRecording	No	No		dropped
SwitchStackBack	No	No		dropped
SwitchStackTo	No	No		dropped
SyncAllVoices	No	No		dropped
SystemHeapInfo	No	No		dropped
SystemParametersInfo	No	Yes		widened
SystemTimeToFileTime	No	Yes		new
SystemTimeToTzSpecificLocalTime	Yes	Yes		new
TabbedTextOut	No	Yes		widened

API Function, Style, or Message	Only NT3.5?	In Win4?	Differences in Windows 95 from NT	History
TabCtrl_AdjustRect	No	Yes		new
TabCtrl_DeleteAllItems	No	Yes		new
TabCtrl_DeleteItem	No	Yes		new
TabCtrl_GetCurSelection	No	Yes		new
TabCtrl_GetImageList	No	Yes		new
TabCtrl_GetItem	No	Yes		new
TabCtrl_GetItemCount	No	Yes		new
TabCtrl_GetItemRect	No	Yes		new
TabCtrl_InsertItem	No	Yes		new
TabCtrl_SetCurSel	No	Yes		new
TabCtrl_SetImageList	No	Yes		new
TabCtrl_SetItem	No	Yes		new
TaskFindHandle	No	No		dropped
TaskFirst	No	No		dropped
TaskGetCSIP	No	No		dropped
TaskNext	No	No		dropped
TaskSetCSIP	No	No		dropped
TaskSwitch	No	No		dropped
TB_ADDBITMAP	No	Yes		
TB_ADDBUTTONS	No	Yes		
TB_ADDSTRING	No	Yes		
TB_AUTOSIZE	No	Yes		
TB_BOTTOM	No	Yes		
TB_BUTTONCOUNT	No	Yes		
TB_BUTTONSTRUCTSIZE	No	Yes		
TB_CHECKBUTTON	No	Yes		

API Function, Style, or Message	Only NT3.5?	In Win4?	Differences in Windows 95 from NT	History
TB_COMMANDTOINDEX	No	Yes		
TB_CUSTOMIZE	No	Yes		
TB_DELETEBUTTON	No	Yes		
TB_ENABLEBUTTON	No	Yes		
TB_ENDTRACK	No	Yes		
TB_GETBUTTON	No	Yes		
TB_GETITEMRECT	No	Yes		
TB_GETSTATE	No	Yes		
TB_HIDEBUTTON	No	Yes		
TB_INDETERMINATE	No	Yes		
TB_INSERTBUTTON	No	Yes		
TB_ISBUTTONCHECKED	No	Yes		
TB_ISBUTTONENABLED	No	Yes		
TB_ISBUTTONHIDDEN	No	Yes		
TB_ISBUTTONINDETERMINATE	No	Yes		
TB_ISBUTTONPRESSED	No	Yes		
TB_LINEDOWN	No	Yes		
TB_LINEUP	No	Yes		
TB_LINEUP	No	Yes		
TB_PAGEDOWN	No	Yes		
TB_PAGEDOWN	No	Yes		
TB_PAGEUP	No	Yes		
TB_PRESSBUTTON	No	Yes		
TB_SAVERESTORE	No	Yes		
TB_SETBITMAPSIZE	No	Yes		
TB_SETBUTTONSIZE	No	Yes		

API Function, Style, or Message	Only NT3.5?	In Win4?	Differences in Windows 95 from NT	History
TB_SETSTATE	No	Yes		
TB_THUMBPOSITION	No	Yes		
TB_THUMBTRACK	No	Yes		
TB_TOP	No	Yes		
TBM_CLEARSEL	No	Yes		
TBM_CLEARTICS	No	Yes		
TBM_GETNUMTICS	No	Yes		
TBM_GETPOS	No	Yes		
TBM_GETPTICS	No	Yes		
TBM_GETRANGEMAX	No	Yes		
TBM_GETRANGEMIN	No	Yes		
TBM_GETSELEND	No	Yes		
TBM_GETSELSTART	No	Yes		
TBM_GETTIC	No	Yes		
TBM_GETTICPOS	No	Yes		
TBM_SETPOS	No	Yes		
TBM_SETRANGE	No	Yes		
TBM_SETRANGEMAX	No	Yes		
TBM_SETRANGEMIN	No	Yes		
TBM_SETSEL	No	Yes		
TBM_SETSELEND	No	Yes		
TBM_SETSELSTART	No	Yes		
TBM_SETTIC	No	Yes		
TBN_ADJUSTINFO	No	Yes		
TBN_BEGINADJUST	No	Yes		
TBN_BEGINDRAG	No	Yes		

API Function, Style, or Message	Only NT3.5?	In Win4?	Differences in Windows 95 from NT	History
TBN_CUSTHELP	No	Yes		
TBN_ENDADJUST	No	Yes		
TBN_ENDDRAG	No	Yes		
TBN_QUERYDELETE	No	Yes		
TBN_QUERYINSERT	No	Yes		
TBN_RESET	No	Yes		
TBN_TOOLBARCHANGE	No	Yes		
TCN_SELCHANGE	No	Yes		new
TCN_SELCHANGING	No	Yes		new
TerminateApp	No	No		dropped
TerminateProcess	No	Yes		new
TerminateThread	No	Yes		new
TextOut	No	Yes	16-bit coordinates only	widened
Throw	No	No		dropped
TileChildWindows	No	Yes		new
TileWindows	No	Yes		new
timeBeginPeriod	No	Yes		widened
timeEndPeriod	No	Yes		widened
timeGetDevCaps	No	Yes		widened
timeGetSystemTime	No	Yes		widened
timeGetTime	No	Yes		widened
timeKillEvent	No	Yes		widened
TimerCount	No			widened
TimerProc	No			widened
timeSetEvent	No	Yes		widened
TlsAlloc	No	Yes		new

API Function, Style, or Message	Only NT3.5?	In Win4?	Differences in Windows 95 from NT	History
TlsFree	No	Yes		new
TlsGetValue	No	Yes		new
TlsSetValue	No	Yes		new
ToAscii	No	Yes		new
ToUnicode	No	No		new
TowerConstruct	No	No		new
TowerExplode	No	No		new
TrackPopupMenu	No	Yes		widened
TrackPopupMenuEx	No	Yes		new
TransactNamedPipe	No	Yes		new
TranslateAccelerator	No	Yes		widened
TranslateMDISysAccel	No	Yes		widened
TranslateMessage	No	Yes		widened
TransmitCommChar	No	Yes		new
tree_into_ndr	No	No		new
tree_peek_ndr	No	No		new
tree_size_ndr	No	No		new
TreeView_DeleteAllItems	No	Yes		new
Treeview_DeleteItem	No	Yes		new
TV_CREATEDRAGIMAGE	No	Yes		new
TV_DIR	No	Yes		new
TV_EDITLABEL	No	Yes		
TV_ENABLEITEM	No	Yes		
TV_ENSUREVISIBLE	No	Yes		
TV_EXPANDCHILDREN	No	Yes		
TV_FINDITEM	No	Yes		

API Function, Style, or Message	Only NT3.5?	In Win4?	Differences in Windows 95 from NT	History
TV_GETANCHOR	No	Yes		
TV_GETCARET	No	Yes		
TV_GETCOUNT	No	Yes		
TV_GETEDITCONTROL	No	Yes		
TV_GETFIRSTVISIBLE	No	Yes		
TV_GETIMAGELIST	No	Yes		
TV_GETINDENT	No	Yes		
TV_GETITEM	No	Yes		
TV_GETITEMINFO	No	Yes		
TV_GETITEMTEXTLEN	No	Yes		
TV_GETSELECT	No	Yes		
TV_GETSELECTCOUNT	No	Yes		
TV_GETVISIBLECOUNT	No	Yes		
TV_HITTEST	No	Yes		
TV_INSERTITEM	No	Yes		
TV_LINESATROOT	No	Yes		
TV_SELITEMRANGE	No	Yes		
TV_SETANCHOR	No	Yes		
TV_SETCARET	No	Yes		
TV_SETFIRSTVISIBLE	No	Yes		
TV_SETIMAGELIST	No	Yes		
TV_SETINDENT	No	Yes		
TV_SETITEMINFO	No	Yes		
TV_SETITEMRECT	No	Yes		
TV_SETSELECT	No	Yes		
TV_SHOWBUTTONS	No	Yes		

API Function, Style, or Message	Only NT3.5?	In Win4?	Differences in Windows 95 from NT	History
TV_SHOWLINES	No	Yes		
TV_SORTCHILDREN	No	Yes		
TVN_BEGINDRAG	No	Yes		
TVN_BEGINLABELEDIT	No	Yes		
TVN_BEGINRDRAG	No	Yes		
TVN_ENDLABELEDIT	No	Yes		
TVN_GETDISPINFO	No	Yes		
TVN_ITEMEXPANDED	No	Yes		
TVN_ITEMEXPANDING	No	Yes		
TVN_KEYDOWN	No	Yes		
TVN_REMOVEITEM	No	Yes		
TVN_SELCHANGED	No	Yes		
TVN_SELCHANGING	No	Yes		
TVN_SETDISPINFO	No	Yes		
TVN_TEXTCHANGED	No	Yes		
TVN_TEXTCHANGING	No	Yes		
UDM_GETACCEL	No	Yes		
UDM_GETBASE	No	Yes		
UDM_GETBUDDY	No	Yes		
UDM_GETPOS	No	Yes		
UDM_GETRANGE	No	Yes		
UDM_SETACCEL	No	Yes		
UDM_SETBASE	No	Yes		
UDM_SETBUDDY	No	Yes		
UDM_SETPOS	No	Yes		
UDM_SETRANGE	No	Yes		

API Function, Style, or Message	Only NT3.5?	In Win4?	Differences in Windows 95 from NT	History
UnAllocDiskSpace	No	No		dropped
UnAllocFileHandles	No	No		dropped
UngetCommChar	No	No		dropped
UnhandledExceptionFilter	No	Yes		new
UnhookWindowsHook	No	Yes		widened
UnhookWindowsHookEx	No	Yes		widened
UnionRect	No	Yes		widened
UnloadKeyboardLayout	No	Yes	only 1 keyboard loaded at once	new
UnLockData	No	No		dropped
UnlockFile	No	Yes		new
UnlockFileEx	No	No		new
UnlockResource	No	Yes		widened
UnlockSegment	No	Yes		widened
UnlockServiceDatabase	No	No		new
UnmapViewOfFile	No	Yes		new
UnpackDDElParam	No	Yes		new
UnrealizeObject	No	Yes	int == 16 bits	widened
UnregisterClass	No	Yes		widened
UnregisterHotKey	No	Yes		new
UpdateColors	No	Yes	int == 16 bits	widened
UpdateResource	No	No		new
UpdateWindow	No	Yes		widened
UuidCreate	No	No		new
UuidFromString	No	No		new
UuidToString	No	No		new
ValidateCodeSegments	No	No		dropped

API Function, Style, or Message	Only NT3.5?	In Win4?	Differences in Windows 95 from NT	History
ValidateFreeSpaces	No	No		dropped
ValidateRect	No	Yes		widened
ValidateRgn	No	Yes		widened
VerFindFile	No	Yes		widened
VerInstallFile	No	Yes		widened
VerLanguageName	No	Yes		widened
VerQueryValue	No	Yes		widened
VirtualAlloc	No	Yes		new
VirtualFree	No	Yes		new
VirtualLock	No	Yes		new
VirtualProtect	No	Yes		new
VirtualProtectEx	No	No		new
VirtualQuery	No	Yes		new
VirtualQueryEx	No	No		new
VirtualUnlock	No	Yes		new
VkKeyScan	No	Yes		widened
WaitCommEvent	No	Yes		new
WaitForDebugEvent	No	Yes		new
WaitForInputIdle	No	Yes		new
WaitForMultipleObjects	No	Yes		new
WaitForMultipleObjectsEx	No	Yes		new
WaitForPrinterChange	No	Yes	PRINTER_CHANGE_FORM is not supported in Windows 95	new
WaitForSingleObject	No	Yes		new
WaitForSingleObjectEx	No	Yes		new
WaitMessage	No	Yes		widened

API Function, Style, or Message	Only NT3.5?	In Win4?	Differences in Windows 95 from NT	History
WaitNamedPipe	No	Yes		new
WaitSoundState	No	No		dropped
waveInAddBuffer	No	Yes		widened
waveInClose	No	Yes		widened
waveInGetDevCaps	No	Yes		widened
waveInGetErrorText	No	Yes		widened
waveInGetID	No	Yes		widened
waveInGetNumDevs	No	Yes		widened
waveInGetPosition	No	Yes		widened
waveInMessage	No	Yes		widened
waveInOpen	No	Yes		widened
waveInPrepareHeader	No	Yes		widened
waveInReset	No	Yes		widened
waveInStart	No	Yes		widened
waveInStop	No	Yes		widened
waveInUnprepareHeader	No	Yes		widened
waveOutBreakLoop	No	Yes		widened
waveOutClose	No	Yes		widened
waveOutGetDevCaps	No	Yes		widened
waveOutGetErrorText	No	Yes		widened
waveOutGetID	No	Yes		widened
waveOutGetNumDevs	No	Yes		widened
waveOutGetPitch	No	Yes		widened
waveOutGetPlaybackRate	No	Yes		widened
waveOutGetPosition	No	Yes		widened
waveOutGetVolume	No	Yes		widened

API Function, Style, or Message	Only NT3.5?	In Win4?	Differences in Windows 95 from NT	History
waveOutMessage	No	Yes		widened
waveOutOpen	No	Yes		widened
waveOutPause	No	Yes		widened
waveOutPrepareHeader	No	Yes		widened
waveOutReset	No	Yes		widened
waveOutRestart	No	Yes		widened
waveOutSetPitch	No	Yes		widened
waveOutSetPlaybackRate	No	Yes		widened
waveOutSetVolume	No	Yes		widened
waveOutUnprepareHeader	No	Yes		widened
waveOutWrite	No	Yes		widened
wglCreateContext	Yes	No		new
wglDeleteContext	Yes	No		new
wglGetCurrentContext	Yes	No		new
wglGetCurrentDC	Yes	No		new
wglMakeCurrent	Yes	No		new
wglUseFontBitmaps	Yes	No		new
WideCharToMultiByte	No	Yes		new
WidenPath	No	Yes	16-bit coordinates only	new
WindowFromDC	No	Yes		new
WindowFromPoint	No	Yes		widened
WinExec	No	Yes		widened
WinHelp	No	Yes		widened
WinMain	No	Yes		widened
winmmDbgOut	No	Yes		new
winmmSetDebugLevel	No	Yes		new

API Function, Style, or Message	Only NT3.5?	In Win4?	Differences in Windows 95 from NT	History
WM_ACTIVATE	No	Yes		changed
WM_ACTIVATEAPP	No	Yes		widened
WM_APP	No	Yes		
WM_ASKCBFORMATNAME	No	Yes		widened
WM_CANCELJOURNAL	No	Yes		
WM_CANCELMODE	No	Yes		widened
WM_CAPTURECHANGED	No	Yes		
WM_CHANGECBCHAIN	No	Yes		changed
WM_CHAR	No	Yes		widened
WM_CHARTOITEM	No	Yes		changed
WM_CHILDACTIVATE	No	Yes		widened
WM_CLEAR	No	Yes		widened
WM_CLOSE	No	Yes		widened
WM_COALESCE_FIRST	No	Yes		widened
WM_COALESCE_LAST	No	Yes		widened
WM_COMMAND	No	Yes		changed
WM_COMMNOTIFY	No	Yes		widened
WM_COMPACTING	No	Yes		widened
WM_COMPAREITEM	No	Yes		widened
WM_CONTEXTMENU	No	Yes		
WM_COPY	No	Yes		widened
WM_CREATE	No	Yes		widened
WM_CTLCOLOR	No	Yes		changed
WM_CTLCOLORBTN	No	Yes		new
WM_CTLCOLORDLG	No	Yes		new
WM_CTLCOLOREDIT	No	Yes		new

API Function, Style, or Message	Only NT3.5?	In Win4?	Differences in Windows 95 from NT	History
WM_CTLCOLORLISTBOX	No	Yes		new
WM_CTLCOLORMSGBOX	No	Yes		new
WM_CTLCOLORSCROLLBAR	No	Yes		new
WM_CTLCOLORSTATIC	No	Yes		new
WM_CUT	No	Yes		widened
WM_DDE_ACK	No	Yes		changed
WM_DDE_ADVISE	No	Yes		changed
WM_DDE_DATA	No	Yes		changed
WM_DDE_EXECUTE	No	Yes		changed
WM_DDE_FIRST	No	Yes		widened
WM_DDE_INIT	No	No		dropped
WM_DDE_INITIATE	No	Yes		widened
WM_DDE_LAST	No	Yes		widened
WM_DDE_POKE	No	Yes		changed
WM_DDE_REQUEST	No	Yes		widened
WM_DDE_TERMINATE	No	Yes		widened
WM_DDE_UNADVISE	No	Yes		widened
WM_DEADCHAR	No	Yes		widened
WM_DELETEITEM	No	Yes		widened
WM_DESTROY	No	Yes		widened
WM_DESTROYCLIPBOARD	No	Yes		widened
WM_DEVICEBROADCAST	No	Yes		
WM_DEVMODECHANGE	No	Yes		widened
WM_DISPLAYCHANGE	No	Yes		
WM_DRAWCLIPBOARD	No	Yes		widened
WM_DRAWITEM	No	Yes		widened

API Function, Style, or Message	Only NT3.5?	In Win4?	Differences in Windows 95 from NT	History
WM_DROPFILES	No	Yes		widened
WM_ENABLE	No	Yes		widened
WM_ENDSESSION	No	Yes		widened
WM_ENTERIDLE	No	Yes		widened
WM_ERASEBKGND	No	Yes		widened
WM_FONTCHANGE	No	Yes		widened
WM_GETDLGCODE	No	Yes		widened
WM_GETFONT	No	Yes		widened
WM_GETHOTKEY	No	Yes		new
WM_GETICON	No	Yes		
WM_GETMINMAXINFO	No	Yes		widened
WM_GETTEXT	No	Yes		widened
WM_GETTEXTLENGTH	No	Yes		widened
WM_HELP	No	Yes		
WM_HOTKEY	No	Yes		new
WM_HSCROLL	No	Yes		changed
WM_HSCROLLCLIPBOARD	No	Yes		widened
WM_ICONERASEBKGND	No	Yes		widened
WM_INITDIALOG	No	Yes		widened
WM_INITMENU	No	Yes		widened
WM_INITMENUPOPUP	No	Yes		widened
WM_KEYDOWN	No	Yes		widened
WM_KEYFIRST	No	Yes		widened
WM_KEYLAST	No	Yes		widened
WM_KEYUP	No	Yes		widened
WM_KILLFOCUS	No	Yes		widened

API Function, Style, or Message	Only NT3.5?	In Win4?	Differences in Windows 95 from NT	History
WM_LBUTTONDBLCLK	No	Yes		widened
WM_LBUTTONDOWN	No	Yes		widened
WM_LBUTTONUP	No	Yes		widened
WM_MBUTTONDBLCLK	No	Yes		widened
WM_MBUTTONDOWN	No	Yes		widened
WM_MBUTTONUP	No	Yes		widened
WM_MDIACTIVATE	No	Yes		changed
WM_MDICASCADE	No	Yes		widened
WM_MDICREATE	No	Yes		widened
WM_MDIDESTROY	No	Yes		widened
WM_MDIGETACTIVE	No	Yes		widened
WM_MDIICONARRANGE	No	Yes		widened
WM_MDIMAXIMIZE	No	Yes		widened
WM_MDINEXT	No	Yes		widened
WM_MDIREFRESHMENU	No	Yes		
WM_MDIRESTORE	No	Yes		widened
WM_MDISETMENU	No	Yes		changed
WM_MDITILE	No	Yes		widened
WM_MEASUREITEM	No	Yes		widened
WM_MEDIASTATUSCHANGE	No	Yes		
WM_MENUCHAR	No	Yes		changed
WM_MENUSELECT	No	Yes		changed
WM_MOUSEACTIVATE	No	Yes		widened
WM_MOUSEENTER	No	Yes		new
WM_MOUSEFIRST	No	Yes		widened
WM_MOUSELAST	No	Yes		widened

API Function, Style, or Message	Only NT3.5?	In Win4?	Differences in Windows 95 from NT	History
WM_MOUSELEAVE	No	Yes		new
WM_MOUSEMOVE	No	Yes		widened
WM_MOVE	No	Yes		widened
WM_MOVING	No	Yes		
WM_NCACTIVATE	No	Yes		widened
WM_NCCALCRGN	No	No		new
WM_NCCALCSIZE	No	Yes		widened
WM_NCCREATE	No	Yes		widened
WM_NCDESTROY	No	Yes		widened
WM_NCHITTEST	No	Yes		widened
WM_NCLBUTTONDBLCLK	No	Yes		widened
WM_NCLBUTTONDOWN	No	Yes		widened
WM_NCLBUTTONUP	No	Yes		widened
WM_NCMBUTTONDBLCLK	No	Yes		widened
WM_NCMBUTTONDOWN	No	Yes		widened
WM_NCMBUTTONUP	No	Yes		widened
WM_NCMOUSEMOVE	No	Yes		widened
WM_NCPAINT	No	Yes		widened
WM_NCRBUTTONDBLCLK	No	Yes		widened
WM_NCRBUTTONDOWN	No	Yes		widened
WM_NCRBUTTONUP	No	Yes		widened
WM_NEXTDLGCTL	No	Yes		widened
WM_NULL	No	Yes		widened
WM_OTHERWINDOWDESTROYED	No	No		dropped
WM_PAINT	No	Yes		widened
WM_PAINTCLIPBOARD	No	Yes		widened

API Function, Style, or Message	Only NT3.5?	In Win4?	Differences in Windows 95 from NT	History
WM_PAINTICON	No	Yes		widened
WM_PALETTECHANGED	No	Yes		widened
WM_PALETTEISCHANGING	No	Yes		widened
WM_PARENTNOTIFY	No	Yes		changed
WM_PASTE	No	Yes		widened
WM_PENWINFIRST	No	Yes		widened
WM_PENWINLAST	No	Yes		widened
WM_POWER	No	Yes		widened
WM_POWERBROADCAST	No	Yes		new
WM_PRINT	No	Yes		
WM_PRINTCLIENT	No	Yes		
WM_QUERYDRAGICON	No	Yes		widened
WM_QUERYENDSESSION	No	Yes		widened
WM_QUERYNEWPALETTE	No	Yes		widened
WM_QUERYOPEN	No	Yes		widened
WM_QUEUESYNC	No	Yes		widened
WM_QUIT	No	Yes		widened
WM_RBUTTONDBLCLK	No	Yes		widened
WM_RBUTTONDOWN	No	Yes		widened
WM_RBUTTONUP	No	Yes		widened
WM_RENDERALLFORMATS	No	Yes		widened
WM_RENDERFORMAT	No	Yes		widened
WM_SETCURSOR	No	Yes		widened
WM_SETFOCUS	No	Yes		widened
WM_SETFONT	No	Yes		widened
WM_SETHOTKEY	No	Yes		new

API Function, Style, or Message	Only NT3.5?	In Win4?	Differences in Windows 95 from NT	History
WM_SETICON	No	Yes		
WM_SETREDRAW	No	Yes		widened
WM_SETTEXT	No	Yes		widened
WM_SHOWWINDOW	No	Yes		widened
WM_SIZE	No	Yes		widened
WM_SIZECLIPBOARD	No	Yes		widened
WM_SIZING	No	Yes		
WM_SPOOLERSTATUS	No	Yes		widened
WM_STYLECHANGED	No	Yes		
WM_STYLECHANGING	No	Yes		
WM_SYSCHAR	No	Yes		widened
WM_SYSCOLORCHANGE	No	Yes		widened
WM_SYSCOMMAND	No	Yes		widened
WM_SYSDEADCHAR	No	Yes		widened
WM_SYSKEYDOWN	No	Yes		widened
WM_SYSKEYUP	No	Yes		widened
WM_TIMECHANGE	No	Yes		widened
WM_TIMER	No	Yes		widened
WM_UNDO	No	Yes		widened
WM_USER	No	Yes		widened
WM_VKEYTOITEM	No	Yes		changed
WM_VSCROLL	No	Yes		changed
WM_VSCROLLCLIPBOARD	No	Yes		widened
WM_WINDOWPOSCHANGED	No	Yes		widened
WM_WINDOWPOSCHANGING	No	Yes		widened
WM_WININICHANGE	No	Yes		widened

API Function, Style, or Message	Only NT3.5?	In Win4?	Differences in Windows 95 from NT	History
WNetAddConnection	No	Yes		new
WNetAddConnection2	No	Yes		new
WNetCancelConnection	No	Yes		new
WNetCancelConnection2	No	Yes		new
WNetCloseEnum	No	Yes		new
WNetConnectionDialog	No	Yes		new
WNetDisconnectDialog	No	Yes		new
WNetEnumResource	No	Yes		new
WNetGetConnection	No	Yes		new
WNetGetLastError	No	Yes		new
WNetGetUser	No	Yes		new
WNetOpenEnum	No	Yes		new
WordBreakProc	No	Yes		new
WriteComm	No	No		dropped
WriteConsole	No	Yes		new
WriteConsoleInput	No	Yes		new
WriteConsoleOutput	No	Yes		new
WriteConsoleOutputAttribute	No	Yes		new
WriteConsoleOutputCharacter	No	Yes		new
WriteEventLogEntry	No	No		new
WriteFile	No	Yes	No overlapped regions, except for serial devices	new
WriteFileEx	No	No		new
WritePrinter	No	Yes		new
WritePrivateProfileSection	No	Yes		widened
WritePrivateProfileString	No	Yes		widened

API Function, Style, or Message	Only NT3.5?	In Win4?	Differences in Windows 95 from NT	History
WriteProcessMemory	No	Yes		new
WriteProcessMemory	No	Yes		new
WriteProfileSection	No	Yes		widened
WriteProfileString	No	Yes		widened
WriteSpooler	No			new
WriteTapemark	No	No		new
WS_EX_ABSPOSITION	No	Yes		
WS_EX_ACCEPTFILES	No	Yes		
WS_EX_CLIENTEDGE	No	Yes		
WS_EX_DLGMODALFRAME	No	Yes		
WS_EX_MDICHILD	No	Yes		
WS_EX_NOPARENTNOTIFY	No	Yes		
WS_EX_SMCAPTION	No	Yes		
WS_EX_TOPMOST	No	Yes		
WS_EX_TRANSPARENT	No	Yes		
WS_EX_WINDOWEDGE	No	Yes		
WSAAsyncGetHostByAddr	No	Yes		new
WSAAsyncGetHostByName	No	Yes		new
WSAAsyncGetProtoByName	No	Yes		new
WSAAsyncGetProtoByNumber	No	Yes		new
WSAAsyncGetServByName	No	Yes		new
WSAAsyncGetServByPort	No	Yes		new
WSAAsyncSelect	No	Yes		new
WSACancelAsyncRequest	No	Yes		new
WSACancelBlockingCall	No	Yes		new
WSACleanup	No	Yes		new

API Function, Style, or Message	Only NT3.5?	In Win4?	Differences in Windows 95 from NT	History
WSAGetLastError	No	Yes		new
WSAIsBlocking	No	Yes		new
WSApSetPostRoutine	No	Yes		new
WSASetBlockingHook	No	Yes		new
WSASetLastError	No	Yes		new
WSAStartup	No	Yes		new
WSAUnhookBlockingHook	No	Yes		new
wsprintf	No	Yes		widened
wvsprintf	No	Yes		widened
Yield	No	No		dropped

CHAPTER 5

CONSTANTS

This chapter contains the constants in the WIN32 API listed alphabetically. Each constant has one or more references to related functions and structures for more information as well as a brief description of its purpose. If you're at a loss for a constant that may not be referenced elsewhere, you'll find it here with the appropriate references.

Each constant is formatted as follows:

CONSTANT NAME value header file

Description

See also these related functions and structures

ACCESS_ALLOWED_ACE_TYPE 0 winnt

Access-allowed ACE (defined by the ACCESS_ALLOWED_ACE structure)

See ACE_HEADER.

ACCESS_DENIED_ACE_TYPE 1 winnt

Access-denied ACE (defined by the ACCESS_DENIED_ACE structure)

See ACE_HEADER.

ACSLAN_STATUS_COMMAND_ACCEPTED 0 dclapi

The request has been processed and passed to the DLC driver. The command may or may not have already completed, depending on whether it is a synchronous or asynchronous command, and other timing considerations. This return code does not mean that the command completed successfully. The caller must check the uchDlcStatus field in the CCB to determine whether the request succeeded or failed.

See AcsLan

ACSLAN_STATUS_INVALID_CCB_POINTER 1 dclapi

A pointer in the CCB structure or the parameter table is invalid.

See AcsLan

ACSLAN_STATUS_CCB_IN_ERROR 2 dclapi

A problem was detected with the CCB. The caller should check the values in the CCB and resubmit it.

See AcsLan

ACSLAN_STATUS_CHAINED_CCB_IN_ERROR 3 dclapi

A problem was detected with a CCB in a chain of CCBs.

See AcsLan

ACSLAN_STATUS_SYSTEM_ERROR 4 dclapi

This code is not used.

See AcsLan

ACSLAN_STATUS_SYSTEM_STATUS 5 dclapi

This code is not used.

See AcsLan

ACSLAN_STATUS_INVALID_COMMAND 6 dclapi

The command in the uchDlcCommand field of the CCB is unrecognized.

See AcsLan

AD_CLOCKWISE 2 wingdi

Figures drawn clockwise.

See GetArcDirection, SetArcDirection.

AD_COUNTERCLOCKWISE 1 wingdi

Figures drawn counterclockwise.

See GetArcDirection, SetArcDirection.

ALTERNATE 1 wingdi

Selects alternate mode (fills area between odd-numbered and even-numbered polygon sides on each scan line).

See CreatePolygonRgn, CreatePolyPolygonRgn, GetPolyFillMode, SetPolyFillMode.

ANSI_FIXED_FONT 11 wingdi

Windows fixed-pitch system font

See GetStockObject.

ANSI_VAR_FONT 12 wingdi

Windows variable-pitch system font

See GetStockObject.

APPCLASS_MONITOR 1L ddeml

Makes it possible for the application to monitor DDE activity in the system. This flag is for use by DDE monitoring applications. The application specifies the types of DDE activity to monitor by combining one or more monitor flags with the APPCLASS_MONITOR flag. For details, see the following Comments section.

See DdeInitialize.

APPCLASS_STANDARD 0L ddeml

Registers the application as a standard (nonmonitoring)

DDEML application.

See DdeInitialize.

APPCMD_CLIENTONLY 0x10L ddeml

Prevents the application from becoming a server in a DDE conversation. The application can be only a client. This flag reduces resource consumption by the DDEML. It includes the functionality of the CBF_FAIL_ALLSVRXACTIONS flag.

See DdeInitialize.

APPCMD_FILTERINITS 0x10L ddeml

Prevents the DDEML from sending XTYP_CONNECT and XTYP_WILDCONNECT transactions to the application until the application has created its string handles and registered its service names or has turned off filtering by a subsequent call to the DdeNameService or DdeInitialize f unction. This flag is always in effect when an application calls DdeInitialize for the first time, regardless of whether the application specifies this flag. On subsequent calls to DdeInitialize, not specifying this flag turns off the application's service-name filters; specifying this flag turns on the application's service-name filters.

See DdeInitialize.

ASPECTX

Relative width of a device pixel used for line drawing.

See GetDeviceCaps.

ASPECTXY

Diagonal width of the device pixel used for line drawing.

See GetDeviceCaps.

ASPECTY

Relative height of a device pixel used for line drawing.

See GetDeviceCaps.

AUX_MAPPER

Auxiliary audio mapper. The function will return an error if no auxiliary audio mapper is installed.

See auxGetDevCaps, auxOutMessage.

AUXCAPS_AUXIN

Audio output from auxiliary input jacks.

See AUXCAPS.

AUXCAPS_CDAUDIO

Audio output from an internal CD-ROM drive.

See AUXCAPS.

AUXCAPS_LRVOLUME

Supports separate left and right volume control.

See AUXCAPS.

AUXCAPS_VOLUME

Supports volume control.

See AUXCAPS.

BACKUP_ALTERNATE_DATA

Alternate data streams

See WIN32_STREAM_ID.

BACKUP_DATA

Standard data

See WIN32_STREAM_ID.

BACKUP_EA_DATA

Extended attribute data

See WIN32_STREAM_ID.

BACKUP_LINK

Hard link information

See WIN32_STREAM_ID.

BACKUP_SECURITY_DATA

NT security descriptor data

See WIN32_STREAM_ID.

BI_RGB

Specifies that the bitmap is not compressed.

See BITMAPINFOHEADER.

BI_RLE4

Specifies a run-length encoded format for bitmaps with 4 bits per pixel. The compression format is a two-byte format consisting of a count byte followed by two word-length color indexes. For more information, see the following Comments section.

See BITMAPINFOHEADER.

BI_RLE8

Specifies a run-length encoded format for bitmaps with 8 bits per pixel. The compression format is a two-byte format consisting of a count byte followed by a byte containing a color index. See the Comments section for more information.

See BITMAPINFOHEADER.

BITSPIXEL

Number of adjacent color bits for each pixel.

See GetDeviceCaps.

BLACK_BRUSH

Black brush

See GetStockObject.

BLACK_PEN

Black pen

See GetStockObject.

BLACKNESS

Fills the destination rectangle using the color associated with index 0 in the physical palette. (This color is black for the default physical palette.)

See BitBlt, PatBlt.

BLACKONWHITE

Performs a Boolean AND operation using the color values for the eliminated and existing pixels. If the bitmap is a monochrome bitmap, this mode preserves black pixels at the expense of white pixels.

See SetStretchBltMode.

BMF_DIB

The first scanline in the buffer at which lppBits points is the bottom scanline.

See CreateDIBSection.

BMF_TOPDOWN

The first scanline in the buffer at which lppBits points is the top scanline.

See CreateDIBSection.

BS_DIBPATTERN

Specifies a pattern brush defined by a device-independent bitmap (DIB) specification.

See EXTLOGPEN, LOGBRUSH.

BS_HATCHED

Specifies a hatched brush.

See EXTLOGPEN, LOGBRUSH.

BS_HOLLOW

Specifies a hollow or NULL brush.

See EXTLOGPEN, LOGBRUSH.

BS_NULL

Specifies a hollow or NULL brush. Same as BS_HOLLOW.

See LOGBRUSH.

BS_PATTERN

Specifies a pattern brush defined by a memory bitmap.

See EXTLOGPEN, LOGBRUSH.

BS_SOLID

Specifies a solid brush.

See EXTLOGPEN, LOGBRUSH.

BUTTON

Designates a small rectangular child window that represents a button the user can turn on or off by clicking. You can use button controls alone or in groups, and they can either be labeled or appear without text. Button controls typically change appearance when the user clicks them.

See CreateWindow.

CALL_PENDING

The session is attempting to connect to a remote computer.

See SESSION_BUFFER.

CALLBACK_FUNCTION
If this flag is specified, dwCallback is assumed to be a callback procedure address.

See midiInOpen, midiOutOpen, waveInOpen, waveOutOpen.

CALLBACK_WINDOW
If this flag is specified, dwCallback is assumed to be a window handle.

See midiInOpen, midiOutOpen, waveInOpen, waveOutOpen.

CAPSLOCK_ON
The CAPS LOCK light is on.

See KEY_EVENT_RECORD.

CB_OKAY
A combo-box message return value that indicates success.

CB_ERR
A combo box message return value that indicates that an error occurred.

CB_ERRSPACE
A combo box message return value that indicates the occurrence of an error related to insufficient string storage space.

CBF_FAIL_ADVISES
Prevents the callback function from receiving XTYP_ADVSTART and XTYP_ADVSTOP transactions. The system returns DDE_FNOTPROCESSED to each client that sends an XTYP_ADVSTART or XTYP_ADVSTOP transaction to the server.

See DdeInitialize.

CBF_FAIL_ALLSVRXACTIONS
Prevents the callback function from receiving server transactions. The system returns DDE_FNOTPROCESSED to each client that sends a transaction to this application. This flag is equivalent to combining all CBF_FAIL_ flags.

See DdeInitialize.

CBF_FAIL_CONNECTIONS
Prevents the callback function from receiving XTYP_CONNECT and XTYP_WILDCONNECT transactions.

See DdeInitialize.

CBF_FAIL_EXECUTES

Prevents the callback function from receiving XTYP_EXECUTE transactions. The system returns DDE_FNOTPROCESSED to a client that sends an XTYP_EXECUTE transaction to the server.

See DdeInitialize.

CBF_FAIL_POKES

Prevents the callback function from receiving XTYP_POKE transactions. The system returns DDE_FNOTPROCESSED to a client that sends an XTYP_POKE transaction to the server.

See DdeInitialize.

CBF_FAIL_REQUESTS

Prevents the callback function from receiving XTYP_REQUEST transactions. The system returns DDE_FNOTPROCESSED to a client that sends an XTYP_REQUEST transaction to the server.

See DdeInitialize.

CBF_FAIL_SELFCONNECTIONS

Prevents the callback function from receiving XTYP_CONNECT transactions from the application's own instance. This prevents an application from establishing a DDE conversation with its own instance. An application should use this flag if it needs to communicate with other instances of itself but not with itself.

See DdeInitialize.

CBF_SKIP_ALLNOTIFICATIONS

Prevents the callback function from receiving any notifications. This flag is equivalent combining all CBF_SKIP_ flags.

See DdeInitialize.

CBF_SKIP_CONNECT_CONFIRMS

Prevents the callback function from receiving XTYP_CONNECT_CONFIRM notifications.

See DdeInitialize.

CBF_SKIP_DISCONNECTS

Prevents the callback function from receiving XTYP_DISCONNECT notifications.

See DdeInitialize.

CBF_SKIP_REGISTRATIONS

Prevents the callback function from receiving XTYP_REGISTER notifications.

See DdeInitialize.

CBF_SKIP_UNREGISTRATIONS

Prevents the callback function from receiving XTYP_UNREGISTER notifications.

See DdeInitialize.

CC_ENABLEHOOK

Enables the hook function specified in the lpfnHook member.

See CHOOSECOLOR.

CC_ENABLETEMPLATE

Causes the system to create the dialog box by using the dialog template identified by the hInstance and lpTemplateName members.

See CHOOSECOLOR.

CC_ENABLETEMPLATEHANDLE

Indicates that the hInstance member identifies a data block that contains a preloaded dialog template. The system ignores the lpTemplateName member if this flag is specified.

See CHOOSECOLOR.

CC_FULLOPEN

Causes the entire dialog box to appear when the dialog box is created, including the portion that allows the user to create custom colors. Without this flag, the user must select the "Define Custom Color..." push button to see this portion of the dialog box.

See CHOOSECOLOR.

CC_PREVENTFULLOPEN

Disables the "Define Custom Colors..." push button, preventing the user from creating custom colors.

See CHOOSECOLOR.

CC_RGBINIT

Causes the dialog box to use the color specified in the rgbResult member as the initial color selection.

See CHOOSECOLOR.

CC_SHOWHELP

Causes the dialog box to show the Help push button. The hwndOwner member must not be NULL if this option is specified.

See CHOOSECOLOR.

CDERR_FINDRESFAILURE

Specifies the common dialog box procedure failed to find a specified resource.

See CommDlgExtendedError.

CDERR_INITIALIZATION

Specifies the common dialog box procedure failed during initialization. This error often occurs when insufficient memory is found.

See CommDlgExtendedError.

CDERR_LOADRESFAILURE

Specifies the common dialog box procedure failed to load a specified resource.

See CommDlgExtendedError.

CDERR_LOADSTRFAILURE

Specifies the common dialog box procedure failed to load a specified string.

See CommDlgExtendedError.

CDERR_LOCKRESFAILURE

Specifies the common dialog box procedure failed to lock a specified resource.

See CommDlgExtendedError.

CDERR_MEMALLOCFAILURE

Specifies the common dialog box procedure was unable to allocate memory for internal structures.

See CommDlgExtendedError.

CDERR_MEMLOCKFAILURE

Specifies the common dialog box procedure was unable to lock the memory associated with a handle.

See CommDlgExtendedError.

CDERR_NOHINSTANCE

Specifies the ENABLETEMPLATE flag was set in the Flags member of a structure for the corresponding common dialog box but the application failed to provide a corresponding instance handle.

See CommDlgExtendedError.

CDERR_NOHOOK

Specifies the ENABLEHOOK flag was set in the Flags member of a structure for the corresponding common dialog box but the application failed to provide a pointer to a corresponding hook function.

See CommDlgExtendedError.

CDERR_NOTEMPLATE

Specifies the ENABLETEMPLATE flag was set in the Flags member of a structure for the corresponding common dialog box but the application failed to provide a corresponding template.

See CommDlgExtendedError.

CDERR_REGISTERMSGFAIL

Specifies the RegisterWindowMessage function returned an error value when called by the common dialog box procedure.

See CommDlgExtendedError.

CDERR_STRUCTSIZE

Specifies as invalid the lStructSize member of a structure for the corresponding common dialog box.

See CommDlgExtendedError.

CF_ANSIONLY

Specifies the ChooseFont function should only allow the selection of fonts using the ANSI character set. (If this flag is set, the user will not be able to select a font that only contains symbols.)

See CHOOSEFONT.

CF_APPLY

Specifies the ChooseFont function should enable the Apply button.

See CHOOSEFONT.

CF_BITMAP

A handle of a bitmap (HBITMAP).

See SetClipboardData.

CF_BOTH

Causes the dialog box to list the available printer and screen fonts. The hDC member identifies the device context (or information context) associated with the printer.

See CHOOSEFONT.

CF_DIB

A memory object containing a BITMAPINFO structure followed by the bitmap bits.

See SetClipboardData.

CF_DIF

Software Arts' Data Interchange Format.

See SetClipboardData.

CF_DSPBITMAP

Bitmap display format associated with private format. The hData parameter must be a handle to data that can be displayed in bitmap format in lieu of the privately formatted data.

See SetClipboardData.

CF_DSPENHMETAFILE

Enhanced metafile display format associated with private format. The hData parameter must be a handle to data that can be displayed in enhanced metafile format in lieu of the privately formatted data.

See SetClipboardData.

CF_DSPMETAFILEPICT

Metafile-picture display format associated with private format. The hData parameter must be a handle to data that can be displayed in metafile-picture format in lieu of the privately formatted data.

See SetClipboardData.

CF_DSPTEXT

Text display format associated with private format. The hData parameter must be a handle to data that can be displayed in text format in lieu of the privately formatted data.

See SetClipboardData.

CF_EFFECTS

Specifies the ChooseFont function should enable strikeout, underline, and color effects.

See CHOOSEFONT.

CF_ENABLEHOOK

Enables the hook function specified in the lpfnHook member of this structure.

See CHOOSEFONT.

CF_ENABLETEMPLATE

Indicates the hInstance member identifies a data block that contains a dialog template identified by lpTemplateName.

See CHOOSEFONT.

CF_ENABLETEMPLATEHANDLE

Indicates the hInstance member identifies a data block that contains a pre-loaded dialog template. The system ignores the lpTemplateName member if this flag is specified.

See CHOOSEFONT.

CF_ENHMETAFILE

A handle to an enhanced metafile (HEMF).

See SetClipboardData.

CF_FIXEDPITCHONLY

Specifies the ChooseFont function should only select fixed-pitch fonts.

See CHOOSEFONT.

CF_FORCEFONTEXIST

Specifies the ChooseFont function should indicate an error condition if the user attempts to select a font or style that does not exist.

See CHOOSEFONT.

CF_INITTOLOGFONTSTRUCT

Specifies the ChooseFont function should use the LOGFONT structure, pointed to by lpLogFont, to initialize the dialog controls.

See CHOOSEFONT.

CF_LIMITSIZE

Specifies the ChooseFont function should only select font sizes within the range specified by the nSizeMin and nSizeMax fields.

See CHOOSEFONT.

CF_METAFILEPICT

Handle to a metafile picture format as defined by the METAFILEPICT structure. When passing a CF_METAFILEPICT handle by means of dynamic data exchange (DDE), the application responsible for deleting hData should also free the metafile referred to by the CF_METAFILEPICT handle.

See SetClipboardData.

CF_NOFACESEL

Specifies the ChooseFont function should not allow facename selections.

See CHOOSEFONT.

CF_NOOEMFONTS

See CF_NOVECTORFONTS description.

See CHOOSEFONT.

CF_NOSIMULATIONS

Specifies the ChooseFont function should not allow GDI font simulations.

See CHOOSEFONT.

CF_NOSIZESEL

Specifies the ChooseFont function should not allow size selections.

See CHOOSEFONT.

CF_NOSTYLESEL

Specifies the ChooseFont function should not allow style selections.

See CHOOSEFONT.

CF_NOVECTORFONTS

Specifies the ChooseFont function should not allow vector-font selections.

See CHOOSEFONT.

CF_OEMTEXT

Text format containing characters in the OEM character set. Each line ends with a carriage return/linefeed (CR-LF) combination. A null character signals the end of the data.

See SetClipboardData.

CF_OWNERDISPLAY

Owner display format. The clipboard owner must display and update the clipboard viewer window, and will receive the messages WM_ASKCBFORMATNAME, WM_HSCROLLCLIPBOARD, WM_PAINTCLIPBOARD, WM_SIZECLIPBOARD, and WM_VSCROLLCLIPBOARD. The hData parameter must be NULL.

See SetClipboardData.

CF_PALETTE

Handle of a color palette. Whenever an application places data in the clipboard that depends on or assumes a color palette, it should place the palette in the clipboard as well. If the clipboard contains data in the CF_PALETTE (logical color palette) format, the application should use the SelectPalette and RealizePalette functions to realize any other data in the clipboard against that logical palette. When displaying clipboard data, Windows Clipboard always uses as its current palette any object on the clipboard that is in the CF_PALETTE format.

See SetClipboardData.

CF_PENDATA

Data for the pen extensions to the Windows operating system.

See SetClipboardData.

CF_PRINTERFONTS

Causes the dialog box to only list the fonts supported by the printer associated with device context (or information context) identified by the hDC member.

See CHOOSEFONT.

CF_PRIVATEFIRST

Beginning of range (ending at CF_PRIVATELAST) of integer values for private clipboard formats. Handles associated with private clipboard formats are not automatically freed; the clipboard owner must free such data handles, typically in response to the WM_DESTROYCLIPBOARD message.

See SetClipboardData.

CF_PRIVATELAST

End of range (beginning at CF_PRIVATEFIRST) of integer values for private clipboard formats. Handles associated with private clipboard formats are not automatically freed; the clipboard owner must free such data handles, typically in response to the WM_DESTROYCLIPBOARD message.

See SetClipboardData.

CF_SCALABLEONLY

Specifies the ChooseFont function should only allow the selection of scalable fonts. (Scalable fonts include: vector fonts, scalable printer fonts, TrueType fonts, and fonts scaled by other algorithms or technologies.)

See CHOOSEFONT.

CF_SCREENFONTS

Causes the dialog box to only list the screen fonts supported by the system.

See CHOOSEFONT.

CF_SHOWHELP

Causes the dialog box to show the Help push button. The hwndOwner must not be NULL if this option is specified.

See CHOOSEFONT.

CF_SYLK

Microsoft symbolic link (SYLK) format.

See SetClipboardData.

CF_TEXT

Text format. Each line ends with a carriage return/linefeed (CR-LF) combination. A null character signals the end of the data.

See SetClipboardData.

CF_TIFF

Tag image file format.

See SetClipboardData.

CF_TTONLY

Specifies the ChooseFont function should only enumerate and allow the selection of TrueType fonts.

See CHOOSEFONT.

CF_UNICODETEXT

Unicode text format. Each line ends with a carriage return/linefeed (CR-LF) combination. A null character signals the end of the data.

See SetClipboardData.

CF_USESTYLE

Specifies the lpszStyle member points to a buffer that contains style data the ChooseFont function should use to initialize the Font Style selection. When the user dismisses the dialog, the ChooseFont function copies style data for the user's selection to this buffer.

See CHOOSEFONT.

CF_WYSIWYG

Specifies the ChooseFont function should only allow the selection of fonts available on both the printer and the display. If this flag is set, the CF_BOTH and CF_SCALABLEONLY flags should also be set.

See CHOOSEFONT.

CFERR_MAXLESSTHANMIN

Specifies the size specified in the nSizeMax member of the CHOOSEFONT structure is less than the size specified in the nSizeMin member.

See CommDlgExtendedError.

CFERR_NOFONTS

Specifies no fonts exist.

See CommDlgExtendedError.

CLIPCAPS

Flag that indicates the clipping capabilities of the device. If the device can clip to a rectangle, it is 1. Otherwise, it is zero.

See GetDeviceCaps.

COLOR_ACTIVEBORDER

Active window border.

See SetSysColors.

COLOR_ACTIVECAPTION

Active window caption.

See SetSysColors.

COLOR_APPWORKSPACE

Background color of multiple document interface (MDI) applications.

See SetSysColors.

COLOR_BACKGROUND

Desktop.

See SetSysColors.

COLOR_BTNFACE

Face shading on push buttons.

See SetSysColors.

COLOR_BTNSHADOW

Edge shading on push buttons.

See SetSysColors.

COLOR_BTNTEXT

Text on push buttons.

See SetSysColors.

COLOR_CAPTIONTEXT

Text in caption, size box, scroll-bar arrow box.

See SetSysColors.

COLOR_GRAYTEXT

Grayed (disabled) text. This color is set to 0 if the current display driver does not support a solid gray color.

See SetSysColors.

COLOR_HIGHLIGHT

Selected item in a control.

See SetSysColors.

COLOR_HIGHLIGHTTEXT

Text of item selected in a control.

See SetSysColors.

COLOR_INACTIVEBORDER

Inactive window border.

See SetSysColors.

COLOR_INACTIVECAPTION

Inactive window caption.

See SetSysColors.

COLOR_INACTIVECAPTIONTEXT

Color of text in an inactive caption.

See SetSysColors.

COLOR_MENU

Menu background.

See SetSysColors.

COLOR_MENUTEXT
Text in menus.

See SetSysColors.

COLOR_SCROLLBAR
Scroll-bar gray area.

See SetSysColors.

COLOR_SHADOW
Color of automatic window shadows.

See SetSysColors.

COLOR_WINDOW
Window background.

See SetSysColors.

COLOR_WINDOWFRAME
Window frame.

See SetSysColors.

COLOR_WINDOWTEXT
Text in windows.

See SetSysColors.

COLORONCOLOR
Deletes the pixels. This mode deletes all eliminated lines of pixels without trying to preserve their information.

See SetStretchBltMode.

COLORRES
Actual color resolution of the device, in bits per pixel. This index is valid only if the device driver sets the RC_PALETTE bit in the RASTERCAPS index and is available only if the driver version is 3.0 or later.

See GetDeviceCaps.

COMBOBOX
Designates a control consisting of a list box and a selection field similar to an edit control. Display the list box at all times or drop it down when the user selects a pop-up list box next to the selection field. Depending on the style of the combo box, the user can or cannot edit the contents of the selection field. If the list box is visible, typing characters into the selection box will highlight the first list box

entry that matches the characters typed. Conversely, selecting an item in the list box displays the selected text in the selection field.

See CreateWindow.

COMPLEXREGION

Region is more than a single rectangle.

See CombineRgn, ExtSelectClipRgn, GetRgnBox, IntersectClipRect, OffsetClipRgn, SelectClipRgn, SelectObject, SetMetaRgn.

CONNECT_UPDATE_PROFILE

Information about the connection is stored in the user profile.

See WNetAddConnection2, WNetCancelConnection2.

CONTAINER_INHERIT_ACE

The ACE is inherited by containers (for example, subdirectories).

See ACE_HEADER.

CP_ACP

ANSI code page

See GetCPInfo, MultiByteToWideChar, WideCharToMultiByte.

CP_OEMCP

OEM code page

See GetCPInfo, MultiByteToWideChar, WideCharToMultiByte.

CREATE_ALWAYS

Creates a new file. Overwrites the file if it exists.

See CreateFile.

CREATE_NEW

Creates a new file. Fails if the specified file already exists.

See CreateFile.

CREATE_NEW_CONSOLE

The new process will have a new console, instead of inheriting the parent's console. This flag cannot be used with the DETACHED_PROCESS flag.

See CreateProcess.

CREATE_NEW_PROCESS_GROUP

The new process is the root process of a new process group. The process group includes all processes that are descendants of this root process. The process group ID of the new process group is the same as the process ID, which is returned in the lppiProcInfo structure. Process groups are used by the GenerateConsoleCtrlEvent function to enable sending a Ctrl-C or Ctrl-Break signal to a group of console processes.

See CreateProcess.

CREATE_NO_WINDOW

The created process will have a console, but no window. This flag should not be used by application programs. It is intended only for internal use to implement VDM code.

See CreateProcess.

CREATE_PROCESS_DEBUG_EVENT

Reports a create process debugging event. The value of u.CreateProcess specifies a CREATE_PROCESS_DEBUG_INFO structure.

See DEBUG_EVENT.

CREATE_SUSPENDED

The thread is created in a suspended state, and will not run until the ResumeThread function is called.

See CreateProcess, CreateThread.

CREATE_THREAD_DEBUG_EVENT

Reports a create thread debugging event. The value of u.CreateThread specifies a CREATE_THREAD_DEBUG_INFO structure.

See DEBUG_EVENT.

CS_BYTEALIGNCLIENT

Aligns the window's client area on the byte boundary (in the x direction) to enhance performance during drawing operations. This style affects the width of the window and its horizontal position on the display.

See WNDCLASS.

CS_BYTEALIGNWINDOW

Aligns a window on a byte boundary (in the x direction) to enhance performance during operations that involve moving or sizing the window. This style affects the width of the window and its horizontal position on the display.

See WNDCLASS.

CS_CLASSDC

Allocates one device context (DC) to be shared by all windows in the class. Because Window classes are process-specific, it is possible for multiple threads of a multi-threaded application to create a window of the same class. It is also possible for the threads to attempt to use the DC simultaneously. When this happens, the system allows only one of the threads to successfully complete its drawing operation.

See WNDCLASS.

CS_DBLCLKS

Instructs Windows to send double-click messages to the window procedure when the user double-clicks the mouse while the cursor is within a window belonging to the class.

See WNDCLASS.

CS_GLOBALCLASS

Allows an application to create a window of the class regardless of the value of the hInstance parameter passed to the CreateWindow or CreateWindowEx function. If you do not specify this style, the hInstance parameter passed to the CreateWindow (or CreateWindowEx) function must be the same as the hInstance parameter passed to the RegisterClass function. You can create a global class by creating the window class in a DLL and listing the name of the DLL in the registration database under the following keys: Whenever a process starts, the system loads the specified DLLs in the context of the newly started process before calling the main function in that process. The DLL must register the class during its initialization procedure and must specify the CS_GLOBAL-CLASS style.

See WNDCLASS.

CS_GREEK

Supports the Greek character set.

See CHARSET.

CS_HREDRAW

Specifies that the entire window is to be redrawn if a movement or size adjustment changes the width of the client area.

See WNDCLASS.

CS_LATIN

Supports the Latin character set.

See CHARSET.

CS_NOCLOSE

Disables the Close command on the System menu.

See WNDCLASS.

CS_OWNDC

Allocates a unique device context for each window in the class.

See WNDCLASS.

CS_PARENTDC

Gives the parent window's device context to the child windows. Specifying CS_PARENTDC enhances an application's performance. When an application calls the GetDC function, passing the handle of a window that belongs to a class with the CS_PARENTDC style, the system searches for a device context that has been precalculated for the window's parent window. If all child windows of a particular parent window specify this style, the system need not recalculate a device context for any of the child windows.

See WNDCLASS.

CS_SAVEBITS

Saves, as a bitmap, the portion of the screen image that is obscured by a window; Windows uses the saved bitmap to re-create the screen image when the window is removed. Windows displays the bitmap at its original location and does not send WM_PAINT messages to windows that had been obscured by the window if the memory used by the bitmap has not been discarded and if other screen actions have not invalidated the stored image. This style is useful for small windows that you display briefly and then remove before other screen activity takes place (for example, menus or dialog boxes). This style increases the time required to display the window since the system must first allocate memory to store the bitmap.

See WNDCLASS.

CS_UGL

Supports the UGL character set.

See CHARSET.

CS_VREDRAW

Specifies that the entire window is to be redrawn if a movement or size adjustment changes the height of the client area.

See WNDCLASS.

CS_WIN30

Supports the Windows 3.0 character set.

See CHARSET.

CTRL_BREAK_EVENT

Generate Ctrl-Break signal

See GenerateConsoleCtrlEvent.

CTRL_C_EVENT

Generate Ctrl-C signal

See GenerateConsoleCtrlEvent.

CURVECAPS

A bitmask that indicates the curve capabilities of the device.

See GetDeviceCaps.

DACL_SECURITY_INFORMATION

When set, this bit indicates the discretionary access-control list of the object is being referenced.

See SECURITY_INFORMATION.

DC_BINNAMES

Specifies that the function enumerates the paper bins on the given device. If a device driver supports this constant, the array identified by lpOutput contains a data structure that contains two members. The first member is an array identifying valid paper bins: The second member is an array of characters strings specifying the bin names: If a device driver does not support this value, the array identified by lpOutput is empty and the return value is NULL. If lpOutput is NULL, the return value specifies the number of bins supported.

See DeviceCapabilities.

DC_BINS

Specifies that the function retrieves a list of constants that identify the available bins. The function copies the list to the array identified by lpOutput. If this array is NULL, the function returns the number of supported bins.

See DeviceCapabilities.

DC_DRIVER

Specifies that the function returns the driver version number.

See DeviceCapabilities.

DC_DUPLEX

Specifies that the funciton returns the level of duplex support. The return value is 1 if the function supports duplex output; otherwise it is zero.

See DeviceCapabilities.

DC_ENUMRESOLUTIONS

Specifies that the function returns a list of available printer resolutions in the array identified by lpOutput. The resolutions are returned as pairs of LONG integers; the first value of the pair specifies the horizontal resolution and the second value specifies the vertical resolution. If lpOutput is NULL, the function returns the number of supported resolutions.

See DeviceCapabilities.

DC_EXTRA

Specifies that the function returns the number of bytes required for the device-specific data that is appended to the DEVMODE structure.

See DeviceCapabilities.

DC_FIELDS

Specifies that the function returns a value indicating which members of the DEVMODE structure are set by the device driver.

See DeviceCapabilities.

DC_FILEDEPENDENCIES

Specifies that the function returns a list of files that must be loaded when the device driver is installed. If lpOutput is NULL and this value is specified, the function returns the number of filenames that must be loaded. If lpOutput is a valid pointer, the function returns the specified number of 64-character filenames.

See DeviceCapabilities.

DC_MAXEXTENT

Specifies that the function returns the maximum supported paper-size. These dimensions are returned in a POINT structure; the x member of this structure specifies the maximum paper width and the y member of this structure specifies the maximum paper length.

See DeviceCapabilities.

DC_MINEXTENT

Specifies that the function returns the minimum supported paper-size. These dimensions are returned in a POINT structure; the x member of this structure specifies the minimum paper width and the y member of this structure specifies the minimum paper length.

See DeviceCapabilities.

DC_PAPERS
Specifies that the function returns a list of supported paper sizes. The paper sizes are returned in the array at which lpOutput points. The function return value specifies the number of sizes identified in the array. If lpOutput is NULL, the function returns the number of supported paper sizes.

See DeviceCapabilities.

DC_PAPERSIZE
Specifies that the function returns the supported paper sizes in the array at which lpOutput points. These dimensions are specified in .1 millimeter units.

See DeviceCapabilities.

DC_SIZE
Specifies that the function returns the size of the DEVMODE structure that is required by the device driver.

See DeviceCapabilities.

DC_VERSION
Specifies that the function returns a version number that identifies the specification to which the device driver conforms.

See DeviceCapabilities.

DCB_ACCUMULATE
Add the rectangle specified by the lprcBounds parameter to the bounding rectangle (using a rectangle union operation). Using both DCB_RESET and DCB_ACCUMULATE sets the bounding rectangle to the rectangle specified by the lprcBounds parameter.

See SetBoundsRect.

DCB_DISABLE
DCB_DISABLE turns off bounds accumulation.

See GetBoundsRect, SetBoundsRect.

DCB_ENABLE
Bounds accumulation is on. DCB_ENABLE and DCB_DISABLE are mutually exclusive.

See GetBoundsRect, SetBoundsRect.

DCB_RESET

Clear the bounding rectangle after returning it.

See GetBoundsRect, SetBoundsRect.

DCB_SET

The bounds rectangle is not empty. DCB_SET and DCB_RESET are mutually exclusive.

See GetBoundsRect, SetBoundsRect.

DCB_WINDOWMGR

Return the Windows bounding rectangle. If this value is not given, the function returns the bounding rectangle associated with the application.

See GetBoundsRect.

DCTT_BITMAP

A device is capable of printing TrueType fonts as graphics. (For example, dot-matrix and PCL printers.)

See DeviceCapabilities.

DCTT_DOWNLOAD

A device is capable of downloading TrueType fonts. (For example, PCL and PostScript printers.)

See DeviceCapabilities.

DCTT_SUBDEV

Device is capable of substituting device fonts for TrueType fonts. (For example, PostScript printers.)

See DeviceCapabilities.

DCX_CACHE

Returns a DC from the cache, rather than the OWNDC or CLASSDC window. Essentially overrides CS_OWNDC and CS_CLASSDC.

See GetDCEx.

DCX_CLIPCHILDREN

Exclude the visible regions of all child windows below the window specified by the hwnd parameter.

See GetDCEx.

DCX_CLIPSIBLINGS

Exclude the visible regions of all sibling windows above the window specified by the hwnd parameter.

See GetDCEx.

DCX_DEFAULTCLIP

Returns a DC by using the default clipping flags specified by WS_CLIPCHILDREN, WS_CLIPSIBLINGS, and CS_PARENTDC.

See GetDCEx.

DCX_EXCLUDERGN

The clip region specified by the hrgnClip is excluded from the visible region of the returned DC.

See GetDCEx.

DCX_INTERSECTRGN

The clip region specified by the hrgnClip parameter is intersected with the visible region of the returned DC.

See GetDCEx.

DCX_LOCKWINDOWUPDATE

Allow drawing even if there is a LockWindowUpdate() call in effect that would otherwise exclude this window. Used for drawing during tracking.

See GetDCEx.

DCX_NORECOMPUTE

If an exact match in the cache is not found, return NULL rather than creating a new DC. When used with DCX_NORESETATTRS, this gives applications a way to determine whether they need to reselect any special attributes.

See GetDCEx.

DCX_NORESETATTRS

Do not reset the attributes of this DC to the default attributes when this DC is released.

See GetDCEx.

DCX_PARENTCLIP

Use the visible region of the parent window. The parent's WS_CLIPCHILDREN and CS_PARENTDC style bits are ignored. The DC origin is set to the upper left corner of the the window specified by the hwnd parameter.

See GetDCEx.

DCX_VALIDATE

When specified with DCX_INTERSECTUPDATE, this flag causes the DC to be completely validated. Using this function with both DCX_INTERSECTUPDATE and DCX_VALIDATE is identical to using the BeginPaint function.

See GetDCEx.

DCX_WINDOW

Returns a DC corresponding to the window rectangle rather than the client rectangle.

See GetDCEx.

DDD_EXACT_MATCH_ON_REMOVE

If set, along with DDD_REMOVE_DEFINITION, then DefineDosDevice uses an exact match to determine which mapping to remove. Use this flag to insure that you don't delete something that you did not define.

See DefineDosDevice.

DDD_RAW_TARGET_PATH

If specified, DefineDosDevice does not convert the lpTargetPath string from a DOS path to an NT path, but takes it as is.

See DefineDosDevice.

DDD_REMOVE_DEFINITION

If specified, DefineDosDevice removes the specified definition for the specified device.

See DefineDosDevice.

DDL_ARCHIVE

Includes archived files.

See DlgDirList.

DDL_DIRECTORY

Includes subdirectories. Subdirectory names are enclosed in square brackets ([ ]).

See DlgDirList.

DDL_DRIVES

Includes drives. Drives are listed in the form [-x-], where x is the drive letter.

See DlgDirList.

DDL_EXCLUSIVE

Includes only files with the specified attributes. By default, read-write files are listed even if DDL_READWRITE is not specified.

See DlgDirList.

DDL_HIDDEN

Includes hidden files.

See DlgDirList.

DDL_POSTMSGS

Posts messages to the application's message queue. By default, the function sends messages directly to the dialog box procedure.

See DlgDirList.

DDL_READONLY

Includes read-only files.

See DlgDirList.

DDL_READWRITE

Includes read-write files with no additional attributes.

See DlgDirList.

DDL_SYSTEM

Includes system files.

See DlgDirList.

DEBUG_ONLY_THIS_PROCESS

If this flag is set, the calling process is treated as a debugger, and the new process is a process being debugged. If the new process creates additional processes, the kernel will not notify the debugger of any debug events that occur in the additional processes.

See CreateProcess.

DEBUG_PROCESS

If this flag is set, the calling process is treated as a debugger, and the new process is a process being debugged. The kernel notifies the debugger of all debug events that occur in the process being debugged. If this flag is not set and the calling process is being debugged, then the new process becomes another process being debugged by the calling process' debugger. If this bit is not set and the calling process is not a process being debugged, no debugging-related actions occur.

See CreateProcess.

DEFAULT_PALETTE

Default color palette. This palette consists of the static colors in the system palette.

See GetStockObject.

DEFAULT_QUALITY

Appearance of the font does not matter.

See CreateFont, LOGFONT.

DEREGISTERED

The name specified by the name member has an active session when an NCB-DELNAME command is issued. The name will be removed from the name table when the session is closed.

See NAME_BUFFER.

DETACHED_PROCESS

For console processes, the new process will not have access to the console of the parent process. The new process can call AllocConsole if it later wants to create a new console. This flag cannot be used with the CREATE_NEW_CONSOLE flag.

See CreateProcess.

DEVICE_DEFAULT_FONT

Device-dependent font

See GetStockObject.

DIB_PAL_COLORS

The color table consists of an array of 16-bit indices the currently selected logical palette.

See CreateDIBitmap, CreateDIBPatternBrush, CreateDIBPatternBrushPt, CreateDIBSection, GetDIBits, SetDIBits, SetDIBitsToDevice, StretchDIBits, EXTLOGPEN, LOGBRUSH.

DIB_PAL_INDICES

There is no color table for the bitmap. The bitmap bits are indices the device's physical palette, (not the currently selected logical palette).

See CreateDIBitmap, CreateDIBPatternBrush, CreateDIBPatternBrushPt, GetDIBits, SetDIBits, SetDIBitsToDevice, StretchDIBits.

DIB_RGB_COLORS
The color table is provided and contains literal RGB values.

See CreateDIBitmap, CreateDIBPatternBrush, CreateDIBPatternBrushPt, CreateDIBSection, GetDIBits, SetDIBits, SetDIBitsToDevice, StretchDIBits, EXTLOGPEN, LOGBRUSH.

DKGRAY_BRUSH
Dark gray brush

See GetStockObject.

DLGC_BUTTON
Button

See WM_GETDLGCODE.

DLGC_DEFPUSHBUTTON
Default push button

See WM_GETDLGCODE.

DLGC_HASSETSEL
EM_SETSEL messages

See WM_GETDLGCODE.

DLGC_RADIOBUTTON
Radio button

See WM_GETDLGCODE.

DLGC_STATIC
Static control

See WM_GETDLGCODE.

DLGC_UNDEFPUSHBUTTON
Non-default push button

See WM_GETDLGCODE.

DLGC_WANTALLKEYS
All keyboard input

See WM_GETDLGCODE.

DLGC_WANTARROWS
DIRECTION keys

See WM_GETDLGCODE.

DLGC_WANTCHARS

WM_CHAR messages

See WM_GETDLGCODE.

DLGC_WANTMESSAGE

All keyboard input (the application passes this message on to control)

See WM_GETDLGCODE.

DLGC_WANTTAB

TAB key

See WM_GETDLGCODE.

DM_INTERLACED

Specifies that the display mode is interlaced. If the flag is not set, NON-interlaced is assumed.

See DEVMODE.

DMLERR_ADVACKTIMEOUT

A request for a synchronous advise transaction has timed out.

See DdeGetLastError.

DMLERR_BUSY

The response to the transaction caused the DDE_FBUSY bit to be set.

See DdeGetLastError.

DMLERR_DATAACKTIMEOUT

A request for a synchronous data transaction has timed out.

See DdeGetLastError.

DMLERR_DLL_NOT_INITIALIZED

A DDEML function was called without first calling the DdeInitialize function, or an invalid instance identifier was passed to a DDEML function.

See DdeGetLastError.

DMLERR_DLL_USAGE

An application initialized as APPCLASS_MONITOR has attempted to perform a DDE transaction, or an application initialized as APPCMD_CLIENTONLY has attempted to perform server transactions.

See DdeGetLastError.

DMLERR_EXECACKTIMEOUT

A request for a synchronous execute transaction has timed out.

See DdeGetLastError.

DMLERR_INVALIDPARAMETER

A parameter failed to be validated by the DDEML. Some of the possible causes are as follows: The application used a data handle initialized with a different item-name handle than required by the transaction. The application used a data handle that was initialized with a different clipboard data format than required by the transaction. The application used a client-side conversation handle with a server-side function or vise versa. The application used a freed data handle or string handle. More than one instance of the application used the same object.

See DdeGetLastError.

DMLERR_LOW_MEMORY

Memory is low—advise, poke, or execute data may be lost, or the system may fail.

See XTYP_ERROR.

DMPAPER_A4

210-by-297-millimeter paper

See DEVMODE.

DMPAPER_CSHEET

17-by-22-inch paper

See DEVMODE.

DMPAPER_DSHEET

22-by-34-inch paper

See DEVMODE.

DMPAPER_ENV_10

4 1/8 short dm 8 -by-9 1/5 short dm 8 -inch #10 envelope

See DEVMODE.

DMPAPER_ENV_11

4 1/2 short dm 8 -by-10 3/8 short dm 8 -inch #11 envelope

See DEVMODE.

DMPAPER_ENV_12
4 3/4 short dm 8 -by-11-inch #12 envelope

See DEVMODE.

DMPAPER_ENV_14
5-by-11 1/2 short dm 8 -inch #14 envelope

See DEVMODE.

DMPAPER_ENV_9
3 7/8 short dm 8 -by-8 7/8 short dm 8 -inch #9 envelope

See DEVMODE.

DMPAPER_ESHEET
34-by-44-inch paper

See DEVMODE.

DMPAPER_LEGAL
8 1/2 short dm 8 -by-14-inch paper

See DEVMODE.

DMPAPER_LETTER
8 1/2 short dm 8 -by-11-inch paper

See DEVMODE.

DMTT_BITMAP
Prints TrueType fonts as graphics. This is the default action for dot-matrix printers.

See DEVMODE.

DMTT_DOWNLOAD
Downloads TrueType fonts as soft fonts. This is the default action for Hewlett-Packard printers that use Printer Control Language (PCL).

See DEVMODE.

DMTT_SUBDEV
Substitute device fonts for TrueType fonts. This is the default action for PostScript printers.

See DEVMODE.

DNS_FILTEROFF

Turns off service-name initiation filtering. If this flag is set, the server receives an XTYP_CONNECT transaction whenever another DDE application calls the DdeConnect function, regardless of the service name.

See DdeNameService.

DNS_FILTERON

Turns on service-name initiation filtering. This filter prevents a server from receiving XTYP_CONNECT transactions for service names it has not registered. This is the default setting for this filter. If a server application does not register any service names, the application cannot receive XTYP_WILDCONNECT transactions.

See DdeNameService.

DNS_REGISTER

Registers the given service name.

See DdeNameService.

DNS_UNREGISTER

Unregisters the given service name. If the hsz1 parameter is NULL, all service names registered by the server will be unregistered.

See DdeNameService.

DOUBLE_CLICK

Indicates the second click (button press) of a double click. The first click is returned as a regular button-press event.

See MOUSE_EVENT_RECORD.

DRAFT_QUALITY

Appearance of the font is less important than when the PROOF_QUALITY value is used. For GDI raster fonts, scaling is enabled. Bold, italic, underline, and strikeout fonts are synthesized if necessary.

See CreateFont, LOGFONT.

DRIVE_CDROM

Drive is a CD ROM drive.

See GetDriveType.

DRIVE_FIXED

Disk cannot be removed from the drive.

See GetDriveType.

DRIVE_RAMDISK

Drive is a RAM disk.

See GetDriveType.

DRIVE_REMOTE

Drive is a remote (network) drive.

See GetDriveType.

DRIVE_REMOVABLE

Disk can be removed from the drive.

See GetDriveType.

DS_ABSALIGN

Specifies that the dialog box position is relative to the upper-left corner of the screen. If this style is not given, the position is relative to the upper-left corner of the owner window's client area.

See CreateWindow, DLGTEMPLATE.

DS_LOCALEDIT

Applies to 16-bit applications only. Directs edit controls in the dialog box to allocate memory from the application's data segment. Otherwise, edit controls allocate storage from a global memory object.

See CreateWindow.

DS_MODALFRAME

Creates a dialog box with a modal dialog box frame that can be combined with a title bar and System menu by specifying the WS_CAPTION and WS_SYSMENU styles.

See CreateWindow, DLGTEMPLATE.

DS_NOIDLEMSG

Suppresses WM_ENTERIDLE messages that Windows would otherwise send to the owner of the dialog box while the dialog box is displayed.

See CreateWindow, DLGTEMPLATE.

DS_SETFONT

Indicates the dialog-box template (DLGTEMPLATE structure) contains two additional members specifying a font name and point size. The corresponding font is used to display text within the dialog box client area and within the dialog box controls. Windows passes the handle of the font to the dialog box and to each control by sending them the WM_SETFONT message. DS_SETFONT Specifies that a font other than the system font is to be used to draw text in the dialog box and its controls. If this value is given, the dialog box template must specify a point size and typeface name as described in the "Comments" section.

See CreateWindow, DLGTEMPLATE.

DS_SETFOREGROUND

Specifies that the application creating the dialog box is to be made the foreground task. Windows calls the SetForegroundWindow function to set the foreground task.

See CreateWindow, DLGTEMPLATE.

DS_SYSMODAL

Creates a system-modal dialog box.

See CreateWindow.

DSTINVERT

Inverts the destination rectangle or bitmap.

See BitBlt, PatBlt.

DT_BOTTOM

Specifies bottom-justified text. This value must be combined with DT_SINGLELINE.

See DrawText.

DT_CALCRECT

Determines the width and height of the rectangle. If there are multiple lines of text, DrawText will use the width of the rectangle pointed to by the lprc parameter and extend the base of the rectangle to bound the last line of text. If there is only one line of text, DrawText will modify the right side of the rectangle so that it bounds the last character in the line. In either case, DrawText returns the height of the formatted text but does not draw the text.

See DrawText.

DT_CENTER

Centers text horizontally.

See DrawText.

DT_CHARSTREAM

Character stream

See GetDeviceCaps.

DT_DISPFILE

Display file

See GetDeviceCaps.

DT_EXPANDTABS

Expands tab characters. The default number of characters per tab is eight.

See DrawText.

DT_EXTERNALLEADING

Includes the font external leading in line height. Normally, external leading is not included in the height of a line of text.

See DrawText.

DT_LEFT

Aligns text to the left.

See DrawText.

DT_METAFILE

Metafile

See GetDeviceCaps.

DT_NOCLIP

Draws without clipping. DrawText is somewhat faster when DT_NOCLIP is used.

See DrawText.

DT_NOPREFIX

Turns off processing of prefix characters. Normally, DrawText interprets the mnemonic-prefix character & as a directive to underscore the character that follows, and the mnemonic-prefix characters && as a directive to print a single &. By specifying DT_NOPREFIX, this processing is turned off.

See DrawText.

DT_PLOTTER

Vector plotter

See GetDeviceCaps.

DT_RASCAMERA

Raster camera

See GetDeviceCaps.

DT_RASDISPLAY
Raster display

See GetDeviceCaps.

DT_RASPRINTER
Raster printer

See GetDeviceCaps.

DT_RIGHT
Aligns text to the right.

See DrawText.

DT_SINGLELINE
Specifies single line only. Carriage returns and linefeeds do not break the line.

See DrawText.

DT_TABSTOP
Sets tab stops. Bits 15-8 (high-order byte of the low-order word) of the wFormat parameter is the number of characters for each tab. The default number of characters per tab is eight.

See DrawText.

DT_TOP
Specifies top-justified text (single line only).

See DrawText.

DT_VCENTER
Specifies vertically centered text (single line only).

See DrawText.

DT_WORDBREAK
Specifies word breaking. Lines are automatically broken between words if a word would extend past the edge of the rectangle specified by the lprc parameter. A carriage return/linefeed sequence will also break the line.

See DrawText.

DTR_CONTROL_DISABLE
Disable the DTR line on device open and leave it disabled.

See DCB.

DTR_CONTROL_ENABLE

Enable the DTR line on device open and leave it on.

See DCB.

DTR_CONTROL_HANDSHAKE

Enable DTR handshaking. Note that if handshaking is enabled, it is an error for the application to adjust the line using the EscapeCommFunction function.

See DCB.

DUPLICATE

A duplicate name was detected during registration.

See NAME_BUFFER.

DUPLICATE_CLOSE_SOURCE

Close the source handle. This occurs regardless of any error status returned.

See DuplicateHandle.

DUPLICATE_DEREG

A duplicate name was detected with a pending deregistration.

See NAME_BUFFER.

DUPLICATE_SAME_ACCESS

Ignore the fdwAccess parameter. The duplicate handle has the same access as the source handle.

See DuplicateHandle.

DWL_DLGPROC

Specifies the address of the dialog box procedure.

See GetWindowLong, SetWindowLong.

DWL_MSGRESULT

Specifies the return value of a message processed in the dialog box procedure.

See GetWindowLong, SetWindowLong.

DWL_USER

Specifies extra information that is private to the application, such as handles or pointers.

See GetWindowLong, SetWindowLong.

EC_DISABLE

Disables all blockable transactions for the specified conversation.

See DdeEnableCallback.

EC_ENABLEALL

Enables all transactions for the specified conversation.

See DdeEnableCallback.

EC_ENABLEONE

Enables one transaction for the specified conversation.

See DdeEnableCallback.

EC_QUERYWAITING

Determines whether any transactions are in the queue for the specified conversation.

See DdeEnableCallback.

EDIT

Designates a rectangular child window in which the user can type text from the keyboard. The user selects the control, and gives it the keyboard focus by clicking it or moving to it by pressing the TAB key. The user can type text when the control displays a flashing caret. The mouse can be used to move the cursor, select characters to be replaced, or position the cursor for inserting characters. The BACKSPACE key can be used to delete characters. Edit controls use the variable-pitch system font and display characters from the Windows character set. Applications compiled to run with earlier versions of Windows display text with a fixed-pitch system font unless they have been marked by the Windows 3.0 MARK utility (specified with the MEMORY FONT option). You can also send the WM_SETFONT message to the edit control to change the default font. Edit controls expand tab characters into as many space characters as are required to move the caret to the next tab stop. Tab stops are assumed to be at every eighth character position.

See CreateWindow.

ENABLE_ECHO_INPUT

Characters read by ReadFile or ReadConsole are written to the screen as they are read. Can only be used if ENABLE_LINE_INPUT is also enabled.

See GetConsoleMode.

ENABLE_LINE_INPUT

ReadFile or ReadConsole return only when a CR (carriage return) character is read. If disabled, ReadFile or ReadConsole return when one or more characters are available.

See GetConsoleMode.

ENABLE_MOUSE_INPUT

Mouse events generated by mouse movement and button presses are placed in the input buffer, if the mouse pointer is within the borders of the console window and the window has the keyboard focus. These events are discarded by ReadFile or ReadConsole, even when ENABLE_MOUSE_INPUT is enabled.

See GetConsoleMode.

ENABLE_PROCESSED_INPUT

Ctrl-C is processed by the system and not placed in the input buffer. If the input buffer is being read by ReadFile or ReadConsole, other control keys are processed by the system and not returned in the ReadFile or ReadConsole buffer. If ENABLE_LINE_INPUT is also enabled, BKSP (backspace), CR (carriage return), and LF (linefeed) are handled by the system.

See GetConsoleMode.

ENABLE_PROCESSED_OUTPUT

Characters written by WriteFile or WriteConsole or echoed by ReadFile or ReadConsole are parsed for ASCII control sequences and the correct action is performed. BKSP (backspace), TAB, bell, CR (carriage return) and LF (linefeed) characters are processed.

See GetConsoleMode.

ENABLE_WINDOW_INPUT

User interactions that change the size of the console screen buffer are reported in the console's input buffer. Information about these events can be read from the input buffer by applications using ReadConsoleInput, but not by those using ReadFile or ReadConsole.

See GetConsoleMode.

ENABLE_WRAP_AT_EOL_OUTPUT

When writing with WriteFile or WriteConsole or echoing with ReadFile or ReadConsole, the cursor moves to the beginning of the next line when it reaches the end of the current row. This can result in scrolling the lines displayed in the window, or in scrolling the contents of the screen buffer and discarding the top line (when the cursor goes beyond the bottom, right cell). If disabled, the last character in the row is overwritten.

See GetConsoleMode.

ENHANCED_KEY
: The key is enhanced.

See KEY_EVENT_RECORD.

ERROR
: Error occurred.

See CombineRgn, ExtSelectClipRgn, IntersectClipRect, OffsetClipRgn, SelectClipRgn, SetMetaRgn.

ESB_DISABLE_BOTH
: Disables both arrows on a scroll bar.

See EnableScrollBar.

ESB_DISABLE_LTUP
: Disables the left arrow on a horizontal scroll bar or the up arrow of a vertical scroll bar.

See EnableScrollBar.

ESB_DISABLE_RTDN
: Disables the right arrow on a horizontal scroll bar or the down arrow of a vertical scroll bar.

See EnableScrollBar.

ESB_ENABLE_BOTH
: Enables both arrows on a scroll bar.

See EnableScrollBar.

ETO_CLIPPED
: Each string will be clipped to its given rectangle.

See ExtTextOut, POLYTEXT.

ETO_DELTAVECTOR
: Each string is accompanied by an array of character widths, as in ExtTextOut.

See POLYTEXT.

ETO_OPAQUE

Specifies that the current background color should be used to fill the rectangle.

See ExtTextOut, POLYTEXT.

EVENPARITY

Even parity.

See DCB.

EVENTLOG_AUDIT_FAILURE

Security audit failure

See ReportEvent.

EVENTLOG_AUDIT_SUCCESS

Security audit success

See ReportEvent.

EVENTLOG_BACKWARDS_READ

Specifies that the log is read in reverse chronological order.

See ReadEventLog.

EVENTLOG_ERROR_TYPE

Error event

See ReportEvent.

EVENTLOG_FORWARDS_READ

Specifies that the log is read in forward chronological order.

See ReadEventLog.

EVENTLOG_INFORMATION_TYPE

Information event

See ReportEvent.

EVENTLOG_SEEK_READ

Specifies that the read operation proceeds from the record specified by dwRecordNumber. If this flag is used, fdwRead must also specify either EVENTLOG_FORWARDS_READ or EVENTLOG_BACKWARDS_READ. If the buffer is large enough, more than one record may be read at the specified seek position; the additional flag indicates the direction for successive read operations.

See ReadEventLog.

EVENTLOG_SEQUENTIAL_READ

Specifies that the read operation proceeds sequentially from the last call to the ReadEventLog function using this handle.

See ReadEventLog.

EVENTLOG_WARNING_TYPE

Warning event

See ReportEvent.

EWX_FORCE

Forces processes to terminate. Instead of bringing up the "application not responding" dialog for the user, this flag forces an application to terminate if it does not respond.

See ExitWindowsEx.

EWX_LOGOFF

Logoff the user. Involves shutting down all processes running in the security context of the process which called ExitWindowsEx. It then logs the user off.

See ExitWindowsEx.

EWX_REBOOT

Shuts down the system and then reboots the system. The application must have the SE_SHUTDOWN_NAME privilege (see the Comments section for details).

See ExitWindowsEx.

EWX_SHUTDOWN

Shuts down the system to a point where it is safe to turn off the power. All file buffers have been flushed to disk, and all running processes have stopped. The application must have the SE_SHUTDOWN_NAME privilege (see the Comments section for details).

See ExitWindowsEx.

EXCEPTION_CONTINUE_EXECUTION

Execution was continued at the instruction that caused the exception. This typically occurs after an exception handler modifies the context record so that the faulting instruction does not fail again.

See UnhandledExceptionFilter.

EXCEPTION_CONTINUE_SEARCH

The process is being debugged, so this exception should be passed (as second chance) to the application's debugger.

See UnhandledExceptionFilter.

EXCEPTION_DEBUG_EVENT
Reports an exception debugging event. The value of u.Exception specifies an EXCEPTION_DEBUG_INFO structure.

See DEBUG_EVENT.

EXCEPTION_EXECUTE_HANDLER
If the SEM_NOGPFAULTERRORBOX flag was specified in a previous call to SetErrorMode, no Application Error message box is displayed. The function returns control to the exception handler which is free to take any appropriate action.

See UnhandledExceptionFilter.

EXIT_PROCESS_DEBUG_EVENT
Reports an exit process debugging event. The value of u.ExitProcess specifies an EXIT_PROCESS_DEBUG_INFO structure.

See DEBUG_EVENT.

EXIT_THREAD_DEBUG_EVENT
Reports an exit thread debugging event. The value of u.ExitThread specifies an EXIT_THREAD_DEBUG_INFO structure.

See DEBUG_EVENT.

FAILED_ACCESS_ACE_FLAG
Used with system-audit and system-alarm ACEs to indicate that a message is generated for failed access attempts.

See ACE_HEADER.

FALT
The ALT key must be held down when the accelerator key is pressed.

See ACCEL.

FCONTROL
The CONTROL key must be held down when the accelerator key is pressed.

See ACCEL.

FF_DECORATIVE
Novelty fonts. Old English, for example.

See CreateFont, LOGFONT.

FF_DONTCARE

Don't care or don't know.

See CreateFont, LOGFONT.

FF_MODERN

Fonts with constant stroke width (fixed-pitch), with or without serifs. Fixed-pitch fonts are usually modern. Pica, Elite, and Courier, for example.

See CreateFont, LOGFONT.

FF_ROMAN

Fonts with variable stroke width (proportionally spaced) and with serifs. Times Roman, Palatino, and Century Schoolbook, for example.

See CreateFont, LOGFONT.

FF_SCRIPT

Fonts designed to look like handwriting. Script and Cursive, for example.

See CreateFont, LOGFONT.

FF_SWISS

Fonts with variable stroke width (proportionally spaced) and without serifs. Helvetica and Swiss, for example.

See CreateFont, LOGFONT.

FILE_ATTRIBUTE_ARCHIVE

The file is an archive file. Applications use this flag to mark files for backup or removal.

See CreateFile, GetFileAttributes.

FILE_ATTRIBUTE_ATOMIC_WRITE

Reserved for future use. Do not specify.

See CreateFile, GetFileAttributes.

FILE_ATTRIBUTE_DIRECTORY

The file is a directory.

See GetFileAttributes.

FILE_ATTRIBUTE_HIDDEN

The file is hidden. It will not be included in an ordinary directory listing.

See CreateFile, GetFileAttributes.

FILE_ATTRIBUTE_NORMAL

The file has no other attributes set. This attribute is valid only if used alone.

See CreateFile, GetFileAttributes.

FILE_ATTRIBUTE_READONLY

The file is read-only. Applications can read the file, but cannot write to it or delete it.

See CreateFile, GetFileAttributes.

FILE_ATTRIBUTE_SYSTEM

The file is part of or used exclusively by the operating system.

See CreateFile, GetFileAttributes.

FILE_ATTRIBUTE_TEMPORARY

The file is a temporary file. Applications should write to the file only if absolutely necessary. Most of the file's data remains in memory, without being flushed to the media, because the file will soon be deleted.

See CreateFile, GetFileAttributes.

FILE_ATTRIBUTE_XACTION_WRITE

Reserved for future use. Do not specify.

See CreateFile, GetFileAttributes.

FILE_BEGIN

The starting point is zero or the beginning of the file. If FILE_BEGIN is specified, then DistanceToMove is interpreted as an unsigned location for the new file pointer.

See SetFilePointer.

FILE_CURRENT

The current value of the file pointer is the starting point.

See SetFilePointer.

FILE_END

The current end-of-file position is the starting point.

See SetFilePointer.

FILE_FLAG_BACKUP_SEMANTICS

Indicates that the file is being opened or created for a backup or restore operation. The system should ensure that the caller overrides file security checks, provided that the caller has permission to do so.

See CreateFile.

FILE_FLAG_DELETE_ON_CLOSE

Indicates that the system should immediately delete the file after all of its handles have been closed.

See CreateFile.

FILE_FLAG_NO_BUFFERING

Indicates that the file is to be opened with no intermediate buffering or caching done by the system. Reads and writes to the file must be done on sector boundaries. Buffer addresses for reads and writes must be aligned on disk sector boundaries in memory. You can determine sector size with the GetDiskFreeSpace function.

See CreateFile.

FILE_FLAG_OVERLAPPED

Instructs the system to initialize the file so that ReadFile, WriteFile, ConnectNamedPipe, and TransactNamedPipe operations which take a significant time to process return ERROR_IO_PENDING. When the operation is finished, an event is set to the signaled state. When FILE_FLAG_OVERLAPPED is specified, the system does not maintain the file pointer. The file position must be passed as part of the OVERLAPPED structure argument to ReadFile and WriteFile. If this flag is specified, the ReadFile and WriteFile functions must specify an OVERLAPPED structure. This flag also enables more than one operation to be simultaneously performed with the handle (a simultaneous read and write, for example).

See CreateFile.

FILE_FLAG_POSIX_SEMANTICS

Indicates that the file should be accessed according to POSIX rules. This includes allowing multiple files with the same name, differing only in case, for file systems that support such naming. Developers must use care when using this option because files created with this flag may not be accessible from DOS, Win16, or Win32 applications.

See CreateFile.

FILE_FLAG_RANDOM_ACCESS

Indicates that the file is accessed randomly. The Win32 API uses this flag to optimize file caching.

See CreateFile.

FILE_FLAG_SEQUENTIAL_SCAN

Indicates that the file is to be accessed sequentially from beginning to end; the file pointer is not moved. The Win32 API uses this flag to optimize file caching. If an application moves the file pointer, optimum caching cannot occur.

See CreateFile.

FILE_FLAG_WRITE_THROUGH

Instructs the system to always write through any intermediate cache and go directly to the file. The system can still cache writes, but cannot lazily flush the writes.

See CreateFile.

FILE_MAP_ALL_ACCESS

Same as FILE_MAP_WRITE.

See DuplicateHandle, MapViewOfFile, MapViewOfFileEx.

FILE_MAP_COPY

Copy-on-write access. A copy-on-write view of the file is mapped.

See MapViewOfFile, MapViewOfFileEx

FILE_MAP_READ

Read-only access. A read-only view of the file is mapped.

See DuplicateHandle, MapViewOfFile, MapViewOfFileEx.

FILE_MAP_WRITE

Read and write access. A read and write view of the file is mapped.

See DuplicateHandle, MapViewOfFile, MapViewOfFileEx.

FILE_NOTIFY_CHANGE_ATTRIBUTES

Any attribute change in the watched directory or subtree satisfies a change notification wait.

See FindFirstChangeNotification.

FILE_NOTIFY_CHANGE_DIR_NAME

Any directory-name change in the watched directory or subtree satisfies a change notification wait. This includes directory creations and deletions.

See FindFirstChangeNotification.

FILE_NOTIFY_CHANGE_FILE_NAME

Any filename change in the watched directory or subtree satisfies a change notification wait. This includes renames, creations, and deletes.

See FindFirstChangeNotification.

FILE_NOTIFY_CHANGE_LAST_WRITE

Any change to the last write time of files in the watched directory or subtree satisfies a change notification wait. The system detects a change to the last write time only when the last write time changes on disk. For systems with extensive caching this can only occur when the system cache is sufficiently flushed.

See FindFirstChangeNotification.

FILE_NOTIFY_CHANGE_SECURITY

Any security-descriptor change in the watched directory or subtree satisfies a change notification wait.

See FindFirstChangeNotification.

FILE_NOTIFY_CHANGE_SIZE

Any file-size change in the watched directory or subtree satisfies a change notification wait. The system detects a change in file size only when the file size changes on disk. For systems with extensive caching this can only occur when the system cache is sufficiently flushed.

See FindFirstChangeNotification.

FILE_SHARE_READ

Other open operations may be performed on the file or console screen buffer for read access.

See CreateConsoleScreenBuffer, CreateFile.

FILE_SHARE_WRITE

Other open operations may be performed on the file or console screen buffer for write access.

See CreateConsoleScreenBuffer, CreateFile.

FILE_TYPE_CHAR

The specified file is a character file (typically an LPT device or a console).

See GetFileType.

FILE_TYPE_DISK

The specified file is a disk file.

See GetFileType.

FILE_TYPE_PIPE

The specified file is a pipe (either a named or anonymous pipe).

See GetFileType.

FILE_TYPE_UNKNOWN

The type of the specified file is unknown.

See GetFileType.

FLOODFILLBORDER

The fill area is bounded by the color specified by clrref. This style is identical to the filling performed by the FloodFill function.

See ExtFloodFill.

FLOODFILLSURFACE

The fill area is defined by the color that is specified by clrref. Filling continues outward in all directions as long as the color is encountered. This style is useful for filling areas with multicolored boundaries.

See ExtFloodFill.

FMFOCUS_DIR

Directory portion of a directory window

See FM_GETFOCUS.

FMFOCUS_DRIVES

Drive bar of a directory window

See FM_GETFOCUS.

FMFOCUS_SEARCH

Search Results window

See FM_GETFOCUS.

FMFOCUS_TREE

Tree portion of a directory window

See FM_GETFOCUS.

FNERR_BUFFERTOOSMALL

Specifies the buffer for a filename is too small. (This buffer is pointed to by the lpstrFile member of the structure for a common dialog box.)

See CommDlgExtendedError.

FNERR_INVALIDFILENAME

Specifies a filename is invalid.

See CommDlgExtendedError.

FNERR_SUBCLASSFAILURE

Specifies an attempt to subclass a list box failed due to insufficient memory.

See CommDlgExtendedError.

FNOINVERT

Specifies that no top-level menu item is highlighted when the accelerator is used. If this flag is not specified, a top-level menu item will be highlighted (if possible) when the accelerator is used.

See ACCEL.

FORMAT_MESSAGE_ALLOCATE_BUFFER

Specifies that lpBuffer is the address of a VOID pointer and nSize specifies the minimum number of bytes to allocate for the formatted message. This function will allocate a buffer large enough to hold the formatted message and place a pointer to the buffer at lpBuffer. The caller should use the LocalFree function to free this pointer when it is no longer needed.

See FormatMessage.

FORMAT_MESSAGE_FROM_HMODULE

Specifies that lpSource is a module handle that contains the message table resource or resources to search. If this handle is NULL, the current application's image file will be searched.

See FormatMessage.

FORMAT_MESSAGE_FROM_STRING

Specifies that lpSource is a pointer to a null-terminated message definition that may contain insert sequences.

See FormatMessage.

FORMAT_MESSAGE_FROM_SYSTEM

Specifies that the function should search the system message table resource(s) for the requested message. This flag should only be used if fdwOptions does not include FORMAT_MESSAGE_FROM_STRING or FORMAT_MESSAGE_FROM_HMODULE.

See FormatMessage.

FORMAT_MESSAGE_IGNORE_INSERTS

Specifies that insert sequences in the message definition should be ignored and passed through to the output buffer as is. This flag can be used to fetch a message for later formatting. If this flag is set, the lpArguments parameter is ignored.

See FormatMessage.

FR_DIALOGTERM

Indicates the dialog box is terminating. The window handle returned by the FindText or ReplaceText function is not valid if the flag bit set.

See FINDREPLACE.

FR_DOWN

Determines the direction of searches through a document. If the flag is set, the search direction is down; if the flag is clear, the search direction is up. Initially, this flag specifies the state of the up/down checkbox; after the user closes the dialog, this flag specifies the user's selection.

See FINDREPLACE.

FR_ENABLEHOOK

Enables the hook function specified in the lpfnHook member of this structure. This flag is only used to initialize the dialog.

See FINDREPLACE.

FR_ENABLETEMPLATE

Causes the system to create the dialog box by using the dialog template identified by the hInstance and lpTemplateName members. This flag is only used to initialize the dialog.

See FINDREPLACE.

FR_ENABLETEMPLATEHANDLE

Indicates the hInstance member identifies a data block that contains a pre-loaded dialog template. The system ignores the lpTemplateName member if this flag is specified.

See FINDREPLACE.

FR_FINDNEXT

Indicates the application should search for the next occurrence of the string specified by the lpstrFindWhat member.

See FINDREPLACE.

FR_HIDEMATCHCASE

Causes the system to hide the Match Case box.

See FINDREPLACE.

FR_HIDEUPDOWN

Causes the system to hide the Direction box and the Up and Down controls.

See FINDREPLACE.

FR_HIDEWHOLEWORD

Causes the system to hide the Match Whole Word Only box.

See FINDREPLACE.

FR_MATCHCASE

Set for case sensitive searches.

See FINDREPLACE.

FR_NOMATCHCASE

Disables the "Match Case" checkbox. This flag is only used to initialize the dialog.

See FINDREPLACE.

FR_NOUPDOWN

Disables the direction radio buttons. This flag is only used to initialize the dialog.

See FINDREPLACE.

FR_NOWHOLEWORD

Disables the "Whole Word" checkbox. This flag is only used to initialize the dialog.

See FINDREPLACE.

FR_REPLACE

Indicates the application should replace the current occurrence of the string specified in the lpstrFindWhat member with the string specified in the lpstrReplaceWith member.

See FINDREPLACE.

FR_REPLACEALL

Indicates the application should replace all occurrences of the string specified in the lpstrFindWhat member with the string specified in the lpstrReplaceWith member.

See FINDREPLACE.

FR_SHOWHELP

Causes the dialog box to show the Help push button. The hwndOwner must not be NULL if this option is specified.

See FINDREPLACE.

FR_WHOLEWORD

Checks the 'Whole Word' checkbox. Only whole words matching the search string will be considered.

See FINDREPLACE.

FRERR_BUFFERLENGTHZERO

Specifies a member in a structure for the corresponding common dialog box points to an invalid buffer.

See CommDlgExtendedError.

FS_CASE_IS_PRESERVED

The case of filenames is preserved when the name is placed on disk.

See GetVolumeInformation.

FS_CASE_SENSITIVE

The file system supports case sensitive filename lookup.

See GetVolumeInformation.

FS_UNICODE_STORED_ON_DISK

The file system supports Unicode in filenames as they appear on disk.

See GetVolumeInformation.

FSHIFT

The SHIFT key must be held down when the accelerator key is pressed.

See ACCEL.

FVIRTKEY

The key member specifies a virtual-key code. If this flag is not specified, the key is assumed to specify an ASCII character code.

See ACCEL.

FW_BOLD

700

See CreateFont.

FW_DONTCARE
0
See CreateFont.

FW_EXTRABOLD
800
See CreateFont.

FW_EXTRALIGHT
200
See CreateFont.

FW_HEAVY
900
See CreateFont.

FW_LIGHT
300
See CreateFont.

FW_MEDIUM
500
See CreateFont.

FW_NORMAL
400
See CreateFont.

FW_SEMIBOLD
600
See CreateFont.

FW_THIN
100
See CreateFont.

GCL_CBCLSEXTRA
Retrieves or sets the size, in bytes, of the extra memory associated with the class.
See GetClassLong, SetClassLong.

GCL_CBWNDEXTRA

Retrieves or sets the size, in bytes, of the extra window memory associated with each window in the class. For information on how to access this memory, see the descriptions of the GetWindowLong and GetWindowWord functions.

See GetClassLong, SetClassLong.

GCL_HBRBACKGROUND

Retrieves the handle of the background brush associated with the class.

See GetClassLong, SetClassLong.

GCL_HCURSOR

Retrieves the handle of the cursor associated with the class.

See GetClassLong, SetClassLong.

GCL_HICON

Retrieves the handle of the icon associated with the class.

See GetClassLong, SetClassLong.

GCL_HMODULE

Retrieves the handle of the module that registered the class.

See GetClassLong, SetClassLong.

GCL_MENUNAME

Retrieves the address of the menu-name string. The string identifies the menu resource associated with the class.

See GetClassLong, SetClassLong.

GCL_STYLE

Retrieves the window-class style bits.

See GetClassLong, SetClassLong.

GCL_WNDPROC

Retrieves the address of the window procedure associated with the class.

See GetClassLong, SetClassLong.

GDICOMMENT_IDENTIFIER

Indicates the start of an enhanced metafile public comment.

See GdiComment.

GDICOMMENT_WINDOWS_METAFILE

Indicates an enhanced metafile public comment that contains a Windows-format metafile that is equivalent to the enhanced-format metafile.

See GdiComment.

GDICOMMENT_BEGINGROUP

Indicates an enhanced metafile public comment that identifies the beginning of a group of drawing records. Requires a matching GDICOMMENT_ENDGROUP.

See GdiComment.

GDICOMMENT_ENDGROUP

Indicates an enhanced metafile public comment that identifies the end of a group of drawing records. Requires a matching GDICOMMENT_BEGINGROUP.

See GdiComment.

GDICOMMENT_MULTIFORMATS

Indicates an enhanced metafile public comment that allows multiple definitions of a picture to be included in an enhanced metafile. For example, this comment lets an application include an encapsulated PostScript definition as well as an enhanced metafile definition of a picture.

See GdiComment.

GENERIC_EXECUTE

Specifies execution access. A file can be executed.

GENERIC_READ

Specifies read access to the file or console screen buffer. Data can be read from the file and the file pointer can be moved.

See CreateConsoleScreenBuffer, CreateFile, DuplicateHandle.

GENERIC_WRITE

Write access to the file or console screen buffer is requested. This allows data to be written to the console screen buffer.

See CreateConsoleScreenBuffer, CreateFile, DuplicateHandle.

GET_TAPE_DRIVE_INFORMATION

Retrieve or set information about the tape device.

See GetTapeParameters, SetTapeParameters.

GET_TAPE_MEDIA_INFORMATION

Retrieve information about the tape in the tape device.

See GetTapeParameters.

GRAY_BRUSH

Gray brush

See GetStockObject.

GROUP_NAME

The name specified by the name member was created using the NCBADDGR-NAME command.

See NAME_BUFFER.

GROUP_SECURITY_INFORMATION

When set, this bit indicates the primary group ID of the object is being referenced.

See SECURITY_INFORMATION.

GW_CHILD

The retrieved handle identifies the child window at the top of the Z order, if the given window is a parent window; otherwise, the retrieved handle is NULL. The function examines only child windows of the given window. It does not examine descendant windows.

See GetWindow.

GW_HWNDFIRST

The retrieved handle identifies the window at the top of the Z order. If the given window is a topmost window, the handle identifies the topmost window at the top of the Z order. If the given window is a top-level window, the handle identifies the top-level window at the top of the Z order. If the given window is a child window, the handle identifies the sibling window at the bottom of the Z order.

See GetWindow.

GW_HWNDLAST

The retrieved handle identifies the window at the bottom of the Z order. If the given window is a topmost window, the handle identifies the topmost window at the bottom of the Z order. If the given window is a top-level window, the handle identifies the top-level window at the bottom of the Z order. If the given window is a child window, the handle identifies the sibling window at the bottom of the Z order.

See GetWindow.

GW_HWNDNEXT

The retrieved handle identifies the window below the given window in the Z order. If the given window is a topmost window, the handle identifies the topmost window below the given window. If the given window is a top-level window, the handle identifies the top-level window below the given window. If the given window is a child window, the handle identifies the sibling window below the given window.

See GetNextWindow, GetWindow.

GW_HWNDPREV
Returns the handle of the window above the given window. The retrieved handle identifies the window above the given window in the Z order. If the given window is a topmost window, the handle identifies the topmost window above the given window. If the given window is a top-level window, the handle identifies the top-level window above the given window. If the given window is a child window, the handle identifies the sibling window above the given window.

See GetNextWindow, GetWindow.

GW_OWNER
The retrieved handle identifies the given window's owner window, if any.

See GetWindow.

GWL_EXSTYLE
Retrieves or sets the extended window styles.

See GetWindowLong, SetWindowLong.

GWL_HINSTANCE
Retrieves or sets the handle of the application instance.

See GetWindowLong, SetWindowLong.

GWL_HWNDPARENT
Retrieves the handle of the parent window, if any.

See GetWindowLong.

GWL_ID
Retrieves or sets the identifier of the window.

See GetWindowLong, SetWindowLong.

GWL_STYLE
Retrieves or sets the window styles.

See GetWindowLong, SetWindowLong.

GWL_USERDATA

Retrieves or sets the long value associated with the window. Each window has a corresponding long value intended for use by the application that created the window.

See GetWindowLong, SetWindowLong.

GWL_WNDPROC

Retrieves or sets the address of the window procedure.

See GetWindowLong, SetWindowLong.

HALFTONE

Maps pixels from the source into blocks of pixels in the destination. The average color over the destination block of pixels approximates the color of the source pixels.

See SetStretchBltMode.

HANGUP_COMPLETE

The session was deleted due to a command by the local user.

See SESSION_BUFFER.

HANGUP_PENDING

The session is being deleted due to a command by the local user.

See SESSION_BUFFER.

HC_ACTION

JournalRecordProc: Indicates the lParam parameter points to an EVENTMSG structure containing information about a message removed from the system queue. The hook procedure must record the contents of the structure by copying them to a buffer or file.

KeyboardProc: Indicates the wParam and lParam parameters contain information about a keystroke message.

HC_GETNEXT

Indicates the hook procedure must copy the current mouse or keyboard message to the EVENTMSG structure pointed to by the lParam parameter.

See JournalPlaybackProc.

HC_NOREMOVE

KeyboardProc: Indicates the wParam and lParam parameters contain information about a keystroke message, and the keystroke message has not been removed from the message queue. (An application called the PeekMessage function, specifying the PM_NOREMOVE flag.)

MouseProc: Indicates the wParam and lParam parameters contain information about a mouse message, and the mouse message has not been removed from the message queue. (An application called the PeekMessage function, specifying the PM_NOREMOVE flag.)

HC_SKIP

Indicates the hook procedure must prepare to copy the next mouse or keyboard message to the EVENTMSG structure pointed to by the lParam parameter. Upon receiving the HC_GETNEXT code, the hook procedure must copy the message to the structure.

See JournalPlaybackProc.

HC_SYSMODALOFF

Indicates a system-modal dialog box has been destroyed. The hook procedure must resume playing back the messages.

See JournalPlaybackProc, JournalRecordProc.

HC_SYSMODALON

Indicates a system-modal dialog box is being displayed. Until the dialog box is destroyed, the hook procedure must stop recording.

See JournalPlaybackProc, JournalRecordProc.

HCBT_ACTIVATE

Indicates that the system is about to activate a window.

See CBTProc, SetWindowsHook.

HCBT_CLICKSKIPPED

Indicates the system has removed a mouse message from the system message queue. Upon receiving this hook code, a CBT application must install a WH_JOURNALPLAYBACK hook procedure in response to the mouse message.

See CBTProc, SetWindowsHook.

HCBT_CREATEWND

Indicates a window is about to be created. The system calls the hook procedure before sending the WM_CREATE or WM_NCCREATE message to the window. If the hook procedure returns nonzero, the system destroys the window; the CreateWindow function returns NULL, but the WM_DESTROY message is not sent to the window. If the hook procedure returns zero, the window is created normally. At the time of the HCBT_CREATEWND notification, the window has been created, but its final size and position may not have been determined, and its parent window may not have been established. It is possible to send messages to the newly created window, although it has not yet received WM_NCCREATE or WM_CREATE messages. It's also possible to change the Z-order of the newly created window by modifying the hwndInsertAfter member of the CBT_CREATEWND structure. HCBT_CREATEWND Indicates that a window is about to be created. The system calls the filter function before sending the WM_CREATE message to the window. If the filter function returns TRUE, the system will destroy the window—the system will not send the WM_DESTROY message to the window.

See CBTProc, SetWindowsHook.

HCBT_DESTROYWND

Indicates that a window is about to be destroyed.

See CBTProc, SetWindowsHook.

HCBT_KEYSKIPPED

Indicates the system has removed a keyboard message from the system message queue. Upon receiving this hook code, a CBT application must install a WH_JOURNALPLAYBACK hook procedure in response to the keyboard message.

See CBTProc, SetWindowsHook.

HCBT_MINMAX

Indicates that a window is about to be minimized or maximized.

See CBTProc, SetWindowsHook.

HCBT_MOVESIZE

Indicates that a window is about to be moved or sized.

See CBTProc, SetWindowsHook.

HCBT_QS

Indicates that the system has retrieved a WM_QUEUESYNC message from the system message queue.

See CBTProc, SetWindowsHook.

HCBT_SETFOCUS

Indicates a window is about to receive the keyboard focus.

See CBTProc.

HCBT_SYSCOMMAND

Indicates that a system command is about to be carried out. This allows a CBT application to prevent task switching by hot keys.

See CBTProc, SetWindowsHook.

HKEY_CLASSES_ROOT

This is a predefined standard registry handle. Registry entries subordinate to this handle define types (or classes) of documents and the properties associated with these classes. This handle is an alias for HKEY_LOCAL_MACHINE, SoftwareClasses.

HKEY_CURRENT_USER

This is a predefined standard registry handle. Registry entries subordinate to this handle contain configuration information specific to the current user. This kind of information was previously stored in the WIN.INI initialization file. This handle is an alias to the profile of the current user, stored under HKEY_USERS.

HKEY_LOCAL_MACHINE

This is a predefined standard registry handle. Registry entries subordinate to this handle define the configuration state of the system, including information about the bus type, system memory, and installed hardware and software.

HKEY_PERFORMANCE_DATA

This is a predefined registry handle that provides access to system performance information.

HKEY_USERS

This is a predefined standard registry handle. Registry entries subordinate to this handle define the default user configuration for users on the local computer and the user configuration for the current user. User profiles appear as subtrees under this handle; the HKEY_CURRENT_USER handle is an alias to the profile of the current user.

HOLLOW_BRUSH

Hollow brush (Equivalent to NULL_BRUSH)

See GetStockObject.

HORZRES
Width of the display, in pixels.

See GetDeviceCaps.

HORZSIZE
Width of the physical display, in millimeters.

See GetDeviceCaps.

HS_BDIAGONAL
45-degree upward hatch (left to right)

See CreateHatchBrush, EXTLOGPEN, LOGBRUSH.

HS_CROSS
Horizontal and vertical cross-hatch

See CreateHatchBrush, EXTLOGPEN, LOGBRUSH.

HS_DIAGCROSS
45-degree crosshatch

See CreateHatchBrush, EXTLOGPEN, LOGBRUSH.

HS_FDIAGONAL
45-degree upward hatch (left to right)

See CreateHatchBrush, EXTLOGPEN, LOGBRUSH.

HS_HORIZONTAL
Horizontal hatch

See CreateHatchBrush, EXTLOGPEN, LOGBRUSH.

HS_VERTICAL
Vertical hatch

See CreateHatchBrush, EXTLOGPEN, LOGBRUSH.

HSHELL_WINDOWCREATED
Indicates a top-level, unowned window has been created. The window exists when the system calls a ShellProc function.

See ShellProc.

HSHELL_WINDOWDESTROYED
Indicates a top-level, unowned window is about to be destroyed. The window still exists when the system calls a ShellProc function.

See ShellProc.

HTBORDER

In the border of a window that does not have a sizing border

See WM_NCHITTEST.

HTBOTTOM

In the lower horizontal border of a window

See WM_NCHITTEST.

HTBOTTOMLEFT

In the lower-left corner of a window border

See WM_NCHITTEST.

HTBOTTOMRIGHT

In the lower-right corner of a window border

See WM_NCHITTEST.

HTCAPTION

In a title bar area

See WM_NCHITTEST.

HTCLIENT

In a client area

See WM_NCHITTEST.

HTERROR

On the screen background or on a dividing line between windows (same as HTNOWHERE except that the DefWindowProc function produces a system beep to indicate an error)

See WM_NCHITTEST.

HTGROWBOX

In a size box (same as HTSIZE)

See WM_NCHITTEST.

HTHSCROLL

In a horizontal scroll bar

See WM_NCHITTEST.

HTLEFT

In the left border of a window

See WM_NCHITTEST.

HTMENU
In a menu area

See WM_NCHITTEST.

HTNOWHERE
On the screen background or on a dividing line between windows

See WM_NCHITTEST.

HTREDUCE
In a Minimize button

See WM_NCHITTEST.

HTRIGHT
In the right border of a window

See WM_NCHITTEST.

HTSIZE
In a size box (same as HTGROWBOX)

See WM_NCHITTEST.

HTSYSMENU
In a System menu or in a Close button in a child window

See WM_NCHITTEST.

HTTOP
In the upper horizontal border of a window

See WM_NCHITTEST.

HTTOPLEFT
In the upper-left corner of a window border

See WM_NCHITTEST.

HTTOPRIGHT
In the upper-right corner of a window border

See WM_NCHITTEST.

HTTRANSPARENT
In a window currently covered by another window

See WM_NCHITTEST.

HTVSCROLL

In the vertical scroll bar

See WM_NCHITTEST.

HTZOOM

In a Maximize button

See WM_NCHITTEST.

HWND_BOTTOM

Places the window at the bottom of the Z order. If hwnd identifies a topmost window, the window loses its topmost status; the system places the window at the bottom of all other windows.

See SetWindowPos.

HWND_NOTOPMOST

Places the window above all non-topmost windows (that is, behind all topmost windows). This flag has no effect if the window is already a non-topmost window.

See SetWindowPos.

HWND_TOP

Places the window at the top of the Z order.

See SetWindowPos.

HWND_TOPMOST

Places the window above all non-topmost windows. The window maintains its topmost position even when it is deactivated.

See SetWindowPos.

IDABORT

Abort button was selected.

See MessageBox.

IDC_APPSTARTING

Standard arrow and small hourglass

See LoadCursor.

IDC_ARROW

Standard arrow

See LoadCursor.

IDC_CROSS
Crosshair

See LoadCursor.

IDC_IBEAM
Text I-beam

See LoadCursor.

IDC_ICON
Empty icon

See LoadCursor.

IDC_NO
Slashed circle

See LoadCursor.

IDC_SIZE
Four-pointed arrow

See LoadCursor.

IDC_SIZEALL
Same as IDC_SIZE

See LoadCursor.

IDC_SIZENESW
Double-pointed arrow pointing northeast and southwest

See LoadCursor.

IDC_SIZENS
Double-pointed arrow pointing north and south

See LoadCursor.

IDC_SIZENWSE
Double-pointed arrow pointing northwest and southeast

See LoadCursor.

IDC_SIZEWE
Double-pointed arrow pointing west and east

See LoadCursor.

IDC_UPARROW
Vertical arrow

See LoadCursor.

IDC_WAIT
Hourglass

See LoadCursor.

IDCANCEL
No file was undeleted.

See UndeleteFile.

IDCANCEL
Cancel button was selected.

See MessageBox.

IDHOT_SNAPDESKTOP
The ‘snap desktop’ hot key was pressed.

See WM_HOTKEY.

IDHOT_SNAPWINDOW
The ‘snap window’ hot key was pressed.

See WM_HOTKEY.

IDI_APPLICATION
Default application icon.

See LoadIcon.

IDI_ASTERISK
Asterisk (used in informative messages).

See LoadIcon.

IDI_EXCLAMATION
Exclamation point (used in warning messages).

See LoadIcon.

IDI_HAND
Hand-shaped icon (used in serious warning messages).

See LoadIcon.

IDI_QUESTION

Question mark (used in prompting messages).

See LoadIcon.

IDIGNORE

Ignore button was selected.

See MessageBox.

IDNO

No button was selected.

See MessageBox.

IDOK

UndeleteFile: A file was undeleted. File Manager will repaint its windows.
MessageBox: OK button was selected.

IDRETRY

Retry button was selected.

See MessageBox.

IDYES

Yes button was selected.

See MessageBox.

INHERIT_ONLY_ACE

The ACE does not apply to the containing object, but is applied to subobjects.

See ACE_HEADER.

JOB_CONTROL_CANCEL

Delete the print job.

See SetJob.

JOB_CONTROL_PAUSE

Pause the print job.

See SetJob.

JOB_CONTROL_RESTART

Restart a print job. A job can only be restarted if it was printing.

See SetJob.

JOB_CONTROL_RESUME

Resume a paused print job.

See SetJob.

JOY_BUTTON1

Set if first joystick button is pressed.

See MM_JOY1MOVE, MM_JOY1ZMOVE, MM_JOY2MOVE, MM_JOY2ZMOVE, JOYINFO.

JOY_BUTTON1CHG

Set if first joystick button has changed.

See MM_JOY1BUTTONDOWN, MM_JOY1BUTTONUP, MM_JOY2BUTTONDOWN, MM_JOY2BUTTONUP.

JOY_BUTTON2

Set if second joystick button is pressed.

See MM_JOY1MOVE, MM_JOY1ZMOVE, MM_JOY2MOVE, MM_JOY2ZMOVE, JOYINFO.

JOY_BUTTON2CHG

Set if second joystick button has changed.

See MM_JOY1BUTTONDOWN, MM_JOY1BUTTONUP, MM_JOY2BUTTONDOWN, MM_JOY2BUTTONUP.

JOY_BUTTON3

Set if third joystick button is pressed.

See MM_JOY1MOVE, MM_JOY1ZMOVE, MM_JOY2MOVE, MM_JOY2ZMOVE, JOYINFO.

JOY_BUTTON3CHG

Set if third joystick button has changed.

See MM_JOY1BUTTONDOWN, MM_JOY1BUTTONUP, MM_JOY2BUTTONDOWN, MM_JOY2BUTTONUP.

JOY_BUTTON4

Set if fourth joystick button is pressed.

See MM_JOY1MOVE, MM_JOY1ZMOVE, MM_JOY2MOVE, MM_JOY2ZMOVE, JOYINFO.

JOY_BUTTON4CHG
Set if fourth joystick button has changed.

See MM_JOY1BUTTONDOWN, MM_JOY1BUTTONUP, MM_JOY2BUTTONDOWN, MM_JOY2BUTTONUP.

JOYERR_NOCANDO
Cannot capture joystick input because some required service (for example, a Windows timer) is unavailable.

JOYERR_PARMS
The specified joystick device ID IDDevice is invalid.

JOYERR_UNPLUGGED
The specified joystick is not connected to the system.

KEY_ALL_ACCESS
Combines query value, enumerate subkey, notify, create subkey and set value access.

See RegCreateKeyEx.

KEY_CREATE_SUB_KEY
Permission to create subkeys.

See RegCreateKeyEx.

KEY_ENUMERATE_SUB_KEYS
Permission to enumerate subkeys.

See RegCreateKeyEx.

KEY_EXECUTE
Read access.

See RegCreateKeyEx.

KEY_NOTIFY
Change notification will occur.

See RegCreateKeyEx.

KEY_QUERY_VALUE
Permission to query subkey data.

See RegCreateKeyEx.

KEY_READ
Combines query value, enumerate subkey, and notify access.

See RegCreateKeyEx.

KEY_SET_VALUE

Permission to set subkey data.

See RegCreateKeyEx.

KEY_WRITE

Combines set value and create subkey access.

See RegCreateKeyEx.

KEYEVENTF_EXTENDEDKEY

Indicates that a scan code was preceded by a prefix byte having the value 0xE0.

See keybd_event.

KEYEVENTF_KEYUP

Indicates that a key is being released. If not specified, indicates that a key is being depressed.

See keybd_event.

LANG_ALBANIAN

See MAKELANGID.

LANG_ARABIC

See MAKELANGID.

LANG_BAHASA

See MAKELANGID.

LANG_BULGARIAN

See MAKELANGID.

LANG_CATALAN

See MAKELANGID.

LANG_CHINESE

See MAKELANGID.

LANG_CZECH

See MAKELANGID.

LANG_DANISH

See MAKELANGID.

LANG_DUTCH

See MAKELANGID.

LANG_ENGLISH

See MAKELANGID.

LANG_FINNISH

See MAKELANGID.

LANG_FRENCH

See MAKELANGID.

LANG_GERMAN

See MAKELANGID.

LANG_GREEK

See MAKELANGID.

LANG_HEBREW

See MAKELANGID.

LANG_HUNGARIAN

See MAKELANGID.

LANG_ICELANDIC

See MAKELANGID.

LANG_ITALIAN

See MAKELANGID.

LANG_JAPANESE

See MAKELANGID.

LANG_KOREAN

See MAKELANGID.

LANG_NEUTRAL

See MAKELANGID.

LANG_NORWEGIAN

See MAKELANGID.

LANG_POLISH

See MAKELANGID.

LANG_PORTUGUESE

See MAKELANGID.

LANG_RHAETO_ROMAN

See MAKELANGID.

LANG_ROMANIAN

See MAKELANGID.

LANG_RUSSIAN

See MAKELANGID.

LANG_SERBO_CROATIAN

See MAKELANGID.

LANG_SLOVAK

See MAKELANGID.

LANG_SPANISH

See MAKELANGID.

LANG_SWEDISH

See MAKELANGID.

LANG_THAI

See MAKELANGID.

LANG_TURKISH

See MAKELANGID.

LANG_URDU

See MAKELANGID.

LB_OKAY

Listbox message return value: everything is okay.

LB_ERR

Listbox message return value: an error has occurred.

See LB_SETCOUNT, LB_SETCURSEL, LB_ADDFILE, LB_ADDSTRING,

LB_DELETESTRING, LB_DIR, LB_FINDSTRING, LB_FINDSTRINGEX-ACT, LB_GETCOUNT, LB_GETCURSEL, LB_INSERTSTRING, LB_SELECTSTRING, LB_SELITEMRANGE, LB_SETCARETINDEX, LB_SETSEL

LB_ERRSPACE

Listbox message return value: insufficient space to store the new string.

See LB_ADDSTRING, LB_DIR, LB_INSERTSTRING, LB_SETCOUNT, WM_SETTEXT

LCMAP_BYTEREV

Byte reversal.

See LCMapStringW.

LCMAP_LOWERCASE

Lowercase. This option cannot be used with LCMAP_UPPERCASE.

See LCMapStringW.

LCMAP_SORTKEY

Wide character sort key (normalize).

See LCMapStringW.

LCMAP_UPPERCASE

Uppercase. This option cannot be used with LCMAP_LOWERCASE.

See LCMapStringW.

LEFT_ALT_PRESSED

The left-hand ALT key is pressed.

See KEY_EVENT_RECORD.

LEFT_CTRL_PRESSED

The left-hand CTRL key is pressed.

See KEY_EVENT_RECORD.

LINECAPS

A bitmask that indicates the line capabilities of the device.

See GetDeviceCaps.

LISTBOX

Designates a list of character strings. Use this control whenever an application must present a list of names, such as filenames, from which the user can choose. The user can select a string by clicking it. A selected string is highlighted, and a notification message is passed to the parent window. Use a vertical or horizontal scroll bar with a list box to scroll lists that are too long for the control window. The list box automatically hides or shows the scroll bar as needed.

See CreateWindow.

LISTEN_OUTSTANDING
: The session is waiting for a call from a remote computer.

See SESSION_BUFFER.

LOAD_DLL_DEBUG_EVENT
: Reports a load DLL debugging event. The value of u.LoadDll specifies a LOAD_DLL_DEBUG_INFO structure.

See DEBUG_EVENT.

LOCALE_STIME
: Character(s) for the time separator.

See Locale Identifiers.

LOCALE_STIMEFORMAT
: Time formatting strings for this locale.

See Locale Identifiers.

LOGPIXELSX
: Number of pixels per logical inch along the display width.

See GetDeviceCaps.

LOGPIXELSY
: Number of pixels per logical inch along the display height.

See GetDeviceCaps.

LTGRAY_BRUSH
: Light gray brush

See GetStockObject.

LZERROR_BADINHANDLE
: The handle identifying the source file was not valid.

See CopyLZFile, LZCopy, LZInit, LZRead, LZSeek.

LZERROR_BADOUTHANDLE
: The handle identifying the destination file was not valid.

See CopyLZFile, LZCopy, LZInit, LZRead.

LZERROR_BADVALUE

One of the input parameters was not valid.

See CopyLZFile, LZCopy, LZInit, LZRead, LZSeek.

LZERROR_GLOBALLOC

There is insufficient memory for the required buffers.

See CopyLZFile, LZCopy, LZInit, LZRead.

LZERROR_GLOBLOCK

A global handle was not valid.

See CopyLZFile, LZCopy, LZInit, LZRead, LZSeek.

LZERROR_READ

The source file format was not valid.

See CopyLZFile, LZCopy, LZInit, LZRead.

LZERROR_UNKNOWNALG

The file was compressed with an unrecognized compression algorithm.

See CopyLZFile, LZCopy, LZInit, LZRead.

LZERROR_WRITE

There is insufficient space for the output file.

See CopyLZFile, LZCopy, LZInit, LZRead.

MA_ACTIVATE

Activate the window, and do not discard the mouse message.

See WM_MOUSEACTIVATE.

MA_ACTIVATEANDEAT

Activate the window, and discard the mouse message.

See WM_MOUSEACTIVATE.

MA_NOACTIVATE

Do not activate the window, and do not discard the mouse message.

See WM_MOUSEACTIVATE.

MA_NOACTIVATEANDEAT

Do not activate the window, but do discard the mouse message.

See WM_MOUSEACTIVATE.

MAILSLOT_NO_MESSAGE

There is no next message.

See GetMailslotInfo.

MAILSLOT_WAIT_FOREVER

Waits forever for a message.

See CreateMailslot.

MAP_COMPOSITE

Canonicalize accented characters to composite. This value cannot be combined with MAP_PRECOMPOSED

See FoldStringW.

MAP_FOLDCZONE

Fold compatibility zone characters.

See FoldStringW.

MAP_FOLDDIGITS

Canonicalize all digits to Unicode ASCII "0"-"9".

See FoldStringW.

MAP_PRECOMPOSED

Canonicalize accented characters to precomposed. This value cannot be combined with MAP_COMPOSITE.

See FoldStringW.

MARKPARITY

Mark

See DCB.

MB_ABORTRETRYIGNORE

The message box contains three push buttons: Abort, Retry, and Ignore.

See MessageBox.

MB_APPLMODAL

The user must respond to the message box before continuing work in the window identified by the hwndOwner parameter. However, the user can move to the windows of other applications and work in those windows. MB_APPLMODAL is the default if neither MB_SYSTEMMODAL nor MB_TASKMODAL is specified.

See MessageBox.

MB_COMPOSITE

Always use composite characters.

See MultiByteToWideChar.

MB_DEFAULT_DESKTOP_ONLY

The desktop currently receiving input must be a default desktop; otherwise, the function fails. A default desktop is a desktop that an application runs on once the user has logged on.

See MessageBox.

MB_DEFBUTTON1

The first button is the default. Note that the first button is always the default unless MB_DEFBUTTON2 or MB_DEFBUTTON3 is specified.

See MessageBox.

MB_DEFBUTTON2

The second button is the default.

See MessageBox.

MB_DEFBUTTON3

The third button is the default.

See MessageBox.

MB_ICONASTERISK

SystemAsterisk; same as MB_ICONINFORMATION.

See MessageBeep, MessageBox.

MB_ICONEXCLAMATION

An exclamation-point icon appears in the message box.

See MessageBeep, MessageBox.

MB_ICONHAND

SystemHand; same as MB_ICONSTOP.

See MessageBeep, MessageBox.

MB_ICONINFORMATION

An icon consisting of a lowercase letter "I" in a circle appears in the message box.

See MessageBox.

MB_ICONQUESTION

A question-mark icon appears in the message box.

See MessageBeep, MessageBox.

MB_ICONSTOP

A stop-sign icon appears in the message box.

See MessageBox.

MB_OK

SystemDefault MB_OK The message box contains one push button: OK.

See MessageBeep, MessageBox.

MB_OKCANCEL

The message box contains two push buttons: OK and Cancel.

See MessageBox.

MB_PRECOMPOSED

Always use precomposed characters. This is the default translation option.

See MultiByteToWideChar.

MB_RETRYCANCEL

The message box contains two push buttons: Retry and Cancel.

See MessageBox.

MB_SETFOREGROUND

The message box becomes the foreground window. Internally, Windows calls the SetForegroundWindow function for the message box.

See MessageBox.

MB_SYSTEMMODAL

All applications are suspended until the user responds to the message box. Unless the application specifies MB_ICONHAND, the message box does not become modal until after it is created; consequently, the owner window and other windows continue to receive messages resulting from its activation. System-modal message boxes are used to notify the user of serious, potentially damaging errors that require immediate attention (for example, running out of memory).

See MessageBox.

MB_TASKMODAL

Same as MB_APPLMODAL except that all the top-level windows belonging to the current task are disabled if the hwndOwner parameter is NULL. This flag should be used when the calling application or library does not have a window handle available but still needs to prevent input to other windows in the current application without suspending other applications.

See MessageBox.

MB_USEGLYPHCHARS

Use glyph characters instead of control characters.

See MultiByteToWideChar.

MB_YESNO

The message box contains two push buttons: Yes and No.

See MessageBox.

MB_YESNOCANCEL

The message box contains three push buttons: Yes, No, and Cancel.

See MessageBox.

MCI_ANIM_GETDEVCAPS_CAN_REVERSE

The dwReturn member is set to TRUE if the device can play in reverse; otherwise, it is set to FALSE.

See MCI_GETDEVCAPS.

MCI_ANIM_GETDEVCAPS_CAN_STRETCH

The dwReturn member is set to TRUE if the device can stretch the image to fill the frame; otherwise, it is set to FALSE. MCIMMP returns FALSE.

See MCI_GETDEVCAPS.

MCI_ANIM_GETDEVCAPS_FAST_RATE

The dwReturn member is set to the standard fast play rate in frames per second. MCIMMP returns MCIERR_UNSUPPORTED_FUNCTION.

See MCI_GETDEVCAPS.

MCI_ANIM_GETDEVCAPS_MAX_WINDOWS

The dwReturn member is set to the maximum number of windows that the device can handle simultaneously.

See MCI_GETDEVCAPS.

MCI_ANIM_GETDEVCAPS_NORMAL_RATE

The dwReturn member is set to the normal rate of play in frames per second. MCIMMP returns MCIERR_UNSUPPORTED_FUNCTION.

See MCI_GETDEVCAPS.

MCI_ANIM_GETDEVCAPS_PALETTES

The dwReturn member is set to TRUE if the device can return a palette handle; otherwise, it is set to FALSE. MCIMMP returns TRUE.

See MCI_GETDEVCAPS.

MCI_ANIM_GETDEVCAPS_SLOW_RATE

The dwReturn member is set to the standard slow play rate in frames per second. MCIMMP returns MCIERR_UNSUPPORTED_FUNCTION.

See MCI_GETDEVCAPS.

MCI_ANIM_INFO_TEXT

Obtains the window caption.

See MCI_INFO.

MCI_ANIM_OPEN_NOSTATIC

Specifies that the device should reduce the number of static (system) colors in the palette to two.

See MCI_OPEN.

MCI_ANIM_OPEN_PARENT

Indicates the parent window handle is specified in the hWndParent member of the data structure identified by lpOpen. The parent window handle is required for some window styles.

See MCI_OPEN.

MCI_ANIM_OPEN_WS

Indicates a window style is specified in the dwStyle member of the data structure identified by lpOpen. The dwStyle value specifies the style of the window that the driver will create and display if the application does not provide one. The style parameter takes an integer which defines the window style. These constants are the same as the ones in WINDOWS.H (such as WS_CHILD, WS_OVERLAPPED-WINDOW, or WS_POPUP).

See MCI_OPEN.

MCI_ANIM_PLAY_FAST
Specifies to play fast.

See MCI_PLAY.

MCI_ANIM_PLAY_REVERSE
Specifies to play in reverse.

See MCI_PLAY.

MCI_ANIM_PLAY_SCAN
Specifies to scan quickly.

See MCI_PLAY.

MCI_ANIM_PLAY_SLOW
Specifies to play slowly.

See MCI_PLAY.

MCI_ANIM_PLAY_SPEED
Specifies that the play speed is included in the dwSpeed member in the data structure identified by lpPlay.

See MCI_PLAY.

MCI_ANIM_PUT_DESTINATION
Indicates the rectangle defined for MCI_ANIM_RECT specifies the area of the client window used to display an image. The rectangle contains the offset and visible extent of the image relative to the window origin. If the frame is being stretched, the source is stretched to the destination rectangle.

See MCI_PUT.

MCI_ANIM_PUT_SOURCE
Indicates the rectangle defined for MCI_ANIM_RECT specifies a clipping rectangle for the animation image. The rectangle contains the offset and extent of the image relative to the image origin.

See MCI_PUT.

MCI_ANIM_RECT
Specifies that the rc member of the data structure identified by lpDest contains a valid rectangle. If this flag is not specified, the default rectangle matches the coordinates of the image or window being clipped.

See MCI_PUT.

MCI_ANIM_STATUS_FORWARD

The dwReturn member is set to TRUE if playing forward; otherwise, it is set to FALSE.

See MCI_STATUS.

MCI_ANIM_STATUS_HPAL

The dwReturn member is set to the handle of the movie palette.

See MCI_STATUS.

MCI_ANIM_STATUS_HWND

The dwReturn member is set to the handle of the playback window.

See MCI_STATUS.

MCI_ANIM_STATUS_SPEED

The dwReturn member is set to the animation speed.

See MCI_STATUS.

MCI_ANIM_STEP_FRAMES

Indicates that the dwFrames member of the data structure identified by lpStep specifies the number of frames to step.

See MCI_STEP.

MCI_ANIM_STEP_REVERSE

Steps in reverse.

See MCI_STEP.

MCI_ANIM_WHERE_DESTINATION

Obtains the destination display rectangle. The rectangle coordinates are placed in the rc member of the data structure identified by lpQuery.

See MCI_WHERE.

MCI_ANIM_WHERE_SOURCE

Obtains the animation source rectangle. The rectangle coordinates are placed in the rc member of the data structure identified by lpQuery.

See MCI_WHERE.

MCI_ANIM_WINDOW_HWND

Indicates the handle of the window to use for the destination is included in the hWnd member of the data structure identified by lpWindow. Set this to MCI_ANIM_WINDOW_DEFAULT to return to the default window.

See MCI_WINDOW.

MCI_ANIM_WINDOW_STATE

Indicates the nCmdShow member of the MCI_ANIM_WINDOW_PARMS data structure contains parameters for setting the window state. This flag is equivalent to calling ShowWindow with the state parameter. The constants are the same as the ones in WINDOWS.H (such as SW_HIDE, SW_MINIMIZE, or SW_SHOWNORMAL.)

See MCI_WINDOW.

MCI_ANIM_WINDOW_TEXT

Indicates the lpstrText member of the MCI_ANIM_WINDOW_PARMS data structure contains a pointer to a buffer containing the caption used for the window.

See MCI_WINDOW.

MCI_BREAK_HWND

Indicates the hwndBreak member of the data structure identified by lpBreak contains a window handle which must be the current window in order to enable break detection for that MCI device. This is usually the application's main window. If omitted, MCI does not check the window handle of the current window.

See MCI_BREAK.

MCI_BREAK_KEY

Indicates the nVirtKey member of the data structure identified by lpBreak specifies the virtual key code used for the break key. By default, MCI assigns CTRL+BREAK as the break key. This flag is required if MCI_BREAK_OFF is not specified.

See MCI_BREAK.

MCI_BREAK_OFF

Used to disable any existing break key for the indicated device

See MCI_BREAK.

MCI_FORMAT_BYTES

Changes the time format to bytes for input or output.

See MCI_SET.

MCI_FORMAT_CHAPTERS

Changes the time format to chapters.

See MCI_SET.

MCI_FORMAT_FRAMES

Changes the time format to frames. MCI_FORMAT_FRAMES Changes the time format to frames.

See MCI_SET.

MCI_FORMAT_HMS

Changes the time format to hours, minutes, and seconds.

See MCI_SET.

MCI_FORMAT_MILLISECONDS

Changes the time format to milliseconds.

See MCI_SET,

MCI_FORMAT_MSF

Changes the time format to minutes, seconds, and frames.

See MCI_SET.

MCI_FORMAT_SAMPLES

Changes the time format to samples for input or output.

See MCI_SET.

MCI_FORMAT_SMPTE_24

Sets the time format to 24 frame SMPTE.

See MCI_SET.

MCI_FORMAT_SMPTE_25

Sets the time format to 25 frame SMPTE.

See MCI_SET.

MCI_FORMAT_SMPTE_30

Sets the time format to 30 frame SMPTE.

See MCI_SET.

MCI_FORMAT_SMPTE_30DROP

Sets the time format to 30 drop-frame SMPTE.

See MCI_SET.

MCI_FORMAT_TMSF

Changes the time format to tracks, minutes, seconds, and frames. (MCI uses continuous track numbers.)

See MCI_SET.

MCI_FROM

Specifies that a beginning position is included in the dwFrom member of the data structure identified by lpDelete. The units assigned to the position values is specified with the MCI_SET_TIME_FORMAT flag of the MCI_SET command.

See MCI_DELETE, MCI_PLAY, MCI_RECORD.

MCI_GETDEVCAPS_CAN_EJECT

The dwReturn member is set to TRUE if the device can eject the media; otherwise, it is set to FALSE.

See MCI_GETDEVCAPS.

MCI_GETDEVCAPS_CAN_PLAY

The dwReturn member is set to TRUE if the device can play the media; otherwise, it is set to FALSE. If a device specifies TRUE, it implies the device supports MCI_PAUSE and MCI_STOP as well as MCI_PLAY.

See MCI_GETDEVCAPS.

MCI_GETDEVCAPS_CAN_RECORD

The dwReturn member is set to TRUE if the device supports recording; otherwise, it is set to FALSE. If a device specifies TRUE, it implies the device supports MCI_PAUSE and MCI_STOP as well as MCI_RECORD

See MCI_GETDEVCAPS.

MCI_GETDEVCAPS_CAN_SAVE

The dwReturn member is set to TRUE if the device can save a file; otherwise, it is set to FALSE.

See MCI_GETDEVCAPS.

MCI_GETDEVCAPS_COMPOUND_DEVICE

The dwReturn member is set to TRUE if the device uses device elements; otherwise, it is set to FALSE.

See MCI_GETDEVCAPS.

MCI_GETDEVCAPS_DEVICE_TYPE

The dwReturn member is set to a value indicating the device type.

See MCI_GETDEVCAPS.

MCI_GETDEVCAPS_HAS_AUDIO

The dwReturn member is set to TRUE if the device has audio output; otherwise, it is set to FALSE.

See MCI_GETDEVCAPS.

MCI_GETDEVCAPS_HAS_VIDEO

The dwReturn member is set to TRUE if the device has video output; otherwise, it is set to FALSE. For example, the member is set to TRUE for devices that support the animation or videodisc command set.

See MCI_GETDEVCAPS.

MCI_GETDEVCAPS_ITEM

Specifies that the dwItem member of the data structure identified by lpCapsParms contains a constant specifying which device capability to obtain.

See MCI_GETDEVCAPS.

MCI_GETDEVCAPS_USES_FILES

The dwReturn member is set to TRUE if the device requires a filename as its element name; otherwise, it is set to FALSE. Only compound devices use files.

See MCI_GETDEVCAPS.

MCI_INFO_FILE

Obtains the filename of the current file. This flag is only supported by devices that return TRUE to the MCI_GETDEVCAPS_USES_FILES query. MCI_INFO_FILE Obtains the filename of the current file. This flag is only supported by devices that return TRUE to the MCI_GETDEVCAPS_USES_FILES query. MCI_INFO_FILE Obtains the filename of the current file. This flag is supported by devices that return TRUE to the MCI_GETDEVCAPS_USES_FILES query.

See MCI_INFO.

MCI_INFO_PRODUCT

Obtains a description of the hardware associated with a device. Devices should supply a description that identifies both the driver and the hardware used.

See MCI_INFO.

MCI_LOAD_FILE

Indicates the lpfilename member of the data structure identified by lpLoad contains a pointer to a buffer containing the file name.

See MCI_LOAD.

MCI_NOTIFY

Specifies that MCI should post the MM_MCINOTIFY message when this command completes. The window to receive this message is specified in the dwCallback member of the data structure identified by lpWindow.

See MCI_BREAK, MCI_CLOSE, MCI_COPY, MCI_CUE, MCI_CUT,

MCI_DELETE, MCI_FREEZE, MCI_GETDEVCAPS, MCI_INFO, MCI_LOAD, MCI_OPEN, MCI_PASTE, MCI_PAUSE, MCI_PLAY, MCI_PUT, MCI_RECORD, MCI_RESUME, MCI_SAVE, MCI_SEEK, MCI_SET, MCI_SOUND, MCI_STATUS, MCI_STEP, MCI_STOP, MCI_UNFREEZE, MCI_WHERE, MCI_WINDOW.

MCI_NOTIFY_ABORTED
Specifies that the device received a command that prevented the current conditions for initiating the callback from being met. If a new command interrupts the current command and it also requests notification, the device sends only this message and not MCI_NOTIFY_SUPERCEDED.

See MM_MCINOTIFY.

MCI_NOTIFY_FAILURE
Specifies that a device error occurred while the device was executing the command.

See MM_MCINOTIFY.

MCI_NOTIFY_SUCCESSFUL
Specifies that the conditions initiating the callback have been met.

See MM_MCINOTIFY.

MCI_NOTIFY_SUPERSEDED
Specifies that the device received another command with the MCI_NOTIFY flag set and the current conditions for initiating the callback have been superseded.

See MM_MCINOTIFY.

MCI_OPEN_ALIAS
Specifies that an alias is included in the lpstrAlias member of the data structure identified by lpOpen.

See MCI_OPEN.

MCI_OPEN_ELEMENT
Specifies that an element name is included in the lpstrElementName member of the data structure identified by lpOpen.

See MCI_OPEN.

MCI_OPEN_ELEMENT_ID
Specifies that the lpstrElementName member of the data structure identified by lpOpen is interpreted as a DWORD and has meaning internal to the device. Use this flag with the MCI_OPEN_ELEMENT flag.

See MCI_OPEN.

MCI_OPEN_SHAREABLE

Specifies that the device or device element should be opened as shareable.

See MCI_OPEN.

MCI_OPEN_TYPE

Specifies that a device type name or constant is included in the lpstrDeviceType member of the data structure identified by lpOpen.

See MCI_OPEN.

MCI_OPEN_TYPE_ID

Specifies that the low-order word of the lpstrDeviceType member of the associated data structure contains a standard MCI device type ID and the high-order word optionally contains the ordinal index for the device. Use this flag with the MCI_OPEN_TYPE flag.

See MCI_OPEN.

MCI_OVLY_GETDEVCAPS_CAN_FREEZE

The dwReturn member is set to TRUE if the device can freeze the image; otherwise, it is set to FALSE.

See MCI_GETDEVCAPS.

MCI_OVLY_GETDEVCAPS_CAN_STRETCH

The dwReturn member is set to TRUE if the device can stretch the image to fill the frame; otherwise, it is set to FALSE.

See MCI_GETDEVCAPS.

MCI_OVLY_GETDEVCAPS_MAX_WINDOWS

The dwReturn member is set to the maximum number of windows that the device can handle simultaneously.

See MCI_GETDEVCAPS.

MCI_OVLY_INFO_TEXT

Obtains the caption of the window associated with the overlay device.

See MCI_INFO.

MCI_OVLY_OPEN_PARENT

Indicates the parent window handle is specified in the hWndParent member of the data structure identified by lpOpen.

See MCI_OPEN.

MCI_OVLY_OPEN_WS

Indicates a window style is specified in the dwStyle member of the data structure identified by lpOpen. The dwStyle value specifies the style of the window that the driver will create and display if the application does not provide one. The style parameter takes an integer that defines the window style. These constants are the same as those in WINDOWS.H (for example, WS_CHILD, WS_OVERLAPPEDWINDOW, or WS_POPUP).

See MCI_OPEN.

MCI_OVLY_PUT_DESTINATION

Indicates the rectangle defined for MCI_OVLY_RECT specifies the area of the client window used to display an image. The rectangle contains the offset and visible extent of the image relative to the window origin. If the frame is being stretched, the source is stretched to the destination rectangle.

See MCI_PUT.

MCI_OVLY_PUT_FRAME

Indicates the rectangle defined for MCI_OVLY_RECT specifies the area of the video buffer used to receive the video image. The rectangle contains the offset and extent of the buffer area relative to the video buffer origin.

See MCI_PUT.

MCI_OVLY_PUT_SOURCE

Indicates that the rectangle defined for MCI_OVLY_RECT specifies the area of the video buffer used as the source of the digital image. The rectangle contains the offset and extent of the clipping rectangle for the video buffer relative to its origin.

See MCI_PUT.

MCI_OVLY_PUT_VIDEO

Indicates that the rectangle defined for MCI_OVLY_RECT specifies the area of the video source capture by the video buffer. The rectangle contains the offset and extent of the clipping rectangle for the video source relative to its origin.

See MCI_PUT.

MCI_OVLY_RECT

Specifies that the rc member of the data structure identified by lpFreeze contains a valid rectangle. If this flag is not specified, the device driver will freeze the entire frame. MCI_OVLY_RECT Specifies that the rc member of the data structure identified by lpLoad contains a valid display rectangle that identifies the area of the video buffer to update. MCI_OVLY_RECT Specifies that the rc member of the data structure identified by lpDest contains a valid display rectangle. If this flag is not specified, the default rectangle matches the coordinates of the video buffer or window being clipped. MCI_OVLY_RECT Specifies that the rc member of the data structure identified by lpSave contains a valid display rectangle indicating the area of the video buffer to save. MCI_OVLY_RECT Specifies that the rc member of the data structure identified by lpFreeze contains a valid display rectangle. This is a required parameter.

See MCI_FREEZE, MCI_LOAD, MCI_PUT, MCI_SAVE, MCI_UNFREEZE.

MCI_OVLY_STATUS_HWND
The dwReturn member is set to the handle of the window associated with the video overlay device.

See MCI_STATUS.

MCI_OVLY_WHERE_DESTINATION
Obtains the destination display rectangle. The rectangle coordinates are placed in the rc member of the data structure identified by lpQuery.

See MCI_WHERE.

MCI_OVLY_WHERE_FRAME
Obtains the overlay frame rectangle. The rectangle coordinates are placed in the rc member of the data structure identified by lpQuery.

See MCI_WHERE.

MCI_OVLY_WHERE_SOURCE
Obtains the source rectangle. The rectangle coordinates are placed in the rc member of the data structure identified by lpQuery.

See MCI_WHERE.

MCI_OVLY_WHERE_VIDEO
Obtains the video rectangle. The rectangle coordinates are placed in the rc member of the data structure identified by lpQuery.

See MCI_WHERE.

MCI_OVLY_WINDOW_HWND
Indicates the handle of the window used for the destination is included in the hWnd member of the MCI_OVLY_WINDOW_PARMS data structure. Set this to MCI_OVLY_WINDOW_DEFAULT to return to the default window.

See MCI_WINDOW.

MCI_OVLY_WINDOW_STATE

Indicates the nCmdShow member of the lpWindow data structure contains parameters for setting the window state. This flag It is equivalent to calling showwindow with the state parameter. The constants are the same as those defined in WINDOWS.H (such as SW_HIDE, SW_MINIMIZE, or SW_SHOWNORMAL.)

See MCI_WINDOW.

MCI_OVLY_WINDOW_TEXT

Indicates the lpstrText member of the MCI_OVLY_WINDOW_PARMS data structure contains a pointer to buffer containing the caption used for the window.

See MCI_WINDOW.

MCI_RECORD_INSERT

Indicates that newly recorded information should be inserted or pasted into the existing data. (Some devices may not support this.) If supported, this is the default.

See MCI_RECORD.

MCI_RECORD_OVERWRITE

Specifies that data should overwrite existing data. MCIWAVE returns MCIERR_UNSUPPORTED_FUNCTION in response to this flag.

See MCI_RECORD.

MCI_SAVE_FILE

Indicates the lpfilename member of the data structure identified by lpSave contains a pointer to a buffer containing the destination file name.

See MCI_SAVE.

MCI_SEEK_TO_END

Specifies to seek to the end of the media.

See MCI_SEEK.

MCI_SEEK_TO_START

Specifies to seek to the start of the media.

See MCI_SEEK.

MCI_SEQ_FILE

Sets the sequencer to receive synchronization data contained in the MIDI file.

See MCI_SET.

MCI_SEQ_FORMAT_SONGPTR

Sets the time format to song-pointer units.

See MCI_SET.

MCI_SEQ_MIDI

The sequencer will send MIDI format synchronization data.

See MCI_SET.

MCI_SEQ_NONE

The sequencer will not send synchronization data.

See MCI_SET.

MCI_SEQ_SET_MASTER

Sets the sequencer as a source of synchronization data and indicates that the type of synchronization is specified in the dwMaster member of the data structure identified by lpSet. MCISEQ returns MCIERR_UNSUPPORTED_FUNCTION.

See MCI_SET.

MCI_SEQ_SET_OFFSET

Changes the SMPTE offset of a sequence to that specified by the dwOffset member of the data structure identified by lpSet. This only affects sequences with a SMPTE division type.

See MCI_SET.

MCI_SEQ_SET_PORT

Sets the output MIDI port of a sequence to that specified by the MIDI device ID in the dwPort member of the data structure identified by lpSet. The device will close the previous port (if any), and attempt to open and use the new port. If it fails, it will return an error and re-open the previously used port (if any).

See MCI_SET.

MCI_SEQ_SET_SLAVE

Sets the sequencer to receive synchronization data and indicates that the type of synchronization is specified in the dwSlave member of the data structure identified by lpSet. MCISEQ returns MCIERR_UNSUPPORTED_FUNCTION.

See MCI_SET.

MCI_SEQ_SET_TEMPO

Changes the tempo of the MIDI sequence to that specified by the dwTempo member of the structure pointed to by lpSet. For sequences with division type

PPQN, tempo is specified in beats per minute; for sequences with division type SMPTE, tempo is specified in frames per second.

See MCI_SET.

MCI_SEQ_SMPTE
The sequencer will send SMPTE format synchronization data.

See MCI_SET.

MCI_SEQ_STATUS_DIVTYPE
The dwReturn member is set to a value indicating the current division type of a sequence.

See MCI_STATUS.

MCI_SEQ_STATUS_MASTER
The dwReturn member is set to the synchronization type used for master operation.

See MCI_STATUS.

MCI_SEQ_STATUS_OFFSET
The dwReturn member is set to the current SMPTE offset of a sequence.

See MCI_STATUS.

MCI_SEQ_STATUS_PORT
The dwReturn member is set to the MIDI device ID for the current port used by the sequence.

See MCI_STATUS.

MCI_SEQ_STATUS_SLAVE
The dwReturn member is set to the synchronization type used for slave operation.

See MCI_STATUS.

MCI_SEQ_STATUS_TEMPO
The dwReturn member is set to the current tempo of a MIDI sequence in beats-per-minute for PPQN files, or frames-per-second for SMPTE files.

See MCI_STATUS.

MCI_SET_AUDIO
Specifies an audio channel number is included in the dwAudio member of the data structure identified by lpSet. This flag must be used with MCI_SET_ON or MCI_SET_OFF.

See MCI_SET.

MCI_SET_AUDIO_ALL
Specifies all audio channels.

See MCI_SET.

MCI_SET_AUDIO_LEFT
Specifies the left channel.

See MCI_SET.

MCI_SET_AUDIO_RIGHT
Specifies the right channel.

See MCI_SET.

MCI_SET_DOOR_CLOSED
Instructs the device to close the media cover (if any).

See MCI_SET.

MCI_SET_DOOR_OPEN
Instructs the device to open the media cover (if any).

See MCI_SET.

MCI_SET_OFF
Disables the specified video or audio channel.

See MCI_SET.

MCI_SET_ON
Enables the specified video or audio channel.

See MCI_SET.

MCI_SET_TIME_FORMAT
Specifies a time format parameter that is used with the dwTimeFormat members of MCI_SET_PARMS and MCI_SEQ_SET_PARMS data structures. Possible values, depending upon the usage context, include MCI_FORMAT_BYTES, MCI_FORMAT_CHAPTERS, MCI_FORMAT_FRAMES, MCI_FORMAT_HMS, MCI_FORMAT_MILLISECONDS, MCI_FORMAT_MSF, MCI_FORMAT_SAMPLES, MCI_FORMAT_SMPTE_24, MCI_FORMAT_SMPTE_25, MCI_FORMAT_SMPTE_30, MCI_FORMAT_SMPTE_30DROP, MCI_SEQ_FORMAT_SONGPTR, MCI_FORMAT_TMSF, and MCI_VD_FORMAT_TRACK.

See MCI_SET, MCI_SET_PARMS, MCI_SEQ_SET_PARMS.

MCI_SET_VIDEO
Sets the video signal on or off. This flag must be used with either MCI_SET_ON or MCI_SET_OFF. Devices that do not have video return MCIERR_UNSUPPORTED_FUNCTION.

See MCI_SET.

MCI_SOUND_NAME
Indicates that the name of a sound to play is included in the lpstrSoundName of the data structure identified by lpSound. If omitted, the default sound is played.

See MCI_SOUND.

MCI_STATUS_CURRENT_TRACK
The dwReturn member is set to the current track number. MCI uses continuous track numbers.

See MCI_STATUS.

MCI_STATUS_ITEM
Specifies that the dwItem member of the data structure identified by lpStatus contains a constant specifying which status item to obtain.

See MCI_STATUS.

MCI_STATUS_LENGTH
The dwReturn member is set to the total media length.

See MCI_STATUS.

MCI_STATUS_MEDIA_PRESENT
The dwReturn member is set to TRUE if the media is inserted in the device; otherwise, it is set to FALSE.

See MCI_STATUS.

MCI_STATUS_MODE
The dwReturn member is set to the current mode of the device. All devices can return a constant to indicate the current mode:

See MCI_STATUS.

MCI_STATUS_NUMBER_OF_TRACKS
The dwReturn member is set to the total number of playable tracks.

See MCI_STATUS.

MCI_STATUS_POSITION

The dwReturn member is set to the current position.

See MCI_STATUS.

MCI_STATUS_READY

The dwReturn member is set to TRUE if the device is ready; otherwise, it is set to FALSE.

See MCI_STATUS.

MCI_STATUS_START

Obtains the starting position of the media. To get the starting position, combine this flag with MCI_STATUS_ITEM and set the dwItem member of the data structure identified by lpStatus to MCI_STATUS_POSITION.

See MCI_STATUS.

MCI_STATUS_TIME_FORMAT

The dwReturn member is set to the current time format of the device. The time formats include:

See MCI_STATUS.

MCI_SYSINFO_INSTALLNAME

Obtains the name (listed in the registry) used to install the device.

See MCI_SYSINFO.

MCI_SYSINFO_NAME

Obtains a device name corresponding to the device number specified in the dwNumbermember of the data structure identified by lpSysInfo . If the MCI_SYSINFO_OPEN flag is set, MCI returns the names of open devices.

See MCI_SYSINFO.

MCI_SYSINFO_OPEN

Obtains the quantity or name of open devices.

See MCI_SYSINFO.

MCI_SYSINFO_QUANTITY

Obtains the number of devices of the specified type that are listed in the [mci] section of the registry file. If the MCI_SYSINFO_OPEN flag is set, the number of open devices is returned.

See MCI_SYSINFO.

MCI_TO

Specifies that an ending position is included in the dwTo member of the data structure identified by lpDelete. The units assigned to the position values is specified with the MCI_SET_TIME_FORMAT flag of the MCI_SET command. MCI_TO Specifies that an ending position is included in the dwTo member of the data structure identified by lpPlay. The units assigned to the position values is specified with the MCI_SET_TIME_FORMAT flag of the MCI_SET command. If MCI_TO is not specified, the end position defaults to the end of the media. MCI_TO Specifies that an ending position is included in the dwTo member of the data structure identified by lpRecord. The units assigned to the position values is specified with the MCI_SET_TIME_FORMAT flag of the MCI_SET command. If MCI_TO is not specified, the ending position defaults to the end of the media. MCI_TO Specifies a position is included in the dwTo member of the MCI_SEEK_PARMS data structure. The units assigned to the position values is specified with the MCI_SET_TIME_FORMAT flag of the MCI_SET command. Do not use this flag with MCI_SEEK_END or MCI_SEEK_START.

See MCI_DELETE, MCI_PLAY, MCI_RECORD, MCI_SEEK.

MCI_TRACK

Indicates a status track parameter is included in the dwTrack member of the data structure identified by lpStatus. You must use this flag with the MCI_STATUS_POSITION or MCI_STATUS_LENGTH constants. When used with MCI_STATUS_POSITION, MCI_TRACK obtains the starting position of the specified track. When used with MCI_STATUS_LENGTH, MCI_TRACK obtains the length of the specified track. MCI uses continuous track numbers.

See MCI_STATUS.

MCI_VD_FORMAT_TRACK

Changes the time format to tracks. MCI uses continuous track numbers.

See MCI_SET.

MCI_VD_GETDEVCAPS_CAN_REVERSE

The dwReturn member is set to TRUE if the videodisc player can play in reverse; otherwise, it is set to FALSE. Some players can play CLV discs in reverse as well as CAV discs.

See MCI_GETDEVCAPS.

MCI_VD_GETDEVCAPS_CAV

Indicates the information requested applies to CAV format discs. By default, the capabilities apply to the current disc.

See MCI_GETDEVCAPS.

MCI_VD_GETDEVCAPS_CLV

Indicates the information requested applies to CLV format discs. By default, the capabilities apply to the current disc.

See MCI_GETDEVCAPS.

MCI_VD_GETDEVCAPS_FAST_RATE

The dwReturn member is set to the standard fast play rate in frames per second.

See MCI_GETDEVCAPS.

MCI_VD_GETDEVCAPS_NORMAL_RATE

The dwReturn member is set to the normal play rate in frames per second.

See MCI_GETDEVCAPS.

MCI_VD_GETDEVCAPS_SLOW_RATE

The dwReturn member is set to the standard slow play rate in frames per second.

See MCI_GETDEVCAPS.

MCI_VD_PLAY_FAST

Specifies to play fast.

See MCI_PLAY.

MCI_VD_PLAY_REVERSE

Specifies to play in reverse.

See MCI_PLAY.

MCI_VD_PLAY_SCAN

Specifies to scan quickly.

See MCI_PLAY.

MCI_VD_PLAY_SLOW

Specifies to play slowly.

See MCI_PLAY.

MCI_VD_PLAY_SPEED

Specifies that the play speed is included in the dwSpeed member in the data structure identified by lpPlay.

See MCI_PLAY.

MCI_VD_SEEK_REVERSE

Specifies to seek backward.

See MCI_SEEK.

MCI_VD_STATUS_DISC_SIZE

The dwReturn member is set to the size of the loaded disc in inches (8 or 12).

See MCI_STATUS.

MCI_VD_STATUS_FORWARD

The dwReturn member is set to TRUE if playing forward; otherwise, it is set to FALSE.

See MCI_STATUS.

MCI_VD_STATUS_MEDIA_TYPE

The dwReturn member is set to the media type of the inserted media. The following media types can be returned:

See MCI_STATUS.

MCI_VD_STATUS_SIDE

The dwReturn member is set to 1 or 2 to indicate which side of the disc is loaded. Not all videodisc devices support this flag.

See MCI_STATUS.

MCI_VD_STATUS_SPEED

The dwReturn member is set to the play speed in frames per second. MCIPIONR returns MCIERR_UNSUPPORTED_FUNCTION.

See MCI_STATUS.

MCI_VD_STEP_FRAMES

Indicates that the dwFrames member of the data structure identified by lpStep specifies the number of frames to step.

See MCI_STEP.

MCI_VD_STEP_REVERSE

Steps in reverse.

See MCI_STEP.

MCI_WAIT

Specifies that the operation should finish before MCI returns control to the application.

See MCI_BREAK, MCI_CLOSE, MCI_COPY, MCI_CUE, MCI_CUT, MCI_DELETE, MCI_FREEZE, MCI_GETDEVCAPS, MCI_INFO, MCI_LOAD, MCI_OPEN, MCI_PASTE, MCI_PAUSE, MCI_PLAY, MCI_PUT, MCI_RECORD, MCI_RESUME, MCI_SAVE, MCI_SEEK, MCI_SET,

MCI_SOUND, MCI_STATUS, MCI_STEP, MCI_STOP, MCI_UNFREEZE, MCI_WHERE, MCI_WINDOW.

MCI_WAVE_GETDEVCAPS_INPUT
The dwReturn member is set to the total number of waveform input (recording) devices.

See MCI_GETDEVCAPS.

MCI_WAVE_GETDEVCAPS_OUTPUT
The dwReturn member is set to the total number of waveform output (playback) devices.

See MCI_GETDEVCAPS.

MCI_WAVE_INPUT
Specifies that a wave input device should be cued.

See MCI_CUE, MCI_INFO, MCI_SET, MCI_STATUS.

MCI_WAVE_OPEN_BUFFER
Indicates a buffer length is specified in the dwBuffer member of the data structure identified by lpOpen.

See MCI_OPEN.

MCI_WAVE_OUTPUT
Specifies that a wave output device should be cued. This is the default flag if a flag is not specified.

See MCI_CUE, MCI_INFO, MCI_SET, MCI_STATUS.

MCI_WAVE_SET_ANYINPUT
Specifies that any wave input compatible with the current format can be used for recording.

See MCI_SET.

MCI_WAVE_SET_ANYOUTPUT
Specifies that any wave output compatible with the current format can be used for playing.

See MCI_SET.

MCI_WAVE_SET_AVGBYTESPERSEC
Sets the bytes per second used for playing, recording, and saving to the nAvgBytesPerSec member of the data structure identified by lpSet.

See MCI_SET.

MCI_WAVE_SET_BITSPERSAMPLE

Sets the bits per sample used for playing, recording, and saving to the nBitsPerSample member of the data structure identified by lpSet.

See MCI_SET.

MCI_WAVE_SET_BLOCKALIGN

Sets the block alignment used for playing, recording, and saving to the nBlockAlign member of the data structure identified by lpSet.

See MCI_SET.

MCI_WAVE_SET_CHANNELS

Specifies the number of channels is indicated in the nChannels member of the data structure identified by lpSet.

See MCI_SET.

MCI_WAVE_SET_FORMATTAG

Sets the format type used for playing, recording, and saving to the wFormatTag member of the data structure identified by lpSet. Specifying WAVE_FORMAT_PCM changes the format to PCM.

See MCI_SET.

MCI_WAVE_SET_SAMPLESPERSEC

Sets the samples per second used for playing, recording, and saving to the nSamplesPerSec member of the data structure identified by lpSet.

See MCI_SET.

MCI_WAVE_STATUS_AVGBYTESPERSEC

The dwReturn member is set to the current bytes per second used for playing, recording, and saving.

See MCI_STATUS.

MCI_WAVE_STATUS_BITSPERSAMPLE

The dwReturn member is set to the current bits per sample used for playing, recording, and saving.

See MCI_STATUS.

MCI_WAVE_STATUS_BLOCKALIGN

The dwReturn member is set to the current block alignment used for playing, recording, and saving.

See MCI_STATUS.

MCI_WAVE_STATUS_CHANNELS

The dwReturn member is set to the current channel count used for playing, recording, and saving.

See MCI_STATUS.

MCI_WAVE_STATUS_FORMATTAG

The dwReturn member is set to the current format tag used for playing, recording, and saving.

See MCI_STATUS.

MCI_WAVE_STATUS_LEVEL

The dwReturn member is set to the current record or playback level. The value is returned as an 8- or 16-bit value, depending on the sample size used. The right or mono channel level is returned in the low-order word. The left channel level is returned in the high-order word.

See MCI_STATUS.

MCI_WAVE_STATUS_SAMPLESPERSEC

The dwReturn member is set to the current samples per second used for playing, recording, and saving.

See MCI_STATUS.

MCIERR_BAD_CONSTANT

Unknown value for parameter.

See mciSendString.

MCIERR_BAD_INTEGER

Invalid or missing integer in command.

See mciSendString.

MCIERR_BAD_TIME_FORMAT

Illegal value for time format.

See mciSendCommand.

MCIERR_CANNOT_LOAD_DRIVER

Error loading media device driver.

See MCI_OPEN.

MCIERR_CANNOT_USE_ALL

The device name "all" is not allowed for this command.

See mciSendCommand.

MCIERR_CREATEWINDOW
Could not create or use window.

See mciSendCommand.

MCIERR_DEVICE_LOCKED
The device is locked until it is closed automatically.

See mciSendCommand.

MCIERR_DEVICE_NOT_READY
Device not ready.

See mciSendCommand.

MCIERR_DEVICE_OPEN
The device name is in use by this task. Use a unique alias.

See MCI_OPEN.

MCIERR_DEVICE_TYPE_REQUIRED
The device name must be a valid device type.

See mciSendCommand.

MCIERR_DRIVER
Unspecified device error.

See mciSendCommand.

MCIERR_DRIVER_INTERNAL
Internal driver error.

See mciSendCommand.

MCIERR_DUPLICATE_ALIAS
The specified alias is an open device in this task.

See MCI_OPEN.

MCIERR_DUPLICATE_FLAGS
A flag or value was specified twice.

See mciSendString.

MCIERR_EXTENSION_NOT_FOUND
Cannot deduce a device type from the given extension.

See MCI_OPEN.

MCIERR_FILE_NOT_FOUND
Requested file not found.

See mciSendCommand.

MCIERR_FILE_NOT_SAVED
The file was not saved.

See mciSendCommand.

MCIERR_FILE_READ
A read from the file failed.

See mciSendCommand.

MCIERR_FILE_WRITE
A write to the file failed.

See mciSendCommand.

MCIERR_FILENAME_REQUIRED
A valid filename is required.

See MCI_OPEN.

MCIERR_FLAGS_NOT_COMPATIBLE
Incompatible parameters were specified.

See mciSendCommand.

MCIERR_HARDWARE
Hardware error on media device.

See mciSendCommand.

MCIERR_INTERNAL
Internal error.

See mciSendCommand.

MCIERR_INVALID_DEVICE_ID
Invalid device ID.

See mciSendCommand.

MCIERR_INVALID_DEVICE_NAME
The device is not open or is not known.

See mciSendCommand.

MCIERR_INVALID_FILE

Invalid file format.

See mciSendCommand.

MCIERR_MISSING_COMMAND_STRING

No command was specified.

See mciSendString.

MCIERR_MISSING_DEVICE_NAME

No device name was specified.

See mciSendString.

MCIERR_MISSING_PARAMETER

Required parameter is missing.

See MCI_OPEN.

MCIERR_MISSING_STRING_ARGUMENT

A string value was missing from the command.

See mciSendString.

MCIERR_MULTIPLE

Errors occurred in more than one device.

See mciSendCommand.

MCIERR_MUST_USE_SHAREABLE

The device is already open; use the shareable flag with each open.

See MCI_OPEN.

MCIERR_NEW_REQUIRES_ALIAS

An alias must be used with the "new" device name.

See mciSendString.

MCIERR_NO_CLOSING_QUOTE

A closing quotation mark is missing.

See mciSendString.

MCIERR_NO_ELEMENT_ALLOWED

An element name cannot be used with this device.

See MCI_OPEN.

MCIERR_NO_WINDOW
There is no display window.

See mciSendCommand.

MCIERR_NOTIFY_ON_AUTO_OPEN
The "notify" flag is illegal with auto-open.

See mciSendString.

MCIERR_NULL_PARAMETER_BLOCK
Parameter block pointer was NULL.

See mciSendCommand.

MCIERR_OUT_OF_MEMORY
Not enough memory for requested operation.

See mciSendCommand.

MCIERR_OUTOFRANGE
Parameter value out of range.

See mciSendCommand.

MCIERR_PARAM_OVERFLOW
The output string was not long enough.

See mciSendString.

MCIERR_PARSER_INTERNAL
Internal parser error.

See mciSendString.

MCIERR_SEQ_DIV_INCOMPATIBLE
Set Song Pointer incompatible with SMPTE files.

See mciSendCommand.

MCIERR_SEQ_NOMIDIPRESENT
No MIDI ports present.

See mciSendCommand.

MCIERR_SEQ_PORT_INUSE
Specified port is in use.

See mciSendCommand.

MCIERR_SEQ_PORT_MAPNODEVICE
Current map uses non-existent device.

See mciSendCommand.

MCIERR_SEQ_PORT_MISCERROR
Miscellaneous error with specified port.

See mciSendCommand.

MCIERR_SEQ_PORT_NONEXISTENT
Specified port does not exist.

See mciSendCommand.

MCIERR_SEQ_PORTUNSPECIFIED
No current MIDI port.

See mciSendCommand.

MCIERR_SEQ_TIMER
Timer error.

See mciSendCommand.

MCIERR_UNNAMED_RESOURCE
Attempt to save unnamed file.

See mciSendCommand.

MCIERR_UNRECOGNIZED_COMMAND
Unknown command.

See mciSendCommand.

MCIERR_UNRECOGNIZED_KEYWORD
Unknown command parameter.

See mciSendString.

MCIERR_UNSUPPORTED_FUNCTION
Action not available for this device.

See mciSendCommand.

MCIERR_WAVE_INPUTSINUSE
No compatible waveform recording device is free.

See mciSendCommand.

MCIERR_WAVE_INPUTSUNSUITABLE
: No compatible waveform recording devices.

See mciSendCommand.

MCIERR_WAVE_INPUTUNSPECIFIED
: Any compatible waveform recording device may be used.

See mciSendCommand.

MCIERR_WAVE_OUTPUTSINUSE
: No compatible waveform playback device is free.

See mciSendCommand.

MCIERR_WAVE_OUTPUTSUNSUITABLE
: No compatible waveform playback devices.

See mciSendCommand.

MCIERR_WAVE_OUTPUTUNSPECIFIED
: Any compatible waveform playback device may be used.

See mciSendCommand.

MCIERR_WAVE_SETINPUTINUSE
: Set waveform recording device is in use.

See mciSendCommand.

MCIERR_WAVE_SETINPUTUNSUITABLE
: Set waveform recording device is incompatible with set format.

See mciSendCommand.

MCIERR_WAVE_SETOUTPUTINUSE
: Set waveform playback device is in use.

See mciSendCommand.

MCIERR_WAVE_SETOUTPUTUNSUITABLE
: Set waveform playback device is incompatible with set format.

See mciSendCommand.

MDICLIENT
: Designates an MDI client window. This window receives messages that control the MDI application's child windows. The recommended style bits are WS_CLIPCHILDREN and WS_CHILD. To create an MDI client window that enables the user to scroll MDI child windows into view, you can also use the

WS_HSCROLL and WS_VSCROLL styles.

See CreateWindow.

MDITILE_HORIZONTAL
Tiles MDI child windows so that they are wide rather than tall.

See WM_MDITILE.

MDITILE_SKIPDISABLED
Prevents disabled MDI child windows from being tiled.

See WM_MDITILE.

MDITILE_VERTICAL
Tiles MDI child windows so that they are tall rather than wide.

See WM_MDITILE.

MEM_COMMIT
Indicates that the specified region of pages is to be committed, or that its state is committed.

See VirtualAlloc, VirtualQuery, VirtualQueryEx

MEM_DECOMMIT
Indicates that the specified region of pages is to be decommitted.

See VirtualFree

MEM_FREE
Indicates that the state of the pages within the specified region is free.

See VirtualQuery, VirtualQueryEx

MEM_IMAGE
Indicates that the memory pages within the region are mapped into the view of an image section.

See VirtualQuery, VirtualQueryEx

MEM_MAPPED
Indicates that the memory pages within the region are mapped into the view of a section.

See VirtualQuery, VirtualQueryEx

MEM_PRIVATE
Indicates that the memory pages within the region are private.

See VirtualQuery, VirtualQueryEx

MEM_RELEASE

Indicates that the specified region of pages is to be released.

See VirtualFree

MEM_RESERVE

Indicates that specified region of pages is to be reserved, or that the state of the pages within the region is reserved.

See VirtualAlloc, VirtualQuery, VirtualQueryEx

MEM_TOP_DOWN

Indicates that the operating system should allocate virtual memory at the highest-possible address.

See VirtualAlloc

MERGECOPY

Merges the colors of the source rectangle with the specified pattern using the Boolean AND operator.

See BitBlt.

MERGEPAINT

Merges the colors of the inverted source-rectangle with the colors of the destination rectangle by using the Boolean OR operator.

See BitBlt.

MF_BITMAP

Contains a bitmap handle.

See AppendMenu, InsertMenu, ModifyMenu, WM_MENUSELECT.

MF_BYCOMMAND

See CheckMenuItem, DeleteMenu, EnableMenuItem, GetMenuState, GetMenuString, HiliteMenuItem, InsertMenu, ModifyMenu, RemoveMenu, SetMenuItemBitmaps.

MF_BYPOSITION

See CheckMenuItem, DeleteMenu, EnableMenuItem, GetMenuState, GetMenuString, HiliteMenuItem, InsertMenu, ModifyMenu, RemoveMenu, SetMenuItemBitmaps.

MF_CALLBACKS

Notifies the callback function whenever a transaction is sent to any DDE callback function in the system.

See DdeInitialize, XTYP_MONITOR.

MF_CHECKED

Places a check mark next to the item. If the application provides check mark bitmaps (see the SetMenuItemBitmaps function), this flag displays the checked bitmap next to the menu item.

See AppendMenu, CheckMenuItem, GetMenuState, InsertMenu, ModifyMenu, WM_MENUSELECT, MENUITEMTEMPLATE.

MF_CONV

Notifies the callback function whenever a conversation is established or terminated.

See DdeInitialize, XTYP_MONITOR.

MF_DISABLED

Disables the menu item so it cannot be selected, but does not gray it.

See AppendMenu, EnableMenuItem, GetMenuState, InsertMenu, ModifyMenu, WM_MENUSELECT.

MF_ENABLED

Enables the menu item so it can be selected and restores it from its grayed state.

See AppendMenu, EnableMenuItem, InsertMenu, ModifyMenu.

MF_ERRORS

A DDE error occurred. The DDE data object contains a MONERRSTRUCT structure that provides information about the error.

See DdeInitialize, XTYP_MONITOR.

MF_GRAYED

Disables the menu item and grays it so it cannot be selected.

See AppendMenu, EnableMenuItem, GetMenuState, InsertMenu, ModifyMenu, WM_MENUSELECT, MENUITEMTEMPLATE.

MF_HELP

Indicates that the item has a vertical separator to its left.

See MENUITEMTEMPLATE.

MF_HILITE

Highlights the menu item. If this value is not given, the highlighting is removed from the item.

See GetMenuState, HiliteMenuItem.

MF_HSZ_INFO

Notifies the callback function whenever a DDE application creates, frees, or increments the use count of a string handle or whenever a string handle is freed as a result of a call to the DdeUninitialize function.

See DdeInitialize, XTYP_MONITOR.

MF_LINKS

Notifies the callback function whenever an advise loop is started or ended.

See DdeInitialize, XTYP_MONITOR.

MF_MENUBARBREAK

Functions the same as MF_MENUBREAK except for pop-up menus, where the new column is separated from the old column by a vertical line.

See AppendMenu, GetMenuState, InsertMenu, ModifyMenu, MENUITEMTEMPLATE.

MF_MENUBREAK

Places the item on a new line (menu bars) or in a new column (pop-up menus) without separating columns.

See AppendMenu, GetMenuState, InsertMenu, ModifyMenu, MENUITEMTEMPLATE.

MF_MOUSESELECT

Item was selected with the mouse.

See WM_MENUSELECT.

MF_OWNERDRAW

Contains a 32-bit value supplied by your application that you can use to maintain additional data related to the menu item. The value is in the itemData member of the structire pointed to by the Iparam parameter of the WM_MEASURE or WM_DRAWITEM messages sent when you create the menu item or update its appearance.

See AppendMenu, InsertMenu, ModifyMenu, WM_MENUSELECT, MENUITEMTEMPLATE.

MF_POPUP

Specifies that the menu item is a pop-up item; that is, selecting it invokes a pop-up menu. The idNewItem parameter specifies the handle of the pop-up menu. Use this flag to add a pop-up item to a menu bar or to a pop-up menu.

See AppendMenu, InsertMenu, ModifyMenu, WM_MENUCHAR, WM_MENUSELECT, MENUITEMTEMPLATE.

MF_POSTMSGS

Notifies the callback function whenever the system or an application posts a DDE message.

See DdeInitialize, XTYP_MONITOR.

MF_SENDMSGS

Notifies the callback function whenever the system or an application sends a DDE message.

See DdeInitialize, XTYP_MONITOR.

MF_SEPARATOR

Draws a horizontal dividing line. Use this flag only in a pop-up menu. You cannot gray, disable, or highlight this line. The lpszNewItem and idNewItem parameters are ignored.

See AppendMenu, GetMenuState, InsertMenu, ModifyMenu.

MF_STRING

Contains a pointer to a null-terminated string.

See AppendMenu, InsertMenu, ModifyMenu.

MF_SYSMENU

The menu is a System menu.

See WM_MENUCHAR, WM_MENUSELECT.

MF_UNCHECKED

Does not place a checkmark next to the item (default). If the application supplies check mark bitmaps (see the SetMenuItemBitmaps function), this flag displays the unchecked bitmap next to the menu item.

See AppendMenu, CheckMenuItem, InsertMenu, ModifyMenu.

MF_UNHILITE

Removes the highlighting from the menu item.

See HiliteMenuItem.

MH_CLEANUP

An application is freeing its DDE resources, causing the system to delete string handles that the application had created. (The application called the DdeUninitialize function.)

See MONHSZSTRUCT.

MH_CREATE

An application is creating a string handle. (The application called the DdeCreateStringHandle function.)

See MONHSZSTRUCT.

MH_DELETE

An application is deleting a string handle. (The application called the DdeFreeStringHandle function.)

See MONHSZSTRUCT.

MH_KEEP

An application is increasing the use count of a string handle. (The application called the DdeKeepStringHandle function.)

See MONHSZSTRUCT.

MHDR_DONE

Set by the device driver to indicate that it is finished with the data buffer and is returning it to the application.

See MIDIHDR.

MHDR_PREPARED

Set by Windows to indicate that the data buffer has been prepared with midiInPrepareHeader or midiOutPrepareHeader.

See MIDIHDR.

MIDI_CACHE_ALL

Cache all of the specified patches. If they can't all be cached, cache none, clear the KEYARRAY array,and return MMSYSERR_NOMEM.

See midiOutCacheDrumPatches, midiOutCachePatches.

MIDI_CACHE_BESTFIT

Cache all of the specified patches. If all patches can't be cached, cache as many patches as possible, change the KEYARRAY array to reflect which patches were cached, and return MMSYSERR_NOMEM.

See midiOutCacheDrumPatches, midiOutCachePatches.

MIDI_CACHE_QUERY

Change the KEYARRAY or PATCHARRAY array to indicate which patches are currently cached.

See midiOutCacheDrumPatches, midiOutCachePatches.

MIDI_MAPPER

Sets the port opened to the MIDI Mapper.

See MCI_SET.

MIDI_UNCACHE

Uncache the specified patches and clear the KEYARRAY or PATCHARRAY array.

See midiOutCacheDrumPatches, midiOutCachePatches.

MIDICAPS_CACHE

Supports patch caching.

See MIDIOUTCAPS.

MIDICAPS_LRVOLUME

Supports separate left and right volume control.

See MIDIOUTCAPS.

MIDICAPS_VOLUME

Supports volume control.

See MIDIOUTCAPS.

MIDIERR_NODEVICE

A port in the current MIDI map doesn't exist. This occurs only when opening the mapper.

See midiOutOpen.

MIDIERR_NOMAP

There is no current MIDI map. This occurs only when opening the mapper.

See midiOutOpen.

MIDIERR_NOTREADY

The hardware is busy with other data.

See midiOutLongMsg, midiOutShortMsg.

MIDIERR_STILLPLAYING

There are still buffers in the queue.

See midiInClose, midiInUnprepareHeader, midiOutClose, midiOutUnprepareHeader.

MIDIERR_UNPREPARED

lpmidih hasn't been prepared.

See midiInAddBuffer, midiOutLongMsg.

MK_CONTROL

Set if a CTRL key is down.

See WM_LBUTTONDBLCLK, WM_LBUTTONDOWN, WM_LBUTTONUP, WM_MBUTTONDBLCLK, WM_MBUTTONDOWN, WM_MBUTTONUP, WM_MOUSEMOVE, WM_RBUTTONDBLCLK, WM_RBUTTONDOWN, WM_RBUTTONUP.

MK_LBUTTON

Set if the left mouse button is down.

See WM_LBUTTONDBLCLK, WM_MBUTTONDBLCLK, WM_MBUTTON-DOWN, WM_MBUTTONUP, WM_MOUSEMOVE, WM_RBUTTOND-BLCLK, WM_RBUTTONDOWN, WM_RBUTTONUP.

MK_MBUTTON

Set if the middle mouse button is down.

See WM_LBUTTONDBLCLK, WM_LBUTTONDOWN, WM_LBUTTONUP, WM_MBUTTONDBLCLK, WM_MOUSEMOVE, WM_RBUTTONDBLCLK, WM_RBUTTONDOWN, WM_RBUTTONUP.

MK_RBUTTON

Set if the right mouse button is down.

See WM_LBUTTONDBLCLK, WM_LBUTTONDOWN, WM_LBUTTONUP, WM_MBUTTONDBLCLK, WM_MBUTTONDOWN, WM_MBUTTONUP, WM_MOUSEMOVE, WM_RBUTTONDBLCLK.

MK_SHIFT

Set if a SHIFT key is down.

See WM_LBUTTONDBLCLK, WM_LBUTTONDOWN, WM_LBUTTONUP, WM_MBUTTONDBLCLK, WM_MBUTTONDOWN, WM_MBUTTONUP, WM_MOUSEMOVE, WM_RBUTTONDBLCLK, WM_RBUTTONDOWN, WM_RBUTTONUP.

MM_ANISOTROPIC

Logical units are mapped to arbitrary units with arbitrarily scaled axes. Use the SetWindowExtEx and SetViewportExtEx functions to specify the desired units, orientation, and scaling.

See SetMapMode.

MM_HIENGLISH

Each logical unit is mapped to 0.001 inch. Positive x is to the right; positive y is up.

See SetMapMode.

MM_HIMETRIC

Each logical unit is mapped to 0.01 millimeter. Positive x is to the right; positive y is up.

See SetMapMode.

MM_ISOTROPIC

Logical units are mapped to arbitrary units with equally scaled axes; that is, one unit along the x-axis is equal to one unit along the y-axis. Use the SetWindowExtEx and SetViewportExtEx functions to specify the desired units and the orientation of the axes. Graphics Device Interface (GDI) makes adjustments as necessary to ensure the x and y units remain the same size (e.g. If you set the window extent, the viewport will be adjusted to keep the units isotropic).

See SetMapMode.

MM_LOENGLISH

Each logical unit is mapped to 0.01 inch. Positive x is to the right; positive y is up.

See SetMapMode.

MM_LOMETRIC

Each logical unit is mapped to 0.1 millimeter. Positive x is to the right; positive y is up.

See SetMapMode.

MM_TEXT

Each logical unit is mapped to one device pixel. Positive x is to the right; positive y is down.

See SetMapMode.

MM_TWIPS

Each logical unit is mapped to one twentieth of a printer's point (1/1440 inch). Positive x is to the right; positive y is up.

See SetMapMode.

MMIO_ALLOCBUF

Opens a file for buffered I/O. To allocate a buffer larger or smaller than the default buffer size (8K), set the cchBuffer member of the MMIOINFO structure to the desired buffer size. If cchBuffer is zero, then the default buffer size is used. If you are providing your own I/O buffer, then the MMIO_ALLOCBUF flag should not be used.

See mmioOpen, MMIOINFO.

MMIO_COMPAT

Opens the file with compatibility mode,allowing any process on a given machine to open the file any number of times. mmioOpen fails if the file has been opened with any of the other sharing modes.

See mmioOpen, MMIOINFO.

MMIO_CREATE

Creates a new file. If the file already exists, it is truncated to zero length. For memory files, MMIO_CREATE indicates the end of the file is initially at the start of the buffer.

See mmioOpen, MMIOINFO.

MMIO_CREATELIST

Creates a "LIST" chunk.

See mmioCreateChunk.

MMIO_CREATERIFF

Creates a "RIFF" chunk.

See mmioCreateChunk.

MMIO_DELETE

Deletes a file. If this flag is specified, lpszFilename should not be NULL. The return value will be TRUE (cast to HMMIO) if the file was deleted successfully, FALSE otherwise. Do not call mmioClose for a file that has been deleted. If this flag is specified,all other file opening flags are ignored.

See mmioOpen.

MMIO_DENYNONE

Opens the file without denying other processes read or write access to the file. mmioOpen fails if the file has been opened in compatibility mode by any other process.

See mmioOpen, MMIOINFO.

MMIO_DENYREAD

Opens the file and denies other processes read access to the file. mmioOpen fails if the file has been opened in compatibility mode or for read access by any other process.

See mmioOpen, MMIOINFO.

MMIO_DENYWRITE

Opens the file and denies other processes write access to the file. mmioOpen fails if the file has been opened in compatibility or for write access by any other process.

See mmioOpen, MMIOINFO.

MMIO_EXCLUSIVE

Opens the file with exclusive mode,denying other processes both read and write access to the file. mmioOpen fails if the file has been opened in any other mode for read or write access, even by the current process.

See mmioOpen, MMIOINFO.

MMIO_EXIST

Determines whether the specified file exists and creates a fully qualified filename from the path specified in lpszFileName. The fully qualified filename is placed back into lpszFileName. The return value will be TRUE (cast to HMMIO) if the qualification was successful and the file exists, FALSE otherwise. The file is not opened, and the function does not return a valid MMIO file handle, so do not attempt to close the file.

See mmioOpen.

MMIO_FHOPEN

If the file was opened by passing the Windows file handle of an already-opened file to mmioOpen, then using this flag tells mmioClose to close the MMIO file handle, but not the Windows file handle. (This is done by the I/O Proc).

See mmioClose.

MMIO_FINDCHUNK

Searches for a chunk with the specified chunk ID.

See mmioDescend.

MMIO_FINDLIST

Searches for a chunk with chunk ID “LIST” and with the specified form type.

See mmioDescend.

MMIO_FINDPROC

Searches for the specified I/O procedure.

See mmioInstallIOProc.

MMIO_FINDRIFF

Searches for a chunk with chunk ID "RIFF" and with the specified form type.

See mmioDescend.

MMIO_GETTEMP

Creates a temporary filename, optionally using the parameters passed in lpszFileName to determine the temporary name. For example, you can specify "C:F" to create a temporary file residing on drive C, starting with letter "F". The resulting filename is placed in the buffer pointed to by lpszFileName. The return value will be TRUE (cast to HMMIO) if the temporary filename was created successfully,FALSE otherwise. The file is not opened, and the function does not return a valid MMIO file handle, so do not attempt to close the file. This flag overrides all other flags.

See mmioOpen.

MMIO_GLOBALPROC

This flag is a modifier to the install flag,and indicates the I/O procedure should be installed for global use. This flag is ignored on removal or find.

See mmioInstallIOProc.

MMIO_INSTALLPROC

Installs the specified I/O procedure.

See mmioInstallIOProc.

MMIO_PARSE

Creates a fully qualified filename from the path specified in lpszFileName. The fully qualified filename is placed back into lpszFileName. The return value will be TRUE (cast to HMMIO) if the qualification was successful, FALSE otherwise. The file is not opened, and the function does not return a valid MMIO file handle, so do not attempt to close the file. If this flag is specified, all other file opening flags are ignored.

See mmioOpen.

MMIO_READ

Opens the file for reading only. This is the default, if MMIO_WRITE and MMIO_READWRITE are not specified.

See mmioAdvance, mmioOpen, MMIOINFO.

MMIO_READWRITE

Opens the file for both reading and writing.

See mmioOpen, MMIOINFO.

MMIO_REMOVEPROC

Removes the specified I/O procedure.

See mmioInstallIOProc.

MMIO_TOUPPER

Convert all characters to uppercase.

See mmioStringToFOURCC.

MMIO_WRITE

Opens the file for writing. You should not read from a file opened in this mode.

See mmioAdvance, mmioOpen, MMIOINFO.

MMIOERR_CANNOTCLOSE

There was a Windows file system error when the I/O Proc attempted to close the Windows file.

See mmioClose.

MMIOERR_CANNOTEXPAND

The specified memory file cannot be expanded, probably because the adwInfo[0] member was set to zero in the initial call to mmioOpen.

See mmioAdvance.

MMIOERR_CANNOTREAD

An error occurred while re-filling the buffer.

See mmioAdvance.

MMIOERR_CANNOTSEEK

There was an error while seeking to the end of the chunk.

See mmioAscend, mmioCreateChunk.

MMIOERR_CANNOTWRITE

The contents of the buffer could not be written to disk.

See mmioAdvance, mmioAscend, mmioClose, mmioCreateChunk, mmioFlush, mmioSetBuffer.

MMIOERR_OUTOFMEMORY

There was not enough memory to expand a memory file for further writing.

See mmioAdvance, mmioSetBuffer.

MMIOERR_UNBUFFERED

The specified file is not opened for buffered I/O.

See mmioAdvance.

MMIOM_CANNOTOPEN

Specified file could not be opened.

See MMIOM_OPEN.

MMIOM_OUTOFMEMORY

Not enough memory to perform operation.

See MMIOM_OPEN.

MMSYSERR_ALLOCATED

Specified resource is already allocated.

See midiInOpen, midiOutOpen, waveInOpen, waveOutOpen.

MMSYSERR_BADDEVICEID

Specified device ID is out of range.

See auxGetDevCaps.

MMSYSERR_BADDEVICEID

Specified device ID is out of range.

See auxGetVolume, auxSetVolume, midiInGetDevCaps, midiInOpen, midiOutGetDevCaps, midiOutOpen, waveInGetDevCaps, waveInOpen, waveOutGetDevCaps, waveOutOpen.

MMSYSERR_BADERRNUM

Specified error number is out of range.

See midiInGetErrorText, midiOutGetErrorText, waveInGetErrorText, waveOutGetErrorText.

MMSYSERR_HANDLEBUSY

The handle is in use on another thread.

See waveInAddBuffer, waveInGetID, waveInPrepareHeader, waveInReset, waveInStart, waveInStop, waveInUnprepareHeader, waveOutBreakLoop, waveOutClose, waveOutGetID, waveOutGetPitch, waveOutGetPlaybackRate, waveOutGetPosition, waveOutPause, waveOutPrepareHeader, waveOutReset, waveOutRestart, waveOutSetPitch, waveOutSetPlaybackRate, waveOutUnprepareHeader, waveOutWrite.

MMSYSERR_INVALHANDLE
Specified device handle is invalid.

See midiInAddBuffer, midiInClose, midiInGetID, midiInPrepareHeader, midiInReset, midiInStart, midiInStop, midiInUnprepareHeader, midiOutCacheDrumPatches, midiOutCachePatches, midiOutClose, midiOutGetID, midiOutGetVolume, midiOutLongMsg, midiOutPrepareHeader, midiOutReset, midiOutSetVolume, midiOutShortMsg, midiOutUnprepareHeader, waveInAddBuffer, waveInClose, waveInGetID, waveInGetPosition, waveInPrepareHeader, waveInReset, waveInStart, waveInStop, waveInUnprepareHeader, waveOutBreakLoop, waveOutClose, waveOutGetID, waveOutGetPitch, waveOutGetPlaybackRate, waveOutGetPosition, waveOutGetVolume, waveOutPause, waveOutPrepareHeader, waveOutReset, waveOutRestart, waveOutSetPitch, waveOutSetPlaybackRate, waveOutSetVolume, waveOutUnprepareHeader, waveOutWrite.

MMSYSERR_NODRIVER
The driver failed to install.

See auxGetDevCaps, auxGetVolume, auxSetVolume, joyGetDevCaps, joyGetPos, joyGetThreshold, joyReleaseCapture, joySetCapture, joySetThreshold, midiInGetDevCaps, midiOutGetDevCaps, midiOutGetVolume, midiOutSetVolume, waveInGetDevCaps, waveOutGetDevCaps, waveOutGetVolume, waveOutSetVolume.

MMSYSERR_NOMEM
Unable to allocate or lock memory.

See midiInOpen, midiInPrepareHeader, midiOutCacheDrumPatches, midiOutCachePatches, midiOutGetDevCaps, midiOutOpen, midiOutPrepareHeader, waveInOpen, waveInPrepareHeader, waveOutOpen, waveOutPrepareHeader.

MMSYSERR_NOTSUPPORTED
Function isn't supported.

See midiOutCacheDrumPatches, midiOutCachePatches, midiOutGetVolume, midiOutSetVolume, waveOutGetPitch, waveOutGetPlaybackRate, waveOutGetVolume, waveOutSetPitch, waveOutSetPlaybackRate, waveOutSetVolume.

MOD_ALT
Either ALT key must be held down.

See RegisterHotKey.

MOD_CONTROL
Either CTRL key must be held down.

See RegisterHotKey.

MOD_FMSYNTH
Indicates the device is an FM synthesizer.

See MIDIOUTCAPS.

MOD_MAPPER
Indicates the device is the Microsoft MIDI Mapper.

See MIDIOUTCAPS.

MOD_MIDIPORT
Indicates the device is a MIDI hardware port.

See MIDIOUTCAPS.

MOD_SHIFT
Either SHIFT key must be held down.

See RegisterHotKey.

MOD_SQSYNTH
Indicates the device is a square wave synthesizer.

See MIDIOUTCAPS.

MOUSEEVENTF_MOVE
Indicates that movement occurred.

See mouse_event.

MOUSEEVENTF_LEFTDOWN
Indicates that the left button changed to down.

See mouse_event.

MOUSEEVENTF_LEFTUP
Indicates that the left button changed to up.

See mouse_event.

MOUSEEVENTF_RIGHTDOWN

Indicates that the right button changed to down.

See mouse_event.

MOUSEEVENTF_RIGHTUP

Indicates that the right button changed to up.

See mouse_event.

MOUSEEVENTF_MIDDLEDOWN

Indicates that the middle button changed to down.

See mouse_event.

MOUSEEVENTF_MIDDLEUP

Indicates that the middle button changed to up.

See mouse_event.

MOUSEEVENTF_ABSOLUTE

Indicates that the dx and dy parameters contain normalized absolute coordinates.

See mouse_event.

MOUSE_MOVED

Indicates a change in mouse position.

See MOUSE_EVENT_RECORD.

MOVEFILE_COPY_ALLOWED

If the file is to be moved to a different volume, the function simulates the move by using the CopyFile and DeleteFile functions.

See MoveFileEx.

MOVEFILE_DELAY_UNTIL_REBOOT

The function will not move the file until the system is rebooted. The system moves the file immediately after AUTOCHK is executed, but before creating any paging files. Therefore, this parameter enables the function to delete paging files from previous boots.

See MoveFileEx.

MOVEFILE_REPLACE_EXISTING

If a file of the name specified by lpszNew already exists, the function replaces its contents with those specified by lpszExisting.

See MoveFileEx.

MS_CTS_ON

Clear-To-Send (CTS) signal is on.

See GetCommModemStatus.

MS_DSR_ON

Data-Set-Ready (DSR) signal is on.

See GetCommModemStatus.

MS_RING_ON

Ring Indicator signal is on.

See GetCommModemStatus.

MS_RLSD_ON

Receive-Line-Signal-Detect (RLSD) signal is on.

See GetCommModemStatus.

MSGF_DDEMGR

Indicates the input event occurred while the Dynamic Data Exchange Management Library (DDEML) was waiting for a synchronous transaction to complete. For more information about DDEML, see DDEML

See MessageProc.

MSGF_DIALOGBOX

Indicates the input event occurred in a message box or dialog box.

See MessageProc, SysMsgProc, WM_ENTERIDLE.

MSGF_MENU

Indicates the input event occurred in a menu.

See MessageProc, SetWindowsHook, SysMsgProc, WM_ENTERIDLE.

MSGF_MESSAGEBOX

Processing messages inside the MessageBox function.

See SetWindowsHook.

MSGF_NEXTWINDOW

Indicates the input event occurred as a result of the user pressing the ALT+TAB key combination to activate a different window.

See MessageProc, SysMsgProc.

MSGF_SCROLLBAR

Indicates the input event occurred in a scroll bar.

See MessageProc, SysMsgProc.

MWT_IDENTITY

Resets the current world transformation by using the identity matrix. If this mode is specified, the XFORM structure pointed to by lpXform is ignored.

See ModifyWorldTransform.

MWT_LEFTMULTIPLY

Multiplies the current transformation by the data in the XFORM structure. (The data in the XFORM structure becomes the left multiplicand while the data for the current transformation becomes the right multiplicand.)

See ModifyWorldTransform.

MWT_RIGHTMULTIPLY

Multiplies the current transformation by the data in the XFORM structure. (The data in the XFORM structure becomes the right multiplicand while the data for the current transformation becomes the left multiplicand.)

See ModifyWorldTransform.

NCBADDGRNAME

Add a group name to the local name table.

See NCB.

NCBADDNAME

Add a unique name to the local name table.

See NCB.

NCBASTAT

Retrieve the status of the adapter. When this value is specified, the ncb_buffer member points to a buffer to be filled with an ADAPTER_STATUS structure, followed by an array of NAME_BUFFER structures.

See NCB.

NCBCALL

Open a session with another name.

See NCB.

NCBCANCEL

Cancel a previous command.

See NCB.

NCBCHAINSEND

Send the contents of two data buffers to the specified session partner. For Windows NT, this is equivalent to NCBCHAINSENDNA.

See NCB.

NCBCHAINSENDNA

Send the contents of two data buffers to the specified session partner and do not wait for acknowledgment. For Windows NT, this is equivalent to NCBCHAIN-SEND.

See NCB.

NCBDELNAME

Delete a name from the local name table.

See NCB.

NCBDGRECV

Receive a datagram from any name.

See NCB.

NCBDGRECVBC

Receive broadcast datagram from any host.

See NCB.

NCBDGSEND

Send datagram to a specified name.

See NCB.

NCBDGSENDBC

Send a broadcast datagram to every host on the local area network (LAN).

See NCB.

NCBENUM

Enumerate LAN adapter (LANA) numbers. When this value is specified, the ncb_buffer member points to a buffer to be filled with a LANA_ENUM structure.

See NCB.

NCBFINDNAME

Determine the location of a name on the network.

See NCB.

NCBHANGUP

Close a specified session.

See NCB.

NCBLANSTALERT

Notify the user of LAN failures that last for more than one minute.

See NCB.

NCBLISTEN

Enable a session to be opened with another name.

See NCB.

NCBRECV

Receive data from the specified session partner.

See NCB.

NCBRECVANY

Receive data from any session corresponding to a specified name.

See NCB.

NCBRESET

Reset a LAN adapter. An adapter must be reset before any other NCB command that specifies the same number in the ncb_lana_num member will be accepted.

See NCB.

NCBSEND

Send data to the specified session partner. For Windows NT, this is equivalent to NCBSENDNA.

See NCB.

NCBSENDNA

Send data to specified session partner and do not wait for an acknowledgment. For Windows NT, this is equivalent to NCBSEND.

See NCB.

NCBSSTAT

Retrieve the status of the session. When this value is specified, the ncb_buffer member points to a buffer to be filled with a SESSION_HEADER structure, followed by one or more SESSION_BUFFER structures.

See NCB.

NCBTRACE

Activate or deactivate NCB tracing. Support for this command in the system is optional and system-specific.

See NCB.

NCBUNLINK

Unlink the adapter.

See NCB.

NMPWAIT_NOWAIT

Do not wait for a named pipe to become available. If the named pipe is not available, an error is returned.

See WaitNamedPipe, CallNamedPipe

NMPWAIT_USE_DEFAULT_WAIT

Wait the default timeout period specified in a call to CreateNamedPipe for a named pipe to become available.

See WaitNamedPipe, CallNamedPipe, CreateNamedPipe

NMPWAIT_WAIT_FOREVER

Wait indefinitely for a named pipe to become available.

See WaitNamedPipe, CallNamedPipe

NO_PROPAGATE_INHERIT_ACE

The OBJECT_INHERIT_ACE and CONTAINER_INHERIT_ACE bits are not propagated to an inherited ACE.

See ACE_HEADER.

NOPARITY

No parity

See DCB.

NORM_IGNORECASE

Ignore case. This bit is not set by default. This option cannot be used with LCMAP_LOWERCASE or LCMAP_UPPERCASE.

See CompareStringW, LCMapStringW.

NORM_IGNORENONSPACE

Ignore nonspacing. This bit is not set by default. This option cannot be used with LCMAP_LOWERCASE or LCMAP_UPPERCASE.

See CompareStringW, LCMapStringW.

NORM_IGNORESYMBOLS

Ignore symbols. This bit is not set by default. This option cannot be used with LCMAP_LOWERCASE or LCMAP_UPPERCASE.

See CompareStringW, LCMapStringW.

NOTSRCCOPY

Copies the inverted source rectangle to the destination.

See BitBlt.

NOTSRCERASE

Combines the colors of the source and destination rectangles by using the Boolean OR operator and inverted.

See BitBlt.

NRC_ACTSES

The command finished; the name has active sessions and is no longer registered.

See NCB.

NRC_BADDR

The buffer address was illegal.

See NCB.

NRC_BRIDGE

The ncb_lana_num member did not specify a valid network number.

See NCB.

NRC_BUFLEN

An illegal buffer length was supplied.

See NCB.

NRC_CANCEL
The NCBCANCEL command was not valid; the command was not canceled.

See NCB.

NRC_CANOCCR
The command was completed while a cancel operation was occurring.

See NCB.

NRC_CMDCAN
The command was cancelled.

See NCB.

NRC_CMDTMO
The command was timed out.

See NCB.

NRC_DUPENV
The name was defined by another local process.

See NCB.

NRC_DUPNAME
A duplicate name existed in the local name table.

See NCB.

NRC_ENVNOTDEF
The environment was not defined. A reset command must be issued.

See NCB.

NRC_GOODRET
The operation succeeded.

See NCB.

NRC_IFBUSY
The interface was busy.

See NCB.

NRC_ILLCMD
An illegal command was supplied.

See NCB.

NRC_ILLNN

An illegal name number was specified.

See NCB.

NRC_INCOMP

The message was incomplete. The application should issue another command.

See NCB.

NRC_INUSE

The name was already in use on the remote adapter.

See NCB.

NRC_INVADDRESS

The NCB address was not valid. This return code is not part of the IBM Netbios 3.0 specification. This return code is not returned in the NCB; instead, it is returned by the Netbios function.

See NCB.

NRC_INVDDID

The NCB DDID was invalid.

See NCB.

NRC_LOCKFAIL

The attempt to lock the user area failed.

See NCB.

NRC_LOCTFUL

The local session table was full.

See NCB.

NRC_MAXAPPS

The maximum number of applications was exceeded.

See NCB.

NRC_NAMCONF

A name conflict was detected.

See NCB.

NRC_NAMERR

The name was deleted.

See NCB.

NRC_NAMTFUL
The name table was full.

See NCB.

NRC_NOCALL
The system did not find the name that was called.

See NCB.

NRC_NORES
No resource was available.

See NCB.

NRC_NORESOURCES
The requested resources were not available.

See NCB.

NRC_NOSAPS
No SAPs available for Netbios.

See NCB.

NRC_NOWILD
Wildcards are not permitted in the ncb_name member.

See NCB.

NRC_OPENERR
An error occurred during an open operation being performed by the device driver. This return code is not part of the IBM Netbios 3.0 specification.

See NCB.

NRC_OSRESNOTAV
Operating system resources were exhausted. The application should retry the command later.

See NCB.

NRC_PENDING
An asynchronous operation is not yet finished.

See NCB.

NRC_REMTFUL
The remote session table was full. The request to open a session was rejected.

See NCB.

NRC_SABORT
The session ended abnormally.

See NCB.

NRC_SCLOSED
The session was closed.

See NCB.

NRC_SNUMOUT
The session number was out of range.

See NCB.

NRC_SYSTEM
A system error occurred.

See NCB.

NRC_TOOMANY
Too many commands were outstanding; the application should retry the command later.

See NCB.

NULL_BRUSH
Null brush (Equivalent to HOLLOW_BRUSH)

See GetStockObject.

NULL_PEN
Null pen

See GetStockObject.

NULLREGION
Region is empty.

See CombineRgn, ExtSelectClipRgn, GetRgnBox, IntersectClipRect, OffsetClipRgn, SelectClipRgn, SelectObject, SetMetaRgn.

NULLREGION
Region is empty.

See OffsetRgn.

NULLREGION
Region is empty.

See ExcludeClipRect, GetClipBox, ExcludeUpdateRgn.

NUMBRUSHES
Number of device-specific brushes.

See GetDeviceCaps.

NUMCOLORS
Number of entries in the device's color table.

See GetDeviceCaps.

NUMFONTS
Number of device-specific fonts.

See GetDeviceCaps.

NUMLOCK_ON
The NUM LOCK light is on.

See KEY_EVENT_RECORD.

NUMPENS
Number of device-specific pens.

See GetDeviceCaps.

NUMRESERVED
Number of reserved entries in the system palette. This index is valid only if the device driver sets the RC_PALETTE bit in the RASTERCAPS index and is available only if the driver is version 3.0 or later.

See GetDeviceCaps.

OBJ_BITMAP
Bitmap

See GetObjectType.

OBJ_BITMAP
Returns the current selected bitmap if hdc is a memory DC.

See GetCurrentObject.

OBJ_BRUSH
Brush

See GetObjectType.

OBJ_BRUSH
Returns the current selected brush.

See GetCurrentObject.

OBJ_DC
Device context

See GetObjectType.

OBJ_ENHMETADC
Enhanced metafile device context

See GetObjectType.

OBJ_ENHMETAFILE
Enhanced metafile

See GetObjectType.

OBJ_EXTPEN
Extended pen

See GetObjectType.

OBJ_FONT
Font

See GetObjectType.

OBJ_FONT
Returns the current selected font.

See GetCurrentObject.

OBJ_MEMDC
Memory device context

See GetObjectType.

OBJ_METADC
Metafile device context

See GetObjectType.

OBJ_METAFILE
Metafile

See GetObjectType.

OBJ_PAL
Palette

See GetObjectType.

OBJ_PAL
Returns the current selected palette.

See GetCurrentObject.

OBJ_PEN
Pen

See GetObjectType.

OBJ_PEN
Returns the current selected pen.

See GetCurrentObject.

OBJ_REGION
Region

See GetObjectType.

OBJECT_INHERIT_ACE
The ACE is inherited by non-container objects (for example, files) created within the container object to which the ACE is assigned.

See ACE_HEADER.

ODA_DRAWENTIRE
Indicates the entire control needs to be drawn.

See DRAWITEMSTRUCT.

ODA_FOCUS
Indicates the control has lost or gained the keyboard focus. The itemState member should be checked to determine whether the control has the focus.

See DRAWITEMSTRUCT.

ODA_SELECT
Indicates the selection status has changed. The itemState member should be checked to determine the new selection state.

See DRAWITEMSTRUCT.

ODDPARITY
Odd

See DCB.

ODS_CHECKED
Indicates the menu item is to be checked. This bit is used only in a menu.

See DRAWITEMSTRUCT.

ODS_DISABLED
Indicates the item is to be drawn as disabled.

See DRAWITEMSTRUCT.

ODS_FOCUS
Indicates the item has the keyboard focus.

See DRAWITEMSTRUCT.

ODS_GRAYED
Indicates the item is to be grayed. This bit is used only in a menu.

See DRAWITEMSTRUCT.

ODS_SELECTED
Indicates the item's status is selected.

See DRAWITEMSTRUCT.

ODT_BUTTON
Owner-drawn button

See MEASUREITEMSTRUCT, DRAWITEMSTRUCT.

ODT_COMBOBOX
Owner-drawn combo box

See MEASUREITEMSTRUCT, DRAWITEMSTRUCT.

ODT_LISTBOX
Owner-drawn list box

See MEASUREITEMSTRUCT, DRAWITEMSTRUCT.

ODT_MENU
Owner-drawn menu

See MEASUREITEMSTRUCT, DRAWITEMSTRUCT.

OEM_FIXED_FONT
OEM-dependent fixed font

See GetStockObject.

OF_CANCEL

Ignored. In Win32, the OF_PROMPT style produces a dialog box that contains a Cancel button. OF_CANCEL Ignored. In the Win32 API, the OF_PROMPT style produces a dialog box that contains a Cancel button.

See LZOpenFile, OpenFile.

OF_CREATE

Creates a new file. If the file already exists, it is truncated to zero length.

See LZOpenFile, OpenFile.

OF_DELETE

Deletes the file.

See LZOpenFile, OpenFile.

OF_EXIST

Opens the file, and then closes it. Used to test for file existence.

See LZOpenFile, OpenFile.

OF_PARSE

Fills the OFSTRUCT data structure but carries out no other action.

See LZOpenFile, OpenFile.

OF_PROMPT

Displays a dialog box if the requested file does not exist. The dialog box informs the user that Windows cannot find the file, and it contains Retry and Cancel buttons. Pressing the Cancel button directs OpenFile to return a file-not-found error message.

See LZOpenFile, OpenFile.

OF_READ

Opens the file for reading only.

See _lopen, LZOpenFile, OpenFile.

OF_READWRITE

Opens the file for reading and writing.

See _lopen, LZOpenFile, OpenFile.

OF_REOPEN

Opens the file using information in the re-open buffer.

See LZOpenFile, OpenFile.

OF_SHARE_COMPAT

Opens the file in compatibility mode, enabling any process on a given machine to open the file any number of times. _lopen fails if the file has been opened by using any of the other share modes.

See _lopen, OpenFile.

OF_SHARE_DENY_NONE

Opens the file without denying other processes read or write access to the file. _lopen fails if the file has been opened in compatibility mode by any other process.

See _lopen, LZOpenFile, OpenFile.

OF_SHARE_DENY_READ

Opens the file and denies other processes read access to the file. _lopen fails if the file has been opened in compatibility mode or for read access by any other process.

See _lopen, LZOpenFile, OpenFile.

OF_SHARE_DENY_WRITE

Opens the file and denies other processes write access to the file. _lopen fails if the file has been opened in compatibility mode or for write access by any other process.

See _lopen, LZOpenFile, OpenFile.

OF_SHARE_EXCLUSIVE

Opens the file in exclusive mode, denying other processes both read and write access to the file. _lopen fails if the file has been opened in any other mode for read or write access, even by the current process.

See _lopen, LZOpenFile, OpenFile.

OF_VERIFY

Verifys that the date and time of the file are the same as when it was previously opened. This is useful as an extra check for read-only files.

See OpenFile.

OF_WRITE

Opens the file for writing only.

See _lopen, LZOpenFile, OpenFile.

OFN_ALLOWMULTISELECT

Specifies the File Name listbox allows multiple selections. (If the dialog is created by using a private template, the LBS_EXTENDEDSEL constant must appear in the definition of the File Name listbox.)

See OPENFILENAME.

OFN_CREATEPROMPT

Specifies the dialog function should query the user as to whether or not they wish to create a file that does not currently exist. (This flag automatically sets the OFN_PATHMUSTEXIST and OFN_FILEMUSTEXIST flags.)

See OPENFILENAME.

OFN_ENABLEHOOK

Enables the hook function specified in the lpfnHook member.

See OPENFILENAME.

OFN_ENABLETEMPLATE

Causes the operating system to create the dialog box by using the dialog template identified by the hInstance and lpTemplateName members.

See OPENFILENAME.

OFN_ENABLETEMPLATEHANDLE

Indicates the hInstance member identifies a data block that contains a pre-loaded dialog template. The operating system ignores the lpTemplateName member if this flag is specified.

See OPENFILENAME.

OFN_EXTENSIONDIFFERENT

Specifies the user entered a file extension that differs from the extension specified by lpstrDefExt. The function does not set this flag if lpstrDefExt is NULL.

See OPENFILENAME.

OFN_FILEMUSTEXIST

Specifies the user can only enter names of existing files in the File Name entry field. If this flag is set and the user enters an invalid file name in the File Name entry field, the dialog function displays a warning in a message box. The setting of this flag causes the OFN_PATHMUSTEXIST flag to be set.

See OPENFILENAME.

OFN_HIDEREADONLY

Hides the read only checkbox.

See OPENFILENAME.

OFN_NOCHANGEDIR

Forces the dialog box to set the current directory back to what it was when the dialog was invoked.

See OPENFILENAME.

OFN_NONETWORKBUTTON

Hides and disables the network button.

See OPENFILENAME.

OFN_NOREADONLYRETURN

Specifies the returned file does not have the Read Only attribute set and is not in a write-protected directory.

See OPENFILENAME.

OFN_NOTESTFILECREATE

Specifies the file is not created before the dialog box is closed. This flag should be set if the application saves the file on a create-no-modify network share point. When an application sets this flag, the library does not check against write protection, a full disk, an open drive door, or network protection. Therefore, applications using this flag must perform file operations carefully, a file cannot be reopened once closed.

See OPENFILENAME.

OFN_NOVALIDATE

Specifies the common dialog boxes allow invalid characters in the returned filename. Typically, the calling application uses a hook function that checks the filename by using the FILEOKSTRING registered message. If the text in the edit control is empty or contains nothing but spaces, the lists of files and directories are updated. If the text in the edit control contains anything else, the nFileOffset and nFileExtension members are set to values generated by parsing the text. No default extension is added to the text, nor is text copied to the lpstrFileTitle buffer. If the value specified by the nFileOffset member is negative, the filename is invalid. If the value specified by nFileOffset is not negative, the filename is valid, and nFileOffset and nFileExtension can be used as if the OFN_NOVALIDATE flag had not been set.

See OPENFILENAME.

OFN_OVERWRITEPROMPT

Causes the Save As dialog box to generate a message box if the selected file already exists. The user must confirm whether to overwrite the file.

See OPENFILENAME.

OFN_PATHMUSTEXIST

Specifies the user can only enter valid path names. If this flag is set and the user enters an invalid path name in the File Name entry field, the dialog function displays a warning in a message box.

See OPENFILENAME.

OFN_READONLY

Causes the "Read only" checkbox to be initially checked when the dialog box is created. Indicates the state of the "Read only" checkbox when the dialog box is dismissed.

See OPENFILENAME.

OFN_SHAREAWARE

Specifies if a call to the OpenFile function fails because of a network sharing violation, the error is ignored and the dialog box returns the given filename. If this flag is not set, the registered message for SHAREVISTRING is sent to the hook function, with a pointer to a null-terminated string for the path name in the lParam parameter.

See OPENFILENAME.

OFN_SHAREFALLTHROUGH

Specifies the filename is returned from the dialog box.

See OPENFILENAME.

OFN_SHARENOWARN

Specifies no further action.

See OPENFILENAME.

OFN_SHAREWARN

Specifies the user receives the standard warning message for this error. The same result if there were no hook function.

See OPENFILENAME.

OFN_SHOWHELP
Causes the dialog box to show the Help push button. The hwndOwner must not be NULL if this option is specified.

See OPENFILENAME.

ONE5STOPBITS
1.5 stop bits

See DCB.

ONESTOPBIT
1 stop bit

See DCB.

OPAQUE
Background is filled with the current background color before the text, hatched brush, or pen is drawn.

See SetBkMode.

OPEN_ALWAYS
Opens the file if it exists. If the file does not exist, the function creates the file as if fdwCreate were CREATE_NEW.

See CreateFile.

OPEN_EXISTING
Opens the file. Fails if the file does not exist.

See CreateFile.

OUTPUT_DEBUG_STRING_EVENT
Reports an output debugging string debugging event. The value of u.DebugString specifies an OUTPUT_DEBUG_STRING_INFO structure.

See DEBUG_EVENT.

OWNER_SECURITY_INFORMATION
When set, this bit indicates the owner ID of the object is being referenced.

See SECURITY_INFORMATION.

PAGE_EXECUTE
Execute access to the committed region of pages is allowed. An attempt to read or write the committed region results in an access violation.

See CreateFileMapping, VirtualAlloc, VirtualProtect, VirtualProtectEx, VirtualQuery, VirtualQueryEx

PAGE_EXECUTE_READ

Execute and read access to the region of committed pages is allowed. An attempt to write the committed region results in an access violation.

See CreateFileMapping, VirtualAlloc, VirtualProtect, VirtualProtectEx, VirtualQuery, VirtualQueryEx

PAGE_EXECUTE_READWRITE

Execute, read, and write access to the region of committed pages is allowed.

See CreateFileMapping, VirtualAlloc, VirtualProtect, VirtualProtectEx, VirtualQuery, VirtualQueryEx

PAGE_EXECUTE_WRITECOPY

Execute, read, and write access to the region of committed pages is allowed. The pages are shared read-on/copy-on-write.

See CreateFileMapping, VirtualAlloc, VirtualProtect, VirtualProtectEx, VirtualQuery, VirtualQueryEx

PAGE_GUARD

Protect the page with the underlying page protection. However, access to the region causes a "guard page entered" condition to be raised in the subject process. This value is a page protection modifier, only valid when used with one of the page protections other than PAGE_NOACCESS.

See VirtualAlloc, VirtualProtect, VirtualProtectEx, VirtualQuery, VirtualQueryEx

PAGE_NOACCESS

No access to the committed region of pages is allowed. An attempt to read, write, or execute the committed region results in an access violation.

See VirtualAlloc, VirtualProtect, VirtualProtectEx, VirtualQuery, VirtualQueryEx

PAGE_NOCACHE

No cacheing of the committed regions of pages is allowed. The hardware attributes for the physical memory should be set to no cache. This is not recommended for general usage. It is useful for device drivers; for example, mapping a video frame buffer no cache.

See VirtualAlloc, VirtualProtect, VirtualProtectEx, VirtualQuery, VirtualQueryEx

PAGE_READONLY

Gives read access to the committed region of pages. An attempt to write or execute the committed region results in an access violation.

See CreateFileMapping, VirtualAlloc, VirtualProtect, VirtualProtectEx,

VirtualQuery, VirtualQueryEx

PAGE_READWRITE

Gives read and write access to the committed region of pages.

See CreateFileMapping, VirtualAlloc, VirtualProtect, VirtualProtectEx, VirtualQuery, VirtualQueryEx

PAGE_WRITECOPY

Gives copy-on-write access to the committed region of pages.

See CreateFileMapping, VirtualAlloc, VirtualProtect, VirtualProtectEx, VirtualQuery, VirtualQueryEx

PAN_ANY

Any

See PANOSE.

PAN_BENT_ARMS_DOUBLE_SERIF

Non-Straight Arms/Double-Serif

See PANOSE.

PAN_BENT_ARMS_HORZ

Non-Straight Arms/Horizontal

See PANOSE.

PAN_BENT_ARMS_SINGLE_SERIF

Non-Straight Arms/Single-Serif

See PANOSE.

PAN_BENT_ARMS_VERT

Non-Straight Arms/Vertical

See PANOSE.

PAN_BENT_ARMS_WEDGE

Non-Straight Arms/Wedge

See PANOSE.

PAN_CONTRAST_HIGH

High

See PANOSE.

PAN_CONTRAST_LOW
Low

See PANOSE.

PAN_CONTRAST_MEDIUM
Medium

See PANOSE.

PAN_CONTRAST_MEDIUM_HIGH
Medium High

See PANOSE.

PAN_CONTRAST_MEDIUM_LOW
Medium Low

See PANOSE.

PAN_CONTRAST_NONE
None

See PANOSE.

PAN_CONTRAST_VERY_HIGH
Very High

See PANOSE.

PAN_CONTRAST_VERY_LOW
Very Low

See PANOSE.

PAN_CULTURE_LATIN
Latin

See PANOSE.

PAN_FAMILY_DECORATIVE
Decorative

See PANOSE.

PAN_FAMILY_PICTORIAL
Pictorial

See PANOSE.

PAN_FAMILY_SCRIPT
Script

See PANOSE.

PAN_FAMILY_TEXT_DISPLAY
Text and Display

See PANOSE.

PAN_LETT_NORMAL_BOXED
Normal/Boxed

See PANOSE.

PAN_LETT_NORMAL_CONTACT
Normal/Contact

See PANOSE.

PAN_LETT_NORMAL_FLATTENED
Normal/Flattened

See PANOSE.

PAN_LETT_NORMAL_OFF_CENTER
Normal/Off Center

See PANOSE.

PAN_LETT_NORMAL_ROUNDED
Normal/Rounded

See PANOSE.

PAN_LETT_NORMAL_SQUARE
Normal/Square

See PANOSE.

PAN_LETT_NORMAL_WEIGHTED
Normal/Weighted

See PANOSE.

PAN_LETT_OBLIQUE_BOXED
Oblique/Boxed

See PANOSE.

PAN_LETT_OBLIQUE_CONTACT
Oblique/Contact

See PANOSE.

PAN_LETT_OBLIQUE_FLATTENED
Oblique/Flattened

See PANOSE.

PAN_LETT_OBLIQUE_OFF_CENTER
Oblique/Off Center

See PANOSE.

PAN_LETT_OBLIQUE_ROUNDED
Oblique/Rounded

See PANOSE.

PAN_LETT_OBLIQUE_SQUARE
Oblique/Square

See PANOSE.

PAN_LETT_OBLIQUE_WEIGHTED
Oblique/Weighted

See PANOSE.

PAN_MIDLINE_CONSTANT_POINTED
Constant/Pointed

See PANOSE.

PAN_MIDLINE_CONSTANT_SERIFED
Constant/Serifed

See PANOSE.

PAN_MIDLINE_CONSTANT_TRIMMED
Constant/Trimmed

See PANOSE.

PAN_MIDLINE_HIGH_POINTED
High/Pointed

See PANOSE.

PAN_MIDLINE_HIGH_SERIFED
High/Serifed

See PANOSE.

PAN_MIDLINE_HIGH_TRIMMED
High/Trimmed

See PANOSE.

PAN_MIDLINE_LOW_POINTED
Low/Pointed

See PANOSE.

PAN_MIDLINE_LOW_SERIFED
Low/Serifed

See PANOSE.

PAN_MIDLINE_LOW_TRIMMED
Low/Trimmed

See PANOSE.

PAN_MIDLINE_STANDARD_POINTED
Standard/Pointed

See PANOSE.

PAN_MIDLINE_STANDARD_SERIFED
Standard/Serifed

See PANOSE.

PAN_MIDLINE_STANDARD_TRIMMED
Standard/Trimmed

See PANOSE.

PAN_NO_FIT
No Fit

See PANOSE.

PAN_PROP_CONDENSED
Condensed

See PANOSE.

PAN_PROP_EVEN_WIDTH
Even Width

See PANOSE.

PAN_PROP_EXPANDED
Expanded

See PANOSE.

PAN_PROP_MODERN
Modern

See PANOSE.

PAN_PROP_MONOSPACED
Monospaced

See PANOSE.

PAN_PROP_OLD_STYLE
Old Style

See PANOSE.

PAN_PROP_VERY_CONDENSED
Very Condensed

See PANOSE.

PAN_PROP_VERY_EXPANDED
Very Expanded

See PANOSE.

PAN_SERIF_BONE
Bone

See PANOSE.

PAN_SERIF_COVE
Cove

See PANOSE.

PAN_SERIF_EXAGGERATED
Exaggerated

See PANOSE.

PAN_SERIF_FLARED
Flared

See PANOSE.

PAN_SERIF_NORMAL_SANS
Normal Sans

See PANOSE.

PAN_SERIF_OBTUSE_COVE
Obtuse Cove

See PANOSE.

PAN_SERIF_OBTUSE_SANS
Obtuse Sans

See PANOSE.

PAN_SERIF_OBTUSE_SQUARE_COVE
Obtuse Square Cove

See PANOSE.

PAN_SERIF_PERP_SANS
Prep Sans

See PANOSE.

PAN_SERIF_ROUNDED
Rounded

See PANOSE.

PAN_SERIF_SQUARE
Square

See PANOSE.

PAN_SERIF_SQUARE_COVE
Square Cove

See PANOSE.

PAN_SERIF_THIN
Thin

See PANOSE.

PAN_SERIF_TRIANGLE
Triangle

See PANOSE.

PAN_STRAIGHT_ARMS_DOUBLE_SERIF
Straight Arms/Double-Serif

See PANOSE.

PAN_STRAIGHT_ARMS_HORZ
Straight Arms/Horizontal

See PANOSE.

PAN_STRAIGHT_ARMS_SINGLE_SERIF
Straight Arms/Single-Serif

See PANOSE.

PAN_STRAIGHT_ARMS_VERT
Straight Arms/Vertical

See PANOSE.

PAN_STRAIGHT_ARMS_WEDGE
Straight Arms/Wedge

See PANOSE.

PAN_STROKE_GRADUAL_DIAG
Gradual/Diagonal

See PANOSE.

PAN_STROKE_GRADUAL_HORZ
Gradual/Horizontal

See PANOSE.

PAN_STROKE_GRADUAL_TRAN
Gradual/Transitional

See PANOSE.

PAN_STROKE_GRADUAL_VERT
Gradual/Vertical

See PANOSE.

PAN_STROKE_INSTANT_VERT
Instant/Vertical

See PANOSE.

PAN_STROKE_RAPID_HORZ
Rapid/Horizontal

See PANOSE.

PAN_STROKE_RAPID_VERT
Rapid/Vertical

See PANOSE.

PAN_WEIGHT_BLACK
Black

See PANOSE.

PAN_WEIGHT_BOLD
Bold

See PANOSE.

PAN_WEIGHT_BOOK
Book

See PANOSE.

PAN_WEIGHT_DEMI
Demi

See PANOSE.

PAN_WEIGHT_HEAVY
Heavy

See PANOSE.

PAN_WEIGHT_LIGHT
Light

See PANOSE.

PAN_WEIGHT_MEDIUM
Medium

See PANOSE.

PAN_WEIGHT_NORD
Nord

See PANOSE.

PAN_WEIGHT_THIN
Thin

See PANOSE.

PAN_WEIGHT_VERY_LIGHT
Very Light

See PANOSE.

PAN_XHEIGHT_CONSTANT_LARGE
Constant/Large

See PANOSE.

PAN_XHEIGHT_CONSTANT_SMALL
Constant/Small

See PANOSE.

PAN_XHEIGHT_CONSTANT_STD
Constant/Standard

See PANOSE.

PAN_XHEIGHT_DUCKING_LARGE
Ducking/Large

See PANOSE.

PAN_XHEIGHT_DUCKING_SMALL
Ducking/Small

See PANOSE.

PAN_XHEIGHT_DUCKING_STD
Ducking/Standard

See PANOSE.

PATCOPY
Copies the specified pattern into the destination bitmap.

See BitBlt, PatBlt.

PATINVERT

Combines the colors of the specified pattern with the colors of the destination rectangle by using the Boolean XOR operator.

See BitBlt, PatBlt.

PATPAINT

Combines the colors of the pattern with the colors of the inverted source rectangle by using the Boolean OR operator. The result of this operation is combined with the colors of the destination rectangle by using the Boolean OR operator.

See BitBlt.

PC_EXPLICIT

Specifies that the low-order word of the logical palette entry designates a hardware palette index. This flag allows the application to show the contents of the display device palette.

See PALETTEENTRY.

PC_NOCOLLAPSE

Specifies that the color be placed in an unused entry in the system palette instead of being matched to an existing color in the system palette. If there are no unused entries in the system palette, the color is matched normally. Once this color is in the system palette, colors in other logical palettes can be matched to this color.

See PALETTEENTRY.

PC_RESERVED

Specifies that the logical palette entry be used for palette animation; this prevents other windows from matching colors to this palette entry since the color frequently changes. If an unused system-palette entry is available, this color is placed in that entry. Otherwise, the color is available for animation.

See PALETTEENTRY.

PD_ALLPAGES

Indicates the All radio button was selected when the user closed the dialog box. (This value is used as a placeholder, to indicate the PD_PAGENUMS and PD_SELECTION flags are not set. This value can be set on input and on output.)

See PRINTDLG, PrintDlg.

PD_COLLATE

Causes the Collate checkbox to be in the checked state when the dialog box is created. When the PrintDlg function returns, this flag indicates the state the Collate checkbox was left in by the user.

See PRINTDLG, PrintDlg.

PD_DISABLEPRINTTOFILE

Disables the Print to File check box.

See PRINTDLG, PrintDlg.

PD_ENABLEPRINTHOOK

Enables the hook function specified in the lpfnPrintHook member of this structure.

See PRINTDLG, PrintDlg.

PD_ENABLEPRINTTEMPLATE

Causes the operating system to create the dialog box by using the dialog template identified by the hInstance and lpPrintTemplateName members.

See PRINTDLG, PrintDlg.

PD_ENABLEPRINTTEMPLATEHANDLE

Indicates that the hInstance member identifies a data block that contains a preloaded dialog template. The system ignores the lpPrintTemplateName member if this flag is specified.

See PRINTDLG, PrintDlg.

PD_ENABLESETUPHOOK

Enables the hook function specified in the lpfnSetupHook member of this structure.

See PRINTDLG, PrintDlg.

PD_ENABLESETUPTEMPLATE

Causes the operating system to create the dialog box by using the dialog template identified by the hInstance and lpSetupTemplateName members.

See PRINTDLG, PrintDlg.

PD_ENABLESETUPTEMPLATEHANDLE

Indicates the hInstance member identifies a data block that contains a pre-loaded dialog template. The operating system ignores the lpSetupTemplateName member if this flag is specified.

See PRINTDLG, PrintDlg.

PD_HIDEPRINTTOFILE

Hides and disables the Print to File check box.

See PRINTDLG, PrintDlg.

PD_NOPAGENUMS

Disables the Pages radio button and the associated edit control.

See PRINTDLG, PrintDlg.

PD_NOSELECTION

Disables the Selection radio button.

See PRINTDLG, PrintDlg.

PD_NOWARNING

Prevents the warning message from being displayed when there is no default printer.

See PRINTDLG, PrintDlg.

PD_PAGENUMS

Causes the Pages radio button to be in the selected state when the dialog box is created. When the PrintDlg function returns, this flag is set if the Pages radion button is in the selected state.

See PRINTDLG, PrintDlg.

PD_PRINTSETUP

Causes the system to display the Print Setup dialog box rather than the Print dialog box.

See PRINTDLG, PrintDlg.

PD_PRINTTOFILE

Causes the Print to File check box to be in the checked state when the dialog box is created. When the PrintDlg function returns, the pOutput member of the DEVNAMES structure points to the "FILE:" string.

See PRINTDLG, PrintDlg.

PD_RETURNDC

Causes the PrintDlg function to return a device context matching the selections the user made in the dialog box. The device context is returned in the hDC member.

See PRINTDLG, PrintDlg.

PD_RETURNDEFAULT

Causes the PrintDlg function to return DEVMODE and DEVNAME structures that are initialized for the system default printer. It does this without displaying a dialog box. It is assumed that both the hDevNames and the hDevMode members are NULL; otherwise, the function returns an error. If the system default printer is supported by an old printer driver (pre-3.0), only the hDevNames member is returned—the hDevMode member is NULL.

See PRINTDLG, PrintDlg.

PD_RETURNIC
: Similar to the PD_RETURNDC flag except this flag returns an information context rather than a device context. If neither PD_RETURNDC nor PD_RETURNIC are specified, the hDC parameter is undefined on output.

See PRINTDLG, PrintDlg.

PD_SELECTION
: Causes the Selection radio button to be in the selected state when the dialog box is created. When the PrintDlg function returns, this flag is set if the Selection radio button is in the selected state. If neither PD_PAGENUMS nor PD_SELECTION are specified, the All radio button is in the selected state.

See PRINTDLG, PrintDlg.

PD_SHOWHELP
: Causes the dialog box to show the Help push button. The hwndOwner must not be NULL if this option is specified.

See PRINTDLG, PrintDlg.

PD_USEDEVMODECOPIES
: If a printer driver does not support multiple copies, setting this flag disables the Copies edit control; if a driver does support multiple copies, setting this flag indicates the PrintDlg function should store the requested number of copies in the dmCopies member of the DEVMODE data structure and store the value 1 in the nCopies member of the PRINTDLG data structure. If this flag is not set, the PrintDlg structure stores the value 1 in the dmCopies member of the DEVMODE structure and stores the requested number of copies in the nCopies member of the PRINTDLG data structure.

See PRINTDLG, PrintDlg.

PDERR_CREATEICFAILURE
: Specifies the PrintDlg function failed when it attempted to create an information context.

See CommDlgExtendedError.

PDERR_DEFAULTDIFFERENT

Specifies an application called the PrintDlg function with the DN_DEFAULT-PRN flag set in the wDefault member of the DEVNAMES structure, but the printer described by the other structure members did not match the current default printer. (This happens when an application stores the DEVNAMES structure and the user changes the default printer by using Control Panel.) To use the printer described by the DEVNAMES structure, the application should clear the DN_DEFAULTPRN flag and call the PrintDlg function again. To use the default printer, the application should replace the DEVNAMES structure (and the DEVMODE structure, if one exists) with NULL; this selects the default printer automatically.

See CommDlgExtendedError.

PDERR_DNDMMISMATCH

Specifies the data in the DEVMODE and DEVNAMES structures describes two different printers.

See CommDlgExtendedError.

PDERR_GETDEVMODEFAIL

Specifies the printer driver failed to initialize a DEVMODE structure. (This error value applies only to printer drivers written for Windows versions 3.0 and later.)

See CommDlgExtendedError.

PDERR_INITFAILURE

Indicates that the PrintDlg function failed during initialization, and that there is no more specific extended error code to describe the failure. Think of this as the generic default error code for that function.

See CommDlgExtendedError.

PDERR_LOADDRVFAILURE

Specifies the PrintDlg function failed to load the device driver for the specified printer.

See CommDlgExtendedError.

PDERR_NODEFAULTPRN

Specifies a default printer does not exist.

See CommDlgExtendedError.

PDERR_NODEVICES

Specifies no printer drivers were found.

See CommDlgExtendedError.

PDERR_PARSEFAILURE

Specifies the PrintDlg function failed to parse the strings in the [devices] section of the WIN.INI file.

See CommDlgExtendedError.

PDERR_PRINTERNOTFOUND

Specifies the [devices] section of the WIN.INI file did not contain an entry for the requested printer.

See CommDlgExtendedError.

PDERR_RETDEFFAILURE

Specifies the PD_RETURNDEFAULT flag was set in the Flags member of the PRINTDLG structure but the hDevMode or hDevNames member was nonzero.

See CommDlgExtendedError.

PDERR_SETUPFAILURE

Specifies the PrintDlg function failed to load the required resources.

See CommDlgExtendedError.

PDEVICESIZE

Reserved.

See GetDeviceCaps.

PERF_100NSEC_MULTI_TIMER

64-bit Timer in 100 nsec units. Display delta divided by delta time. The display suffix is "%". This timer is for multiple instances, so the result can exceed 100%.

See PERF_COUNTER_DEFINITION.

PERF_100NSEC_MULTI_TIMER_INV

64-bit Timer inverse. (That is, idle is measured.) Display 100 * _MULTI_BASE - delta divided by delta time. The display suffix is "%". This timer is for multiple instances, so the result can exceed 100%. Followed by a counter of type PERF_COUNTER_MULTI_BASE.

See PERF_COUNTER_DEFINITION.

PERF_100NSEC_TIMER

64-bit Timer in 100 nsec units. Divide delta by delta time. The display suffix is "%".

See PERF_COUNTER_DEFINITION.

PERF_100NSEC_TIMER_INV
64-bit Timer inverse. (That is, idle is measured.) Display 100 - delta divided by delta time. The display suffix is "%".

See PERF_COUNTER_DEFINITION.

PERF_AVERAGE_BASE
Used as the denominator in the computation of time or count averages. Must directly follow the numerator counter. Do not display this value to the user.

See PERF_COUNTER_DEFINITION.

PERF_AVERAGE_BULK
A bulk count which, when divided by the number of operations, typically provides the number of bytes per operation.

See PERF_COUNTER_DEFINITION.

PERF_AVERAGE_TIMER
A timer which, when divided by an average base, produces a time in seconds which is the average time of some operation. This timer times total operations, and the base is the number of operations. The display suffix is "sec".

See PERF_COUNTER_DEFINITION.

PERF_COUNTER_BULK_COUNT
64-bit Counter. Divide delta by delta time. The display suffix is "/sec".

See PERF_COUNTER_DEFINITION.

PERF_COUNTER_COUNTER
32-bit counter. Divide delta by delta time. The display suffix is "/sec".

See PERF_COUNTER_DEFINITION.

PERF_COUNTER_HISTOGRAM
Counter begins or ends a histogram.

See PERF_COUNTER_DEFINITION.

PERF_COUNTER_MULTI_BASE
Number of instances to which the preceeding PERF_COUNTER_MULTI_TIMER_INV counter applies. This value is used as a factor to get the percentage.

See PERF_COUNTER_DEFINITION.

PERF_COUNTER_MULTI_TIMER

64-bit Timer. Divide delta by delta time. The display suffix is "%". This timer is for multiple instances, so the result can exceed 100%.

See PERF_COUNTER_DEFINITION.

PERF_COUNTER_MULTI_TIMER_INV

64-bit Timer inverse. (That is, idle is measured.) Display 100 * _MULTI_BASE - delta divided by delta time. The display suffix is "%". This timer is for multiple instances, so the result can exceed 100%. Followed by a counter of type PERF_COUNTER_MULTI_BASE.

See PERF_COUNTER_DEFINITION.

PERF_COUNTER_NODATA

A label: no data is associated with this counter (it has 0 length) Do not display.

See PERF_COUNTER_DEFINITION.

PERF_COUNTER_QUEUELEN

Queue Length Space-Time Product. Divide delta by delta time.

See PERF_COUNTER_DEFINITION.

PERF_COUNTER_RAWCOUNT

The data is a counter which should not be time averaged on display, such as an error counter on a serial line.

See PERF_COUNTER_DEFINITION.

PERF_COUNTER_TEXT

The counter is Unicode text, not a counter.

See PERF_COUNTER_DEFINITION.

PERF_COUNTER_TIMER

64-bit Timer. Divide delta by delta time. The display suffix is "%".

See PERF_COUNTER_DEFINITION.

PERF_COUNTER_TIMER_INV

64-bit timer inverse. (That is, idle is measured.) Display 100 - delta divided by delta time. The display suffix is "%".

See PERF_COUNTER_DEFINITION.

PERF_DETAIL_ADVANCED

Data designed for the advanced user.

See PERF_COUNTER_DEFINITION, PERF_OBJECT_TYPE.

PERF_DETAIL_EXPERT

Data designed for the expert user.

See PERF_COUNTER_DEFINITION, PERF_OBJECT_TYPE.

PERF_DETAIL_NOVICE

Data can be understood by the uninformed user.

See PERF_COUNTER_DEFINITION, PERF_OBJECT_TYPE.

PERF_DETAIL_WIZARD

Data designed for the system designer.

See PERF_COUNTER_DEFINITION, PERF_OBJECT_TYPE.

PERF_RAW_BASE

Indicates the data is a base for the preceeding counter which should not be time averaged on display, such as free space over total space.

See PERF_COUNTER_DEFINITION.

PERF_RAW_FRACTION

Indicates the data is a fraction of the following counter which should not be time averaged on display, such as free space over total space. Display the quotient as "%"

See PERF_COUNTER_DEFINITION.

PERF_SAMPLE_BASE

The divisor for a sample, used with the previous counter to form a sampled percentage. You must check for > 0 before dividing by this value. This counter will directly follow the numerator counter and should not be displayed.

See PERF_COUNTER_DEFINITION.

PERF_SAMPLE_COUNTER

A count which is sampled on each sampling interrupt (queue length) Divide delta by delta time.

See PERF_COUNTER_DEFINITION.

PERF_SAMPLE_FRACTION

A count which is either 1 or 0 on each sampling interrupt (% busy) Divide delta by delta base. The display suffix is "%".

See PERF_COUNTER_DEFINITION.

PLANES

Number of color planes.

See GetDeviceCaps.

PM_NOREMOVE

Indicates the message has not been removed from the queue. (An application called the PeekMessage function, specifying the PM_NOREMOVE flag.)

See GetMsgProc, PeekMessage.

PM_REMOVE

Indicates the message has been removed from the queue. (An application called the GetMessage function, or it called the PeekMessage function, specifying the PM_REMOVE flag.)

See GetMsgProc, PeekMessage.

POLYGONALCAPS

A bitmask that indicates the polygonal capabilities of the device.

See GetDeviceCaps.

PRINTER_CONTROL_PAUSE

Pause the printer.

See SetPrinter.

PRINTER_CONTROL_PURGE

Delete all the print jobs in the printer.

See SetPrinter.

PRINTER_CONTROL_RESUME

Resume a paused printer.

See SetPrinter.

PRINTER_ENUM_LOCAL

Enumerate locally installed printers.

See EnumPrinters.

PRINTER_ENUM_NAME

Enumerate the printer identified by lpszName. This could be a server lpszName, or a domain lpszName.

See EnumPrinters.

PRINTER_ENUM_REMOTE

Enumerated network printers.

See EnumPrinters.

PRINTER_ENUM_SHARED

Enumerate printers with the shared attribute.

See EnumPrinters.

PRINTER_FONTTYPE

Specifies that the font is a printer font.

See CHOOSEFONT, ChooseFont.

PRIVILEGE_SET_ALL_NECESSARY

Indicates that all of the specified privileges must be held by the process requesting accesss. If this flag is not set, then the presence of any the privileges in the process's access token grants the access.

See PRIVILEGE_SET.

PROCESS_ALL_ACCESS

Specifies all possible access flags for the process object.

See DuplicateHandle.

PROCESS_CREATE_THREAD

Enables using the process handle in the CreateRemoteThread function to create a thread in the process.

See DuplicateHandle.

PROCESS_DUP_HANDLE

Enables using the process handle as either the source or target process in the DuplicateHandle function to duplicate a handle.

See DuplicateHandle.

PROCESS_QUERY_INFORMATION

Enables using the process handle in the GetExitCodeProcess and GetPriorityClass functions to read information from the process object.

See DuplicateHandle.

PROCESS_SET_INFORMATION
Enables using the process handle in the SetPriorityClass function to set the process's priority class.

See DuplicateHandle.

PROCESS_TERMINATE
Enables using the process handle in the TerminateProcess function to terminate the process.

See DuplicateHandle.

PROCESS_VM_OPERATION
Enables using the process handle in the VirtualProtectEx and WriteProcessMemory functions to modify the virtual memory of the process.

See DuplicateHandle.

PROCESS_VM_READ
Enables using the process handle in the ReadProcessMemory function to read from the virtual memory of the process.

See DuplicateHandle.

PROCESS_VM_WRITE
Enables using the process handle in the WriteProcessMemory function to write to the virtual memory of the process.

See DuplicateHandle.

PROOF_QUALITY
Character quality of the font is more important than exact matching of the logical-font attributes. For GDI raster fonts, scaling is disabled and the font closest in size is chosen. Bold, italic, underline, and strikeout fonts are synthesized if necessary.

See CreateFont, LOGFONT.

PS_ALTERNATE
The pen sets every other pixel. (This style is only applicable for cosmetic pens.)

See ExtCreatePen.

PS_COSMETIC
Creates a cosmetic pen.

See ExtCreatePen, EXTLOGPEN.

PS_DASH

Creates a dashed pen. Valid only when the pen width is one or less in device untis.

See CreatePen, ExtCreatePen, EXTLOGPEN, LOGPEN.

PS_DASHDOT

Creates a pen with alternating dashes and dots. Valid only when the pen width is one or less in device untis.

See CreatePen, ExtCreatePen, EXTLOGPEN, LOGPEN.

PS_DASHDOTDOT

Creates a pen with alternating dashes and double-dots. Valid only when the pen width is one or less in device untis.

See CreatePen, ExtCreatePen, EXTLOGPEN, LOGPEN.

PS_DOT

Creates a dotted pen. Valid only when the pen width is one or less in device units.

See CreatePen, ExtCreatePen, EXTLOGPEN, LOGPEN.

PS_ENDCAP_FLAT

Line end caps are flat.

See ExtCreatePen, EXTLOGPEN.

PS_ENDCAP_ROUND

Line end caps are round.

See ExtCreatePen, EXTLOGPEN.

PS_ENDCAP_SQUARE

Line end caps are square.

See ExtCreatePen, EXTLOGPEN.

PS_GEOMETRIC

Creates a geometric pen.

See ExtCreatePen, EXTLOGPEN.

PS_INSIDEFRAME

Creates a solid pen. When this pen is used in any GDI drawing function that takes a bounding rectangle, the dimensions of the figure will be shrunk so that it fits entirely in the bounding rectangle, taking into account the width of the pen.

See CreatePen, ExtCreatePen, EXTLOGPEN, LOGPEN.

PS_JOIN_BEVEL

Line joins are beveled.

See ExtCreatePen, EXTLOGPEN.

PS_JOIN_MITER

Line joins are mitered when they are within the current SetMiterLimit limit. A join is beveled when it would exceed the limit.

See ExtCreatePen, EXTLOGPEN.

PS_JOIN_ROUND

Line joins are round.

See ExtCreatePen, EXTLOGPEN.

PS_NULL

Creates a null pen.

See CreatePen, ExtCreatePen, EXTLOGPEN, LOGPEN.

PS_SOLID

Creates a solid pen.

See CreatePen, ExtCreatePen, EXTLOGPEN, LOGPEN.

PS_USERSTYLE

A styling array supplied by the user is to be used.

See ExtCreatePen, EXTLOGPEN.

PT_BEZIERTO

Specifies that the corresponding point in lpPoints is a control point or end point for a Bézier curve. PT_BEZIERTO types always occur in sets of three. The point in the path immediately preceding them defines the starting point for the Bézier curve. The first two PT_BEZIERTO points are the control points, and the third PT_BEZIERTO point is the end (if hard-coded) point.

See GetPath, PolyDraw.

PT_CLOSEFIGURE

This flag specifies that the figure is automatically closed after the PT_LINETO or PT_BEZIERTO constant for this point is done. A line is to be drawn from this point to the previous PT_MOVETO point. This flag is combined with the PT_LINETO type for a line, or with the PT_BEZIERTO type of the end point for a Bézier curve, by using the bit-wise operator OR.

See GetPath, PolyDraw.

PT_LINETO

Specifies that a line is to be drawn from the current position to this point, which then becomes the new current position.

See GetPath, PolyDraw.

PT_MOVETO

Specifies that the corresponding point in lpPoints starts a disjoint figure.

See GetPath, PolyDraw.

PWR_CRITICALRESUME

Indicates that the system is resuming operation after entering the suspended mode without first sending a PWR_SUSPENDREQUEST notification message to the application. An application should perform any necessary recovery actions.

See WM_POWER.

PWR_SUSPENDREQUEST

Indicates that the system is about to enter the suspended mode.

See WM_POWER.

PWR_SUSPENDRESUME

Indicates that the system is resuming operation after having entered the suspended mode normally—that is, the system sent a PWR_SUSPENDREQUEST notification message to the application before the system was suspended. An application should perform any necessary recovery actions.

See WM_POWER.

QS_ALLINPUT

Any message, including sent messages, is in the queue. This is equivalent to the combination QS_ALLEVENTS | QS_SENDMESSAGE.

See GetQueueStatus.

QS_ALLEVENTS

Any message, other than a sent message, is in the queue. This is equivalent to the combination QS_INPUT | QS_HOTKEY | QS_PAINT | QS_TIMER | QS_POSTMESSAGE.

See GetQueueStatus.

QS_HOTKEY

A WM_HOTKEY message is in the queue.

See GetQueueStatus.

QS_INPUT

An input message is in the queue. This is equivalent to the combination QS_KEY | QS_MOUSE.

See GetQueueStatus.

QS_KEY

A WM_KEYUP, WM_KEYDOWN, WM_SYSKEYUP, or WM_SYSKEY-DOWN message is in the queue.

See GetQueueStatus.

QS_MOUSE

A WM_MOUSEMOVE or WM_*BUTTON* message is in the queue. This is equivalent to the combination QS_MOUSEBUTTON | QS_MOUSEMOVE.

See GetQueueStatus.

QS_MOUSEBUTTON

A WM_*BUTTON* message is in the queue.

See GetQueueStatus.

QS_MOUSEMOVE

A WM_MOUSEMOVE message is in the queue.

See GetQueueStatus.

QS_PAINT

A WM_PAINT message is in the queue.

See GetQueueStatus.

QS_POSTMESSAGE

A posted message (other than those covered by QS_HOTKEY, QS_PAINT, QS_TIMER, QS_MOUSEBUTTON, QS_MOUSEMOVE, and QS_KEY) is in the queue.

See GetQueueStatus.

QS_SENDMESSAGE

A message sent by another thread or process is in the queue.

See GetQueueStatus.

QS_TIMER

A WM_TIMER message is in the queue.

See GetQueueStatus.

R2_BLACK

Pixel is always binary 0.

See SetROP2.

R2_COPYPEN

Pixel is the pen color.

See SetROP2.

R2_MASKNOTPEN

Pixel is a combination of the colors common to both the display and the inverse of the pen.

See SetROP2.

R2_MASKPEN

Pixel is a combination of the colors common to both the pen and the display.

See SetROP2.

R2_MASKPENNOT

Pixel is a combination of the colors common to both the pen and the inverse of the display.

See SetROP2.

R2_MERGENOTPEN

Pixel is a combination of the display color and the inverse of the pen color.

See SetROP2.

R2_MERGEPEN

Pixel is a combination of the pen color and the display color.

See SetROP2.

R2_MERGEPENNOT

Pixel is a combination of the pen color and the inverse of the display color.

See SetROP2.

R2_NOP

Pixel remains unchanged.

See SetROP2.

R2_NOT

Pixel is the inverse of the display color.

See SetROP2.

R2_NOTCOPYPEN
Pixel is the inverse of the pen color.

See SetROP2.

R2_NOTMASKPEN
Pixel is the inverse of the R2_MASKPEN color.

See SetROP2.

R2_NOTMERGEPEN
Pixel is the inverse of the R2_MERGEPEN color.

See SetROP2.

R2_NOTXORPEN
Pixel is the inverse of the R2_XORPEN color.

See SetROP2.

R2_WHITE
Pixel is always binary 1.

See SetROP2.

R2_XORPEN
Pixel is a combination of the colors in the pen and in the display, but not in both.

See SetROP2.

RASTERCAPS
Value that indicates the raster capabilities of the device.

See GetDeviceCaps.

RC_BANDING
Requires banding support.

See GetDeviceCaps.

RC_BITBLT
Capable of transferring bitmaps.

See GetDeviceCaps.

RC_BITMAP64
Capable of supporting bitmaps larger than 64K.

See GetDeviceCaps.

RC_DI_BITMAP

Capable of supporting the SetDIBits and GetDIBits functions.

See GetDeviceCaps.

RC_DIBTODEV

Capable of supporting the SetDIBitsToDevice function.

See GetDeviceCaps.

RC_FLOODFILL

Capable of performing flood fills.

See GetDeviceCaps.

RC_GDI20_OUTPUT

Capable of supporting features of Windows 2.0.

See GetDeviceCaps.

RC_PALETTE

Specifies palette-based device.

See GetDeviceCaps.

RC_SCALING

Capable of scaling.

See GetDeviceCaps.

RC_STRETCHBLT

Capable of performing the StretchBlt function.

See GetDeviceCaps.

RC_STRETCHDIB

Capable of performing the StretchDIBits function.

See GetDeviceCaps.

RDW_ALLCHILDREN

Includes child windows, if any, in the repainting operation.

See RedrawWindow.

RDW_ERASE

Causes the window to receive a WM_ERASEBKGND message when the window is repainted. The RDW_INVALIDATE flag must also be specified; otherwise, RDW_ERASE has no effect.

See RedrawWindow.

RDW_ERASENOW

Causes the affected windows (as specified by the RDW_ALLCHILDREN and RDW_NOCHILDREN flags) to receive WM_NCPAINT and WM_ERASEBKGND messages, if necessary, before the function returns. WM_PAINT messages are received at the ordinary time.

See RedrawWindow.

RDW_FRAME

Causes any part of the nonclient area of the window that intersects the update region to receive a WM_NCPAINT message. The RDW_INVALIDATE flag must also be specified; otherwise, RDW_FRAME has no effect. The WM_NCPAINT message is typically not sent during the execution of the RedrawWindow function unless either RDW_UPDATENOW or RDW_ERASENOW is specified.

See RedrawWindow.

RDW_INTERNALPAINT

Causes a WM_PAINT message to be posted to the window regardless of whether any portion of the window is invalid.

See RedrawWindow.

RDW_INVALIDATE

Invalidate lprcUpdate or hrgnUpdate (only one may be non-NULL). If both are NULL, the entire window is invalidated.

See RedrawWindow.

RDW_NOCHILDREN

Excludes child windows, if any, from the repainting operation.

See RedrawWindow.

RDW_NOERASE

Suppresses any pending WM_ERASEBKGND messages.

See RedrawWindow.

RDW_NOFRAME

Suppresses any pending WM_NCPAINT messages. This flag must be used with RDW_VALIDATE and is typically used with RDW_NOCHILDREN. RDW_NOFRAME should be used with care, as it could cause parts of a window from painting properly.

See RedrawWindow.

RDW_NOINTERNALPAINT

Suppresses any pending internal WM_PAINT messages. This flag does not affect WM_PAINT messages resulting from a non-NULL update area.

See RedrawWindow.

RDW_UPDATENOW

Causes the affected windows (as specified by the RDW_ALLCHILDREN and RDW_NOCHILDREN flags) to receive WM_NCPAINT, WM_ERASEBKGND, and WM_PAINT messages, if necessary, before the function returns.

See RedrawWindow.

RDW_VALIDATE

Validates lprcUpdate or hrgnUpdate (only one may be non-NULL). If both are NULL, the entire window is validated. This flag does not affect internal WM_PAINT messages.

See RedrawWindow.

REG_BINARY

Binary data in any form.

See RegSetValueEx.

REG_CREATED_NEW_KEY

The key did not exist and was created.

See RegCreateKeyEx.

REG_DWORD

A 32-bit number.

See RegSetValueEx.

REG_DWORD_BIG_ENDIAN

A 32-bit number in big-endian format. In big-endian format, the most significant byte of a word is the low word.

See RegSetValueEx.

REG_DWORD_LITTLE_ENDIAN

A 32-bit number in little-endian format (same as REG_DWORD). In little-endian format, the most significant byte of a word is the high word. This is the standard format for Intel and Motorola microprocessors.

See RegSetValueEx.

REG_EXPAND_SZ

A null-terminated Unicode string that contains unexpanded references to environment variables (for example, "%PATH%").

See RegSetValueEx.

REG_LINK

A Unicode symbolic link.

See RegSetValueEx.

REG_MULTI_SZ

An array of null-terminated strings, terminated by two null characters.

See RegSetValueEx.

REG_NONE

No defined value type.

See RegSetValueEx.

REG_NOTIFY_CHANGE_ATTRIBUTES

Any attribute changes that occur in a key or subtree being watched cause a change notification.

See RegNotifyChangeKeyValue.

REG_NOTIFY_CHANGE_LAST_SET

Any changes to the last write time that occur in a key or subtree being watched cause a change notification.

See RegNotifyChangeKeyValue.

REG_NOTIFY_CHANGE_NAME

Any changes to key names that occur in a key or subtree being watched cause a change-notification wait. This includes key creations and deletions.

See RegNotifyChangeKeyValue.

REG_NOTIFY_CHANGE_SECURITY

Any security-descriptor changes that occur in a key or subtree being watched cause a change notification.

See RegNotifyChangeKeyValue.

REG_OPENED_EXISTING_KEY

The key existed, and was simply opened without being changed.

See RegCreateKeyEx.

REG_OPTION_NON_VOLATILE

This key is not volatile. The information is stored in a file and is preserved when the system is restarted.

See RegCreateKeyEx.

REG_OPTION_VOLATILE

This key is volatile. The information is stored in memory and is not preserved when the system is restarted.

See RegCreateKeyEx.

REG_RESOURCE_LIST

A device-driver resource list.

See RegSetValueEx.

REG_SZ

A null-terminated string. It will be a UNICODE or ANSI string depending on whether you use the UNICODE or ANSI functions. For example, if you call RegEnumValueW, you get back a UNICODE string, and if you call RegEnumValueA, you get back an ANSI string.

See RegSetValueEx.

REG_WHOLE_HIVE_VOLATILE

Instead of restoring the specified key, this flag causes a new, volatile (memory only) set of registry information to be created. (A hive is a large set of registry information, typically containing all of the pertinent information for part of the system. HKEY_LOCAL_MACHINE\Hardware, for example, is a volatile hive.) If this flag is specified, the key identified by the hkey parameter must be either HKEY_USERS or HKEY_LOCAL_MACHINE.

See RegRestoreKey.

REGISTERED

The name specified by the name member has been successfully added to the network.

See NAME_BUFFER.

REGISTERING

The name specified by the name member is being added to the network.

See NAME_BUFFER.

RESOURCE_CONNECTED
All currently connected resources (fdwUsage is ignored).

See WNetOpenEnum, NETRESOURCE.

RESOURCE_GLOBALNET
All resources on the network.

See WNetOpenEnum, NETRESOURCE.

RESOURCE_REMEMBERED
All remembered connections (fdwUsage is ignored).

See WNetOpenEnum, NETRESOURCE.

RESOURCEDISPLAYTYPE_DOMAIN
The object should be displayed as a domain.

See NETRESOURCE.

RESOURCEDISPLAYTYPE_GENERIC
The method used to display the object does not matter.

See NETRESOURCE.

RESOURCEDISPLAYTYPE_SERVER
The object should be displayed as a server.

See NETRESOURCE.

RESOURCEDISPLAYTYPE_SHARE
The object should be displayed as a sharepoint.

See NETRESOURCE.

RESOURCETYPE_ANY
All resources. (This value cannot be combined with RESOURCETYPE_DISK or RESOURCETYPE_PRINT.)

See WNetOpenEnum.

RESOURCETYPE_ANY
All resources

See NETRESOURCE.

RESOURCETYPE_DISK
All disk resources.

See WNetOpenEnum.

RESOURCETYPE_DISK
Connect to disk resources.

See WNetConnectionDialog.

RESOURCETYPE_DISK
Disk resources

See NETRESOURCE.

RESOURCETYPE_PRINT
All print resources.

See WNetOpenEnum.

RESOURCETYPE_PRINT
Connect to print resources.

See WNetConnectionDialog.

RESOURCETYPE_PRINT
Print resources

See NETRESOURCE.

RESOURCEUSAGE_CONNECTABLE
This is a connectable resource; lpRemoteName can be passed to the WNetAddConnection function to make a network connection.

See NETRESOURCE.

RESOURCEUSAGE_CONNECTABLE
All connectable resources.

See WNetOpenEnum.

RESOURCEUSAGE_CONTAINER
This is a container resource; lpRemoteName can be passed to the WNetOpenEnum function to enumerate the resources in the container.

See NETRESOURCE.

RESOURCEUSAGE_CONTAINER
All container resources.

See WNetOpenEnum.

RGN_AND
Creates the intersection of the two combined regions.

See CombineRgn, ExtSelectClipRgn, SelectClipPath.

RGN_COPY

Creates a copy of the region.

See CombineRgn, ExtSelectClipRgn, SelectClipPath.

RGN_DIFF

The new clipping region includes the areas of the current clipping region with those of the current path excluded.

See CombineRgn, ExtSelectClipRgn, SelectClipPath.

RGN_OR

Creates the union of the two combined regions.

See CombineRgn, ExtSelectClipRgn, SelectClipPath.

RGN_XOR

Creates the union of the two combined regions except for the overlapping areas.

See CombineRgn, ExtSelectClipRgn, SelectClipPath.

RIGHT_ALT_PRESSED

The right-hand ALT key is pressed.

See KEY_EVENT_RECORD.

RIGHT_CTRL_PRESSED

The right-hand CTRL key is pressed.

See KEY_EVENT_RECORD.

RT_ACCELERATOR

Accelerator table

See EnumResourceLanguages.

RT_BITMAP

Bitmap resource

See EnumResourceLanguages.

RT_CURSOR

Hardware-dependent cursor resource

See EnumResourceLanguages.

RT_DIALOG

Dialog box

See EnumResourceLanguages.

RT_FONT
Font resource

See EnumResourceLanguages.

RT_FONTDIR
Font directory resource

See EnumResourceLanguages.

RT_GROUP_CURSOR
Hardware-independent cursor resource

See EnumResourceLanguages.

RT_GROUP_ICON
Hardware-independent icon resource

See EnumResourceLanguages.

RT_ICON
Hardware-dependent icon resource

See EnumResourceLanguages.

RT_MENU
Menu resource

See EnumResourceLanguages.

RT_MESSAGETABLE
Message-table entry

See EnumResourceLanguages.

RT_RCDATA
User-defined resource (raw data)

See EnumResourceLanguages.

RT_STRING
String-table entry

See EnumResourceLanguages.

RT_VERSION
Version resource

See EnumResourceLanguages.

RTS_CONTROL_DISABLE

Disable the RTS line on device open and leave it disabled.

See DCB.

RTS_CONTROL_ENABLE

Enable the RTS line on device open and leave it on.

See DCB.

RTS_CONTROL_HANDSHAKE

Enable RTS handshaking. The driver raises the RTS line when the "typeahead" buffer is less than half full and lowers the RTS line when the buffer is more than three-quarters full. Note that if handshaking is enabled, it is an error for the application to adjust the line using the EscapeCommFunction function.

See DCB.

RTS_CONTROL_TOGGLE

Specifies that the RTS line will be high if bytes are available for transmission. After all bytes in queued I/O have been sent, the RTS line will be low.

See DCB.

SACL_SECURITY_INFORMATION

When set, this bit indicates the system access-control list of the object is being referenced.

See SECURITY_INFORMATION.

SB_BOTH

Enables or disables the arrows on the horizontal and vertical scroll bars associated with the given window. The hwnd parameter must be the handle of the window. SB_BOTH Shows or hides a window's standard horizontal and vertical scroll bars.

See EnableScrollBar, ShowScrollBar.

SB_BOTTOM

Scroll to lower right.

See WM_HSCROLL.

SB_CTL

For a number of functions, indicates that an hwnd parameter is the handle of a scroll bar control.

See EnableScrollBar, GetScrollPos, GetScrollRange, SetScrollPos, SetScrollRange, ShowScrollBar.

SB_ENDSCROLL

End scroll.

See WM_HSCROLL.

SB_HORZ

Enables or disables the arrows on the horizontal scroll bar associated with the given window. The hwnd parameter must be the handle of the window.

See EnableScrollBar, GetScrollPos, GetScrollRange, SetScrollPos, SetScrollRange, ShowScrollBar.

SB_LINEDOWN

Scroll down one line.

See EM_SCROLL, WM_HSCROLL.

SB_LINEUP

Scroll up one line.

See EM_SCROLL, WM_HSCROLL.

SB_PAGEDOWN

Scroll down one page.

See EM_SCROLL, WM_HSCROLL.

SB_PAGEUP

Scroll up one page.

See EM_SCROLL, WM_HSCROLL.

SB_THUMBPOSITION

Scroll to absolute position. The current position is specified by the nPos parameter.

See WM_HSCROLL.

SB_THUMBTRACK

Drag scroll box (thumb) to specified position. The current position is specified by the nPos parameter.

See WM_HSCROLL.

SB_TOP

Scroll to upper left.

See WM_HSCROLL.

SB_VERT

Shows or hides a window's standard vertical scroll bar.

See EnableScrollBar, GetScrollPos, GetScrollRange, SetScrollPos, SetScrollRange, ShowScrollBar.

SC_CLOSE

Close the window.

See WM_SYSCOMMAND.

SC_HOTKEY

Activate the window associated with the application-specified hot key. The low-order word of lParam identifies the window to activate.

See WM_SYSCOMMAND.

SC_HSCROLL

Scroll horizontally.

See WM_SYSCOMMAND.

SC_KEYMENU

Retrieve a menu through a keystroke.

See WM_SYSCOMMAND.

SC_MAXIMIZE

Maximize the window.

See WM_SYSCOMMAND.

SC_MINIMIZE

Minimize the window.

See WM_SYSCOMMAND.

SC_MOUSEMENU

Retrieve a menu through a mouse click.

See WM_SYSCOMMAND.

SC_MOVE

Move the window.

See WM_SYSCOMMAND.

SC_NEXTWINDOW

Move to the next window.

See WM_SYSCOMMAND.

SC_PREVWINDOW

Move to the previous window.

See WM_SYSCOMMAND.

SC_RESTORE

Restore window to normal position and size.

See WM_SYSCOMMAND.

SC_SCREENSAVE

Execute the screen-saver application specified in the [boot] section of the SYSTEM.INI file.

See WM_SYSCOMMAND.

SC_SIZE

Size the window.

See WM_SYSCOMMAND.

SC_TASKLIST

Execute or activate the Windows Task Manager application.

See WM_SYSCOMMAND.

SC_VSCROLL

Scroll vertically.

See WM_SYSCOMMAND.

SCREEN_FONTTYPE

Specifies that the font is a screen font.

See CHOOSEFONT, ChooseFont.

SCROLLBAR

Designates a rectangle that contains a scroll box and has direction arrows at both ends. The scroll bar sends a notification message to its parent window whenever the user clicks the control. The parent window is responsible for updating the position of the scroll box (also called the "thumb"), if necessary. Scroll bar controls have the same appearance and function as scroll bars used in ordinary windows. Unlike scroll bars, however, scroll bar controls can be positioned anywhere in a window and used whenever you need to provide scrolling input for a window. The scroll bar class also includes size box controls. A size box is a small rectangle the user can expand to change the size of the window.

See CreateWindow.

SCROLLLOCK_ON

The SCROLL LOCK light is on.

See KEY_EVENT_RECORD.

SE_DACL_DEFAULTED

This bit flag, when set, indicates that a default mechanism, rather than the the original provider of the security descriptor, provided the discretionary access-control list (ACL). This may affect the treatment of the ACL with respect to inheritance of an ACL. This flag is ignored if the SE_DACL_PRESENT flag is not set. The Windows function that sets this flag is SetSecurityDescriptorDacl.

See SECURITY_DESCRIPTOR_CONTROL.

SE_DACL_PRESENT

This bit flag, when set, indicates that the security descriptor contains a discretionary access-control list (ACL). If this flag is set and the Dacl member is NULL, then a empty ACL is being explicitly specified. This flag allows functions to determine whether a security descriptor points to a NULL ACL or no ACL at all. The Windows function that sets this flag is SetSecurityDescriptorDacl.

See SECURITY_DESCRIPTOR_CONTROL.SE_ERR_ASSOCINCOMPLETE
The filename association is incomplete or invalid.

See ShellExecute.

SE_ERR_DDEBUSY

The DDE transaction could not be completed because other DDE transactions were being processed.

See ShellExecute.

SE_ERR_DDEFAIL

The DDE transaction failed.

See ShellExecute.

SE_ERR_DDETIMEOUT

The DDE transaction could not be completed because the request timed out.

See ShellExecute.

SE_ERR_NOASSOC

There is no application associated with the given filename extension.

See ShellExecute.

SE_ERR_SHARE

A sharing violation occurred.

See ShellExecute.

SE_GROUP_DEFAULTED

This bit flag, when set, indicates that a default mechanism, rather than the the original provider of the security descriptor, provided the security descriptor's group SID. This may affect the treatment of the SID with respect to inheritance of a primary group. This flag is ignored if the group member is NULL. The Windows function that sets this flag is SetSecurityDescriptorGroup.

See SECURITY_DESCRIPTOR_CONTROL.

SE_GROUP_ENABLED

A flag indicating that the group is enabled.

See TOKEN_GROUPS.

SE_GROUP_ENABLED_BY_DEFAULT

A flag indicating that the group is enabled by default.

See TOKEN_GROUPS.

SE_GROUP_LOGON_ID

A flag indicating that the group contains the logon identifier.

See TOKEN_GROUPS.

SE_GROUP_MANDATORY

A flag indicating that the group cannot be disabled.

See TOKEN_GROUPS.

SE_GROUP_OWNER

A flag indicating that the group owns the access token.

See TOKEN_GROUPS.

SE_OWNER_DEFAULTED

This bit flag, when set, indicates that a default mechanism, rather than the original provider of the security descriptor, provided the security descriptor's owner SID. This may affect the treatment of the SID with respect to inheritance of an owner. This flag is ignored if the owner member is NULL. The Windows function that sets this flag is SetSecurityDescriptorOwner.

See SECURITY_DESCRIPTOR_CONTROL.

SE_PRIVILEGE_ENABLED

This flag indicates that the privilege is enabled.

See TOKEN_PRIVILEGES.

SE_PRIVILEGE_ENABLED_BY_DEFAULT

This flag indicates that the privilege is enabled by default.

See TOKEN_PRIVILEGES.

SE_PRIVILEGE_USED_FOR_ACCESS

This flag indicates that the privilege is required to gain access to an object. (This flag is used to identify the relevant privileges in a set passed by a client application, which may contain unnecessary privileges.)

See TOKEN_PRIVILEGES.

SE_SACL_DEFAULTED

This bit flag, when set, indicates that a default mechanism, rather than the the original provider of the security descriptor, provided the system access-control list (ACL). This may affect the treatment of the ACL with respect to inheritance of an ACL. This flag is ignored if the SE_SACL_PRESENT flag is not set. The Windows function that sets this flag is SetSecurityDescriptorSacl.

See SECURITY_DESCRIPTOR_CONTROL.

SE_SACL_PRESENT

This bit flag, when set, indicates that the security descriptor contains a system access-control list (ACL). If this flag is set and the Sacl member is NULL, then an empty ACL is being explicitly specified. This flag allows functions to determine whether a security descriptor points to a NULL ACL or no ACL at all. The Windows function that sets this flag is SetSecurityDescriptorSacl.

See SECURITY_DESCRIPTOR_CONTROL.

SE_SELF_RELATIVE

This bit flag, when set, indicates that the security descriptor is in self-relative form. In this form, all members of the security descriptor are contiguous in memory, and all pointer members are expressed as offsets from the beginning of the security descriptor. This form is useful for treating security descriptors as opaque structures for transmission in a communications protocol or for storage on secondary media. No Windows function currently sets this flag.

See SECURITY_DESCRIPTOR_CONTROL.

SEC_COMMIT

An allocation attribute flag that indicates that all pages of a section are to be set to the commit state, or that all pages of a section were initially set to the commit state.

See CreateFileMapping

SEC_FILE

An allocation attribute flag that indicates that a section is backed by a data file.

See CreateFileMapping

SEC_IMAGE

An allocation attribute flag that indicates that the file specified for a section's file mapping is an executable image file, or that a section was initially mapped as an executable image file.

See CreateFileMapping

SEC_NOCACHE

An allocation attribute flag that indicates that all pages of a section are to be set as non-cacheable.

See CreateFileMapping

SEC_RESERVE

An allocation attribute flag that indicates that all pages of a section are to be set to the reserved state, or that all pages of a section were initially set to the reserved state.

See CreateFileMapping

SECURITY_ANONYMOUS

Specifies that the client should be impersonated at Anonymous impersonation level.

See CreateFile.

SECURITY_CONTEXT_TRACKING

Specifies that the Security Tracking Mode should be Dynamic. If this flag is not specified, Security Tracking Mode is Static.

See CreateFile.

SECURITY_DELEGATION

Specifies that the client should be impersonated at Delegation impersonation level.

See CreateFile.

SECURITY_EFFECTIVE_ONLY

Specifies that only the effective aspects of the client's security context are available to the server.

See CreateFile.

SECURITY_IDENTIFICATION

Specifies that the client should be impersonated at Identification impersonation level.

See CreateFile.

SECURITY_IMPERSONATION

Specifies that the client should be impersonated at Impersonation impersonation level.

See CreateFile.

SEEK_CUR

Seeks to lOffset bytes from the current file position.

See mmioSeek, MMIOM_SEEK.

SEEK_END

Seeks to lOffset bytes from the end of the file.

See mmioSeek, MMIOM_SEEK.

SEEK_SET

Seeks to lOffset bytes from the beginning of the file.

See mmioSeek, MMIOM_SEEK.

SEM_FAILCRITICALERRORS

Windows does not display the critical-error-handler message box and returns the error to the calling application.

See SetErrorMode.

SEM_NOGPFAULTERRORBOX

Windows does not display the general-protection-fault message box. This flag should be set only by debugging applications that handle GP faults themselves.

See SetErrorMode.

SEM_NOOPENFILEERRORBOX

Windows does not display a message box when it fails to find a file.

See SetErrorMode.

SEMAPHORE_ALL_ACCESS

Specifies all possible access rights for a semaphore object.

See CreateSemaphore and OpenSemaphore.

SESSION_ABORTED

The session was abandoned due to a network or user problem.

See SESSION_BUFFER.

SESSION_ESTABLISHED

The session connected and is able to transfer data.

See SESSION_BUFFER.

SET_TAPE_MEDIA_INFORMATION

Set the tape-specific information specified by lpTapeInformation.

See SetTapeParameters.

SHIFT_PRESSED

The SHIFT key is pressed.

See KEY_EVENT_RECORD.

SHUTDOWN_NORETRY

If this process takes longer than the specified timeout to shutdown, do not put up a retry dialog for the user. Instead, just cause the process to directly exit.

See GetProcessShutdownParameters, SetProcessShutdownParameters.

SIMPLEREGION

New region is a single rectangle.

See CombineRgn, ExcludeClipRect, ExcludeUpdateRgn. ExtSelectClipRgn, GetClipBox, GetRgnBox, IntersectClipRect, OffsetClipRgn, OffsetRgn, SelectClipRgn, SelectObject, SetMetaRgn.

SIMULATED_FONTTYPE

Specifies that the font is simulated by GDI.

See CHOOSEFONT, ChooseFont.

SIZE_MAXHIDE

Message is sent to all pop-up windows when some other window is maximized.

See WM_SIZE.

SIZE_MAXIMIZED

Window has been maximized.

See WM_SIZE.

SIZE_MAXSHOW

Message is sent to all pop-up windows when some other window has been restored to its former size.

See WM_SIZE.

SIZE_MINIMIZED

Window has been minimized.

See WM_SIZE.

SIZE_RESTORED

Window has been resized, but neither SIZE_MINIMIZED nor SIZE_MAXIMIZED applies.

See WM_SIZE.

SIZEPALETTE

Number of entries in the system palette. This index is valid only if the device driver sets the RC_PALETTE bit in the RASTERCAPS index and is available only if the driver is version 3.0 or later.

See GetDeviceCaps.

SLE_ERROR

Invalid data was passed to the function and complete failure has occurred.

See SetDebugErrorLevel, SetLastErrorEx.

SLE_MINORERROR

Invalid data was passed to the function, but the function has recovered.

See SetDebugErrorLevel, SetLastErrorEx.

SLE_WARNING

Potentially invalid data was passed to the function, but the function has recovered.

See SetDebugErrorLevel, SetLastErrorEx.

SM_CMOUSEBUTTONS

Number of buttons on the mouse.

See GetSystemMetrics.

SM_CXBORDER

Width of window frame that cannot be sized.

See GetSystemMetrics.

SM_CXCURSOR

Width of cursor.

See GetSystemMetrics.

SM_CXDLGFRAME

Width of frame when window has WS_DLGFRAME style.

See GetSystemMetrics.

SM_CXDOUBLECLK

Width of the rectangle around the location of the first click in a double-click sequence. The second click must occur within this rectangle for the system to consider the two clicks a double click.

See GetSystemMetrics.

SM_CXFRAME

Width of window frame that can be sized.

See GetSystemMetrics.

SM_CXFULLSCREEN

Width of window client area for full-screen window.

See GetSystemMetrics.

SM_CXHSCROLL

Width of arrow bitmap on horizontal scroll bar.

See GetSystemMetrics.

SM_CXHTHUMB

Width of thumb box on horizontal scroll bar.

See GetSystemMetrics.

SM_CXICON

Width of icon.

See GetSystemMetrics.

SM_CXICONSPACING

Width of the rectangles that Program Manager uses to position tiled icons.

See GetSystemMetrics.

SM_CXMIN

Minimum width of window.

See GetSystemMetrics.

SM_CXMINTRACK

Minimum tracking width of window.

See GetSystemMetrics.

SM_CXSCREEN

Width of screen.

See GetSystemMetrics.

SM_CXSIZE

Width of bitmaps contained in the title bar.

See GetSystemMetrics.

SM_CXVSCROLL

Width of arrow bitmap on vertical scroll bar.

See GetSystemMetrics.

SM_CYBORDER

Height of window frame that cannot be sized.

See GetSystemMetrics.

SM_CYCAPTION

Actual caption height plus SM_CYBORDER.

See GetSystemMetrics.

SM_CYCURSOR

Height of cursor.

See GetSystemMetrics.

SM_CYDLGFRAME

Height of frame when window has WS_DLGFRAME style.

See GetSystemMetrics.

SM_CYDOUBLECLK

Height of the rectangle around the location of the first click in a double-click sequence. The second click must occur within this rectangle for the system to consider the two clicks a double click.

See GetSystemMetrics.

SM_CYFRAME
Height of window frame that can be sized.

See GetSystemMetrics.

SM_CYFULLSCREEN
Height of window client area for full-screen window (equivalent to the height of the screen minus the height of the window caption).

See GetSystemMetrics.

SM_CYHSCROLL
Height of arrow bitmap on horizontal scroll bar.

See GetSystemMetrics.

SM_CYICON
Height of icon.

See GetSystemMetrics.

SM_CYICONSPACING
Height of the rectangles that Program Manager uses to position tiled icons.

See GetSystemMetrics.

SM_CYKANJIWINDOW
Height of Kanji window.

See GetSystemMetrics.

SM_CYMENU
Height of single-line menu bar minus SM_CYBORDER.

See GetSystemMetrics.

SM_CYMIN
Minimum height of window.

See GetSystemMetrics.

SM_CYMINTRACK
Minimum tracking height of window.

See GetSystemMetrics.

SM_CYSCREEN
Height of screen.

See GetSystemMetrics.

SM_CYSIZE

Height of bitmaps contained in the title bar.

See GetSystemMetrics.

SM_CYVSCROLL

Height of arrow bitmap on vertical scroll bar.

See GetSystemMetrics.

SM_CYVTHUMB

Height of thumb box on vertical scroll bar.

See GetSystemMetrics.

SM_DBCSENABLED

Nonzero if double-byte character set enabled.

See GetSystemMetrics.

SM_DEBUG

Nonzero if Windows debugging version.

See GetSystemMetrics.

SM_MENUDROPALIGNMENT

Alignment of popup menus. If this value is 0, the left side of a popup menu is aligned with the left side of the corresponding menu-bar item. If this value is nonzero, the left side of a popup menu is aligned with the right side of the corresponding menu-bar item.

See GetSystemMetrics.

SM_MOUSEPRESENT

Nonzero if mouse hardware installed.

See GetSystemMetrics.

SM_PENWINDOWS

Handle of the Pen Windows dynamic-link library (DLL) if Pen Windows is installed.

See GetSystemMetrics.

SM_SWAPBUTTON

Nonzero if left and right mouse buttons swapped.

See GetSystemMetrics.

SMTO_ABORTIFHUNG

Returns without waiting for the timeout period to elapse if the receiving process appears to be in a hung state.

See SendMessageTimeout.

SMTO_BLOCK

Prevents the calling thread from processing any other requests until the function returns.

See SendMessageTimeout.

SMTO_NORMAL

Allows the calling thread to process other requests while waiting for the function to return.

See SendMessageTimeout

SND_ALIAS

lpszName specifies an entry in the [sounds] section of the registry of the form: alias=pathname. May not be used with either SND_FILENAME or SND_RESOURCE.

See PlaySound.

SND_ASYNC

The sound is played asynchronously and the function returns immediately after beginning the sound. To terminate an asynchronously-played sound, call lpszSoundName set to NULL.

See PlaySound, sndPlaySound.

SND_FILENAME

lpszName specifies the name of a wave file. May not be used with either SND_ALIAS or SND_RESOURCE.

See PlaySound.

SND_LOOP

The sound will continue to play repeatedly until sndPlaySound is called again with the lpszSoundName parameter set to NULL. You must also specify the SND_ASYNC flag to loop sounds.

See sndPlaySound.

SND_MEMORY

The parameter specified by lpszSoundName points to an in-memory image of a waveform sound.

See sndPlaySound.

SND_NODEFAULT

If the sound can't be found, the function returns silently without playing the default sound.

See PlaySound, sndPlaySound.

SND_NOSTOP

If a sound is currently playing, the function will immediately return FALSE without playing the requested sound.

See sndPlaySound.

SND_NOWAIT

When this flag is set, the call to PlaySound will fail if no suitable wave device is available to play the sound.

See PlaySound.

SND_RESOURCE

lpszName specifies the name of a resource. May not be used with either SND_ALIAS or SND_FILENAME.

See PlaySound.

SND_SYNC

The sound is played synchronously and the function does not return until the sound ends.

See PlaySound, sndPlaySound.

SORT_STRINGSORT

Sort using what is called a "string sort", in which the hyphen and apostrophe are treated just like any other non-alphanumeric symbols: they come before the alphanumeric symbols. Specified to override the default "word sort", in which those characters are treated differently than other non-alphanumeric symbols.

See CompareStringW, LCMapStringW

SP_APPABORT

Job was terminated because the application's print-canceling function returned zero.

See EndPage.

SP_ERROR
General error.

See EndPage, Escape.

SP_OUTOFDISK
Not enough disk space is currently available for spooling, and no more space will become available.

See EndPage, Escape.

SP_OUTOFMEMORY
Not enough memory is available for spooling.

See EndPage, Escape.

SP_USERABORT
User terminated the job through Print Manager.

See EndPage, Escape.

SPI_GETBEEP
Retrieves a BOOL value that indicates whether the warning beeper is on or off.

See SystemParametersInfo.

SPI_GETBORDER
Retrieves the border multiplier factor that determines the width of a window's sizing border.

See SystemParametersInfo.

SPI_GETFASTTASKSWITCH
Determines whether fast task-switching is on of off.

See SystemParametersInfo.

SPI_GETGRIDGRANULARITY
Retrieves the current granularity value of the desktop sizing grid.

See SystemParametersInfo.

SPI_GETICONTITLELOGFONT
Retrieves the logical font information for the current icon-title font.

See SystemParametersInfo.

SPI_GETICONTITLEWRAP
Determines whether icon title wrapping is on or off.

See SystemParametersInfo.

SPI_GETKEYBOARDDELAY

Retrieves the keyboard repeat-delay setting.

See SystemParametersInfo.

SPI_GETKEYBOARDSPEED

Retrieves the keyboard repeat-speed setting.

See SystemParametersInfo.

SPI_GETMENUDROPALIGNMENT

Determines whether popup menus are left aligned or right aligned relative to the corresponding menu-bar item.

See SystemParametersInfo.

SPI_GETMOUSE

Retrieves the mouse speed and the x and y mouse threshold values.

See SystemParametersInfo.

SPI_GETSCREENSAVEACTIVE

Retrieves a BOOL value that indicates whether screen saving is on or off.

See SystemParametersInfo.

SPI_GETSCREENSAVETIMEOUT

Retrieves the screen-saver timeout value.

See SystemParametersInfo.

SPI_ICONHORIZONTALSPACING

Sets the width (in pixels) of an icon cell.

See SystemParametersInfo.

SPI_ICONVERTICALSPACING

Sets the height (in pixels) of an icon cell.

See SystemParametersInfo.

SPI_LANGDRIVER

Identifies the language driver.

See SystemParametersInfo.

SPI_SETBEEP

Turns the warning beeper on or off.

See SystemParametersInfo.

SPI_SETBORDER

Sets the border multiplier factor that determines the width of a window's sizing border.

See SystemParametersInfo.

SPI_SETDESKPATTERN

Sets the current desktop pattern by causing the Windows USER.EXE program to read the "Pattern=" parameter from the WIN.INI file.

See SystemParametersInfo.

SPI_SETDESKWALLPAPER

Specifies the filename that contains the bitmap to be used as the desktop wallpaper.

See SystemParametersInfo.

SPI_SETDOUBLECLICKTIME

Sets the double-click time for the mouse. The double-click time is the maximum number of milliseconds that may occur between the first and second clicks of a double-click.

See SystemParametersInfo.

SPI_SETDOUBLECLKHEIGHT

Sets the height of the rectangle within which the second click of a double click must fall for it to be registered as a double click.

See SystemParametersInfo.

SPI_SETDOUBLECLKWIDTH

Sets the width of the rectangle within which the second click of a double click must fall for it to be registered as a double click.

See SystemParametersInfo.

SPI_SETFASTTASKSWITCH

Turns fast task-switching on or off.

See SystemParametersInfo.

SPI_SETGRIDGRANULARITY

Sets the granularity of the desktop sizing grid.

See SystemParametersInfo.

SPI_SETICONTITLELOGFONT

Sets the font that is used for icon titles.

See SystemParametersInfo.

SPI_SETICONTITLEWRAP

Turns icon title wrapping on or off.

See SystemParametersInfo.

SPI_SETKEYBOARDDELAY

Sets the keyboard repeat-delay setting.

See SystemParametersInfo.

SPI_SETKEYBOARDSPEED

Sets the keyboard repeat-speed setting.

See SystemParametersInfo.

SPI_SETMENUDROPALIGNMENT

Sets the alignment value of popup menus.

See SystemParametersInfo.

SPI_SETMOUSE

Sets the mouse speed and the x and y mouse threshold values.

See SystemParametersInfo.

SPI_SETMOUSEBUTTONSWAP

Swaps or restores the meaning of the left and right mouse buttons.

See SystemParametersInfo.

SPI_SETSCREENSAVEACTIVE

Sets the state of the screen saver.

See SystemParametersInfo.

SPI_SETSCREENSAVETIMEOUT

Sets the screen-saver timeout value.

See SystemParametersInfo.

SPIF_SENDWININICHANGE

Broadcasts the WM_WININICHANGE message after updating the user's profile.

See SystemParametersInfo.

SPIF_UPDATEINIFILE

Writes the new system-wide parameter setting to the user's profile.

See SystemParametersInfo.

SRCAND

Combines the colors of the source and destination rectangles are combined by using the Boolean AND operator.

See BitBlt.

SRCCOPY

Copies the source rectangle directly to the destination rectangle.

See BitBlt.

SRCERASE

Combines the inverted colors of the destination rectangle with the colors of the source rectangle by using the Boolean AND operator.

See BitBlt.

SRCINVERT

Combines the colors of the source and destination rectangles by using the Boolean XOR operator.

See BitBlt.

SRCPAINT

Combines the colors of the source and destination rectangles by using the Boolean OR operator.

See BitBlt.

ST_ADVISE

One or more links are in progress.

See CONVINFO.

ST_BLOCKED

The conversation is blocked.

See CONVINFO.

ST_BLOCKNEXT

The conversation will block after calling the next callback.

See CONVINFO.

ST_CLIENT

The conversation handle passed to the DdeQueryConvInfo function is a client side handle. If the handle is 0, the conversation handle passed to the DdeQueryConvInfo function is a server side handle.

See CONVINFO.

ST_CONNECTED
The conversation is connected.

See CONVINFO.

ST_INLIST
The conversation is a member of a conversation list.

See CONVINFO.

ST_ISLOCAL
Both sides of the conversation are using the DDEML.

See CONVINFO.

ST_ISSELF
Both sides of the conversation are using the same instance of the DDEML.

See CONVINFO.

ST_TERMINATED
The conversation has been terminated by the partner.

See CONVINFO.

STARTF_FORCEOFFFEEDBACK
If specified, the feedback cursor is forced off while the application is starting. The normal cursor is displayed. For more information on feedback, see the comments section.

See STARTUPINFO.

STARTF_FORCEONFEEDBACK
If specified, the cursor is in feedback mode for two seconds after CreateProcess is called. If during those two seconds, the application makes the first GUI call, the system gives five more seconds to the application. If during those five seconds, the application shows a window, the system gives five more seconds to the application to finish drawing the window. The system turns the feedback cursor off after the first call to GetMessage, regardless of whether the application is drawing. For more information on feedback, see the comments section.

See STARTUPINFO.

STARTF_SCREENSAVER
If specified, the system will treat this application as a screen saver.

See STARTUPINFO.

STARTF_USECOUNTCHARS

If not specified, the dwXCountChars and dwYCountChars fields are ignored.

See STARTUPINFO.

STARTF_USEFILLATTRIBUTE

If not specified, the dwFillAttribute field is ignored.

See STARTUPINFO.

STARTF_USEPOSITION

If not specified, the dwX and dwY fields are ignored.

See STARTUPINFO.

STARTF_USESHOWWINDOW

If not specified, the wShowWindow field is ignored.

See STARTUPINFO.

STARTF_USESIZE

If not specified, the dwXSize and dwYSize fields are ignored.

See STARTUPINFO.

STARTF_USESTDHANDLES

If not specified, the hStdInput, hStdOutput, and hStdError fields are ignored.

See STARTUPINFO

STATIC

Designates a simple text field, box, or rectangle used to label, box, or separate other controls. Static controls take no input and provide no output.

See CreateWindow.

STD_ERROR_HANDLE

The standard error handle.

See GetStdHandle.

STD_INPUT_HANDLE

The standard input handle.

See GetStdHandle.

STD_OUTPUT_HANDLE

The standard output handle.

See GetStdHandle.

STREAM_CONTAINS_SECURITY

General attribute that stream contains security data. Allows stream to be ignored on cross OS restores.

See WIN32_STREAM_ID.

STREAM_MODIFIED_WHEN_READ

Attribute set if stream contains data which is modified when read. Allows the backup application to know that verification of data will fail.

See WIN32_STREAM_ID.

SUBLANG_CHINESE_SIMPLIFIED

See MAKELANGID.

SUBLANG_CHINESE_TRADITIONAL

See MAKELANGID.

SUBLANG_DEFAULT

See MAKELANGID.

SUBLANG_DUTCH

See MAKELANGID.

SUBLANG_DUTCH_BELGIAN

See MAKELANGID.

SUBLANG_ENGLISH_AUS

See MAKELANGID.

SUBLANG_ENGLISH_CAN

See MAKELANGID.

SUBLANG_ENGLISH_EIRE

See MAKELANGID.

SUBLANG_ENGLISH_UK

See MAKELANGID.

SUBLANG_ENGLISH_US

See MAKELANGID.

SUBLANG_FRENCH

See MAKELANGID.

SUBLANG_FRENCH_BELGIAN

See MAKELANGID.

SUBLANG_FRENCH_CANADIAN

See MAKELANGID.

SUBLANG_FRENCH_SWISS

See MAKELANGID.

SUBLANG_GERMAN

See MAKELANGID.

SUBLANG_GERMAN_SWISS

See MAKELANGID.

SUBLANG_ITALIAN

See MAKELANGID.

SUBLANG_ITALIAN_SWISS

See MAKELANGID.

SUBLANG_NEUTRAL

See MAKELANGID.

SUBLANG_NORWEGIAN_BOKMAL

See MAKELANGID.

SUBLANG_NORWEGIAN_NYNORSK

See MAKELANGID.

SUBLANG_PORTUGUESE

See MAKELANGID.

SUBLANG_PORTUGUESE_BRAZILIAN

See MAKELANGID.

SUBLANG_SERBO_CROATIAN_CYRILLIC

See MAKELANGID.

SUBLANG_SERBO_CROATIAN_LATIN

See MAKELANGID.

SUBLANG_SPANISH

See MAKELANGID.

SUBLANG_SPANISH_MEXICAN

See MAKELANGID.

SUBLANG_SPANISH_MODERN

See MAKELANGID.

SUBLANG_SYS_DEFAULT

See MAKELANGID.

SUCCESSFUL_ACCESS_ACE_FLAG

Used with system-audit and system-alarm ACEs to indicate that a message is generated for successful access attempts.

See ACE_HEADER.

SW_ERASE

When specified with SW_INVALIDATE, this flag erases the newly invalidated region by sending a WM_ERASEBKGND message to the window.

See ScrollWindowEx.

SW_HIDE

Hides the window and passes activation to another window.

See ShowWindow, HELPWININFO.

SW_INVALIDATE

Invalidates the region identified by the hrgnUpdate parameter after scrolling.

See ScrollWindowEx.

SW_MINIMIZE

Minimizes the specified window and activates the top-level window in the z-order.

See ShowWindow, HELPWININFO.

SW_PARENTCLOSING

The window's owner window is being minimized.

See WM_SHOWWINDOW.

SW_PARENTOPENING

The window's owner window is being restored.

See WM_SHOWWINDOW.

SW_RESTORE

Activates and displays the window. If the window is minimized or maximized, Windows restores it to its original size and position (same as SW_SHOWNORMAL).

See ShowWindow, HELPWININFO.

SW_SCROLLCHILDREN

Scrolls all child windows that intersect the rectangle pointed to by the lprcScroll parameter. The child windows are scrolled by the number of pixels specified by the dx and dy parameters. Windows sends a WM_MOVE message to all child windows that intersect the lprcScroll rectangle, even if they do not move.

See ScrollWindowEx.

SW_SHOW

Activates the window and displays it in its current size and position. However, if the first call by an application to ShowWindow has nCmdShow set to SW_SHOW, the system uses the startup information mentioned in the description of SW_SHOWDEFAULT. See the Comments section for additional information.

See ShowWindow, HELPWININFO.

SW_SHOWDEFAULT

Sets the show state based on the SW_ flag specified in the STARTUPINFO structure passed to the CreateProcess function by the program that started the application. An application should call ShowWindow with this flag to set the initial show state of its main window.

See ShowWindow.

SW_SHOWMAXIMIZED

Activates the window and displays it as a maximized window.

See ShowWindow, HELPWININFO.

SW_SHOWMINIMIZED

Activates the window and displays it as a minimized window.

See ShowWindow, HELPWININFO.

SW_SHOWMINNOACTIVE

Displays the window as a minimized window. The currently active window remains active.

See ShowWindow, HELPWININFO.

SW_SHOWNA

Displays the window in its current state. The window that is currently active remains active.

See ShowWindow, HELPWININFO.

SW_SHOWNOACTIVATE

Displays a window in its most recent size and position. The window that is currently active remains active.

See ShowWindow, HELPWININFO.

SW_SHOWNORMAL

Activates and displays a window. If the window is minimized or maximized, Windows restores it to its original size and position (same as SW_RESTORE).

See ShowWindow, HELPWININFO.

SW_SHOWSMOOTH

Specifies that a window is shown by first having it update in a bitmap, and then copying those bits directly to the screen. In many cases this will improve the perceived speed because copying from an off-screen bitmap to the screen is very fast, making the window "snap" onto the screen.

See ShowWindow.

SWP_DRAWFRAME

Draws a frame (defined in the window's class description) around the window. The window receives a WM_NCCALCSIZE message.

See DeferWindowPos, SetWindowPos, WINDOWPOS.

SWP_FRAMECHANGED

Sends a WM_NCCALCSIZE message to the window even if the window's size is not being changed. If this flag is not specified, WM_NCCALCSIZE is sent only when the window's size is being changed.

See SetWindowPos.

SWP_HIDEWINDOW

Hides the window.

See DeferWindowPos, SetWindowPos, WINDOWPOS.

SWP_NOACTIVATE

Does not activate the window.

See DeferWindowPos, SetWindowPos, WINDOWPOS.

SWP_NOCOPYBITS

Discards the entire contents of the client area. If this flag is not specified, the valid contents of the client area are saved and copied back into the client area after the window is sized or repositioned.

See SetWindowPos, WINDOWPOS.

SWP_NOMOVE

Retains current position (ignores the x and y parameters).

See DeferWindowPos, SetWindowPos, WINDOWPOS.

SWP_NOOWNERZORDER

Does not change owner window's position in the Z order.

See WINDOWPOS.

SWP_NOREDRAW

Does not redraw changes. If this flag is set, no repainting of any kind occurs. This applies to the client area, the non-client area (including the title bar and scroll bars), and any part of the parent window uncovered as a result of the moved window. When this flag is set, the application must explicitly invalidate or redraw any parts of the window and parent window that must be redrawn.

See DeferWindowPos, SetWindowPos, WINDOWPOS.

SWP_NOREPOSITION

Same as SWP_NOOWNERZORDER

See WINDOWPOS.

SWP_NOSIZE

Retains current size (ignores the cx and cy parameters).

See DeferWindowPos, SetWindowPos, WINDOWPOS.

SWP_NOZORDER

Retains the current Z ordering (ignores the hwndInsertAfter parameter).

See DeferWindowPos, SetWindowPos, WINDOWPOS.

SWP_SHOWWINDOW

Displays the window.

See DeferWindowPos, SetWindowPos, WINDOWPOS.

SYNCHRONIZE
Enables using the thread handle in any of the wait functions to wait for the thread to terminate.

See DuplicateHandle.

SYSPAL_ERROR
The given device-context is invalid or does not support a color palette.

See GetSystemPaletteUse.

SYSPAL_NOSTATIC
System palette contains two static colors (black and white).

See GetSystemPaletteUse, SetSystemPaletteUse.

SYSPAL_STATIC
System palette contains static colors that will not change when an application realizes its logical palette.

See GetSystemPaletteUse, SetSystemPaletteUse.

SYSTEM_ALARM_ACE_TYPE
System-alarm ACE (defined by the SYSTEM_ALARM_ACE structure). This ACE type is not supported in the current version of Windows NT.

See ACE_HEADER.

SYSTEM_AUDIT_ACE_TYPE
System-audit ACE (defined by the SYSTEM_AUDIT_ACE structure)

See ACE_HEADER.

SYSTEM_FIXED_FONT
Fixed-pitch system font used in Windows versions earlier than 3.0. This object is available for compatibility with earlier versions of Windows.

See GetStockObject.

SYSTEM_FONT
System font. By default, Windows uses the system font to draw menus, dialog box controls, and other text. In Windows versions 3.0 and later, the system font is a variable-pitch font width; earlier versions of Windows use a fixed-pitch system font.

See GetStockObject.

TA_BASELINE

The reference point will be on the base line of the text.

See GetTextAlign, SetTextAlign.

TA_BOTTOM

The reference point will be on the bottom edge of the bounding rectangle.

See GetTextAlign, SetTextAlign.

TA_CENTER

The reference point will be aligned horizontally with the center of the bounding rectangle.

See GetTextAlign, SetTextAlign.

TA_LEFT

The reference point will be on the left edge of the bounding rectangle.

See GetTextAlign, SetTextAlign.

TA_NOUPDATECP

The current position is not updated after each text output call. The reference point is passed to the text output function.

See GetTextAlign, SetTextAlign.

TA_RIGHT

The reference point will be on the right edge of the bounding rectangle.

See GetTextAlign, SetTextAlign.

TA_TOP

The reference point will be on the top edge of the bounding rectangle.

See GetTextAlign, SetTextAlign.

TA_UPDATECP

The current position is updated after each text output call. The current position is used as the reference point.

See GetTextAlign, SetTextAlign.

TAPE_ABSOLUTE_BLOCK

Moves the tape to the device-specific block address specified by OffsetLow and OffsetHigh. The Partition parameter is ignored.

See SetTapePosition, TAPE_SET_POSITION.

TAPE_ABSOLUTE_BLOCK_IMMED

Same as TAPE_ABSOLUTE_BLOCK, but returns status as soon as the operation begins.

See SetTapePosition, TAPE_SET_POSITION.

TAPE_ABSOLUTE_POSITION

Indicates that the position specified by OffsetLow and OffsetHigh is an absolute number of blocks from the beginning of the partition specified by Partition.

See GetTapePosition, TAPE_GET_POSITION.

TAPE_DRIVE_ABS_BLK_IMMED

Device moves the tape to a device-specific block address and returns as soon as the move begins.

See TAPE_GET_DRIVE_PARAMETERS.

TAPE_DRIVE_ABSOLUTE_BLK

Device moves the tape to a device specific block address.

See TAPE_GET_DRIVE_PARAMETERS.

TAPE_DRIVE_COMPRESSION

Device supports hardware data compression.

See TAPE_GET_DRIVE_PARAMETERS.

TAPE_DRIVE_ECC

Device supports hardware error correction.

See TAPE_GET_DRIVE_PARAMETERS.

TAPE_DRIVE_END_OF_DATA

Device moves the tape to the end-of-data in a partition.

See TAPE_GET_DRIVE_PARAMETERS.

TAPE_DRIVE_ERASE_BOP_ONLY

Device performs erase operation from the beginning-of-partition only.

See TAPE_GET_DRIVE_PARAMETERS.

TAPE_DRIVE_ERASE_LONG

Device performs long erase operation.

See TAPE_GET_DRIVE_PARAMETERS.

TAPE_DRIVE_ERASE_SHORT
Device performs short erase operation.

See TAPE_GET_DRIVE_PARAMETERS.

TAPE_DRIVE_FILEMARKS
Device moves the tape forward (or backward) a specified number of filemarks.

See TAPE_GET_DRIVE_PARAMETERS.

TAPE_DRIVE_FIXED
Device creates fixed data partitions.

See TAPE_GET_DRIVE_PARAMETERS.

TAPE_DRIVE_FIXED_BLOCK
Device supports fixed-length block mode.

See TAPE_GET_DRIVE_PARAMETERS.

TAPE_DRIVE_GET_ABSOLUTE_BLK
Device provides the current device-specific block address.

See TAPE_GET_DRIVE_PARAMETERS.

TAPE_DRIVE_GET_LOGICAL_BLK
Device provides the current logical block address (and logical tape partition).

See TAPE_GET_DRIVE_PARAMETERS.

TAPE_DRIVE_INITIATOR
Device creates initiator-defined partitions.

See TAPE_GET_DRIVE_PARAMETERS.

TAPE_DRIVE_LOAD_UNLOAD
Device enables and disables the device for further operations.

See TAPE_GET_DRIVE_PARAMETERS.

TAPE_DRIVE_LOCK_UNLOCK
Device enables and disables the tape ejection mechanism.

See TAPE_GET_DRIVE_PARAMETERS.

TAPE_DRIVE_LOG_BLK_IMMED
Device moves the tape to a logical block address in a partition and returns as soon as the move begins.

See TAPE_GET_DRIVE_PARAMETERS.

TAPE_DRIVE_LOGICAL_BLK
Device moves the tape to a logical block address in a partition.

See TAPE_GET_DRIVE_PARAMETERS.

TAPE_DRIVE_PADDING
Device supports data padding.

See TAPE_GET_DRIVE_PARAMETERS.

TAPE_DRIVE_RELATIVE_BLKS
Device moves the tape forward (or backward) a specified number of blocks.

See TAPE_GET_DRIVE_PARAMETERS.

TAPE_DRIVE_REPORT_SMKS
Device supports reporting setmarks.

See TAPE_GET_DRIVE_PARAMETERS.

TAPE_DRIVE_REVERSE_POSITION
Device moves the tape over blocks, filemarks, or setmarks in the reverse direction.

See TAPE_GET_DRIVE_PARAMETERS.

TAPE_DRIVE_SELECT
Device creates select data partitions.

See TAPE_GET_DRIVE_PARAMETERS.

TAPE_DRIVE_SEQUENTIAL_FMKS
Device moves the tape forward (or backward) to the first occurrence of a specified number of consecutive filemarks.

See TAPE_GET_DRIVE_PARAMETERS.

TAPE_DRIVE_SEQUENTIAL_SMKS
Device moves the tape forward (or reverse) to the first occurrence of a specified number of consecutive setmarks.

See TAPE_GET_DRIVE_PARAMETERS.

TAPE_DRIVE_SET_BLOCK_SIZE
Device supports setting the size of a fixed-length logical block or setting the variable-length block mode.

See TAPE_GET_DRIVE_PARAMETERS.

TAPE_DRIVE_SET_COMPRESSION
Device enables and disables hardware data compression.

See TAPE_GET_DRIVE_PARAMETERS.

TAPE_DRIVE_SET_ECC
Device enables and disables hardware error correction.

See TAPE_GET_DRIVE_PARAMETERS.

TAPE_DRIVE_SET_PADDING
Device enables and disables data padding.

See TAPE_GET_DRIVE_PARAMETERS.

TAPE_DRIVE_SET_REPORT_SMKS
Device enables and disables the reporting of setmarks.

See TAPE_GET_DRIVE_PARAMETERS.

TAPE_DRIVE_SETMARKS
Device moves the tape forward (or reverse) a specified number of setmarks.

See TAPE_GET_DRIVE_PARAMETERS.

TAPE_DRIVE_TAPE_CAPACITY
Device returns the maximum capacity of the tape.

See TAPE_GET_DRIVE_PARAMETERS.

TAPE_DRIVE_TAPE_REMAINING
Device returns the remaining capacity of the tape.

See TAPE_GET_DRIVE_PARAMETERS.

TAPE_DRIVE_TENSION
Device supports adjusting the tape tension.

See TAPE_GET_DRIVE_PARAMETERS.

TAPE_DRIVE_VARIABLE_BLOCK
Device supports variable-length block mode.

See TAPE_GET_DRIVE_PARAMETERS.

TAPE_DRIVE_WRITE_FILEMARKS
Device writes filemarks.

See TAPE_GET_DRIVE_PARAMETERS.

TAPE_DRIVE_WRITE_LONG_FMKS

Device writes long filemarks.

See TAPE_GET_DRIVE_PARAMETERS.

TAPE_DRIVE_WRITE_PROTECT

Device returns error if the tape is write-enabled or write-protected.

See TAPE_GET_DRIVE_PARAMETERS.

TAPE_DRIVE_WRITE_SETMARKS

Device writes setmarks.

See TAPE_GET_DRIVE_PARAMETERS.

TAPE_DRIVE_WRITE_SHORT_FMKS

Device writes short filemarks.

See TAPE_GET_DRIVE_PARAMETERS.

TAPE_ERASE_LONG

Erases the tape from the current position to the end of the current partition.

See EraseTape, TAPE_ERASE.

TAPE_ERASE_LONG_IMMED

Erases the tape from the current position to the end of the current partition and returns status as soon as the operation begins.

See EraseTape, TAPE_ERASE.

TAPE_ERASE_SHORT

Writes an erase gap or end-of-recorded data marker at the current position.

See EraseTape, TAPE_ERASE.

TAPE_ERASE_SHORT_IMMED

Writes an erase gap or end-of-recorded data marker at the current position and returns status as soon as the operation begins.

See EraseTape, TAPE_ERASE.

TAPE_FILEMARKS

Writes the number of filemarks specified by dwTapemarkCount.

See WriteTapemark.

TAPE_FILEMARKS_IMMED

Same as TAPE_FILEMARKS, but returns status as soon as the operation begins.

See WriteTapemark.

TAPE_FIXED_PARTITIONS

Partitions the tape based on the device's default definition of partitions. The dwCount and dwSize parameters are ignored.

See CreateTapePartition.

TAPE_INITIATOR_PARTITIONS

Partitions the tape into the number and size of partitions specified by dwCount and dwSize, respectively, except for the last partition. The size of the last partition is the remainder of the tape.

See CreateTapePartition.

TAPE_LOAD

Loads the tape and moves the tape to the beginning.

See PrepareTape.

TAPE_LOAD_IMMED

Same as TAPE_LOAD, but returns status as soon as the operation begins.

See PrepareTape.

TAPE_LOCK

Locks the tape ejection mechanism. This prevents the tape from being accidentally ejected.

See PrepareTape, TAPE_PREPARE.

TAPE_LOGICAL_BLOCK

Moves the tape to the block address specified by OffsetLow and OffsetHigh in the partition specified by Partition.

See SetTapePosition, TAPE_SET_POSITION.

TAPE_LOGICAL_BLOCK_IMMED

Same as TAPE_LOGICAL_BLOCK, but returns status as soon as the operation begins.

See SetTapePosition, TAPE_SET_POSITION.

TAPE_LOGICAL_POSITION

Indicates that the position specified by OffsetLow and OffsetHigh is relative to the current position in the partition specified by Partition.

See GetTapePosition, TAPE_GET_POSITION.

TAPE_LONG_FILEMARKS

Write long filemarks.

See WriteTapemark, TAPE_WRITE_MARKS.

TAPE_LONG_FILEMARKS_IMMED

Same as TAPE_LONG_FILEMARKS, but returns status as soon as the operation begins.

See WriteTapemark.

TAPE_PARTITION_FIXED

Indicates that the partition parameters are fixed by the device.

See TAPE_CREATE_PARTITION.

TAPE_PARTITION_INITIATOR

Indicates that the number of partitions is specified by Count and the partition sizes are specified in the Size array.

See TAPE_CREATE_PARTITION.

TAPE_PARTITION_SELECT

Indicates that the number of partitions is specified by Count and the partition sizes are defined by the device.

See TAPE_CREATE_PARTITION.

TAPE_REWIND

Moves the tape to the beginning of the current partition. The Partition, OffsetLow, and OffsetHigh parameters are ignored.

See SetTapePosition, TAPE_SET_POSITION.

TAPE_REWIND_IMMED

Same as TAPE_REWIND, but returns status as soon as the operation begins.

See SetTapePosition, TAPE_SET_POSITION.

TAPE_SELECT_PARTITIONS

Partitions the tape into the number of partitions specified by dwCount. The dwSize parameter is ignored. The size of the partitions is determined by the device's default partition size. Refer to your tape device's documentation for more specific information.

See CreateTapePartition.

TAPE_SEQUENTIAL_FILEMARKS
: Write sequential filemarks.

  See TAPE_WRITE_MARKS.

TAPE_SETMARKS
: Write setmarks.

  See WriteTapemark, TAPE_WRITE_MARKS.

TAPE_SETMARKS_IMMED
: Same as TAPE_SETMARKS, but returns status as soon as the operation begins.

  See WriteTapemark.

TAPE_SHORT_FILEMARKS
: Write short filemarks.

  See WriteTapemark, TAPE_WRITE_MARKS.

TAPE_SHORT_FILEMARKS_IMMED
: Same as TAPE_SHORT_FILEMARKS, but returns status as soon as the operation begins.

  See WriteTapemark.

TAPE_SPACE_END_OF_DATA
: Moves the tape to the end of the data on the partition specified by Partition.

  See SetTapePosition, TAPE_SET_POSITION.

TAPE_SPACE_FILEMARKS
: Moves the tape forward (or reverse) the number of filemarks specified by OffsetLow and OffsetHigh in the current partition. The Partition parameter is ignored.

  See SetTapePosition, TAPE_SET_POSITION.

TAPE_SPACE_RELATIVE_BLOCKS
: Moves the tape forward or reverse the number of blocks specified by OffsetLow and OffsetHigh in the current partition. The Partition parameter is ignored.

  See SetTapePosition, TAPE_SET_POSITION.

TAPE_SPACE_SEQUENTIAL_FMKS
: Moves the tape forward or reverse to the first occurrence of 'n' filemarks in the current partition, where 'n' is the number specified by OffsetLow and

OffsetHigh. The Partition parameter is ignored.

See SetTapePosition, TAPE_SET_POSITION.

TAPE_SPACE_SEQUENTIAL_SMKS

Moves the tape forward or reverse to the first occurrence of 'n' setmarks in the current partition, where 'n' is the number specified by OffsetLow and OffsetHigh. The Partition parameter is ignored.

See SetTapePosition, TAPE_SET_POSITION.

TAPE_SPACE_SETMARKS

Moves the tape forward or reverse the number of setmarks specified by OffsetLow and OffsetHigh in the current partition. The Partition parameter is ignored.

See SetTapePosition, TAPE_SET_POSITION.

TAPE_TENSION

Move to end of the tape and rewind to the beginning of the tape. This value is ignored if the tape device does not support this action.

See PrepareTape, TAPE_PREPARE.

TAPE_TENSION_IMMED

Same as TAPE_TENSION_IMMED, but returns status as soon as the operation begins.

See PrepareTape.

TAPE_UNLOAD

Moves the tape to the beginning for removal from the device. After a successful unload operation, the device returns errors to applications that attempt to access the tape, until the tape is loaded again.

See PrepareTape, TAPE_PREPARE.

TAPE_UNLOAD_IMMED

Rewind and unload the tape, but return as soon as the rewind operation begins.

See PrepareTape, TAPE_PREPARE.

TAPE_UNLOCK

Unlocks the tape ejection mechanism.

See PrepareTape, TAPE_PREPARE.

TECHNOLOGY

Device technology.

See GetDeviceCaps.

TEXTCAPS
A bitmask that indicates the text capabilities of the device.

See GetDeviceCaps.

THREAD_ALL_ACCESS
Specifies all possible access flags for the thread object.

See DuplicateHandle.

THREAD_GET_CONTEXT
Enables using the thread handle in the GetThreadContext function to read the thread's context.

See DuplicateHandle.

THREAD_QUERY_INFORMATION
Enables using the thread handle in the GetExitCodeThread, GetThreadPriority, and GetThreadSelectorEntry functions to read information from the thread object.

See DuplicateHandle.

THREAD_SET_CONTEXT
Enables using the thread handle in the SetThreadContext function to set the thread's context.

See DuplicateHandle.

THREAD_SET_INFORMATION
Enables using the thread handle in the SetThreadPriority function to set the thread's priority.

See DuplicateHandle.

THREAD_SUSPEND_RESUME
Enables using the thread handle in the SuspendThread or ResumeThread functions to suspend or resume a thread.

See DuplicateHandle.

THREAD_TERMINATE
Enables using the thread handle in the TerminateThread function to terminate the thread.

See DuplicateHandle.

TIME_BYTES
Current byte offset.

See MMTIME.

TIME_MIDI
MIDI time.

See MMTIME.

TIME_MS
Time counted in milliseconds.

See MMTIME.

TIME_ONESHOT
Event occurs once, after wPeriod milliseconds.

See timeSetEvent.

TIME_PERIODIC
Event occurs every wPeriod milliseconds.

See timeSetEvent.

TIME_SAMPLES
Number of wave samples.

See MMTIME.

TIME_SMPTE
SMPTE time.

See MMTIME.

TIME_ZONE_ID_DAYLIGHT
The system is operating in the range covered by the DaylightDate member of the structure at lptzi.

See GetTimeZoneInformation.

TIME_ZONE_ID_STANDARD
The system is operating in the range covered by the StandardDate member of the structure at lptzi.

See GetTimeZoneInformation.

TIME_ZONE_ID_UNKNOWN
The system cannot determine the current time zone. This is usually because a previous call to SetTimeZoneInformation supplied only the Bias (and no transition dates).

See GetTimeZoneInformation.

TOKEN_ADJUST_DEFAULT

Changes the default access-control list, primary group, or owner of an access token.

See OpenProcessToken.

TOKEN_ADJUST_GROUPS

Changes the groups specified in an access token.

See OpenProcessToken.

TOKEN_ADJUST_PRIVILEGES

Changes the privileges specified in an access token.

See OpenProcessToken.

TOKEN_ALL_ACCESS

Combines the STANDARD_RIGHTS_REQUIRED standard access rights and all individual access rights for tokens.

See OpenProcessToken.

TOKEN_ASSIGN_PRIMARY

Assigns a primary group in an access token.

See OpenProcessToken.

TOKEN_DUPLICATE

Duplicates an access token.

See OpenProcessToken.

TOKEN_EXECUTE

Combines the STANDARD_RIGHTS_EXECUTE standard access rights and the TOKEN_IMPERSONATE access right.

See OpenProcessToken.

TOKEN_IMPERSONATE

Creates an impersonation access token.

See OpenProcessToken.

TOKEN_QUERY

Queries the contents of an access token.

See OpenProcessToken.

TOKEN_QUERY_SOURCE

Queries the source of an access token.

See OpenProcessToken.

TOKEN_READ

Combines the STANDARD_RIGHTS_READ standard access rights and the TOKEN_QUERY access right.

See OpenProcessToken.

TOKEN_WRITE

Combines the STANDARD_RIGHTS_WRITE standard access rights and the TOKEN_ADJUST_PRIVILEGES, TOKEN_ADJUST_GROUPS, and TOKEN_ADJUST_DEFAULT access rights.

See OpenProcessToken.

TPM_CENTERALIGN

Centers the pop-up menu horizontally relative to the coordinate specified by the x parameter.

See TrackPopupMenu.

TPM_LEFTALIGN

Positions the pop-up menu so that its left side is aligned with the coordinate specified by the x parameter.

See TrackPopupMenu.

TPM_LEFTBUTTON

Causes the pop-up menu to track the left mouse button.

See TrackPopupMenu.

TPM_RIGHTALIGN

Positions the pop-up menu so that its right side is aligned with the coordinate specified by the x parameter.

See TrackPopupMenu.

TPM_RIGHTBUTTON

Causes the pop-up menu to track the right mouse button.

See TrackPopupMenu.

TRANSPARENT

Background remains untouched.

See SetBkMode.

TRUNCATE_EXISTING

Opens the file. Fails if the file does not exist. Once opened, the file is truncated so that its size is zero bytes. The calling process must open the file with at least GENERIC_WRITE access.

See CreateFile.

TT_PRIM_LINE

Curve is a polyline.

See TTPOLYCURVE.

TT_PRIM_QSPLINE

Curve is a Bézier spline.

See TTPOLYCURVE.

TWOSTOPBITS

2 stop bits

See DCB.

UNIQUE_NAME

The name specified by the name member was created with using the NCBADDNAME command.

See NAME_BUFFER.

UNLOAD_DLL_DEBUG_EVENT

Reports an unload DLL debugging event. The value of u.UnloadDll specifies an UNLOAD_DLL_DEBUG_INFO structure.

See DEBUG_EVENT.

VERTRES

Height of the display, in raster lines.

See GetDeviceCaps.

VERTSIZE

Height of the physical display, in millimeters.

See GetDeviceCaps.

VFF_BUFFTOOSMALL

Indicates at least one of the buffers was too small to contain the corresponding string. An application should check lpszCurDir and lpszDestDir to determine which buffer was too small.

See VerFindFile.

VFF_CURNEDEST

Indicates the currently installed version of the file is not in the recommended destination.

See VerFindFile.

VFF_FILEINUSE

Indicates Windows is using the currently installed version of the file; therefore, the file cannot be overwritten or deleted.

See VerFindFile.

VFFF_ISSHAREDFILE

Indicates the source file may be shared by multiple applications. An application can use this information to determine where the file should be copied.

See VerFindFile.

VFT2_DRV_DISPLAY

Indicates that the file contains a display driver.

See VS_FIXEDFILEINFO.

VFT2_DRV_INSTALLABLE

Indicates that the file contains an installable driver.

See VS_FIXEDFILEINFO.

VFT2_DRV_KEYBOARD

Indicates that the file contains a keyboard driver.

See VS_FIXEDFILEINFO.

VFT2_DRV_LANGUAGE

Indicates that the file contains a language driver.

See VS_FIXEDFILEINFO.

VFT2_DRV_MOUSE

Indicates that the file contains a mouse driver.

See VS_FIXEDFILEINFO.

VFT2_DRV_NETWORK

Indicates that the file contains a network driver.

See VS_FIXEDFILEINFO.

VFT2_DRV_PRINTER

Indicates that the file contains a printer driver.

See VS_FIXEDFILEINFO.

VFT2_DRV_SOUND

Indicates that the file contains a sound driver.

See VS_FIXEDFILEINFO.

VFT2_DRV_SYSTEM

Indicates that the file contains a system driver.

See VS_FIXEDFILEINFO.

VFT2_FONT_RASTER

Indicates that the file contains a raster font.

See VS_FIXEDFILEINFO.

VFT2_FONT_TRUETYPE

Indicates that the file contains a TrueType font.

See VS_FIXEDFILEINFO.

VFT2_FONT_VECTOR

Indicates that the file contains a vector font.

See VS_FIXEDFILEINFO.

VFT2_UNKNOWN

Indicates that the driver or font type is unknown by Windows.

See VS_FIXEDFILEINFO.

VFT_APP

Indicates that the file contains an application.

See VS_FIXEDFILEINFO.

VFT_DLL

Indicates that the file contains a dynamic-link library

See VS_FIXEDFILEINFO.

VFT_DRV

Indicates that the file contains a device driver. If dwFileType is VFT_DRV, dwFileSubtype contains a more specific description of the driver.

See VS_FIXEDFILEINFO.

VFT_FONT

Indicates that the file contains a font. If dwFileType is VFT_FONT, dwFileSubtype contains a more specific description of the font file.

See VS_FIXEDFILEINFO.

VFT_STATIC_LIB

Indicates that the file contains a static-link library.

See VS_FIXEDFILEINFO.

VFT_UNKNOWN

Indicates that the file type is unknown to Windows.

See VS_FIXEDFILEINFO.

VFT_VXD

Indicates that the file contains a virtual device.

See VS_FIXEDFILEINFO.

VIF_ACCESSVIOLATION

Indicates a read, create, delete or rename operation failed due to an access violation.

See VerInstallFile.

VIF_BUFFTOOSMALL

Indicates the szTmpFile buffer was too small to contain the name of the temporary source file. On return, lpdwTmpFileLen contains the size of the buffer required to hold the filename.

See VerInstallFile.

VIF_CANNOTCREATE

Indicates the function cannot create the temporary file. The specific error may be described by another flag.

See VerInstallFile.

VIF_CANNOTDELETE

Indicates the function cannot delete the destination file, or cannot delete the existing version of the file located in another directory. If the VIF_TEMPFILE bit is set, the installation failed, and the destination file probably cannot be deleted.

See VerInstallFile.

VIF_CANNOTREADDST

Indicates the function cannot read the destination (existing) files. This prevents the function from examining the file's attributes.

See VerInstallFile.

VIF_CANNOTREADSRC

Indicates the function cannot read the source file. This could mean that the path was not specified properly.

See VerInstallFile.

VIF_CANNOTRENAME

Indicates the function cannot rename the temporary file, but already deleted the destination file.

See VerInstallFile.

VIF_DIFFCODEPG

Indicates the new file requires a code page that cannot be displayed by the currently running version of Windows. This error can be overridden by calling VerInstallFile with the VIFF_FORCEINSTALL flag.

See VerInstallFile.

VIF_DIFFLANG

Indicates the new and preexisting files have different language or code page values. This error can be overridden by calling VerInstallFile again with the VIFF_FORCEINSTALL flag.

See VerInstallFile.

VIF_DIFFTYPE

Indicates the new file has different type, subtype, or operating system than the preexisting file. This error can be overridden by calling VerInstallFile again with the VIFF_FORCEINSTALL flag.

See VerInstallFile.

VIF_FILEINUSE

Indicates the preexisting file is in use by Windows and cannot be deleted.

See VerInstallFile.

VIF_MISMATCH

Indicates the new and preexisting files differ in one or more attributes. This error can be overridden by calling VerInstallFile again with the VIFF_FORCE-INSTALL flag.

See VerInstallFile.

VIF_OUTOFMEMORY

Indicates the function cannot complete the requested operation due to insufficient memory. Generally, this means the application ran out of memory attempting to expand a compressed file.

See VerInstallFile.

VIF_OUTOFSPACE

Indicates the function cannot create the temporary file due to insufficient disk space on the destination drive.

See VerInstallFile.

VIF_SHARINGVIOLATION

Indicates a read, create, delete or rename operation failed due to a sharing violation.

See VerInstallFile.

VIF_SRCOLD

Indicates the file to install is older than the preexisting file. This error can be overridden by calling VerInstallFile again with the VIFF_FORCEINSTALL flag.

See VerInstallFile.

VIF_TEMPFILE

Indicates the temporary copy of the new file is in the destination directory. The cause of failure is reflected in other flags.

See VerInstallFile.

VIF_WRITEPROT

Indicates the preexisting file is write-protected. This error can be overridden by calling VerInstallFile again the VIFF_FORCEINSTALL flag.

See VerInstallFile.

VIFF_DONTDELETEOLD

Installs the file without deleting the previously installed file, if the previously installed file is not in the destination directory.

See VerInstallFile.

VIFF_FORCEINSTALL

Installs the file regardless of mismatched version numbers. The function will only check for physical errors during installation.

See VerInstallFile.

VOS__PM16

Indicates that the file was designed for 16-bit Presentation Manager.

See VS_FIXEDFILEINFO.

VOS__PM32

Indicates that the file was designed for 32-bit Presentation Manager.

See VS_FIXEDFILEINFO.

VOS__WINDOWS16

Indicates that the file was designed for 16-bit Windows.

See VS_FIXEDFILEINFO.

VOS__WINDOWS32

Indicates that the file was designed for 32-bit Windows.

See VS_FIXEDFILEINFO.

VOS_DOS

Indicates that the file was designed for DOS.

See VS_FIXEDFILEINFO.

VOS_DOS_WINDOWS16

Indicates that the file was designed for 16-bit Windows running on DOS.

See VS_FIXEDFILEINFO.

VOS_DOS_WINDOWS32

Indicates that the file was designed for 32-bit Windows running on DOS.

See VS_FIXEDFILEINFO.

VOS_NT

Indicates that the file was designed for NT.

See VS_FIXEDFILEINFO.

VOS_NT_WINDOWS32

Indicates that the file was designed for 32-bit Windows running on NT.

See VS_FIXEDFILEINFO.

VOS_OS216

Indicates that the file was designed for 16-bit OS/2.

See VS_FIXEDFILEINFO.

VOS_OS216_PM16

Indicates that the file was designed for 16-bit Presentation Manager running on 16-bit OS/2.

See VS_FIXEDFILEINFO.

VOS_OS232

Indicates that the file was designed for 32-bit OS/2.

See VS_FIXEDFILEINFO.

VOS_OS232_PM32

Indicates that the file was designed for 32-bit Presentation Manager running on 32-bit OS/2.

See VS_FIXEDFILEINFO.

VOS_UNKNOWN

Indicates that the operating system for which the file was designed is unknown to Windows.

See VS_FIXEDFILEINFO.

VS_FF_DEBUG

Indicates that the file contains debugging information or is compiled with debugging features enabled.

See VS_FIXEDFILEINFO.

VS_FF_INFOINFERRED

Indicates that the file's version data structure was created dynamically; therefore, some of the fields in this data structure may be empty or incorrect. This flag should never be set in a file's VS_VERSION_INFO data.

See VS_FIXEDFILEINFO.

VS_FF_PATCHED

Indicates that the file has been modified and is not identical to the original shipping file of the same version number.

See VS_FIXEDFILEINFO.

VS_FF_PRERELEASE

Indicates that the file is a development version, not a commercially released product.

See VS_FIXEDFILEINFO.

VS_FF_PRIVATEBUILD

Indicates that the file was not built using standard release procedures. If this flag is set, the StringFileInfo block should contain a PrivateBuild entry.

See VS_FIXEDFILEINFO.

VS_FF_SPECIALBUILD

Indicates that the file was built by the original company using standard release procedures, but is a variation of the normal file of the same version number. If this flag is set, the StringFileInfo block should contain a SpecialBuild entry.

See VS_FIXEDFILEINFO.

VTA_BASELINE

The reference point will be on the baseline of the text. VTA_BASELINE The reference point will be on the baseline of the text.

See GetTextAlign, SetTextAlign.

VTA_CENTER

The reference point will be aligned vertically with the center of the bounding rectangle.

See GetTextAlign, SetTextAlign.

WA_ACTIVE

The window is being activated by some method other than a mouse click (for example, by a call to the SetActiveWindow function or by use of the keyboard interface to select the window).

See WM_ACTIVATE.

WA_CLICKACTIVE

The window is being activated by a mouse click.

See WM_ACTIVATE.

WA_INACTIVE
The window is being deactivated.

See WM_ACTIVATE.

WAVE_ALLOWSYNC
If this flag is not specified, then the device will fail to open if it is a synchronous device.

See waveInOpen, waveOutOpen.

WAVE_FORMAT_1M08
11.025 kHz, Mono, 8-bit

See WAVEINCAPS, WAVEOUTCAPS.

WAVE_FORMAT_1M16
11.025 kHz, Mono, 16-bit

See WAVEINCAPS, WAVEOUTCAPS.

WAVE_FORMAT_1S08
11.025 kHz, Stereo, 8-bit

See WAVEINCAPS, WAVEOUTCAPS.

WAVE_FORMAT_1S16
11.025 kHz, Stereo, 16-bit

See WAVEINCAPS, WAVEOUTCAPS.

WAVE_FORMAT_2M08
22.05 kHz, Mono, 8-bit

See WAVEINCAPS, WAVEOUTCAPS.

WAVE_FORMAT_2M16
22.05 kHz, Mono, 16-bit

See WAVEINCAPS, WAVEOUTCAPS.

WAVE_FORMAT_2S08
22.05 kHz, Stereo, 8-bit

See WAVEINCAPS, WAVEOUTCAPS.

WAVE_FORMAT_2S16
22.05 kHz, Stereo, 16-bit

See WAVEINCAPS, WAVEOUTCAPS.

WAVE_FORMAT_4M08
44.1 kHz, Mono, 8-bit

See WAVEINCAPS, WAVEOUTCAPS.

WAVE_FORMAT_4M16
44.1 kHz, Mono, 16-bit

See WAVEINCAPS, WAVEOUTCAPS.

WAVE_FORMAT_4S08
44.1 kHz, Stereo, 8-bit

See WAVEINCAPS, WAVEOUTCAPS.

WAVE_FORMAT_4S16
44.1 kHz, Stereo, 16-bit

See WAVEINCAPS, WAVEOUTCAPS.

WAVE_FORMAT_PCM
Waveform data is PCM.

See WAVEFORMAT.

WAVE_FORMAT_QUERY
If this flag is specified, the device is queried to determine if it supports the given format but is not actually opened.

See waveInOpen, waveOutOpen.

WAVECAPS_LRVOLUME
Supports separate left and right volume control.

See WAVEOUTCAPS.

WAVECAPS_PITCH
Supports pitch control.

See WAVEOUTCAPS.

WAVECAPS_PLAYBACKRATE
Supports playback rate control.

See WAVEOUTCAPS.

WAVECAPS_VOLUME
Supports volume control.

See WAVEOUTCAPS.

WAVERR_BADFORMAT

Attempted to open with an unsupported wave format.

See waveInOpen, waveOutOpen.

WAVERR_STILLPLAYING

There are still buffers in the queue.

See waveInClose, waveInUnprepareHeader, waveOutClose, waveOutUnprepareHeader.

WAVERR_UNPREPARED

Buffer hasn't been prepared.

See waveInAddBuffer, waveOutWrite.

WB_ISDELIMITER

Check whether the character at the current position is a delimiter.

See EditWordBreakProc.

WB_LEFT

Look for the beginning of a word to the left of the current position.

See EditWordBreakProc.

WB_RIGHT

Look for the beginning of a word to the right of the current position. (This is useful in right-aligned edit controls.)

See EditWordBreakProc.

WC_COMPOSITECHECK

Convert composite characters to precomposed characters.

See WideCharToMultiByte.

WC_DEFAULTCHAR

Replace exceptions with the default character.

See WideCharToMultiByte.

WC_DEFAULTCHECK

Check for the default character and set the lpfUsedDefaultChar flag when necessary.

See WideCharToMultiByte.

WC_DISCARDNS

Discard non-spacing characters.

See WideCharToMultiByte.

WC_SEPCHARS

Generate separate characters. This is the default behavior.

See WideCharToMultiByte.

WH_CALLWNDPROC

Installs a hook-procedure that monitors messages sent to a window procedure. For more information, see the description of the CallWndProc hook procedure.

See DebugProc, SetWindowsHook, SetWindowsHookEx.

WH_CBT

Installs a hook procedure that receives notifications useful to a computer-based training (CBT) application. For more information, see the description of the CBTProc hook procedure.

See DebugProc, SetWindowsHook, SetWindowsHookEx.

WH_DEBUG

Installs a hook procedure useful for debugging other hook procedures. For more information, see the description of the DebugProc hook procedure.

See DebugProc, SetWindowsHook, SetWindowsHookEx.

WH_GETMESSAGE

Installs a hook procedure that monitors messages posted to a message queue. For more information, see the description of the GetMsgProc hook procedure.

See DebugProc, SetWindowsHook, SetWindowsHookEx.

WH_HARDWARE

Installs a hook procedure that monitors messages that are posted by a nonstandard input device such as a pen.

See DebugProc, SetWindowsHook, SetWindowsHookEx.

WH_JOURNALPLAYBACK

Installs a hook procedure that posts messages previously recorded by a WH_JOURNALRECORD hook procedure. For more information, see the description of the JournalPlaybackProc hook procedure.

See DebugProc, SetWindowsHook, SetWindowsHookEx.

WH_JOURNALRECORD

Installs a hook procedure that records input messages posted to the system message queue. This hook is useful for recording macros. For more information, see the description of the JournalRecordProc hook procedure.

See DebugProc, SetWindowsHook, SetWindowsHookEx.

WH_KEYBOARD

Installs a hook procedure that monitors keystroke messages. For more information, see the description of the KeyboardProc hook procedure.

See DebugProc, SetWindowsHook, SetWindowsHookEx.

WH_MOUSE

Installs a hook procedure that monitors mouse messages. For more information, see the description of the MouseProc hook procedure.

See DebugProc, SetWindowsHook, SetWindowsHookEx.

WH_MSGFILTER

Installs a hook procedure that monitors messages generated as a result of an input event in a dialog box, message box, menu, or scroll bar. The hook procedure monitors these messages only for the application that installed the hook procedure. For more information, see the description of the MessageProc hook procedure.

See DebugProc, SetWindowsHook, SetWindowsHookEx.

WH_SHELL

Installs a hook procedure that receives notifications useful to shell applications. For more information, see the description of the ShellProc hook procedure.

See DebugProc, SetWindowsHook, SetWindowsHookEx.

WH_SYSMSGFILTER

Installs a hook procedure that monitors messages generated as a result of an input event in a dialog box, message box, menu, or scroll bar. The hook procedure monitors these messages for all applications in the system. For more information, see the description of the SysMsgProc hook procedure.

See DebugProc, SetWindowsHook, SetWindowsHookEx.

WHDR_BEGINLOOP

Specifies that this buffer is the first buffer in a loop. This flag is only used with output data buffers.

See WAVEHDR.

WHDR_DONE

Set by the device driver to indicate that it is finished with the data buffer and is returning it to the application.

See WAVEHDR.

WHDR_ENDLOOP

Specifies that this buffer is the last buffer in a loop. This flag is only used with output data buffers.

See WAVEHDR.

WHDR_PREPARED

Set by Windows to indicate that the data buffer has been prepared with waveInPrepareHeader or waveOutPrepareHeader.

See WAVEHDR.

WHITE_BRUSH

White brush

See GetStockObject.

WHITE_PEN

White pen

See GetStockObject.

WHITENESS

Fills the destination rectangle the color associated with index 1 in the physical palette. (This color is white for the default physical palette.)

See BitBlt, PatBlt.

WHITEONBLACK

Performs a Boolean OR operation using the color values for the eliminated and existing pixels. If the bitmap is a monochrome bitmap, this mode preserves white pixels at the expense of black pixels.

See SetStretchBltMode.

WINDING

Selects winding number mode (fills any region with a non-zero winding number).

See CreatePolygonRgn, CreatePolyPolygonRgn, GetPolyFillMode, SetPolyFillMode.

WPF_RESTORETOMAXIMIZED

Specifies that the restored window will be maximized, regardless of whether it was maximized before it was minimized. This setting is valid only the next time the window is restored. It does not change the default restoration behavior. This flag is valid only when the SW_SHOWMINIMIZED value is specified for the showCmd member.

See WINDOWPLACEMENT.

WPF_SETMINPOSITION

Specifies that the x- and y-positions of the minimized window may be specified. This flag must be specified if the coordinates are set in the ptMinPosition member.

See WINDOWPLACEMENT.

WS_BORDER

Creates a window that has a thin-line border.

See CreateWindow.

WS_CAPTION

Creates a window that has a title bar (includes the WS_BORDER style).

See CreateWindow.

WS_CHILD

Creates a child window. This style cannot be used with the WS_POPUP style.

See CreateWindow.

WS_CHILDWINDOW

Same as the WS_CHILD style.

See CreateWindow.

WS_CLIPCHILDREN

Excludes the area occupied by child windows when drawing within the parent window. Use this style when creating the parent window.

See CreateWindow.

WS_CLIPSIBLINGS

Clips child windows relative to each other; that is, when a particular child window receives a WM_PAINT message, the WS_CLIPSIBLINGS style clips all other overlapping child windows out of the region of the child window to be updated. If WS_CLIPSIBLINGS is not specified and child windows overlap, it is possible, when drawing within the client area of a child window, to draw within the client area of a neighboring child window. For use with the WS_CHILD style only.

See CreateWindow.

WS_DISABLED
Creates a window that is initially disabled. A disabled window cannot receive input from the user.

See CreateWindow.

WS_DLGFRAME
Creates a window with a border of a style typically used with dialog boxes. A window with this style cannot have a title bar.

See CreateWindow.

WS_EX_ACCEPTFILES
Specifies that a window created with this style accepts drag-drop files.

See CreateWindowEx.

WS_EX_DLGMODALFRAME
Creates a window with a double border that can (optionally) be created with a title bar by specifying the WS_CAPTION style in the dwStyle parameter.

See CreateWindowEx.

WS_EX_NOPARENTNOTIFY
Specifies that a child window created by using this style will not send the WM_PARENTNOTIFY message to its parent window when the child window is created or destroyed.

See CreateWindowEx.

WS_EX_TOPMOST
Specifies that a window created with this style should be placed above all non-topmost windows and stay above them even when the window is deactivated. Use the SetWindowPos function to add or remove this style.

See CreateWindowEx.

WS_GROUP
Specifies the first control of a group of controls. The user can change the keyboard focus from one control in the group to the next by using the direction keys. All controls defined with the WS_GROUP style after the first control belong to the same group. The next control with the WS_GROUP style ends the group and starts the next group.

See CreateWindow.

WS_HSCROLL

Creates an MDI child window that has a horizontal scroll bar.

See CreateMDIWindow, CreateWindow, MDICREATESTRUCT.

WS_MAXIMIZE

Creates a window that is initially maximized.

See CreateMDIWindow, CreateWindow, MDICREATESTRUCT.

WS_MAXIMIZEBOX

Creates a window that has a maximize box.

See CreateWindow.

WS_MINIMIZE

Creates a window that is initially minimized.

See CreateMDIWindow, CreateWindow, MDICREATESTRUCT.

WS_MINIMIZEBOX

Creates a window that has a minimize box.

See CreateWindow.

WS_OVERLAPPED

Creates an overlapped window. An overlapped window has a title bar and a border.

See CreateWindow.

WS_OVERLAPPEDWINDOW

Creates an overlapped window having the WS_OVERLAPPED, WS_CAPTION, WS_SYSMENU, WS_THICKFRAME, WS_MINIMIZEBOX, and WS_MAXIMIZEBOX styles.

See CreateWindow.

WS_POPUP

Creates a pop-up window. This style cannot be used with the WS_CHILD style.

See CreateWindow.

WS_POPUPWINDOW

Creates a pop-up window having WS_BORDER, WS_POPUP, and WS_SYSMENU styles. You must combine the WS_CAPTION style with the WS_POPUPWINDOW style to make the System menu visible.

See CreateWindow.

WS_SYSMENU

Creates a window that has a System-menu box in its title bar. The WS_CAPTION style must also be specified.

See CreateWindow.

WS_TABSTOP

Specifies a control that can receive the keyboard focus when the user presses the TAB key. Pressing the TAB key changes the keyboard focus to the next control with the WS_TABSTOP style.

See CreateWindow.

WS_THICKFRAME

Creates a window with a sizing border.

See CreateWindow.

WS_VISIBLE

Creates a window that is initially visible.

See CreateWindow.

WS_VSCROLL

Creates a window that has a vertical scroll bar.

See CreateMDIWindow, CreateWindow, MDICREATESTRUCT.

WVR_REDRAW

This value causes the entire window to be redrawn. It is a combination of WVR_HREDRAW and WVR_VREDRAW.

See WM_NCCALCSIZE.

WVR_VALIDRECTS

This value indicates that, upon return from WM_NCCALCSIZE, the rgrc[1] and rgrc[2] rectangles contain valid source and destination area rectangles, respectively. Windows combines these rectangles to calculate the area of the window to be preserved. Windows copies any part of the window image that is within the source rectangle and clips the image to the destination rectangle. Both rectangles are in parent-relative or screen-relative coordinates. This return value allows an application to implement more elaborate client-area preservation strategies, such as centering or preserving a subset of the client area.

See WM_NCCALCSIZE.

XCLASS_BOOL

A DDE callback function should return TRUE or FALSE when it finishes processing a transaction that belongs to this class.

See DdeCallback.

XCLASS_DATA

A DDE callback function should return a DDE data handle, CBR_BLOCK, or NULL when it finishes processing a transaction that belongs to this class.

See DdeCallback.

XCLASS_FLAGS

A DDE callback function should return DDE_FACK, DDE_FBUSY, or DDE_FNOTPROCESSED when it finishes processing a transaction that belongs to this class.

See DdeCallback.

XCLASS_NOTIFICATION

The transaction types that belong to this class are for notification purposes only. The return value from the callback function is ignored.

See DdeCallback.

XST_ADVACKRCVD

The advise transaction was just completed.

See CONVINFO.

XST_ADVDATAACKRCVD

The advise data transaction was just completed.

See CONVINFO.

XST_ADVDATASENT

Advise data has been sent and is awaiting an acknowledgement.

See CONVINFO.

XST_ADVSENT

An advise transaction is awaiting an acknowledgement.

See CONVINFO.

XST_CONNECTED

The conversation has no active transactions.

See CONVINFO.

XST_DATARCVD

The requested data has just been received.

See CONVINFO.

XST_EXECACKRCVD

An execute transaction just completed.

See CONVINFO.

XST_EXECSENT

An execute transaction is awaiting an acknowledgement.

See CONVINFO.

XST_INCOMPLETE

The last transaction failed.

See CONVINFO.

XST_INIT1

Mid-initiate state 1.

See CONVINFO.

XST_INIT2

Mid-initiate state 2.

See CONVINFO.

XST_NULL

Pre-initiate state.

See CONVINFO.

XST_POKEACKRCVD

A poke transaction was just completed.

See CONVINFO.

XST_POKESENT

A poke transaction is awaiting an acknowledgement.

See CONVINFO.

XST_REQSENT

A request transaction is awaiting an acknowledgement.

See CONVINFO.

XST_UNADVACKRCVD

An unadvise transaction just completed.

See CONVINFO.

XST_UNADVSENT

An unadvise transaction is awaiting an acknowledgement.

See CONVINFO.

XTYPF_ACKREQ

Instructs the server to wait until the client acknowledges it received the previous data item before sending the next data item. This flag prevents a fast server from sending data faster than the client can process it.

See DdeClientTransaction.

XTYPF_NODATA

Instructs the server to notify the client of any data changes without actually sending the data. This flag gives the client the option of ignoring the notification or requesting the changed data from the server.

See DdeClientTransaction

CHAPTER 6

VIRTUAL KEY CODES

When an application receives a WM_KEYDOWN, WM_KEYUP, WM_SYSKEY-DOWN, or WM_SYSKEYUP message, it can identify the associated keystroke by examining the wparam message parameter for a virtual key code.

Any code values not listed in these tables are either unassigned or reserved for OEM use.

VIRTUAL KEY CODES: ALPHABETIZED BY IDENTIFIER

Identifier	Description	Dec	Hex
VK_0	0	48	30
VK_1	1	49	31
VK_2	2	50	32
VK_3	3	51	33
VK_4	4	52	34
VK_5	5	53	35
VK_6	6	54	36
VK_7	7	55	37
VK_8	8	56	38
VK_9	9	57	39
VK_A	A	65	41
VK_ADD	Numeric pad: Add	107	6B
VK_B	B	66	42
VK_BACK	Backspace	8	08
VK_C	C	67	43
VK_CANCEL	Control-break	3	03
VK_CAPITAL	Caps Lock	20	14
VK_CLEAR	Clear	12	0C
VK_CONTROL	Ctrl	17	11
VK_D	D	68	44
VK_DECIMAL	Numeric pad: Decimal	110	6E
VK_DELETE	Function Pad: Delete	46	2E
VK_DIVIDE	Numeric pad: Divide	111	6F
VK_DOWN	Arrow: Down	40	28
VK_E	E	69	45

Identifier	Description	Dec	Hex
VK_END	Function Pad: End	35	23
VK_ESCAPE	Esc (Escape)	27	1B
VK_EXECUTE	Numeric pad: Enter	43	2B
VK_F	F	70	46
VK_F1	F1	112	70
VK_F10	F10	121	79
VK_F11	F11	122	7A
VK_F12	F12	123	7B
VK_F13	F13	124	7C
VK_F14	F14	125	7D
VK_F15	F15	126	7E
VK_F16	F16	127	7F
VK_F17	F17	128	80
VK_F18	F18	129	81
VK_F19	F19	130	82
VK_F2	F2	113	71
VK_F20	F20	131	83
VK_F21	F21	132	84
VK_F22	F22	133	85
VK_F23	F23	134	86
VK_F24	F24	135	87
VK_F3	F3	114	72
VK_F4	F4	115	73
VK_F5	F5	116	74
VK_F6	F6	117	75
VK_F7	F7	118	76
VK_F8	F8	119	77
VK_F9	F9	120	78

Identifier	Description	Dec	Hex
VK_G	G	71	47
VK_H	H	72	48
VK_HELP	Help	47	2F
VK_HOME	Function Pad: Home	36	24
VK_I	I	73	49
VK_INSERT	Function Pad: Insert	45	2D
VK_J	J	74	4A
VK_K	K	75	4B
VK_L	L	76	4C
VK_LBUTTON	Mouse: Left button	1	01
VK_LEFT	Arrow: Left	37	25
VK_M	M	77	4D
VK_MBUTTON	Mouse: Middle button	4	04
VK_MENU	Alt	18	12
VK_MULTIPLY	Numeric pad: Multiply	106	6A
VK_N	N	78	4E
VK_NEXT	Function pad: Page Down	34	22
VK_NUMLOCK	Num Lock	144	90
VK_NUMPAD0	Numeric pad 0	96	60
VK_NUMPAD1	Numeric pad 1	97	61
VK_NUMPAD2	Numeric pad 2	98	62
VK_NUMPAD3	Numeric pad 3	99	63
VK_NUMPAD4	Numeric pad 4	100	64
VK_NUMPAD5	Numeric pad 5	101	65
VK_NUMPAD6	Numeric pad 6	102	66
VK_NUMPAD7	Numeric pad 7	103	67
VK_NUMPAD8	Numeric pad 8	104	68

Identifier	Description	Dec	Hex
VK_NUMPAD9	Numeric pad 9	105	69
VK_O	O	79	4F
VK_P	P	80	50
VK_PAUSE	Pause	19	13
VK_PRIOR	Function Pad: Page Up	33	21
VK_Q	Q	81	51
VK_R	R	82	52
VK_RBUTTON	Mouse: Right button	2	02
VK_RETURN	Enter	13	0D
VK_RIGHT	Arrow: Right	39	27
VK_S	S	83	53
VK_SCROLL	Scroll Lock	145	91
VK_SELECT	Select	41	29
VK_SEPARATOR	Key Separator	108	6C
VK_SHIFT	Shift	16	10
VK_SNAPSHOT	Print Screen	45	2C
VK_SPACE	Spacebar	32	20
VK_SUBTRACT	Numeric pad: Subtract	109	6D
VK_T	T	84	54
VK_TAB	Tab	9	09
VK_U	U	85	55
VK_UP	Arrow: Up	38	26
VK_V	V	86	56
VK_W	W	87	57
VK_X	X	88	58
VK_Y	Y	89	59
VK_Z	Z	90	5A

VIRTUAL KEY CODES: ALPHABETIZED BY CATEGORY

Description	Identifier	Dec	Hex
0	VK_0	48	30
1	VK_1	49	31
2	VK_2	50	32
3	VK_3	51	33
4	VK_4	52	34
5	VK_5	53	35
6	VK_6	54	36
7	VK_7	55	37
8	VK_8	56	38
9	VK_9	57	39
A	VK_A	65	41
B	VK_B	66	42
C	VK_C	67	43
D	VK_D	68	44
E	VK_E	69	45
F	VK_F	70	46
G	VK_G	71	47
H	VK_H	72	48
I	VK_I	73	49
J	VK_J	74	4A
K	VK_K	75	4B
L	VK_L	76	4C
M	VK_M	77	4D
N	VK_N	78	4E

Description	Identifier	Dec	Hex
O	VK_O	79	4F
P	VK_P	80	50
Q	VK_Q	81	51
R	VK_R	82	52
S	VK_S	83	53
T	VK_T	84	54
U	VK_U	85	55
V	VK_V	86	56
W	VK_W	87	57
X	VK_X	88	58
Y	VK_Y	89	59
Z	VK_Z	90	5A
Spacebar	VK_SPACE	32	20
Backspace	VK_BACK	8	08
Enter	VK_RETURN	13	0D
Tab	VK_TAB	9	09
F1	VK_F1	112	70
F2	VK_F2	113	71
F3	VK_F3	114	72
F4	VK_F4	115	73
F5	VK_F5	116	74
F6	VK_F6	117	75
F7	VK_F7	118	76
F8	VK_F8	119	77
F9	VK_F9	120	78
F10	VK_F10	121	79

Description	Identifier	Dec	Hex
11	VK_F11	122	7A
F12	VK_F12	123	7B
F13	VK_F13	124	7C
F14	VK_F14	125	7D
F15	VK_F15	126	7E
F16	VK_F16	127	7F
F17	VK_F17	128	80
F18	VK_F18	129	81
F19	VK_F19	130	82
F20	VK_F20	131	83
F21	VK_F21	132	84
F22	VK_F22	133	85
F23	VK_F23	134	86
F24	VK_F24	135	87
Numeric pad 0	VK_NUMPAD0	96	60
Numeric pad 1	VK_NUMPAD1	97	61
Numeric pad 2	VK_NUMPAD2	98	62
Numeric pad 3	VK_NUMPAD3	99	63
Numeric pad 4	VK_NUMPAD4	100	64
Numeric pad 5	VK_NUMPAD5	101	65
Numeric pad 6	VK_NUMPAD6	102	66
Numeric pad 7	VK_NUMPAD7	103	67
Numeric pad 8	VK_NUMPAD8	104	68
Numeric pad 9	VK_NUMPAD9	105	69
Numeric pad: Add	VK_ADD	107	6B
Numeric pad: Decimal	VK_DECIMAL	110	6E

Description	Identifier	Dec	Hex
Numeric pad: Divide	VK_DIVIDE	111	6F
Numeric pad: Enter	VK_EXECUTE	43	2B
Numeric pad: Multiply	VK_MULTIPLY	106	6A
Numeric pad: Subtract	VK_SUBTRACT	109	6D
Arrow: Down	VK_DOWN	40	28
Arrow: Left	VK_LEFT	37	25
Arrow: Right	VK_RIGHT	39	27
Arrow: Up	VK_UP	38	26
Function pad: Page Down	VK_NEXT	34	22
Function Pad: Page Up	VK_PRIOR	33	21
Function Pad: Delete	VK_DELETE	46	2E
Function Pad: End	VK_END	35	23
Function Pad: Home	VK_HOME	36	24
Function Pad: Insert	VK_INSERT	45	2D
Mouse: Left button	VK_LBUTTON	1	01
Mouse: Middle button	VK_MBUTTON	4	04
Mouse: Right button	VK_RBUTTON	2	02
Print Screen	VK_SNAPSHOT	45	2C
Scroll Lock	VK_SCROLL	145	91
Pause	VK_PAUSE	19	13
Control-break	VK_CANCEL	3	03
Alt	VK_MENU	18	12
Ctrl	VK_CONTROL	17	11

Description	Identifier	Dec	Hex
Caps Lock	VK_CAPITAL	20	14
Esc (Escape)	VK_ESCAPE	27	1B
Num Lock	VK_NUMLOCK	144	90
Shift	VK_SHIFT	16	10
Clear	VK_CLEAR	12	0C
Help	VK_HELP	47	2F
Select	VK_SELECT	41	29
Key Separator	VK_SEPARATOR	108	6C

VIRTUAL KEY CODES: BY VALUE

Dec	Hex	Description	Identifier
1	01	Mouse: Left button	VK_LBUTTON
2	02	Mouse: Right button	VK_RBUTTON
3	03	Control-break	VK_CANCEL
4	04	Mouse: Middle button	VK_MBUTTON
8	08	Backspace	VK_BACK
9	09	Tab	VK_TAB
12	0C	Clear	VK_CLEAR
13	0D	Enter	VK_RETURN
16	10	Shift	VK_SHIFT
17	11	Ctrl	VK_CONTROL
18	12	Alt	VK_MENU
19	13	Pause	VK_PAUSE
20	14	Caps Lock	VK_CAPITAL
27	1B	Esc (Escape)	VK_ESCAPE
32	20	Spacebar	VK_SPACE

Dec	Hex	Description	Identifier
33	21	Function Pad: Page Up	VK_PRIOR
34	22	Function pad: Page Down	VK_NEXT
35	23	Function Pad: End	VK_END
36	24	Function Pad: Home	VK_HOME
37	25	Arrow: Left	VK_LEFT
38	26	Arrow: Up	VK_UP
39	27	Arrow: Right	VK_RIGHT
40	28	Arrow: Down	VK_DOWN
41	29	Select	VK_SELECT
43	2B	Numeric pad: Enter	VK_EXECUTE
45	2D	Function Pad: Insert	VK_INSERT
45	2C	Print Screen	VK_SNAPSHOT
46	2E	Function Pad: Delete	VK_DELETE
47	2F	Help	VK_HELP
48	30	0	VK_0
49	31	1	VK_1
50	32	2	VK_2
51	33	3	VK_3
52	34	4	VK_4
53	35	5	VK_5
54	36	6	VK_6
55	37	7	VK_7
56	38	8	VK_8
57	39	9	VK_9
65	41	A	VK_A
66	42	B	VK_B
67	43	C	VK_C
68	44	D	VK_D

Dec	Hex	Description	Identifier
69	45	E	VK_E
70	46	F	VK_F
71	47	G	VK_G
72	48	H	VK_H
73	49	I	VK_I
74	4A	J	VK_J
75	4B	K	VK_K
76	4C	L	VK_L
77	4D	M	VK_M
78	4E	N	VK_N
79	4F	O	VK_O
80	50	P	VK_P
81	51	Q	VK_Q
82	52	R	VK_R
83	53	S	VK_S
84	54	T	VK_T
85	55	U	VK_U
86	56	V	VK_V
87	57	W	VK_W
88	58	X	VK_X
89	59	Y	VK_Y
90	5A	Z	VK_Z
96	60	Numeric pad 0	VK_NUMPAD0
97	61	Numeric pad 1	VK_NUMPAD1
98	62	Numeric pad 2	VK_NUMPAD2
99	63	Numeric pad 3	VK_NUMPAD3
100	64	Numeric pad 4	VK_NUMPAD4
101	65	Numeric pad 5	VK_NUMPAD5

Dec	Hex	Description	Identifier
102	66	Numeric pad 6	VK_NUMPAD6
103	67	Numeric pad 7	VK_NUMPAD7
104	68	Numeric pad 8	VK_NUMPAD8
105	69	Numeric pad 9	VK_NUMPAD9
106	6A	Numeric pad: Multiply	VK_MULTIPLY
107	6B	Numeric pad: Add	VK_ADD
108	6C	Key Separator	VK_SEPARATOR
109	6D	Numeric pad: Subtract	VK_SUBTRACT
110	6E	Numeric pad: Decimal	VK_DECIMAL
111	6F	Numeric pad: Divide	VK_DIVIDE
112	70	F1	VK_F1
113	71	F2	VK_F2
114	72	F3	VK_F3
115	73	F4	VK_F4
116	74	F5	VK_F5
117	75	F6	VK_F6
118	76	F7	VK_F7
119	77	F8	VK_F8
120	78	F9	VK_F9
121	79	F10	VK_F10
122	7A	F11	VK_F11
123	7B	F12	VK_F12
124	7C	F13	VK_F13
125	7D	F14	VK_F14
126	7E	F15	VK_F15
127	7F	F16	VK_F16
128	80	F17	VK_F17
129	81	F18	VK_F18

Dec	Hex	Description	Identifier
130	82	F19	VK_F19
131	83	F20	VK_F20
132	84	F21	VK_F21
133	85	F22	VK_F22
134	86	F23	VK_F23
135	87	F24	VK_F24
144	90	Num Lock	VK_NUMLOCK
145	91	Scroll Lock	VK_SCROLL

CHAPTER 7

ERROR MESSAGES

System errors, which begin with the prefix ERROR, contain 32 bits, laid out as follows:

bits	usage
0-15	Status code
16-27	Facility identifier
28	Reserved bit
29	Bit 29 is reserved for application-defined error codes; no Win32 API error code has this bit set. If you are defining an error code for your application, set this bit to indicate that the error code has been defined by an application and to ensure that your error code does not conflict with any system-defined error codes.
30-31	Severity 00 - Success 01 - Informational 10 - Warning 11 - Error

The last system error for a given thread can be obtained by calling the GetLastError API function. The last-error code value is maintained on a per-thread basis, so multiple threads do not overwrite each other's last-error code value.

RPC API functions return errors with the prefixes RPC and EPT.

Error Codes, Alphabetized

Error	Decimal	Hex
EPT_S_CANT_CREATE The endpoint mapper database could not be created.	1899	0x076B
EPT_S_CANT_PERFORM_OP The operation cannot be performed.	1752	0x06D8
EPT_S_INVALID_ENTRY The entry is invalid.	1751	0x06D7
EPT_S_NOT_REGISTERED There are no more endpoints available from the endpoint mapper.	1753	0x06D9
ERROR_ACCESS_DENIED Access is denied.	5	0x0005
ERROR_ACCOUNT_DISABLED The referenced account is currently disabled and cannot be logged on to.	1331	0x0533
ERROR_ACCOUNT_EXPIRED The user's account has expired.	1793	0x0701
ERROR_ACCOUNT_RESTRICTION Indicates a referenced user name and authentication information are valid, but some user account restriction has prevented successful authentication (such as time-of-day restrictions).	1327	0x052F
ERROR_ADAP_HDW_ERR A network adapter hardware error occurred.	57	0x0039
ERROR_ALIAS_EXISTS The specified alias already exists.	1379	0x0563
ERROR_ALLOTTED_SPACE_EXCEEDED When a block of memory is allotted for future updates, such as the memory allocated to hold discretionary access control and primary group information, successive updates may exceed the amount of memory originally allotted.	1344	0x0540

ERROR_ALREADY_ASSIGNED The local device name is already in use.	85	0x0055
ERROR_ALREADY_EXISTS Attempt to create file that already exists.	183	0x00B7
ERROR_ALREADY_RUNNING_LKG The system is currently running with the last-known-good configuration.	1074	0x0432
ERROR_ARENA_TRASHED The storage control blocks were destroyed.	7	0x0007
ERROR_ARITHMETIC_OVERFLOW Arithmetic result exceeded 32-bits.	534	0x0216
ERROR_ATOMIC_LOCKS_NOT_SUPPORTED The file system does not support atomic changing of the lock type.	174	0x00AE
ERROR_AUTODATASEG_EXCEEDS_64k The operating system cannot run this application program.	199	0x00C7
ERROR_BADDB The configuration registry database is damaged.	1009	0x03F1
ERROR_BADKEY The configuration registry key is invalid.	1010	0x03F2
ERROR_BAD_ARGUMENTS The argument string passed to DosExecPgm is incorrect.	160	0x00A0
ERROR_BAD_COMMAND The device does not recognize the command.	22	0x0016
ERROR_BAD_DESCRIPTOR_FORMAT Indicates a security descriptor is not in the required format (absolute or self-relative).	1361	0x0551
ERROR_BAD_DEVICE The specified device name is invalid.	1200	0x04B0
ERROR_BAD_DEV_TYPE The network resource type is incorrect.	66	0x0042

ERROR_BAD_DRIVER_LEVEL The system does not support the requested command.	119	0x0077
ERROR_BAD_ENVIRONMENT The environment is incorrect.	10	0x000A
ERROR_BAD_EXE_FORMAT File is not a valid Windows-based application.	193	0x00C1
ERROR_BAD_FORMAT An attempt was made to load a program with an incorrect format.	11	0x000B
ERROR_BAD_IMPERSONATION_LEVEL A specified impersonation level is invalid. Also used to indicate a required impersonation level was not provided.	1346	0x0542
ERROR_BAD_INHERITANCE_ACL Indicates that an attempt to build either an inherited ACL or ACE did not succeed. One of the more probable causes is the replacement of a CreatorId with an SID that didn't fit into the ACE or ACL.	1340	0x053C
ERROR_BAD_LENGTH The program issued a command but the command length is incorrect.	24	0x0018
ERROR_BAD_LOGON_SESSION_STATE The logon session is not in a state consistent with the requested operation.	1365	0x0555
ERROR_BAD_NETPATH The network path was not found.	53	0x0035
ERROR_BAD_NET_NAME The network name cannot be found.	67	0x0043
ERROR_BAD_NET_RESP The specified server cannot perform the requested operation.	58	0x003A
ERROR_BAD_PATHNAME The specified path name is invalid.	161	0x00A1

ERROR_BAD_PIPE The pipe state is invalid.	230	0x00E6
ERROR_BAD_PROFILE The network connection profile is damaged.	1206	0x04B6
ERROR_BAD_PROVIDER The specified network provider name is invalid.	1204	0x04B4
ERROR_BAD_REM_ADAP The remote adapter is not compatible.	60	0x003C
ERROR_BAD_THREADID_ADDR The address for the thread ID is incorrect.	159	0x009F
ERROR_BAD_TOKEN_TYPE The type of token object is inappropriate for its attempted use.	1349	0x0545
ERROR_BAD_UNIT The system cannot find the specified device.	20	0x0014
ERROR_BAD_USERNAME The specified user name is invalid.	2202	0x089A
ERROR_BAD_VALIDATION_CLASS The requested validation information class is invalid.	1348	0x0544
ERROR_BEGINNING_OF_MEDIA The beginning of the tape or partition was encountered.	1102	0x044E
ERROR_BOOT_ALREADY_ACCEPTED The current boot has already been accepted for use as the last-known-good control set.	1076	0x0434
ERROR_BROKEN_PIPE The pipe was ended.	109	0x006D
ERROR_BUFFER_OVERFLOW The file name is too long.	111	0x006F
ERROR_BUSY The requested resource is in use.	170	0x00AA
ERROR_BUSY_DRIVE The system cannot perform a JOIN or SUBST at this time.	142	0x008E

ERROR_BUS_RESET The I/O bus was reset.	1111	0x0457
ERROR_CALL_NOT_IMPLEMENTED The Application Program Interface (API) entered will only work in Windows/NT mode.	120	0x0078
ERROR_CANCEL_VIOLATION A lock request was not outstanding for the supplied cancel region.	173	0x00AD
ERROR_CANNOT_COPY The Copy API cannot be used.	266	0x010A
ERROR_CANNOT_FIND_WND_CLASS Cannot find window class.	1407	0x057F
ERROR_CANNOT_IMPERSONATE Indicates that an attempt was made to impersonate via a named pipe that was not yet read from.	1368	0x0558
ERROR_CANNOT_MAKE The directory or file cannot be created.	82	0x0052
ERROR_CANNOT_OPEN_PROFILE Unable to open the network connection profile.	1205	0x04B5
ERROR_CANTOPEN The configuration registry key cannot be opened.	1011	0x03F3
ERROR_CANTREAD The configuration registry key cannot be read.	1012	0x03F4
ERROR_CANTWRITE The configuration registry key cannot be written.	1013	0x03F5
ERROR_CANT_ACCESS_DOMAIN_INFO Indicates a domain controller could not be contacted or that objects within the domain are protected and necessary information could not be retrieved.	1351	0x0547
ERROR_CANT_DISABLE_MANDATORY A mandatory group cannot be disabled.	1310	0x051E

ERROR_CANT_OPEN_ANONYMOUS An attempt was made to open an anonymous level token. Anonymous tokens cannot be opened.	1347	0x0543
ERROR_CAN_NOT_COMPLETE Cannot complete function for some reason.	1003	0x03EB
ERROR_CHILD_MUST_BE_VOLATILE An attempt was made to create a stable subkey under a volatile parent key.	1021	0x03FD
ERROR_CHILD_NOT_COMPLETE The application cannot be run in Windows mode.	129	0x0081
ERROR_CHILD_WINDOW_MENU Child windows can't have menus.	1436	0x059C
ERROR_CIRCULAR_DEPENDENCY Circular service dependency was specified.	1059	0x0423
ERROR_CLASS_ALREADY_EXISTS Class already exists.	1410	0x0582
ERROR_CLASS_DOES_NOT_EXIST Class does not exist.	1411	0x0583
ERROR_CLASS_HAS_WINDOWS Class still has open windows.	1412	0x0584
ERROR_CLIPBOARD_NOT_OPEN Thread doesn't have Clipboard open.	1418	0x058A
ERROR_CONNECTION_UNAVAIL The device is not currently connected but is a remembered connection.	1201	0x04B1
ERROR_CONTROL_ID_NOT_FOUND Control ID not found.	1421	0x058D
ERROR_COUNTER_TIMEOUT A serial I/O operation completed because the time-out period expired. (The IOCTL_SERIAL _XOFF_COUNTER did not reach zero.)	1121	0x0461

ERROR_CRC Data error (cyclic redundancy check).	23	0x0017
ERROR_CURRENT_DIRECTORY The directory cannot be removed.	16	0x0010
ERROR_DATABASE_DOES_NOT_EXIST The database specified does not exist.	1065	0x0429
ERROR_DC_NOT_FOUND Invalid HDC passed to ReleaseDC.	1425	0x0591
ERROR_DEPENDENT_SERVICES_RUNNING A stop control has been sent to a service that other running services are dependent on.	1051	0x041B
ERROR_DESTROY_OBJECT_OF_OTHER_THREAD Cannot destroy object created by another thread.	1435	0x059B
ERROR_DEVICE_ALREADY_REMEMBERED An attempt was made to remember a device that was previously remembered.	1202	0x04B2
ERROR_DEVICE_IN_USE The device is in use by an active process and cannot be disconnected.	2404	0x0964
ERROR_DEVICE_NOT_PARTITIONED Tape partition information could not be found when loading a tape.	1107	0x0453
ERROR_DEV_NOT_EXIST The specified network resource is no longer available.	55	0x0037
ERROR_DIRECTORY The directory name is invalid.	267	0x010B
ERROR_DIRECT_ACCESS_HANDLE Attempt to use a file handle to an open disk partition for an operation other than raw disk I/O.	130	0x0082
ERROR_DIR_NOT_EMPTY The directory is not empty.	145	0x0091
ERROR_DIR_NOT_ROOT The directory is not a subdirectory of the root directory.	144	0x0090

ERROR_DISCARDED The segment is already discarded and cannot be locked.	157	0x009D
ERROR_DISK_CHANGE Program stopped because alternate disk was not inserted.	107	0x006B
ERROR_DISK_CORRUPT The disk structure is damaged and nonreadable.	1393	0x0571
ERROR_DISK_FULL There is not enough space on the disk.	112	0x0070
ERROR_DISK_OPERATION_FAILED While accessing the hard disk, a disk operation failed even after retries.	1127	0x0467
ERROR_DISK_RECALIBRATE_FAILED While accessing the hard disk, a recalibrate operation failed, even after retries.	1126	0x0466
ERROR_DISK_RESET_FAILED While accessing the hard disk, a disk controller reset was needed, but even that failed.	1128	0x0468
ERROR_DLL_INIT_FAILED A DLL initialization routine failed.	1114	0x045A
ERROR_DOMAIN_EXISTS The specified domain already exists.	1356	0x054C
ERROR_DOMAIN_LIMIT_EXCEEDED An attempt to exceed the limit on the number of domains per server for this release.	1357	0x054D
ERROR_DOMAIN_TRUST_INCONSISTENT The name or security ID (SID) of the domain specified is inconsistent with the trust information for that domain.	1810	0x0712
ERROR_DRIVE_LOCKED The disk is in use or locked by another process.	108	0x006C
ERROR_DUPLICATE_SERVICE_NAME The name is already in use as either a service name or a service display name.	1078	0x0436

ERROR_DUP_DOMAINNAME The workgroup or domain name is already in use by another computer on the network.	1221	0x04C5
ERROR_DUP_NAME A duplicate name exists on the network.	52	0x0034
ERROR_DYNLINK_FROM_INVALID_RING The operating system cannot run this application program.	196	0x00C4
ERROR_EAS_DIDNT_FIT The EAs did not fit in the buffer.	275	0x0113
ERROR_EAS_NOT_SUPPORTED The mounted file system does not support extended attributes.	282	0x011A
ERROR_EA_ACCESS_DENIED Access to the EA is denied.	994	0x03E2
ERROR_EA_FILE_CORRUPT The EA file on the mounted file system is damaged.	276	0x0114
ERROR_EA_LIST_INCONSISTENT The EAs are inconsistent.	255	0x00FF
ERROR_EA_TABLE_FULL The EA table in the EA file on the mounted file system is full.	277	0x0115
ERROR_END_OF_MEDIA End of tape mark was reached during an operation.	1100	0x044C
ERROR_ENVVAR_NOT_FOUND The system could not find the environment option entered.	203	0x00CB
ERROR_EOM_OVERFLOW Physical end of tape encountered.	1129	0x0469
ERROR_EVENTLOG_CANT_START No event log file could be opened, so the event logging service did not start.	1501	0x05DD
ERROR_EVENTLOG_FILE_CHANGED The event log file has changed between reads.	1503	0x05DF

ERROR_EVENTLOG_FILE_CORRUPT One of the Eventlog logfiles is damaged.	1500	0x05DC
ERROR_EXCEPTION_IN_SERVICE An exception occurred in the service when handling the control request.	1064	0x0428
ERROR_EXCL_SEM_ALREADY_OWNED The exclusive semaphore is owned by another process.	101	0x0065
ERROR_EXE_MARKED_INVALID The operating system cannot run %1.	192	0x00C0
ERROR_EXTENDED_ERROR An extended error has occurred.	1208	0x04B8
ERROR_FAILED_SERVICE_CONTROLLER_CONNECT The service process could not connect to the service controller.	1063	0x0427
ERROR_FAIL_I24 Fail on INT 24.	83	0x0053
ERROR_FILEMARK_DETECTED A tape access reached a filemark.	1101	0x044D
ERROR_FILENAME_EXCED_RANGE The file name or extension is too long.	206	0x00CE
ERROR_FILE_CORRUPT The file or directory is damaged and nonreadable.	1392	0x0570
ERROR_FILE_EXISTS The file exists.	80	0x0050
ERROR_FILE_INVALID The volume for a file was externally altered and the opened file is no longer valid.	1006	0x03EE
ERROR_FILE_NOT_FOUND The system cannot find the file specified.	2	0x0002
ERROR_FLOPPY_BAD_REGISTERS The floppy disk controller returned inconsistent results in its registers.	1125	0x0465

Constant / Description	Decimal	Hex
ERROR_FLOPPY_ID_MARK_NOT_FOUND No ID address mark was found on the floppy disk.	1122	0x0462
ERROR_FLOPPY_UNKNOWN_ERROR The floppy disk controller reported an error that is not recognized by the floppy disk driver.	1124	0x0464
ERROR_FLOPPY_WRONG_CYLINDER Mismatch between the floppy disk sector ID field and the floppy disk controller track address.	1123	0x0463
ERROR_FULLSCREEN_MODE The requested operation cannot be performed in full-screen mode.	1007	0x03EF
ERROR_GENERIC_NOT_MAPPED Indicates generic access types were contained in an access mask that should already be mapped to nongeneric access types.	1360	0x0550
ERROR_GEN_FAILURE A device attached to the system is not functioning.	31	0x001F
ERROR_GLOBAL_ONLY_HOOK This hook can only be set globally.	1429	0x0595
ERROR_GROUP_EXISTS The specified group already exists.	1318	0x0526
ERROR_HANDLE_DISK_FULL The disk is full.	39	0x0027
ERROR_HANDLE_EOF Reached End Of File.	38	0x0026
ERROR_HOOK_NEEDS_HMOD Cannot set nonlocal hook without a module handle.	1428	0x0594
ERROR_HOOK_NOT_INSTALLED Hook is not installed.	1431	0x0597
ERROR_HOTKEY_ALREADY_REGISTERED Hotkey is already registered.	1409	0x0581
ERROR_HOTKEY_NOT_REGISTERED Hotkey is not registered.	1419	0x058B

ERROR_HWNDS_HAVE_DIFFERENT_PARENT All DeferWindowPos HWNDs must have same parent.	1441	0x05A1
ERROR_ILL_FORMED_PASSWORD When trying to update a password, this return status indicates the value provided for the new password contains values not allowed in passwords.	1324	0x052C
ERROR_INFLOOP_IN_RELOC_CHAIN The operating system cannot run %1.	202	0x00CA
ERROR_INSUFFICIENT_BUFFER The data area passed to a system call is too small.	122	0x007A
ERROR_INTERNAL_DB_CORRUPTION This error indicates the requested operation cannot be completed due to a catastrophic media failure or on-disk data structure corruption.	1358	0x054E
ERROR_INTERNAL_DB_ERROR The Local Security Authority (LSA) database contains an internal inconsistency.	1383	0x0567
ERROR_INTERNAL_ERROR This error indicates the SAM server has encountered an internal consistency error in its database. This catastrophic failure prevents further operation of SAM.	1359	0x054F
ERROR_INVALID_ACCEL_HANDLE Invalid accelerator-table handle.	1403	0x057B
ERROR_INVALID_ACCESS The access code is invalid.	12	0x000C
ERROR_INVALID_ACCOUNT_NAME The name provided is not a properly formed account name.	1315	0x0523
ERROR_INVALID_ACL Indicates the ACL structure is not valid.	1336	0x0538
ERROR_INVALID_ADDRESS Attempt to access invalid address.	487	0x01E7
ERROR_INVALID_AT_INTERRUPT_TIME Cannot request exclusive semaphores at interrupt time.	104	0x0068

ERROR_INVALID_BLOCK The storage control block address is invalid.	9	0x0009
ERROR_INVALID_BLOCK_LENGTH When accessing a new tape of a multivolume partition, the current block size is incorrect.	1106	0x0452
ERROR_INVALID_CATEGORY The IOCTL call made by the application program is incorrect.	117	0x0075
ERROR_INVALID_COMBOBOX_MESSAGE Invalid Message, the combo box doesn't have an edit control.	1422	0x058E
ERROR_INVALID_COMPUTERNAME The format of the specified computer name is invalid.	1210	0x04BA
ERROR_INVALID_CURSOR_HANDLE The cursor handle is invalid.	1402	0x057A
ERROR_INVALID_DATA The data is invalid.	13	0x000D
ERROR_INVALID_DATATYPE The specified data type is invalid.	1804	0x070C
ERROR_INVALID_DOMAINNAME The format of the specified domain name is invalid.	1212	0x04BC
ERROR_INVALID_DOMAIN_ROLE Indicates the requested operation cannot be completed with the domain in its present role.	1354	0x054A
ERROR_INVALID_DOMAIN_STATE Indicates the domain is in the wrong state to perform the desired operation.	1353	0x0549
ERROR_INVALID_DRIVE The system cannot find the specified drive.	15	0x000F
ERROR_INVALID_DWP_HANDLE The DeferWindowPos handle is invalid.	1405	0x057D
ERROR_INVALID_EA_HANDLE The specified EA handle is invalid.	278	0x0116

ERROR_INVALID_EA_NAME The specified EA name is invalid.	254	0x00FE
ERROR_INVALID_EDIT_HEIGHT Height must be less than 256.	1424	0x0590
ERROR_INVALID_ENVIRONMENT The Environment specified is invalid.	1805	0x070D
ERROR_INVALID_EVENTNAME The format of the specified event name is invalid.	1211	0x04BB
ERROR_INVALID_EVENT_COUNT The number of specified semaphore events is incorrect.	151	0x0097
ERROR_INVALID_EXE_SIGNATURE Program cannot be run in Windows/NT mode.	191	0x00BF
ERROR_INVALID_FILTER_PROC The filter proc is invalid.	1427	0x0593
ERROR_INVALID_FLAGS The flags are invalid.	1004	0x03EC
ERROR_INVALID_FLAG_NUMBER The flag passed is incorrect.	186	0x00BA
ERROR_INVALID_FUNCTION The function is incorrect.	1	0x0001
ERROR_INVALID_GROUPNAME The format of the specified group name is invalid.	1209	0x04B9
ERROR_INVALID_GROUP_ATTRIBUTES The specified attributes are invalid, or incompatible with the attributes for the group as a whole.	1345	0x0541
ERROR_INVALID_GW_COMMAND The GW_* command is invalid.	1443	0x05A3
ERROR_INVALID_HANDLE The internal file identifier is incorrect.	6	0x0006
ERROR_INVALID_HOOK_FILTER The hook filter type is invalid.	1426	0x0592

ERROR_INVALID_HOOK_HANDLE The hook handle is invalid.	1404	0x057C
ERROR_INVALID_ICON_HANDLE The icon handle is invalid.	1414	0x0586
ERROR_INVALID_ID_AUTHORITY The value provided is an invalid value for an identifier authority.	1343	0x053F
ERROR_INVALID_INDEX The index is invalid.	1413	0x0585
ERROR_INVALID_LB_MESSAGE The message for single-selection list box is invalid.	1432	0x0598
ERROR_INVALID_LEVEL The system call level is incorrect.	124	0x007C
ERROR_INVALID_LIST_FORMAT The list is not correct.	153	0x0099
ERROR_INVALID_LOGON_HOURS The user account has time restrictions and cannot be logged onto at this time.	1328	0x0530
ERROR_INVALID_LOGON_TYPE Indicates an invalid value has been provided for LogonType.	1367	0x0557
ERROR_INVALID_MEMBER A new member could not be added to an alias because the member has the wrong account type.	1388	0x056C
ERROR_INVALID_MENU_HANDLE The menu handle is invalid.	1401	0x0579
ERROR_INVALID_MESSAGE Window can't handle sent message.	1002	0x03EA
ERROR_INVALID_MESSAGEDEST The format of the specified message destination is invalid.	1218	0x04C2
ERROR_INVALID_MESSAGENAME The format of the specified message name is invalid.	1217	0x04C1

ERROR_INVALID_MINALLOCSIZE The operating system cannot run %1.	195	0x00C3
ERROR_INVALID_MODULETYPE The operating system cannot run %1.	190	0x00BE
ERROR_INVALID_MSGBOX_STYLE The message box style is invalid.	1438	0x059E
ERROR_INVALID_NAME The file name, directory name, or volume label is syntactically incorrect.	123	0x007B
ERROR_INVALID_NETNAME The format of the specified network name is invalid.	1214	0x04BE
ERROR_INVALID_ORDINAL The operating system cannot run %1.	182	0x00B6
ERROR_INVALID_OWNER Indicates a particular Security ID cannot be assigned as the owner of an object.	1307	0x051B
ERROR_INVALID_PARAMETER The parameter is incorrect.	87	0x0057
ERROR_INVALID_PASSWORD The specified network password is incorrect.	86	0x0056
ERROR_INVALID_PASSWORDNAME The format of the specified password is invalid.	1216	0x04C0
ERROR_INVALID_PRIMARY_GROUP Indicates a particular Security ID cannot be assigned as the primary group of an object.	1308	0x051C
ERROR_INVALID_PRINTER_COMMAND The printer command is invalid.	1803	0x070B
ERROR_INVALID_PRINTER_NAME The printer name is invalid.	1801	0x0709
ERROR_INVALID_PRIORITY The specified priority is invalid.	1800	0x0708

ERROR_INVALID_SCROLLBAR_RANGE Scrollbar range greater than 0x7FFF.	1448	0x05A8
ERROR_INVALID_SECURITY_DESCR Indicates the SECURITY_DESCRIPTOR structure is invalid.	1338	0x053A
ERROR_INVALID_SEGDPL The operating system cannot run this program or DLL.	198	0x00C6
ERROR_INVALID_SEGMENT_NUMBER The system detected a segment number that is incorrect.	180	0x00B4
ERROR_INVALID_SEPARATOR_FILE The specified separator file is invalid.	1799	0x0707
ERROR_INVALID_SERVER_STATE Indicates the SAM Server was in the wrong state to perform the desired operation.	1352	0x0548
ERROR_INVALID_SERVICENAME The format of the specified service name is invalid.	1213	0x04BD
ERROR_INVALID_SERVICE_ACCOUNT The account name is invalid or does not exist.	1057	0x0421
ERROR_INVALID_SERVICE_CONTROL The requested control is not valid for this service	1052	0x041C
ERROR_INVALID_SERVICE_LOCK The specified service database lock is invalid.	1071	0x042F
ERROR_INVALID_SHARENAME The format of the specified share name is invalid.	1215	0x04BF
ERROR_INVALID_SHOWWIN_COMMAND The ShowWindow command is invalid.	1449	0x05A9
ERROR_INVALID_SID Indicates the SID structure is invalid.	1337	0x0539
ERROR_INVALID_SIGNAL_NUMBER The signal being posted is incorrect.	209	0x00D1
ERROR_INVALID_SPI_VALUE The SPI_* parameter is invalid.	1439	0x059F

ERROR_INVALID_STACKSEG The operating system cannot run %1.	189	0x00BD
ERROR_INVALID_STARTING_CODESEG The operating system cannot run %1.	188	0x00BC
ERROR_INVALID_SUB_AUTHORITY Indicates the subauthority value is invalid for the particular use.	1335	0x0537
ERROR_INVALID_TARGET_HANDLE The target internal file identifier is incorrect.	114	0x0072
ERROR_INVALID_THREAD_ID The thread ID is invalid.	1444	0x05A4
ERROR_INVALID_USER_BUFFER The supplied user buffer is invalid for the requested operation.	1784	0x06F8
ERROR_INVALID_VERIFY_SWITCH The verify-on-write switch parameter value is incorrect.	118	0x0076
ERROR_INVALID_WINDOW_HANDLE The window handle is invalid.	1400	0x0578
ERROR_INVALID_WORKSTATION The user account is restricted and cannot be used to log on from the source workstation.	1329	0x0531
ERROR_IOPL_NOT_ENABLED The operating system is not presently configured to run this application.	197	0x00C5
ERROR_IO_DEVICE The request could not be performed because of an I/O device error.	1117	0x045D
ERROR_IO_INCOMPLETE Overlapped IO event not in signaled state.	996	0x03E4
ERROR_IO_PENDING Overlapped IO operation in progress.	997	0x03E5
ERROR_IRQ_BUSY Unable to open a device that was sharing an	1119	0x045F

interrupt request (IRQ) with other devices. At least one other device that uses that IRQ was already opened.

ERROR_IS_JOINED An attempt was made to use a JOIN or SUBST command on a drive that is already joined.	134	0x0086
ERROR_IS_JOIN_PATH Not enough resources are available to process this command.	147	0x0093
ERROR_IS_JOIN_TARGET A JOIN or SUBST command cannot be used for a drive that contains previously joined drives.	133	0x0085
ERROR_IS_SUBSTED An attempt was made to use a JOIN or SUBST command on a drive already substituted.	135	0x0087
ERROR_IS_SUBST_PATH The path specified is being used in a substitute.	146	0x0092
ERROR_IS_SUBST_TARGET An attempt was made to join or substitute a drive for which a directory on the drive is the target of a previous substitute.	149	0x0095
ERROR_ITERATED_DATA_EXCEEDS_64k The operating system cannot run %1.	194	0x00C2
ERROR_JOIN_TO_JOIN The system tried to join a drive to a directory on a joined drive.	138	0x008A
ERROR_JOIN_TO_SUBST The system tried to join a drive to a directory on a substituted drive.	140	0x008C
ERROR_JOURNAL_HOOK_SET The journal hook is already installed.	1430	0x0596
ERROR_KEY_DELETED Illegal operation attempted on a registry key that has been marked for deletion.	1018	0x03FA

ERROR_KEY_HAS_CHILDREN An attempt was made to create a symbolic link in a registry key that already has subkeys or values.	1020	0x03FC
ERROR_LABEL_TOO_LONG The volume label entered exceeds the 11 character limit. The first 11 characters were written to disk. Any characters that exceeded the 11 character limit were automatically deleted.	154	0x009A
ERROR_LAST_ADMIN Indicates the requested operation would disable or delete the last remaining administration account. This is not allowed, to prevent creating a situation where the system will not be administrable.	1322	0x052A
ERROR_LB_WITHOUT_TABSTOPS This list box doesn't support tab stops.	1434	0x059A
ERROR_LISTBOX_ID_NOT_FOUND List box ID not found.	1416	0x0588
ERROR_LM_CROSS_ENCRYPTION_REQUIRED An attempt was made to change a user password in the security account manager without providing the required LM cross-encrypted password.	1390	0x056E
ERROR_LOCAL_USER_SESSION_KEY A user session key was requested for a local RPC connection. The session key returned is a constant value and not unique to this connection.	1303	0x0517
ERROR_LOCKED The segment is locked and cannot be reallocated.	212	0x00D4
ERROR_LOCK_FAILED Attempt to lock a region of a file failed.	167	0x00A7
ERROR_LOCK_VIOLATION The process cannot access the file because another process has locked a portion of the file.	33	0x0021
ERROR_LOGON_FAILURE The attempted logon is invalid. This is due to either a bad username or authentication information.	1326	0x052E

Error	Decimal	Hex
ERROR_LOGON_NOT_GRANTED A requested type of logon, such as Interactive, Network, or Service, is not granted by the target system's local security policy. The system administrator can grant the required form of logon.	1380	0x0564
ERROR_LOGON_SESSION_COLLISION The logon session ID is already in use.	1366	0x0556
ERROR_LOGON_SESSION_EXISTS An attempt was made to start a new session manager or LSA logon session with an ID already in use.	1363	0x0553
ERROR_LOGON_TYPE_NOT_GRANTED A user has requested a type of logon, such as interactive or network, that was not granted. An administrator has control over who may log on interactively and through the network.	1385	0x0569
ERROR_LOG_FILE_FULL The event log file is full.	1502	0x05DE
ERROR_LUIDS_EXHAUSTED Indicates there are no more LUID to allocate.	1334	0x0536
ERROR_MAX_THRDS_REACHED No more threads can be created in the system.	164	0x00A4
ERROR_MEDIA_CHANGED Media in drive may have changed.	1110	0x0456
ERROR_MEMBERS_PRIMARY_GROUP Indicates a member cannot be removed from a group because the group is currently the member's primary group.	1374	0x055E
ERROR_MEMBER_IN_ALIAS The specified account name is not a member of the alias.	1378	0x0562
ERROR_MEMBER_IN_GROUP The specified user account is already in the specified group account. Also used to indicate a group cannot be deleted because it contains a member.	1320	0x0528

ERROR_MEMBER_NOT_IN_ALIAS The specified account name is not a member of the alias.	1377	0x0561
ERROR_MEMBER_NOT_IN_GROUP The specified user account is not a member of the specified group account.	1321	0x0529
ERROR_META_EXPANSION_TOO_LONG The global filename characters * or ? are entered incorrectly, or too many global filename characters are specified.	208	0x00D0
ERROR_MOD_NOT_FOUND The specified module cannot be found.	126	0x007E
ERROR_MORE_DATA More data is available.	234	0x00EA
ERROR_MORE_WRITES A serial I/O operation was completed by another write to the serial port. (The IOCTL_SERIAL _XOFF_COUNTER reached zero.)	1120	0x0460
ERROR_MR_MID_NOT_FOUND The system cannot find message for message number 0x%1 in message file for %2.	317	0x013D
ERROR_NEGATIVE_SEEK An attempt was made to move the file pointer before the beginning of the file.	131	0x0083
ERROR_NESTING_NOT_ALLOWED Can't nest calls to LoadModule.	215	0x00D7
ERROR_NETLOGON_NOT_STARTED An attempt was made to log on, but the network logon service was not started.	1792	0x0700
ERROR_NETNAME_DELETED The specified network name is no longer available.	64	0x0040
ERROR_NETWORK_ACCESS_DENIED Network access is denied.	65	0x0041

ERROR_NETWORK_BUSY The network is busy.	54	0x0036
ERROR_NET_WRITE_FAULT A write fault occurred on the network.	88	0x0058
ERROR_NOACCESS Invalid access to memory location.	998	0x03E6
ERROR_NOLOGON_INTERDOMAIN_TRUST_ACCOUNT The account used is an interdomain trust account. Use your normal user account or remote user account to access this server.	1807	0x070F
ERROR_NOLOGON_SERVER_TRUST_ACCOUNT The account used is a server trust account. Use your normal user account or remote user account to access this server.	1809	0x0711
ERROR_NOLOGON_WORKSTATION_TRUST_ACCOUNT The account used is a workstation trust account. Use your normal user account or remote user account to access this server.	1808	0x0710
ERROR_NONE_MAPPED None of the information to be mapped has been translated.	1332	0x0534
ERROR_NON_MDICHILD_WINDOW DefMDIChildProc called with a non-MDI child window.	1445	0x05A5
ERROR_NOTIFY_ENUM_DIR This indicates that a notify change request is being completed and the information is not being returned in the caller's buffer. The caller now needs to enumerate the files to find the changes.	1022	0x03FE
ERROR_NOT_ALL_ASSIGNED Indicates not all privileges referenced are assigned to the caller. This allows, for example, all privileges to be disabled without having to know exactly which privileges are assigned.	1300	0x0514
ERROR_NOT_CHILD_WINDOW Window is not a child window.	1442	0x05A2

ERROR_NOT_CONNECTED This network connection does not exist.	2250	0x08CA
ERROR_NOT_CONTAINER Cannot enumerate a noncontainer.	1207	0x04B7
ERROR_NOT_DOS_DISK The specified disk cannot be accessed.	26	0x001A
ERROR_NOT_ENOUGH_MEMORY Not enough storage is available to process this command.	8	0x0008
ERROR_NOT_ENOUGH_QUOTA Not enough quota is available to process this command.	1816	0x0718
ERROR_NOT_ENOUGH_SERVER_MEMORY Not enough server storage is available to process this command.	1130	0x046A
ERROR_NOT_JOINED The system attempted to delete the JOIN of a drive not previously joined.	136	0x0088
ERROR_NOT_LOCKED The segment is already unlocked.	158	0x009E
ERROR_NOT_LOGON_PROCESS The requested action is restricted for use by logon processes only. The calling process has not registered as a logon process.	1362	0x0552
ERROR_NOT_OWNER Attempt to release mutex not owned by caller.	288	0x0120
ERROR_NOT_READY The drive is not ready.	21	0x0015
ERROR_NOT_REGISTRY_FILE The system attempted to load or restore a file into the registry, and the specified file is not in the format of a registry file.	1017	0x03F9
ERROR_NOT_SAME_DEVICE The system cannot move the file to a different disk drive.	17	0x0011

ERROR_NOT_SUBSTED The system attempted to delete the substitution of a drive not previously substituted.	137	0x0089
ERROR_NOT_SUPPORTED The network request is not supported.	50	0x0032
ERROR_NO_BROWSER_SERVERS_FOUND The list of servers for this workgroup is not currently available.	6118	0x17E6
ERROR_NO_DATA Pipe close in progress	232	0x00E8
ERROR_NO_DATA_DETECTED During a tape access, the end of the data marker was reached.	1104	0x0450
ERROR_NO_IMPERSONATION_TOKEN An attempt was made to operate on an impersonation token by a thread that was not currently impersonating a client.	1309	0x051D
ERROR_NO_INHERITANCE Indicates an ACL contains no inheritable components.	1391	0x056F
ERROR_NO_LOGON_SERVERS There are currently no logon servers available to service the logon request.	1311	0x051F
ERROR_NO_LOG_SPACE System could not allocate required space in a registry log.	1019	0x03FB
ERROR_NO_MEDIA_IN_DRIVE Tape query failed because of no media in drive.	1112	0x0458
ERROR_NO_MORE_FILES There are no more files.	18	0x0012
ERROR_NO_MORE_ITEMS No more data is available.	259	0x0103
ERROR_NO_MORE_SEARCH_HANDLES No more internal file identifiers are available.	113	0x0071
ERROR_NO_NETWORK The network is not present or not started.	2138	0x085A

ERROR_NO_NET_OR_BAD_PATH No network provider accepted the given network path.	1203	0x04B3
ERROR_NO_PROC_SLOTS The system cannot start another process at this time.	89	0x0059
ERROR_NO_QUOTAS_FOR_ACCOUNT No system quota limits are specifically set for this account.	1302	0x0516
ERROR_NO_SCROLLBARS Window does not have scroll bars.	1447	0x05A7
ERROR_NO_SECURITY_ON_OBJECT Indicates an attempt was made to operate on the security of an object that does not have security associated with it.	1350	0x0546
ERROR_NO_SHUTDOWN_IN_PROGRESS An attempt to abort the shutdown of the system failed because no shutdown was in progress.	1116	0x045C
ERROR_NO_SIGNAL_SENT No process in the command subtree has a signal handler.	205	0x00CD
ERROR_NO_SPOOL_SPACE Space to store the file waiting to be printed is not available on the server.	62	0x003E
ERROR_NO_SUCH_ALIAS The specified alias does not exist.	1376	0x0560
ERROR_NO_SUCH_DOMAIN The specified domain does not exist.	1355	0x054B
ERROR_NO_SUCH_GROUP The specified group does not exist.	1319	0x0527
ERROR_NO_SUCH_LOGON_SESSION A specified logon session does not exist. It may already have been terminated.	1312	0x0520
ERROR_NO_SUCH_MEMBER A new member cannot be added to an alias because the member does not exist.	1387	0x056B

ERROR_NO_SUCH_PACKAGE A specified authentication package is unknown.	1364	0x0554
ERROR_NO_SUCH_PRIVILEGE A specified privilege does not exist.	1313	0x0521
ERROR_NO_SUCH_USER The specified user does not exist.	1317	0x0525
ERROR_NO_SYSTEM_MENU Window does not have system menu.	1437	0x059D
ERROR_NO_TOKEN An attempt was made to reference a token that does not exist.	1008	0x03F0
ERROR_NO_TRUST_LSA_SECRET The workstation does not have a trust secret.	1786	0x06FA
ERROR_NO_TRUST_SAM_ACCOUNT The domain controller does not have an account for this workstation.	1787	0x06FB
ERROR_NO_UNICODE_TRANSLATION No mapping for the Unicode character exists in the target multibyte code page.	1113	0x0459
ERROR_NO_USER_SESSION_KEY There is no user session key for the specified logon session.	1394	0x0572
ERROR_NO_VOLUME_LABEL The disk has no volume label.	125	0x007D
ERROR_NO_WILDCARD_CHARACTERS No wildcard characters found.	1417	0x0589
ERROR_NT_CROSS_ENCRYPTION_REQUIRED An attempt was made to change a user password in the security account manager without providing the necessary NT cross-encrypted password.	1386	0x056A
ERROR_NULL_LM_PASSWORD The Windows NT password is too complex to be converted to a Windows-networking password. The Windows-networking password returned is a NULL string.	1304	0x0518

ERROR_OPEN_FAILED The system cannot open the specified device or file.	110	0x006E
ERROR_OPEN_FILES There are open files or requests pending on this connection.	2401	0x0961
ERROR_OPERATION_ABORTED The I/O operation was aborted due to either thread exit or application request.	995	0x03E3
ERROR_OUTOFMEMORY Not enough storage is available to complete this operation.	14	0x000E
ERROR_OUT_OF_PAPER The printer is out of paper.	28	0x001C
ERROR_OUT_OF_STRUCTURES Storage to process this request is not available.	84	0x0054
ERROR_PARTITION_FAILURE Tape could not be partitioned.	1105	0x0451
ERROR_PASSWORD_EXPIRED The user account's password has expired.	1330	0x0532
ERROR_PASSWORD_RESTRICTION When trying to update a password, this status indicates that some password update rule was violated. For example, the password may not meet length criteria.	1325	0x052D
ERROR_PATH_BUSY The specified path cannot be used at this time.	148	0x0094
ERROR_PATH_NOT_FOUND The system cannot find the specified path.	3	0x0003
ERROR_PIPE_BUSY All pipe instances busy.	231	0x00E7
ERROR_PIPE_CONNECTED There is a process on the other end of the pipe.	535	0x0217
ERROR_PIPE_LISTENING Waiting for a process to open the other end of the pipe.	536	0x0218

ERROR_PIPE_NOT_CONNECTED No process on the other end of the pipe.	233	0x00E9
ERROR_POPUP_ALREADY_ACTIVE Pop-up menu already active.	1446	0x05A6
ERROR_POSSIBLE_DEADLOCK A potential deadlock condition has been detected.	1131	0x046B
ERROR_PRINTER_ALREADY_EXISTS The printer already exists.	1802	0x070A
ERROR_PRINTER_DRIVER_ALREADY_INSTALLED The specified printer driver is already installed.	1795	0x0703
ERROR_PRINTQ_FULL The printer queue is full.	61	0x003D
ERROR_PRINT_CANCELLED File waiting to be printed was deleted.	63	0x003F
ERROR_PRIVATE_DIALOG_INDEX Using private DIALOG window words.	1415	0x0587
ERROR_PRIVILEGE_NOT_HELD A required privilege is not held by the client.	1314	0x0522
ERROR_PROCESS_ABORTED The process terminated unexpectedly.	1067	0x042B
ERROR_PROC_NOT_FOUND The specified procedure could not be found.	127	0x007F
ERROR_READ_FAULT The system cannot read from the specified device.	30	0x001E
ERROR_REDIRECTOR_HAS_OPEN_HANDLES The redirector is in use and cannot be unloaded.	1794	0x0702
ERROR_REDIR_PAUSED The specified printer or disk device has been paused.	72	0x0048
ERROR_REGISTRY_CORRUPT The registry is damaged. The structure of one of the files that contains registry data is damaged, or the system's in memory image of the file is damaged, or the file	1015	0x03F7

could not be recovered because its alternate copy or log was absent or damaged.

ERROR_REGISTRY_IO_FAILED The registry initiated an I/O operation that had an unrecoverable failure. The registry could not read in, or write out, or flush, one of the files that contain the system's image of the registry.	1016	0x03F8
ERROR_REGISTRY_RECOVERED One of the files containing the system's registry data had to be recovered by use of a log or alternate copy. The recovery succeeded.	1014	0x03F6
ERROR_RELOC_CHAIN_XEEDS_SEGLIM The operating system cannot run %1.	201	0x00C9
ERROR_REMOTE_SESSION_LIMIT_EXCEEDED An attempt was made to establish a session to a Lan Manager server, but there are already too many sessions established to that server.	1220	0x04C4
ERROR_REM_NOT_LIST The remote computer is not available.	51	0x0033
ERROR_REQ_NOT_ACCEP The network request was not accepted.	71	0x0047
ERROR_RESOURCE_DATA_NOT_FOUND The specified image file did not contain a resource section.	1812	0x0714
ERROR_RESOURCE_LANG_NOT_FOUND The specified resource language ID cannot be found in the image file.	1815	0x0717
ERROR_RESOURCE_NAME_NOT_FOUND The specified resource name cannot be found in the image file.	1814	0x0716
ERROR_RESOURCE_TYPE_NOT_FOUND The specified resource type cannot be found in the image file.	1813	0x0715

ERROR_REVISION_MISMATCH Indicates two revision levels are incompatible.	1306	0x051A
ERROR_RING2SEG_MUST_BE_MOVABLE The code segment cannot be greater than or equal to 64KB.	200	0x00C8
ERROR_RING2_STACK_IN_USE The ring 2 stack is in use.	207	0x00CF
ERROR_RXACT_COMMIT_FAILURE Indicates an error occurred during a registry transaction commit. The database has been left in an unknown state. The state of the registry transaction is left as COMMITTING. This status value is returned by the runtime library (RTL) registry transaction.	1370	0x055A
ERROR_RXACT_INVALID_STATE Indicates that the transaction state of a registry subtree is incompatible with the requested operation. For example, a request has been made to start a new transaction with one already in progress.	1369	0x0559
ERROR_SAME_DRIVE The system cannot join or substitute a drive to or for a directory on the same drive.	143	0x008F
ERROR_SCREEN_ALREADY_LOCKED Screen already locked.	1440	0x05A0
ERROR_SECRET_TOO_LONG The length of a secret exceeds the maximum length allowed. The length and number of secrets is limited to satisfy the United States State Department export restrictions.	1382	0x0566
ERROR_SECTOR_NOT_FOUND The drive cannot find the requested sector.	27	0x001B
ERROR_SEEK The drive cannot locate a specific area or track on the disk.	25	0x0019
ERROR_SEEK_ON_DEVICE The file pointer cannot be set on the specified device or file.	132	0x0084

ERROR_SEM_IS_SET 102 0x0066
The semaphore is set and cannot be closed.

ERROR_SEM_NOT_FOUND 187 0x00BB
The specified system semaphore name was not found.

ERROR_SEM_OWNER_DIED 105 0x0069
The previous ownership of this semaphore has ended.

ERROR_SEM_TIMEOUT 121 0x0079
The semaphore timeout period has expired.

ERROR_SEM_USER_LIMIT 106 0x006A
Insert the disk for drive 1.

ERROR_SERIAL_NO_DEVICE 1118 0x045E
No serial device was successfully initialized.
The serial driver will unload.

ERROR_SERVER_DISABLED 1341 0x053D
The GUID allocation server is already disabled
at the moment.

ERROR_SERVER_HAS_OPEN_HANDLES 1811 0x0713
The server is in use and cannot be unloaded.

ERROR_SERVER_NOT_DISABLED 1342 0x053E
The GUID allocation server is already enabled at
the moment.

ERROR_SERVICE_ALREADY_RUNNING 1056 0x0420
An instance of the service is already running.

ERROR_SERVICE_CANNOT_ACCEPT_CTRL 1061 0x0425
The service cannot accept control messages at this time.

ERROR_SERVICE_DATABASE_LOCKED 1055 0x041F
The service database is locked.

ERROR_SERVICE_DEPENDENCY_DELETED 1075 0x0433
The dependency service does not exist or has
been marked for deletion.

ERROR_SERVICE_DEPENDENCY_FAIL 1068 0x042C
The dependency service or group failed to start.

ERROR_SERVICE_DISABLED The specified service is disabled and cannot be started.	1058	0x0422
ERROR_SERVICE_DOES_NOT_EXIST The specified service does not exist as an installed service.	1060	0x0424
ERROR_SERVICE_EXISTS The specified service already exists.	1073	0x0431
ERROR_SERVICE_LOGON_FAILED The service did not start due to a logon failure.	1069	0x042D
ERROR_SERVICE_MARKED_FOR_DELETE The specified service has been marked for deletion.	1072	0x0430
ERROR_SERVICE_NEVER_STARTED No attempts to start the service have been made since the last boot.	1077	0x0435
ERROR_SERVICE_NOT_ACTIVE The service has not been started.	1062	0x0426
ERROR_SERVICE_NO_THREAD A thread could not be created for the service.	1054	0x041E
ERROR_SERVICE_REQUEST_TIMEOUT The service did not respond to the start or control request in a timely fashion.	1053	0x041D
ERROR_SERVICE_SPECIFIC_ERROR The service has returned a service-specific error code.	1066	0x042A
ERROR_SERVICE_START_HANG After starting, the service hung in a start-pending state.	1070	0x042E
ERROR_SESSION_CREDENTIAL_CONFLICT The credentials supplied conflict with an existing set of credentials.	1219	0x04C3
ERROR_SETCOUNT_ON_BAD_LB LB_SETCOUNT sent to non-lazy list box.	1433	0x0599
ERROR_SETMARK_DETECTED A tape access reached a setmark.	1103	0x044F

ERROR_SHARING_BUFFER_EXCEEDED Too many files opened for sharing.	36	0x0024
ERROR_SHARING_PAUSED The remote server is paused or is in the process of being started.	70	0x0046
ERROR_SHARING_VIOLATION The process cannot access the file because it is being used by another process.	32	0x0020
ERROR_SHUTDOWN_IN_PROGRESS A system shutdown is in progress.	1115	0x045B
ERROR_SIGNAL_PENDING A signal is already pending.	162	0x00A2
ERROR_SIGNAL_REFUSED The recipient process has refused the signal.	156	0x009C
ERROR_SOME_NOT_MAPPED Some of the information to be mapped has not been translated.	1301	0x0515
ERROR_SPECIAL_ACCOUNT Indicates an operation was attempted on a built-in (special) SAM account that is incompatible with built-in accounts. For example, built-in accounts cannot be renamed or deleted.	1371	0x055B
ERROR_SPECIAL_GROUP The requested operation cannot be performed on the specified group because it is a built-in special group.	1372	0x055C
ERROR_SPECIAL_USER The requested operation cannot be performed on the specified user because it is a built-in special user.	1373	0x055D
ERROR_STACK_OVERFLOW Recursion too deep, stack overflowed.	1001	0x03E9
ERROR_SUBST_TO_JOIN The system attempted to SUBST a drive to a directory on a joined drive.	141	0x008D

ERROR_SUBST_TO_SUBST The system attempted to substitute a drive to a directory on a substituted drive.	139	0x008B
ERROR_SUCCESS The operation was successfully completed.	0	0x0000
ERROR_SWAPERROR Error accessing paging file.	999	0x03E7
ERROR_SYSTEM_TRACE System trace information not specified in your CONFIG.SYS file, or tracing is not allowed.	150	0x0096
ERROR_THREAD_1_INACTIVE The signal handler cannot be set.	210	0x00D2
ERROR_TLW_WITH_WSCHILD CreateWindow failed, creating top-level window with WS_CHILD style.	14060	x057E
ERROR_TOKEN_ALREADY_IN_USE An attempt was made to establish a token for use as a primary token but the token is already in use. A token can only be the primary token of one process at a time.	1375	0x055F
ERROR_TOO_MANY_CMDS The network BIOS command limit has been reached.	56	0x0038
ERROR_TOO_MANY_CONTEXT_IDS During a logon attempt, the user's security context accumulated too many security IDs. Remove the user from some groups or aliases to reduce the number of security IDs to incorporate into the security context.	1384	0x0568
ERROR_TOO_MANY_LUIDS_REQUESTED The number of LUID requested cannot be allocated with a single allocation.	1333	0x0535
ERROR_TOO_MANY_MODULES Too many dynamic link modules are attached to this program or dynamic link module.	214	0x00D6

ERROR_TOO_MANY_MUXWAITERS Too many semaphores are already set.	152	0x0098
ERROR_TOO_MANY_NAMES The name limit for the local computer network adapter card exceeded.	68	0x0044
ERROR_TOO_MANY_OPEN_FILES The system cannot open the file.	4	0x0004
ERROR_TOO_MANY_POSTS Too many posts made to a semaphore.	298	0x012A
ERROR_TOO_MANY_SECRETS The maximum number of secrets that can be stored in a single system was exceeded. The length and number of secrets is limited to satisfy the United States State Department export restrictions.	1381	0x0565
ERROR_TOO_MANY_SEMAPHORES Cannot create another system semaphore.	100	0x0064
ERROR_TOO_MANY_SEM_REQUESTS The semaphore cannot be set again.	103	0x0067
ERROR_TOO_MANY_SESS The network BIOS session limit exceeded.	69	0x0045
ERROR_TOO_MANY_SIDS Too many SIDs specified.	1389	0x056D
ERROR_TOO_MANY_TCBS Cannot create another thread.	155	0x009B
ERROR_TRUSTED_DOMAIN_FAILURE The trust relationship between the primary domain and the trusted domain failed.	1788	0x06FC
ERROR_TRUSTED_RELATIONSHIP_FAILURE The trust relationship between this workstation and the primary domain failed.	1789	0x06FD
ERROR_TRUST_FAILURE The network logon failed.	1790	0x06FE

ERROR_UNABLE_TO_LOCK_MEDIA Attempt to lock the eject media mechanism failed.	1108	0x0454
ERROR_UNABLE_TO_UNLOAD_MEDIA Unload media failed.	1109	0x0455
ERROR_UNEXP_NET_ERR An unexpected network error occurred.	59	0x003B
ERROR_UNKNOWN_PORT The specified port is unknown.	1796	0x0704
ERROR_UNKNOWN_PRINTER_DRIVER The printer driver is unknown.	1797	0x0705
ERROR_UNKNOWN_PRINTPROCESSOR The print processor is unknown.	1798	0x0706
ERROR_UNKNOWN_REVISION Indicates an encountered or specified revision number is not one known by the service. The service may not be aware of a more recent revision.	1305	0x0519
ERROR_UNRECOGNIZED_MEDIA The disk media is not recognized. It may not be formatted.	1785	0x06F9
ERROR_UNRECOGNIZED_VOLUME The volume does not contain a recognized file system. Make sure that all required file system drivers are loaded and the volume is not damaged.	1005	0x03ED
ERROR_USER_EXISTS The specified user already exists.	1316	0x0524
ERROR_VC_DISCONNECTED The session was canceled.	240	0x00F0
ERROR_WAIT_NO_CHILDREN There are no child processes to wait for.	128	0x0080
ERROR_WINDOW_NOT_COMBOBOX The window is not a combo box.	1423	0x058F
ERROR_WINDOW_NOT_DIALOG The window is not a valid dialog window.	1420	0x058C

ERROR_WINDOW_OF_OTHER_THREAD Invalid window, belongs to other thread.	1408	0x0580
ERROR_WRITE_FAULT The system cannot write to the specified device.	29	0x001D
ERROR_WRITE_PROTECT The media is write protected.	19	0x0013
ERROR_WRONG_DISK The wrong disk is in the drive. Insert disk (Volume Serial Number: nnnn) into drive d.	34	0x0022
ERROR_WRONG_PASSWORD When trying to update a password, this return status indicates the value provided as the current password is incorrect.	1323	0x052B
NO_ERROR No error.	0	0x0000
RPC_S_ADDRESS_ERROR An addressing error occurred in the server.	1768	0x06E8
RPC_S_ALREADY_LISTENING The server is already listening.	1713	0x06B1
RPC_S_ALREADY_REGISTERED The object UUID already registered.	1711	0x06AF
RPC_S_BINDING_HAS_NO_AUTH The binding does not contain any authentication information.	1746	0x06D2
RPC_S_CALL_FAILED The remote procedure call failed.	1726	0x06BE
RPC_S_CALL_FAILED_DNE The remote procedure call failed and did not execute.	1727	0x06BF
RPC_S_CALL_IN_PROGRESS A remote procedure call is already in progress for this thread.	1791	0x06FF
RPC_S_CANNOT_BIND An attempt to bind with the server failed.	1729	0x06C1

RPC_S_CANNOT_SUPPORT The requested operation is not supported.	1764	0x06E4
RPC_S_CANT_CREATE_ENDPOINT The endpoint cannot be created.	1720	0x06B8
RPC_S_DUPLICATE_ENDPOINT The endpoint is a duplicate.	1740	0x06CC
RPC_S_ENTRY_ALREADY_EXISTS The entry already exists.	1760	0x06E0
RPC_S_ENTRY_NOT_FOUND The entry is not found.	1761	0x06E1
RPC_S_FP_DIV_ZERO A floating point operation at the server caused a divide by zero.	1769	0x06E9
RPC_S_FP_OVERFLOW A floating point overflow occurred at the server.	1771	0x06EB
RPC_S_FP_UNDERFLOW A floating point underflow occurred at the server.	1770	0x06EA
RPC_S_GROUP_MEMBER_NOT_FOUND The group member was not found.	1898	0x076A
RPC_S_INCOMPLETE_NAME The entry name is incomplete.	1755	0x06DB
RPC_S_INTERFACE_NOT_FOUND The interface was not found.	1759	0x06DF
RPC_S_INTERNAL_ERROR An internal error occurred in RPC.	1766	0x06E6
RPC_S_INVALID_AUTH_IDENTITY The security context is invalid.	1749	0x06D5
RPC_S_INVALID_BINDING The binding handle is invalid.	1702	0x06A6

Error	Decimal	Hex
RPC_S_INVALID_BOUND The array bounds are invalid.	1734	0x06C6
RPC_S_INVALID_ENDPOINT_FORMAT The endpoint format is invalid.	1706	0x06AA
RPC_S_INVALID_NAF_IF The network address family is invalid.	1763	0x06E3
RPC_S_INVALID_NAME_SYNTAX The name syntax is invalid.	1736	0x06C8
RPC_S_INVALID_NETWORK_OPTIONS The network options are invalid.	1724	0x06BC
RPC_S_INVALID_NET_ADDR The network address is invalid.	1707	0x06AB
RPC_S_INVALID_OBJECT The object universal unique identifier (UUID) is the nil UUID.	1900	0x076C
RPC_S_INVALID_RPC_PROTSEQ The RPC protocol sequence is invalid.	1704	0x06A8
RPC_S_INVALID_STRING_BINDING The string binding is invalid.	1700	0x06A4
RPC_S_INVALID_STRING_UUID The string UUID is invalid.	1705	0x06A9
RPC_S_INVALID_TAG The tag is invalid.	1733	0x06C5
RPC_S_INVALID_TIMEOUT The timeout value is invalid.	1709	0x06AD
RPC_S_INVALID_VERS_OPTION The version option is invalid.	1756	0x06DC
RPC_S_MAX_CALLS_TOO_SMALL The maximum number of calls is too small.	1742	0x06CE
RPC_S_NAME_SERVICE_UNAVAILABLE The name service is unavailable.	1762	0x06E2

RPC_S_NOTHING_TO_UNEXPORT There is nothing to unexport.	1758	0x06DE
RPC_S_NOT_LISTENING The server is not listening.	1715	0x06B3
RPC_S_NO_BINDINGS There are no bindings.	1718	0x06B6
RPC_S_NO_CALL_ACTIVE There is not a remote procedure call active in this thread.	1725	0x06BD
RPC_S_NO_CONTEXT_AVAILABLE No security context is available to allow impersonation.	1765	0x06E5
RPC_S_NO_ENDPOINT_FOUND No endpoint was found.	1708	0x06AC
RPC_S_NO_ENTRY_NAME The binding does not contain an entry name.	1735	0x06C7
RPC_S_NO_INTERFACES_EXPORTED No interfaces were exported.	1754	0x06DA
RPC_S_NO_MORE_BINDINGS There are no more bindings.	1806	0x070E
RPC_S_NO_MORE_MEMBERS There are no more members.	1757	0x06DD
RPC_S_NO_PROTSEQS There are no protocol sequences.	1719	0x06B7
RPC_S_NO_PROTSEQS_REGISTERED No protocol sequences were registered.	1714	0x06B2
RPC_S_OBJECT_NOT_FOUND The object UUID was not found.	1710	0x06AE
RPC_S_OUT_OF_RESOURCES Not enough resources are available to complete this operation.	1721	0x06B9
RPC_S_PROCNUM_OUT_OF_RANGE The procedure number is out of range.	1745	0x06D1

RPC_S_PROTOCOL_ERROR An RPC protocol error occurred.	1728	0x06C0
RPC_S_PROTSEQ_NOT_FOUND The RPC protocol sequence was not found.	1744	0x06D0
RPC_S_PROTSEQ_NOT_SUPPORTED The RPC protocol sequence is not supported.	1703	0x06A7
RPC_S_SERVER_NOT_LISTENING The server is not listening for remote procedure calls.	1738	0x06CA
RPC_S_SERVER_OUT_OF_MEMORY The server has insufficient memory to complete this operation.	1731	0x06C3
RPC_S_SERVER_TOO_BUSY The server is too busy to complete this operation.	1723	0x06BB
RPC_S_SERVER_UNAVAILABLE The server is unavailable.	1722	0x06BA
RPC_S_STRING_TOO_LONG The string is too long.	1743	0x06CF
RPC_S_TYPE_ALREADY_REGISTERED The type UUID is already registered.	1712	0x06B0
RPC_S_UNKNOWN_AUTHN_LEVEL The authentication level is unknown.	1748	0x06D4
RPC_S_UNKNOWN_AUTHN_SERVICE The authentication service is unknown.	1747	0x06D3
RPC_S_UNKNOWN_AUTHN_TYPE The authentication type is unknown.	1741	0x06CD
RPC_S_UNKNOWN_AUTHZ_SERVICE The authorization service is unknown.	1750	0x06D6
RPC_S_UNKNOWN_IF The interface is unknown.	1717	0x06B5
RPC_S_UNKNOWN_MGR_TYPE The manager type is unknown.	1716	0x06B4

RPC_S_UNSUPPORTED_NAME_SYNTAX The name syntax is not supported.	1737	0x06C9
RPC_S_UNSUPPORTED_TRANS_SYN The transfer syntax is not supported by the server.	1730	0x06C2
RPC_S_UNSUPPORTED_TYPE The type UUID is not supported.	1732	0x06C4
RPC_S_UUID_NO_ADDRESS No network address is available to use to construct a UUID.	1739	0x06CB
RPC_S_WRONG_KIND_OF_BINDING The binding handle is the incorrect type.	1701	0x06A5
RPC_S_ZERO_DIVIDE The server attempted an integer divide by zero.	1767	0x06E7
RPC_X_BAD_STUB_DATA The stub received bad data.	1783	0x06F7
RPC_X_BYTE_COUNT_TOO_SMALL The byte count is too small.	1782	0x06F6
RPC_X_ENUM_VALUE_OUT_OF_RANGE The enumeration value is out of range.	1781	0x06F5
RPC_X_NO_MORE_ENTRIES The list of servers available for auto_handle binding was exhausted.	1772	0x06EC
RPC_X_NULL_REF_POINTER A null reference pointer was passed to the stub.	1780	0x06F4
RPC_X_SS_CANNOT_GET_CALL_HANDLE The stub is unable to get the call handle.	1779	0x06F3
RPC_X_SS_CHAR_TRANS_OPEN_FAIL The file designated by DCERPCCHARTRANS cannot be opened.	1773	0x06ED
RPC_X_SS_CHAR_TRANS_SHORT_FILE The file containing the character translation table has fewer than 512 bytes.	1774	0x06EE

RPC_X_SS_CONTEXT_DAMAGED The context handle changed during a call.	1777	0x06F1
RPC_X_SS_CONTEXT_MISMATCH The context handle does not match any known context handles.	1776	0x06F0
RPC_X_SS_HANDLES_MISMATCH The binding handles passed to a remote procedure call do not match.	1778	0x06F2
RPC_X_SS_IN_NULL_CONTEXT A null context handle is passed as an [in] parameter.	1775	0x06EF

Error Codes, by Value

Decimal Value	Hex Value	Error Identifier
0	0x0000	ERROR_SUCCESS
0	0x0000	NO_ERROR
1	0x0001	ERROR_INVALID_FUNCTION
2	0x0002	ERROR_FILE_NOT_FOUND
3	0x0003	ERROR_PATH_NOT_FOUND
4	0x0004	ERROR_TOO_MANY_OPEN_FILES
5	0x0005	ERROR_ACCESS_DENIED
6	0x0006	ERROR_INVALID_HANDLE
7	0x0007	ERROR_ARENA_TRASHED
8	0x0008	ERROR_NOT_ENOUGH_MEMORY
9	0x0009	ERROR_INVALID_BLOCK
10	0x000A	ERROR_BAD_ENVIRONMENT

Decimal Value	Hex Value	Error Identifier
11	0x000B	ERROR_BAD_FORMAT
12	0x000C	ERROR_INVALID_ACCESS
13	0x000D	ERROR_INVALID_DATA
14	0x000E	ERROR_OUTOFMEMORY
15	0x000F	ERROR_INVALID_DRIVE
16	0x0010	ERROR_CURRENT_DIRECTORY
17	0x0011	ERROR_NOT_SAME_DEVICE
18	0x0012	ERROR_NO_MORE_FILES
19	0x0013	ERROR_WRITE_PROTECT
20	0x0014	ERROR_BAD_UNIT
21	0x0015	ERROR_NOT_READY
22	0x0016	ERROR_BAD_COMMAND
23	0x0017	ERROR_CRC
24	0x0018	ERROR_BAD_LENGTH
25	0x0019	ERROR_SEEK
26	0x001A	ERROR_NOT_DOS_DISK
27	0x001B	ERROR_SECTOR_NOT_FOUND
28	0x001C	ERROR_OUT_OF_PAPER
29	0x001D	ERROR_WRITE_FAULT
30	0x001E	ERROR_READ_FAULT
31	0x001F	ERROR_GEN_FAILURE
32	0x0020	ERROR_SHARING_VIOLATION
33	0x0021	ERROR_LOCK_VIOLATION

Decimal Value	Hex Value	Error Identifier
34	0x0022	ERROR_WRONG_DISK
36	0x0024	ERROR_SHARING_BUFFER_EXCEEDED
38	0x0026	ERROR_HANDLE_EOF
39	0x0027	ERROR_HANDLE_DISK_FULL
50	0x0032	ERROR_NOT_SUPPORTED
51	0x0033	ERROR_REM_NOT_LIST
52	0x0034	ERROR_DUP_NAME
53	0x0035	ERROR_BAD_NETPATH
54	0x0036	ERROR_NETWORK_BUSY
55	0x0037	ERROR_DEV_NOT_EXIST
56	0x0038	ERROR_TOO_MANY_CMDS
57	0x0039	ERROR_ADAP_HDW_ERR
58	0x003A	ERROR_BAD_NET_RESP
59	0x003B	ERROR_UNEXP_NET_ERR
60	0x003C	ERROR_BAD_REM_ADAP
61	0x003D	ERROR_PRINTQ_FULL
62	0x003E	ERROR_NO_SPOOL_SPACE
63	0x003F	ERROR_PRINT_CANCELLED
64	0x0040	ERROR_NETNAME_DELETED
65	0x0041	ERROR_NETWORK_ACCESS_DENIED
66	0x0042	ERROR_BAD_DEV_TYPE
67	0x0043	ERROR_BAD_NET_NAME
68	0x0044	ERROR_TOO_MANY_NAMES

Decimal Value	Hex Value	Error Identifier
69	0x0045	ERROR_TOO_MANY_SESS
70	0x0046	ERROR_SHARING_PAUSED
71	0x0047	ERROR_REQ_NOT_ACCEP
72	0x0048	ERROR_REDIR_PAUSED
80	0x0050	ERROR_FILE_EXISTS
82	0x0052	ERROR_CANNOT_MAKE
83	0x0053	ERROR_FAIL_I24
84	0x0054	ERROR_OUT_OF_STRUCTURES
85	0x0055	ERROR_ALREADY_ASSIGNED
86	0x0056	ERROR_INVALID_PASSWORD
87	0x0057	ERROR_INVALID_PARAMETER
88	0x0058	ERROR_NET_WRITE_FAULT
89	0x0059	ERROR_NO_PROC_SLOTS
100	0x0064	ERROR_TOO_MANY_SEMAPHORES
101	0x0065	ERROR_EXCL_SEM_ALREADY_OWNED
102	0x0066	ERROR_SEM_IS_SET
103	0x0067	ERROR_TOO_MANY_SEM_REQUESTS
104	0x0068	ERROR_INVALID_AT_INTERRUPT_TIME
105	0x0069	ERROR_SEM_OWNER_DIED
106	0x006A	ERROR_SEM_USER_LIMIT
107	0x006B	ERROR_DISK_CHANGE
108	0x006C	ERROR_DRIVE_LOCKED
109	0x006D	ERROR_BROKEN_PIPE

Decimal Value	Hex Value	Error Identifier
110	0x006E	ERROR_OPEN_FAILED
111	0x006F	ERROR_BUFFER_OVERFLOW
112	0x0070	ERROR_DISK_FULL
113	0x0071	ERROR_NO_MORE_SEARCH_HANDLES
114	0x0072	ERROR_INVALID_TARGET_HANDLE
117	0x0075	ERROR_INVALID_CATEGORY
118	0x0076	ERROR_INVALID_VERIFY_SWITCH
119	0x0077	ERROR_BAD_DRIVER_LEVEL
120	0x0078	ERROR_CALL_NOT_IMPLEMENTED
121	0x0079	ERROR_SEM_TIMEOUT
122	0x007A	ERROR_INSUFFICIENT_BUFFER
123	0x007B	ERROR_INVALID_NAME
124	0x007C	ERROR_INVALID_LEVEL
125	0x007D	ERROR_NO_VOLUME_LABEL
126	0x007E	ERROR_MOD_NOT_FOUND
127	0x007F	ERROR_PROC_NOT_FOUND
128	0x0080	ERROR_WAIT_NO_CHILDREN
129	0x0081	ERROR_CHILD_NOT_COMPLETE
130	0x0082	ERROR_DIRECT_ACCESS_HANDLE
131	0x0083	ERROR_NEGATIVE_SEEK
132	0x0084	ERROR_SEEK_ON_DEVICE
133	0x0085	ERROR_IS_JOIN_TARGET
134	0x0086	ERROR_IS_JOINED

Decimal Value	Hex Value	Error Identifier
135	0x0087	ERROR_IS_SUBSTED
136	0x0088	ERROR_NOT_JOINED
137	0x0089	ERROR_NOT_SUBSTED
138	0x008A	ERROR_JOIN_TO_JOIN
139	0x008B	ERROR_SUBST_TO_SUBST
140	0x008C	ERROR_JOIN_TO_SUBST
141	0x008D	ERROR_SUBST_TO_JOIN
142	0x008E	ERROR_BUSY_DRIVE
143	0x008F	ERROR_SAME_DRIVE
144	0x0090	ERROR_DIR_NOT_ROOT
145	0x0091	ERROR_DIR_NOT_EMPTY
146	0x0092	ERROR_IS_SUBST_PATH
147	0x0093	ERROR_IS_JOIN_PATH
148	0x0094	ERROR_PATH_BUSY
149	0x0095	ERROR_IS_SUBST_TARGET
150	0x0096	ERROR_SYSTEM_TRACE
151	0x0097	ERROR_INVALID_EVENT_COUNT
152	0x0098	ERROR_TOO_MANY_MUXWAITERS
153	0x0099	ERROR_INVALID_LIST_FORMAT
154	0x009A	ERROR_LABEL_TOO_LONG
155	0x009B	ERROR_TOO_MANY_TCBS
156	0x009C	ERROR_SIGNAL_REFUSED
157	0x009D	ERROR_DISCARDED

Decimal Value	Hex Value	Error Identifier
158	0x009E	ERROR_NOT_LOCKED
159	0x009F	ERROR_BAD_THREADID_ADDR
160	0x00A0	ERROR_BAD_ARGUMENTS
161	0x00A1	ERROR_BAD_PATHNAME
162	0x00A2	ERROR_SIGNAL_PENDING
164	0x00A4	ERROR_MAX_THRDS_REACHED
167	0x00A7	ERROR_LOCK_FAILED
170	0x00AA	ERROR_BUSY
173	0x00AD	ERROR_CANCEL_VIOLATION
174	0x00AE	ERROR_ATOMIC_LOCKS_NOT_SUPPORTED
180	0x00B4	ERROR_INVALID_SEGMENT_NUMBER
182	0x00B6	ERROR_INVALID_ORDINAL
183	0x00B7	ERROR_ALREADY_EXISTS
186	0x00BA	ERROR_INVALID_FLAG_NUMBER
187	0x00BB	ERROR_SEM_NOT_FOUND
188	0x00BC	ERROR_INVALID_STARTING_CODESEG
189	0x00BD	ERROR_INVALID_STACKSEG
190	0x00BE	ERROR_INVALID_MODULETYPE
191	0x00BF	ERROR_INVALID_EXE_SIGNATURE
192	0x00C0	ERROR_EXE_MARKED_INVALID
193	0x00C1	ERROR_BAD_EXE_FORMAT
194	0x00C2	ERROR_ITERATED_DATA_EXCEEDS_64k
195	0x00C3	ERROR_INVALID_MINALLOCSIZE

Decimal Value	Hex Value	Error Identifier
196	0x00C4	ERROR_DYNLINK_FROM_INVALID_RING
197	0x00C5	ERROR_IOPL_NOT_ENABLED
198	0x00C6	ERROR_INVALID_SEGDPL
199	0x00C7	ERROR_AUTODATASEG_EXCEEDS_64k
200	0x00C8	ERROR_RING2SEG_MUST_BE_MOVABLE
201	0x00C9	ERROR_RELOC_CHAIN_XEEDS_SEGLIM
202	0x00CA	ERROR_INFLOOP_IN_RELOC_CHAIN
203	0x00CB	ERROR_ENVVAR_NOT_FOUND
205	0x00CD	ERROR_NO_SIGNAL_SENT
206	0x00CE	ERROR_FILENAME_EXCED_RANGE
207	0x00CF	ERROR_RING2_STACK_IN_USE
208	0x00D0	ERROR_META_EXPANSION_TOO_LONG
209	0x00D1	ERROR_INVALID_SIGNAL_NUMBER
210	0x00D2	ERROR_THREAD_1_INACTIVE
212	0x00D4	ERROR_LOCKED
214	0x00D6	ERROR_TOO_MANY_MODULES
215	0x00D7	ERROR_NESTING_NOT_ALLOWED
230	0x00E6	ERROR_BAD_PIPE
231	0x00E7	ERROR_PIPE_BUSY
232	0x00E8	ERROR_NO_DATA
233	0x00E9	ERROR_PIPE_NOT_CONNECTED
234	0x00EA	ERROR_MORE_DATA
240	0x00F0	ERROR_VC_DISCONNECTED

Decimal Value	Hex Value	Error Identifier
254	0x00FE	ERROR_INVALID_EA_NAME
255	0x00FF	ERROR_EA_LIST_INCONSISTENT
259	0x0103	ERROR_NO_MORE_ITEMS
266	0x010A	ERROR_CANNOT_COPY
267	0x010B	ERROR_DIRECTORY
275	0x0113	ERROR_EAS_DIDNT_FIT
276	0x0114	ERROR_EA_FILE_CORRUPT
277	0x0115	ERROR_EA_TABLE_FULL
278	0x0116	ERROR_INVALID_EA_HANDLE
282	0x011A	ERROR_EAS_NOT_SUPPORTED
288	0x0120	ERROR_NOT_OWNER
298	0x012A	ERROR_TOO_MANY_POSTS
317	0x013D	ERROR_MR_MID_NOT_FOUND
487	0x01E7	ERROR_INVALID_ADDRESS
534	0x0216	ERROR_ARITHMETIC_OVERFLOW
535	0x0217	ERROR_PIPE_CONNECTED
536	0x0218	ERROR_PIPE_LISTENING
994	0x03E2	ERROR_EA_ACCESS_DENIED
995	0x03E3	ERROR_OPERATION_ABORTED
996	0x03E4	ERROR_IO_INCOMPLETE
997	0x03E5	ERROR_IO_PENDING
998	0x03E6	ERROR_NOACCESS
999	0x03E7	ERROR_SWAPERROR

Decimal Value	Hex Value	Error Identifier
1001	0x03E9	ERROR_STACK_OVERFLOW
1002	0x03EA	ERROR_INVALID_MESSAGE
1003	0x03EB	ERROR_CAN_NOT_COMPLETE
1004	0x03EC	ERROR_INVALID_FLAGS
1005	0x03ED	ERROR_UNRECOGNIZED_VOLUME
1006	0x03EE	ERROR_FILE_INVALID
1007	0x03EF	ERROR_FULLSCREEN_MODE
1008	0x03F0	ERROR_NO_TOKEN
1009	0x03F1	ERROR_BADDB
1010	0x03F2	ERROR_BADKEY
1011	0x03F3	ERROR_CANTOPEN
1012	0x03F4	ERROR_CANTREAD
1013	0x03F5	ERROR_CANTWRITE
1014	0x03F6	ERROR_REGISTRY_RECOVERED
1015	0x03F7	ERROR_REGISTRY_CORRUPT
1016	0x03F8	ERROR_REGISTRY_IO_FAILED
1017	0x03F9	ERROR_NOT_REGISTRY_FILE
1018	0x03FA	ERROR_KEY_DELETED
1019	0x03FB	ERROR_NO_LOG_SPACE
1020	0x03FC	ERROR_KEY_HAS_CHILDREN
1021	0x03FD	ERROR_CHILD_MUST_BE_VOLATILE
1022	0x03FE	ERROR_NOTIFY_ENUM_DIR
1051	0x041B	ERROR_DEPENDENT_SERVICES_RUNNING

Decimal Value	Hex Value	Error Identifier
1052	0x041C	ERROR_INVALID_SERVICE_CONTROL
1053	0x041D	ERROR_SERVICE_REQUEST_TIMEOUT
1054	0x041E	ERROR_SERVICE_NO_THREAD
1055	0x041F	ERROR_SERVICE_DATABASE_LOCKED
1056	0x0420	ERROR_SERVICE_ALREADY_RUNNING
1057	0x0421	ERROR_INVALID_SERVICE_ACCOUNT
1058	0x0422	ERROR_SERVICE_DISABLED
1059	0x0423	ERROR_CIRCULAR_DEPENDENCY
1060	0x0424	ERROR_SERVICE_DOES_NOT_EXIST
1061	0x0425	ERROR_SERVICE_CANNOT_ACCEPT_CTRL
1062	0x0426	ERROR_SERVICE_NOT_ACTIVE
1063	0x0427	ERROR_FAILED_SERVICE_CONTROLLER_CONNECT
1064	0x0428	ERROR_EXCEPTION_IN_SERVICE
1065	0x0429	ERROR_DATABASE_DOES_NOT_EXIST
1066	0x042A	ERROR_SERVICE_SPECIFIC_ERROR
1067	0x042B	ERROR_PROCESS_ABORTED
1068	0x042C	ERROR_SERVICE_DEPENDENCY_FAIL
1069	0x042D	ERROR_SERVICE_LOGON_FAILED
1070	0x042E	ERROR_SERVICE_START_HANG
1071	0x042F	ERROR_INVALID_SERVICE_LOCK
1072	0x0430	ERROR_SERVICE_MARKED_FOR_DELETE
1073	0x0431	ERROR_SERVICE_EXISTS
1074	0x0432	ERROR_ALREADY_RUNNING_LKG

Decimal Value	Hex Value	Error Identifier
1075	0x0433	ERROR_SERVICE_DEPENDENCY_DELETED
1076	0x0434	ERROR_BOOT_ALREADY_ACCEPTED
1077	0x0435	ERROR_SERVICE_NEVER_STARTED
1078	0x0436	ERROR_DUPLICATE_SERVICE_NAME
1100	0x044C	ERROR_END_OF_MEDIA
1101	0x044D	ERROR_FILEMARK_DETECTED
1102	0x044E	ERROR_BEGINNING_OF_MEDIA
1103	0x044F	ERROR_SETMARK_DETECTED
1104	0x0450	ERROR_NO_DATA_DETECTED
1105	0x0451	ERROR_PARTITION_FAILURE
1106	0x0452	ERROR_INVALID_BLOCK_LENGTH
1107	0x0453	ERROR_DEVICE_NOT_PARTITIONED
1108	0x0454	ERROR_UNABLE_TO_LOCK_MEDIA
1109	0x0455	ERROR_UNABLE_TO_UNLOAD_MEDIA
1110	0x0456	ERROR_MEDIA_CHANGED
1111	0x0457	ERROR_BUS_RESET
1112	0x0458	ERROR_NO_MEDIA_IN_DRIVE
1113	0x0459	ERROR_NO_UNICODE_TRANSLATION
1114	0x045A	ERROR_DLL_INIT_FAILED
1115	0x045B	ERROR_SHUTDOWN_IN_PROGRESS
1116	0x045C	ERROR_NO_SHUTDOWN_IN_PROGRESS
1117	0x045D	ERROR_IO_DEVICE
1118	0x045E	ERROR_SERIAL_NO_DEVICE

Decimal Value	Hex Value	Error Identifier
1119	0x045F	ERROR_IRQ_BUSY
1120	0x0460	ERROR_MORE_WRITES
1121	0x0461	ERROR_COUNTER_TIMEOUT
1122	0x0462	ERROR_FLOPPY_ID_MARK_NOT_FOUND
1123	0x0463	ERROR_FLOPPY_WRONG_CYLINDER
1124	0x0464	ERROR_FLOPPY_UNKNOWN_ERROR
1125	0x0465	ERROR_FLOPPY_BAD_REGISTERS
1126	0x0466	ERROR_DISK_RECALIBRATE_FAILED
1127	0x0467	ERROR_DISK_OPERATION_FAILED
1128	0x0468	ERROR_DISK_RESET_FAILED
1129	0x0469	ERROR_EOM_OVERFLOW
1130	0x046A	ERROR_NOT_ENOUGH_SERVER_MEMORY
1131	0x046B	ERROR_POSSIBLE_DEADLOCK
1200	0x04B0	ERROR_BAD_DEVICE
1201	0x04B1	ERROR_CONNECTION_UNAVAIL
1202	0x04B2	ERROR_DEVICE_ALREADY_REMEMBERED
1203	0x04B3	ERROR_NO_NET_OR_BAD_PATH
1204	0x04B4	ERROR_BAD_PROVIDER
1205	0x04B5	ERROR_CANNOT_OPEN_PROFILE
1206	0x04B6	ERROR_BAD_PROFILE
1207	0x04B7	ERROR_NOT_CONTAINER
1208	0x04B8	ERROR_EXTENDED_ERROR
1209	0x04B9	ERROR_INVALID_GROUPNAME

Decimal Value	Hex Value	Error Identifier
1210	0x04BA	ERROR_INVALID_COMPUTERNAME
1211	0x04BB	ERROR_INVALID_EVENTNAME
1212	0x04BC	ERROR_INVALID_DOMAINNAME
1213	0x04BD	ERROR_INVALID_SERVICENAME
1214	0x04BE	ERROR_INVALID_NETNAME
1215	0x04BF	ERROR_INVALID_SHARENAME
1216	0x04C0	ERROR_INVALID_PASSWORDNAME
1217	0x04C1	ERROR_INVALID_MESSAGENAME
1218	0x04C2	ERROR_INVALID_MESSAGEDEST
1219	0x04C3	ERROR_SESSION_CREDENTIAL_CONFLICT
1220	0x04C4	ERROR_REMOTE_SESSION_LIMIT_EXCEEDED
1221	0x04C5	ERROR_DUP_DOMAINNAME
1300	0x0514	ERROR_NOT_ALL_ASSIGNED
1301	0x0515	ERROR_SOME_NOT_MAPPED
1302	0x0516	ERROR_NO_QUOTAS_FOR_ACCOUNT
1303	0x0517	ERROR_LOCAL_USER_SESSION_KEY
1304	0x0518	ERROR_NULL_LM_PASSWORD
1305	0x0519	ERROR_UNKNOWN_REVISION
1306	0x051A	ERROR_REVISION_MISMATCH
1307	0x051B	ERROR_INVALID_OWNER
1308	0x051C	ERROR_INVALID_PRIMARY_GROUP
1309	0x051D	ERROR_NO_IMPERSONATION_TOKEN
1310	0x051E	ERROR_CANT_DISABLE_MANDATORY

Decimal Value	Hex Value	Error Identifier
1311	0x051F	ERROR_NO_LOGON_SERVERS
1312	0x0520	ERROR_NO_SUCH_LOGON_SESSION
1313	0x0521	ERROR_NO_SUCH_PRIVILEGE
1314	0x0522	ERROR_PRIVILEGE_NOT_HELD
1315	0x0523	ERROR_INVALID_ACCOUNT_NAME
1316	0x0524	ERROR_USER_EXISTS
1317	0x0525	ERROR_NO_SUCH_USER
1318	0x0526	ERROR_GROUP_EXISTS
1319	0x0527	ERROR_NO_SUCH_GROUP
1320	0x0528	ERROR_MEMBER_IN_GROUP
1321	0x0529	ERROR_MEMBER_NOT_IN_GROUP
1322	0x052A	ERROR_LAST_ADMIN
1323	0x052B	ERROR_WRONG_PASSWORD
1324	0x052C	ERROR_ILL_FORMED_PASSWORD
1325	0x052D	ERROR_PASSWORD_RESTRICTION
1326	0x052E	ERROR_LOGON_FAILURE
1327	0x052F	ERROR_ACCOUNT_RESTRICTION
1328	0x0530	ERROR_INVALID_LOGON_HOURS
1329	0x0531	ERROR_INVALID_WORKSTATION
1330	0x0532	ERROR_PASSWORD_EXPIRED
1331	0x0533	ERROR_ACCOUNT_DISABLED
1332	0x0534	ERROR_NONE_MAPPED
1333	0x0535	ERROR_TOO_MANY_LUIDS_REQUESTED

Decimal Value	Hex Value	Error Identifier
1334	0x0536	ERROR_LUIDS_EXHAUSTED
1335	0x0537	ERROR_INVALID_SUB_AUTHORITY
1336	0x0538	ERROR_INVALID_ACL
1337	0x0539	ERROR_INVALID_SID
1338	0x053A	ERROR_INVALID_SECURITY_DESCR
1340	0x053C	ERROR_BAD_INHERITANCE_ACL
1341	0x053D	ERROR_SERVER_DISABLED
1342	0x053E	ERROR_SERVER_NOT_DISABLED
1343	0x053F	ERROR_INVALID_ID_AUTHORITY
1344	0x0540	ERROR_ALLOTTED_SPACE_EXCEEDED
1345	0x0541	ERROR_INVALID_GROUP_ATTRIBUTES
1346	0x0542	ERROR_BAD_IMPERSONATION_LEVEL
1347	0x0543	ERROR_CANT_OPEN_ANONYMOUS
1348	0x0544	ERROR_BAD_VALIDATION_CLASS
1349	0x0545	ERROR_BAD_TOKEN_TYPE
1350	0x0546	ERROR_NO_SECURITY_ON_OBJECT
1351	0x0547	ERROR_CANT_ACCESS_DOMAIN_INFO
1352	0x0548	ERROR_INVALID_SERVER_STATE
1353	0x0549	ERROR_INVALID_DOMAIN_STATE
1354	0x054A	ERROR_INVALID_DOMAIN_ROLE
1355	0x054B	ERROR_NO_SUCH_DOMAIN
1356	0x054C	ERROR_DOMAIN_EXISTS
1357	0x054D	ERROR_DOMAIN_LIMIT_EXCEEDED
1358	0x054E	ERROR_INTERNAL_DB_CORRUPTION

Decimal Value	Hex Value	Error Identifier
1359	0x054F	ERROR_INTERNAL_ERROR
1360	0x0550	ERROR_GENERIC_NOT_MAPPED
1361	0x0551	ERROR_BAD_DESCRIPTOR_FORMAT
1362	0x0552	ERROR_NOT_LOGON_PROCESS
1363	0x0553	ERROR_LOGON_SESSION_EXISTS
1364	0x0554	ERROR_NO_SUCH_PACKAGE
1365	0x0555	ERROR_BAD_LOGON_SESSION_STATE
1366	0x0556	ERROR_LOGON_SESSION_COLLISION
1367	0x0557	ERROR_INVALID_LOGON_TYPE
1368	0x0558	ERROR_CANNOT_IMPERSONATE
1369	0x0559	ERROR_RXACT_INVALID_STATE
1370	0x055A	ERROR_RXACT_COMMIT_FAILURE
1371	0x055B	ERROR_SPECIAL_ACCOUNT
1372	0x055C	ERROR_SPECIAL_GROUP
1373	0x055D	ERROR_SPECIAL_USER
1374	0x055E	ERROR_MEMBERS_PRIMARY_GROUP
1375	0x055F	ERROR_TOKEN_ALREADY_IN_USE
1376	0x0560	ERROR_NO_SUCH_ALIAS
1377	0x0561	ERROR_MEMBER_NOT_IN_ALIAS
1378	0x0562	ERROR_MEMBER_IN_ALIAS
1379	0x0563	ERROR_ALIAS_EXISTS
1380	0x0564	ERROR_LOGON_NOT_GRANTED
1381	0x0565	ERROR_TOO_MANY_SECRETS
1382	0x0566	ERROR_SECRET_TOO_LONG

Decimal Value	Hex Value	Error Identifier
1383	0x0567	ERROR_INTERNAL_DB_ERROR
1384	0x0568	ERROR_TOO_MANY_CONTEXT_IDS
1385	0x0569	ERROR_LOGON_TYPE_NOT_GRANTED
1386	0x056A	ERROR_NT_CROSS_ENCRYPTION_REQUIRED
1387	0x056B	ERROR_NO_SUCH_MEMBER
1388	0x056C	ERROR_INVALID_MEMBER
1389	0x056D	ERROR_TOO_MANY_SIDS
1390	0x056E	ERROR_LM_CROSS_ENCRYPTION_REQUIRED
1391	0x056F	ERROR_NO_INHERITANCE
1392	0x0570	ERROR_FILE_CORRUPT
1393	0x0571	ERROR_DISK_CORRUPT
1394	0x0572	ERROR_NO_USER_SESSION_KEY
1400	0x0578	ERROR_INVALID_WINDOW_HANDLE
1401	0x0579	ERROR_INVALID_MENU_HANDLE
1402	0x057A	ERROR_INVALID_CURSOR_HANDLE
1403	0x057B	ERROR_INVALID_ACCEL_HANDLE
1404	0x057C	ERROR_INVALID_HOOK_HANDLE
1405	0x057D	ERROR_INVALID_DWP_HANDLE
1406	0x057E	ERROR_TLW_WITH_WSCHILD
1407	0x057F	ERROR_CANNOT_FIND_WND_CLASS
1408	0x0580	ERROR_WINDOW_OF_OTHER_THREAD
1409	0x0581	ERROR_HOTKEY_ALREADY_REGISTERED
1410	0x0582	ERROR_CLASS_ALREADY_EXISTS

Decimal Value	Hex Value	Error Identifier
1411	0x0583	ERROR_CLASS_DOES_NOT_EXIST
1412	0x0584	ERROR_CLASS_HAS_WINDOWS
1413	0x0585	ERROR_INVALID_INDEX
1414	0x0586	ERROR_INVALID_ICON_HANDLE
1415	0x0587	ERROR_PRIVATE_DIALOG_INDEX
1416	0x0588	ERROR_LISTBOX_ID_NOT_FOUND
1417	0x0589	ERROR_NO_WILDCARD_CHARACTERS
1418	0x058A	ERROR_CLIPBOARD_NOT_OPEN
1419	0x058B	ERROR_HOTKEY_NOT_REGISTERED
1420	0x058C	ERROR_WINDOW_NOT_DIALOG
1421	0x058D	ERROR_CONTROL_ID_NOT_FOUND
1422	0x058E	ERROR_INVALID_COMBOBOX_MESSAGE
1423	0x058F	ERROR_WINDOW_NOT_COMBOBOX
1424	0x0590	ERROR_INVALID_EDIT_HEIGHT
1425	0x0591	ERROR_DC_NOT_FOUND
1426	0x0592	ERROR_INVALID_HOOK_FILTER
1427	0x0593	ERROR_INVALID_FILTER_PROC
1428	0x0594	ERROR_HOOK_NEEDS_HMOD
1429	0x0595	ERROR_GLOBAL_ONLY_HOOK
1430	0x0596	ERROR_JOURNAL_HOOK_SET
1431	0x0597	ERROR_HOOK_NOT_INSTALLED
1432	0x0598	ERROR_INVALID_LB_MESSAGE
1433	0x0599	ERROR_SETCOUNT_ON_BAD_LB

Decimal Value	Hex Value	Error Identifier
1434	0x059A	ERROR_LB_WITHOUT_TABSTOPS
1435	0x059B	ERROR_DESTROY_OBJECT_OF_OTHER_THREAD
1436	0x059C	ERROR_CHILD_WINDOW_MENU
1437	0x059D	ERROR_NO_SYSTEM_MENU
1438	0x059E	ERROR_INVALID_MSGBOX_STYLE
1439	0x059F	ERROR_INVALID_SPI_VALUE
1440	0x05A0	ERROR_SCREEN_ALREADY_LOCKED
1441	0x05A1	ERROR_HWNDS_HAVE_DIFFERENT_PARENT
1442	0x05A2	ERROR_NOT_CHILD_WINDOW
1443	0x05A3	ERROR_INVALID_GW_COMMAND
1444	0x05A4	ERROR_INVALID_THREAD_ID
1445	0x05A5	ERROR_NON_MDICHILD_WINDOW
1446	0x05A6	ERROR_POPUP_ALREADY_ACTIVE
1447	0x05A7	ERROR_NO_SCROLLBARS
1448	0x05A8	ERROR_INVALID_SCROLLBAR_RANGE
1449	0x05A9	ERROR_INVALID_SHOWWIN_COMMAND
1500	0x05DC	ERROR_EVENTLOG_FILE_CORRUPT
1501	0x05DD	ERROR_EVENTLOG_CANT_START
1502	0x05DE	ERROR_LOG_FILE_FULL
1503	0x05DF	ERROR_EVENTLOG_FILE_CHANGED
1700	0x06A4	RPC_S_INVALID_STRING_BINDING
1701	0x06A5	RPC_S_WRONG_KIND_OF_BINDING
1702	0x06A6	RPC_S_INVALID_BINDING

Decimal Value	Hex Value	Error Identifier
1703	0x06A7	RPC_S_PROTSEQ_NOT_SUPPORTED
1704	0x06A8	RPC_S_INVALID_RPC_PROTSEQ
1705	0x06A9	RPC_S_INVALID_STRING_UUID
1706	0x06AA	RPC_S_INVALID_ENDPOINT_FORMAT
1707	0x06AB	RPC_S_INVALID_NET_ADDR
1708	0x06AC	RPC_S_NO_ENDPOINT_FOUND
1709	0x06AD	RPC_S_INVALID_TIMEOUT
1710	0x06AE	RPC_S_OBJECT_NOT_FOUND
1711	0x06AF	RPC_S_ALREADY_REGISTERED
1712	0x06B0	RPC_S_TYPE_ALREADY_REGISTERED
1713	0x06B1	RPC_S_ALREADY_LISTENING
1714	0x06B2	RPC_S_NO_PROTSEQS_REGISTERED
1715	0x06B3	RPC_S_NOT_LISTENING
1716	0x06B4	RPC_S_UNKNOWN_MGR_TYPE
1717	0x06B5	RPC_S_UNKNOWN_IF
1718	0x06B6	RPC_S_NO_BINDINGS
1719	0x06B7	RPC_S_NO_PROTSEQS
1720	0x06B8	RPC_S_CANT_CREATE_ENDPOINT
1721	0x06B9	RPC_S_OUT_OF_RESOURCES
1722	0x06BA	RPC_S_SERVER_UNAVAILABLE
1723	0x06BB	RPC_S_SERVER_TOO_BUSY
1724	0x06BC	RPC_S_INVALID_NETWORK_OPTIONS
1725	0x06BD	RPC_S_NO_CALL_ACTIVE

Decimal Value	Hex Value	Error Identifier
1726	0x06BE	RPC_S_CALL_FAILED
1727	0x06BF	RPC_S_CALL_FAILED_DNE
1728	0x06C0	RPC_S_PROTOCOL_ERROR
1729	0x06C1	RPC_S_CANNOT_BIND
1730	0x06C2	RPC_S_UNSUPPORTED_TRANS_SYN
1731	0x06C3	RPC_S_SERVER_OUT_OF_MEMORY
1732	0x06C4	RPC_S_UNSUPPORTED_TYPE
1733	0x06C5	RPC_S_INVALID_TAG
1734	0x06C6	RPC_S_INVALID_BOUND
1735	0x06C7	RPC_S_NO_ENTRY_NAME
1736	0x06C8	RPC_S_INVALID_NAME_SYNTAX
1737	0x06C9	RPC_S_UNSUPPORTED_NAME_SYNTAX
1738	0x06CA	RPC_S_SERVER_NOT_LISTENING
1739	0x06CB	RPC_S_UUID_NO_ADDRESS
1740	0x06CC	RPC_S_DUPLICATE_ENDPOINT
1741	0x06CD	RPC_S_UNKNOWN_AUTHN_TYPE
1742	0x06CE	RPC_S_MAX_CALLS_TOO_SMALL
1743	0x06CF	RPC_S_STRING_TOO_LONG
1744	0x06D0	RPC_S_PROTSEQ_NOT_FOUND
1745	0x06D1	RPC_S_PROCNUM_OUT_OF_RANGE
1746	0x06D2	RPC_S_BINDING_HAS_NO_AUTH
1747	0x06D3	RPC_S_UNKNOWN_AUTHN_SERVICE
1748	0x06D4	RPC_S_UNKNOWN_AUTHN_LEVEL

Decimal Value	Hex Value	Error Identifier
1749	0x06D5	RPC_S_INVALID_AUTH_IDENTITY
1750	0x06D6	RPC_S_UNKNOWN_AUTHZ_SERVICE
1751	0x06D7	EPT_S_INVALID_ENTRY
1752	0x06D8	EPT_S_CANT_PERFORM_OP
1753	0x06D9	EPT_S_NOT_REGISTERED
1754	0x06DA	RPC_S_NO_INTERFACES_EXPORTED
1755	0x06DB	RPC_S_INCOMPLETE_NAME
1756	0x06DC	RPC_S_INVALID_VERS_OPTION
1757	0x06DD	RPC_S_NO_MORE_MEMBERS
1758	0x06DE	RPC_S_NOTHING_TO_UNEXPORT
1759	0x06DF	RPC_S_INTERFACE_NOT_FOUND
1760	0x06E0	RPC_S_ENTRY_ALREADY_EXISTS
1761	0x06E1	RPC_S_ENTRY_NOT_FOUND
1762	0x06E2	RPC_S_NAME_SERVICE_UNAVAILABLE
1763	0x06E3	RPC_S_INVALID_NAF_IF
1764	0x06E4	RPC_S_CANNOT_SUPPORT
1765	0x06E5	RPC_S_NO_CONTEXT_AVAILABLE
1766	0x06E6	RPC_S_INTERNAL_ERROR
1767	0x06E7	RPC_S_ZERO_DIVIDE
1768	0x06E8	RPC_S_ADDRESS_ERROR
1769	0x06E9	RPC_S_FP_DIV_ZERO
1770	0x06EA	RPC_S_FP_UNDERFLOW
1771	0x06EB	RPC_S_FP_OVERFLOW

Decimal Value	Hex Value	Error Identifier
1772	0x06EC	RPC_X_NO_MORE_ENTRIES
1773	0x06ED	RPC_X_SS_CHAR_TRANS_OPEN_FAIL
1774	0x06EE	RPC_X_SS_CHAR_TRANS_SHORT_FILE
1775	0x06EF	RPC_X_SS_IN_NULL_CONTEXT
1776	0x06F0	RPC_X_SS_CONTEXT_MISMATCH
1777	0x06F1	RPC_X_SS_CONTEXT_DAMAGED
1778	0x06F2	RPC_X_SS_HANDLES_MISMATCH
1779	0x06F3	RPC_X_SS_CANNOT_GET_CALL_HANDLE
1780	0x06F4	RPC_X_NULL_REF_POINTER
1781	0x06F5	RPC_X_ENUM_VALUE_OUT_OF_RANGE
1782	0x06F6	RPC_X_BYTE_COUNT_TOO_SMALL
1783	0x06F7	RPC_X_BAD_STUB_DATA
1784	0x06F8	ERROR_INVALID_USER_BUFFER
1785	0x06F9	ERROR_UNRECOGNIZED_MEDIA
1786	0x06FA	ERROR_NO_TRUST_LSA_SECRET
1787	0x06FB	ERROR_NO_TRUST_SAM_ACCOUNT
1788	0x06FC	ERROR_TRUSTED_DOMAIN_FAILURE
1789	0x06FD	ERROR_TRUSTED_RELATIONSHIP_FAILURE
1790	0x06FE	ERROR_TRUST_FAILURE
1791	0x06FF	RPC_S_CALL_IN_PROGRESS
1792	0x0700	ERROR_NETLOGON_NOT_STARTED
1793	0x0701	ERROR_ACCOUNT_EXPIRED
1794	0x0702	ERROR_REDIRECTOR_HAS_OPEN_HANDLES

Decimal Value	Hex Value	Error Identifier
1795	0x0703	ERROR_PRINTER_DRIVER_ALREADY_INSTALLED
1796	0x0704	ERROR_UNKNOWN_PORT
1797	0x0705	ERROR_UNKNOWN_PRINTER_DRIVER
1798	0x0706	ERROR_UNKNOWN_PRINTPROCESSOR
1799	0x0707	ERROR_INVALID_SEPARATOR_FILE
1800	0x0708	ERROR_INVALID_PRIORITY
1801	0x0709	ERROR_INVALID_PRINTER_NAME
1802	0x070A	ERROR_PRINTER_ALREADY_EXISTS
1803	0x070B	ERROR_INVALID_PRINTER_COMMAND
1804	0x070C	ERROR_INVALID_DATATYPE
1805	0x070D	ERROR_INVALID_ENVIRONMENT
1806	0x070E	RPC_S_NO_MORE_BINDINGS
1807	0x070F	ERROR_NOLOGON_INTERDOMAIN_TRUST _ACCOUNT
1808	0x0710	ERROR_NOLOGON_WORKSTATION_TRUST _ACCOUNT
1809	0x0711	ERROR_NOLOGON_SERVER_TRUST_ACCOUNT
1810	0x0712	ERROR_DOMAIN_TRUST_INCONSISTENT
1811	0x0713	ERROR_SERVER_HAS_OPEN_HANDLES
1812	0x0714	ERROR_RESOURCE_DATA_NOT_FOUND
1813	0x0715	ERROR_RESOURCE_TYPE_NOT_FOUND
1814	0x0716	ERROR_RESOURCE_NAME_NOT_FOUND
1815	0x0717	ERROR_RESOURCE_LANG_NOT_FOUND
1816	0x0718	ERROR_NOT_ENOUGH_QUOTA

Decimal Value	Hex Value	Error Identifier
1898	0x076A	RPC_S_GROUP_MEMBER_NOT_FOUND
1899	0x076B	EPT_S_CANT_CREATE
1900	0x076C	RPC_S_INVALID_OBJECT
2138	0x085A	ERROR_NO_NETWORK
2202	0x089A	ERROR_BAD_USERNAME
2250	0x08CA	ERROR_NOT_CONNECTED
2401	0x0961	ERROR_OPEN_FILES
2404	0x0964	ERROR_DEVICE_IN_USE
6118	0x17E6	ERROR_NO_BROWSER_SERVERS_FOUND

INDEX

C

INDEX

D

INDEX

INDEX

H

I

INDEX

J

K

L

M

INDEX

N

O

INDEX

Q

R

T

INDEX

X

Y

Z

W